neukirchener
theologie

Wilfried Eckey

Der Galaterbrief

Ein Kommentar

2010

Neukirchener Theologie

Bibliografische Information der Deutschen Nationalbibliothek

Die Deutsche Nationalbibliothek verzeichnet diese Publikation in der Deutschen Nationalbibliografie; detaillierte bibliografische Daten sind im Internet über http://dnb.d-nb.de abrufbar.

Umschlaggestaltung: Andreas Sonnhüter, Düsseldorf
Lektorat: Volker Hampel
DTP: Astrid Padberg, Wuppertal
Gesamtherstellung: Hubert & Co., Göttingen
Printed in Germany
ISBN 978–3–7887–2463–4

www.neukirchener-verlage.de

Vorwort

Dieser Kommentar ist ebenso wie alle anderen von mir verfaßten aus meiner langjährigen Lehr- und Predigttätigkeit hervorgegangen. Bei der Auslegung habe ich alle protopaulinischen Briefe (den Römerbrief, die beiden Korintherbriefe, den ersten Thessalonicherbrief sowie die Briefe an die Philipper und an Philemon), aber auch die von Schülern des Apostels Paulus verfaßten deuteropaulinischen Briefe (den Kolosserbrief und den zweiten Thessalonicherbrief) sowie die von seinen Enkelschülern verfaßten tritopaulinischen Briefe (den Epheserbrief, die beiden Briefe an Timotheus und den Brief an Titus) berücksichtigt. Selbstverständlich mußte ich auch auf die vier Evangelien und andere neutestamentlichen Schriften Bezug nehmen.

Die Bücher des Alten Testamentes werden nach der Septuaginta (LXX) zitiert. Gelegentlich wird auch auf den hebräischen Text Bezug genommen. Zeugen der neutestamentlichen Zeitgeschichte wie Philo von Alexandrien (* zwischen 20 und 10 v.Chr., † ca. 45 n.Chr.) und Flavius Josephus (* 45 n.Chr., † ca. 100 n.Chr.) sowie griechische und römische Schriftsteller konnte ich nicht auslassen.

Der Kommentar soll Anwalt des Apostels Paulus in unserer weithin anders geprägten Zeit sein. Der Annäherung an sein Gottes- und Christuszeugnis dient die exegetische Forschung, der ich viele und wertvolle Anregungen verdanke. Die Auslegung des ganzen Briefes und seiner einzelnen Abschnitte sehe ich als eine fachliche Grundlage für eine didaktische oder homiletische Besinnung an.

Ich widme diesen Kommentar dem Gedenken an meine drei verstorbenen Freunde. Während eines in den Sommerferien des Jahres 1948 von Erwin Altenmüller geleiteten Zeltlagers der Schülerbibelkreise in Beienbach, Kreis Siegen, habe ich mich, beeindruckt von seiner Persönlichkeit und Dienstauffassung, für das Theologiestudium entschieden. Er war nach dem Zweiten Weltkrieg zunächst Landeswart der Schülerbibelkreise in Westfalen, dann für kurze Zeit Jugendpfarrer des Kirchenkreises Dortmund. Danach war er bis zu seiner Pensionierung Pfarrer in Berchum bei Hagen und hat anschließend die vakante Pfarrstelle der reformierten Gemeinde in Hohenlimburg bis zu ihrer Wiederbesetzung vertreten. Auch noch als über Neunzigjähriger hat er einen Arbeitskreis der Evangelischen Kirchengemeinde Gruiten im Kreis Mettmann, wo er wohnte, geleitet. Mit Eberhard Warns und Hans Georg Drescher habe ich im kirchlichen Dienst an höheren Schulen der Evangelischen Kirche von Westfalen vom 2. Mai 1959 bis zum 19. April 1961 zusammengearbeitet. Hans Georg Drescher war von 1962 bis 1964 mein Kollege in Wuppertal. Er lehrte danach zunächst an der Pädagogischen Hochschule in Hagen und schließlich bis zu seiner Emeritierung an der Universität Dortmund. Eberhard Warns war Pfarrer in Soest und bis zu seiner Pensionierung Leiter der Diakonenanstalt Nazareth in Bethel.

Herrn Pfarrer i. R. Horst Jedan danke ich für seine sorgfältige Korrektur meines Typoskripts, Frau Astrid Padberg für ihre sachkundige Gestaltung der Druckvorlage, Herrn Dr. Volker Hampel für die Aufnahme ins Verlagsprogramm des Jahres 2010.

Wuppertal, am Tage der Bekehrung des Paulus,
dem 25. Januar 2010 Wilfried Eckey

Dem Gedenken an

Pfarrer i. R. Erwin Altenmüller
18. Mai 1910 – 27. April 2004

Prof. Dr. Hans Georg Drescher
11. Juni 1929 – 04. Juni 2008

Pfarrer i. R. Eberhard Warns
25. März 1927 – 16. September 2007

Inhalt

Einleitung

Der Verfasser

Verfasser des Galaterbriefes ist der Apostel Paulus.[1] Vgl. das Präskript Gal 1,1-4: „Paulus, Apostel nicht von Menschen oder durch einen Menschen, sondern durch Jesus Christus und durch Gott, der ihn von den Toten auferweckt hat, und alle Brüder, die bei mir sind, an die Gemeinden in Galatien: Gnade sei mit euch und Friede von Gott, unserem Vater und dem Herrn Jesus Christus, der sich für unsere Sünden hingegeben hat, um uns aus der gegenwärtigen bösen Welt zu befreien nach dem Willen unseres Gottes und Vaters. Ihm sei Ehre in alle Ewigkeit. Amen".

Vergleicht man den Galaterbrief mit den anderen protopaulinischen Briefen, dem Römerbrief, den beiden Korintherbriefen, den Briefen an die Philipper dem ersten Thessalonicherbrief dem an Philemon, so ergibt sich, daß Sprache und Stil des Galaterbriefes eindeutig paulinisch sind. Deshalb ist seit der Zeit der Alten Kirche bis heute die Verfasserschaft des Apostels Paulus, von Ausnahmen abgesehen,[2] unbestritten.

Paulus hat den Brief Gal 1,1 – 6,10. abgesehen vom Briefschluß 6,11-18, den er eigenhändig geschrieben hat (vgl. Gal 6,11), einem Sekretär diktiert. Von den im Präskript genannten „Brüdern, die bei mir sind," wird einer der Sekretär gewesen sein.

Galatien und die Galater

Γαλάτια ist der Name des cis- wie auch des transalpinen Galliens.[3] Erst später bezeichnet Γαλάται die Κέλτοι, die Kelten. Sie sprachen im Altertum wie auch im Mittelalter auf dem Festland und auch auf den Britischen Inseln kelti-

---

[1] Nach dem Bericht v. *Jörg Bremer* in der FAZ Nr. 148 v. 30. 06. 2009 sind unter der Basilika St. Paul vor den Mauern in einem Sarkophag „mit mehr als 25 Zentimetern" dicken Wänden einer Verlautbarung Papst Benedikts XVI. „Knochenteile von einer Person" gefunden worden, die zwischen dem ersten und zweiten Jahrhundert lebte." „Die Wissenschaftler hätten ein kleines Loch in den Sarkophag treiben können, berichtete Benedikt XVI. Im Sarkophag hätten sie auch Körner von Eiweiß und Kalksubstanzen sowie textile Reste gefunden: ein kostbares Stück purpurfarbenen Leinengewebes. Für die Kirche scheint sich so die einhellige und bisher nicht widersprochene Tradition zu bestätigen, daß es sich hier um die sterblichen Überreste des Apostels Paulus handelt...". – Um eine wahrscheinliche Zuordnung zu einem Juden kleinasiatischer Herkunft aus dem 1. Jh. n.Chr. vornehmen zu können, wird man eine DNA-Analyse abwarten müssen, wenn es möglich ist, mit den gefundenen Knochenresten einen Test durchzuführen. Außerdem müssen Vergleichsstudien mit Juden durchgeführt werden, deren Vorfahren aus Kleinasien, möglichst aus Kilikien und dem heutigen Adana, dem früheren Tarsus, stammten.

[2] Vgl. z.B. *B. Bauer*, Kritik, 7-74; *John C. O'Neills*, Recovery, passim.

[3] Vgl. Polybius II, 22,6 u. 24,8.

sche Dialekte, die auf dem Land zum Teil auch heute noch gesprochen werden. Um etwa 2000 v.Chr. lebten die indogermanischen Völker, auch die Kelten, zwischen der Nordsee und Turkestan[4] Zur Zeit der Diadochenherrschaft, im 4. Jh. v.Chr., wanderte ein Teil der Kelten wegen des Wachstums ihrer Bevölkerung aus ihrer bisherigen Heimat Gallien in östlicher Richtung aus. Sie zogen durch Germanien, dann über die Alpen nach Norditalien, wo sie mit den Etruskern und Römern zu kämpfen hatten, und ließen sich in Schlesien nieder. Ein Teil zog von da aus durch Pannonien, Dalmatien und Illyrien zur thrakischen Küste. So kamen sie aus ihren Siedlungsgebieten zwischen Donau und Adria bis zur südöstlichen Grenze Europas, wo sie zur Zeit Alexanders d. Gr. (356-323 v.Chr.) den Untergang Griechenlands erlebten.[5] Ein anderer Teil der Kelten ließ sich inGebieten Mittel- und Westfrankreichs sowie in Spanien, besonders im Osten der iberischen Halbinsel, nieder.[6] Die Stämme der Trokmer, Tektosagen und Tolostagier überquerten unter der Führung des Brennus im Jahre 297 v.Chr. den Hellespont und ließen sich 278/77 v.Chr. in der Gegend um Ankyra, der heutigen türkischen Hauptstadt Ankara nieder. Ihr Eindringen hat das panhellenische Bewußtsein gefördert.[7] Ihre wehrdienstfähigen Männer dienten lokalen Herrschern als Söldner. Sie plünderten die Städte der Umgebung, eroberten Land und erweiterten so ihr Siedlungsgebiet. Ihre Räubereien hörten auf, als die Römer 189 v.Chr. ins Land kamen und sie in zwei Schlachten besiegten. Fortan verstanden sie sich als Bundesgenossen der Römer. Diese halfen ihnen dabei, ihr Territorium auszudehnen. Pompeius (106-48 v.Chr.) belohnte ihre Bündnistreue nach dem Sieg über Mitridates VI. (ca. 132 – ca. 67 v.Chr.) damit, daß er den Galatern ein Königtum von Roms Gnaden konzedierte. Nachdem König Amyntas im Jahre 25 v.Chr. gestorben war, errichtete Kaiser Augustus (63 v.Chr. bis 14 n.Chr.) eine römische Provinz Galatia. Ihr gehörte nicht nur das Siedlungsgebiet der Galater an, sondern auch ein Teil Pisidiens sowie Isaurien, Pamphylien, Lykaonien, Paphlagonien und Pontus, allerdings nicht Kilikien. Die römische Provinz Galatia reichte also weiter als die Landschaft Galatien.

Da die Galater in einer hellenistisch und römisch geprägten Umgebung wohnten, nahmen ihre Aristokraten und alle in Städten lebenden Volksangehörigen bald deren Lebensform und Sprache an.[8] Sie sprachen Koine-Griechisch. Die keltische Sprache wurde zur Zeit des Hieronymus (ca. 343 – 419/20 n.Chr) noch in ländlichen Gebieten gesprochen.[9] Die Adressaten des Galaterbriefes werden der städtischen, hellenisierten Bevölkerung angehört haben.

---

4 Vgl. *J. Moreau*, Die Welt der Kelten, 12f.

5 Vgl. *J. Moreau*, Die Welt der Kelten, 29, 31.

6 Vgl. *J. Moreau*, Die Welt der Kelten, 39.

7 Vgl. *C. Schneider*, Die Welt des Hellenismus, 14.

8 Vgl. *J. Moreau*, Die Welt der Kelten.

9 Vgl. *Hieronymus*, Commentarius in epistulam ad Galatas, in: Migne, PL XXVI, 357; *Lucian*, Alexander, 51; *K. Holl*, Das Fortleben der Volkssprachen, 244.

Die Geschichte Galatiens[10]

Bewaffnete keltische Stämme, insgesamt etwa zwanzigtausend Menschen, von denen etwa die Hälfte bewaffnete Männer waren (Liv XXXVIII, 16.2.9), die von den Griechen als Galater oder Kelten und den Römern Galli genannt wueden. Sie zogen unter ihrem Anführer Brennus von 279 v.Chr. an auf ihrer Wanderung über Germanien, die Alpen, Norditalien und Südosteuropa nach Thrakien und Kleinasien. Nachdem sie 278/77 v.Chr. auf der zentralanatolischen Hochebene seßhaft geworden waren, wurden sie zwischen dem mittleren Sangarios (heute: Sakarya) und dem mittleren Halys (heute: Kilil Irmak) im Umland Ankyras, der heutigen türkischen Hauptstadt Ankara, seßhaft. Ihr Gebiet, Galatien genannt, in dem sie sich gegen die eingeborenen Phrygier und das nordwestlich gelegene Pergamon behaupteten, war etwa 350 km lang und 60 km breit. Es grenzte im Norden an Bithynien und Paphlagonien, im Osten an Pontus, im Süden an Kappadokien und Lykaonien, im Westen an Phrygien. Dort konnten sie in den fruchtbaren Ebenen nahe den Flüssen bis zur Salzsteppe um den Tatta-See Ackerbau und Viehzucht betreiben. In den Grenzen ihres Gebietes gab es auch Wälder in einem rauhen Bergland. Sie pflegten einige Generationen lang ihre herkömmliche Sprache und lebten nach ihren eigenen religiös-kulturellen Überlieferungen und waren wegen ihres Kinderreichtums bekannt.
König Nikomedes von Bithynien (280-250 v. Chr) verbündete sich mit ihnen gegen seinen Bruder Zipoitas, der vergebens gegen Landabtretungen gegen viel Geld an Herakleia protestierte und selbst nach der Herrschaft strebte. Nikomedes setzte sie als Söldner nach einem mit ihnen abgeschlossenen Vertrag unter ihren Anführern Leonarios und Lutarios gegen Antiochus I. (280-261 v.Chr.) ein. Als sie ihre Aufgabe erfüllt hatten, zogen sie, verstärkt durch einen dritten Stamm, die Trokmer, raubend durch Kleinasien, so daß sich die Bevölkerung der dortigen griechischen Städte vor ihnen fürchtete. Sie plünderten 277/76 v.Chr. das Apollo-Heiligtum zu Didyma im Süden der milesischen Halbinsel. Während des ersten syrischen Krieges besiegte Antiochus I., der sich seither „Soter“ nannte, im Jahr 275 v.Chr. ihre Reiterei mit seinen Elefanten. Nach dieser Niederlage blieben die Galater eine Zeitlang ruhig, unternahmen dann aber wieder neue Raubzüge (Pol XXXI, 2; Liv XXXVIII, 16.3).
Galatische Krieger kämpften im Dienst hellenistischer Fürsten, des bithynischen König Ziaelas (255/54-230/29 v.Chr.) und des seleukidischen König Antiochus II. (261-246 v.Chr.). Beide erhoben als Tribut eine Keltensteuer, deren Ertrag die Galater erhielten. König Attalos I. von Pergamon (269-197 v. Chr) zahlte als erster unter den Fürsten Kleinasiens den von ihnen verlangten Tribut nicht (Liv XXXVIII, 16,14). Er besiegte sie zwischen 240 und 230 v. Chr mehrmals (Pausanias, Reisen, I, 8.1),[11] räumte dann aber dem Stamm der Aigosagen, die er aus

---

[10] Vgl. *Brandis*, Art. Galatia, 519-559; *D. Lührmann*, Art. Galatien, 453; *H. Volkmann*, Art. Galatia, 666-670; *St. Mitchell*, Population, 1053-1081, *F. Stähelin*, Geschichte, 1-108, sowie die Kommentare von *H.D. Betz*, 34-37; *F. Mußner*, 1ff. u. *J. Rohde*, 1-4; *K. Strobel*, Art. Galatia, 742-745.

[11] „Attalos, Sohn des Attalos, Neffe des Philetairos, erhielt die Herrschaft von Eumenes, seinem Neffen. Die größte seiner Taten war, daß er die Galater vom Meer abdrängte, in das Gebiet, das sie jetzt noch innehaben.“ (Reisen I, 79).

Thrakien kommen ließ, Siedlungsgebiete am Hellespont ein. Der bithynische König Prusias I. (ca. 230-182 v.Chr.) tötete räuberische Banden dieses Stammes. 5500 Krieger der Galater kämpften im etwa 60.000 Mann starken Heer des Seleukidenherrschers Antiochus III., d. Gr. (243/42-187 v.Chr.) im Winter 190/89 v.Chr. bei Magnesia am Siplosberg gegen nur zwei Legionen und zusätzliche Auxiliarstreitkräfte der Römer und unterlagen ihnen trotz ihrer haushohen Überlegenheit (Liv XIII, 8.18.38).[12] Zur Bestrafung der Galater, die auf der Seite des Königs Prusias I. (ca. 230-180 v.Chr.) kämpften, der von Hannibal beraten worden war, gegen den König von Bithynien, Eumenes II. Wegen ihrer Beteiligung an der Schlacht sandten die Römer ein Heer, das Konsul Cn. Manlius Vulvo befehligte, aus (Liv XXXVIII, 12-27).[13] Sie machten etwa 40.000 Gefangene und verkauften sie als Sklaven (Liv XXXVIII, 18ff; Pol XXI, 33ff).[14] Die Galater, die in der vorangegangenen Schlacht starke Verluste erlitten hatten, mußten von nun an ihre Raub- und Plünderungszüge aufgeben und in den Grenzen des Gebietes bleiben, in dem sie wohnten (Liv XXXVIII, 40.2).[15] Galatien gehörte von 183-166 v.Chr. zu Pergamon. Eumenes II. besiegte als römischer Bundesgenosse die Galater. Der Fries des von ihm gestifteten und im Berliner Pergamonmuseum aufgebauten Pergamonaltars zeigt höchstwahrscheinlich den Kampf der Griechen gegen sie als Gigantenschlacht. Als das makedonische Reich im Jahre 168 v.Chr. Teil des römischen Weltreiches geworden war, war auch die Selbständigkeit Pergamons zu Ende.

Nach einem römischen Senatsbeschluß aus dem Jahre 166 v.Chr. erlangten die Galater unter der Voraussetzung, daß sie keine Raubzüge mehr unternähmen und in ihren Grenzen ruhig blieben, die Autonomie (Polybius, XXX, 28; XXXI, 2). Der römische Feldherr Pompeius (geb. wahrscheinlich zwischen 68 und 66, gest. 48 v. Chr) teilte Galatien in drei Tetrarchien auf, die jeweils von Stammesherzögen regiert wurden. Herzog Deiotaros (gest. 40 v.Chr.) wurde, nachdem er zuvor seinen Schwiegersohn Kastor hatte umbringen lassen, im Jahre 43 v.Chr. Alleinherrscher in Galatien (Cicero, Div. II, 79). Er unterstützte nach Caesars Ermordung in den Iden des Märzes des Jahres 44. v.Chr. dessen Mörder Brutus und Cassius, hielt aber nach der Niederlage und dem Tod der beiden nach der Doppelschlacht bei Philippi im Oktober des Jahres 42 v.Chr. zu den Triumvirn. Er schloß sich nach der Seeschlacht von Actium am 2. September 31 v.Chr. Octavian, dem späteren Kaiser Augustus, an und konnte so seine Herrschaft bis zum Tod behalten. Galatien war seit dem Jahr 25 v.Chr. eine selbständige prätorische Provinz, zu der später auch „Pisidien, Lykaonien, Pamphylien, Isaurien Paphlagonien, Pontus Galaticus" und während der Zeit Vespasians (69-79 n.Chr.) bis zum Jahre 114 n.Chr. noch Kappadokien gehörten".[16] Als „Galatia"

---

12 Vgl. *H. Bengtson*, Herrschergestalten, 204-208.

13 Vgl. *T. Livius*, Römische Geschichte, 362-400.

14 Vgl. *Ders.*, ebd., 242-249.

15 Vgl. *Ders.*, ebd., 426f: König Eumenes „ließ die Fürsten der Gallier" an den Hellespont „kommen und nannte ihnen die Bedingungen, unter denen sie mit" ihm „Frieden halten sollten: er ordnete an, sie sollten mit der Gewohnheit, bewaffnet umherzustreifen, aufhören und … sich innerhalb der Grenzen ihres Landes halten."

16 *H. Volkmann*, Art. Galatia, 669.

wurde sie oft bezeichnet (vgl. z. B. Tacitus, Ann. XIII, 35; Hist II, 9; Plinius d. Ä., NatHist V, 146).[17]
Die Galater sprachen weiterhin Keltisch, das auch zur Zeit des Kirchenvaters Hieronymus) ca. 347-419/20) noch in ländlichen Gebieten gebräuchlich war (Prol. in ep. ad Gal. III), im übrigen aber Koine-Griechisch. Sie lebten auch noch lange nach ihren überkommenen Sitten; die einzelnen Stämme behielten ebenfalls ihre überkommenen Bräuche bei, die jedoch mit dem Fortschreiten der Hellenisierung, die in der städtischen Oberschicht begann, nach und nach in Vergessenheit gerieten.

Handschriftliche Bezeugung[18]

Der Galaterbrief wurde zur frühchristlichen, altkirchlichen und mittelalterlichen Zeit nur als Bestandteil des Corpus Paulinum überliefert. Einzelne Fragmente mit Teilen oder wenigen Versen sind:
1. Papyri: P46 (um 200) enthält den größten Teil des Testes. Es fehlen nur 1,9; 2,10; 3,1; 4,1.19; 5.18.19; 6,9.
2. Codices: Codex Sinaiticus (4. Jh.), Codex Vaticanus (4. Jh.); Codex Alexandrinus (5. Jh.); C Codex Ephraemi (5. Jh.); W Codex Ephraemi (5. Jh.); D Codex Claramontanus (6. Jh.); H Codex Euthalianus (6. Jh.); Y Athous Laurensis (8. / 9. Jh.); Codex Augiensis (9. Jh.); L Codex Angelicus (9. Jh.); G Codex Boernerianus (9. Jh.), K Codex Mosquensis (9. / 10. Jh.); P Codex Porphyrianus (10. Jh.); 0176: (4. Jh.): Gal 3,16-25; 062 (5. Jh.): Gal 4,15 – 5,14; 0174 (5. Jh.): Gal 2,5-6; 0254 (5. Jh.): Gal 5,13-17; 0261 (5. Jh.): Gal 1,9-12.19-22; 4,25-31; 0158 (5./6. Jh.): Gal 1,1-13; 049 (8./9. Jh.): Gal 5,12 – 6,4; 056 (10. Jh.); 075 (10. Jh).
3. Zweisprachige altlateinische Übersetzungen in Unzialen: D; F; G, ferner Marcion-, Tertullian- und Cyprian-Zitate.
4. Zitate bei Kirchenvätern.[19]

---

[17] Vgl. *P.C. Tacitus*, Annalen, 598f; *ders.* Historien, 136f; C. Plinius, d. Ä., Naturkunde

[18] Vgl. *K. Aland*, Das NT auf Papyrus , 91-136; *ders.*, Liste, 31f; *ders.*, Die alten Übersetzungen des NTs., 1-92, bes. 67-73; *ders.*, Repertorium der griech. christlichen Papyri I, 273-276; *ders. / B. Aland*, Text, 57-314; *B.M. Metzger*, Commentary, 521-531; *ders.*, Text, 254f, sowie die Kommentare von *H. D. Betz*, 52ff; *J.D.G. Dunn*, 1f; *J. Rohde*, 21-24.

[19] Vgl. *W.G. Kümmel*, Einleitung, 481-489; *B.M. Metzger*, Text, 81-89.

Verfasser und Adressaten[20]

Daß Paulus der Verfasser des Galaterbriefes ist, bestreitet in der neueren Forschung niemand. Dafür sprechen zum einen das handschriftliche Postskriptum Gal 6,11-18 und zum anderen die autobiographischen Passagen in Gal 1,11 – 2,21, und Gal 4,12-20.
Paulus zog während seines missionarischen Wirkens zweimal durch „das phrygische und galatische Land", das erste Mal „von Derbe und Lystra" kommend (Apg 16,1), zusammen mit Silas und Timotheus auf dem Weg nach Troas (Apg 16,6), das zweite Mal allein nach einem Besuch der Gemeinden in Jerusalem und im syrischen Antiochia (Apg 18,23).
Seit langem ist unter den Forschern die Frage strittig, ob die Adressaten in der Landschaft Galatien oder der Provinz Galatia zu suchen sind. Die Landschafts- oder nordgalatischen Hypothese haben bisher, z. B.J. Becker, H.D. Betz, U. Borse, H. Conzelmann, H. Hübner, A. Jülicher und E. Fascher, R. Jewett, W.G. Kümmel, H. Lietzmann, W. Marxsen, F. Mußner, A. Oepke, W.-H. Ollrog, H.-M. Schenke und K.M. Fischer, H. Schlier und G. Stählin vertreten. Ihre Hauptargumente sind:
1. Paulus schrieb den Brief an Heidenchristen (vgl. Gal 4,8; 5,2-3; 6,12-13) Demgegenüber machen Vertreter der Provinzhypothese geltend, daß den Gemeinden im pisidischen Antiochia, Ikonium und Lystra auch Judenchristen angehören (vgl. 3,2-3.13-14.23-29; 4,2.5; 5,1; Apg 13,13-52; 14,1-7). Die Judenchristen in den Gemeinden dieser Städte gehörten aber gewiß nicht ohne weiteres zu den Widersachern des Paulus.
2. Paulus adressierte seinen Brief „den Gemeinden der Galatia" (Gal 1,2). „Galatia" bezeichnet in den „Annalen" des P. C. Tacitus die Provinz.[21] Der Genitiv „der Galatia" könne aber auch die Landschaft bezeichnen, denn in Gal 1,21 wären mit den Gebieten „Syriens und Kilikiens", die auch römische Provinznamen waren, Landschaften gemeint.
3. Man macht geltend, Paulus habe anders als die Vertreter der Provinzhypothese annehmen, die Adressaten Gal 3,1a nicht als „unverständige Galater" anreden können, wenn er die Provinz Galatia gemeint hätte, und die Gemeindeglieder in Lykaonien und Pisidien gemeint gewesen wären, weil „dieser Sprachgebrauch überhaupt nicht belegt" sei[22] und diese durch eine solche Anrede in ihrer Ehre gekränkt worden wären.[23] Im übrigen habe er im Unterschied zur Auffassung von Vertretern der Provinzhypothese, die darauf hinweisen, daß er vorwiegend in Provinzhauptstädten wie Korinth und Ephesus missioniert ha-

---

20 Vgl. *H. Conzelmann*, Geschichte, 75; *H. Hübner*, Art. Galaterbrief, 6; *R. Jewett*, Agitators, 209; *A. Jülicher/ E. Fascher*, Einleitung, 75-78; *W.G. Kümmel*, Einleitung, 258ff; *D. Lührmann*, Art. Galaterbrief, 451; *O. Roller*, Formular, 93 u. 513f; 108 u. 525; 530 u. 111; 171 u. 579f; 185 u. 588ff; 187f u. 590f; *U. Schnelle*, Einleitung, 114-118; *ders.*, Paulus, 287-290; *G. Stählin*, Art. Galaterbrief, 1187ff; *Ph. Vielhauer*, Geschichte, 104-108; *Th. Zahn*, Einleitung, Einleitung, I, 123-128, sowie die Kommentare von *J. Becker*, 14ff; *H.D. Betz*, 37-40; *F. Mußner*, 3-9; *J. Rohde*, 5-8; *H. Schlier*, 15-18.

21 Er nennt Ann VI, 6.3 „die pontischen, galatischen und kappadokischen Hilfstruppen ..." (Pontica et Galatiarum Cappadocumque auxilia ... [Annalen, 706-709]).

22 So *W.G. Kümmel*, Einleitung, 259

23 So *J. Rohde*, Kommentar, 7.

be,[24] in seinen Briefen nicht immer die römischen Provinzbezeichnungen verwendet.

Für die Provinzhypothese haben sich z. B. H. Feld, W. Michaelis, W.- H. Ollrog und Th. Zahn ausgesprochen. Sie argumentieren:
1. Paulus gebraucht in seinen Briefen oft die Namen der römischen Provinzen Achaia, (Röm 15,26; 1Kor 16,15.17; 2Kor 1,1; 9,2; 11,1; 1Thess 1,7; vgl. auch Apg 18,12.27) Makedonien (Röm 15,26; 1Kor 16,5; 2Kor 1,16; 2,13; 7,5; 8,1; 11,9; Phil 4,15 1Thess 1,7.8; 4,10; vgl. auch 1Tim 1,3; Apg 16,9.10.12; 18,5; 19,21.22; 20,1.3) und Asia (Röm 16,5; 1Kor 16,19; 2Kor 1,8; vgl. auch 2Tim 1,15; Apg 2,9; 16,6; 19,10,22.26.27; 21,27; 24,19; 27,2).
2. An der für die Gemeinde in Jerusalem bestimmten Kollekte (vgl. 1Kor 16,1) beteiligten sich auch Gemeinden Galatias. Lukas nennt Apg 20,4 Gaius aus Derbe und Timotheus, den Mitarbeiter des Apostels, der dort beheimatet war.
3. Für die Provinzhypothese spricht auch Apg 18,23: „... er durchzog nacheinander das galatische Land und Phrygien ...".
4. Nach *St. Mitchell,* Anatolia II, 3, „... gibt es weder in der Apg einen evidenten Beleg noch außerhalb des Neuen Testaments irgendein Zeugnis dafür, daß Paulus jemals in der Region von Ankyra, Pessinus und Tavium (= Landschaft Galatien) evangelisiert und einen Brief an Christen in jener Gegend geschrieben hat. Die Missionsarbeit des Paulus war höchstwahrscheinlich auf den Süden der römischen Provinz Galatia begrenzt, der den östlichen Teil Phrygiens, Pisidien, Lykaonien und Pamphylien umfaßt.[25]

Die christlichen Gemeinden in der Provinz Galatia

Paulus redet im Präskript „die Gemeinden Galatiens" (Gal 1,2) an. Er kann sie im Brief auch als „Galater" ansprechen (Gal 3,1). Die Bezeichnung „Galatien" steht auch in 2Tim 4,10 und 1Petr 1,1. Demgegenüber verwendet Lukas in der Apostelgeschichte (vgl. Apg 16,6; 18,23) den Namen „das galatische Land". Nach Apg 18,23 gab es in der Provinz Galatia „Jünger" und dementsprechend christliche Gemeinden. Sie müssen sich in den Städten befunden haben und hatten Verbindung miteinander.
Auf die Frage, wo die Gemeinden sich befunden haben, gibt es zwei hypothetische Antworten:
Erstens: Die Landsschaftshypothese: Ihre Vertreter, z.B. Udo Borse, Werner Georg Kümmel, Albrecht Oepke und Joachim Rohde, machen[26] geltend: Da in Apg 16,6 und 18,23 vom „galatischen Land" die Rede ist und der weitere Reiseweg des Paulua nach Apg 18,23 „durch das galatische Land und Phrygien" führte, ist von der Landschaft die Rede. b) Der Apostel konnte nicht Lykaonier und Pisidier mit „O ihr unverständigen Galater" (Gal 3,1a) anreden. Lukas in der Apostelgeschichte und andere zeitgenössische Schriftsteller unterscheiden die

---

24 Vgl. *W.H. Ollrog*, Paulus, 55f.
25 Vgl. *St. Mitchell*, Anatolia, passim.
26 *U. Borse*, Galaterbrief, 7ff; *W.G. Kümmel*, Einleitung, 258ff; *A. Oepke*, Galater, 25f; *J. Rohde*, Galater, 5-8.

Galater klar von ihren Nachbarstämmen. Die Adressaten müssen also im Inneren Kleinasiens zu suchen sein.

Zweitens: Die Provinzhypothese: Nach ihr sind die Adressaten des Briefes im Süden der Provinz Galatien zu suchen. Paulus müßte sie auf seiner ersten Missionsreise, die er zusammen mit Barnabas durchführte, gegründet (vgl. Apg 13-14), nach der Landschaftshypothese erst während der zweiten (vgl. Apg 16,16), und sie zu Beginn der dritten wieder besucht haben (vgl. Apg 18,23). Er reiste dann weiter nach Ephesus (vgl. Apg 19,1). Aus den knappen Berichten der Apostelgeschichte können wir nichts Näheres über die Gemeinden Galatiens erfahren.

Im Unterschied zu allen anderen Briefen des Apostels ist der Galaterbrief nicht an eine einzelne Gemeinde, sondern an alle Gemeinden in der Provinz Galatia gerichtet ist. Er ähnelt damit dem zweiten Korintherbrief, der über die Gemeinde in Korinth hinaus an alle Gemeinden der Provinz Achaja gerichtet ist (vgl. 2Kor 1,1b). Der Aufenthalt dort während der zweiten Missionsreise hat längere Zeit gedauert, weil der Apostel krank und von Gemeindegliedern gepflegt wurde (vgl. Gal 4,13ff), bis er wieder genesen war. Gegen die Provinzhypothese spricht, die z.B. W.-H. Ollrog vertritt,[27] daß Paulus oft die Landschaftsbezeichnungen verwendet, so Gal 1,21, wo er Syrien, die Landschaft südlich des Taurusgebirges. Zur Provinz Syria gehörten z.Zt. des Paulus auch Judäa und Jerusalem (vgl. Röm 15,31; 2Kor 1,16; Gal 1,22; 1Thess 2,14). Erst während der Regierungszeit Kaiser Vespasians (68-79 n.Chr.) und nach der Zerstörung Jerusalems durch Titus im Jahre 70 n.Chr. kam es zur Errichtung einer römischen Provinz Judäa. Auch Hispania ist die Bezeichnung der Landschaft südlich der Pyrenäen (vgl. Röm 15,24). Auf der Halbinsel gab es damals die beiden imperatorischen Provinzen Tarraconensis oder Hispania citerior und Lusitania, sowie die senatorische Provinz Baetica oder Hispania ulterior. Arabien, wohin Paulus gemäß Gal 1,17b schon bald nach seiner Bekehrung und Berufung zum Apostel zog, bezeichnet die Landschaft östlich und südöstlich des Jordans, nicht die Bezeichnung des Nabatäerreiches. Für die nordgalatische Theorie spricht auch, daß der Apostelkonvent, von dem Lukas Apg 15,1-29 berichtet hat, erst nach der zweiten Missionsreise, die Paulus zusammen mit Silas unternahm und zum Schluß auch die Jerusalemer judenchristliche Gemeinde besuchte (vgl. Apg 15,36 – 18,22), zusammentrat. Paulus strebte beim Bericht über seinen Lebensweg keine Vollständigkeit an; vielmehr wollte er seine Unabhängigkeit von den Jerusalemer Aposteln betonen. Provinznamen nennt Paulus allein bei Asia, Achaia und Makedonien (vgl. Röm 15,26; 16,5; 1Kor 16,5.15.19; 2Kor 1,1.16; 2,13; 7,5; 8,1; 9,2; 11,9f; Phil 4,15; 1Thess 1,7f; 4,10). In Röm 15,19 ist Illyrien nicht Provinz-, sondern Landschaftsname. Ohne den Galaterbrief wüßten wir nicht, daß die von ihm während der ersten Missionsreise zusammen mit Barnbas gegründeten Gemeinden im pisidischen Antiochia (vgl. Apg 13,13-52), das Evangelium von dem Apostel hörten, ihm glaubten und sich taufen ließen.

---

27 Vgl. *W.-H. Ollrog*, Mitarbeiter, 55.

Ort und Zeit der Abfassung[28]

Der Galaterbrief ist ein Zirkularschreiben an die christlichen Gemeinden in der Provinz Galatia. Für den Ort und die Zeit der Abfassung kommen entweder die Zeit, in der Paulus in Ephesus wirkte, oder die Zeit, während der Paulus durch Makedonien reiste, in Betracht. Hätte er ihn in Ephesus geschrieben, dann wäre er vor oder nach dem dort abgefaßten Ersten Korintherbrief geschrieben worden. Für die Entstehung des Rundschreiben an die Galater während der Makedonienreise (vgl. Apg 20,2), daß es sachlich dem Römerbrief nahesteht. Paulus hätte ihn dann nach den beiden Briefen an die Gemeinde in Korinth diktiert.

Der Aufbau des Briefes an die Galater ähnelt dem an die Römer:
1. Aus dem Präskript Röm 1,1-7 entsprechen die VV. 1-5 dem Bericht des Paulus über seine Berufung zum Heidenapostel in Gal 1,15ff.
2. Der Lehre von der Rechtfertigung allein aus dem Glauben an Jesus Christus in Röm 3,19-28 entspricht die sich an die Auseinandersetzung mit Kephas (Petrus, Gal 2,11-14) anschließende Argumentation für die Wahrheit des Evangeliums in Gal 2,15-21.
3. Der Begründung der Gerechtigkeit aus Glauben ohne Werke des Gesetzes aus der Schrift entspricht die Abrahamtypologie in Gal 3,6-25.29, nach der die Christen „aus Glauben Abraham Söhne sind", denen Gottes Geist verheißen ist und die aus Glauben gerechtfertigt werden.
4. Der Lehre von der Taufe in den Tod Christi Jesu als Befreiung aus der Macht und Gewalt der Sünde in Röm 6,3-5 entspricht die Tauflehre in Gal 3,26ff, nach welcher die Christen „Christus angezogen" (Gal 3,27b) haben und „Abrahams Nachkommenschaft (und) nach der Verheißung Erben" sind (Gal 3,29b).
5. Dem Abschnitt Röm 8,12-17, in dem es um den „Geist der Sohnschaft" geht, den die Christen „empfangen haben" (Röm 8,15b), entspricht Gal 4,1-7, wo Paulus seine christlichen Geschwister „Söhne" nennt, denen Gott „den Geist der Sohnschaft in" ihre „Herzen gesandt hat" (Gal 4,6a).
6. Der von Paulus in Röm 9,6-13 aus der Schrift gewonnenen Lehre, daß die Christen „die Kinder Gottes, ... die Kinder der Verheißung" und als Abrahams „Nachkommenschaft anerkannt werden" (Röm 9,8b), entspricht in Gal 4,21-31, daß die Christen „Kinder einer Freien" und durch „Christus zur Freiheit befreit" sind (Gal 5,1a).
7. Dem Abschnitt Röm 13,8ff, in dem Paulus „die Liebe" als „des Gesetzes Erfüllung" (Röm 13,10b) bezeichnet, korrespondiert Gal 5,15ff. Dort schreibt der Apostel: „... das ganze Gesetz ist in dem einen Wort erfüllt: ‚Du sollst deinen Nächsten lieben wie dich selbst.'"
8. In Röm 7,15-23 bezeichnet Paulus sich stellvertretend für alle Menschen als „elender Mensch" (Röm 7,24a) und schreibt: „Nicht das Gute, das ich will, tue

---

[28] Vgl. *J. Becker*, Paulus, 32; *W. Foerster*, Abfassungszeit, 135-141; *H. Hübner*, Art. Galaterbrief, 11; *R. Jewett*, Dating Paul's Life, 52ff; *W.G. Kümmel*, Einleitung, 265; *D. Lührmann*, Art. Galaterbrief, 452; *U. Schnelle*, Einleitung, 112ff; *ders.*, Paulus, 292ff; *A. Suhl*, Paulus, 217ff; *Ph. Vielhauer*, Geschichte, 110f, sowie die Kommentare v. *H.D. Betz*, 47-51; *U. Borse*, *D. Lührmann*, 10f; *F. Mußner*, 9ff, *A. Oepke*, 27-30; *J. Rohde*, 8-13, und *F. Vouga*, 11.

ich, sondern das Böse, das ich nicht will" (Röm 7,19), weil ein anderes Gesetz in meinen Gliedern, das im Streit liegt mit dem Gesetz meiner Vernunft und mich gefangen nimmt unter das Gesetz der Sünde, das in meinen Gliedern ist" (Röm 7,23). Der Apostel sagt der Sache nach dasselbe aus, wenn er Gal 5,17 feststellt: „...das Fleisch gelüstet wider den Geist, den Geist aber wider das Fleisch. Diese nämlich liegen miteinander im Streit, damit ihr das nicht tut, was ihr wollt".
9. Nach Röm 8,12-17 haben die Christen „den Geist der Sohnschaft empfangen, in dem wir rufen: Abba, Vater!" (Röm 8,15b). In Gal 5,16-26 schreibt Paulus: „Wenn wir im Geist leben, wollen wir auch im Geist unser Leben führen" (Gal 5,25).

Die Gegner des Paulus[29]

Paulus schrieb den Brief an die überwiegend aus Heidenchristen bestehenden Gemeinden in der Provinz Galatia, weil das Vertrauensverhältnis zwischen ihnen und ihm durch judenchristliche Missionare, die unter Berufung auf den Herrenbruder Jakobus (vgl. Gal 2,12a) von den Heidenchristen die Beachtung des Mosegesetzes, die Beschneidung und das Beachten von „Tagen und Neumonden und (Fest)zeiten und Neujahrstagen" (Gal 4,3.10) verlangten, gestört war. Diese Judaisten waren gewiß jene „falschen Brüder" (Gal 2,4a), die beim Jerusalemer Apostelkonvent (Apg 15,1-29) keinen Erfolg hatten und die Forderung nach Beschneidung des Heidenchristen Titus nicht durchsetzen konnten.[30] Sie hätten dem Beschluß des Apostelkonvents (Apg 15,23b-29) nicht zugestimmt. Kürzlich seien sie in die galatischen Gemeinden mit den o. a. Forderungen gekommen.
Von Gott in der Thora festgelegte Festzeiten spielten im frühen Judentum eine große Rolle (vgl. z. B. IQS 1,13-15; 9,26 – 10,8; CD 3,12-16; 16,2-4; IQH 1,24, neu IX, 24; 12,4-9, neu XX, 4-9; äthHen 72,1-2; 75,3-4; 82,4.7-10).[31] Die Gegner „verwirren" die Adressaten; „sie wollen das Evangelium Christi verkehren" (Gal 1,7) und behaupten, Paulus rede „den Menschen zu Gefallen" (Gal 10b).
Im Proömium des Galaterbriefes (1,6-10) fehlt anders als in mehreren Paulusbriefen der Dank (vgl. Phil 1,3-8; 1Thess 1,2-10; Phlm 4-7). Paulus betont im Präskript seine Autorität als „Apostel nicht von Menschen, auch nicht durch einen Menschen, sondern von Jesus Christus und Gott, der ihn von den Toten auferweckt hat ..." (Gal 1,1). Die Gegner, die bestreiten, daß Paulus sein Apostelamt einer „Offenbarung Jesu Christi" verdankt und behaupten, er habe es „von

---

[29] Vgl. *J. Becker*, Paulus, 288-294; *H.D. Betz*, In Defense of the Spirit, 98-109; *H.-J. Eckstein*, Verheißung, 2-257; *R. Jewett*, Agitators, 198-212; *A. Jülicher / E. Fascher*, Einleitung, 70-75; *H. Köster*, ΓΝΩΜΑΙ ΔΙΑΦΟΡΟΙ, 160-205; *W.G. Kümmel*, Einleitung, 260-265; *E. Lohse*, Paulus, 189-193; *W. Schmithals*, Häretiker, 9-46; *U. Schnelle*, Einleitung, 121ff; *ders.*, Paulus, 294-301; *Ph. Vielhauer*, Geschichte, 113-125, sowie die Kommentare v. *J. Becker*, 10-14; *H.D. Betz*, 76-86; *F.F. Bruce*, 19-33; *J.D.G. Dunn*, 9-20; *F. Mußner*, 11-12; *J. Rohde*, 14-21 u. *H. Schlier*, 18-24.

[30] Vgl nach z. B. *A. Oepke*, Galaterbrief, 212f, zuletzt *G. Lüdemann*, Paulus II, 148-152.

[31] Vgl. Die Texte aus Qumran, 4f, 54-57, 70-73, 98f; vgl. *J. Maier*, Die Qumran-Essener I, 169, 193-195, 12, 31, 62, 103; *S. Uhlig*, Das Äthiopische Henochbuch, 637f, 651, 668f; *E. Schweizer*, „Elemente der Welt", in: *ders.*, Beiträge, 147-163; *D. Rusam*, Neue Belege, 119-125.

Menschen empfangen“ und „gelernt“ (Gal 1,12a), als er in Jerusalem Kephas kennenlernte und fünfzehn Tage lang bei ihm blieb, aber auch dem Herrenbruder Jakobus einen besuchte. Er respektiert in ihren unterschiedlichen Ämtern und Aufgaben (vgl. Gal 1,18f). Als er zusammen mit Barnabas und dem Heidenchristen Titus als Delegierter der Gemeinde des syrischen Antiochia in Jerusalem als Apostelkonvent in Jerusalem teilnahm (Gal 2,1, vgl. Apg 15,2), seien ihm anders, als es Paulus Gal 2,6 selbst berichtet, Auflagen gemacht worden. Die von Jakobus nach Antiochia entsandten Judenchristen hätten ihn zurechtgewiesen, während Kephas und Barnabas bei ihrem Eintreffen die zuvor praktizierte Tischgemeinschaft mit den dortigen Heidenchristen aufgaben und damit zur Praxis der Jerusalemer Muttergemeinde zurückkehrten (Gal 2,12-13; 4,26). Paulus wies Petrus vor der versammelten Gemeinde scharf zurecht (Gal 2,11-14).
Auch enthält der eigenhändige Briefschluß (Gal 6,1-18) keine Grüße; statt dessen warnt er wie zu Beginn seines Briefes (Gal 1,6-9) die Heidenchristen davor, sich auf die Forderungen der Judaisten, die sie „aufwiegeln“ einzulassen (Gal 6,12-17), die „wollen, daß ihr“, die Heidenchristen „euch beschneiden laßt“, damit sie der paulinischen Predigt „des Kreuzes Christi wegen nicht verfolgt werden“, anscheinend etlichen Heidenchristen einleuchtete (Gal 1,6-9; 4,9.17.21; 5,4; 6,12-13). Die Gegner „wollen sich“ „eures Fleisches rühmen können“ (Gal 6,12.13); „sie wollen euch ausschließen, damit ihr euch eifrig um sie bemüht.“ (Gal 4,17). „wollen das Evangelium Jesu Christi verkehren“ (Gal 1,7c).

Paulus sah „die Wahrheit seines Evangeliums“ (Gal 2,5.14; vgl. Kol 1,5) durch seine judaistischen Gegner bedroht. Er verteidigte sie
1. durch die Betonung, sein Apostelamt und den Auftrag zur Evangeliumspredigt durch göttliche Offenbarung empfangen zu haben (Gal 1,16a);
2. die Darlegung des Verhältnisses von Gesetz, Verheißung und Glaube (Gal 3,1–5,12);
3. die Darstellung eines durch christliche Freiheit und Liebe geprägten Ethos (5,13 – 6,10).

Der Galaterbrief als erstes Zeugnis der paulinischen Rechtfertigungslehre[32]

Paulus hat in Gal 2,16 den Grundsatz seiner Lehre von der Rechtfertigung formuliert: „Wir wissen aber, daß der Mensch nicht aus Gesetzeswerken gerecht wird, sondern durch (den) Glauben an Christus Jesus, damit wir aus Glauben an Christus und nicht aus Gesetzeswerken gerechtfertigt werden, denn aus Gesetzeswerken wird kein Fleisch gerechtfertigt, sondern aus dem Glauben an Chri-

---

[32] Vgl. *J. Becker*, Paulus, 294-321; *R. Bultmann*, Art. πιστεύω κτλ., 210-213; *ders.*,Theologie, 271-287; *G. Hahn*, Theologie I,286-295; *E. Lohse*, Paulus, 201-214; *U. Schnelle*, Paulus, 301-321; *G. Strecker*, Theologie, 150-166; *U. Wilckens*, Theologie I/3, 137-164, sowie die Kommentare von *F.F. Bruce*, 50f.

stus Jesus“ (vgl. z. B. Röm 3,22-24; 2Kor 11,22; Phil 3, 7-10). Der Apostel schreibt dies als Judenchrist. Gal 2,16a.b nennt die Grundlage christlicher Existenz, die ihn vom toraftommen Juden, der ebenso wie jeder Christ tagtäglich bis an sein Lebensende unter Gottes Beurteilung steht, unterscheidet.[33] Dieser muß, um im Endgericht bestehen zu können, alle gebotenen Gesetzeswerke tun. Nach paulinischer Überzeugung kann der Mensch allein „aus dem Glauben an (den) Christus Jesus gerechtfertigt werden“ (Gal 2,16e; Röm 3,28). Niemand kann die Gerechtigkeit vor Gott „aus Gesetzeswerken“ erlangen (Gal 2,16a). Paulus zitiert frei Ps 142,2b LXX aus dem Gebet eines von Feinden Verfolgten Ps 143,2b: „Vor dir [Jahwe] ist kein Lebender gerecht. Das gibt die LXX wie folgt wieder: „Vor dir wird kein Lebender gerechtfertigt“. Paulus verändert den LXX-Text in dreifacher Hinsicht: erstens läßt er das „vor dir“ aus, zweitens schreibt er statt „kein Lebender“, also kein Mensch, „kein Fleisch“, und drittens fügt er „aus Gesetzeswerken“ hinzu.[34] Der Terminus „Gesetzeswerke“ findet sich schon 4Q 398,3.[35] Er kommt bei Paulus nur im Galater- und Römerbrief vor, außer an unserer Stelle noch Gal 3,2.5.10; Röm 3,20.27.28; 4,2.6; 9,12.32; 11,6. Daß ein Mensch allein aus Gottes Gnade gerechtfertigt werden kann, war auch die Überzeugung der Essener: „... meine Gerechtigkeit steht bei Gott ... und durch seine Gerechtigkeit wird meine Sünde getilgt...“ (1QS XI, 2ba.3a).[36] Paulus begründet seinen Gal 2,16 aufgestellten Grundsatz in Gal 3,10-13. Nach dem Zitat aus Dtn/5Mo 27,26 LXX in Gal 3,10 „ist verflucht, wer nicht die Worte des Gesetzes gelten läßt, indem er sie befolgt“, „sind unter dem Fluch, die nicht aus Gesetzeswerken leben“. „Unter dem Fluch“ stehen nach der Überzeugung nicht allein Juden sondern auch Judenchristen, welche die Befolgung des Gesetzes als Vorbedingung einer Teilhabe am Heil Gottes fordern. Aus Hab 2,4b LXX: „Der Gerechte wird aus Glauben leben“, schließt Paulus Gal 2,11b, daß nur derjenige am Gottesheil partizipieren kann, der „aus Glauben“ lebt. Er unterstreicht seine These, daß niemand Gerechtigkeit von Gott aus der Erfüllungen der Gesetzesforderungen erlangen kann, mit einem Zitat aus Lev/3Mo 18,5b: „Wer sie getan hat, wird in ihnen“ (= durch sie) „leben“. Ein Sünder, der nicht alle Forderungen des Mosegesetzes erfüllt, hat dementsprechend keine Chance, am Leben aus und in Gott Anteil zu bekommen. „Christus“ aber „hat uns vom Fluch des Gesetzes losgekauft, indem er für uns zum Fluch geworden ist“ (Gal 3,13a.b). Der Apostel begründet das Gal 3,13c mit einem Mischzitat aus Dtn/5Mo 27,26; 21,23 LXX: „Verflucht ist jeder, der am Holz hängt“. Falls Heidenchristen in den Gemeinden Galatias sich beschneiden lassen sollten, würden sie sich auch unter dem Fluch des Gesetzes befinden (vgl. Gal 1,8-9). Zwischen dem Zitat aus Hab 2,4b und dem Zitat aus Dtn 27,26 und dem Mischzitat aus Dtn 27,26; 21.23 stehen die Zitate aus Hab 2,4b und Lev 18,5b, die begründen, daß Gerechtigkeit „aus Glauben“ und Gerechtigkeit aus Gesetzeswerken einander ausschließen. Wir Heidenchristen und Judenchristen, die wir als Sünder nach Dtn 27,26 „verflucht“ sind, verdanken es Christus, der „für unsere Sünden gestorben ist“ (1Kor,15,3ba), der „uns“ nach Gal 3,13c durch seinen

33 Vgl. *G. Ebeling*, Wahrheit, 167.

34 Vgl. *H. Schlier*, Galater 95.

35 Vgl. *J. Maier*, Die Qumran-Essener, 375: „Thora-Praktiken“.

36 Vgl. Die Texte aus Qumran, 40f *(E. Lohse)*; *J. Maier*, Die Qumran-Essener I, 98.

Tod am Schandkreuz „vom Fluch des Gesetzes losgekauft hat“, daß wir vor Gott gerecht dastehen können. Der Apostel wandte sich deswegen gegen die judenchristlichen Missionare, die sich auf den Herrenbruder Jakobus beriefen, weil dann, wenn sie Recht gehabt und sich bei den galatischen Heidenchristen durchgesetzt hätten, Christus „vergebens gestorben“ wäre (Gal 2,21c).

Wenn Paulus in Gal 2,19-20b schrieb: „Ich bin durch das Gesetz dem Gesetz gestorben, damit ich Gott lebe. Ich bin mit Christus zusammen gekreuzigt worden. Ich lebe, aber nicht mehr ich, in mir lebt Christus“, dann steht hinter diesen Aussagen ebenso wie hinter Röm 8,32 (vgl. Eph 5,2.25) ein frühchristliches Taufbekenntnis, das Paulus höchstwahrscheinlich während seiner Zeit als Lehrer in der Gemeinde des syrischen Antiochia (vgl. Apg 11,26b; 13,1) kennengelernt hat:[37] „Ich bin durch das Gesetz dem Gesetz gestorben, damit ich Gott lebe. Ich bin mit Christus zusammen gekreuzigt worden. Ich lebe, aber nicht mehr ich, in mir lebt Christus“ (Gal 2,19-20a). Das gilt auch für die Tauftradition in Röm 6,3f: „Wißt ihr denn nicht, daß wir alle, die wir auf Christus Jesus getauft worden sind, auf seinen Tod getauft. Wir wurden also durch die Taufe mit ihm begraben in den Tod, damit, wie Christus von den Toten auferweckt wurde, auch wir in einem neuen Leben wandeln sollen“.[38] Eine Folge des durch die Taufe begründeten Seins der Christen in Christus ist ihre Gottessohnschaft, die dazu führt, daß unter ihnen alle ethnisch-religiösen, geschlechtlichen und gesellschaftlichen Unterschiede aufgehoben sind: „Da ist nicht Jude noch Grieche, da ist nicht Sklave noch Freier, nicht Mann noch Frau …“ (Gal 3,28a.bc).

In Gal 3,6-18 führt Paulus Abraham als Zeugen der Gerechtigkeit aus Glauben an, nachdem er zuvor in 3,2-5 die Christen in den Gemeinden der Provinz Galatia gefragt hat, ob sie „den Geist aus Werken des Gesetzes oder aus der Predigt vom Glauben empfangen“ haben (Gal 3,2b.c). Der Segen Abrahams konnte nur durch die Aufhebung des Gesetzes zu den Heiden kommen, „damit wir mittels des Glaubens den verheißenen Geist empfingen“ (Gal 3,14b). In Gal 3,6 bereitet der Apostel seine Leser mit dem Zitat von Gen 15,6 LXX: „Abraham glaubte Gott und es wurde ihm zur Gerechtigkeit gerechnet“ auf das in 3,8d folgende Schriftzeugnis aus Gen 12,3; 18,18 LXX vor: „In dir werden alle Völker gesegnet werden“ (vgl. Apg 3,25b.c.d-28). Paulus geht es darum, daß auch die Heiden als Abrahams Nachkommen am Heil Gottes partizipieren. Daß er auch die Heidenchristen, die sich nicht beschneiden zu lassen brauchten, ohne Beachtung der kultischen und rituellen Gesetzesvorschriften als Abrahams Kinder ansah, war für die bei weitem überwiegende Mehrheit der Juden und auch für viele Judenchristen ein Ärgernis. Auch in syrBar LIV, 2. Nach Gal 3,9 ist für Paulus der Segen, welcher ihnen von Gott zuteil wird, eine Folge des Segens, den Abraham erfahren hat. Nach Gen/1Mo 17,7 LXX ist die Segensverheißung ein „Bund“. Gott hat ihn mit Abraham „und deinen Nachkommen“ abgeschlossen (Gal 3,18c). Die Segensverheißung kann auch durch „das der Übertretungen wegen hinzugefügte“ Mosegesetz nicht abgeändert werden (Gal 3,19b).

---

[37] Vgl. den Kommentare v. *J. Becker*, 42, 44 und *F. Mußner*, 181. Im Kommentar v. *H. Schlier* heißt es treffend 101: „Das Leben des in Christus durch die Taufe Gerechtfertigten kann … als ein ‚Leben Christi in mir’ begriffen werden.“

[38] Zur Auslegung vgl. die Kommentare zum Römerbrief v. *E. Käsemann*, 156-159, *E. Lohse*, 187ff und *H. Schlier*, 192ff.

In Gal 4,12-20 ruft Paulus den galatischen Christen die geistliche Verwandtschaft ins Gedächtnis, die zwischen ihm und ihnen besteht. Er erinnert sie an die Zeit, zu der er ihnen zuerst das Evangelium gepredigt hatte, und an ihre Hilfsbereitschaft, als er nach einem seiner epileptischen Anfälle krank darniederlag. Sie haben ihm nicht ihren Abscheu und ihre Verachtung bekundet, nicht vor ihm ausgespuckt, sondern ihn gesund gepflegt. „Wie einen Engel Gottes“ haben sie ihn aufgenommen, ja „wie Christus Jesus“ selbst (Gal 4,14; vgl. Mt 25,30f). Dem Apostel ist in der Krise des Verhältnisses zwischen den galatischen Gemeinden und ihm an der Fortdauer des geistlich geschwisterlichen Verhältnisses zwischen ihnen und ihm gelegen.
Paulus ermahnt sie, die den Judaisten Gehör schenken, bereit sind, sich beschneiden zu lassen und die Gebote des Mosegesetzes zu halten, bei der „Freiheit“ zu bleiben, die sie durch die Predigt des Evangeliums, den Glauben und die Taufe erlangt haben.[39]

Die Argumentationsweise des Apostels Paulus

Schon nach einer Generation war der Glaube an die Offenbarung Gottes in dem gekreuzigten, auferstandenen und von Gott zu sich erhöhten Jesus von Nazareth als Gottes Sohn und Christus nicht allein in den Städten und Dörfern des damaligen Palästina, sondern auch in Syrien, insbesondere in der Provinzhauptstadt Antiochia verbreitet. Die Christen aus den Juden und gottesfürchtigen Heiden aus dem Umkreis der Synagogen hatten sich notgedrungen von der jüdischen Mutterreligion getrennt und eigene Gemeinden gegründet, weil den Juden der Glaube an einen gekreuzigten Messias ein „Ärgernis“ (1Kor 1,23) und den Heiden eine „Torheit“ (1Kor 1,18) war, „denen aber, die gerettet werden, ist es eine Gotteskraft“ (1Kor 1,18). Der Brief des Apostels an die Christen in den Städten und Dörfern der Provinz Galatia zeigt, daß die Gemeinden dort in eine schwere Krise geraten waren. Anhänger des Herrenbruders Jakobus verlangten von den Heidenchristen, daß sie sich beschneiden, das Mosegesetz halten und keine Tischgemeinschaft mit den Heidenchristen pflegen sollten. Kephas/Petrus und Barnabas, der Mentor des Paulus, ließen sich von diesen Forderungen beeindrucken und brachen ihre bisherige Tischgemeinschaft mit den Heidenchristen ab, so daß Paulus Anlaß hatte, Petrus deswegen gemeindeöffentlich zu tadeln (vgl. Gal 2,11-21).
Der Apostel mußte seinen, von den drei „Säulen“ (Gal 2,9) der Jerusalemer judenchristlichen Gemeinde, Jakobus, Kephas/Petrus und Johannes anerkannten Auftrag, zusammen mit Barnabas den Heiden das Evangelium zu predigen (vgl. Gal 2,9), judaistischen Gegnern gegenüber verteidigen. Die galatischen Chri-

---

[39] Vgl. *H. Schlier*, Art. ἐλεύθερος κτλ., ThWNT II, 492-500; *K. Niederwimmer*, Art. ἐλεύθερος κτλ., 1052-1058, sowie die Kommentare zum Galaterbrief von *J. Becker*, 59-64; *H.D. Betz*, 433-462; *U. Borse*, 178-188; *F. Mußner*, 342-364; *A. Oepke*, 154—163; *J. Rohde*, 211-225; *H. Schlier*, 228-244 und *F. Vouga*,120-126, sowie *H.- W. Bartsch*, Art. IV. Freiheit und Befreiung im NT, TRE 11,506-511; *R. Bultmann*, Theologiie, 327-348; *E. Käsemann*, Paulinische Perspektiven, 211-236: *G. Bornkamm*, Die christliche Freiheit, 133-138; *H. Krings*, Art. Freiheit, HPhG, 493-510 und *S. Vollenweider*, Art. Freiheit II, NT, RGG4, 306ff.

sten, die das ihnen von Paulus gepredigte Evangelium im Glauben angenommen, sich hatten auf den Namen des Gottessohnes Jesus Christus hatten taufen lassen und den Heiligen Geist empfangen hatten (vgl. Gal 3,2.5), ließen sich von den Forderungen der Judaisten beeindrucken und waren bereit, ihnen zu folgen. Damit aber hätten sie die ihnen im Glauben an das Evangelium gegebene „Freiheit“ (vgl. Gal 2,4f; 4,22-31 und 5,1.13) vom Mosegesetz preisgegeben. Die „neue Schöpfung“ (vgl. 2Kor 5,17 und Gal 6,15) Unterschiede zwischen Juden- und Heidenchristen, Rangdifferenzen zwischen Männern und Frauen sowie zwischen Freien und Sklaven (vgl. Gal 3,28) würden dann wieder wirksam werden. Der von den Judaisten ihnen gewiesene Weg schien ihnen leichter gangbar zu sein als der, den Paulus ihnen mit der Freiheit von der Thora Israels gezeigt und vorgelebt hat. Hier konnten sie sich die Gerechtigkeit vor Gott durch Leistungen erwerben. Damit aber stand „die Wahrheit des Evangeliums“ (Gal 2,5b) auf dem Spiel. Die galatischen Christen wollten der „Wahrheit nicht mehr gehorchen“ (Gal 5,7b). Damit fallen sie vom Glauben ab, über den Paulus schrieb: „Ich bin durchs Gesetz dem Gesetz gestorben, damit ich Gott lebe; ich bin mit Christus gekreuzigt. Ich lebe, doch nun nicht ich, sondern Christus lebt in mir; denn was ich jetzt lebe, lebe ich im Glauben an den Sohn Gottes, der mich geliebt und sich selbst für mich dahingegeben hat (Gal 2,19f).

Paulus appelliert an die Erfahrung der galatischen Christen. Er hat ihnen „Jesus Christus, als Gekreuzigten deutlich vor die Augen gemalt“ (Gal 3,1b). Sie haben „den Geist durch die Glaubensbotschaft empfangen“ (Gal.3,2). Paulus fürchtet, daß sie „so Großes vergeblich erfahren“ haben (Gal 3,4). Der Apostel appelliert an die Vernunft der Adressaten seines Briefes: „Der euch nun den Geist darreicht und Machttaten unter euch wirkt, tut er das, aus Gesetzeswerken oder aus der Predigt des Glaubens?“ (Gal 3,5). Vernünftigerweise können die Christen in der Provinz Galatia nur antworten: „aus der Predigt des Glaubens“, nicht aber „aus Gesetzeswerken“ (Gal 3,5b). Paulus ist davon überzeugt, daß „die Wahrheit des Evangeliums“ mit vernünftigen Argumenten vertreten werden kann, denen sich die galatischen Christen nicht verschließen konnten, ohne sich selbst untreu zu werden. Die Gegner des Apostels waren nicht davon überzeugt, daß der Glaube genüge, um das Heil zu erlangen, sondern forderten von den zum Glauben gekommenen und getauften Heidenchristen die Beschneidung und die Erfüllung aller übrigen Vorschriften des Gesetzes zur Rechtfertigung vor Gott. Dagegen verweist Paulus in Gal 3,6-13 auf die Abrahamüberlieferung: „Abraham glaubte Gott, und das wurde ihm als Gerechtigkeit angerechnet (Gen/1Mo 15,6 LXX): Abraham kannte das Gesetz noch nicht; es wurde Mose erst 430 Jahre später auf dem Berge Sinai übergeben (vgl. Gal 3,17). Die wahren Söhne Abrahams sind die Christen. Sie glauben wie Abraham. Das erläutert der Apostel mit Hilfe der Sarah-Hagar-Typologie (vgl. Gal 4,21-31). Die Beschneidung und das Halten der Gebote des Mosegesetzes sind keine Bedingungen, um den Geist und das Heil von Gott zu erlangen. Anders, als die gesetzestreuen Gegner es sahen, ist Paulus davon überzeugt, daß der Geist nur durch den Glauben an Gottes Offenbarung in und mit dem am Kreuz gestorbenen, auferstandenen und zu Gott erhöhten Herrn Jesus Christus zu erlangen ist (vgl. Gal 2,5.21; 3,3ff; 4,9ff und 5,1-4). Gott hat die Erlangung des Heils nicht vom Halten der Gebote des Mosegesetzes abhängig gemacht, sondern es wird allen, die glauben und sich taufen lassen, rein aus Gnaden zuteil. Vgl. Gal,3,26ff: „Ihr alle seid Gottes Söhne durch den Glauben an Christus Jesus; denn ihr alle, die ihr auf Christus getauft worden seid, habt Christus angezogen. Da ist nicht Jude noch Grieche, nicht Sklave noch Freier, nicht Mann noch Frau; denn ihr alle seid einer in Christus Jesus. Gehört ihr aber zu Christus, so seid ihr Abrahams Nachkommen und nach der Verheißung Erben". „Verheißung" gilt auch „deinen Nachkommen" (Gal 3,18c). Die Segensverheißung kann auch durch „das der Übertretungen wegen hinzugefügte" Mosegesetz nicht abgeändert werden: Warum gibt es das Gesetz? Es wurde der Übertretungen wegen hinzugefügt, bis daß der Nachkomme käme, dem die Verheißung gil. Es wurde von Engeln durch die Hand eines Mittlers verordnet" (Gal 3,19). Der Segen, der ihnen von Gott zuteil wird, eine Folge des Segens, den Abraham erfahren hat. Nach Gen/1Mo 17,7 LXX ist die Segensverheißung ein „Bund". Gott hat ihn mit Abraham auch seinen „Nachkommen" zukommen lassen. Daran partizipieren auch die galatischen Christen. Daß Paulus die Heidenchristen, die sich nicht beschneiden zu lassen brauchten, ohne Beachtung der kultischen und rituellen Gesetzesvorschriften als Kinder Abrahams Kinder ansah, war für die bei weitem überwiegende Mehrheit der Juden und auch für viele Judenchristen ein Ärgernis. Nach Gal 3,9 werden diejenigen, „die aus Glauben" leben, „mit dem gläubigen Abraham gesegnet.werden." Die Herkunft spielt keine Rolle. Entscheidend ist, daß Menschen sich im Leben wie im Sterben dem im gekreuzigten, gestorbenen und auferstandenen Herrn Jesus Christus anvertrauen.

Kommentar

Das Präskript
1,1-5

¹Paulus, Apostel nicht von Menschen, auch nicht durch einen Menschen, sondern von Jesus Christus und Gott, dem Vater, der ihn von den Toten auferweckt hat, 2und alle Brüder, die bei mir sind, an die Gemeinden in der Galatia: 3Gnade sei mit euch und Friede von Gott, unserem Vater, und dem Herrn Jesus Christus, 4der sich selbst für unsere Sünden dahingegeben hat, damit er uns herausreiße aus dem gegenwärtigen bösen Äon nach dem Willen des Vaters. ⁵Ihm sei Ehre in alle Ewigkeit. Amen.

Gattung und Form[40]
Das Präskript hat die in allen Briefen des Neuen Testament mit Ausnahme der beiden Briefe in Apg 15,23 und 23,26 sowie Jak 1,1 übllichen Form: „Jakobus, Knecht Gottes und des Herrn Jesu Christi, den zwölf Stämmen in der Zerstreuung Gruß!". Es besteht aus der Angabe des Absenders oder Überschrift *(superscriptio)* mit der Angabe des Absenders, der Adressaten (adscriptio) und dem Gruß (salutatio, vgl. Röm 1,1-7; 1Kor 1,1ff; 2Kor 1,1f; Phil 1,1f; 1Thess 1,1 und Phlm 1-3, sowie den Paulus zugeschriebenen Briefen Eph 1,1f; Kol 1,1f und 2Thess 1,1-2, den Pastoralbriefen 1Tim 1,1-2 und 2Tim 1,1-2; Tit 1,1-4, sowie den Katholischen Briefen 1Petr 1,1-2; 2Petr 1,1f; 2Joh 1ff und 3Joh 1). Es folgt dem Vorbild der amtlichen Schreiben aus der neubabylonischen, persischen und hellenistischen Zeit (vgl. Esr 4, 9f und 2Makk 1,10).
Zu Eingang des Galaterbriefes zeigt es schon in seiner Form, daß Paulus sich um die Behauptung seiner Autorität als Apostel bemüht. Die Überschrift (1, Superscriptio) zeigt schon durch die Betonung des Apostelamtes, und die Erwähnung „alle(r) Brüder, die mit mir sind" (2a), daß der Brief amtlichen Charakter hat. Das Präskript ist an den Stellen erweitert, an denen es sich mit Stellen des Briefinhalts berührt, so in der Bestimmung des Apostolats (1,1) sowie in den Christus- und Heilsaussagen (1,4).

1: *Der Absender:* **Paulus, Apostel nicht von Menschen, auch nicht durch einen Menschen, sondern von Jesus Christus und Gott, dem Vater, der ihn von den Toten auferweckt hat**. Eingangs bezeichnet sich Paulus, der Absender, als „Apostel" (vgl. Hdt I, 21; V, 38; 3Kön 14,6 LXX; Justin Dial LXXV, 2; Jos Ant XVII, 300). Die Amtsbezeichnung entspricht dem frühjüdischen, bevollmächtigten „Gesandten". Er entspricht dem rabbinischen Grundsatz: „Der Bevollmächtigte eines Menschen ist wie dieser selbst" (Berakh 5,5).[41]
Seinen Titel bestimmt Paulus als „nicht durch einen Menschen, sondern von Jesus Christus und Gott, der ihn von den Toten auferweckt hat", näher. Diese Erweiterung enthält ein negatives und ein positives Element: Der paulinische Apostolat ist nicht menschlicher Herkunft, wie seine judaistischen Gegner behaupteten, die ihn als Gemeindegesandten wie in 2Kor 8,23 und Phil 2,25 ver-

---

40 Vgl. *O. Roller*, Formular, 145f; *P. Wendland*, Literaturformen, 411-417, sowie die Kommentare v. *H.D. Betz*, 87; *G. Ebeling*, Wahrheit, 1-54; *F. Mußner*, 43ff; *J. Rohde*, 30f u. *H. Schlier*, 25f.
41 Vgl. Bill. III, 3.

stehen, sondern stammt vom auferweckten „Jesus Christus und Gott, dem Vater". Paulus ist der auferstandene Jesus als Gottessohn und Christus begegnet (vgl. auch Gal 1,12.16). Sein Apostelamt entspricht hier wie in 1Kor 1,1; 2Kor,1,1; Eph 1,1; Kol 1,1 und 2Thess 1,1 dem WillenGottes. Der Gott, dessen Wille sich in der Berufung des Paulus zum Apostel als wirksam erwiesen hat, ist derjenige, der in Jesus Christus den Tod besiegt hat (vgl. 1Kor 9,1; 15,8 und Eph 1,20). Vgl. z.B. Gen/1Mo 41,8 LXX: Der Pharao „schickte hin und ließ alle Wahrsager und Weisen Ägyptens rufen. Vgl. Gen/1Mo 32,4 LXX: „Jakob sandte Boten zu seinem Bruder Esau ins Land Seïr vor sich her. Vgl. Gen/1Mo 41,14a LXX: „Da schickte der Pharao hin und ließ Joseph rufen". Vgl. Num/4Mo 20,14a LXX: Mose schickte von Kadesch aus Boten zum König von Edom". Vgl. Jos 7,22a: „Josua schickte Boten." Vgl. Ri 6,35ba LXX: Gideon „schickte Boten in Asser, Sebulon und Naphtali umher". Vgl. Ri 7,24a LXX: „Gideon schckte Boten im ganzen Bergland von Ephraim umher".Vgl. Ri 9,31a LXX: „Gaal schickte Boten zu Abimelech. In einem Brief der Juden an den König Artaxerxes (464 – 424 v.Chr.) heißt es unter anderem: „Wir senden dem König Nachricht" (Esr 4,14c). Vgl. Jes 6,8 LXX: Jahwe fragte Jesaja: „Wen soll ich senden? Wer wird für uns gehen? Ich antwortete: Hier bin ich; sende mich". Ein unbekannter Propbet spricht: „Jetzt hat Jahwe mich und seinen Geist gesandt" (Jes 48,16e LXX). Jahwe spricht zu Jeremia anläßlich dessen Berufung: „Wohin ich dich auch sende, dorthin sollst du gehen, und was ich dir auftrage, das sollst du verkünden" (Jer 1,7c LXX). Jahwe erinnert den Propheten Jeremia: Von dem Tag an, als euere Väter aus Ägypten zogen, sandte ich euch immer wieder Propheten, meine Knechte" (Jer 7,26 LXX). „Jeremia erwiderte allen Beamten und dem ganzen Volk: Jahwe hat mich gesandt, als Prophet gegen dieses Haus und gegen diese Stadt alle Worte zu verkünden, die ihr gehört habt" (Jer 26,12). Sacharja sagt zum Volk: „Ihr werdet erkennen, daß Jahwe, der Allherrscher, mich gesandt hat" (Sach 2,12 LXX). Vgl. Mal 3,1a LXX: Vgl. auch Sach 4,9 LXX; 6,15 LXX. Jahwe spricht: „Seht, ich sende meinen Boten; der soll den Weg für mich bahnen". Kaiser Vespasians (68 – 79 n.Chr.) „Sohn Titus war damals nicht dabei, weil er zu Mucianus nach Syrien abgschickt war" (Bell VII, 32).[42] Titus „übergab der 10. Legion die Bewachung Jerusalems, anstatt sie zum Euphrat zu schicken" (Bell VII, 17b).[43] Vgl. Qid 41b: „Rabbi Jehoschua ben Qarcha (um 150) hat gesagt: Von welcher Schriftstelle aus läßt sich beweisen, daß der Abgesandte eines Menschen wie dieser selbst ist? Weil es Ex/2Mo 12,6 heißt: Die gesamte Gemeinde Israel soll es [das Passahlamm, W. E.] zwischen den beiden Abenden schlachten." Vgl. Qid 2,1: „Der Mann kann seine Verlobung selbst oder durch einen Beauftragten abschließen; die Frau kann ihre Verlobung selbst oder durch einen Bauftragten vollziehen; der Mann kann seine Tochter, wenn sie unmündig (noch nicht 12 1/2 Jahre alt) ist, selbst oder durch einen Beauftragten verloben." Vgl. BM 86b: Rabbi Jehuda († 299) hat gesagt, Rabbi († 247) habe gesagt: Alles, was Abraham den Dienstengeln selbst getan hat, das hat Gott seinen (Abrahams) Kindern selbst getan, und alles, was Abra-

---

42 Josephus, De Bello Iudaico, II/1, 6f (*O. Michel / O. Bauernfeind*).
43 *Ders.*, ebd., 80f.

ham durch seinen Beauftragten getan hat, das hat auch Gott seinen Kindern durch einen Beauftragten getan."[44]

Vgl. QLk 10,2 // QMt 9,37: „Die Ernte ist groß, aber der Arbeiter sind wenige. Bittet daher den Herrn der Ernte, daß er Arbeiter in seinen Weinberg sende!". Jesus beteiligt die Zwölf, die den inneren Kern seiner Jüngerschaft bilden, jetzt an seiner Mission. Sie sollen Gott, den Vater Jesu, darum bitten, daß er noch andere Jünger bereit mache, sich an der Volksmission unter den Juden Palästinas zu beteiligen. Vgl. S^{Lk} 4,18 // Jes 61,1f LXX: Jesus liest in der Gemeindeversammlung Nazareths aus der Jesajarolle: „Der Geist Jahwes ruht auf mir, weil er mich gesalbt hat; er hat mich gesandt, den Armen frohe Kunde zu bringen, den Gefangenen Befreiung zu verkünden und den Blinden das Augenlicht; die Zerschlagenen sollen frei und entlassen sein, ein Gnadenjahr Jahwes auszurufen. Vgl. S^{Mt} 10,16a: „Siehe, ich sende euch wie Schafe mitten unter die Wölfe". Die Jünger, welche Jesus ausgesandt hat, sich an seiner Sendung zu beteiligen, befinden sich in ihrem Volk ebenso wehrlos, wie „Schafe" inmitten eines Rudels „Wölfe". Sie erleiden von ihren eigenen Landsleuten Gewalt. Es gibt darunter aberauch solche, die Jesu Jünger und ihre Botschaft vom Anbruch der Gottesherrschaft annehmen und ihre Autorität anerkennen. Vgl. QLk 10,16 // QMt 9,37: „Wer euch hört, hört mich, und wer euch verwirft, verwirft mich. Wer aber mich verwirft, verwirft den, der mich gesandt hat". Die ausgesandten Jünger sind Jesu Repräsentanten; sie reden und handeln in seinem Namen. Wer ihnen Gehör schenkt, ist bereit, ihre Botschaft anzunehmen. Wer sich ihnen verschließt, verweigert die Annahme ihrer Botschaft, die Jesu und seines Vaters Botschaft ist. Er bringt sich um sein Heil. Das aber kann in niemandes Interesse liegen. Doch es kam vor: „Doch wenn ihr in eine Stadt kommt, in der man euch nicht aufnimmt; dann geht auf ihre Straßen hinaus und ruft: Auch den Staub euerer Stadt, der an unseren Füßen klebt, schütteln wir euch ab; doch das sollt ihr wissen: Das Reich Gottes ist nahe" (QLk 10,10f // QMt 10,14). Jesus gab seinen Boten folgende Verhaltensregel für den Fall. daß man sie und ihre Botschaft vom nahen Gottesreich ablehnte: Sie sollten auf die breiten Straßen des betreffenden Ortes hinausgehen und den Staub, der an ihren Füßen klebt, abwischen. Mit dieser Geste geben sie der Bevölkerung des jeweiligen Ortes zu verstehen, daß es mit ihr nichts Gemeinsames mehr gibt. Sie sollen aber für jedermann hörbar rufen: „Das Reich Gottes ist nahe." Daran, daß Gottes Herrschaft und Reich nahe ist, kann auch die Abweisung der Boten Jesu nichts ändern.

2: *Die Adressaten:* **Und alle Brüder, die bei mir sind, an die Gemeinden in der Galatia**. Wenn Paulus sein Rundschreiben „an die Gemeinden in der Galatia", die er während seiner nach Lukas zweiten Missionsreise für den Christusglauben gewonnen und gegründet hat (vgl. Apg 16,6), richtet, so nennt er wie in anderen Briefen auch hier Mitabsender (vgl. 2Kor 1,1: „Bruder Thimotheus"; 1Thess 1,1: „Silvanus und Timotheus", sowie in den ihm zugeschriebenen Briefen Kol 1,1: Bruder Timotheus und 2Thess 1,1: „Silvanus und Timotheus". Anders als in den anderen Briefen, in denen er einzelne Mitarbeiter wie „Bruder

---

[44] Bill. III, 3.

Sosthenes“ (1Kor 1,1), der Mitglied der korinthischen Gemeinde war, und Phlm 1: „Bruder Timotheus“ oder „Paulus und Timotheus, Sklaven Christi Jesu“ (Phil 1,1) nennt, erwähnt er allein in diesem Brief bewußt, „alle Brüder“, die bei mir sind“. Der Ton liegt auf dem *„alle“*. Höchstwahrscheinlich meinte er solche Mitarbeiter, die in den Gemeinden der Galatia bekannt waren und mit dem, was er schreibt, einverstanden sind und den Inhalt seines Rundschreibens den Christen dort energisch nahebringen konnten. Zu ihnen gehörte gewiß auch der Schreiber des Briefes, dem Paulus Gal1,1 – 6,10 diktiert hat. Anders als in 2Kor 1,1 und 1Thess 1,1 (vgl. 2Thess 1,1) schreibt er den Brief „der Gemeinde ... in Gott, dem Vater unseres Herrn Jesus Christus“ oder wie in Phil 1,1 als „Heilige ... in Christus Jesus“ (oder wie in den Präskripten der ihm zugeschriebenen Briefe Eph 1,1 an „die Heiligen ... und Gläubigen in Christus Jesus“ oder in Kol 1,1 als „heilige und gläubige Brüder in Christus Jesus“. Der Apostel charakterisiert den Glaubensstand der Adressaten nicht näher. Die Gemeinde Jesu Christi ist das Gottesvolk des Neuen Bundes. Der Apostel richtet sein Rundschreiben an „die Gemeinden in Galatien“. Wie viele es dort gab, wissen wir nicht. Doch ist anzunehmen, daß die judenchristlichen Wanderprediger von Ort zu Ort gezogen sind und die meisten Gemeinden erreicht haben.

3: *Der Gruß:* **Gnade sei mit euch und Friede von Gott, unserem Vater, und dem Herrn Jesus Christus**. Trotz des gespannten Verhältnisses versagt Paulus den Gemeinden seinen Eingangsgruß nicht. Die in allen seinen Briefen verwendete Grußformel: „Gnade sei mit euch und Friede“ verbindet das griechische „freuen“ mit dem hebräischen „Friede“.[45] Dieser betrifft das zeitliche Wohl der Menschen und ihr endzeitliches Heil, so z.B. im Lobgesang (Benedictus) des Zacharias: „...der Herr, der Gott Israels, hat sein Volk besucht und ihm Erlösung geschaffen ..., ... und unsere Füße auf den Weg des Friedens zu lenken“ (S^{Lk} 1,68.79b) Hinter der Wendung „Weg des Friedens“ steht Jes 59,8.[46] Entsprechend lautet der Lobgesang der Engel vor den Hirten in einer nächtlichen Angelophanie der Erzählung von der Geburt Jesu S^{Lk} 1,14: „Herrlichkeit in Himmelshöhen Gott / und auf Erden Friede unter (den) Menschen seines Wohlgefallens“ (vgl. auch S^{Lk} 7,50; Lk 8,48; 10,5f; Apg 10,36). Der „Weg des Friedens“ ist hier wie auch in S^{Lk} 1,79b der Weg zum Heil, den der neugeborene Jesus mit seinem Leben, Sterben, Auferstehen und der Erhöhung zu Gott, seinem Vater, den Seinen voraufgeht. Meint der Lobgesang der Engel in S^{Lk} 2,14b den „Frieden auf Erden“, so antworten Jesu Jünger und sonstigen Begleiter auf dem Weg nach Jerusalem und damit ins Leiden und Sterben, seiner Auferweckung und Erhöhung, „die all seine Machttaten gesehen hatten: „Gelobt sei, der da kommt, / der König im Namen des Herrn! / Im Himmel Friede / und Herrlichkeit in der Höhe“ (Lk 19,37b.38). In seiner Klage über Jerusalem (Lk 19,41-44) „weinte“ Jesus „über“ Jerusalem und sprach: ‚Wenn du auch an diesem Tag erkannt hättest, was zu deinem Frieden führt!“ (S^{Lk} 19,42b-43a). Mit „Frieden“ grüßen nach Ps 122,6ff (= Ps 121,6-9 LXX) die Einwohnern der Stadt in ihren

---

45 Vgl. *H. Conzelmann*, Art. χάρις κτλ., ThWNT IX, 384-387; *W. Foerster*, Art. εἰρήνη, ThWNT II, 411-414; *V. Hasler*, Art. εἰρήνη, EWNT I; 961ff.

46 Zur Auslegung vgl. die Lukaskommentare v. *F. Bovon*, III/1, 109f; *W. Eckey*, I, 129: *H. Klein*, 126; *W. Radl*, I, 109 u. *H. Schürmann*, III/1, 92f; *M. Wolter*, 130f.

Häusern innerhalb der Mauern: „Erbittet für Jerusalem Frieden! Wer dich liebt, sei in dir geborgen. Friede wohne in deinen Mausern, in deinen Häusern Geborgenheit. Meiner Brüder und Freunde wegen will ich dir sagen: In dir sei Friede. Wegen des Hauses des Herrn, unseres Gottes, will ich dir Glück erflehen". In Phil 4,7 spricht Paulus den Christen in Philippi den die menschliche Existenz umgreifenden „Frieden Gottes" zu: „Der Friede Gottes, der allen Verstand übersteigt, wird eure Herzen und Gedanken in Jesus Christus bewahren". Als „König", der „im Namen des Herrn" kommt, unterscheidet er sich von allen Königen der Völker und Staaten auf Erden. Jesus ist kein weltlicher König. Der johanneische Jesus antwortete dem römischen Präfekten Pontius Pilatus auf die Frage, ob er ein König sei: „Du sagst es, ich bin ein König. Ich bin dazu geboren und in die Welt gekommen, daß ich für die Wahrheit Zeugnis ablegen soll. Wer aus der Wahrheit ist, hört meine Stimme" (Joh 18,37). Für Pilatus ist die Wahrheitsfrage uninteressant. Er fragte Jesus nach dessen Auskunft über Sinn und Ziel seiner Sendung: „Was ist Wahrheit?" (Joh 18,38b). Das war keine skeptische Frage. Der Präfekt meinte vielmehr: Die Wahrheitsfrage geht mich als Repräsenten der römischen Weltmacht nichts an. Ich habe ein politisches Amt. Er kann Jesus nicht verstehen, weil er sich der in ihm gegenwärtigen Wahrheit Gottes verschließt.

„Gnade" ist nach Gal 2,21 die geschichtliche Kundgebung Gottes im Kreuzesgeschick Jesu Christi.[47] „Er hat uns aus der Macht der Finsternis gerettet und uns in das Reich seines geliebten Sohnes aufgenommen; durch ihn haben wir die Erlösung, die Vergebung der Sünden" (Kol 1,13f). Die Erlösung erfolgte negativ dadurch, daß wir Christen der Gewalt der Finsternis, d.h. der widergöttlichen Macht, die man Satan oder Teufel nennt, entrissen und positiv, daß wir in den Herrschaftbereich des von Gott, dem Vater, „geliebten Sohnes" aufgenommen wurden, der uns durch seinen Kreuzestod erlöst und von unseren Sünden befreit hat. „Es heißt von ihm: ‚der Sohn Seiner Liebe' (filius dilectionis suae, Kol 1,13). Man darf das nicht anders verstehen als in dem Sinn: Sein geliebter Sohn, letztlich in dem Sinn: Der Sohn seines Wesensbestandes (eius substantia, (Aug.trin XV, 19).[48] Vgl. Röm 3,24f: „Alle haben gesündigt und entbehren die Herrlichkeit Gottes; sie werden umsonst in seiner Gnade durch die Erlösung in Christus Jesus gerechtfertigt." Paulus geht es hier um das rechtfertigende Handeln Gottes. Von Gott allein aus Gnaden gerechtferigt wird, wer an Jesus Christus als den Offenbarer und die Offenbarung Gottes glaubt. Röm 5,1f: „Gerechtfertigt aus Glauben, haben wir durch unseren Herrn Jesus Christus Frieden mit Gott. Durch ihn haben wir [im Glauben] Zugang zu diesem Gnadenstand bekommen, und wir rühmen uns auch der Herrlichkeit Gottes" (Vgl. Röm 5,15.17). Die Gnade Gottes wird uns Menschen als Sündern ohne eigenes Verdienst zuteil (Gal 2,17-21; vgl. z.B. Röm 3,23f; 5,10). In Gottes Gnade gründet

---

47 *M. Luther*, Galatervorlesung 1516/17: „Distinguit istam gratiam et pacem a gratia et pace, quam quas potest mundus aut homino immo quaecumque natura dare, quod dicit: ‚a deo et domino nostro' etc. Haec enim gratia spiritualis est et occulta, quia aufert peccata et offensas occukltissime tegit, sed eoipso infert offensas hominum, carnis et diaboli. Cui enim datur gratia dei, statim susciatur diaboli, immo suiipsius contra seipsum." WA LVII, 54f; Clemen V, 328.

48 *Augustin*, Über den dreieinigen Gott 277f *(M. Schmaus).*

seine Rechtfertigung des Sünders „durch die Erlösung in Jesus Christus“ (Röm 3,24b) „durch Glauben ohne des Gesetzes Werke“ (Röm 3,28b). Jeder menschlicher Selbstruhm ist „durch das Gesetz des Glaubens … ausgeschlossen“ (Röm 3,27ba.e.b). Paulus schreibt 1Kor 1,31 in teilweiser Aufnahme von Jer 9,22b.23ab. LXX: „Wer sich rühmt, der rühme sich des Herrn“. Gal 6,14: „Ich will mich allein des Kreuzes unseres Herrn Jesu Christi rühmen, durch das mir die Welt gekreuzigt ist und ich der Welt“. Paulus hat der Gemeinde Christi in Korinth u.a. geschrieben: „Wenn ich mich rühmen wollte, wäre ich kein Tor; denn ich würde die Wahrheit sagen. Ich verzichte aber darauf; denn jeder soll mich nur nach dem beurteilen, was er an mir sieht oder von mir hört. Und damit ich mich der Offernbarungen nicht überhebe, wurde mir ein Stachel ins Fleisch gestoßen, ein Satansengel, der mich mit Fäusten schlagen soll. Seinetwegen habe ich dreimal zum Herrn gefleht, daß dieser Satansbote von mir weichen soll. Doch er sagte mir: Meine Gnade genügt dir; denn sie erweist ihre Kraft in der Schwachheit. Darum will ich mich lieber meiner Schwachheit rühmen, damit die Kraft Christi auf mich herabkommt. Deswegen bin ich guten Mutes in Schwachheit, Mißhandlungen, Nöten, Verfolgungen und Ängsten, die ich Christi wegen ertrage; denn wenn ich schwach bin, bin ich stark“ (2Kor 12, 6-10). Geistlicher Hochmut liegt Paulus fern. Er könnte sich zwar eines besonderen ekstatischen Widerfahrnisses wegen rühmen (vgl. 2Kor 12,1-4), doch verzichtet er darauf. Damit er sich der ihm zuteil gewordenen Offenbarung nicht überhebe, ist ihn von einem „Satansengel“ ein „Pfahl ins Fleisch getrieben worden“. Der Apostel gebraucht hier ein Bild für die epileptischen Anfälle, die ihn zuweilen heimsuchten.[49] Wahrscheinlich wußten die Christen in Korinth, wovon der Apostel sprach. Er hat dreimal den „Herrn“ angerufen, ihn von seinem Leiden zu befreien. Dreimal hat auch Jesus in Gethsemane gebetet (vgl. Mk 14,32-41 parr.). In beiden Fällen wurden die Gebete anders erhört, als von den Betern erwartet. Jesus mußte seinen Leidensweg bis zum Tod am Kreuz auf Golgatha gehen, Paulus „Mißhandlungen, Nöte, Verfolgungen und Ängste“ während seiner Missiontätigkeit erleiden. Die Drei ist eine Vollkommenheitszahl. Wenn ein Gebetswunsch, der Gott, dem Herrn, dreimal vorgetragen wurde, nicht so, wie erwartet, erhört wurde, dann hat es keinen Zweck, ihn ein viertes Mal zu wiederholen. Wenn der Apostel vom erhöhten Herrn Jesus zu hören bekam: „Meine Gnade genügt dir; denn sie erweist ihre Kraft in der Schwachheit“, dann bedeutete das: Mehr brauchst und bekommst du nicht. Die Gnade Christi macht ihn auch dann „stark“, wenn er „schwach“ ist. Im Sinn der Kreuzestheologie (Theologia crucis) prägt die Gnade die Christuspredigt. Ähnlich hat Jesus in Gethsemane seinen Wunsch dem Vater dreimal vorgetragen: „Abba, Vater, alles ist dir möglich. Nimm diesen Kelch von mir! Aber nicht was ich will, sondern was du willst (Mk 14,36). Er vertraut sich der väterlich göttlichen Allmacht an. Die Christen in den Gemeinden der Galatia sind nach Gal 5,4.c.b) „aus der Gnade gefallen“, weil sie „durch das Gesetz gerecht werden“ wollen. Die besondere, Paulus zuteilgewordene Gnade, ist nach Röm 1,5: Paulus hat von dem „durch die Auferstehung von den Toten zum Sohne Gottes erhöhten Herrn Jesus Christus die „Gnade und [das] Apostelamt empfangen, unter allen Heiden den Ge-

---

49 Vgl. den Exkurs: Paulus war Epileptiker, hinter Gal 4,13f.

horsam des Glaubens aufzurichten". Der Missionarsberuf füllt das Leben des Apostels aus. Beruf und Person lassen sich bei ihm nicht voneinander trennen. Er soll alle heidnischen Völker zum „Gehorsam des Glaubens führen. „Bis ins Leiden und Sterben hinein hat er seinen apostolischen Auftrag zu versehen."[50]

4-5: Der sich selbst für unsere Sünden dahingegeben hat, damit er uns herausreiße aus dem gegenwärtigen bösen Äon nach dem Willen des Vaters. Ihm sei Ehre in alle Ewigkeit. Amen. Entsprechend dem, was Paulus in Gal 1,1 über das, was „Gott, der Vater", an „Jesus Christus" getan hat, „den er von den Toten auferweckte", schreibt er im Passivum divinum jetzt von dem, was dieser für uns getan hat: Er ist derjenige, „der sich für unsere Sünden hingegeben hat, um uns gemäß dem Willen Gottes, unseres Vaters, aus der gegenwärtigen bösen Welt zu befreien". Hier spricht der Apostel von der Selbsthingabe Jesu Christi, an anderen Stellen davon, daß Gott ihn dahingegeben hat: Dem Erzvater Abraham wurde der Glaube „als Gerechtigkeit angerechnet. Doch nicht allein seinetwegen steht in der Schrift, daß ihm der Glaube angerechnet wurde, sondern auch um unseretwillen, daß er uns angerechnet werden soll, die wir an den glauben, der unseren Herrn Jesus von den Toten auferweckt hat, der unserer Sünde wegen dahingeben und und um unserer Rechtfertigung willen auferwecktwurde" (Röm 4,22-25). Da Abraham Gottes Zusage vertraute, wurde ihm dieser, sein Glaube (vgl Gen/1Mo 15,6), „als Gerechtigkeit angerechnet." Was für den Erzvater galt, gilt auch für alle, die wie er Gott selbst in einer aussichtslosen Situation vertrauen. Abraham glaubte an „Gott, der die Toten lebendig macht und das, was nicht ist, ins Dasein ruft" (Röm 4,17). Auch wir Christen glauben an „Gott, der die Toten lebendig macht." Er ist ja der Gott, „der unseren Herrn Jesus von den Toten auferweckt hat." Mit der Sendung und der „Hingabe" oder dem Geschick Jesu Christi hat er das dem Abraham gegebene Versprechen eingelöst. Kraft der Hingabe Jesu Christi sind wir Sünder gerechtfertigt worden.
Paulus schließt das Proömium mit einer Doxologie: „Ihm gebührt Ehre in alle Ewigkeit. Amen" (Gal 1,5). Dem Gott, der uns in und mit unserem Herrn Jesus Christus das Heil verschafft, „gebührt Ehre in alle Ewigkeit,". d.h. immerdar. Mit einem „Amen" endende Doxologien finden sich in den paulinischen Briefen öfter: „Dem einen, weisen Gott, sei durch Jesus Christus Ehre in alle Ewigkeit, amen" (Röm 16,27). „Gottes Geheimnis übersteigt alles menschliche Verstehen, weil es eben Gottes Geheimnis ist."[51] „Gott aber, unserem Vater, sei Ehre in alle Ewigkeit, amen" (Phil 4,20). – Doxologien finden sich auch in tritopaulinischen Briefen: Nachdem die Fürbitte das Letzte und Höchste des menschlich Sagbaren angesprochen hat, schließt der Autor den ersten Hauptteil seines Rundschreibens mit einem Lobpreis Gottes (Doxologie). Zu ihm gehören die für diese Gattung, deren Grundform in Röm 11,36 erkennbar ist: „Aus ihm, durch ihn und zu ihm hin ist alles. Ihm sei Ehre in Ewigkeit! Amen". Diese Doxologie enthält die üblichen Bauelemente: 1. die Nennung oder Umschreibung dessen, dem der Lobpreis dargebracht wird, gelegentlich im Genitiv, meist aber wie hier im Dativ: „Dem aber, der in überschwenglichem Übermaß über das hinaus, was wir erbit-

---

[50] *E. Lohse*, Römer, 67.
[51] *H. Schlier*. Römerbrief, 455.

ten oder erdenken können, zu tun vermag gemäß der Kraft, die in uns wirksam ist, ihm…"; 2. die Lobpreisformel „die Herrlichkeit", hier erweitert durch eine Ortsangabe: „in der Gemeinde und in Christus Jesus; 3. die Ewigkeitsformel, hier nicht in der einfachen Form „in Ewigkeit", sondern erweitert: „bis in alle Geschlechter des Äons der Äonen"; 4. meist wie auch hier ein bekräftigendes „Amen" (Eph 3,20f).[52] – „Dem König der Ewigkeit, dem unvergänglichen, unsichtbaren, einzigen Gott sei Ehre und Herrlichkeit in alle Ewigkeit, amen" (1Tim 1,17). Das Prädikat „König der Ewigkeit" erinnert an ähnliche Formeln im Alten Testament: „Jahwe aber ist in Wahrheit Gott, lebendiger Gott und ewiger König" (Jer 10,10). Hier wird Jahwe, Israels Gott, den Gottheiten der heidnischen Völker entgegengestellt. Er ist der „einzige" und allein „wahre" Gott, dem sich alle Völker dieser Welt unterwerfen müssen. – „Preist den Herrn der Gerechtigkeit, rühmt den ewigen König!" (Tob 13,7b). – Das Präskript des Buches vom Seher Johannes schließt wie Gal 1,5 mit einer Doxologie: Jesus Christus, „ihm, der uns liebt und uns von unseren Sünden mit seinem Blut gewaschen hat, der uns zu Königen und Priestern gemacht hat, ihm sei die Ehre und die Macht in alle Ewigkeit, amen" (Offb 1,5b-6). Diese Doxologie nimmt liturgische Formeln auf, die in den frühchristlichen Gottesdiensten beheimatet waren. Das gilt auch für die folgende: „Der du allein alles vermagst zu tun, dieses und noch größere Wohltaten unter uns: Dich preisen wir durch den Hohenpriester und Beschützer unserer Seelen, Jesus Christus, durch den dir gebührt die Herrlichkeit und die Majestät jetzt und von Geschlecht zu Geschlecht und von Ewigkeit zu Ewigkeit. Amen". 1Clem LXI, 3).[53] Diese Doxologie schließt das lange Schlußgebet des Ersten Clemensbriefes (vgl. 1Clem 59,2 – 61,3). Clemens preist „Jesus Christus" als „Hohenpriester und Beschützer unserer Seelen", d.h. unserer selbst. Die „Herrlichkeit", in der Gott lebt, wird uns durch Jesus Christus erschlossen. Eine ähnliche Doxologie finden wir in Tob 8,5 ˍ LXX: „Sei gepriesen, Gott unserer Väter,; gepriesen sei dein heiliger und ruhmreicher Name in alle Ewigkeit. Die Himmel und alle deine Geschöpfe müssen dich preisen".

Der Autor hatte in Gal 1,19b die Fülle Gottes genannt, mit der die Leser seinem Gebetswunsch entsprechend erfüllt werden sollen. Sein abschließender Lobpreis knüpft mit der Erinnerung an die unvergleichliche Macht Gottes daran an (20). Er benennt das Übermaß göttlicher Macht dreifach (!): „über alles", dann mit einem Adverb der höchst möglichen Steigerungsform des Übermaßes, schließlich durch den Hinweis darauf, daß Gottes Handlungsvermögen an uns auch über alles das, was wir erbitten und erdenken können, hinausreicht.

Dem allmächtigen Gott gebührt die ehrende Anerkennung seiner „Herrlichkeit", d.h. seiner ewigen maiestas (21). Sie wird ihm „in der Kirche" dargebracht, die sein Gnadenhandeln lobt, das er an ihren Gliedern erwiesen hat (vgl. Gal 1,6.12.14.18). Sie wird ihm „in Christus Jesus" dargebracht, der als in Gottes Herrlichkeit verborgenes Oberhaupt aus ihr Haupt ist (vgl. Gal 1,20-23; 5,23f). Sie wird ihm auch in überaus langen Zeiträumen der Geschichte erwiesen, „bis in alle Geschlechter des Äons der Äonen". Dieser Ewigkeitsformel kommen

---

52 Vgl. *R. Deichgräber*, Gotteshymnus, 25-40.

53 *A. Lindemann / H. Paulsen*, Hg., Die Apostolischen Väter, 146-149; vgl. Schriften des Urchristentums I, 103-105 *(J.A. Fischer)*.

Wendungen nahe, die das „immer und ewig" ausdrücken, z. B. Ps 9,6,bβ LXX Dan 6,27bβ LXX. Ein „Amen" bekräftigt den Lobpreis.

Exkurs: εὐαγγέλιον, Evangelium[54]
In den protopaulinischen Briefen kommt das Nomen „Evangelium" zweiundvierzigmal vor, das Verb „das Evangelium predigen" fünfzehnmal. In den deutero- und tritopaulinischen Briefen begegnet das Nomen „Evangelium" zwölfmal, das Verb „das Evangelium predigen" zweimal. Im Galaterbrief finden wir das Nomen „Evangelium" sechsmal, das Verb „das Evangelium predigen" auch sechsmal. Eine Freudenbotschaft (rXb) ist im Alten Testament durchweg die Überbringung einer guten Botschaft. So sprach nach 1Kön 1,24b Adonja zum Priester Abjatar: „Komm her, denn du bist ein redlicher Mann und bringst eine gute Botschaft." Für Jeremias Vater war die Nachricht von der Geburt eines Sohnes eine Freudenbotschaft, während der Prophet, für den sein Leben sinnlos geworden war, nach Jer 20,15 den Boten, der seinem Vater diese Nachricht überbrachte, verwünschte: „Verflucht sei der Mann, der meinen Vater benachrichtigte: ‚Ein Sohn, ein Knabe ist dir geboren,' und ihn so hoch erfreute." Eine Freudenbotschaft kann durch den Zusatz „gut" als gute Nachricht gekennzeichnet werden. Vgl. z.B. Jes 52,7 LXX: „Wie lieblich sind auf den Bergen die Füße der Freudenboten, die Frieden verkünden, Gutes kundtun, mit der Freudenbotschaft Heil ansagen und Zion melden: Dein Gott ist König geworden!" Das Wort ‚Evangelium' hat bei Deuterojesaja seine entscheidende Vorgeschichte, wird hier geprägt."[55] Nach Jes 52,7 LXX läuft den aus dem babylonischen Exil zurückkehrenden Juden ein Freudenbote voraus. Wächter der in Jerusalem Zurückgebliebenen stehen auf den inzwischen wieder errichteten Stadtmauern. Sie rühmen laut, daß Jahwe, der Gott Israels, wieder zum Zion zurückkehrt: „Wie lieblich anzusehen sind auf den Bergen die Schritte des Freudenboten! Frieden verkündet er; eine gute Botschaft bringt er. Rettung verheißt er. Zum Zion hin sagt er: Dein Gott ist König". Das Heil kommt mit der guten Nachricht des Freudenboten, der Gottes Herrschaft verkündet. Ein uns unbekannter Prophet stellt sich Jes 61,1f LXX vor: „Der Geist Jahwes, des Herrn ist auf mir; denn Jahwe hat mich gesalbt. Er hat mich gesandt, Armen eine gute Botschaft zu verkünden, diejenigen zu verbinden, die ein gebrochenes Herz haben, den Gefangenen die Befreiung und den Gefesselten die Lösung ihrer Fesseln zu verkünden, ein Gnadenjahr Jahwes auszurufen, einen Tag der Vergeltung unseres Gottes, um alle Traurigen zu trösten". In V. 1 stellt sich der Prophet vor. Er ist mit dem Geist Jahwes, des Gottes Israels begabt. Jahwe hat ihn gesalbt. „Salben" heißt auf Hebräisch משח. Der „Gesalbte" ist in der hebräischen Sprache der „Messias" xvm. Die Salbung meint an unserer Stelle die Begabung mit Gottes Geist (vgl. 1Sam 16,13; 2Sam 2Sam 23,1-7). Schon Mose wurde mit Jahwes Geist begabt (vgl. Num/4Mo 11,17). Er ist dazu gesandt, den Armen eine „gute Botschaft" zu verkünden, Wunden zu heilen und die zu befreien, die gefangen sind. Mit dem „Gnadenjahr Jahwes" erinnert der Prophet an die Überlieferung vom „Erlaßjahr", das alle fünfzig Jahre ausgerufen werden sollte; vgl. Lev/3Mo 25,10 LXX: „Erklärt das fünfzigste Jahr für heilig und ruft Freiheit für alle Landesbewohner aus! Es ist für euch ein Jobel-Jahr. Jeder von euch soll zu seiner Sippe und

---

54 Vgl. *M. Beintker*, Art. Evangelium, III. Dogmatisch, RGG4 II, 1741f; *O. Betz*, Art. εὐαγγέλιον, ThBL I, 432-442; *ders.*, Jesu Evangelium vom Gottesreich, 232-254; Bill. III, 4-11; *J.A. Fitzmyer*, The Gospel in the Theology of St. Paul, 339-350, *G. Friedrich*, Art. εὐαγγελίζομαι, κτλ., ThWNT II, 705-735; *F. Hahn*, Theologie d. NTs, I, 180-322; II, 413-439; *L. Goppelt*, Theologie des NT II, 435-446; *H. Koester*, Art. Evangelium, I. Begriff; II. Gattung, RGG4 II, 1735-1741; *O. Michel*, Art. Evangelium RAC VI, 1107-1140; *G. Strekker*, Art. εὐαγγελίζω, EWNT II, 173-176; *ders.*, Art. εὐαγγέλιον, ebd., 176-186; *ders.*, Das Evangelium Jesu Christi, 503-548; *D. Dormeier / H. Frankemölle*, Εὐαγγέλιον sls literarischer und theologischer Begriff, ANRW II, 25.2, 1541-1704; *H. Schlier*, Evangelium im Römerbrief, 127-142; *J. Schniewind*, Euangelion, 185-196; *G. Strecker*, Das Evangelium Jesu Christi, FS H. Conzelmann, 503-548; *P. Stuhlmacher*, Das paulinische Evangelium I. Vorgeschichte, passim; *ders.*, Biblische Theologie des NTs I, 311-348.

55 *H.- J. Kraus*, Die Botschaft der unbekannten Propheten, 142.

zu seinem Besitz zurückkehren"; vgl. Dtn/5Mo 15,1 LXX: „In jedem siebten Jahr sollst du einen Erlaß veranstalten". An dieser Stelle geht es um die Ackerbrache. Die vom Propheten als Herold ausgerufene Befreiung der Gefangenen betraf vor allem die Entlassung aus der Schuldsklaverei, aber auch andere Gefangene und Unterdrückten. Der „Tag der Vergeltung unseres Gottes" nimmt die Tradition des „Tages Jahwes" wieder auf (vgl. Jes 34,8; 63,4). Der letzte Auftrag des mit Gottes Geist gesalbten Propheten besteht darin, „alle Traurigen zu trösten." Josef deutet dem Pharao dessen Träume: „Der Traum des Pharao ist ein und derselbe. Gott kündigt dem Paharo an, was er vorhat: Die sieben schönen Kühe sind sieben Jahre, und die sieben schönen Ähren sind auch sieben Jahre. Die sieben mageren und häßlichen Kühe, die danach heraufkamen, sind sieben Jhre, und die sieben vom Ostwind ausgedörrten Ähen sind ebenfalls sieben Jahre" (Gen/1Mo 41,25ff LXX).

Die Sieben ist eine Vollkommenheitszahl. Wir denken an den pristerlichen Schöpfungsbericht (vgl. Gen/1Mo 1,1 – 2,4a), nach dem Gott die Welt und alles, was auf Erden lebt, in sieben Tagen geschaffen und am siebten Tag geruht hat. Unsere Siebentagewoche kommt von da her. Abraham wurde siebenfach gesegnet. Nach Gen/1Mo 7,2 soll Noah von allen reinen Tieren je sieben männliche und weibliche mit in die Arche nehmen. Vgl. Gen/1Mo 12,2f LXX: Jahwe, der Gott Israels, spricht: „Ich will dich zu einem großen Volk machen, dich segnen und deinen Namen groß machen. Du sollst ein Segen sein. Ich will die segnen, die dich segnen; wer dich verwünscht, den werde ich verfluchen. Durch dich sollen alle Geschlechter auf Erden gesegnet werden". Der Seher Johannes soll sieben Sendschreiben an die Gemeinden in Ephesus, Smyrna, Pergamon, Thyatira, Sardes, Philadelphia und Laodicea schicken (vgl. Offb 2,1 – 3,21).
Im griechischen Alten Testament (LXX) wird ein „Freudenbote" niemals εὐάγγελος, sondern immer mit εὐαγγελιζμόμενος wiedergegeben. Die neutestamentliche Heilsbotschaft von Gottes Herrschaft und Reich wird im Alten Testament vorbereitet: „Jahwe ist König, mit Hoheit bekeleidet" (Ps 93,1a [92,1c] LXX). „Jahwe hat seinen Thron im Himmel errichtet, seine königliche Macht beherrscht das All". (Ps 103,19 [102,19] LXX). Gott, „dein Reich ist ein ewiges Reich und deine Herrschaft währet für immer" (Ps 145,19 [144,19 LXX]. Ein unbekannter Prophet, den man „Deuterojesaja" nennt, hat in spätexilischer Zeit um die Mitte des 6. Jh.s v.Chr. der personifizierten Stadt Jerusalem zugerufen: „Steig auf einen hohen Berg, Zion, du Freudenbotin, erhebe deine Stimme mit Macht, du Freudenbotin! Erhebe deine Stimme, fürchte dich nicht! Sag den Städten Judas: Seht, da ist euer Gott!" (Jes 40,9 LXX). Nah 2,1a.b LXX: „Seht auf den Bergen Seht auf den Bergen die Schritte des Freudenboten! Er verkündet Frieden". „Nah 2,1: Siehe auf den Bergen die Füße eines, der (gute) Botschaft überbringt (über Ninives Fall), der Frieden verkündet."[56] Vgl. Ps 68,12 [67,12 LXX]: „Der Herr entsendet sein Wort; groß ist die Schar der Siegesbotinnen". Ps 68,12: Der Herr gab Kunde; der Verkündigerinnen (froher) Botschaften war ein großes Heer."[57] Vgl 2Sam 18,25f LXX: „Der Späher rief dem König die Meldung zu. Der König sagte: Wenn er allein ist, dann bringt er eine gute Nachricht. Während der Mann herankam, sah der Späher noch einen anderen herbeieilen und rief zum Tor hinab: Da läuft noch ein einzelner Mann herbei. Und der König sagte: Das ist ein guter Mann; er kommt mit einer guten

56 Bill. III, 6.
57 Ebd.

Nachricht" (Targ Jerus I Gen/1Mo 41,26f: Die sieben schönen Kühe sieben Jahre verkünden; ein Traum ist dies. (Hier בשׂר bei guter Botschaft). Und die sieben mageren und häßlichen Kühe, die mach ihnen heraufsteigen – sieben andere Jahre verkünden die מבשׂכן; und die sieben kümmerlichen, vom Ostwind getroffenen Ähren, die verkünden מבשׂכן so, daß sieben Hungerjahre sein werden. (Hier בשׂר bei schlimmer Botschaft)."[58] Vgl. Dtn/5Mo 32,3f: „Ich will den Namen Jahwes verkünden. Preist die Größe unseres Gottes! Er heißt der Fels. Was er tut, das ist vollkommen; denn alle seine Wege sind recht. Er ist ein unbeirrbar treuer Gott" „SDt 32,4 § 307 (133a): Du hast mir eine gute Botschaft gebracht, morgen wird mein Teil bei diesen in der zukünftigen Welt sein." Vgl. Koh/Pred 12,12 LXX: „Mein Sohn, laß dich warnen! Des vielen Bücherschreibens ist kein Ende, und viel Studieren macht den Leib müde". „NuR 14 (173d): Viel Studieren ist Ermüdung des Leibes. Wenn du dich mit dem Studieren der Worte der Gelehrten viel bemühst, so verkündet dir Gott gute Botschaften. – Chul 87a sagt ein Sadduzäer (Häretiker) zum Patriarchen Jehuda I. († 217?): Rabbi, ich bringe dir gute Botschaft.[59] – Adonia, ein Sohn König Salomos, rief dem Priester Abjatar zu: „Komm, du bist gewiß ein tüchtiger Mann! Du bringst eine gute Botschaft". Vgl. Gen/1Mo 49,21 LXX: „Naphtali ist ein schneller Hirsch; er versteht sich auf gefällige Rede". Targ Jerusch I: מבשׂר בשׂורן טבן. Vgl. Gen/1Mo 15,15 LXX: Jahwe sprach zu Abraham: „Du wirst in Frieden zu deinen Vätern heimgehen; in hohem Alter wirst du begraben werden". „Damit hat er ihm (dem Abraham) die frohe Botschaft gebracht ArXb.[60] – BM 86b: „Wer waren die drei Männer (bei Abraham Gen/1Mo 18,1-15)? Michael, Gabriel und Raphael, der gekommen war, um Sara (Gen/1Mo 18,10) die frohe Botschaft zu bringen: לשׂר את שׂרה.[61] Vgl. 2Sam 18,31: Ein Kuschiter meldet dem König David (um 1000 v.Chr.): „Mein Herr, der König lasse sich die gute Botschaft bringen, daß Jahwe dir heute Recht gegeben hat gegenüber allen, die sich gegen dich erhoben hatten". Vgl. Targ Ruth 1,6: „Da brach sie [die Witwe Noomi] … auf und kehrte aus dem Gefilde Moab zurück, weil ihr im Gefilde Moab durch den Mund eines Engels die frohe Botschaft verkündet worden war. Tanch B שׁמות § 15 (5a): „Unser Vater Abraham ist nicht gestorben, bevor ihm die frohe Kunde von seinem Vater Terach gebracht wurde, daß sein Vater Terach Buße getan habe." - pScheq 3,47c 62: „Im Namen des Rabbi Meir (um 150) ist gelehrt worden: Wer am Land Israel haftet (dauernd darin wohnt) und die heilige Sprache redet und seine Früchte in Reinheit genießt und das Schema morgends und abends rezitiert, dem sei die frohe Botschaft gebracht, daß er ein Sohn der zukünftigen Welt ist." – „Die Parallelstelle Schab 1,3c, 23: Der darf sich versichert halten, daß er dem zukünftigen Leben angehört." - pKeth 12, 35a,26: „Es erging eine Himmelsstimme, die ihnen zurief: Wer sich nicht lässig erwiesen hat bei der Trauerklage um den Rabbi, dem sei die frohe Botschaft gebracht in bezug auf das Leben der zukünftigen Welt (nämlich, daß er daran teilhaben werde)." – „Rabbi Schemuel ben Nachman (um 260) hat gesagt: Wenn du dein Herz auf das Gebet richtest (andächtig betest), so sei dir die frohe Botschaft gebracht, daß dein Gebet erhört ist.

---

58 Bill. III, 6.
59 Ebd.
60 Ebd.
61 Ebd., 7.

Und welchen Schriftgrund gibt es dafür? Schafft er das Sichbewegen der Lippen, (dann ist) Friede den Fernen und den Nahen, spricht Jahwe, und ich will ihn heilen (so der Midr Jes 57,19)." – Vgl. Hi 11,6 LXX: „Er [Gott] würde dich die Tiefen der Weisheit lehren, daß sie für den klugen Verstand wie Wunder sind. Wisse, daß Gott dich in deiner Schuld zur Rechenschaft zieht", „nämlich die schriftliche und mündliche Thora. Und nicht nur dies, sondern es sei dir auch die frohe Botschaft gebracht, daß ich dir wegen deiner Sünden verziehen habe ..." – Num/4Mo 25,12 LXX: Jahwe sprach zu Mose im Blick auf den Priester Pinhas: „Hiermit gewähre ich ihm meinen Bund des Friedens". Targ Jerusch I Num/4Mo 25,12: „Siehe, ich schließe mit ihm (Pinechas = Elia) meinen Bund des Friedens und will ihn zum Boten des Bundes (Bundesengel Mal 3,1) machen, und er soll am Leben bleiben, um die frohe Botschaft von der Erlösung zu bringen am Ende der Tage."[62] – Sepher Zerubbabel (Beth ha-Midr 2, 56,24): „Es sprach zu mir (Zerrubbabel) Mikhael: Tritt herzu zu mir und richte dein Herz auf das, was ich dir sagen werde; denn die Wahrheit ist das Wort im Namen des lebendigen Gottes. Und er sprach zu mir: Menachem ben Amiel (ein Messiasname) wird im Monat Nisan kommen und im Tal Albel stehen; und alle Gelehrten Israels werden zu ihm hinausgehen, und Ben Ammiel wird zu ihnen sagen: Ich bin der Messias, den Jahwe gesandt hat, euch frohe Botschaft zu bringen und euch aus der Hand eurer Dränger zu erretten. Und die Gelehrten werden ihn verachten ..." – Pirqe Maschiach (Beth ha-Midr 3, 73, 17: „In jener Stunde (nach der Vernichtung der Weltvölker durch Gott) wird Gott den Messias mit einer Krone bekleiden und den Helm des Heils (vgl. Jes 59,17)[63] auf sein Haupt legen und wird Glanz und Herrlichkeit auf ihn legen und ihn mit Ehrengewändern schmücken und ihn auf einen hohen Berg stellen, um Israel frohe Botschaft zu bringen. Und er wird mit seiner Stimme verkünden. Dann werden die Israeliten sagen: Wer bist du? Und er wird antworten: Ich bin Ephraim. Und die Israeliten werden fragen: Bist du der, den Gott genannt hat: Ephraim, mein Erstgeborener ist er, ein Lieblingssohn ist mir Ephraim (Jer 31,9.20)?[64] Und er wird ihnen antworten: Ja! Dann werden die Israeliten zu ihm sagen: Geh und bringe denen frohe Botschaft, die in der Doppelhöhle schlafen, daß sie zuerst auferstehen. In jener Stunde wird er hinaufziehen und denen, die in der Doppelhöhle schlafen, frohe Botschaft bringen und wird zu ihnen sagen: Abraham, Isaak und Jakob, erhebt euch, genug ist eureres Schlafes! Und sie werden ihm antworten und sagen: Wer ist der, der den (Grabes)Staub von uns genommen hat? Und er wird ihnen antworten: Ich bin der Messias Jahwes; das Heil ist nahe herbeigekommen, die Stunde nahe herbeigekommen! Und sie werden ihm antworten: Wenn dem in der Tat so ist, so geh und bring dem ersten Menschen fro-

---

62 Ebd., 8.

63 Jes 59,17 LXX: „Er legte die Gerechtigkeit an wie einen Panzer und setzte den Helm der Hilfe auf. Er machte die Rache zu seinem Gewand und umhüllte sich mit leisdenschaftlichem Eiferwie mit einem Mantel".

64 Jer 31,9: „Weinend kommen sie, und tröstend geleite ich sie. Ich bringe sie an wasserführende Bäche, auf einen ebenen Weg, wo sie nicht straucheln; denn ich bin Israels Vater, und Ephraim ist mein erstgeborener Sohn." Jer 31,19: „Ja, nach meiner Umkehr fühle ich Reue; nachdem ich zur Einsicht gekommen bin, schlage ich mich an die Brust. Ich bin beschämt und erröte; denn ich trage die Schande meiner Jugend."

he Botschaft, daß er zuerst auferstehe. In jener Stunde wird man zum ersten Menschen sagen: Genug ist deines Schlafes! Und er wird sagen: Wer ist derjenige, der den Schlaf aus meinen Augen verscheucht? Und er wird sagen: Ich bin der Messias Jahwes aus deiner Nachkommenschaft. Sofort wird der erste Mensch auferstehen und seine ganze Generation und Abraham, Isaak und Jakob und alle Gerechten und alle Stammväter und alle Generationen von dem einen Ende der Welt zum anderen und werden sie Stimme des Jubels und Gesanges hören lassen; denn es heißt: „Wie lieblich sind auf den Bergen die Füße dessen, der frohe Botschaft bringt“ (Jes 52,7 LXX) … Schön ist der König, der Messias, der Überbringer froher Botschaft an Israel und die Berge werden vor ihm hüpfen wie die Kälber und die Bäume des Feldes werden über das Heil Israels in die Hände schlagen; denn es heißt: Mit Freuden werdet ihr ausziehen, im Frieden geleitet werden usw. (Jes 55,12).“[65] – „Das Wort εὐαγγέλιον findet sich im Rabbinischen in der (absichtlich) entstellten Form און גליון oder עון גליון Davon bezeichnet der zweite Bestandteil גליון (Plural גליונים) die unbeschriebene Pergamentrolle oder die auf einer beschriebenen Pergamentrolle vorhandenen leeren Ränder, die zur Anbringung von Bemerkungen benutzt wurden. און גליון bedeutet hiernach ‚Unheilsrolle‘ oder ‚Unheilsrand‘ und עון גליון ‚Sündenrolle‘ oder ‚Sündenrand‘, eine Bezeichnung, die zur Beschimpfung der Evangelien dienen sollten.“[66]

Philo von Alexandria (20/10 v.Chr. – ca 45 n.Chr) gebraucht das Verb εὐαγγελίζομαι oft, so in seinem Traktat „Über die Weltschöpfung“ (De opificio mundi): „Außerdem besteht der Chor der Plejaden aus sieben Sternen, deren Auf- und Untergänge große Vorteile für alle herbeiführen; denn wenn sie untergehen, werden Ackerfurchen zur Aussaat gezogen, und wenn sie im Begriffe sind aufzugehen, kündiegen sie die Getreideernte an, und nach Ihrem Aufgang ermuntern sie die frohen Ackersleute zum Einsammeln der notwendigen Lebensmittel, und freudig bergen diese den Bedarf eines jeden Tages“ (Op Mund 115).[67] Gaius Caligula (Regierungszeit 37 – 41 n.Chr.) wird mit dem Götterboten Hermes verglichen: „Hermes bindet sich Flügelschuhe unter. Zu welchem Zweck geschieht das? Doch nur dazu, weil er als Deuter und Verkünder göttlicher Befehle, Aufgaben, die ihm seinen Namen geben, als Bote des Guten blitzschnell zu Fuß sein, ja in dringlicher Hast unverzüglich davonfliegen muß. Verkünder des Schlechten nämlich will kein Gott und auch kein vernünftiger Mensch sein. Denn um gute und nützliche Nachrichten zu überbrinen, muß man blitzschnell sein; denn gute und nützliche Nachrichten soll man schnell mitteilen, wie umgekehrt mißtönende nur zögernd, falls man nicht ermächtigt ist, sie zu verheimlichen“ (Leg Gai 99).[68] „Als Gaius denThron bestieg, haben wir ihm

---

65 Ebd. 10f. – Jes 55,12 LXX: „Voll Freude werdet ihr fortziehen, wohlbehalten kehrt ihr zurück. Berge und Hügel brechen bei eurem Anblick in Jubel aus, alle Bäume auf dem Feld klatschen Beifall“ (ἐν εὐφροσύνῃ ἐξελεύσεσθε καὶ ἐν χαρᾷ διδαχθήσεσθε· τὰ γὰρ ὄρη καὶ οἱ βουνοὶ ἐξαλοῦνται καὶ πάντα τὰ ξύλα τοῦ ἀγροῦ ἐπικροτήσει τοῖς κλάδοις).

66 Ebd. 11.

67 *Philonis* Opera I, 40f; *ders.*, Werke I, 68f *(L. Cohn).*

68 *Ders.*, Opera VI, 173f; *ders.*, Werke VII, 200 *(F.W. Kohnke).*

als erste aller Bewohner Syriens unsere Glückwünsche dargebracht; denn die Nachricht mit der Neuigkeit wurde wurde von Vitellius, deinem Vorgänger [Petronius], bei seinem damaligem Aufenthalt in Jerusalem überbracht, und von unserer Stadt aus flog die Freudenkunde zu den anderen Städten" (ebd. 231).[69]

Josephus (37 – ca. 100 n.Chr.) bezieht sich im Folgenden auf Jos 6,1-21: „Obgleich die Israeliten alles weit und breit verwüsteten, rührten sich die Kananäer nicht, sondern hielten sich hinter ihren Mauern. Josua beschloß daher, sie zu belagern. Und am ersten Tage des [Passah-] Festes trugen die Priestet die rings von bewaffneter Mannschaft umgebene Lade unter dem Schall von sieben Hörnern um die Mauern der Stadt, indem sie das Volk zur Tapferkeit anspornten; die Ältesten aber folgten hinterdrein. Alsdann kehrten sie ins Lager zurück, ohne etwas anderes getan zu haben, als die Hörner zu blasen. Als sie das sechs Tage hintereinander getan hatten, ver-sammelte Josua am siebenten Tag das Heer und das ganze Volk und verkündete ihnen die frohe Nachricht, daß die Stadt fallen werde, denn Gott werde noch an dem nämlichen Tag die Stadtmauern von selbst, ohne jede Anastrengung seitens der Belagerer zusammenstürzen lassen"[70] (V, 22ff). In der folgenden von Josephus Nach Ri 13.2-5 erzählten Szene geht es um die Ankündigung der Geburt Simsons an seine bisher unfruchtbare Mutter: „Als die Frau [Manoachs] einst allein zu Hause war, erschien ihr ein Engel Gottes in Gestalt eines schlanken und schönen Jünglings und brachte ihr die frohe Botschaft, sie werde durch Gottes Vorsorge einen schönen und starken Sohn gebären, der, sobald er seine Manneskraft erlangt habe, die Philister niederwerfen werde" (Ant V, 277).[71]

Bei *Aischylos* (525/24 – 456/55 v.Chr.) findet sich das Verb κακαγγέλω, „Unglück mitteilen" (Ag 636),[72] z.B. den Tod eines persönlich nahestehenden Menschen. Nach Aristophanes (vor 445 – ca. 385 v.Chr.) kommt ein Wursthändler in die Athener Ratsversammlung und verkündet den Ratsherren eine „erfreuliche Nachricht (Eq 642ff)": „Ich verkünd euch Heil und Segen, / ihr Ratsherrn, gute Botschaft bring ich euch: / Noch niemals seit dem Ausbruch des Krieges sah ich so wohlfeil die Sardellen hier".[73] Im römischen Weltreich war jede Botschaft ein Evangelium.

Jesus hat Gottes mit seinem Auftreten in Galiläa anbrechende Gottesherrschaft proklamiert. So hat er zwei Jüngern des von Herodes Antipas (Rgierungszeit von 4. v. bis 39 n.Chr.) inhaftierten Täufers Johannes, der sie ausgesandt hatte, ihn zu fragen: „Bist du, der da kommen soll, oder sollen wir auf einen anderen warten?" (QLk 7,18f // QMt 11,2f) geantwortet: „Geht hin und berichtet Johannes alles, was ihr gesehen und gehört habt: Blinde werden sehend, Lahme ge-

---

69 *Ders.*, ebd. 198; *ders.*, ebd. 234.

70 *Josephus*, Jewish Antiquities IV – VI, 170-173; *ders.*, Jüdische Altertümer I, 255 *(H. Clementz).*

71 *Ders.*, ebd. 284; *ders.*, ebd., 300.

72 Vgl. *Aischylos*, Tragödien, 354f *(O. Werner).*

73 Antike Komödien I: *Aristophanes*, Die Ritter, 80 *(L. Seeger / H.-J. Newiger):* Griechischer Text nach *G. Friedrich*, Art. εὐαγγελίζομαι, ThWNT II, 708, FN 40.

hen, Aussätzige werden rein, und den Armen wird das Evangelium gepredigt" (QLk 7,22f // QMt 11,5f). Jesus hat auf die Anfrage des Täufers nicht direkt geantwortet: „Ich bin's", sondern indirekt. Er hat sich als Erfüller prophetischer Heilsverheißungen zu erkennen gegeben. Vgl. Jes 26,19a.b.c LXX: „Deine Toten werden leben, wer in der Erde liegt, wird erwachen und jubeln". Von der Auferstehung der Toten wird erst seit der Zeit des nachexilisten Judentums gesprochen (vgl. Jes 25.8a; Dan 12,2f). Gegen die unter apokalyptisch orientierten Juden im 3. Jh. v.Chr. verbreitete Überzeugung von einer endzeilichen Totenerweckung hat sich Koh/Pred 3,19ff ausgesprochen. Jesus und seine Jünger, aber auch die frühe Christenheit (vgl. z.B 1Kor 15,1-58; 2Kor 1,9; 1Thess 4,13) teilten die auch von den Pharisäern vertretene (vgl. Apg 23,7ff) Überzeugung von der Erweckung der Toten. Zur Heilung der Tauben und Blinden, aber auch zur Freude der Armen an Gott, dem Herrn, in der End- und Heilszeit vgl. Jes 2918f LXX: „An jenem Tag werden hören alle, die taub sind, sogar Worte, der Schrift, und die Augen der Blinden sehen selbst im Dunkeln und Finstern. Die Erniedrigten erfreuen sich wieder an Jahwe, und die Armen jubeln über den Heiligen Israels". Vgl. auch Jes 35,5,5.6a.b LXX: „Dann werden die Augen der Blinden geöffnet, auch die Ohren der Tauben sind wieder offen. Dann springt der Lahme wie ein Hirsch, die Zunge des Stummen jauchzt auf". Vgl. auch S^{Lk} 4,18f: Jesus liest in der Gemeindeversammlung seines Heimatortes Nazareth aus der Jesaja-Rolle: „Der Geist des Herrn ruht auf mir, weil er mich gesalbt hat; er hat mich gesandt, den Armen frohe Botschaft zu bringen, den Gefangenen Befreiung zu verkünden, den Blinden das Augenlicht, die Zerschlagenen zu befreien und zu entlassen, ein Gnadenjahr des Herrn zu verkünden". Seine Auslegung dieses Textes besteht aus einem kurzen Satz: „Heute ist dieses Schriftwort vor euren Ohren erfüllt". (S^{Lk} 4,21b). Jesu Lesung beginnt mit einer Aussage zur Sendung und Ausstattung: „Geist des Hern ruht auf mir, weil er mich gesalbt hat". Damit spielt er auf das Amt des Messias oder Christus an. Nach 1Sam 16,13a.b LXX wird der Geist durch die Salbung vermittelt: „Da sagte Jahwe [zu Samuel]: Auf, salbe David!; denn er ist es. Samuel nahm das Horn mit dem Öl und salbte David mitten unter seinen Brüdern. Und der Geist Jahwes war auf David von diesem Tag an". Könige wurden bei ihrer Inthronisation gesalbt (vgl. 2Sam 2,4.7; 1Kön 1,34.39.45). Nach dem Ende der babylonischen Deportation wurde der Hohepriester gesalbt (vgl. Lev/3Mo 8,12; Sir 45,15 [Apokryphen der Lutherbibel 45,18]). Dieser Ritus wurde danach auch auf alle Priester, die als Aarons Nachommen angesehen wurden, ausgedehnt (vgl. Ex/2Mo 40,15; Num/4Mo 3,3). Im Alten Testament wird auch eine Prophetensalbung erwähnt, die auf eine Anweisung Jahwes an Elia zurückgeführt wird. Der Prophet soll Elisa als seinen Nachfolger salben (vgl. 1Kön 19,16). Die Salbung prägt den Gesalbten sein Leben lang. Sie ist außer durch Gott nicht wieder rückgängig zu machen (character indelebilis; vgl. Jes 42,1 LXX: Jahwe spricht: „Seht, das ist mein Knecht, den ich stütze, mein Erwählter, an dem ich Gefallen finde. Ich habe meinen Geist auf ihn gelegt. Er bringt den Völkern das Recht". Die Salbung mit dem Geist seines Vaters ist die Voraussetzung dafür, daß Jesus, sein Sohn, seinen Beruf ausüben kann. Mit seinem Auftreten und Wirken, aber auch mit seinem Leiden und Sterben am Kreuz auf Golgatha, aber auch mit seiner Auferweckung von den Toten und der Erhöhung zu Gott (Phil 2,6-11): Christus Jesus, „der in [der] Gottesgestalt war, hielt es nicht wie eine Beute fest, Gott gleich zu sein, sondern entäußerte sich selbst, nahm Sklavengestalt an, wurde den Menschen gleichgestaltet, auch der Erscheinung nach als Mensch erkannt, erniedrigte sich selbst, erwies sich als gehorsam bis zum Tod, zum Kreuzestod. Deshalb hat Gott ihn auch in den höchsten Rang erhoben und ihm einen Namen gegeben, der jedem Namen über ist, damit unter Anrufung des Namens Jesu ein jedes Knie der Himmlischen, Irdischen und Unterirdischen sich beuge und jede Zunge bekenne: Herr ist Jesus Christus, zur Ehre Gottes, des Vaters". Paulus hat dieses frühchristliche Lehrgedicht wahrscheinlich in einer hellenistischen Gemeinde, in der Juden- und Heidenchristen zusammenlebten, kennengelernt, am ehesten im syrischen Antiochia. Den Heidenchristen waren Überlieferungen über Heroen oder Halbgötter vertaut, die väterlicherseits von einem Gott abstammten, z.B. Herakles, vertraut, die im Gehorsam gegen ihren Vater ihr Leben führten, nach ihrem Tod in den Himmel aufgehoben wurden und einen göttlichen Status erhielten. Christen haben solche Traditionen dazu benutzt, um damit Jesus Christus zu ehren. Dieser hat nichjts aus sich gemacht, sondern entsagte freiwillig seinem hohen Stand. Er entschied sich für den Status eines armen Menschen (vgl. 2Kor 8,9), ja eines Sklaven, der fremdbestimmt sein Leben fristen muß. Vgl. Aristoteles, EthNicom VIII, 13p, 1161b 13: „Der Sklave ist ein beseeltes Werkzeug und das Werkzeug ein unbeseelter Sklave".[74] Damit, daß der Eine dem ihm eigenen Status göttlicher Herrschaft entsagte, wurde erein gehorsamer, zum demütigen verpflichteter Armer, ein Sklave, und damit ein „beseeltes Werkzeug". Als Mensch wurde er „von einer Frau geboren" und „dem Gesetz unterstellt" (Gal 4,4). Er war ein wirklicher Mensch und nicht ein vorübergehend als Mensch erscheinendes Himmelswesen (vgl. Gen/1Mo 18,1-15). Vgl. *Homer,* Od XVII, 485ff: „Götter gehn ja doch auch durch die Städte, in manchen Gestalten / Kommen sie, sehen dann aus, als wären sie Fremde vom Ausland, / prüfen indessen der Menschen Stolz und ihr rechtliches Wesen".[75]

Als der Mensch Jesus erwies er seine Hingabefähigkeit. Die „Demut" war die ihm gemäße Lebensform. Er hat die Maxime der Weisheit beherzigt. Vgl. Sir 3,18ff LXX [Apokryphen der Lutherbibel 3,19-23]: „Je größer du bist, desto mehr bescheide dich, dann wirst du Gnade bei Gott finden, denn die Macht Gottes ist groß, und von den Demütigen wird er verherrlicht." Er „erwies sich als gehorsam bis zum Tod, ja bis zum Kreuzestod." Damit nahm er die „erbarmungswürdigste Todesart" (*Josephus,* Bell VII, 203), die „Sklavenstrafe" (servili supplicio, *Tacitus,* Hist IV, 11) auf sich.[76] Jesus nahm mit seinem Kreuzestod Ehrlosigkeit auf sich. Vgl. Dtn/5Mo 21,22f LXX: „Wenn jemand ein Verbrechen begangen hat, wenn er hingerichtet wird und du den Toten an einen Pfahl hängst, dann soll die Leiche nicht über Nacht am Pfahl hängen bleiben, sondern du sollst ihn am gleichen Tag begraben; denn ein Gehenkter ist ein von Gott Verfluchter". In tiefere Schande kann kein Mensch sinken.

---

74 *Aristoteles*, Die Nikomachische Ethik, 356f *(O. Gigon).*
75 Homer, Odyssee, 480f (*A. Weiher*).
76 Vgl. Josephus, De Bello Judaico, II, 2 112f (*O. Michel / O. Bauernfeind*) ; Tacitus, Historien, 386f (*J. Borst / H. Hross / H. Borst*).

Gott hat den, der den Fluchtod am Kreuz erlitten hat, „bis zur höchsten Höhe erhoben".[77] Er hat ihm „den Namen geschenkt, der allen Namen über ist". Das ist der Gottes-, der Herrenname und sich so mit dem Gekreuzigten und damit Verfluchten identifiziert und ihn zu seinem Generalbevollmächtigten vor aller Welt bestellt. Alle himmlischen, irdischen und unterirdischen Mächte müssen ihm auf den Knien huldigen.

Jesus war der Prediger des kommenden und in seiner Predigt schon gegenwärtig wirksamen Gotteswillens (vgl. QLk 16,16 // QMt 11,12f): „Das Gesetz und die Propheten galten bis Johannes; seither wird das Evangelium von Gottes Reich verkündet, und jeder drängt sich mit Gewalt hinein". Die Wendungen „Das Gesetz und die Propheten" (vgl. Apg 13,15) oder „Mose und die Propheten" (vgl. S^{Lk} 16,29; 24,44; Apg 28,23) bezeichnen den in der Heiligen Schrift offenbaren Gotteswillen. Dieser ist auch bis hin zu Johannes dem Täufer verkündet worden. Er hat den als Herrscher und Richter in nächster Zukunft kommenden Gott gepredigt und von seinen Hörern Früchte der Umkehr gefordert. Vgl. S^{Lk} 3,10-14: „Die Volksmenge fragte ihn: Was sollen wir nun tun? Er antwortete und sprach zu ihnen: Wer zwei Röcke hat, gebe dem einen ab, der keinen hat, und wer Speise hat, handle ebenso. Es kamen aber auch die Zöllner, um sich taufen zu lassen und fragten: Meister, was sollen *wir* tun? Er sagte ihnen: Fordert nicht mehr, als euch verordnet ist! Es fragten ihn aber auch die Soldaten: Und was sollen *wir* tun? Und er sprach zu ihnen: Begeht gegen niemand eine Gewalttat, auch keine Erpressung und begnügt euch mit eurem Sold!". Der Täufer fordert die Volksmenge zum Teilen und Mitteilen auf. Das gilt für die Kleidung ebenso wie für Lebensmittel. Diese Weisung hängt mit der in Lk 3,7ff angesprochenen Unverfügbarkeit des je nächsten Augenblicks zusammen. Johannes weist die Zöllner so wenig ab wie nach ihm Jesus. Sie sind bei ihm Beispiele der Bußfertigkeit (vgl. S^{Lk} 18,9-14; 19,1-10). Der Täufer erwartet von ihnen, daß sie sich an die ihnen verordneten Erhebungssätze halten und keine überhöhten Forderungen stellen. Die Soldaten sollen keine Menschen mißhandeln.[78] Sie sollen auch niemand erpressen[79].In der Apostelgeschichte kommen mehrere positiv beurteilte heidnische Offiziere vor (vgl. Apg 10,1 – 11,18; 21,27-40; 23,47; 22,22-29; 23,10.23-30; 27,1-3.42ff; 28,16).

Das Verb κηρύσσω kann gleichbedeutend mit εὐαγγελίζω gebraucht werden. Vgl. Lk 4,43f: Jesus sprach zu den Menschen aus Kapernaum, die ihn an einer einsamen Stätte, an der er die Nacht verbracht hatte, aufsuchten: „Auch den anderen Städten muß ich das Evangelium von Gottes Herrschaft und Reich predigen; denn dazu bin ich gesandt. Und er predigte in den Gemeindeversammlungen des von Juden bewohnten Landes". So wenig Jesus in seinem Heimatort Nazareth bleiben konnte, läßt er sich auch im Fischerdorf Kapernaum festhalten. Er muß seinem Sendungsauftrag (vgl. S^{Lk} 4,18f = Jes 61,1f LXX) nachkommen. Lukas berichtet summarisch von Jesu Wirksamkeit: „Es geschah in der folgenden Zeit, daß er von Stadt zu Stadt und von Dorf zu Dorf umherzog; er predigte und verkündete die frohe Botschaft von Gottes Herrschaft und Reich" (S^{Lk} 8,1a.b). Inhalt der Predigt Jesu ist in allen Orten die frohe Botschaft von Gottes

---

77 Im NT nur hier; vgl. *W. Bauer*, Wörterbuch, 1678.

78 Im NT nur hier; vgl. *W. Bauer*, Wörterbuch, 333.

79 Im NT nur hier; vgl. *W. Bauer*, Wörterbuch, 377f.

Reich (vgl. Lk 4,43; 9,2.1.16; QLk 16,16 // QMt 11,12f; Apg 1,3; 8,12; 19,8; 20,25; 28,23.31). Er proklamiert damit das Heil für Gottes Volk. Jesu Leben war der Predigt des Evangeliums gewidmet. Schon seine Geburt war eine frohe Botschaft: Der Verkündigungsengel rief den Hirten auf Bethlehems Fluren zu: „Siehe, ich verkünde euch große Freude, die allem Volk widerfahren wird; denn euch ist heute der Retter geboren, welcher Christus, der Herr, ist, in der Stadt Davids“ (S^{Lk} 2,10f). Inhalt der Botschaft des Engels ist eine „große Freude“ für alle, die dieses Ereignis der Geburt ihres „Retters“ angeht. Freude zeigt die Gegenwart des Heils an. Die Freudenbotschaft gilt dem hier durch die Hirten repräsentierten Gottesvolk, d.h. dem biblischen Israel, das Gott durch die Geburt seines Retters gnädig heimsucht: „Gelobt sei der Herr, der Gott Israels; denn er hat sein Volk besucht und ihm Erlösung geschaffen und hat uns ein Horn der Rettung im Hause seines Knechtes David aufgerichtet“ (S^{Lk} 1,68f). Das Benedictus des Zacharias, des Vaters Johannes’ des Täufers, beginnt mit einem Lobspruch, wie er im Psalter, insbesondere in den Schlußdoxologien des ersten, zweiten und vierten Psalmbuches vorkommt (vgl. Ps 41,13; 72,18; 106,48). Er begegnet auch im Munde Davids (vgl. 1Kö 1,48) und Salomos (vgl. 1Kön 8,15). „Der Herr, der Gott Israels“, wird wegen der von ihm herbeigeführten Geschichtswende gerühmt: Gott hat sich seinem Volk gnädig zugewandt und ihm „Erlösung geschaffen“ (vgl. Ps111,9; S^{Lk} 2,38; 24,21). Sie besteht in der Sendung des Christus aus dem „Hause“, d.h. der Sippe Davids. „Knecht“. Der Christus aus der Nachkommenschaft Davids ist Übermittler der Heilsmacht Gottes. Die Chiffre „Horn der Rettung“ spielt auf die heilsame und rettende Kraft des Christusereignisses an, das Gott gewirkt hat (vgl. 2Sam 22,3 = Ps 18,3). Der in Bethlehem geborene Jesus bringt den Menschen, an denen Gott Gefallen hat, Frieden: „Auf Erden Frieden, den Menschen, die Gott gefallen“ (S^{Lk} 2,14b.c). Handelt der Ruf der Engel bei der Geburt Jesu vom „Frieden auf Erden“, so antworten Jesu Jünger darauf bei seinem Zug nach Jerusalem zum Leiden und Sterben sowie zu seiner Erhöhung durch die Auferweckung von den Toten: „Im Himmel Frieden und Herrlichkeit in der Höhe“ (Lk 19,38cd). Die Jünger Jesu preisen das von ihm mit seinem Wirken offenbar gemachte Heil Gottes, das für sie im Himmel bereit liegt. Nach Eph 2,14-18 ist der Christus Jesus „unser Friede, der beide zu einem machte und die Trennwand des Zaunes niederriß, die Feindschaft in seinem Fleisch, das Gesetz der Gebote, die Satzungen sind, vernichtete, auf daß er die zwei zu *einem* neuen Menschen schaffe, Frieden stiftete und die beiden in *einem* Leib mit Gott durch das Kreuz versöhnte, er, der die Feindschaft in ihm getötet hat; und er kam und predigte Frieden, euch, den Fernen, und Frieden den Nahen; denn durch ihn haben wir beide in *einem* Geist Zugang zum Vater“. Derjenige, der unser Frieden ist, wird nicht mit seinem Namen genannt. Das ist auch nicht nötig; denn die Leser wissen, daß Jesus Christus gemeint ist, der uns den Frieden bringt. Durch ihn haben wir im Heiligen Geist Zugang zu Gott, seinem und durch ihn unseren Vater. Der „Friede“ stellt da die Einheit her, wo zuvor Spaltung herrschte. Er hat „die Trennwand des Zaunes niedergerissen“. Der Zaun sollte die Juden, auch die Judenchristen, vor heidnischem Einfluß schützen. Heiden durften nur den für sie bestimmten Vorhof betreten. Wenn sie den inneren Tempelbereich betraten, wurden sie mit dem Tod bestraft (vgl. Apg. 21,27ff). NuR 8 (149a): „Gott sprach zu David: Wenn du fernhältst תיהק die

Fernen הרחוקים (Gemeint sind die Gibeoniten), so wirst du schließlich auch die Nahen הרחוקים entfernen.[80] Mit der Ferne der Heiden ist vor allem deren Gottesverhältnis gemeint. Der frühjüdische Exeget Aristeas (2. Jh. v.Chr.) hat im Blick auf Mose geschrieben: „Da nun der Gesetzgeber als Weiser, der zur Erkenntnis aller Dinge befähigt wurde, ... alles klar erkennte, umgab er uns mit undurchdringlichen Wällen und eisernen Mauern, damit wir uns uns mit keinem andern Volk irgendwie vermischten, (sondern) rein an Leib und Seele bleiben und – befreit von törichten Lehren – den einzigen und gewaltigen Gott überall in der ganzen Schöpfung verehren."[81] „Hätte sich die Frau vom Mann nicht getrennt, wäre sie nicht zusammen mit dem Mann gestorben. Die Trennung von ihm ist zum Ursprung des Todes geworden. Deswegen ist Christus gekommen, um die Trennung, die von Anfang bestand, zu beseitigen und sie beide wieder zu vereinigen, um denen, die in der (Zeit der) Trennung gestorben sind, Leben zu geben und sie zu vereinigen" (EvPhil 78).[82] „Das Sein wird nämlich von Basilides (der zur Zeit der Kaiser Hadrian [117-138 n.Chr.] und Antonius Pius [138-161 n.Chr.] wirkte), in zwei Haupt- und Grundteile geteilt: Der eine heißt Welt und der andere Oberwelt; was aber zwischen der Welt und der Oberwelt liegt, heißt der dazwischen liegende Geist, der eben der Heilige Geist ist und der den zurückgebliebenen Duft der Sohnschaft in sich trägt. Da nun das Firmament existierte, das sich über dem Himmel befindet, ward vom kosmischen Samen und der Samenfülle der große Archon (Herrscher) erzeugt und tra heraus, das Haupt der Welt, von unaussagbarer Größe und Kraft. Da er erzeugt war, schwang er sich auf, stieg empor, kam hinauf bis zum Firmament und blieb dort stehen; er meinte, das Firmament schließe jeden weiteren Aufstieg und jede weitere Höhe aus und hinter dem Firmament befinde sich nichts mehr ...".[83]

Die Tötung der Feindschaft ist mit der Friedensstiftung identisch. Die Vereinigung der „Zwei" zu *einem* neuen Menschen meinte die Integration von Juden- und Heidenchristen in *eine* Gemeinde, den „Leib Christi". Christus hat die Thora Israels, die Juden- und Heidenchristen voneinander trennte abgeschafft. Er hat sie durch seinen Kreuzestod mit Gott versöhnt. „Wenn jemand in Christus ist, so ist er eine neue Kreatur; das Alte ist vergangen, siehe, Neues ist geworden. Denn Gott war in Christus und versöhnte die Welt durch Christus mit sich ..." (2Kor 5,17.18a). „Friede, Friede, denen in der Ferne und denen in der Nähe, spricht Jahwe; ich will sie heilen" (Jes 57,19 LXX). Diese Friedensbotschaft geht nicht allein die Juden, sondern auch die Heiden in aller Welt an. Sie heilt ihr verletztes Gottesverhältnis: „Ich bin Jahwe, dein Arzt" (Ex/2Mo 15,26 LXX). In Christus Jesus ist Juden wie auch Heiden die Tür zu Gott aufgetan.

Die Apostel und Evangelisten nehmen Jesu Predigt des Evangeliums auf und führen sie weiter: „Wie sollen sie nun den predigen, wenn sie nicht gesandt sind? Wie denn geschrieben steht: Wie willkommen sind die Füße derer, die Gutes verkünden!". (Röm 10,15). Predigen kann nur, wer dazu beauftragt ist. Paulus ist ein „berufener Apostel" (Röm 1,1; 1Kor 1,1), von Gott selbst mit dem

---

80 Bill. III, 586.

81 *N. Meißner*, Der Aristeasbrief, 63.

82 Das Evangelium nach Philippus, 165 *(H.-M. Schenke)*.

83 *Hippolyt*, Des heiligen Hippolyvon Rom Widerlegung aller Häresien, 203f *(K. Graf Preysing)*.

Apostelamt betraut. Vgl. Gal 1,1f: „Paulus, Apostel nicht von Menschen, auch nicht durch einen Menschen, sondern durch Jesus Christus und Gott, den Vater". Seine Botschaft soll von den Lesern seiner Briefe angenommen werden. Sein Zitat von Jes 52,7 gibt den Text der Septuaginta (LXX) nicht genau wieder, ist aber dem hebräischen nahe verwandt. Wahrscheinlich zitiert der Apostel ihn aus dem Gedächtnis oder gibt eine ihm überkommene Version wieder. Wenn er den Text verkürzt, so geht es ihm darum dessen Intention herauszustellen, das Heil für Juden und Heiden anzusagen. Die Rabbinen beziehen Jes 52,7 auf die Zeit des Messias.[84] Jesus hat seine zwölf Jünger „ausgesandt, das Reich Gottes zu verkünden und Kranke zu heilen" (Lk 9,2). Die Jünger führten Jesu Auftrag aus: „Sie aber zogen aus und wanderten durch die Dörfer, predigten das Evangelium und heilten überall" (Lk 9,6). Die Aussendung erfolgt dazu, daß die Jünger in den Dörfern Galiläas das Evangelium vom Anbruch der Gottesherrschaft mit dem Kommen Jesu predigen und als Zeichen des mit Jesus gekommenen Heils Kranke heilen, aber auch Dämonen austreiben (vgl. Lk 9,1). Nach der Ausgießung des Heiligen Geistes zu Pfingsten missionierten die Apostel unter den Angehörigen ihres jüdischen Volkes: „Sie ließen nicht davon ab, Tag für Tag im Tempel und in den Häusern zu lehren und Christus Jesus als Evangelium zu predigen" (Apg 5,42). Den Aposteln war vom Hohen Rat verboten worden, das Evangelium zu predigen (vgl. Apg 5,40). Sie aber blieben dabei, Gott mehr zu gehorchen als den Menschen: „Petrus aber und die Apostel antworteten und sprachen: Man muß Gott mehr gehorchen als den Menschen" (Apg 5,29). Sie ignorierten das Predigtverbot und fuhren trotz der Gefahr, wieder ausgepeitscht zu werden (vgl. Apg 5,40) fort, öffentlich im Tempel und in den Hausgemeinden das Evangelium Jesu Christi zu predigen. Nach dem Martyrium des Stephanus (vgl. Apg 7,59f) mußten die hellenistischen Judenchristen aus Jerusalem fliehen, weil sie verfolgt wurden. Philippus ging nach Samaria und predigte das Evangelium den Samaritanern mit großem Erfolg: „Die Volksmassen aber folgten einmütig dem von Philippus Gesagten; sie hörten es und sahen die Zeichen, die er tat. Denn von vielen, die unreine Geister hatten fuhren diese mit lauter Stimme schreiend aus. Auch viele Gelähmte und Krüppel wurden geheilt. So gab es große Freude in jener Stadt" (Apg 8,6ff). Philippus wirkte in der Stadt Samaria, die Herodes d. Gr. (Regierungszeit: 39-4 v.Chr) zu Ehren des Kaisers Augustus in Sebaste umbenannt hatte. Große Teile der Bevölkerung waren Heiden. Da Lukas keine genaue geographische Vorstellung hatte, könnte auch eine andere Stadt in Samarien in Betracht kommen. Auch in anderen Städten uns Dörfern Samariens wohnten Heiden. Er hatte die S^{Mt} 10,5b-6 Jesus zugeschriebene Weisung mißachtet: „Geht in keine Stadt der Samaritaner, sondern geht allein zu den verlorenen Schafen Israels". Es kann sich an dieser Stelle aber auch um eine Reaktion einer streng an der Thora Israels orientierten Gruppe auf die Samaria-Mission handeln. Jesus antwortete der Kananäerin, die ihn gebeten hatte, ihre Tochter von einem Dämon, der sie plagte, zu befreien: „Ich bin nur zu den verlorenen Schafen des Hauses Israels gesandt" (S^{Mt} 15,24). Ihres großen Glaubens wegen erfüllte Jesus dann doch ihre Bitte (vgl. Mt 15,28. Die heidnische Frau ist eine Vorbotin der Heidenmission: „Mir iat alle Macht im Himmel

---

84 Vgl. Bill. III, 282f.

und auf Erden gegeben. Geht darum zu allen Völkern, und macht alle Völker zu meinen Jüngern. Tauft sie auf den Namen des Vaters und des Sohnes und des Heiligen Geistes! Und siehe, ich bin alle Tage bis zum Ende der Welt bei euch" (S^{Mt} 28,18b-20).
Wurde das Evangelium zuerst nur Juden gepredigt, so predigten die nach dem Tod des Erzmärtyrers Stephanus aus geflohenen hellenistischen Judenchristen „das Evangelium vom Herrn Jesus" in Phönozien, auf der Insel Zypern, in der Provinz Kyrene, Nordafrika, und im syrischen Antiochia auch den Heiden (vgl. Apg 11,18-26). Dort „wurden die Jünger zum erstenmal Christen genannt". Paulus wurde *der* Heidenapostel (vgl. Apg 14,7.15.21; 16,10; 17,18; Röm 15,20; 1Kor 15,1f; 2Kor 10,16; 11,7; Gal 1,16). Das schloß eine Predigt des Evangeliums Jesu Christi vor Juden nicht aus: „Ich schäme mich des Evangeliums nicht; denn es ist Gottes Kraft zur Rettung für jeden, der glaubt, für den Juden zuerst, aber auch den Griechen. In ihm wird nämlich Gottes Gerechtigkeit aus Glauben zum Glauben offenbart, wie geschrieben steht [Hab 2,4]: Der aus Glauben Gerechte wird leben" (Röm 1,16f). „Gottes Gerechtigkeit" ist das zentrale Wort der beiden letzten Briefe des Apostels, des Galater- (Ende 55 n.Chr.) und des Römerbriefes (Frühjahr 56 n.Chr.). Er hat seine Lehre von der Rechtfertigung des Sünders durch Gott allein aus Gnaden durch den Glauben in der Auseinandersetzung mit judaistischen Missionaren, die dem Herrenbruder Jakobus nahestanden, entwickelt. Diese wollten die Heidenchristen dazu bewegen, die Thora Israels, das Mosegesetz samt dessen Auslegung während der frühjüdischen Zeit, also die mündliche Überlieferung, die später im Babylonischen und Jerusalemer Talmud kodifiziert wurde, zu übernehmen und damit sich beschneiden zu lassen. Doch vor Gott kann kein Mensch bestehen, auch der Fromme nicht. Einer von ihnen betet: „Jahwe, geh nicht ins Gericht mit deinem Knecht; denn vor dir ist kein Lebender gerecht" (Ps 143,2 [142,2 LXX]). In den „Psalmen Salomos" (1. Jh. v.Chr.) wird oft davon gesprochen, daß Gott gerecht richtet: „Er ist König im Himmel und richtet Könige und Mächte; er richtet mich auf zur Herrlichkeit und beugt die Hochmütigen nieder zu ewigem Verderben in Schande, weil sie ihn nicht erkannten. Und seht nun, ihr Mächtigen der Erde, das Gericht Gottes; denn er ist ein großer und gerechter König, der die Erde richtet. Preiset Gott, ihr, die ihr den Herrn mit Einsicht fürchtet, denn denen, die ihn fürchten, ist der Herr barmherzig im Gericht, daß er trenne zwischen dem Gerechten und dem Sünder, indem er den Sündern in Ewigkeit vergilt nach ihren Taten, und sich des Gerechten erbarmt, weg von der Bedrückung durch den Sünder, und dem Sünder vergilt, was er dem Gerechten getan hat. Denn der Herr ist denen gütig, die ihn beständig anrufen, daß er nach seiner Barmherzigkeit an seinen Frommen handle, daß sie ewiglich vor ihm in Kraft stehen können. Gelobt sei der Herr in Ewigkeit von seinen Knechten!" (PsSal II, 30-37).[85] „Gott, rotte aus, die in Übermut allerlei Unrecht verüben, denn der Herr, unser Gott, ist ein großer und mächtiger Richter in Gerechtigkeit. Deine Barmherzigkeit, Herr, sei über allen, die dich lieben!" (PsSal IV, 24f).[86]

---

85 *Sven Holm-Nielsen*, Die Psalmen Salomos, 67.
86 *Ders.*, ebd., 72f.

„Ich bedachte die Gerichte Gottes seit der Schöpfung von Himmel und Erde; ich hielt Gott für gerecht in seinen Gerichten von Ewigkeit her. Gott hat ihre Sünden offengelegt unter der Sonne, die ganze Erde erkannte die Gerechtigkeit Gottes." (PsSal VIII, 7f).[87] „Gepriesen sei Gott, der die ganze Erde richtet in Gerechtigkeit! Siehe denn, o Gott, du hast uns gezeigt dein Gericht in Gerechtigkeit; unsere Augen haben deine Gerichte gesehen, o Gott! Wir rechtfertigen deinen in Ewigkeit teuren Namen, denn du bist der Gott der Gerechtigkeit, der Israel mit Züchtigung richtet. Wende, o Gott, deine Barmherzigkeit zu uns und erbarme dich über uns!" (PsSal VIII, 24-27).[88] „Wem zeigst du dich gütig, o Gott, wenn nicht denen, die den Herrn anrufen? Bei Sünden wird [er] den reinigen, der da preist durch sein Bekenntnis; denn auf uns und unseren Gesichtern (liegt) Scham über alles. Und wem wird [er] Sünden vergeben, wenn nicht denen, die gesündigt haben? Gerechte wirst du segnen, und du strafst nicht für das, was sie gesündigt haben, und deine Güte (gilt) reuigen Sündern. Und nun, du bist Gott, und wir sind dein Volk, dem du deine Liebe geschenkt hast; sieh, und erbarme dich, Gott Israels, denn wir sind dein, und wende deine Barmherzigkeit nicht von uns ab, damit sie uns nicht überfallen. Denn du hast Abrahams Samen vor allen Völkern auserwählt und [er wird nicht aufhören] in Ewigkeit. Einen Bund hast du unseret wegen mit unseren Vätern geschlossen, und wir werden auf dich hoffen in der Bekehrung unserer Seele. Gottes Barmherzigkeit sei über dem Haus Israel für immer und ewig!" (PsSal IX, 6-11).[89]
Die Qumran-Essener sind ebenfalls davon überzeugt, daß Gott den Frommen barmherzig ist, und fordern von den „Söhnen des Lichtes", alle Gebote und Satzungen der Thora zu halten. Sie sind sich ihrer Sünden bewußt: Gottes „Gericht will ich gerecht heißen entsprechend meiner Verkehrtheit. und meine Sünde sei mir vor Augen wie ein eingegrabenes Gesetz. Aber zu Gott will ich sprechen: Meine Gerechtigkeit, und zum Höchsten: Gründer meines Guten, Quelle des Wissens und Quelle der Heiligkeit, Höhe der Heiligkeit und Allmacht zu ewiger Verherrlichung. Ich will wählen, was er mich lehrt, und gern annehmen, wie er mich richtet. Wenn meine Hände und Füße beginnen sich zu regen, will ich seinen Namen preisen; zu Beginn vom Ausgang und Eingang, wenn ich mich setze oder aufstehe, will ich ihm jauchzen und ihn preisen als Hebopfer, das von meinen Lippen kommt, aus der Reihe der Männer" (I QS X, 11-14).[90] „Was mich betrifft, so steht meine Gerechtigkeit bei Gott, und in seiner Hand liegt die Vollkommenheit meines Wandels mitsamt der Geradheit meines Herzens, und durch seine Gerechtigkeit wird meine Sünde getilgt. Denn aus seiner Quelle der Erkenntnis hat er sein Licht eröffnet, so daß mein Auge die Vollkommenheit meines Wandels mitsamt der Geradheit meines Herzens, und durch seine Gerechtigkeit wird meine Sünde getilgt" (I QS XI, 2b-3a).[91] Hier haben wir ein frühjüdisches Zeugnis der Rechtfertigung des Sünders durch Gott, unbeschadet einer frommen Lebensführung, vor uns. Auch der gerechtfertigte Sünder ist verpflichet, das Gesetz zu halten.

---

87 *Ders.*, ebd., 78.
88 *Ders.*, ebd., 80f.
89 *Ders.*, ebd., 83f.
90 Die Schriften aus Qumran, 36-39 *(E. Lohse);* vgl. *J. Maier*, Die Qumran-Essener I, 195f.
91 *Ders.*, ebd., 40f; *ders.*, ebd., 198.

Die Gebete der Qumran-Essener handeln von Gottes Barmherzigkeit mit den vor Gott verlorenen Menschen: „Beim höchsten Gott sind alle Werke der Gerechtigkeit, aber der Wandel des Menschen steht nicht fest, es sei denn durch den Geist, den Gott ihm schuf, um den Wandel der Menschenkinder vollkommen zu machen, damit sie alle seine Werke erkennen in der Kraft seiner Stärke und die Fülle seines Erbarmens über alle Söhne seines Wohlgefallens“ (1QH IV, 31-33a).[92] Die Frage: „Wer ist ge[re]cht vor dir, wenn er gerichet wird?“ (IQH VII, 28c) wird folgendermaßen beantwortet: „Dir, ja dir gehört die Gerechtigkeit und deinem Namen gebührt ewiger Lobpreis.“ (1QH XVII, 20a).[93]
Paulus war vor seiner Bekehrung und Berufung davon überzeugt, „nach der Gerechtigkeit, die das Gesetz fordert, untadelig“ zu sein (Phil 3,6). Nach seiner Begegnung mit dem erhöhten Herrn Jesus Christus verstand er Gottes Gerechtigkeit als Gnade und Barmherzigkeit, die allein im Glauben angenommen werden kann. Er faßte sein gesamtes Wirken als Verpflichtung zur Predigt des Evangeliums auf: „Christus hat mich nicht zu taufen gesandt, sondern das Evangelium zu verkünden, nicht mit Weisheitsrede, damit nicht Christi Kreuz entleert werde“ (1Kor 1,17). Mit der Betonung, daß er das Evangelium „nicht mit Weisheitsrede“ verkündet hat, grenzt er sich gegen Apollos ab (vgl. Apg 18,24; 1Kor 1,12; 3,4ff; 4,6; 16,12). Er wandte in seinen Missionspredigten keine rhetorischen Kunstmittel an. Würde das „Kreuz Christi“ als Zentrum seiner Predigt „entleert“, so wäre sie keine Heilsbotschaft und damit auch kein Evangelium mehr. Paulus muß das Evangelium predigen; er kann nicht anders: „Wenn ich nämlich das Evangelium verkünde, darf ich mich dessen nicht rühmen; denn ich muß es tun. Doch wehe mir, wenn ich das Evangelium nicht predigte! Wenn ich dies freiwillig tue, so kann ich Lohn erwarten, wenn aber unfreiwillig, so ist mir doch das Amt anvertraut. Was ist nun mein Lohn? Daß ich das Evangelium unentgeltlich predige und so von meinem Recht am Evangelium keinen Gebrauch mache“ (1Kor 9,16ff). Mit seinen Missions- und Gemeindepredigten erfüllt Paulus eine ihm obliegende Pflicht. Er kann dafür keinen Lohn verlangen. Ähnlich wie die alttestamentlichen Propheten dem Ruf Gottes folgen und die ihnen mitgeteilte Heils- oder Unheilsbotschaft dem Volk Israel, seinen Königen, deren Beamten und der Jerusalemer Priesterschaft weitersagen mußten, so kann der Apostel auch gar nicht anders als seiner Berufung zur Evangeliumspredigt vor Juden und Heiden, aber auch in den von ihm gegründeten Gemeinden, nachzukommen. Er kann dafür weder Lohn noch Dank erwarten. Die Gleichniserzählung vom jederzeit zur Arbeit verpflichteten Sklaven schließt mit dem Satz: „Wir sind armselige Sklaven; wir haben nur getan, was wir zu tun schuldig waren“ (S^{Lk} 17,10). Das ist ein Aufruf, der an die Apostel, Gemeindeleiter und Missionare gerichtet ist, jederzeit für ihren Herrn verfügbar zu sein und ihre Evangeliumspredigt als Dienst zu verstehen. Sie sollen keine Gunsterweise erwarten, sondern im demütigen Dienst, der ihrem Herrn gewidmet ist, sich selbst als „armselige“, „unnütze“ oder „unwürdige“ Slaven einschätzen. Zu der Empfehlung dieser Parabel gibt es mehrere Parallelen bei den Rabbinen, die ihre Schüler dazu aufriefen, sich nichts auf ihre Thora-Erfüllung zugute zu Halten.

---

92 *Ders.*, ebd., 128f.
93 *Ders.*, ebd., 140f; 170f.

So wird Antigonos von Sokho (um 190 v.Chr. ?) die Mahnung zugeschrieben: „Seid nicht wie die Knechte, welche dem Herrn in der Absicht dienen, Lohn zu empfangen, sondern seid wie Knechte, die dem Herrn ohne die Absicht, Lohn zu empfangen, dienen.“ (Aboth 1,3). Rabbi Jochanan ben Zakkai gest. um 80 n. Chr)lehrte: „Wenn du viel Thora gelernt hast, tu dir nichts darauf zugute; denn dazu wurdest du geschaffen.“[94] Paulus sah sich als „Sklave Christi Jesu „ (Röm 1,1; Gal 1,10; Phil 1,1). In seiner Abschiedsrede vor den Presbytern aus Ephesus in Milet (vgl. Apg 20,17-35) hat er sich nach Lukas als einer zu erkennen gegeben, der weder Lohn noch Dank erwartete: Er „diente dem Herrn in aller Demut“ (Apg 20,19a). Der Apostel sah die Gemeindeältesten als Hirten: „Gebt nun acht auf die ganze Herde, in der euch der Heilige Geist zu Aufsehern bestimmt hat, die Kirche Gottes zu weiden, die er sich durch das Blut seines Eigenen erworben hat“ (Apg 20,28). Das Bild des „Hirten“. Mit diesem Bild wird im Alten Testament das Verhältnis Gottes zu seinem Volk Israel angesprochen (vgl. z.B. Gen/1Mo 49,24; Ps 80,2; Jes 40,11; Jer 31.10; Ez 34,11-16). Vgl. Ps 23,1: „Der Herr ist mein Hirte; mir wird nichts fehlen“ ([22,1 LXX]). Als Hirten werden auch die Könige und andere Führer des Gottesvolkes daraufhin bezeichnet, daß sie für die Wohlfahrt der ihnen angefohlenen Menschen sorgen sollen (vgl. z.B. Jer 2,8; 3,15; 23,1-4; Ez 34,1-31). Nach Joh 10.11 hat Jesus gesagt: „Ich bin der gute Hirte. Der gute Hirte läßt sein Leben für die Schafe“. Er lebt und stirbt für die Seinen.

„Evangelisieren“ ist ein terminus technicus der Mission. Vgl. Apg 14,15: „Wir predigen euch als Evangelium: Ihr sollt euch von diesen Nichtsen zum lebendigen Gott hinwenden, der den Himmel und die Erde und das Meer und alles, was darin ist, gemacht hat“. Die heidnischen Götter werden nach Jer 2,5 LXX als „Nichtse“ bezeichnet. Ihnen sollen die Heiden nicht länger dienen. Sie sollen sich vielmehr dem „lebendigen Gott“ zuwenden (vgl. z.B. Ps 42,3; 84,3; Jer 10,10; 23,26; Dan 6,27). Er ist die Quelle des Lebens (vgl. Ps 36,10; Jer 2,13). Gott bekundet sich in seiner Schöpfung (vgl. z.B. Ps 33,6; Ps 104,29f; Hi 33,4; 34,13ff). Als derjenige, der allen seinen Geschöpfen ihr Leben gibt, erwartet er, als der einzige lebendige Gott anerkannt zu werden.

Die Predigt des Evangeliums gilt auch Christen: „Was mich betrifft, so bin ich bereit, auch euch in Rom das Evangelium zu predigen“. Da Paulus sich Juden und Griechen, d.h. Heiden, verpflichtet weiß (vgl. Röm 1,14), ist er auch bereit, in den Hausgemeinden der Christen in der Hauptstadt des römischen Imperiums „das Evangelium zu predigen“. „Der Bezeugung des Evangeliums können und dürfen keine Grenzen gesetzt werden.“[95] In Galatien missionierte Paulus als Kranker: „Ihr wißt doch, daß ich euch in Schwachheit des Leibes beim erstenmal das Evangelium gepredigt habe“ (Gal 4,13). Die Galater hätten allen Anlaß gehabt, die göttliche Herkunft des von ihm verkündeten Evangeliums Jesu Christi anzuzweifeln. Doch diese Krankheit hinderte sie nicht daran, ihn aus Furcht vor eventueller dämonischer Besessenheit vor ihm auszuspucken. Sie nahmen ihn bei sich auf und pflegten ihn wieder gesund. Die galatischen Christen haben

---

[94] Bill. IV/1, 19; II, 235.

[95] *E. Lohse*, Römer, 76.

in ihm einen Boten Gottes erkannt und ihn wie Jesus Christus selbst bei sich aufgenommen (vgl. Gal 4,14).
Die Missionare predigen „den Christus Jesus" (Apg 5,42), „den Herrn Jesus" (Apg 11,20), „den Namen des Herrn Jesus" (Apg 8,15), „den unergründlichen Reichtum Christi" (Eph 2,8), „die Herrschaft Gottes und den Namen Jesu Christi" (Apg 8,12) oder „die Auferstehung" (Apg 17,18). „Nach diesem Heil [= der Seelen] haben die Propheten gesucht und geforscht, die von der Gnade für euch geweissagt haben. Sie forschten, auf welche oder was für eine Zeit der Geist in ihnen hinweise, der die für Christus bestimmten Leiden und die folgenden Herrlichkeiten im voraus bezeugt hat. Ihnen ist offenbart worden, daß sie nicht sich selbst, sondern euch dienen sollten mit dem, was jetzt gepredigt worden ist, durch die, welche euch das Evangelium im Heiligen Geist, der vom Himmel gesandt worden ist, verkündet haben, worin auch die Engel Einblick zu gewinnen begehren" (1Petr 1,10ff). In diesen Versen geht es um das Heil, daß wir Jesus Christus verdanken. Was den Propheten und Engeln verborgen blieb, wurde uns Christen offenbar. Die alttestamentlichen Propheten suchten und forschten nach dem künftigen Heil. Mit der Ankunft des in Jesus Christus offenbaren Gottes war die Zeit der Heilserwartung zuende, die Zeit der Erfüllung aber angebrochen. Die Christen in den römischen Provinzen „Pontus, Galatien, Kappadokien, Asien unf Bithynien" (1Petr 1,1) hatten eine Leidenszeit durchzustehen. Sie wurden von den Vertretern der Behörden ihrer Wohnorte verfolgt. Der unbekannte Verfasser, der sein Rundschreiben unter dem Namen des „Petrus, Apostel Jesu Christi" verfaßt hat, tröstet sie mit der Hoffnung auf die künftige „Herrlichkeit", die ihnen zuteil wird.
Die Schriftgrundlage für die Predigt des Evangeliums war in der frühen Christenheit die Septuaginta (LXX), die griechische Ausgabe der Heiligen Schrift. Philippus legte einem hohen äthiopischen Hofbeamten, der wähend der Rückkehr von Jerusalem in sein Heimatland eine Jesaja-Rolle las, auf dessen Bitte Jes 53,7f LXX aus: „Von dieser Schriftstelle ausgehend, predigte er ihm das Evangelium von Jesus" (Apg 8,35b). Der Äthiopier will von Philippus wissen, von wem der Text, den er gelesen hat, spricht. Für Christen kommt darin die Geschichte Jesu zur Sprache. Die beiden Verse zeigen, wie weit ein prophetisches Zeugnis mit dem Bericht von Jesu Leiden und Sterben übereinstimmt (vgl. S^{Lk} 24,26f.44; Apg 26,22f). Der Auferstandene, den die beiden Emmaus-Jünger nicht erkennen, spricht: „‚Mußte der Christus dieses nicht leiden und in seine Herrlichkeit eingehen?' Und ausgehend von Mose und allen Propheten, legte er ihnen dar, was sich auf ihn bezog" (S^{Lk} 24,26f). Der Auferstandene spricht in Jerusalem zu allen Jüngern: „‚Dieses sind meine Worte, die ich zu euch redete, als ich noch bei euch war: Alles muß erfüllt werden, was im Mosegesetz sowie in den Propheten und Psalmen über mich geschrieben steht.' Dann öffnete er ihnen den Verstand, die Schriften zu verstehen. Und er sprach zu ihnen: ‚So steht geschrieben: Der Christus muß leiden und am dritten Teg von den Toten auferstehen. Und in seinem Namen muß, ausgehend von Jerusalem, allen Völkern Umkehr zur Vergebung der Sünden gepredigt werden. Ihr aber seid Zeugen aller dieser Dinge'" (S^{Lk} 24,44-48). Der auferstandene Herr verfährt mit seinen Jüngern ähnlich wie die Engel in der Morgenfrühe mit den Frauen (vgl Lk 24,6f). Er erinnert sie an das, was er ihnen vor seinem Leiden und Sterben ge-

sagt hat und erinnert sie an das, er ihnen während der Zeit seines öffentlichen Wirkens gesagt hatte. Ähnlich wie als unerkannter Wegbegleiter der beiden Emmaus-Jünger (vgl. S^{Lk} 24,25ff) macht er sie auf das aufmerksam, was in der Heiligen Schrift über ihn geschrieben steht. Er nennt das Mosegesetz, die Propheten und Psalmen. Letztere spielten für die frühe Christenheit und insbersondere für Lukas in der Apostelgeschichte bei der Beweisführung eine wichtige Rolle (vgl. z.B. Apg 1,20 [Ps 69,26; 109,8]; 2,30 [Ps 89,4f] 2,34f [Ps 110,1]; 4,25f [Ps 2,1f]; 7,46 [Ps 132,3ff]; 13,33 [Ps 2,7]; 13,35 [Ps 16,10]). *Alles*, in Hinsicht auf den Christus Jesus im Mosegesetz, in den Propheten und Psalmen geschrieben steht, *muß* erfüllt werden. Wie zuvor dem Kleopas und seinem Begleiter (vgl. S^{Lk} 24,25ff), beseitigt der Auferstandene jetzt bei allen Jüngern die Verstehenssperre: Er öffnet ihn ihren Verstand und erschließt ihnen den Sinn für eine prophetisch auf ihn ausgerichtete Lektüre der Heiligen Schrift. Dem in der Schrift dargelegten Ratschluß Gottes entspricht das Geschick seines Christus, dessen Leiden, Sterben und Auferstehen am dritten Tag. Zur schriftgemäßen Erfüllung des göttlichen Heilsratschlusses gehört auch die Mission unter allen Völkern. Die von Jerusalem ausgehende Mission richtet sich nach der Maxime des Apostels Paulus: „zuerst dem Jude, dann auch dem Griechen", d.h. den Heiden (vgl. Röm 1,16). Die Umkehr und damit eine grundlegende Änderung der Lebenführung ist ein Hauptthema der Missionspredigten (vgl. Apg 2,38; 3,19; 5,31; 8,22; 11,18; 17,30; 20,21; 26,20). Die Bußpredigt führt zum Angebot der Taufe „auf den Namen Jesu Christi zur Vergebung der Sünden" (Apg 2,38; vgl. 3,19; 5,31; 10,43; 13,38; 22,16; 26,18). Der Auferstandene bestellt seine Jünger jetzt zu „Zeugen aller dieser Dinge". „Zeuge" ist bei Lukas ein wichtiger Begriff für die Aufgabe der Jünger (vgl. z.B. Apg 1,8.22; 2,32; 3,15; 5,32; 10,39-43). Als Augenzeugen des Weges Jesu (vgl. S^{Lk} 1,2; Apg 1,2f) bezeugen sie von Jerusalem aus weltweit Jesu Leiden, Sterben, Auferstehung und Erhöhung zu Gott als Gottes Heil für die Menschen.

Die Predigt des Evangeliums wurde bei Jesus, seinen Aposteln und anderen frühchristlichen Zeugen durch Wunder unterstützt (vgl. z.B. Mk 1,23-28.29ff.40-44; 2,1-11; 3,1-6; 5,1-20.21-34.35-42; 6,30-44.45-52; 7,24-30; S^{Mk} 7,31-37; Mk 8,1-8; 9,14-29; 10,46-52; S^{Lk} 5,4-11; 13,10-17; 14,1-6; 17,11-19; SJoh 2,1-11; 5,1-13; 9,1-17; 11,1-45). Jesus heilte Kranke, weckte Tote auf und trieb Dämonen aus. Das taten nach ihm Petrus, andere Apostel und Paulus (vgl. Apg 3,1-11; 5,12-16; 6,8; 8,4-8; 9,32-35.36-42; 14,8ff; 16,16ff; 19,9f; 20,7-12; 28,3-6.7-10).

Dort, wo das Evangelium gepredigt und im Glauben angenommen wird, bewirkt es „große Freude" (Apg 8,8). Der Apostel Paulus ruft den Christen in Korinth das von ihm dort gepredigte Evangelium ins Gedächtnis: „Ich tue euch aber, Brüder, das Evangelium kund, das ich euch verkündet habe, das ihr auch angenommen habt, auf dem ihr auch steht, durch das ihr auch gerettet werdet, wenn ihr es dergestalt festhaltet, wie ich es euch gepredigt habe; es sei denn, daß ihr vergeblich zum Glauben gekommen seid" (1Kor 15,1f). Paulus schärft seinen christlichen Brüdern in Korinth ein, sich des von ihm gepredigten Evangeliums zu erinnern. Es ist die Basis, auf der sie im Glauben stehen. Durch diese Heilsbotschaft werden sie auch „gerettet". Sie sollen es in der Form bewahren, in der er es ihnen überliefert hat. Dem Apostel ist es geoffenbart worden: „Ich habe es ja nicht von einem Menschen empfangen oder gelernt, sondern durch eine Offenbarung Jesu Christi empfangen“ (Gal,1,12). Der durch das Evangelium geweckte Glaube bewährt sich in der Liebe der christlichen Geschwister. „Da ihr euch im Gehorsam der Wahrheit zu ungeheuchelter Bruderliebe geheiligt seid, so liebt einander dauerhaft von Herzen, weil ihr nicht aus vergänglichem, sondern aus unvergänglichem Samen wiedergeboren seid; denn alles Fleisch ist wie Gras und alle seine Herrlichkeit wie die Blume im Gras. Das Gras ist verdorrt und seine Blume abgefallen. Das Wort des Herrn aber bleibt in Ewigkeit‘ [Jes 40,6f]. Das aber ist das Wort, das auch als Evangelium verkündet worden ist“ (1Petr 1,22-25). War die Liebe der 1Petr 1,1 angeschriebenen Christen in den römischen Provinzen Kleinasiens, bisher auf Jesus Christus gerichtet, so wird ihnen jetzt die christliche Geschwisterliebe nahegelegt. Vom „Gehorsam durch die Heiligung des Geistes“ war schon im Präskript die Rede (vgl. 1Petr 1,2). Daß der „Gehorsam“ sich auf die „Wahrheit“ bezieht, kommt nur noch Gal 5,7a vor: „Wer hat euch daran gehindert, der Wahrheit nicht zu gehorchen?“ (vgl. Eph 1,13; Kol 1,5; 2Tim 2,15). Die „Seelen“ stehen in unserem Text für die Personen. Die Liebe der Gemeindeglieder zueinander soll „dauerhaft“ sein. Sie soll von Herzen kommen (vgl. Mk 12,30; 1Tim 1,5). Durch die „Zeugung aus unvergänglichem Samen“ sind sie Gottes Söhne und Töchter geworden. Das „Wort“, dem sie ihre Gotteskindschaft verdanken, „bleibt in Ewigkeit.“

Nach 1Thess 3,2 ist Timotheus für Paulus „Gottes Mitarbeiter am Evangelium Christi“. Ihn hatte er in der von ihm gegründeten jungen Gemeinde zurückgelassen, als er wegen der ihm drohenden Gefahr zusammen mit Silas nach Beröa ausweichen mußte (vgl. Apg 17,10). Timothus soll die Christen in der Hauptstadt Makedoniens „stärken und im Glauben aufrichten“. Der Glaube ist die Grundlage der Hoffnung. Er will in der Liebe bewährt werden. Der Apostel hat Timotheus, seinen ihm am nächsten stehenden Mitarbeiter, auch nach Korinth und Philippi gesandt (vgl. 1Kor 4,17; Phil 2,19.23). Paulus hat auch Apollos und sich als „Gottes Mitarbeiter“ (1Kor 3,9) bezeichnet.

„Das Evangelium haben wir wie auch jene“, die Israeliten der Mose-Generation, „ebenfalls empfangen. Doch hat das Wort der Predigt jenen nicht genützt, weil es sich bei jenen nicht mit dem Glauben verbunden hat“. Die „Predigt des Evangeliums“ wird hier, im Neuen Testament einmalig, auf das Mosegesetz angewandt. Den unter Führung Moses aus Ägypten geflohenen Hebräern hat es nicht genutzt, weil sie sie sich nicht daran gehalten haben (vgl. z.B Ex/2Mo 32,1-6; Num/4Mo 17,6-15).

Im Neuen Testament kann auch Gott als Prediger des Evangeliums bezeichnet werden, so Apg 10,36: „[Dies ist] das Wort, das er [Gott] den Söhnen Israels gesandt hat, um durch Jesus Christus Frieden zu predigen. Dieser ist der Herr über alle“. Inhalt des Evangeliums Gottes ist Jesus Christus als Heilsereignis (vgl. S^{Lk} 2,10.14).

Im Lukasevangelium erscheinen Engel als Verkünder des Evangeliums. Der Erzengel Gabriel sprach zum Priester Zacharias anläßlich der Ankündigung, daß seine Frau Eliabeth ihm trotz ihres hohen Alters einen Sohn gebären würde: „Ich bin gesandt, zu dir zu reden und dir diese gute Nachricht zu verkünden“ (S^{Lk} 1,19).

Das Proömium: Der Anlaß des Briefes 1,6-10

6Ich wundere mich, daß ihr euch so schnell von dem, der euch durch die Gnade [Christi] berufen hat, zu einem anderen Evangelium abwendig machen laßt, 7wo es doch kein anderes gibt! Einige verwirren euch nur und wollen das Evangelium Christi verkehren. 8Wenn aber auch wir oder ein Engel vom Himmel [euch] ein anderes Evangelium predigen würde als das, welches wir euch gepredigt haben, sei er verflucht! 9Wie wir früher gesagt haben, so sage ich auch jetzt wieder: Wenn jemand euch ein anderes Evangelium predigt als das, welches ihr empfangen habt, sei er verflucht!
10Rede ich jetzt Menschen zuliebe oder Gott? Oder suche ich Menschen zu gefallen? Wenn ich noch Menschen zu gefallen suchte, wäre ich Christi Sklave nicht.

6-10: Briefeingang (Prooemium): Der Anlaß des Rundschreibens:
6-7: *Kein anderes Evangelium:* **Ich wundere mich, daß ihr euch so schnell von dem, der euch durch die Gnade [Christi] berufen hat, zu einem anderen Evangelium abwendig machen laßt, wo es doch kein anderes gibt! Einige verwirren euch nur und wollen das Evangelium Christi verkehren.** Anstelle des sonst in mehreren Paulusbriefen und den ihm zugeschriebenen Briefen üblichen „Ich danke“ (Röm 1,8; 1Kor 1,4; Phil 1,3; 1Thess 1,2; vgl. Eph 1,16; 2Thess 1,3; 1Tim 1,12) beginnt Paulus hier, in seinen und den ihm zugeschriebenen Briefen einmalig, mit einem „Ich wundere mich“. Der Apostel, der gewiß Kenntnis von den Vorgängen in den galatischen Gemeinden hat, bringt in den Versen 6 und 7 die Gegensätze zwischen dem von ihm dort gepredigten und dem von den judaistischen Missionaren verkündeten Pseudoevangelium zum Ausdruck. Wie es „kein anderes Evangelium“ gibt, so gibt es auch keinen zweiten Christus. Die Berufung zum Glauben erfolgte durch Gott. Sie war ein Gnadenakt und hat denen, die dem Evangelium Jesu Christi glaubten den Zugang zum Heil eröffnet und damit zu einem neuen Leben in der Gottesgemeinschaft. Wer sich von Herzen und also im Zentrum seiner Person dem Christusglauben erschließt, dem geht es wie Abraham, der dem Gott „glaubte, der die Toten lebendig macht, und das, was nicht ist, ins Dasein ruft“ (Röm 4,17). „Tod und Auferstehung Christi sind die Offenbarung des Lebens, *des* Lebens, das aus Gott gelebt wird. Aus *dem* Gott, der allein von Natur Gott ist (vgl. Gal 4,8), der wirklich Gott ist, Näämlich der Gott, der die Toten lebendig macht. … Eben darin, daß er Tote lebendig macht, erweist er sich als Gott. Das ist, wenn ich so sagen darf, der Stil seines göttlichen Tuns. Darum ist auch, wie Paulus an Abraham, dem Vater des Glaubens zeigt, der eigentliche Sinn des Glaubens, dem zu glauben, der die Toten lebendig macht und ruft dem, das nicht ist, daß es sei. Abraham hat geglaubt auf Hoffnung, da nichts zu hoffen war“ (vgl. Röm 4,17f).[96]

---

96 *Fr. Gogarten*, Der Mensch zwischen Gott und Welt, 71.

Die christlichen Gemeinden der Provinz Galatia befinden sich in einer Glaubenskrise. Die dortigen Christen sind in der Gefahr, vom Glauben abzufallen. Sie haben den soeben erwähnten judaistischen Wanderpredigern Gehör geschenkt, die ihnen die Beschneidung und damit die Bindung an die Thora Israels nahelegten. Paulus versucht mit seinem Rundschreiben, die Gefahr des Glaubensabfalls zu bannen; denn noch ist der Ausgang dieser Krise offen. In V. 6 spricht der Apostel sein Erstaunen und Befremden darüber aus, daß die Christen in den Gemeinden in Galatien sich „so schnell von dem, der euch durch die Gnade Christi berufen hat, zu einem anderen Evangelium haben abwendig machen" lassen. Zu diesem Evangelium gibt es keine Alternative. Daß sie damit ihren Gemeindegründer gekränkt haben, ist nicht dessen letztes Wort, wie Gal 6,16 zeigt. Dort sagt er denen eigenhändig „Friede und Erbarmen" zu, die ihr Leben nach den durch ihn vermittelten Regeln leben. Der Apostel erinnert die jeweiligen Adressaten wie hier in Gal 3,1-5, mehrmals an das von ihm dort gepredigte, so z.B. 1Kor 15,1-11; 2Kor; 1Thess 1,4-7 oder in dem ihm zugeschriebenen Kolosserbrief in Kol 1,5b-8 an das durch seinen Schüler Epaphras vermittelte Evangelium.
Der Abfall von der paulinischen Predigt des Evangeliums und damit vom Glauben an Jesus Christus ist anscheinend rasch erfolgt. Die Adressaten wandten sich damit zugleich von Gott ab, was doch, wie Gen/1Mo 3 zeigt, unmöglich ist, dessen durch Paulus vermittelte Berufung sie ihre Hinwendung zum Christusglauben und damit die Freiheit vom Mosegesetz verdanken.
In V. 7a bringt der Apostel zum Ausdruck, daß es „kein anderes" Evangelium gibt. Gott läßt uns Menschen außer dem Evangelium Jesu Christi keine Wahl. In dem, was er kundgibt, kommt seine Entscheidung, die er ein für allemal über die Menschen getroffen hat, zum Ausdruck. Seine einmalige Offenbarung im Menschen Jesus Christus ist endgültig. „Es gibt kein anderes" Evangelium als das, für das sich die Christen in den galatischen Gemeinden ebenso wie die in Korinth (vgl. 1Kor 4,15: 15,1f; vgl. Gal 2,14und 3,5) kraft der Gnade Gottes, dessen Berufung sie ihren Christusglauben verdanken, entschieden haben. Im Ruf zum Glauben erweist Gott sich als derjenige, „der die Toten lebendig macht, und dem Nichtseienden ruft, daß es sei" (Röm 4,17). Die Christen in den Gemeinden der Provinz Galatia wenden sich vom Leben aus und in Gott ab, wenn sie dem von Paulus gepredigten Evangelium den Rücken kehren (vgl. Gal 3,5). Er bindet die Christen in den von ihm geründeten Gmeinden nicht an sich, sondern an Jesus Christus: „Wir predigen nicht uns selbst, sondern Jesus Christus als den Herrn, wir aber sind euere Sklaven Jesu wegen" (2Kor 4,5). Jesus Christus ist das Zentrum des paulinischen Evangeliums. Der Apostel versteht sich als Diener der von ihm bekehrten Heiden. Er dient ihnen mit dem von ihm gepredigten Evangelium. Durch dieses sollen sie Gottes Herrlichkeit in Jesus Christus wahrnehmen: „Gott, der sprach: ‚Aus der Finsternis soll Licht aufleuchten,' ist in unseren Herzen aufgeleuchtet, damit wir zut Erkenntnis der Herrlichkeit Gottes im Antlitz [Jesu] Christi gelangen" (2Kor 4,6). Gottes „Herrlichkeit" ist im Gekreuzigten zu erkennen. Wer Gott da wahrnimmt, dem geht das Licht der Wahrheit auf.
Nach V. 7b „wollen" aus der Sicht des Apostels „euch einige nur verwirren und das Evangelium Christi verkehren". „Verwirren" bedeutet hier wie z.B. in Ps

65,6; Sir 11,31a LXX und Apg 2,20, eine Sache zu pervertieren. Die judaistischen Widersacher „verwirren" auch nach Gal 5,10 die galatischen Christen. Die Gegner meinen auch, in den Gemeinden der Galatia „das Evangelium Christi" (vgl. Röm 1,3.9; 15,9; 1Kor 9,12; 2Kor 2,12; 9,13; 10,14; Phil 1,27; 1Thess 3,2) zu predigen. Der Genitiv ist zugleich ein Genitivus objectivus und meint „das Evangelium von Christus" und ein gen. auct. bedeutet also „das Evangelium Christi",[97] in dem dieser sich selbst zu Gehör bringt (vgl. Gal 1,16; 1Kor 1,23; 15,12; 2Kor 4,4.5; 11,4; Phil 1,15.17, darüber hinaus auch Eph 4,20-21 u. Kol 1,28). Wenden sich die judaistischen Missionare gegen das von Paulus gepredigte Evangelium, so kehren sie sich von Jesus Christus ab, der selbst darin spricht. Die judaistischen Wanderprediger waren der Überzeugung, den galatischen Gemeinden das rechte Evangelium zu bringen. Sie sind auch in Korinth aufgetreten. Der Apostel reagiert darauf: „Wenn jemand daherkommt, und einen anderen Jesus predigt, den wir nicht verkündet haben, oder ihr eine anderen Geist empfangt, als ihr empfangen habt, oder ein anderes Evangelium, als ihr es angenommen habt, so nehmt ihr es gern an" (2Kor 11,4). Für Paulus verwirrten die Judaisten mit ihrer Forderung, die Heidenchristen sollten sich beschneiden lassen, diese damit nur und vertreten „ein anderes Evangelium, das es nicht gibt". Ähnlich heißt es im Beschluß des Jerusalemer Apostelkonvents, den „die Apostel und Ältesten mit der ganzen" Jerusalemer „Gemeinde" den heidenchristlichen Gemeinden „in Antiochia, Syrien und Kilikien" durch auserwählte Männer" „mit Paulus und Barnabas ... entsenden", heißt es nach Lukas, „daß einige von uns euch mit Worten verwirrt haben, obwohl wir ihnen keinen Auftrag erteilt hatten" (Apg 15,22a.c.d.24). Sie verwirrten die Heidenchristen mit ihrer vermeintlichen Evangeliumspredigt; in Wirklichkeit verkehrten sie „das Evangelium Christi" in sein Gegenteil. Paulus jedoch vertraute den Heidenchristen in den Gemeinden der Galatia nach Gal 5,10, daß sie nicht anders als er gesinnt waren: „Im Herrn vertraue ich euch, daß ihr nicht anders gesinnt seid. Wer euch aber verwirrt, der wird Gottes Urteil zu tragen haben, wer er auch immer sei".

8-10: Der Fluch

8-9: Wenn aber auch wir oder ein Engel vom Himmel [euch] ein anderes Evangelium predigen würde als das, welches wir euch gepredigt haben, sei er verflucht! Wie wir früher gesagt haben, so sage ich auch jetzt wieder: Wenn jemand euch ein anderes Evangelium predigt als das, welches ihr empfangen habt, sei er verflucht! Paulus betont die ausschließliche Geltung des von ihm gepredigten Evangeliums dadurch, daß er seine gegen ihn agitierenden Widersacher verflucht. Er setzt mit apostolischer Vollmacht den völlig unwahrscheinlichen Fall, daß er oder einer seiner Mitarbeiter „oder ein Engel vom Himmel" den galatischen Heidenchristen „ein anderes Evangelium predigen würde, als das, welches wir euch gepredigt haben" (8). Das „Anathema" ist hier synonym mit dem in 1Kor 16,22 und dem Wunsch des seinem Volke verbundenen Paulus in Röm 9,3 „verflucht und von Christus um meiner Brüder willen, meiner Verwandten nach dem Fleisch geschieden" zu sein, „Anathema". Der Apostel ist bereit, seiner jüdischen Landsleute wegen das eigene Heil preiszugeben und für

---

[97] Vgl. *F. Blaß / A. Debrunner / Fr. Rehkopf*, Grammatik, § 159,44.

ewig verloren zu sein. Er folgt damit dem Vorbild Moses, der für sein Volk zu Jahwe betete: „Jetzt nimm ihre Sünden von ihnen! Wenn nicht, dann streich mich aus dem Buch, das du geschrieben hast!" (Ex/2Mo 32,32 LXX). Mose bietet sich Gott als stellvertretendes Opfer für sein Volk an. Jahwe aber nimmt dieses Opfer nicht an. Er sprach zu Mose: „Ich will den aus meinem Buch tilgen, der an mir sündigt" (Ex/2Mo 32,33 LXX). Zur Vorstellung der himmlichen Bücher, in denen alle Lebenden verzeichnet sind, und aus denen die Sterbenden getilgt werden, vgl. Ps 69,29: Die Sünder „seien aus dem Buch des Lebens geilgt und nicht bei den Gerechten verzeichnet" (Ps 68.29 LXX). Für Paulus „ist Christus das Leben und Sterben Gewinn" (Phil 1,21). Der in Ephesus als Untersuchungshäftling in der dortigen Haftanstalt gefangene Apostel wartet auf seinen Prozeß. Da für ihn *Christus* „das Leben ist", kann er sich ein erfülltes Dasein ohne ihn nicht vorstellen. Er muß aber auch auf ein Todesurteil und dessen Vollstreckung gefaßt sein. Schreibt er den Christen in Philippi, zu „sterben" sei für ihn „Gewinn", dann besagt das nicht, daß er lebensmüde ist. Die Lebensgemeinschaft mit Christus können ihm Richter und Henker nicht rauben. Sie können durch das Todesurteil und die daraus folgende Exekution seine Zugehörigkeit zu Jesus Christus nur bekräftigen. Sein Leben mit Christus umfaßt das Mitleiden und die Teilnahme an seiner Herrlichkeit: „Sind wir [Gottes] Kinder, dann auch Erben, Erben Gottes und Miterben Christi, wenn wir denn mit ihm leiden, um mit ihm verherrlicht zu werden" (Röm 8,17). Gottes „Erbe" zu sein, bedeutet, an seiner Herrschaft teilzunehmen, ihm dafür zu danken und ihn zu loben. „Mit Christus" zu leiden, bedeutet für Paulus, wie er ein gewaltsames Lebensende zu haben. „Miterbe" Christi zu sein, bedeutet, an seiner „Herrlichkeit" zu partizipieren. Das Leben eines jeden Christen ist auf Jesus Christus ausgerichtet: „Keiner von uns lebt für sich selbst, und keiner stirbt für sich selbst. Leben wir, so leben wir für den Herrn, und wenn wir sterben, so sterben wir für den Herrn. Ob wir also leben und sterben, wir gehören dem Herrn; denn dazu ist Christus gestorben und wieder lebendig geworden, daß er über Tote und Lebende Herr sei" (Röm 14,7ff). Wie Christi Herrschaft alle Lebensbereiche der Christen umgreift, so führen sie auch ihr Leben allerorts und zu jeder Zeit nicht als Privatpersonen, sondern in der Ausrichtung auf den Herrn, dem sie gehören. Wir Christen gehören im Leben wie im Sterben unserem Herrn, der für uns den Kreuzestod erlitten hat. „Daß wir auf den Herrn zu und für ihn und vor ihm leben und sterben, ist unser Trost als sein Eigentum."[98] Christus ist am Kreuz auf Golgatha gestorben und von Gott, seinem Vater, auferweckt worden, um über Lebende und Tote zu herrschen. „Dieser Herr, dem wir leben und sterben, kennt als der Gestorbene und jetzt ewig Lebendige keine Grenze seiner Herrschaft. Sein Leben bemächtigt sich unseres Todes und schließt unser Leben in sich."[99] „Wir alle werden vor Gottes Richterstuhl stehen; denn es steht geschrieben: ‚So wahr ich lebe, spricht der Herr, mir wird sich jedes Knie beugen und jede Zunge wird Gott preisen.' Also wird ein jeder von uns vor Gott Rechenschaft über sich selbst ablegen" (Röm 14,10c-12). Kraft seiner Erhöhung zu Gott ist Jesus Christus der Weltenrichter. Das bekräftigt Paulus mit einem aus Jes 49,18c und Jes

---

98 *H. Schlier*, Römerbrief, 410.
99 *Ders.*, ebd.

45,23 zusammensetzten Pophetenwort. Der Apostel zitiert in Phil 2,6-11 ein aus einer hellenistisch-judenchristlichen Gemeinde, wahrscheinlich im syrischen Antiochia, übernommenes Lehrgedicht. In diesem heißt es Phil 2,9ff: Seines Kreuzestodes wegen „hat Gott“ Jesus „in den höchsten Rang erhoben und ihm den Namen gegeben, der jeden Namen übersteigt, damit unter Anrufung des Namens Jesu ein jedes Knie der Himmlischen, Irdischen und Unterirdischen sich beuge, und jede Zunge bekenne: Herr Jesus Christus! – zur Ehre Gottes, des Vaters“. Paulus schreibt den Christen in Philippi hier von der Erhöhung des am Kreuz auf Golgatha gestorbenen Jesus Christus von dessen Erhöhung durch Gott und zu ihm. Der Vater zollt seinem einzigartigen Sohn nach dessen Selbsterniedrigung bis zum Schandtod am Kreuz eine wahrhaft göttliche Anerkennung. Er hat ihm „den Namen gegeben, der jeden Namen übersteigt“. Der „Name, welcher alle Namen übersteigt“, ist der Gottes-, der Herrenname. Gott hat sich mit Jesus, dem Gekreuzigten, identifiziert. Er hat ihn zu seinem Repräsentanten und Generalbevollmächtigten vor aller Welt bestellt. Das Ziel dieser einziartigen Rangerhöhung ist die ihm geschuldete Anerkennung. Auf den „Namen“, den Gott seinem gekreuzigten Sohn verliehen hat, soll alle Welt ihm huldigen. Die Huldigung vor einem Herrscher erfolgt durch die Proskynese, das demütige Auf-die-Knie-Gehen. Dem sich in und mit dem sich im gekreuzigten Jesus als Pantokrator, d.h. als Weltenherrscher, präsentierenden Gott werden letztendlich *alle* Wesen in den drei Bereichen des geschaffenen Kosmos auf den Knien ihre Ergebenheit bekunden „die himmlischen, irdischen und unterirdischen“. Sie werden den Bekenntnisruf aufnehmen, den bis auf weiteres die Kirche Jesu Christi als sein gegenwärtiger Herrschaftsraum auf Erden anstimmt: „Herr ist Jesus“. Durch die Anerkennung des am Schandkreuz gestorbenen Jesus als Repräsentaten Gottes, seines Vaters, vor aller Welt wird Gott geehrt. Christen bekennen schon jetzt: „Obwohl es im Himmel und auf Erden sogenannte Götter gibt – und dergleichen Götter und Herren gibt es viele -, so haben wir doch nur *einen* Gott, den Vater, von dem alle Dinge sind, und wir durch ihn, und *einen* Herrn, Jesus Christus, durch den alles ist, und wir durch ihn“ (1Kor 8,5f). Die Bewohner Korinths verehrten die Götter Griechenlands, z.B. den olympischen Zeus, seine Gemahlin Hera, deren Sohn, den Gott der Schmiede, Hephaistos, Apollon und Athene, aber auch orientalische Gottheiten wie z.B. Isis. Unter den „Herren“ wird der Apostel Könige und den römischen Kaiser verstanden haben. Demgegenüber macht er geltend, daß wir Christen nur *„einen* Gott, den „Vater“, als Weltenschöpfer und Herrn anerkennen, durch den nicht allein alle Dinge und belebten Kreaturen, sondern auch wir Menschen geschaffen worden sind. Christen rufen Jesus Christus als ihren einzigen „Herrn“ an, „Chrisus Jesus, der gestorben, mehr noch, der auch auferweckt worden ist; er sitzt zur Rechen Gottes und tritt für uns ein“ (Röm 8,34). Der Apostel nimmt hier frühchristliche Bekenntnisformeln auf, so Kol 3,1: „Seid ihr nun mit Christus auferweckt, so sucht, was droben ist, wo Christus zur Rechten Gottes sitzt“. Christen sind durch ihre Taufe zu einem neuen Leben erweckt worden. Gott hat sie wie den von ihm auferweckten Herrn Jesus Christus zu einem Leben erweckt, das sie so führen sollen, wie es ihm gefällt. Sie suchen, „was droben ist,“ wo sich der zu Gott erhöhte Christus befindet und zur Rechten Gottes thront, der ihnen und aller Welt zu sagen hat. Den Schriftgrund für die Erhöhung des gekreuzigten und aufer-

weckten Jesus Christus fand die frühe Christenheit in Ps 110,1a [= 109,1a LXX]: „Der Herr sprach zu meinem Herrn: Setze dich zu meiner Rechten!“ (vgl. Mk 12,36 par.; 14,62 par.; Apg 2,34; Röm 8,34; 1Kor 15,25; Eph 1,20; Hebr 1,3.13; 8,1; 10,12f; 12,3). Es handelt sich um die im Neuen Testament am häufigsten zitierte Psalmstelle. „Im Aufblick nach droben bekennt sich die Gemeinde zu ihm als dem Christus, den Gott in sein herrscherliches Amt eingesetzt hat. Mitten in dieser Welt sind die Seinen schon mit der himmlischen Welt verbunden; denn das Haupt ist droben, und die Seinen halten an ihm fest, indem sie sich von allem, was nach unten zieht, befreit wissen.“[100]
Mit dem „Wie wir früher gesagt haben, so sage ich auch jetzt wieder in V. 9a wiederholt Paulus betont den Fluch aus V. 8: „Wenn jemand euch ein anderes Evangelium predigt als das, welches ihr empfangen habt, sei er verflucht“ (9b). Mit dem wie „wir früher gesagt haben“ erinnert Paulus wahrscheinlich an seinen zweiten, von Lukas Apg 18,23 erwähnten Besuch der Gemeinden in der Provinz Galatia. Er erinnert sie jetzt an das, was er ihnen seinerzeit mitgeteilt hat: Die Christen dort haben durch seine Predigt das Evangelium „empfangen“. Wer ihnen jetzt „ein anderes Evangelium“ verkündet, steht unter Gottes Fluch und verliert damit sein Heil. „Der scharfe Ausdruck ist ihm nicht etwa in der Hitze entfahren: Es ist sein wahrer, wohlüberlegter Ernst.“[101] Die Schärfe seiner Worte wird die Adressaten schockieren und schmerzen. Ihm geht es darum, daß das von ihm gepredigte Evangelium nicht verfälscht wird. Er kann sich auf seine jeweiligen Hörer einstellen, ohne sich selbst untreu zu werden: „Als allen gegenüber Freier habe ich mich selbst zum Sklaven aller gemacht, um möglichst viele zu gewinnen. Den Juden bin ich wie ein Jude geworden, um Juden zu gewinnen; denen, die unter dem Gesetz sind, bin ich wie einer unter dem Gesetz geworden, obwohl ich selbst nicht unter dem Gesetz bin, um die unter dem Gesetz zu gewinnen. Den Gesetzlosen bin ich wie ein Gesetzloser geworden, obschon ich vor Gott nicht ohne Gesetz bin, vielmehr an das Gesetz Christi gebunden bin, um die Gesetzlosen zu gewinnen. Den Schwachen bin ich ein Schwacher geworden, um die Schwachen zu gewinnen. Allen bin ich alles geworden, um wenigstens einige zu retten. Alles aber tue ich des Evangeliums wegen, um an ihm teilzuhaben (1Kor 9,19-23). Der Apostel akkommodiert sich selbst seinen jeweiligen Hörern, aber nicht das von ihm gepredigte Evangelium. Dieses paßt er seinen Hörern nur so weit an, wie es nötig ist, um es ihnen verständlich und annehmbar darzustellen. Er ist „frei“ und also von keinem Menschen abhängig. Nur als Freier kann er sich „zum Sklaven aller“ machen. Martin Luther (10.11. 1483 – 15.02.1546) hat den Sinn dieser Pardoxie in der Eingangsthese seiner Schrift „Von der Freiheit eines Christenmenschen“ (1520) voll erfaßt: „Eyn Christen mensch ist ein freyer herr über alle ding vnd nimande vnterthan. Eyn Christen mensch ist eyn dienstpar knecht aller ding vnd yederman vnterthan.“[102] Paulus will damit, daß er sich und seine Evangeliumspredigt den jeweiligen Hörern anpaßt, möglichst viele für den christlichen Glauben gewinnen. Er hat auch, unbeschadet der Vereinbarung beim Jerusalemer Apostelkonvent (vgl. Apg 15,1-29; Gal 2,8ff), unter Juden missioniert, wie es Lukas in der

---

[100] *E. Lohse*, Kolosser und Philemon, 195f.
[101] *J.A. Bengel*, Gnomon II, 300.
[102] *M. Luther*, WA VII, 21; vgl. *O. Clemen*, Luthers Werke II, 11.

Apostelgeschichte bezeugt hat. In jeder Stadt hat er am ersten Sabbath nach seiner Ankunft die dortige Synagoge aufgesucht (vgl. Apg 13,514; 14,1; 17,1.10.17; 18,4; 19,8). So ist er „den Jude ein Jude“ geworden, „um Juden zu gewinnen“.Aß er mit ihnen zusammen, so hat er die Speisevorschriften und Waschungen der jüdischen Tradition beachtet. Sonst weiß er sich nicht an das Mosegesetz, die Thora Israels, gebunden. Er lebt aber nicht gesetz- und zügellos, sondern weiß sich den Geboten Jesu Christi verpflichtet, insbesondere dem Doppelgebot der Gottes- und Nächstenliebe (vgl. Mk 12,28-34 parr.). In der frühkatholischen Kirche hat man vom „neuen Gesetz Christi“ gesprochen (vgl. Barn 2,6; Justin, dial. XI, 4).[103] War er von Heidenchristen zum Essen eingeladen, so hat er sich an die dortigen Bräuche gehalten, aber Fleisch, das aus den Tempeln der Heiden auf den Markt gekommen war, zu essen abgelehnt (vgl. 1Kor 8,7-13; 10,18-22). War es ihm nicht bekannt, daß ihm kultisch gebrauchtes Fleisch vorgesetzt wurde, so hatte er keine Bedenken, es zu essen: „Was nun das Essen von Götzenopferfleisch betrifft, so wissen wir, daß es keinen Götzen in der Welt gibt und keinen Gott außer dem einen“ (1Kor 8,4). Der Apostel negiert hier die heidnischen Gottheiten nicht, sondern will nur sagen, daß sie für Christen nicht existieren: „Selbst wenn es im Himmel und auf Erden sogenannte Götter gibt – und solche Götter und Herren gibt es viele -, so haben *wir* doch nur *einen* Gott, den Vater, von dem alles ist und wir zu ihm hin, und *einen* Herrn, Jesus Christus, durch den alles ist und wir durch ihn“ (1Kor 8,5f). Die Rede von den „sogenannten Göttern“ und „Herren“ iat rein hypothetisch. Mögen Heiden solche Gottheiten und Herren anerkennen und kultisch verehren, so will Paulus sich hier nicht auf eine Diskussion mit ihnen über die Existenz solcher Gottheiten einlassen. Er betont, daß es für Christen nur den *einen* Gott gibt, den Schöpfer des Himmels und der Erde, der zugleich der Vater Jesu Christi, des *einen* Herrn ist, der ihnen allein zu sagen hat.

10: Rede ich jetzt Menschen zuliebe oder Gott? Oder suche ich Menschen zu gefallen? Wenn ich noch Menschen zu gefallen suchte, wäre ich Christi Sklave nicht. Paulus beginnt diesen Satz mit einem betont an den Anfang gestellten „Jetzt“. Der Apostel redet die gefährdeten galatischen Christen als „Brüder“ an, um sie für das von ihm gepredigte Evangelium zurückzugewinnen.[104] Er fährt in rhetorischer und zwei parallel gestellten Fragen, die einander deuten und dasselbe unterschiedlich ausdrücken, mit einem Sarkasmus fort: „Rede ich jetzt Menschen zuliebe oder Gott? Oder suche ich Menschen zu gefallen?“ (10a.b). Die Frage in V. 10b beantwortet negativ diejenige in V. 10a. Der Apostel streitet hier mit seinen Gegnern. Der Fluch, mit dem Paulus seine Gegner in VV. 8 und 9 bedroht hat, erweist hinreichend, daß er nicht um Menschengunst buhlt. Er fragt die galatischen Heidenchristen, ob er mit dem, was er in den VV.

---

103 Vgl. *A. Lindemann / H. Paulsen*, Die ApostolischenVäter, 30f; Schriften des Urchristentums II, 142f *(K. Wengst)*; *Justin*, Dialog, 17 *(Ph. Haeuser)*.

104 *M. Luther*, Galaterbriefvorlesung 1516/17: „Lex et evangelium proprie in hoc differunt, quod lex praedicat facienda et ommitenda, immo commissa et omissa, ac per hoc solam dat cognitionem peccati. Evangelium autem praedicat remissionem peccati et impletionem factam legis, scilicet per Christum. Ideo vox legis est haec: redde quod debes; evangelii autem haec: remittantur tibi peccate tua.“ WA LVII, 59f; Clemen V, 329.

6-9 geschrieben hat, „Menschen zu gefallen“ sucht (10b). „Überreden, beschwatzen, verführen“ (vgl. Mt 27,20; S^{Mt} 28,14; Apg 12,20; 14,19 und 19,26) bezieht sich in gutem wie in üblem Sinn auf Menschen und Götter.[105] Paulus verwendet „überreden“ hier für seine Gottesbeziehung. Er will, wie er 2Kor 5,11a geschrieben hat, versuchen, „Menschen zu überzeugen“. „Wohin wir auch kommen, tragen wir allezeit das Sterben Jesu an unserem Leibe, damit auch das Leben Jesu an unserem Leibe offenbar werde; denn wir, die wir leben, werden immerdar um Jesu willen dem Tod ausgeliefert, damit auch das Leben Jesu an unserem sterblichen Fleisch offenbar werde. So erweist sich der Tod mächtig an uns, aber das Leben in euch“ (2Kor 4,10ff). Der Apostel ist in Jesu Tod mit einbezogen. Wie der Tod an seinem „Leibe“ sichtbar wird, so soll „auch das Leben Jesu an“ seinem „sterblichen Fleisch offenbar werden.“ „gerade *inmitten* des bedrängten, ohnmächtigen Erdenlebens des Apostels leuchtet das Auferstehungsleben bereits als bewahrende und stärkende Kraft auf,“[106] Seine Gegner hatten ihm vorgeworfen, er verführe bekehrte Heiden damit, daß er ihnen predigte, sie brauchten sich nicht beschneiden zu lassen und könnten auch frei von der Gesetzes- und Kalenderfrömmigkeit ein christliches Leben führen. Auch unter Christen in Korinth waren Zweifel an der Lauterkeit des Gemeindegründers laut geworden (vgl. 2Kor 3,1; 5,12; 10,9f.12-18). In Thessalonich wurden nach Lukas „Juden“ auf Paulus seines Missionserfolgs wegen „eifersüchtig“ (Apg 17,5a), die auch in Beröa des von ihm gepredigten Evangeliums „das Volk aufwiegelten“ (Apg 17.13b). Als Paulus zur Überbringung der anläßlich des Apostelkonvents zugesagten Kollekte der von ihm gegründeten (vgl. Gal 2,10) heidenchristlichen Gemeinden eingetroffen war, hielt ihm der Herrenbruder Jakobus anläßlich seines Empfangs durch die dortige Gemeinde den Vorwurf etlicher Judenchristen vor, er lehre „alle“ zum Christusglauben bekehrten Juden, „die unter den Heiden wohnen, den Abfall von Mose, dadurch, daß“ er sage, „sie sollten ihre Kinder nicht beschneiden zu lassen“ väterlichen „ihr Leben nicht nach den“ väterlichen „Bräuchen zu führen“ (Apg 21,21). Als Paulus anläßlich des Abschlusses eines Jakobus zugesagten Nasiräatsgelübdes (Apg 21,23ff) den Tempel aufsuchten, „sahen ihn Juden aus der (Provinz) Asien ..., wiegelten die“ dort zusammengekommene „Volksmenge auf, … legten Hand an ihn und schrieen: ‚Männer, zu Hilfe! Dies ist der Mensch, der überall gegen das Volk und das Gesetz und diese Stätte lehrt“ (Apg 21,27b.c.28a.9). Zu Beginn der Verhandlung gegen Paulus vor dem römischen Statthalter Felix in Caesarea am Meer beschuldigte ihn der Anwalt des Jerusalemer Synedriums, Tertullus, „dieser Mann“ sei „eine Pestbeule und Unruhestifter unter allen Juden auf dem Erdenrund und Rädelsführer der Nazoräersekte“ (Apg 24,5).

---

105 Vgl. z.B. Hom Il IX, 345: Agamemnon zu Odysseus: „…Mag er mich nimmer versuchen; ich kenn’ ihn und glaub ihm kein einziges Wort mehr …“ (μή μευ πειράτω εὐ εἰδότος. οὐδε με πείσει, Ilias, 296f *[H. Rupé*]); Adeimatos zu Sokrates: „… wenn einer einem Feinde etwas antun wollte, könnten sie … die Götter bereden, ihnen zu dienen … (... τοὺς θεούς, ὥς φασιν, πείθόντες, σφισιν ὑερητῶιν, *Platon*, Der Staat, 112f *[Fr, Schleiermacher])*; Jason zu Medea: „…Gaben, heißt es, freun die Götter auch, / und tausend Reden übertrifft (… πείθει ... καὶ θεοὺς ... λόγος ...) die Macht an Gold …“ (Eur 964; Tragödien II, 218 *[J.J. Donner]H. Schlier*, Galaterbrief, 415; *R. Bultmann*, Art. πείθω κτλ., ThWNT VI, 1ff; *A. Sand*, Art. πείθω, EWNT III, 149.

106 *Chr. Wolff*, Der zweite Brief des Paulus an die Korinther, 93.

Paulus will mit seiner Verkündigung nicht Menschen, sondern Gott gefallen (10a; vgl. 1Kor 7,32; 1Thess 2,4.15; 4,1). Das meint er auch, wenn er sich erstmals hier einen „Sklaven Christi" nennt (10c; Röm 1,1), Timotheus (Phil 1,1) und Epaphras (Kol 4,12), aber auch alle Christen dienen ihrem Herrn (Röm 12,11; 14,18; 1Kor 7,22-23; vgl. Eph 6,6; 2Tim 2,24). Die Berufung hat Paulus vom Haschen nach Menschengunst befreit (10b.c).

Die These: Nicht durch Menschen, sondern durch die Offenbarung Jesu Christi 1,11-12

11Ich tue euch nämlich kund, liebe Brüder, daß das von mir gepredigte Evangelium nicht von menschlicher Art ist. 12Denn ich habe es nicht von Menschen empfangen noch gelernt, sondern durch (eine) Offenbarung Jesu Christi.

11: Ich tue euch nämlich kund, Brüder, daß das von mir gepredigte Evangelium nicht von menschlicher Art ist. Dieser Satz bildet den Leitsatz, für alles, was im Briefcorpus folgt. V. 12 enthält dessen Begründung. Wie auch in Röm 1,13; 2Kor 1,8 und Phil 1,12 leitet Paulus hier zunächst in negativer Weise die Darlegung seiner These ein. Er redet auf die galatischen Christen ein. Mit den Worten: „Ich tue euch nämlich kund, Brüder" (11a; vgl. 1Kor 12,3; 15,1; 2Kor 8,1) beginnt Paulus seine Erklärung der Berechtigung, seine judaistischen Widersacher so scharf anzugreifen, wie er es in VV. 6-9 getan hat. Diese Einleitung klingt feierlich. Die Anrede „Brüder" verwendet der Apostel im Galaterbrief zum erstenmal für alle Glieder in den galatischen Gemeinden, danach noch Gal 3,15; 4,12.28.31; 5,11.13; 6,1.18. Er erinnert die Adressaten an „das Evangelium", das er ihnen verkündet hat. Das haben sie im Glauben angenommen und sich daraufhin taufen lassen. Paulus weiß sich ihnen trotz der Gefahr, daß sie sich von dem Evangelium abwenden, das er ihnen gepredigt hat, als Bruder im Herrn verbunden.[107] Seine mütterliche Sorge spricht er auch Gal 4,19 aus: „Meine Kinder, um die ich wiederum Geburtswehen erleide, bis Christus in euch Gestalt gewinnt." Mit den Worten, „daß das „von" ihm „gepredigte Evangelium" nicht von menschlicher Art ist", bereitet er seine Leser auf die positive Darlegung in V. 12 vor. Er hat das von ihm gepredigte Evangelium anders als wir, die wir es durch Menschen vermittelt bekommen und gelernt haben, durch niemanden überliefert oder mitgeteilt bekommen, sondern es durch eine „Offenbarung Jesu Christi empfangen". Er will den Adressaten sagen: „Mein Evange-

[107] *M. Luther*, Galatervorlesung 1515/16: „*Lex et evangelium proprie in hoc differunt*, quod lex praedicat faciena et omittenda, immo comissa et omissa, ac per hoc solam dat cognitionem peccati. Evangelium autem praedicat remissionem peccati et impletionem factam legis, scilicet per Christum. Ideo vox legis est haec: redde, quod debis; evangelii autem haec: remittuntur tibi peccata sua. Unde Roma 3: ‚Per legem cognitio peccati'. At de evangelio Lucae ultimo: 'Sic oportuit Christum pati et resurgere a mortuis in nomine eius penitentiam et remissionem peccatorum in omnes gentes'. Ecce praedicatio remissionem peccatorum, hoc est evangelium." (WA 57, 59f: Clemen V, 329).

lium ist nicht nach menschlichem Ermessen zu beurteilen."[108] Der Apostel nimmt die Wendung aus Gal 1,1: „durch Jesus Christus" wieder auf. In ihm ist „die Güte und Menschenliebe Gottes, unseres Retters, erschienen" (Tit 3,4). „Gottes Güte und Menschenfreundlichkeit" hat sich in der Sendung Jesu Christi gezeigt, dessen Lebensweg bis zum Kreuzestod uns Menschen und insbesondere uns Christen die Befreiung von unserer Sündenlast und damit das Heil gebracht hat. Nach Eph 2,7 wird Gott „uns in den künftigen Zeiten den überfließenden Reichtum seiner Gnade und Güte in Jesus Christus erweisen". Das Heil wird in der „Zeitenfülle" (vgl. Eph 1,10) offenbar. Der im „Christus Jesus" offenbar gewordene „Reichtum der Gnade Gottes" hat uns Christen eine heilvolle Zukunft erschlossen. Gemäß Gal 5,22 ist „die Güte" oder „Milde" eine Geistesfrucht. Der Apostel braucht das Verb „empfangen" außer mehrmals an dieser Stelle noch dreimal im Blick auf das Evangelium (vgl 1Kor 15,1.3; Gal 1,9). Er meint hier wie in Gal 1,16b.b; 2,2b.7b seine Evangeliumspredigt unter den „Heiden" oder „Unbeschnittenen", das sich im Blick auf die Adressaten von dem unterscheidet, das Petrus nach 2,7c „unter den Beschnittenen" zu verkündigen anbefohlen war. „Weil wir wissen, daß der Herr zu fürchten ist, suchen wir Menschen zu gewinnen; aber vor Gott sind wir offenbar. Ich hoffe aber, daß wir auch vor euerem Gewissen offenbar sind" (2Kor 5,11). Paulus weiß, daß er ebenso wie alle Menschen vor Gottes Richterstuhl offenbar werden muß: „Wir müssen alle vor dem Richterstuhl Christi offenbar werden, damit ein jeder seinen Lohn für das empfange, was er zu Lebzeiten getan hat, es sei gut oder böse" (2Kor 5,10). Der Ausdruck „Furcht des Herrn" kommt in Schriften der alttestamentlichen Weisheit vor: „Wer makellos lebt und das Rechte tut, von Herzen die Wahrheit sagt und mit seiner Zunge nicht verleumdet, der seinem Freund nichts Böses antut und seinen Nächsten nicht schäht, den Verworfenen verachtet, doch alle, die Jahwe fürchten, in Ehren hält, sein Versprechen nicht ändert, das er dem Nächsten geschworen hat" (Ps 15,2ff [14,2ff LXX]). „Der Frevler spricht: Ich bin zum Bösen entschlossen. In seinen Augen gibt es keine Gottesfurcht" (Ps 36,2 [35,2 LXX]). „Jahwe ist allen nahe, die ihn anrufen, allen, die ihn aufrichtig anrufen. Die Wünsche derer, die ihn fürchten, erfüllt er; er hört ihr Schreien und rettet sie". Ps 145,18f [144,18f LXX]). „Im Lande Uz lebte ein Mann mit Namen Hiob. Dieser Mann war untadelig und rechtschaffen; er fürchtete Gott und mied das Böse" (Hi 1,1 LXX). „Seht, die Furcht vor Jahwe, das ist Weisheit; das Meiden des Bösen ist Einsicht!" (Hi 28,28b.c LXX). „Anfang der Weisheit ist die Gottesfurcht; die Kenntnis des Heiligen ist Einsicht" (Spr 9,10 LXX). „Fürchte Gott, und achte auf seine Gebote!" (Pred 12,13b LXX). „Krone der Weisheit ist die Gottesfurcht; sie läßt Heil und Gesundheit sprossen" (Sir 1,18 LXX). „Überhebe dich nicht, damit du nicht fällst und Schande über dich bringst; sonst enthüllt Jahwe, was du verbirgst, und bringt dich zu Fall inmitten der Gemeinde, weil du dich der Gottesfurcht genaht hast, obwohl dein Herz voll Trug war" (Sir 1,30 LXX). „Darüber redeten sie miteinander, die den Herrn fürchten. Der Herr horchte auf und hörte hin, und man schrieb vor ihm ein Buch, das alle in Erinnerung hält, die den Herrn fürchten und seinen Namen achten" (Mal 3,16 LXX). Für fromme Menschen, die sich bemühen, Gottes Gebote zu

---

[108] *J.A. Bengel.* Gnomon II, 301.

halten, ist es unbegreiflich, daß Gottes Heil auch für Sünder da ist. „Sage nicht: Ich habe gesündigt; doch was ist mir geschehen? Der Herr hat ja viel Geduld. Verlaß dich nicht auf die Vergebung; füge nicht Sünde an Sünde dadurch, daß du sagst: Seine Barmherzigkeit ist groß; er wird mit viele Sünden verzeihen; denn Erbarmen ist bei ihm, aber auch Zorn; auf den Frevlern ruht sein Grimm. Zögere nicht, dich zu ihm zu bekehren; verschieb es nicht Tag um Tag!" (Sir 5,4-7b LXX). „Barmherzigkeit". Die „Barmherzigkeit ist einer der Wesenszüge Gottes im Alten wie im Neuen Testament: Jahwe ging an Mose vorüber und rief: „Der Herr ist ein barmherziger und gnädiger Gott, reich an Huld und Treue" (Ex/2Mo 34,6b LXX). Gott tröstete durch Deuterojesaja die nach Babylon verbannten Jerusalemer und Judäer: „Nur für eine kleine Weile habe ich dich verlasssen; doch mit großem Erbarmen hole ich dich heim" (Jes 54,7 LXX). „Jahwe verwirft nicht für immmer; hat er betrübt,erbarmt er sich auch wieder nach seiner großen Huld" (Klgl 3,31f LXX). „Du aber, Herr, bist ein barmherziger und gnädiger Gott, du bist langmütig, reich an Huld und Treue" (Ps 86,15 [85,15 LXX]). „Jahwe ist barmherzig und gnädig, langmütig und reich ab Güte" (Ps 103,8 [102,8 LXX]). „Wie sich ein Vater seiner Kinder erbarmt, so erbarmt sich der Herr über alle, die ihn fürchten" (Ps 103,13 [102,23 LXX]). „Du aber, unser Gott, bist gütig, wahrhaftig und langmütig; voll Erbarmen durchwaltest du das All" (Weish 15,1 LXX).

Im Magnificat der Maria heißt es im Hinblick auf Gott: „Sein Erbarmen waltet von Geschlecht zu Geschlecht über denjenigen, die ihn fürchten" (S^{Lk} 1,50). Gott erweist seine unermeßliche Macht dadurch, daß er schenkt und uns unser Heil schafft. Das zeigt sich in seiner Gnade, Liebe und Treue sowie in seinem hilfreichen „Erbarmen". Es waltet über viele Generationn hinaus immerdar „über denen, die ihn fürchten". Das sind Menschen, die sich ihm ehrfürchtig und demütig anvertrauen. Es handelt sich um solche Menschen, die wie Maria „das Wort Gottes hören und bewahren" (S^{Lk} 11,28b). Lukas hat hier über Maria, die Jünger Jesu und ihnen verbundene Juden hinaus auch Menschen aus anderen Völkern im Blick, wie sie in der Apostelgeschichte begegnen (vgl. Apg 10,2.22.34f; 13,16.26; 16,14; 17,4.17; 18,7). Der alte Priester Zacharias, der jüngst Vater eines Johannes, des späteren Täufers geworden war, welcher seinem erwählten Volk Israel zugute handelte, „um unseren Vätern Erbarmen zu erzeigen und sei nes heiligen Bundes zu gedenken" (S^{Lk} 1,72). Gott steht mit der Sendung Jesu Christi zu dem „Bund", den er den Erzvätern Israels zugesagt hat. Er bleibt seinem Versprechen treu. Jesus rät seinen Jüngern: „Liebet euere Feinde, tut Gutes und leihet, ohne etwas zurückzuerwarten; dann wird euer Lohn groß sein, und ihr werdet Söhne des Höchsten sein; denn er ist gütig gegen die Undankbaren und Bösen. Seid barmherzig, wie euer Vater barmherzig ist!" (QLk 6,35f // QMt 5,44f). Wer seine „Feinde liebt", den zählt Gott zu seinen „Söhnen". Jesus entsprach am Kreuz dieser, seiner Forderung, die er an seine Jünger richtete. Er sprach im Hinblick auf seine Henker: „Vater, vergib ihnen; denn sie wissen nicht, was sie tun" (S^{Lk} 23,34b). Der leidende Gottesknecht bat für die Frevler: „Er gab sein Leben dem Tode preis und ließ sich unter die Verbrecher rechnen; denn er trug die Sünden vieler und trat für die Schuldigen ein" (Jes 53,12b LXX).

12: Denn ich habe es nicht von Menschen empfangen noch gelernt, sondern durch (eine) Offenbarung Jesu Christi. Das Evangelium muß nicht nur mit den Ohren, sondern vor allem mit dem Herzen gehört werden.[109] Da, im Herzen, wurzelt, wächst und reift der Glaube lebenslang (vgl. Röm 10,8f; 1Kor 15,1f; 1Thess 2,13). Nach Röm 10,17 kommt der Glaube „aus der gehörten Botschaft, die Botschaft aber aus dem Wort Christi". Der Inhalt ist: „Jesus Christus, der Herr" (2Kor. 4,5). Er ist der um unserer Sünden willen am Kreuz auf Golgatha gestorbene Heiland aller Völker, nicht allein der Messias Israels, den Gott von den Toten auferweckt hat (vgl. 1Kor 15,3b-5; 2Kor 4,5). Der Glaube ist ein Schöpfungsakt Gottes. Vgl Röm 4,17b: Er ist der „Gott, der die Toten lebendig macht, und das, was nicht ist, ins Dasein ruft". Vgl. 2Kor 4,6: „Gott, der gesagt hat: Aus Finsternis soll Licht hervorleuchten, er ist in unseren Herzen aufgeleuchtet, damit wir zur Erkenntnis Gottes im Antlitz Jesu Christi erleuchtet werden". Vgl. Hebr. 11,3: „Durch den Glauben erkennen wir, daß die Welt durch Gottes Wort erschaffen worden ist und daß so aus Unsichtbarem das Sichtbare entstanden ist". Vgl. Phil 2,10f: Glauben wir, so erkennen wir Gott als eins mit Jesus Christus an und bekennen mit allen Geschöpfen im Himmel, auf Erden und unter der Erde: „Jesus Christus ist der Herr, zur Ehre Gottes, des Vaters". Der Glaube an die Offenbarung Gottes in Jesus Christus ist Gehorsam (vgl. Röm 1,5ba). Paulus schreibt Röm 1,16f: „Ich schäme mich des Evangeliums nicht, denn es ist eine Kraft Gottes, die jeden Glaubenden rettet, zuerst die Juden, aber ebenso die Griechen" d.h., die Heiden, „denn darin wird die Gerechtigkeit Gottes offenbar aus Glauben zum Glauben, wie geschrieben steht (Hab 2,4 LXX): ‚Der aus Glauben Gerechte wird leben'". Vgl. Röm 10,6-13: „Die Gerechtigkeit aus Glauben aber spricht so: Sage nicht in deinem Herzen: Wer wird in den Himmel hinaufsteigen? (Dtn/5Mo 9,4 LXX). Das heißt, Christus herabzuholen. Oder: Wer wird in den Abgrund hinabsteigen? Das heißt, Christus von den Toten heraufzuholen (Ps 107,26). Sondern was sagt sie? Nahe ist dir das Wort in deinem Munde und in deinem Herzen (Dtn/5Mo 30,14 LXX); denn wenn du mit deinem Munde bekennst: Herr Jesus und in deinem Herzen glaubst, daß Gott ihn von den Toten auferweckt hat, wirst du gerettet werden; denn mit dem Herzen glaubt man zur Gerechtigkeit, mit dem Munde aber bekennt man zur Rettung; denn die Schrift sagt (Joel 3,5 LXX): „Jeder, der an ihn glaubt, wird nicht zuschanden werden; denn es gibt keinen Unterschied zwischen Juden und Griechen [d.h. Heiden]; denn es ist ein und derselbe Herr über alle und gibt von seinem Reichtum allen, die ihn anrufen; denn jeder, der den Namen des Herrn anruft, wird nicht zuschanden werden".[110] Paulus schreibt von der Gerechtigkeit, die aus dem Glauben kommt. Dabei bezieht er sich auf Dtn/5Mo 30,14 LXX. „Ganz nahe ist dir das Wort in deinem Mund und in deinem Herzen, um es zu tun". Im Worte Gottes drückt sich sein Wille aus. „Wort" und Wille Gottes sind

---

[109] *M. Luthers* Römerbriefvorlesung 1515/16: „*Corde enim creditur ad iustitiam* [10,10]. Quod dicat: nullis operibus, nulla Sapientia, nullis studiis, sed neque divitiis aut honoribus pervenitur ad iustitiam, licet nunc oblatis duobus obolis peccatorum indulgentiam sibi promittant." (WA 56,418: Clemen V, 278).

[110] Zur folgenden Auslegung vgl. *E. Käsemann*, Römer, 273-283; *E. Lohse*, Römer, 294-299; *O. Michel*, Römer, 327-332; *P. Stuhlmacher*, Römer, 141ff; *U. Wilckens*, Römer 2, 244-250.

uns Christen „ganz nahe". Die größtmögliche Nähe zeigt sich darin, daß sie ins „Herz" geschrieben sind (vgl. Dtn/5Mo 6,6; 11,18; Jer 31,33). Das Herz ist in der Bibel das Zentrum der Person. Es dient als Symbol für die Strebungen (vgl. Ps 21,3), der Lebensgefühle und des tiefen Erlebens. Vgl. Spr 13,12 LXX: „Hingehaltene Hoffnung macht das Herz krank, erfülltes Verlangen ist ein Lebensbaum". Vgl. Ps 25,17 [24,17 LXX]. Der von der Angst, seiner Sünde wegen zu scheitern, umgetriebene Beter wendet sich an Gott mit der Bitte um Vergebung und Leitung auf seinem Lebensweg. Er ruft: „Befreie mein Herz von der Angst, führe mich heraus aus der Bedrängnis". Der von Feinden bedrängte und verspottete Fromme sieht sich an des Daseins Rand gedrängt. Er fleht Jahwe, den Gott Israels, an: „Herr, sei mir gnädig, denn mir ist angst; vor Gram zerfallen mir Auge, Seele und Leib". Ps 31,10 [30,10 LXX]). Der Beter berichtet Gott: „Du ließest mich viel Angst und Not erfahren". (Ps 71,20a [70.20a LXX]). Das Herz gilt aber auch als Sitz der Vernunft. Vgl. Spr 15,14a LXX „Das Herz des Verständigen sucht Erkenntnis". Vgl. Spr 18,15a: „Das Herz des Verständigen erwirbt sich Erkenntnis." Das Herz wird aber auch als Sitz des Wollens und Planens angesehen. Vgl. Spr 16,9: „Des Menschen Herz plant seinen Weg; doch Jahwe lenkt seinen Schritt." Vgl. Spr 20,5 LXX: „Ein tiefes Wasser sind die Pläne im Herzen des Menschen, doch der Verständige schöpft es herauf". Das Herz gilt auch als Sitz des Gewissens. Vgl. Ps 51,12 [50,12 LXX: „Erschaffe mir, Gott, ein reines Herz, und gib mir einen neuen, beständigen Geist". Die Prophetin Hulda läßt die Boten des Königs Josia ihrem Herrn ausrichten: „Durch die Worte, die du gehört hast, wurde dein Herz erweicht. Du hast dich vor Gott gedemütigt ..." (2Chr 34,26-27b). Diejenigen, die Gottes Wort mit dem Herzen hören und an Jesus Christus glauben, werden von Gott gerechtfertigt und erkennen in Gottes eingeborenem Sohn die Offenbarung der Weisheit Gottes. Vgl. 1Kor 1,30: Paulus schrieb den Christen in Korinth: „Von ihm" (Gott) „her seid ihr in Christus Jesus, den Gott uns zur Weisheit, Gerechtigkeit, Heiligung und Erlösung gemacht hat". Wer aus Glauben gerecht ist, erkennt, daß der gekreuzigte, gestorbene, begrabene Christus Jesus in die Welt des Todes und der Toten hinabgestiegen ist (vgl 1Petr 3,19) und unter allen Völkern als der von Gott auferweckte Herr und Christus gepredigt wird (vgl. Apg 2,36). Deshalb bekennen die Christen in aller Welt mit Dtn/5Mo 30,14 LXX: „Ganz nahe ist dir (der Gemeinde) das Wort in deinem Mund und in deinem Herzen, um es zu tun". In der Predigt des Evangeliums durch den Apostel kommt Gottes Wort zur Sprache (vgl. 1Thess 2,13). Der gekreuzigte, von Gott auferweckte und erhöhte Christus Jesus ist in der Predigt seines Wortes gegenwärtig. Die mit dem Herzen hörende und glaubende Gemeinde antwortet darauf mit der Akklamation: „Herr Jesus!" (1Kor 12,3). Damit bekennt sie sich zu ihm. Wie Paulus mit dem Zitat von Jes 28,16 in Röm 9,33 erklärt hat, gilt das Heil allen Heiden, welche die Predigt von Gottes Offenbarung in Christus im Glauben annehmen und Gott vertrauen, d.h., sich ihm im Leben und im Sterben anbefehlen. In Röm 10,13f wendet Paulus sich direkt an die Heidenchristen. Es gibt keinen Unterschied mehr zwischen Juden und Griechen, d.h. Heiden. Gott herrscht in, mit und durch den zum Herrn über die ganze Welt erhöhten gekreuzigten Jesus Christus (S^{Mt} 28,18b). Deshalb rechtfertigt er alle Menschen, die sich im Leben und im Sterben ihm anvertrauen. Daß Gott Sünden vergibt, kommt auch in der sechsten Benediktion des Schemone-Esre, einem der wichtigsten Gebete der Juden, zum Ausdruck. Sie lautet in der Palästinischen Redaktion: „Vergib uns, unser Vater, denn wir haben gesündigt gegen dich; tilge [und entferne] unsre Verfehlungen vor deinen Augen weg [denn groß ist deine Barmherzigkeit]. Gepriesen seist du Jahwe, der viel vergibt!“[111] Das Achtzehnbittengebet Schemone Esre wird von frommen Juden auch heute noch dreimal täglich gebetet: morgens, mittags und abends. „Der Herr“ (ist nach frühchristlicher Auslegung, die auch Paulus teilt, der gekreuzigte, gestorbene und begrabene, von Gott aber auferweckte und erhöhte Jesus Christus (vgl. 1Kor 1,2f). Ihn bezeugen alle, denen er als der erhöhte Herr begegnet ist (vgl. 1Kor 15,5-11).

Daß das Evangelium, das Paulus predigt, „nicht von menschlicher Art“ ist, erklärt er jetzt. Er hat es „durch“ die „Offenbarung Jesu Christi gelernt“. „Lehren“ vollzieht sich zur Zeit der frühen Christenheit, auch bei Paulus (vgl. Röm 12,7) und in mehreren der ihm zugeschriebenen deutero- und tritopaulinischen Briefe (vgl. Eph 4,21; Kol 2,7; 2Thess 2,15) im Rückbezug auf die heilige Schrift. Dies war auch für Heidenchristen, wie z.B. die Galater, in der Abwehr der judaistischen Forderungen notwendig. Das „Lehren“ war in den Gemeinden die Aufgabe der „Lehrer“ (vgl. 1Kor 12,28, 14,6.26; ferner Apg 13,1; 1Tim 2,7; 2Tim 4,3; Hebr 13,7.17 u. Jak 3,1).[112] Paulus hat Timotheus nach Korinth „gesandt, der mein geliebtes und treues Kind im Herrn ist; der wird euch an meine Wege in Christus erinnern, wie ich überall in jeder Gemeinde lehre“ (1Kor 4,17).

Das von Paulus „gepredigte Evangelium“ (11b) handelt von dem geschichtlichen Ereignis „des Kreuzes Christi“ (1Kor 1,17c) und ist keine menschliche „Weisheit“, wie Paulus 1Kor 1,19 mit Jes 29,14 LXX geschrieben hat. Es kann „nicht als Menschenwort“, sondern nur „als Gotteswort“ angenommen werden. Der Apostel hat den für den Christusglauben gewonnenen Heidenchristen in Thessalonich mit Dank gegen Gott bescheinigt, daß sie „das Gotteswort“ seiner „Predigt … nicht als Menschenwort angenommen habt, sondern als das, was es wirklich ist, als Gotteswort“ (1Thess 2,13). „Das Wort“, das die Thessalonicher „angenommen“ hatten, wird von ihm gemäß der frühjüdischen Überlieferung hier, aber auch 1Kor 11,23; 15,1.3; Gal 1,9.12 und Phil 4,9 (vgl. auch Kol 2,6) verwendet. An allen genannten Stellen ist das „Annehmen“ zugleich ein „Weitergeben“.[113] Das „gepredigte Evangelium“, das zugleich „Gottes Wort“ ist, wird als Überlieferung „angenommen“. „Annehmen“ bezieht sich 1. auf „Jesus Christus“ (vgl. Kol 2,6f: „Wie ihr nun Christus Jesus, den Herrn, angenommenen habt, so führt euer Leben in ihm, verwurzelt und in ihm erbaut und gefestigt im Glauben, wie ihr unterrichtet worden seid; Eph 4,20f: „Ihr aber habt Christus nicht so kennengelernt, wenn anders ihr wirklich von ihm gehört und in ihm unterrichtet worden seid, wie es Wahrheit ist in Jesus“, 2. wie in 1Thess 2,13 auf das „Wort der Predigt“, das von den Thessalonichern als „Gotteswort“ ange-

---

111 Bill. IV/I, 212.

112 Vgl. *K.H. Rengstorf*, Art. διδάσκω, κτλ.,ThWNT II, 149.

113 Vgl. Bill. III, 444: „Mose empfing die Thora und überlieferte sie dem Josua, Josua den Ältesten, die Ältesten den Propheten, und die Propheten überlieferten sie den Männern der Großen Synagoge (nach der Überlieferung ein Gremium von 120 Männern, das nach Esra das jüdische Gemeinwesen leitete“ (Aboth 1,1). – Vgl. *G. Delling*, Art. παραλαμβάνω, ThWNT V, 13ff.

nommen worden ist, 3. auf die im Gottesdienst und in der Paränese vermittelte Überlieferung, wie z.B. Röm 6,17: „... ihr waret Sklaven der Sünde, seid aber von Herzen gehorsam geworden der Gestalt der Lehre, der ihr überliefert wurdet“; 1Kor 11,2: „Ich lobe euch aber, daß ihr in allem an mich denkt und, wie ich euch überliefert habe, die Überlieferungen bewahrt“; 1Kor 11,23.a: „Ich habe es vom Herrn empfangen, was ich euch auch überliefert habe ...“, und 1Kor 15,3a.b: „Ich habe ... vor allem weitergegeben, was ich auch übernommen habe ...“ (1Thess 4,1a.b.c: „Wir bitten und ermahnen euch in dem Herrn Jesus, daß ihr, wie ihr (es) von uns empfangen habt, wie ihr euer Leben führen und damit Gott gefallen sollt ...“.
Der Inhalt dessen, was gelehrt und behalten werden soll, ist die frühchristliche Überlieferung, so in der abschließenden Ermahnung Röm 16,17c: „entgegen der Lehre, die ihr gelernt habt ...“ und Phil 4,9,a.b.c: „... was ihr gelernt und empfangen, was ihr gehört und an mir gesehen habt, das tut!“, sowie in dem Paulus zugeschriebenen Epheserbrief 4,20f: „Ihr aber habt den Christus nicht in solcher Weise kennengelernt, wenn anders ihr wirklich von ihm gehört und in ihm unterrichtet worden seid, wie es Wahrheit ist in Jesus ...“. Das „Lehren“ besteht in der Vermittlung des Stoffs der Überlieferung, das „Lernen“ in seiner Aneignung. Paulus aber hat das von ihm „gepredigte Evangelium ... nicht von Menschen empfangen noch gelernt, sondern durch (eine) Offenbarung Jesu Christi.“ Das schließt nicht aus, daß Paulus frühchristliche Überlieferung übernommen hat. Dazu gehörten beispielsweise die Einsetzungsworte des Herrenmahls (vgl. 1Kor 11,23ff), Glaubensformeln (vgl. Röm 1,3f; 1Kor 15,3ff), eine Lehrdichtung (vgl. Phil 2,6-11) und einzelne Jesus-Worte (vgl. 1Kor 7,10f; 1Thess 4,15).
Der Weg vom Verfolger zum Heidenapostel

Der Weg vom Verfolger zum Heidenapostel
1,13-17

13Ihr habt ja von meiner früheren Lebensführung im Judentum gehört, daß ich die Gemeinde Gottes über die Maßen verfolgte und sie zu zerstören suchte 14und im Judentum mehr Fortschritte machte als meine Altersgenossen in meinem Volk; ich war in viel höherem Maße ein Eiferer für die väterlichen Überlieferungen.
15Als es aber dem, der mich von meiner Mutter Leib an erwählt und durch seine Gnade berufen hat, gefiel, 16seinen Sohn in mir zu offenbaren, damit ich ihn unter den Heiden als Evangelium predigen sollte, da beriet ich mich nicht mit Fleisch und Blut, 17zog auch nicht nach Jerusalem zu denen hinauf, die vor mir Apostel waren, sondern ging in (die) Arabia und kehrte wieder nach Damaskus zurück.

Kontext
Nachdem Paulus in den VV. 11-12 seine These aufgestellt hat, daß er das von ihm „gepredigte Evangelium ... nicht von Menschen empfangen noch gelernt hat, sondern durch (eine) Offenbarung Jesu Christi“, begründet er sie jetzt in den VV. 13-17 aus seiner eigenen Lebensgeschichte.

Die Paulus zuteilgewordene Berufung zum Heidenapostel, die wahrscheinlich im Jahr 31/32 n.Chr. stattfand,[114]unterscheidet sich grundlegend von späteren Visionen, die er 1Kor 14,6.26.30; 2Kor 12,1.7; Gal 2,2 und Phil 3,15 erwähnt hat.
Lukas hat die Bekehrung dreimal erzählt: Apg 9,1-19a // 22,6-16 // 26,12-18, von seiner Berufung zum Heidenmissionar durch eine Christuserscheinung im Jerusalemer Tempel Apg 22,17-21.

Aufbau
In den VV. 13-14 berichtet Paulus über seine „frühere Lebensführung im Judentum" (13a) über seine Verfolgung der „Gemeinde Gottes" (13b), sowie von seinen „Fortschritten" in der Aneignung der „väterlichen Überlieferungen" (14).
Als Kontrast zu der skizzierten jüdischen „Lebensführung" und Verfolgung der „Gemeinde Gottes" erzählt er jetzt von der ihm widerfahrenen Bekehrung und Berufung zum Heidenmissionar (15.16a), seiner Unabhängigkeit von denen, die „vor" ihm „Apostel waren" (16b.17a), seiner Rückkehr „nach Damaskus" und seinem ersten Missionsgebiet, der „Arabia" (17b).

13-14: *Die Zeit vor der Bekehrung und Berufung:* **Ihr habt ja von meiner früheren Lebensführung im Judentum gehört, daß ich die Gemeinde Gottes über die Maßen verfolgte und sie zu zerstören suchte und im Judentum mehr Fortschritte machte als meine Altersgenossen in meinem Volk; ich war in viel höherem Maße ein Eiferer für die väterlichen Überlieferungen.** Der junge Paulus wollte ein eifriger Jude sein. Das zeigt seine „frühere Lebensführung im Judentum" (13a). So wurde er zum Verfolger der „Gemeinde Gottes" (z.B. Dtn/5Mo 23,2f). Sie ist, wie es 1Kor 15,9cb „die Gemeinde" und Gal 6,16c heißt, „das Israel Gottes" an ihrem jeweiligen Ort und zu je ihrer Zeit, in der sich jeweils die ganze Christenheit darstellt (vgl. 1Kor 1,2; 10,32 11,16; 2Kor 1,1 u. 1Thess 2,14; vgl. auch 2Thess 1,4; 1Tim 3,5.15). Er beabsichtigte die christliche Gemeinde „zu zerstören" (1,13b.c.23; Apg 9,21). Nach Apg 8,3 „suchte Saulus die Gemeinde zu vernichten; er drang in die Häuser ein, schleppte Männer und Frauen fort und überstellte sie ins Gefängnis". Nach Apg 22,4 sagte Paulus in seiner Verteidigungsrede vor den Jerusalemern unter anderem: „Ich habe diesen ‚Weg' verfolgt, indem ich Männer und Frauen band und in die Gefängnisse einlieferte". Und nach Apg 26,11 sprach er anläßlich der Darstellung seines Lebensweges in Caesarea vor dem römischen Statthalter Festus (Amtszeit von etwa 60-62 n. Chr) sowie dem jüdischen König Agrippa II. (27/28-94 oder ca. 100 n.Chr.) und seiner Schwester Berenike: „In allen Synagogen habe ich oft versucht, sie (= die Christen) mit Strafen zum Lästern zu bringen; und in meiner maßlosen Raserei gegen sie habe ich sie auch bis in die ausländischen Städte verfolgt." (Apg 26,11). Vgl. auch Apg 9,1f; 22,4f). Er wollte sie zwingen, den Namen Jesu zu verfluchen.
„Judentum" ist zum einen die jüdische Religion und zum anderen die Lebensweise eines Juden. Die Feindschaft des jungen Saulus (Apg 9,1.4.8.11.17.22. 24.26; 13,9 u. ö.) gegen die Christen richtete sich auch gegen Gottes Willen. Er, der Pharisäer (Apg 22,3; 23,6; 26,5), war, wie er Phil 3,6 geschrieben hat, „dem Eifer nach ein Verfolger der Kirche, der Gesetzesgerechtigkeit nach untadelig." Im Blick auf die Befolgung der Thora war er Pharisäer. Nach Josephus, der selbst auch Pharisäer war, stand diese Laienbewegung „in dem Ruhm gewissen-

---

114 Vgl. *R. Riesner*, Frühzeit, 56-65.

hafter Gesetzesauslegung“ (Bell II, 162). Sie hielten sich für besondere Lieblinge Gottes (Ant XVII, 2,41).[115] Auch nach Phil 3,5e.6b bezeichnete Paulus sich „der Gesetzes(praxis) nach“ als „Pharisäer, der Gesetzesgerechtigkeit nach untadelig“. Die Pharisäer strebten die Heiligung der Lebensführung, besonders durch Beachtung der Reinheitsbestimmungen, gemäß der von ihnen durch Interpretation der Heiligen Schrift zustande gekommenen Tradition an. Dazu brauchten sie genaue Kenntnisse der einschlägigen Gesetzesbestimmungen, Sie mußten die so gewonnenen Normen auf verschiedene Situationen des Lebensalltags und des Sabbaths anwenden.[116]

Der junge Saulus „machte im Judentum mehr Fortschritte als“ seine „Altersgenossen“ (14a).[117] Paulus wurde – wie er nach Lukas in seiner Jerusalemer Apologie vor Juden sagte – „ ... in dieser Stadt nach dem väterlichen Gesetz ausgebildet, ein Eiferer für Gott ...“ (Apg 22,3c). Der auch Apg 5,34 erwähnte Gamaliel, der Alte, stammte aus der Familie des angesehenen Hillel und wirkte von etwa 25 bis 50 n.Chr. in Jerusalem.[118] So konnte der junge Saulus mehr als seine „Altersgenossen“ „in“ seinem „Volk“ „Fortschritte“ in der Lehre und Lebenspraxis seiner Religion machen[119] und sie übertreffen, „größer“, „mehr“, bedeutet hier wie auch 2Kor 11,23 und 1Thess 2,17 „in höherem Maße“. Als junger Mann verhielt er sich den Christen gegenüber radikal und rücksichtslos, wie er selbst außer in 1Kor 15,9 und Gal 1,13 in Phil 3,6a geschrieben und Lukas Apg 8,3; 9,4f sowie 22,4.7f berichtet hat.[120] Er wird die Kultkritik der hellenistischen Judenchristen um Stephanus und Philippus als eine gotteslästerliche Mißachtung des Mosegesetzes, das den Jerusalemer Tempelkult begründete, angesehen haben (vgl. Apg 6,5b.ca.11). Die Rechtsgrundlage seiner Christenverfolgung wird ihm das synagogale Strafrecht gegeben haben.[121] Er war kein Zelot wie der Jesusjünger Simon nach Lk 6,15 und Apg 1,13, sondern „Eiferer für“ seine „väterlichen Überlieferungen“. Den Begriff eines „Eiferers“ in diesem Sinn hat Josephus gegeben: „Ein Eiferer ist derjenige, der für die väterlichen Sitten und den Gottesdienst eintritt“ (Ant XII, 271).[122] Nach Philo von Alexandria gibt es „viele tausend Wächter, Eiferer für die Gesetze, gewissenhafte Hüter der ererbten Satzungen“ (SpecLeg II, 253).[123] Ein solcher Eiferer war der Priester Matthias, der nach 1Makk 2,27 LXX mit seinen fünf Söhnen den Aufstand gegen die Dekrete des Seleukidenherrschers Antiochus IV. Epiphanes (175-164 v.Chr.) im Jahre 166 v.Chr. in seiner Heimatstadt Modëin auslöste. Er „rief

115 *Josephus*, De Bello Judaico, 2, 112f *(O. Michel / O. Bauernfeind); ders.*, Antiquities XIVII, 184f; Jüdische Altertümer II, 444 *(H. Clementz).*

116 Vgl. Bill. IV/1, 334-352; *G. Baumbach*, Art. Φαρισαῖος, EWNT III, 595ff; *J. Maier*, Zwischen d. Testamenten, 268-272; *R. Meyer / K. Weiß*, Art. Φαρισαῖος, ThWNT IX, 23f u. 47ff.

117 Συνηλικιώτης, „Altersgenosse“, kommt im NT nur an dieser Stelle vor. Vgl. *W. Bauer*, Wörterbuch, 1574f; *H.G. Liddell / R. Scott*, Lexicon, 1715.

118 Vgl. Bill. II, 636f.

119 Vgl. *G. Stählin*, Art. προκοπή κτλ., ThWNT VI, 714.

120 Vgl. *M. Hengel*, Der vorchristliche Paulus, 268ff u. 159ff.

121 Vgl. *W.G. Kümmel*, Römer 7, 153.

122 *Josephus*, Jewish Antiquities XII-XIII, 140f; *ders.*, Jüdische Altertümer I, 140f *(H. Clementz).*

123 *Philonis* Opera, V, 147f; *ders.*, Werke II, 179f *(I. Heinemann).*

durch die Stadt laut: „Wer sich für das Gesetz ereifert, der folge mir!'" Nach Sir 8,9 LXX (Apokryphen der Lutherbibel 8,11) galt: „Verachte nicht die Überlieferung der Alten, die sie von ihren Vätern übernommen haben. Dann wirst du Bildung lernen, um antworten zu können, sobald es notwendig ist".
Als Paulus mit seinen Begleitern aus den von ihm gegründeten heidenchristlichen Gemeinden zur Überbringung der von ihm nach Gal 2,10 während des Apostelkonvents zugesagten Kollekte nach Jerusalem gekommen war, da sagten ihm der Herrenbruder Jakobus und die Ältesten der dortigen judenchristlichen Gemeinde nach Apg 21,20bc: „Du siehst, Bruder, wie viele Zehntausende unter den zum Glauben Gekommenen es unter den Juden gibt, und alle sind Eiferer für das Gesetz".
Paulus dachte nicht daran, sich von seinem pharisäisch geprägten Judentum abzuwenden. Seine Bekehrung und Berufung erfolgte überraschend. Sie erfolgte plötzlich allein durch Gott und geschah rein aus Gnade, aber nicht aus eigenem Entschluß. Für dieses Ereignis gibt es drei paulinische und zwei sekundäre Zeugnisse:

1. 1Kor 15,8-10a: „... Zuletzt aber ..., gleichsam als der Fehlgeburt, ist er (der auferstandene und erhöhte Christus) auch mir erschienen. Ich bin nämlich der geringste Apostel, der ich nicht wert bin, Apostel genannt zu werden, weil ich die Gemeinde Gottes verfolgt habe. Durch die Gnade Gottes aber bin ich, was ich bin". Da Paulus in seiner Jugend ein glühend begeisterter Pharisäer war und nicht allein das Mosegesetz, sondern auch „die väterlichen Überlieferungen" für beherzigenswert und zu befolgen für wichtig hielt, war es für ihn nur konsequent, daß er die Jünger Jesu in Jerusalem und Judäa bekämpfte. Allein der „Gnade Gottes" verdankt er es, daß er einer Christusbegegnung gewürdigt wurde. Damals wurde er zum Apostel Jesu Christi berufen. Bezeichnet er sich als „Fehlgeburt", so will er damit sagen, daß er für die Begegnung mit dem erhöhten Christus in keiner Weise geeignet war.
2. Gal 1,15ff: „Als es aber dem, der mich von meiner Mutter Leib an erwählt und durch seine Gnade berufen hat, gefiel, seinen Sohn in mir zu offenbaren, damit ich ihn unter den Heiden als Evangelium predigen sollte, da beriet ich mich nicht mit Fleisch und Blut, zog auch nicht nach Jerusalem zu denen hinauf, die vor mir Apostel waren, sondern ging in (die) Arabia und kehrte wieder nach Damaskus zurück".
3. Phil 3,7-11: „... was mir (seinerzeit) Gewinn brachte, das habe ich des Christus wegen für Verlust erachtet. Ja wahrlich, ich erachte es alles als Verlust wegen der (alles) überragenden Erkenntnis des Christus Jesus, meines Herrn. Seinetwegen ließ ich mich um das alles bringen und halte es (jetzt) für Dreck, damit ich Christus gewinne und in ihm angetroffen werde, der ich nicht meine Gerechtigkeit habe, die aus dem Gesetz stammt, sondern diejenige, welche aus dem Glauben an Christus (kommt) aufgrund des Glaubens, um ihn zu erkennen, und zwar (beide), die Kraft seiner Auferstehung und die Teilhabe an seinem Leiden, gleich gestaltet mit seinem Tode, (in der Hoffnung, zur Auferstehung der Toten zu gelangen". Vor seiner Lebenswende sah der zum Feind der Jünger Jesu gewordene Saulus keinen Anlaß, nach einer Befreiung aus der Gefangenschaft in Sünde und Tod zu fragen, aus der ihn, der ein frommer Pharisäer war, seine Lebensführung nach dem Mosegesetz nicht befreien konnte. Seine Lebensweise

streng nach der Thora Israels und den „väterlichen Überlieferung“ war ihm höchst wichtig; er erwartete durch seine Gesetzeswerke von Gott das Heil erlangen zu können. Inzwischen aber hat er alles, was er früher als „Gewinn“ verbuchte, seiner Zugehörigkeit zu Jesus Christus und seiner Kirche wegen als „Verlust“ abgeschrieben. Damit hatte sich sein früheres Guthaben in Schulden verwandelt. Die Begegnung mit dem erhöhten Jesus Christus (vgl. 1Kor 9,1; 15,8f; Gal 1,15f) veränderte sein Leben von Grund auf. Was früher die Basis seines Selbstvertrauens und Stolzes war, rangierte von nun an nicht nur unter „Verlust“, sondern unter „Dreck“ oder „Mist“.[124] Mit diesem groben, die Exkremente bezeichnenden Nomen assoziiert man, daß man das, was einmal ausgeschieden ist, nicht mehr ansieht und als ekelhaft auch nicht mehr anrührt. Die Beschneidung als äußeres Zeichen des Abrahambundes (vgl. Gen/1Mo 17,10-14) bedeutet Paulus nun nichts mehr (vgl. Röm 2,25-29; 4,9-12; 1Kor 7,18f; Gal 5,6; 6,15).

Christus ist für ihn nur so ein Gewinn, daß er sich mit seinem Dasein stets in seinem Herrschaftsraum befindet. Durch die Taufe, die er in der judenchristlichen Gemeinde von Damaskus empfing (vgl. Apg 9,18f), ist Christi Tod an ihm wirksam geworden: „Wißt ihr denn nicht, daß wir alle, die wi auf Christus Jesus getauft wurden, in seinen Tod getauft worden sind? So wurden wir durch die Taufe in den Tod begraben, damit, wie Christus durch die Herrlichkeit des Vaters von den Toten auferweckt worden ist, wir auch ein neues Leben führen. Wenn wir nämlich ihm in seinem Tode gleich geworden sind, werden wir es auch in der Aufweatwhung sein“ (Röm 6,3ff). Seine Lebensgrundlage ist seither „die Gerechtigkeit, die aus Gott“ kommt. Es handelt sich um die Gerechtigkeit, die Gott denen zuspricht, die ihre Existenz vor ihm Jesus Christus anvertrauen. Damit rechtfertigt er diejenigen, die sich vor ihm als Sünder bekennen. Da Gott ihm seine „Gerechtigkeit“ zugewendet hat, ist der Apostel nun mit dem bis zum Schandtod am Kreuz erniedrigten und erhöhten Jesus Christus (vgl. Phil 2,6-11) eng verbunden. Ihn will er „erkennen“, d.h. in der seiner Lebensgemeinschaft ihm immer vertrauter werden. Er möchte „die Kraft seiner Auferstehung“ durch die leibhaftige „Teilhabe an seinem Leiden“ erfahren. Die treue Christusverbundenheit schließt das Leiden in seiner Nachfolge ein: „Wer nicht sein Kreuz trägt, kann nicht mein Jünger sein“ (QLk 14,27 // QMt 10,38). Die Wahrnehmung der Treuepflicht zu Jesus ist für seine Jünger zugleich die Bewährung der Treue zu sich selbst. Sie schließt die Leidensnachfolge ein. Von der Christusgemeinschaft, die ihn prägt, spricht Paulus in seinem Bericht über die Umstände, unter denen er seinen Beruf als Apostel ausübt: „Wir haben diesen Schatz [des Evangeliums] in irdenen Gefäßen, damit das Übermaß an Kraft von Gott und nicht von uns selbst kommt. In alledem sind wir bedrängt, aber nicht erdrückt, ratlos, aber nicht verzweifelt, verfolgt, aber nicht verlassen, niedergeschlagen, aber nicht zunichte geworden. Allezeit tragen wir das Sterben Jesu an unserem Leibe, damit auch das Leben Jesu an unserem Leib offenbar werde; denn immerdar werden wir, die da leben, um Jesu willen in den Tod gegeben, damit auch das Leben an unserem sterblichen Leib offenbar werde“ (2Kor 4,7-11). Der Apostel thematisiert hier das „Leben“. Dessen Mühsal erdrückt ihn nicht; denn die Kraft

---

124 Im NT nur hier; vgl. *W. Bauer*, Wörterbuch, 1514.

des Lebens, das Gott ist und gibt, triumphiert darin.[125] Der „Schatz“ des Paulus ist „das Evangelium“. Er vergleicht seinen „Leib“ mit einem zerbrechlichen tönernen Gefäß. „Die Tochter des Kaisers Hadrian [117 – 138 n.Chr.] sagte zu Rabbi Jehoschua ben Chananja [ca. 90 n.Chr.] in bezug auf seine Gelehrsamkeit: ‚Ei, so herrliche Weisheit in einem so häßlichen Gefäße!‘“[126]
Der „Dienst“ des Apostels mit der Predigt des ihm anbefohlenen Evangeliums ist „ein Dienst der Herrlichkeit“. Er verleiht ihm seine Würde. „Seine Würde eben erscheint in einem unwürdigen Gewande.“[127] Ein Prediger des Evangeliums soll seine Hörer nicht faszinieren; denn es kommt nicht auf die äußere Erscheinung an. Daß Paulus von seiner Leidenslast in seinem Dienst nicht erdrückt wird, verdankt er Gott. Er wird durch seine judaistischen Gegner „bedrängt, aber nicht in die Enge getrieben“. Der Apostel ist „ratlos, aber nicht vwerzweifelt“, wird „verfolgt“, aber von Gott „nicht im Stich gelassen“. Ähnlich heißt es in Annette von Droste-Hülshoffs (12. 01. 1797 – 24. 05. 1848) Gedicht „Lebt wohl“, 4. Strophe: „Verlassen, aber einsam nicht, / Erschüttert, aber nicht erdrückt, / So lange noch das heilge Licht / Auf mich mit Liebesaugen blickt!“[128]
Dem Wirken des „Wortes vom Kreuz“ (1Kor 1,18a) schreibt Paulus die Überwindung aller Schwierigkeiten und Hürden zu, die ihn bei seiner Predigttätigkeit behinderten. Das hat er durch Antithesen entfaltet, einerseits die menschliche Schwäche und Ohnmacht, andererseits nennt er die sich darin als mächtig erweisende Kraft Gottes. Der Apostel erfüllte seinen Dienst als ein von allen Seiten Bedrängter, der aber nicht zu Boden gedrückt wurde, als Ratloser, der jedoch nicht verzweifelte, als Verfolgter, den Gott niemals im Stich ließ, als einer, der von seinen Gegnern zwar niedergeworfen, aber nicht vernichtet wurde. Er „trug allezeit das Sterben Jesu an seinem Leibe, damit auch Jesu Leben an seinem Leibe offenbar werde.“ An den Leiden des Apostels in der Nachfolge Jesu erfahren die Menschen, denen er in der Ausübung seines Dienstes begegnet, die Gegenwart und Zukunft des Herrn, der in seiner, ihm von Gott in Jesus Christus übertragenen Ausfgabe, das Evangelium den Juden und Heiden zu predigen, wirkt. Im Vertrauen auf die ihm jetzt schon in Bedrängnissen, Engpässen, Niederlagen und Todesnöten, die zum Bild seines Berufes gehören, immer wieder belebende, tragende und haltende Kraft hofft Paulus bei der „Ankunft“ Christi in Hoheit „zur Auferstehung von den Toten[129] zu gelangen.“ Die Aufnahme in die Leidensgemeinschaft Christi versichert ihn der Zugehörigkeit zum erhöhten Gekreuzigten. Damit nimmt er auch an dessen Herrlichkeit teil: „Sind wir Kinder, so sind wir auch Erben, Gottes Erben nämlich und Miterben Christi, wenn wir mit ihm leiden, um mit ihm auch verherrlicht zu werden“ (Röm 8,17). Über das Verhältnis derzeitiger Leiden zur künftigen Herrlichkeit äußert sich der Apostel in Röm 8,18-30 näher. Das „Erbe“ besteht in der Teilnahme an Gottes Herrschaft und Reich (vgl. z.B. 1Kor 6,9f; 15,50; Gal 5,21; Eph 1,18), nach 1Kor 15,50 an der „Unvergänglichkeit“. „Kinder Gottes“, „Erben“ und „Miterben Christi“ zu sein, bedeutet, an seiner künftigen Herrlichkeit teilzuhaben. Da „sich

---

125 Vgl. *H. Windisch*, Der zweite Korintherbrief, 141.
126 Bill. III, 516.
127 *R. Bultmann*, Der zweite Kotintherbrief, 115.
128 Anette von Droste-Hülshoff, Sämtliche Werke, 260.
129 Im NT nur hier; vgl. *W. Bauer*, Wörterbuch, 551.

die Glaubenden zum gekreuzigten Christus bekennen, können sie in ihrem Leidensgeschick der zugehörigkeit zum erhöhten Kyrios und damit der Teilhabe an der kommenden δόξα gewiß sein."[130]
4. Die dreifache (!) lukanische Erzählung der Bekehrung und Berufung Apg 9,1-19a // 22,6-21 // 26,12-18 kommt dazu.
5. Schließlich 1Tim 1,12-16: „Ich bin unserem Herrn Jesus Christus dankbar, der mir dafür Kraft schenkt, daß er mich in Dienst genommen hat, der ich zuvor ein Lästerer, Verfolger und Frevler war. Aber mir ist Erbarmen widerfahren, weil ich unwissend in Unglauben gehandelt hatte. Überschwenglich reich erwies sich die Gnade unseres Herrn mit Glauben in Christus Jesus. Das Wort ist zuverlässig und aller Zustimmung wert: Christus Jesus ist in die Welt gekommen, um Sünder zu retten. Von diesen bin ich der erste; aber gerade deshalb ist mir Erbarmen widerfahren, damit Jesus Christus mir als erstem seine ganze Langmut erweise, als Urbild derjenigen, die künftig zum ewigen Leben an ihn glauben". Diese Perikope beginnt mit einem Dank, der „unserem Herrn Jesus Christus" gilt. Sie schließt mit einer Doxologie. Der Dank soll nicht allein ein momentaner sein, sondern eine lebenslange Dankbarkeit. „Das Wesentliche an der Dankbarkeit ist das Verlangen nach Gemeinschaft mit dem Wohltäter. Diese zeigt sich weniger in dem Wunsch, die Wohltat zu vergelten, als sie als solche anzunehmen und anzuerkennen."[131] Der „Paulus" des ersten Timotheusbriefes bezeichnet sich als „Lästerer und Frevler", d.h. als hartnäckigen Missetäter. Vor seiner Bekehrung und Berufung war er trotz seiner Thorafrömmigkeit ein Gott ferner Mensch. Gott aber war ihm gnädig: „Wo die Übertretung mächtig wurde, da ist die Gnade noch mächtiger geworden" (Röm 5,20b). Nach Gottes Willen sollte gerade da, wo die Sünde regierte, seine Gnade umso mächtiger wirken. „Die Gnade bewältigt auch die vermehrte Sünde, die das Gesetz hervortrieb."[132] Der unter dem Namen des Apostels Paulus schreibende unbekannte Verfasser des zweiten Timotheusbriefes spricht seinen Dank folgendermaßen aus: „Ich danke Gott, dem ich wie schon meine Vorfahren mit reinem Gewissen diene, wenn ich deiner in meinem Gebet unablässig gedenke" (2Tim 1,3). Paulus dankt „unserem Herrn Jesus Christus der mir dafür Kraft schenkt, daß er mich in Dienst genommen hat". Der Herr hat ihn für zuverlässig gehalten, sein Apostelamt auszuüben. Er blickt in die Zukunft, wenn er schreibt: „Brüder, ich bilde mir nicht ein, daß ich es schon ergriffen habe; eins aber tue ich: Ich vergesse, was hinter mir liegt, und strecke mich nach dem aus, was vor mir ist. Das Ziel im Blick, jage ich nach dem Siegespreis, der himmlischen Berufung Gottes in Christus Jesus" (Phil 3,13f). Paulus blickt in die Zukunft. Er hat jetzt schon an Gottes Heil teil, ist aber noch nicht vollendet. Im Altertum erhielten Sieger in Sportwettkämpfen als Siegespreis einen Lorbeerkranz ums Haupt. Auch heute noch bekommt der Sieger eines Autorennens den Lorbeerkranz umgehängt. Der vom Apostel erwartete „Siegespreis", dem er entgegeneilt, ist die Vollendung seiner „himmlischen Berufung" und damit das ewige Leben in Gott.
Der Paulus des ersten Timotheusbriefes wertet seine Zukunft noch stärker ab, als der historische Paulus es tat: „Ich bin der geringste Apostel, nicht wert Apostel

130 *E. Lohse*, Römer, 242f.
131 *W. Herrmann*, Ethik, 232.
132 *H. Schlier*, Römerbrief, 177.

genannt zu werden, weil ich die Gemeinde Gottes verfolgt habe (1Kor 15,9). Im Hinblick auf seine Vergangenheit als Christenverfolger war Paulus in keiner Weise geeignet, zum Apostel berufen zu werden. Die Berufung zum Apostel war ein göttlicher Gnadenakt: „Durch Gottes Gnade bin ich, was ich bin, und seine Gnade an mir ist nicht vergeblich gewesen, sondern ich habe viel mehr gearbeitet als alle – nicht aber ich, sondern Gottes Gnade mit mir zusammen" (1Kor 15,10). Allein durch Gottes Gnade wurde er in's Apostelamt berufen (vgl. Röm 1,5; 12,5f; 15,15). „Durch ihn", Jesus Christus, „haben wir Gnade und Apostelamt empfangen, um in seinem Namen alle Heiden zum Gehorsam zu führen" (Röm 1,5). Gott, der Herr, war Paulus damit gnädig, daß er ihm, dem vormaligen Verfolger der Jünger Jesu, das Apostelamt anvertraut hat. „Es gibt verschiedene Dienste, aber nur *einen* Herrn. Es gibt verschiedene Kräfte, aber nur *einen* Gott, der alles in allen bewirkt. Jedem aber wird eine besondere Offenbarung des Geistes zuteil. Dem einen wird vom Geist die Gabe verliehen, Weisheit mitzuteilen, dem anderen durch denselben Geist Erkenntnis zu vermitteln, dem dritten im selben Geist Glaubenskraft, einem anderen – immer im selben Geist – die Gabe, Krankheiten zu heilen, einem anderen Wunderkräfte, einem anderen prophetische Rede, einem anderen die Gabe, Geister zu unterscheiden, wieder einem anderen mancherlei Zungenrede, einem anderen schließlich die Fähigkeit, diese zu deuten. Das alles bewirkt ein und derselbe Geist; er teilt einem jeden seine besondere Gabe zu, wie er will" (1Kor 12,5-11). Jedes Gemeindeglied hat seine gerade ihm zugewiesene Aufgabe auszuführen. Ein jeder Christ hat von Gott ein besonderes Charisma zugeteilt bekommen. Der Apostel zählt sieben Charismen auf. Die Sieben ist eine Vollkommenheitszahl. Nach dem priesterlichen Schöpfungesbericht in Gen/1Mo 1,1 – 2,4a hat Gott den Kosmos in sechs Tagen erschaffen und am siebenten Tag geruht. Er hat diesen Tag gesegnet und geheiligt. „Die Worte des Herrn sind lautere Worte, Silber, geschmolzen im Ofen, von Schlacken geschieden, siebenfach geläutert" (Ps 12,7 [11,7 LXX]). Nach Gen/1Mo 12,2f wurde Abraham ein siebenfacher Segen zuteil: Erstens wollte Jahwe ihn zu einem großen Volk machen, zweitens ihn segnen, drittens seinen Namen groß machen, viertens soll er ein Segen für andere sein, fünftens sollen alle gesegnet werden, die ihn segnen. Der ihm zuteil gewordene Segen bestand in einer zahlreichen Nachkommenschaft. Sechstens soll jeder, der ihn verflucht werde, selbst verflucht und damit von Gott für immer geschieden sein. Siebtens endlich sollen „in ihm alle Geschlechter auf Erden gesegnet werden." Jahwe hat ihn geradezu mit Segen überschüttet.[133] Seine zahlreichen Nachkommen sollen zu einem in aller Welt berühmten Volk werden. Für alle Menschen soll er ein Segen sein. Er kann ein Segen für andere werden, weil Gott selbst ihn gesegnet hat. Damit, daß Jahwe ihn segnet, sagt er ihm seinen Schutz zu. „Aus dem Baumstumpf Isais wächst ein Reis empor; ein junger Trieb aus seinen Wurzeln bringt Frucht. Der Geist Jahwes läßt sich auf ihm nieder, der Geist der Weisheit und Einsicht, der Geist des Rates und der Stärke, der Geist der Erkenntnis und der Gottesfurcht" (Jes 11,1f LXX). In diesem Text wird dem Volk Israel ein Herrscher aus der Nachkommenschaft Davids verheißen, der Frieden stiftet. Die sieben Charismen, mit denen er ausge-

[133] Vgl. *H. Gunkel*, Genesis, 164.

stattet werden soll, sind Herrschertugenden. Das Johannesevangelium enthält sieben Wunder, das Weinwunder in Kana (vgl. Joh 2,1-11), die Heilung des Sohnes eines königlichen Beamten (vgl. Joh 4,46-53), die Heilung eines Kranken am Teich Bethesda (vgl. Joh 5,5-13), die Speisung der Fünftausend (vgl. Joh 6,5-13), der Seewandel (vgl. Joh 6,16-20), die Heilung eines Blindgeborenen (vgl. Joh 9,1-7)und die Auferweckung des Lazarus (vgl. Joh 11,1-45). Der Seher Johannes erhält den Auftrag, sieben Sendschreiben an die christlichen Gemeinden in der Provinz Asia zu richten (vgl. Offb 2,1 – 3,22).
Der Apostel vergleicht die Kirche Jesu Christi mit dem Leib eines Menschen. Wie dieser viele Glieder hat, so hat ein jeder Christ sein besonderes, gerade ihm zugeteiltes Charisma. Sie sollen alle derart zusammenwirken, daß die Einheit der Gemeinde gewahrt bleibt. Als erstes Charisma nennt Paulus die „Prophetie". Sie ist eine Geistesgabe und beruht auf einer Offenbarung (vgl. 1Kor 14,30; Eph 3,5). Darunter versteht der Apostel die Gabe, das Evangelium der Gemeinde nicht nur auszulegen, es ihr situationsgerecht so zuzusprechen, daß die Gemeindeglieder es sich zu Herzen nehmen (vgl. 1Kor 14,24f). So dient die Prophetie der Erbauung der Gemeinde (vgl. 1Kor 12,7; 14,3.31). Die Gemeindeglieder sollen die Aussagen der Propheten auf ihren Wahrheitsgehalt hin prüfen; denn es gibt auch Pseudopropheten (vgl. 1Kor 12,10; 1Thess 5,21). „Hat ein Glied der Gemeinde die Gabe der Prophetie, so verlasse er nicht den Glauben der Kirche, sondern er halte die Grenze, die ihm der Glaube auch persönlich setzt, sorgsam ein. In diesem Sinn sei er besonnen. Nur so ist sein Charisma auch Charisma. Und nur so bewahrt er die Einheit der Gemeinde, die ja auch in diesem Glauben das Kriterium für die Wahrheit des Charismas hat."[134] Das zweite von Paulus genannte Charisma ist die Gabe der Weisheitsrede. Sie besteht in der Belehrung der Gemeinde, insbesondere auch der Katechumenen, d.h. der Taufbewerber. Damit verwandt ist die Erkenntnisrede, die Gabe, das gepredigte Evangelium gedanklich zu durchdringen, auszulegen und die Glaubenstradition den jungen Christen der nächsten Generation zu vermitteln. Beim „Glauben" geht es hier um die Kraft, Wunder zu tun: Jesus sprach zu seinen Jüngern: „Wenn ihr wie ein Senfkorn [groß] Glauben hättet, so würdet ihr zu diesem Maulbeerfeigenbaum sprechen: Entwurzele dich und pflanze dich ins Meer, und er würde euch gehorchen" (QLk 17,6 // QMt 17,20). An dieser Stelle geht es nicht um den Glauben an Jesus als Gottes Offenbarer und Heilsoffenbarung, sondern ähnlich wie 1Kor 12,9 und 13,2 um den Glauben als Charisma, das sich in Wundern als wirksam erweist.[135] Die Jünger erbitten sich von Jesus mehr charismatische Kraft. Er antwortet ihnen mit einer Hyperbel, einem übertreibenden Bildwort. Darin stellt er das winzige, nur wie ein Stecknadelkopf große Senfkorn dem im Neuen Testament nur hier erwähnten schwarzen „Maulbeerbaum"[136] gegenüber. Es handelt sich um einen Obstbaum mit ungewöhnlich starker Wurzelkraft. Rabbinen nahmen an, ein solcher Baum könne bis zu sechshundert Jahre alt werden. Vgl. pBerakh 9,14a, 23: Rabbi ben Chanina ben Jaqqa hat im Namen des Rabbi Je-

---

[134] *H. Schlier*, Römerbrief, 370.
[135] Vgl. *R. Bultmann*, Art. πιστεύω κτλ., ThWNT VI, 206f; *C.-H. Hunzinger*, Art. σίναπι, ThWNT VII, 288f; *O. Michel*, Art. κόκκος, ThWNT III, 811f; *D. Lührmann*, Glaube, 21f.
[136] Im NT nur hier; vgl. *W. Bauer*, Wörterbuch, 1548f.

huda († 299) gesagt: „Die Wurzeln des Weizens dringen 50 Ellen tief in die Erde ein, die Wurzeln des Feigenbaums, die zart (weich) sind, dringen in einen Felsen ein."[137] Einen Maulbeerbaum mit einem Machtwort auszureißen und ins Meer zu verpflanzen, übersteigt jede Vorstellungskraft. Der Sinn dieser Hyperbel ist: Schon ein winziges bißchen Glaubenskraft reicht aus, unmöglich Erscheinendes zu ermöglichen und auch zu verwirklichen. Das Gottvertrauen ermißt seine eigene Kraft nicht. Es sieht seine eigene Stärke oder Schwäche nicht an, sondern richtet sich im Gebet ganz allein auf Gott und gibt seinem Wollen und Handeln Raum. Traut es ihm doch alles Gute und Heilsame zu! – Als weiteres Charisma nennt Paulus die „Ermahnung" oder „Tröstung". Das Verb παρακαλέω kann „bitten", „ermahnen", „ersuchen", „herbeirufen" und „trösten" bedeuten. An unserer Stelle ist die Befähigung zur Seelsorge gemeint, die alle genannten Bedeutungen in sich schließt. Vgl. 2Kor 5,20: „Wir sind Botschafter an Christi Statt, denn Gott mahnt durch uns. So bitten wir nun an Christi Statt: Laßt euch versöhnen mit Gott!". Eine Botschaft oder Gesandtschaft ist die Vertretung eines Staates bei einem andern. Botschafter und Gesandte sind Vertreter ihrer Regierung in der Hauptstadt der Staaten, mit denen der eigene diplomatische Beziehungen unterhält. Ein Botschafter richtet dem Außenminister des Staates, in dem er akkreditiert ist, das aus, was sein Regierungschef oder Außenminister ihm aufgetragen hat. Was er übermittelt, hat offiziellen Charakter. So verhält es sich auch mit dem Apostel-, dem Predigt- und Seelsorgeramt. Der Apostel und jeder Bote des Evangeliums steht im Dienste Christi. Er hat die Heilsbotschaft oder das Evangelium weiterzugeben. Das tut er mit seinen Worten; er wirbt um Glauben, ermahnt und ermuntert seine Hörer, der Botschaft Jesu Christi zu glauben und im Glauben zu wachsen. Er tröstet aber auch die Trauernden und fordert die Sünder zur Änderung ihrer Lebensführung auf. Das alles geschieht im Namen und also im Auftrag Jesu Christi. – Es folgt das Charisma der „Diakonie". Nach Platon (ca. 427 – 347 v. Chr) galten für die alten Griechen alle Berufe als minderwertig, die es mit der Versorgung des Leibes zu tun haben wie z.B. Bäcker, Gerber, Köche, Schumacher und Weber. Anderen Menschen dienen zu müssen, galt als minderwertig. Man herrschte lieber über andere, als ihnen zu dienen. „Daher auch jene nur für knechtisch, dienstbar und unedel in ihren Bemühungen um den Leib gelten" (Gorg 518a).[138] Jesus dagegen gab seinen Jüngern folgende Regel: „Wer von euch, der einen Sklaven hat, der pflügt oder weidet, wird zu ihm, wenn er vom Feld kommt, sagen: ‚Komm sogleich her und leg dich zu Tisch!' Wird er nicht vielmehr zu ihm sagen: ‚bereite zu, was ich essen werde und bediene mich, bis ich gegessen und getrunken habe,. und danach kannst du essen und trinken?' Bedankt er sich etwa beim Sklaven, daß er er getan hat, was er zu tun schuldig war? So auch ihr: Wenn ihr alles getan habt, was euch befohlen war, sagt: Wir sind armselige Sklaven; wir haben nur getan, was wir zu tun schuldig waren" (S^{Lk} 17,7-10). Die rhetorische Frage: „Wer unter euch ...?" zeigt an, daß der Erzähler sich des Einverständnisses seiner Hörer und Leser sicher ist. Er beschreibt lebensnah die harte Wirklichkeit der Feldsklaven zu jener Zeit. Ein Landwirt besitzt einen Sklaven, der

---

[137] Bill. II, 234.
[138] Platon, Werke II, 478f (*Fr. Schleiermacher*).

ihm das Feld bestellt, das Vieh hütet und versorgt. Kehrt dieser abends müde und hungrig von seiner Feldarbeit zurück, so kann er nicht erwarten, ein ihm von seinem Herrn bereitetes Abendessen vorzufinden. Vielmehr muß er damit rechnen, daß sein Herr ihm alsbald nach der Rückkehr von der Feldarbeit den Auftrag erteilt, ihm eine Mahlzeit zuzubereiten und ihn bei Tisch zu bedienen. Erst wenn der Herr versorgt ist, kann der Sklave daran denken, sich selbst zu bedienen und auszuruhen, um seinem Herrn die Arbeitskraft zu erhalten. Mit einer Wohlwollen und Huld ausdrückenden Geste der Anerkennung für seine weisungsgemäß und gewissenhaft ausgeführte Arbeit kann er nicht rechnen. Zum Sklavendasein gehört es, für seinen Herrn bei Tag und Nacht verfügbar zu sein, Eine Sklave, der seine Rolle kennt, erhebt auch dann keine Ansprüche vor seinem Herrn, wenn sich das, gemessen an seinem Leistungsaufwand, rechtfertigen ließe. Die Anwendung appelliert an die Jünger und über sie hinaus an die Gemeindeleiter, den Sklaven entsprechend, jederzeit für den Herrn verfügbar zu sein. Sie sollen ihre Arbeit als Dienst auffassen, keine Ansprüche stellen, auch nicht mit Gunsterweisen rechnen, sondern selbstlosen und demütigen Einsatz im Dienste ihres Herrn als reine Pflicht und Schuldigkeit aufzufassen.

Jesu Empfehlung hat Parallelen bei den Rabbinen. Sie mahnen, sich nichts auf die Erfüllung der Thora zugute zu halten. So hat Antigonos aus Sokho (um 180 v.Chr.?) wird.die Mahnung zugeschrieben: „Seid nicht wie die Knechte, die dem Herrn dienen in der Absicht, Lohn zu empfangen, sondern seid wie die Knechte, die dem Herrn dienen, ohne die Absicht Lohn zu empfangen!“ (Aboth 1,3). Rabbi Jochanan ben Zakkai († ca. 80 n.Chr.) lehrte: „Wenn du viel Thora gelernt hast, tu dir nichts darauf zugute; denn dazu wurdest du geschaffen“ (Aboth 2,8).

Paulus hat sich als „Sklave des Christus Jesus“ verstanden (vgl. Röm 1,1; Phil 1,1). Nach Lukas hat dieser in seiner Abschiedsrede vor den Presbytern aus Ephesus in Milet (vgl. Apg 20,17-38) sich als einer dargestellt, der sich in seiner Lebensführung stets Jesu Mahnung zur Pflichterfüllung von früh bis spät, ohne einen Lohn zu erwarten, beherzigt hat. Er „diente seinem Herrn als Sklave in aller Demut“ (Apg 20,19a). Der lukanische Paulus sah die Ältesten in ihren Leitungsaufgaben den Feldsklaven entsprechend. Sie sollen auf sich „selbst und die ganze Herde achthaben“. Der Heilige Geist hat sie „zu Aufsehern eingesetzt, die Kirche Gottes zu weiden“ (Apg 20,28). Nach dem Abschiedsmahl sprach Jesus zu seinen Jüngern: „Die Könige der Völker herrschen über sie, und die Machthaber lassen sich Wohltäter nennen. Doch nicht so ihr! Sondern der Größte unter euch soll wie der Jüngste werden und der in einer leitenden Stellung wie der Dienende. Wer ist denn größer, derjenige, der zu Tische liegt, oder derjenige, der dient? Ich aber bin in euerer Mitte als der, welcher dient“ (S^{Lk} 22,25ff). Hier geht es um die Gemeinde Jesu. Anders als in der politischen Welt soll sich in der Gemeinde Jesu Größe als Dienst erweisen. Könige „beherrschten“ (kurieu/w) damals ihre Völker. Sie verfügten über sie, als ob sie ihr Besitz wären und ließen ihre Untertanen ihre Herrschaft fühlen. Machthaber ließen sich „Wohltäter“[139]

[139] Im NT nur hier; vgl. *W. Bauer*, Wörterbuch, 647.

nennen. Hellenistische Fürsten trugen diesen Titel als Beinamen, so in Ägypten Ptolemais III. (246 – 221 v. Chr) und Ptolemais VIII, (170 – 116 v.Chr.), in Syrien Antiochus VII. (138 – 129 v.Chr.). Auch der vom syrischen König Antiopchus Epiphanes IV. (175 – 164 v.Chr.) ca. 170 v. Chr abgesetzte konservative Hohepriester Onias III. trug diesen Titel (vgl. 2Makk 4,2). Seit der augusteischen Zeit gehörte dieser Hoheitsname zum politisch-religiösen Standardvokabular im römischen Weltreich. Im ersten Jüdischen Krieg (66 – 73 n.Chr.) öffnete die Stadt Tiberias dem Feldherrn Vespasian ihre Tore und begrüßte ihn als „Retter und Wohltäter" (Bell III, 459).[140]
Anders als in der politischen Welt soll sich unteer Jesu Jüngern Größe als Dienst erweisen. Lukas hat die kirchlichen Verhältnisse seiner Zeit im Blick. Der „Größte" soll dem „Jüngsten" gleich werden. Damit ist nicht gemeint, daß altgediente kirchliche Amtsträger sich jugendlich geben sollen. Sie sollen nicht auf öffentliche Anerkennung und den Beifall der Menge aus sein, sich vielmehr nicht zu schade sein, niedere Dienste zu verrichten. Dazu wurden in aller Regel junge Männer herangezogen (vgl. Apg 5,6.10). Sie bildeten eine besondere Gruppe in den Gemeinden der frühen Christenheit (vgl. 1Tim 5,1f; Tit 2,6; 1Petr 5,5). Ein Mann in einer leitenden Stellung (Apg 15,22; Hebr 13,7.17.27) soll einem „Dienenden" gleichen. Zweifellos gilt jemand, der zu Tisch liegt und sich bedienen läßt, mehr als einer, der ihn bedient, z.B. sein Haussklave. Jesus aber vergleicht seine Existenz einem Sklaven, der den Tischdienst versieht. Seine Existenz als Selbsthingabe ist niedrigster Sklavendienst: „Die Könige herrschen über die Völker, und ihre Machthaber lassen sich Wohltäter nennen. Bei euch aber soll es nicht so sein, sondern der Größte unter euch soll wie der Kleinste werden, und der Leitende wie ein Diener. Wer ist denn größer, derjenige, der zu Tische liegt, oder derjenige, der dient? Ist es nicht derjenige, zu Tische liegt? Ich aber bin unter euch wie ein Diener" (S^{Lk} 22,25ff). Das kommt auch zu Eingang der johanneischen Passionsgeschichte in Joh 13,1-20 durch eine Zeichenhandlung zum Ausdruck. Er wäscht seinen Jüngern die Füße. Seine Jünger sollen ihn als Urbild der von ihnen erwarteten Größe in der Hingabe für andere erkennen. Sie sollen im Dienen ihre Ehre suchen.

Paulus diente nach der ihm von Lukas zugeschriebenen Abschiedsrede vor den Presbytern aus Ephesus in Milet „dem Herrn in aller Demut unter Tränen und Anfechtungen" (Apg 20,19a). Er übte jahrelang bei Tag und Nacht Einzelseelsorge aus (vgl. Apg 20,31), verlangte nichts für sich: „Silber oder Gold habe ich von niemandem verlangt. Ihr wißt selbst, daß diese meine Hände hier für meine und meiner Begleiter Versorgung gedient haben. In allem habe ich euch gezeigt, daß man sich auf diese Weise abmühen und der Schwachen annehmen muß, eingedenk der Worte des Herrn Jesus, die er selbst gesagt hat: ‚Geben ist seliger als Nehmen'" (Apg 20,33ff). Die Gemeindeleiter sollen sich ein Beispiel an der Lebensweise des Paulus nehmen, die vom Wort der Gnade Gottes bestimmt ist (vgl. Apg 14,3; 20,24). Er erinnert an seine uneigennützige Lebensführung. Von den Gemeinden, die er gegründet hat, verlangte er weder Geld noch Kleidung. Ihm liegt nichts am Besitz (vgl. 1Kor 7,30f; 2Kor 4,10). In der frühen Christen-

---

140 Josephus, De Bello Judaico I, 384f (*O. Michel / O. Bauernfeind*).

heit gab es profitgierige „Lehrer“ (2Petr 2,14). .Die Gemeindeleiter aus Ephesus, der Hauptstadt der Provinz Asia, können ihm bezeugen, daß er Wert auf materielle Unabhängigkeit gelegt hat. Er hat nicht auf Kosten der Gemeinden gelebt, sondern mit seiner Hände Arbeit (vgl. 1Kor 4,12) für seinen und seiner Mitarbeiter Lebensunterhalt gesorgt (vgl. Apg 18,3; 1Kor 9,4-14; 2Kor 11,7-10; 1Thess 2,9; 2Thess 3,7ff). Lukas hat zwar nicht über seine Handarbeit in Ephesus geschrieben, doch dürfte das, was er über die Handwerkerarbeit in Korinth geschrieben hat (vgl. Apg 18,3), beispielhaft gemeint sein. Der Zeuge Jesu Christi ist nach dem Vorbild seines Herrn in den von ihm gegründeten Gemeinden einer, der dient. Mit seiner Lebensführung hat er den Gemeindeleitern auf beispielhafte Weise gezeigt, daß es erstens darum geht, nicht auf Kosten und zu Lasten der Gemeinde zu leben, zweitens, ist es ihre Pflicht, für die Armen und finanziell Schwachen ihrer Gemeinde zu sorgen. Jesus sprach zu einem seiner Gastgeber: „Wenn du mittags oder abends ein Essen gibst, so lade nicht deine Freunde oder Brüder, deine Verwandten oder reiche Nachbarn ein; sonst laden auch sie dich ein, und damit ist dir wieder alles vergolten. Sondern, wenn du ein Essen gibst, dann lade Arme, Krüppel, Lahme und Blinde ein. Du wirst dann selig sein; denn sie haben nichts, um es dir zu vergelten; es wird dir aber bei der Auferstehung der Gerechten vergolten werden“ (S^{Lk} 14,12ff). In der Jerusalemer Gemeinde erfolgte die Hilfeleistung durch Besitzverzicht (vgl. Apg 2,45; 4,35). Daß ein Christ durch seine Arbeit Mittel zur Hilfe für Bedürftige betont auch Eph 4,28: „Der Dieb soll nicht mehr stehlen, sondern sich mit seinen [eigenen] Händen etwas verdienen, damit er Bedürftigen davon abgeben kann“. Der unbekannte Autor des Epheserbriefes konkretisiert hier das Gebot: „Du sollst nicht stehlen!“ (Ex/2Mo 20,15 // Dtn/5Mo 5,19 LXX). Ob es Diebe in der Gemeinde des Verfassers gegeben hat, ist nicht gewiß. Er will nur vor Diebstahl warnen. Christen sollen arbeiten, um Bedürftigen in ihrer Gemeinde am Lohn für ihre Arbeit einen Anteil zu geben, der sie instand setzt, menschenwürdig zu leben. Durch die Handarbeit soll erreicht werden, der Gemeindekasse nicht zur Last zu fallen (vgl. 1Kor 4,12; 1Thess 4,11f; 2Thess 3,10ff). „Sei nicht säumig beim Wohltun!“ (Sir 10,10b). „Der soziale Sinn der Arbeit ist also überhöht durch den Dienst, den sie der Liebe erweist.“[141] Die Arbeit gehört zum menschlichen Leben, solange es Menschen auf der Erde gibt: „Gott Jahwe nahm den Menschen und setzte ihn in die Garten Eden, damit er ihn bebaue und bewahre“ (Gen/1Mo 2,15 LXX). „Ein Arbeiter ist seinen Lohn wert“ (QLk 10,7b // QMt 10,10b). Jesu Boten können erwarten, daß ihre Gastgeber für ihren Unterhalt sorgen. „Der Herr hat denen, die das Evangelium predigen, geboten vom Evangelium zu leben. Ich aber habe das alles nicht in Anspruch genommen“ (1Kor 9,14-15a). „In Ägpten kam ein neuer Pharao an die Macht, der Joseph nicht gekannt hatte. Er sprach zu seinem Volk: Seht nur, das Volk der Israeliten ist größer und stärker als wir. Gebt acht! Wir müssen überlegen, was wir gegen sie tun können, damit sie sich nicht weiter vermehren. Wenn ein Krieg ausbricht, könnten sie sich unseren Feinden anschließen, gegen uns kämpfen und sich des Landes bemächtigen. Da setzte man Fronvögte über sie ein, um sie durch schwere Arbeit unter Druck zu setzen. Sie mußten für den Pharao die Vorratsstädte Piton und Ramses

---

141 *H. Schlier*, Epheserbrief, 226.

bauen. Je mehr man sie unter Druck setzte, umso stärker vermehrten sie sich und breiteten sie sich aus, so daß die Ägypter vor ihnen das Grauen packte. Daher gingen sie hart gegen die Israeliten vor und versklavten sie. Sie machten ihnen das Leben durch harte Arbeit mit Lehm und Ziegeln und durch alle mögliche Arbeiten auf den Feldern schwer. So wurden die Israeliten zu harter Skavenarbeit gezwungen“ (Ex/2Mo 1,8-14). Der Prophet „Jeremia“ (ca. 650 bis nach 587 v.Chr.) weissagte gegen den König Jojakim (608 – 598 v.Chr.): „Weh dem, der seinen Palast mit Ungerechtigkeit baut, seine Gemächer mit Unrecht, der seinen Nächsten ohne Entgelt arbeiten läßt und ihm seinen Lohn nicht gibt, der sagt: Ich baue mir einen stattlichen Palastund weite Gemächer. Er setzt Fenster ein, täfelt ihn mit Zedernholz und bemalt ihn mit Mennigrot. Bist du König geworden, um mit Zedern zu prunken? Hat nicht dein Vater auch gegessen und getrunken, dabei aber für Recht und Gerechtigkeit gesorgt? Und es ging ihm gut“ (Jer 22, 13-16). „Geh zur Ameise, du Fauler, betrachte ihr Verhalten, und werde weise! Sie hat keinen Meister, keinen Aufseher und Gebieter, und doch sorgt sie im Sommer für ihr Futter, sammelt sich zur Erntezeit Vorrat. Wie lange, du Fauler, willst du noch daliegen, wann willst du von deinem Schlaf aufstehen? Noch ein wenig schlafen, noch ein wenig ausruhen, noch ein wenig schlummern, noch ein wenig die Arme verschränken, um auszuruhen. Da kommt die Armut wie ein Strolch über dich, die Not wie ein aufdringlicher Bettler“. Spr 6,6-11 LXX). „Sei nicht leichtfertig bei der schweren Arbeit auf deinem Acker, denn sie ist von Gott zugewiesen“ (Sir 7,16 LXX). „Die Weisheit der Schriftgelehrten vermehrt das Wissen. Wer von Arbeit frei ist, kann sich der Weisheit widmen. Wie kann sich jemand der Weisheit widmen, der den Pflug hält und mit dem Treiberstachel prahlt, der Rinder auf die Weide treibt, Ochsen zurückholt und sich mit Jungstieren unterhält, der seinen Sinn auf das Eggen der Furchen richtet und darauf aus ist, die Mast zu vollenden? Arbeiten muß auch der Handwerker und Künstler, der Tag und Nacht beschäftigt ist, der Siegelringe schneidet und dessen Aufgabe es ist, in das bunte Gewebe Abwechslung zu bringen, der seinen Sinn auf die Wiedergabe des Musters richtet und darauf bedacht ist, das Werk schön zu vollenden. Ebenso der Schmied, der am Amboß sitzt und auf die eiseren Geräte achtet, in dem Hauch des Feuers das Fleisch schmelzen läßt und den die Hitze des Ofens durchglüht, dem der Lärm des Hammers das Ohr betäubt und dessen Augen auf das Muster des Gerätes gebannt sind, der seinen Sinn auf die Vollendung des Werkes richtet und darauf bedacht ist, das fertige Werk zu verzieren. Ebenso der Töpfer, der vor seiner Arbeit sitzt und mit seinen Füßen die Scheibe dreht, der unaufhörlich um seine Arbeit besorgt ist und dessen ganzer Eifer der großen Anzahl gilt, der mit dem Arm den Ton knetet und ihm mit den Füßen die Zähigkeit nimmt, der seinen Sinn auf die Vollendung der Glasur richtet und darauf bedacht ist, den Ofen zu erhitzen. Sie alle verlassen sich auf ihre Hände, und jeder ist erfahren in seinem Geschäft. Ohne sie wird keine Stadt besiedelt, und wo sie sich niederlassen, hungern sie nicht. Aber zur Volksversammlung werden sie nicht hinzugezogen, inder Gemeinde ragen sie nicht hervor. Sie sitzen auf keinem Richterstuhl und kennen sich in Recht und Gesetz nicht aus. Weise Bildung offenbaren sie nicht; Sinnsprüche sind bei ihnen nicht zu finden. Sie kennen sich nur in weltlichen Berufen aus; ihr Sinnen richtet sich auf die Ausübung des Gewerbes. Anders, wer sich der Gottesfurcht widmet und das Gesetz des Höchsten erforscht. Die Weisheit aller Vorfahren ergründet er und beschäftigt sich mit den Weissagungen; er achtet auf auf die Reden berühmter Männer, und dringt in die Tiefen der Sinnsprüche ein. Er erforscht den verborgenen Sinn der Gleichnisse und verweilt über den Rätseln der Sinnsprüche. Im Kreis der Großen tut er Dienst und erscheint vor den Fürsten; er bereist das Land fremder Völker, erfährt Gutes und Böses unter den Menschen; er richtet seinen Sinn darauf, den Herrn, seinen Schöpfer, zu suchen und betet zum Höchsten. Er öffnet seinen Mund zum Gebet. und fleht wegen seiner Sünden. Wenn Gott, der Höchste, es will, wird er mit dem Geist der Einsicht erfüllt: Er bringt Weisheitsworte hervor, und im Gebet preist er den Herrn: denn alles ist zu seiner Zeit von Wert. Nun jubelt von ganzem Herzen, und preist den Namen des Heiligen!". Josephus schrieb: „Wir Juden bewohnen weder eine Küstenebene, noch haben wir Freude am Handel und dem dadurch begünstigten Verkehr mit den Fremden – sondern unsere Städte liegen weit von der Küste entfernt, und wir beschäftigen uns hauptsächlich mit der Bearbeitung unseres vortrefflichen Akkerbodens" (Ap I, 12).[142]

Jesu Vater Joseph war Bauhandwerker, er selbst in seiner Jugend auch. Die Einwohner Nazareths wunderten sich über ihn: „Ist er nicht der Zimmermann, Marias Sohn, der Bruder des Jakobus, des Joses und Judas, und sind nicht seine Schwestern hier bei uns?" (Mk 6,3).

Nach altgriechischer Auffassung ist die Arbeit den Menschen von den Göttern verordnet. Demeter war die Göttin des Ackerbaus und der Fruchtbarkeit. Ihr verdankte man die Fruchtbarkeit der Äcker, eine reiche Getreide- und Feldfrüchteernte. Auch die Fruchtbarkeit der Frauen wurde ihr zugeschrieben. Nach Hesiod (ca. 700 v.Chr.) ist die Arbeit eine Pflicht der Menschen: „Arbeite, hochgeborener Perses, damit dich der Hunger / hasse, doch liebe Demeter, die Göttin mit herrlichem Kranze, / und die Erhabene dir mit Nahrung fülle die Scheuer! / Hunger ist ja doch immer des Arbeitsscheuen Begleiter. / Und ihm zürnen die Götter und Männer, der ohne Arbeit / lebt, er gleicht ja an Art den stummelschwänzigen Drohnen, / die, der Arbeit abhold, den Ertrag der fleißigen Bienen / auffressen: du aber verrichte maßvolle Arbeit, daß dir die Zeiten des Jahres mit Nahrung fülle die Scheuern. / Arbeit macht ja die Männer reich an Herden und Habe, / auch macht die Arbeit sie viel lieber unsterblichen Göttern. / Wirst auch lieber den Sterblichen sein; sie hassen den Faulen. / Arbeit ist nimmermehr eine Schande, doch Scheu vor der Arbeit ist Schande" (Op 298-310).[143] Anders als Hesiod hat sich Platon kritisch zur Handwerkerarbeit geäußert: „Wir behaupten, daß es weder Gold noch Silber im Staat geben darf, noch auch einen bedeutenden Gelderwerb durch Handwerksarbeit und Wucher oder gar durch das Halten von schimpflichen Herden,[144] sondern nur durch das, was der Landbau hergibt und einbringt, und auch hiervon nur so viel, daß es nicht dazu zwingt, über dem Gelderwerb das zu vernachlässigen, um dessentwillen es das Geld gibt. Das aber ist die Seele und der Leib, die ohne Gymnastik und die übrige Erziehung

---

142 Josephus, Contra Apionem 186f (*H.St.J. Thackeray*); *ders.*, Kleinere Schriften, 100 (*H. Clementz*).

143 *Hesiod*, Theogonie. Werke und Tage, 104-107 *(A. v. Schirnding)*.

144 D. i. durch Zuhälterei.

kaum je der Rede wert wären" (Leg 743d).[145] „Wenn Sokrates nun anerkannte, daß Tätigkeit für den Menschen nützlich und gut sei, der Müßiggang dagegen schädlich und schlecht, und daß Tätigkeit gut sri, Nicht-Tätigkeit dagegen schlecht, so meinte er, nur jene täten (in Wahrheit) etwas und seien in rechter Weise tätig, welche etwas Gutes täten; doch jene, welche würfelten oder etwas anderes Schlechtes und Strafbares täten, die nannte er Müiggänger. In diesem Sinne dürfte der Vers richtig sein: Arbeit ist keine Schande, nur Müßiggang ist Schande" (Xenophon, mem I, 2,57).[146] In der Totenrede des Perikles (ca. 490 – 429 v.Chr.) heißt es: „Reichtum dient bei uns der wirksamen Tat, nicht dem prahlendem Wort, und Armut ist einzugestehen keinem schimpflich, ihr nicht tätig zu entgehen, schimpflicher."[147] Die Arbeit war bei den Griechen im Altertum vor allem eine Angelegenheit der Sklaven: In Syrakus unterrichtete man „die jungen Sklaven in den allgemein gebräuchlichen Dienstleitungen. Es dürfte aber das Wissen um derartige Dinge noch weiter reichen, etwa auf die Kochkunst und die anderen diesbezüglichen Arten der Dienstleistung. Es gibt ja untereinander verschiedene Arbeiten, die einen sind geschätzter, die anderen notwendiger" (Pol I, 7, 1255b, 24f)[148].

„Was die handwerklichen Berufe und Erwerbszweige angeht, welche als eines Freien würdig, welche als schmutzig zu gelten haben, so haben wir folgendes mitgeteilt bekommen: Zunächst werden die Erwerbszweige mißbilligt, die sich der Ablehnung durch die Menschen aussetzen, wie die der Zöllner, der Geldverleiher. Eines Freien unwürdig und schmutzig sind sie Erwerbsformen aller Tagelöhner, deren Arbeitsleistung nicht durch handwerkliche Geschicklichkeiten erkauft werden; denn es ist bei ihnen gerade der Lohn ein Handgeld für ihren Sklavendienst. Für schmutzig muß man alle diejenigen halten, die von den Großhändlern Waren erhalten, um sie sogleich weiter zu verkaufen; denn sie dürfen nichts voranbringen, ohne gründlich zu lügen. Es gibt aber nichts Schändlicheres als Unwahrhaftigkeit Alle Handwerker[149] befassen sich mit einer schmutzigen Tätigkeit; denn eine Werkstätte kann nichts Edles an sich haben. Am wenigsten kann man die Fertigkeiten gutheißen, die Dienerinnen von Genüssen sind: ‚Fischhändler, Köche, Geflügelhändler und Fischer', wie Terenz sagt.[150] Füge, wenn es gefällt, hier hinzu: Salbenhändler, Tänzer und die ganze Zunft der Schausänger. Diejenigen Fähigkeiten aber, bei denen entweder größere Klugheit beteiligt ist oder durch die ein nicht mittelmäßiger Nutzen gesucht wird wie bei der Medizin, bei der Architektur und dem Unterricht in ehrenvollen Gegenständen, sind für die, deren Stand sie zukommen, ehrenvoll. Wenn der Handel im kleinen Rahmen erfolgt, so muß man das für schmutzig erachten; wenn dagegen im großen und umfangreichen Geschäft, indem er vieles von überallher beibringt und es vielen ohne Betrug zur Verfügung stellt, dann darf

---

145 *Platon*, Werke, VIII/1, 316f *(K. Schöpsdau)*.

146 Xenophon, Erinnerungen, 42f (*P. Jaerisch*).

147 *Thulydides*, Der peloponnesische Krieg, 113 *(G.P. Landmann)*.

148 Aristoteles, Politics, 30f (*J. Henderson*); *ders.*, ebd., 88 (*F.F. Schwarz*).

149 Nur das Kriegshandwerk und die Arbeit der Bauern galten in Rom als ehrenhaft. Die vorher genannten Berufe waren einem Senator verboten, wenngleich es sich nicht um handwerkliche Berufe handelt.

150 *Terenz*, Eun. 257.

man ihn durchaus nicht tadeln, und auch wenn er, ‚gesättigt' mit Gewinn oder vielmehr zufriedengestellt, sich wie oft vonhoher See in den Hafen, direkt vom Hafen auf seine Landbesitzungen begeben hat, scheint er mit vollem Recht gelobt werden zu können. Von allen den Erwerbszweigen aber, aus denen irgendein Gewinn gezogen wird, ist nichts einträglicher, nichts angenehmer, nichts einem Menschen, nichts einem Freien würdiger".[151]
Jesus „verglich das Himmelreich einem Hausherrn, der frühmorgens ausging, um Arbeiter für sein Weingut anzuwerben. Nachdem er sich mit den Arbeitern auf einen Denar für den Tag geeinigt hatte, sandte er sie in sein Weingut. Und als er um die dritte Stunde ausging, sah er andere müßig auf dem Markte stehen und sagte diesen: Geht auch ihr in das Weingut, und was recht ist, will ich euch geben. Sie aber gingen hin. Wiederum ging er um die sechste und die neunte Stunde aus und tat ebenso. Als er aber um die elfte Stunde ausging, fand er andere dastehen und sprach zu ihnen: Warum steht ihr hier den ganzen Tag müßig? Sie antworteten ihm: Uns hat niemand angeworben. Da sprach er zu ihnen: Geht auch ihr in mein Weingut! Als es aber Abend geworden war, sprach der Herr des Weibergs zu seinem Verwalter: ‚Ruf die Arbeiter und zahl den Lohn aus, angefangen bei den letzten bis hin zu den ersten!' Da kamen die von der elften Stunde und empfingen jeder einen Denar. Und als die Ersten kamen, meinten sie, sie würden mehr erhalten, und auch sie erhielten jeder einen Denar. Als sie ihn aber empfangen hatten, murrten sie über den Gutsherrn und sagten: ‚Diese Letzten haben nur *eine* Stunde gearbeitet, und du hast sie uns gleichgestellt; wir aber haben die Last und Hitze des Tages getragen.' Er jedoch antwortete und sprach zu einem von ihnen: ‚Freund, dir geschieht kein Unrecht. Bist du nicht um einen Denar mit mir übereingekommen? Nimm, was dein ist, und gehe hin! Ich will aber diesen Letzten so viel geben wie dir. Oder bist du neidisch, weil ich gütig bin'" (S^{Mt} 20,1-15).
Im damaligen Palästina, insbesondere auch in Galiläa, aber auch in Syrien, gab es große Güter, deren Eigentümer außer Sklaven auch Tagelöhner beschäftigten. Die Beschäftigung von Tagelöhnern war für einen Gutsbesitzer insofern günstiger, als er für diese anders als bei Sklaven im Krnakheitsfall nicht aufzukommen brauchte. Meist lebten die Gutbesitzer in einer nahen Stadt. Die Sorge für die Bewirtschaftung seines Gutes oblag einem Verwalter. Nach der weitgehenden Ferstigstellung des herodianischen Tempels herrschte in Palästina Arbeitslosigkeit. Ein Denar war der damals gängige Arbeitslohn für einen Tag. Nach Tob 5,14 ist eine Drachme soviel wert wie ein Denar.[152] Dieser Lohn reichte aus, eine sechsköpfige Familie einen Tag zu ernähren. Dieser Gutsherr wohnt auf seinem Weingut. Er kümmert sich selbst um die Anwerbung von Tagelöhnern. Er begibt sich nach Sonnenaufgang um etwa sechs Uhr zum Markt der nahen Stadt. Dort warten Arbeitslose darauf, daß ihen jemand für einen Tag Beschäftigung anbietet. Mit den zuerst Angeworbenen schließt er einen mündlichen Arbeitsvertrag. Sie sollen für ihre Arbeit bis kurz vor Sonnenuntergang gegen 18 Uhr einen Denar bekommen. Um die dritte Stunde, also um etwa neun Uhr, geht er erneut zum Markt, der Agora, und wirbt weitere Tagelöhner an. Ihnen nennt

---

151 *Cicero*, De officiis, Vom pflichtgemäßen Handeln, 130 – 133 *(H. Gunermann).*
152 Vgl. Bill. I, 831.

er keinen bestimmten Betrag, sondern sagt ihnen nur zu, „das, was recht ist," zu geben. Ebenso verhält er sich zur sechsten Stunde, um etwa 12 Uhr und zur neunten, gegen 15 Uhr. Zum letztenmal stellt er um 17 Uhr noch einmal Arbeitskräfte ein. Diese werden nur noch wenige Trauben lesen können; denn schon bald bricht die Dunkelheit herein. Am Ende des etwa zwölfstündigen Arbeitstages fordert er seinen Verwalter auf, den Arbeitern ihren Tageslohn auszuzahlen. Seltsamerweise soll dieser bei den Letzten beginnen und diesen wie den Ersten und allen zwischendurch eingestellten Tagelöhnern einen Denar auszahlen. Das ärgert die frühmorgens eingestellten Arbeiter, die zwölf Stunden lang gearbeitet und die Hitze während der Mittagszeit aushalten mußten. Ihre Erwartung, sie würden mehr erhalten als die erst kurz vor Feierabend angekommenen Arbeiter, wird enttäuscht. Ihrem Sprecher antwortet der Gutsherr, daß er ihnen den vereinbarten Lohn hat auszahlen lassen. Er hat ihnen kein Unrecht zugefügt. Wenn er den zuletzt angeworbenen Arbeitern auch einen Denar hat auszahlen lassen, dann ist das ein Zeichen seiner Güte. Sie sollen ihren Arbeitskollegen den gleichen Lohn gönnen und nicht neidisch sein. Diese Gleichniserzählung handelt von Gottes Güte und Gerechtigkeit.
In der Gemeinde Thessalonichs gab es Christen, die, weil sie die Parusie des Herrn in nächster Zukunft erwarteten, nicht mehr arbeiteten: Darauf reagiert der unbekannte Verfasser des zweiten Thessalonicherbriefes, der unter dem Namen des Apostels Paulus geschrieben hat: „Wir hören nämlich, daß einige unter euch ein unordentliches Leben führen, nicht arbeiten sondern, unnütze Dinge treiben. Diese ermahnen wir und gebieten ihnen im Namen Jesu Christi, des Herrn, in Ruhe ihrer Arbeit nachzugehen und ihr eigenes Brot zu essen. Ihr aber, Brüder, werdet nicht müde, Gutes zu tun" (2Thess 3,11ff). Unserem Text ging in 2Thess 3,10b die Sentenz voran: „Wer nicht arbeiten will, soll auch nicht essen". Faulenzer unter den Christen, aber auch solche, die Allotria treiben, bringen die Gemeinde in Verruf. Sie sollen den Lebensunterhalt für ihre Familie und sich selbst durch regelmäßige Arbeit verdienen und nicht auf Kosten der Gemeindekasse leben. Christliches Arbeitsethos kommt in der zweiten Strophe des Liedes „O Gott, du frommer Gott" (EG 495) von Johann Heermann (11. 10. 1585 – 17. 02. 1647) zum Ausdruck: „Gib, daß ich tu mit Fleiß, / was mir zu tun gebühret, / wozu mich dein Befehl in meinem Stande führet. /Gib daß ich's tue bald, / zu der Zeit, da ich soll, / und wenn ich's tu, so gib, / daß es gerate wohl."

Die Bekehrung und Berufung zum Heidenapostel 1,15-17

15Als aber Gott, der mich schon im Mutterleib erwählt und durch seine Gnade berufen hat, mir in seiner Güte seinen Sohn offenbarte, 16damit ich ihn unter den Heiden als Evangelium predigen sollte, besprach ich mich mit keinem Menschen. 17Ich ging auch nicht gleich nach Jerusalem zu denen hinauf, die vo mir Apostel waren, sondern zog nach Arabien und kehrte dann wieder nach Damaskus zurück.

15: Paulus spricht von seiner grundlegenden Lebenswende in einem autobiographischen Bericht, der zugleich theologisch ist, unter Anspielung auf die Berufung Jeremias zum Propheten. Er versteht also seine Berufung den Prophetenberufungen entsprechend. Jeremia war schon vor seiner Geburt von Jahwe zum Propheten nicht nur für Israel, sondern auch für die heidnischen Nachbarvölker bestimmt:

„Das Wort Jahwes erging an mich also: ‚Ehe ich dich im Mutterleib bildete, ersah ich dich; ehe du den Mutterschoß verließt, heiligte ich dich: Zum Völkerpropheten bestimmte ich dich" (Jer 1,4f LXX). Seinen Einwand: „Ach, Herr Jahwe, ich kann nicht reden; ich bin auch noch zu jung (Jer 1,6 LXX), ließ Jahwe nicht gelten: „Sag nicht: Ich bin zu jung, sondern wohin immer ich dich sende, dahin sollst du gehen, und was ich dir auftrage sollst du reden" (Jer 1,6 LXX). Auch Mose wandte anläßlich seiner Berufung ein, daß er nicht reden könne (vgl. Ex/2Mo 4,10). Ein von Gott zu einer Lebensaufgabe berufener Mensch soll nicht auf seine eigenen Fähigkeiten und sein Unvermögen schauen, sondern sich auf den verlassen, der ihn zu dem gerade ihm bestimmten Dienst ausersehen hat.

Auch Jes 49,1c.d LXX klingt im Berufungsbericht des Paulus an:

„Jahwe hat mich vom Mutterschoß an berufen; als ich noch in meiner Mutter Leib war, mich mit meinem Namen schon genannt". Der Beruf eines Propheten Jahwes ist ebenso wie derjenige des Apostels Jesu Christi ein von Gott gegebenes Charisma. Wie der Gottesknecht „zum Licht der heidnischen Völker bestimmt" (Jes 42,6 LXX) ist, so ist Paulus nach den Worten des erhöhten Herrn Jesus „ein auserwähltes Werkzeug, meinen Namen vor die heidnischen Völker, Könige und die Söhne Israels zu tragen" (Apg 9,15). Der frühere Verfolger der Jünger Jesu ist dazu ausersehen, dem Herrn ganz und gar, also mit Leib, Seele und Geist zur Verfügung zu stehen. Er ist dazu bestimmt, den Namen Jesu Christi vor Heiden, Herrschern und Juden, also weltweit als ihren Herrn und Retter aus der Gewalt der Sünde und des Todes zu bezeugen.

In einem der Loblieder aus Qumran heißt es 1QH 29b-31a (neue Zählung 17,29b-31a):

„... von meinem Vater her hast Du mich erkannt / und vom Mutterschoß [mich geheiligt und von] Mutter[leib] an mir Gutes getan. / Und von (der) Mutterbrust an ist dein Erbarmen bei mir gewesen ..."[153]

Nach Röm 1,1 war „Paulus Sklave Christi Jesu, berufener Apostel, bestimmt zum Evangelium Gottes", nach 1Kor 1,1a „durch den Willen Gottes berufener Apostel Christi Jesu". (Ἀφωρίζω bedeutet an unserer Stelle wie Röm 1,1, Apg 13,2; 19,9, sowie Lev/3Mo 20,25f; Jes 49,1 und Jer 1,5 LXX „erwählen",

[153] Die Schriften aus Qumran, 148f *(E. Lohse); J. Maier*, Die Qumran-Essener I, 95.

„bestimmen."[154] Der Prophet Jeremia sprach: „Das Wort Jahwes erging an mich: Noch ehe ich dich im Mutterleibe formte, habe ich dich ausersehen; noch ehe du aus dem Mutterschoß hervorkamst, habe ich dich geheiligt; zum Propheten für die Heiden habe ich dich bestimmt" (Jer 1,4f LXX). Der Apostel verdankte das ihm zur Predigt anbefohlene Evangelium Gott allein. „Gott hat aus seinem freien und unbegreiflichen Ermessen heraus sich für die Offenbarung seines Sohnes an Paulus entschieden."[155] Er selbst brachte außer seiner Begabung und Bildung nichts mit, was ihn für diesen, seinen Lebensberuf als Heidenmissionar geeignet gemacht hätte. Seine Berufung in das Apostelamt war pure Gnade. Daß seine Erwählung „von" seiner „Mutter Leib" erfolgte, ist ein Rückschluß von seiner späteren Berufung zum Apostel her. Die Berufung erfolgte in zwei Schritten: erstens vom Mutterleib an und zweitens durch Gottes Gnade mit der Bestimmung zum Heidenapostel. Die Berufung zum Glauben wie alle an Christus Glaubenden war für Paulus aber zugleich seine Berufung zum Heidenapostel. Sie galt für ihn lebenslang. Er blieb als Christ immer Jude. Das zeigt sich an seiner Deutung der Geschichte Israels im Licht des Evangeliums im letzten seiner Gemeindebriefe, Röm 9,1 – 11,36. Hier deutete er die Geschichte Israels im Licht des Evangeliums.

16: „Gott gefiel es, seinen Sohn!" in Paulus „zu offenbaren, damit" er „ihn unter den Heiden als Evangelium predigen sollte" (15b.16a; nach dem griechischen Text 15a.16a). Gott berief den bisherigen Pharisäer für Paulus überraschend zum Glauben, damit zu einem neuen Leben und zum Apostel dadurch, daß er ihm „seinen Sohn in ihm" offenbarte. Diese Gewißheit prägte von nun an sein Leben (vgl. über Gal 2,20 und 4,4.6 hinaus Röm 1,3.4.9; 5,10: 8,3.29.32; 1Kor 1,9; 15,28; 2Kor 1,19 und 1Thess 1,10 sowie Eph 4,13 und Apg 9,20). Von dem Widerfahrnis berichtete Paulus auch den Christen in Korinth: „Ich habe unseren Herrn Jesus gesehen" (1Kor 9,1b). Der Herr „erschien auch mir" (1Kor 15,8). Er meinte immer den auferstandenen und zu Gott erhöhten Herrn. „Die Erleuchtung hatte Jesus Christus selbst zum Gegenstand, indem seine Bedeutung, die Wahrheit des Evangeliums, nun allererst ganz zum Leuchten kam."[156] Niemals versuchte der Apostel, diese Begegnung zu erklären. Das Damaskus-Widerfahrnis (vgl. Apg 9,1-19a; 22,6-16; 26,12-21) war eine ekstatisch-visionäre Begegnung. Über die Art des ihm zuteil gewordenen Widerfahrnisses kann er nichts Näheres mitteilen. Für dieses gilt auch das, was er in anderem Zusammenhang über ein ekstatisches Erlebnis geschrieben hat: „Ich weiß es nicht, Gott weiß es" (2Kor 12,2f). Das schrieb er über eine Entrückung. Er wußte nicht, ob er damals „im Leib oder außerhalb des Leibes" war.

Nach hellenistischer Vorstellung konnte die Seele vorübergehend den Körper verlassen. Nach Philo von Alexandria gibt es Sterbliche, „die im nächsten Augenblick unsterblich werden sollen, durch die Ohren mit gotterfüllten Liedern einer vollkommenen Musik. Sie soll Mose gehört haben, als er, körperlos ge-

---

154 Vgl. *W. Bauer*, Wörterbuch, 255; *M. Bachmann*, Sünder, 1-162; *U. Kellermann*, Art. ἀφωρίζω, EWNT I, 443 u. *K.L. Schmidt*, Art. ἀφωρίζω, ThWNT I, 455ff.

155 *H. Schlier*, Galaterbrief, 53.

156 *G. Ebeling*, Wahrheit, 99.

worden, viierzig Tage und ebensoviele Nächte lang überhaupt kein Brot und kein Wasser berührte". Somn I, 36; vgl. Ex/2Mo 24,18).[157]
Philo schreibt über ein eigenes Erlebnis: „Es gab einmal eine Zeit, da ich mich ganz der Philosophie und der Betrachtung der Welt und ihrer Teile hingab, da ich mich des herrlichen, vielbegehrten, wahrhaft seligen Geistes[158] freute, in stetem Verkehr mit göttlichen Gedanken und Lehren, von denen ich mich mit nie zu stillendem und zu sättigendem Verlangen erquickte; da stieg kein niedriger oder gemeiner Gedanke in mir auf, noch wand ich mich im Staube des Ruhmes, Reichtums oder leiblicher Freuden willen, sondern in fernen Höhen glaubte ich stets in seelischer Verzückung zu schweben und mitzuschwingen mit Sonne und Mond, mit dem ganzen Himmel und dem Weltall" (SpecLeg III, 1).[159]
Von der endgültigen Offenbarung schrieb Paulus Röm 8,18, daß „die Leiden dieser Zeit gegenüber der Herrlichkeit, die an uns offenbart werden soll, nicht ins Gewicht fallen". Dann kommt auch alles Verborgene ans Licht, wie er 1Kor 3,13a.b geschrieben hat: „Eines jeden Werk wird offenbar werden, denn der Tag" des Gerichts „wird es ausweisen, wie eines jeden Werk beschaffen ist, wird das Feuer prüfen ...".
Berichte über Offenbarungen folgen einem vorgegebenen Schema. Das zeigen auch Jesu Wort an Simon Petrus, das dazu dienen sollte, dessen Autorität als Apostel zu begründen in S^{Mt} 16,17c.d: „Fleisch und Blut haben dir das nicht offenbart, sondern mein Vater im Himmel ..." und der Bericht des Sehers Johannes Offb 1,1a: „Offenbarung Jesu Christi, die Gott ihm gegeben hat".
Mit der Epiphanie des Gottessohnes wurde dem berufenen Apostel auch „die Gerechtigkeit ... offenbart aus Glauben zum Glauben, wie geschrieben steht": (Hab 2,4 LXX): „,Der Gerechte wird aus Glauben leben'" (Röm 1,17; vgl. Gal 3,6). Nach dem ,hebräischen Text lebt „der Gerechte" aus seiner „Treue" zu Jahwe, dem Gott Israels. Es gibt für uns Menschen keinen anderen Weg zur „Rettung" als die glaubende Annahme der rechtfertigenden Gerechtigkeit Gottes, wie sie uns in der Predigt des Evangeliums zugesprochen wird. Ihm wurde auch klar, daß „Gottes Gerechtigkeit ohne Gesetz offenbar geworden" ist (vgl. Röm 3,21), denn „Christus ist des Gesetzes Ziel und Ende für jeden der glaubt" (Röm 10,4). Das Gesetz hat in ihm sein „Ziel" und damit zugleich sein Ende gefunden. Es kann nur zur Erkenntnis der Sünde führen. Bildete die Thora im Judentum die Basis der Erziehung und „Bildung", so ist es für Paulus seit seiner Lebenswende „der Zuchtmeister auf Christus hin, damit wir durch den Glauben gerecht würden" (Gal 3,24). Man würde diese Aussage mißverstehen, wollte man annehmen, hier sei von der erzieherischen und bildenden Bedeutung des Gesetzes die Rede. Vielmehr ist gemeint, daß alle Menschen sich in der Sklaverei des Gesetzes, das heißt unter Gottes unbedingter Forderung, vor ihm als seine Geschöpfe nach seinem Willen und Gebot zu leben, befinden; „denn wenn die Heiden, die das Gesetz nicht haben, das tun, was im Gesetz gefordert ist, sind sie sich selbst Gesetz. Sie erweisen, daß das Werk des Gesetzes in ihre Herzen geschrieben ist; darüber legt ihnen ihr Gewissen und die Gedanken, die ein-

---

157 *Philonis* Opera III, 212; *ders.*, Werke VI, 180f *(M. Adler).*
158 D.h. des stoischen Weltgeistes (νοῦς τῶν ὅλων).
159 *Philonis* Opera V, 150; *ders.*, Werke II, 183 *(I. Heinemann).*

ander verklagen und verteidigen, Zeugnis ab" (Röm 2,14f). Wenngleich die Heiden die Thora Israels, das Mosegesetz, nicht kennen, können sie doch wissen und tun, was Gott von ihnen fordert. Sein Wille und Gebot ist ihnen „in's Herz geschrieben". Im frühem Judentum rechnete man mit einem „ungeschriebenen Gesetz". Daß die Heiden Gottes Forderung kennen, erweist ihr „Gewissen", ihre innere Stimme, die ihnen sagt, was sie zu tun und zu lassen haben, sich aber auch meldet, wenn sie die Erfüllung dieser Forderung schuldig geblieben sind. Dann klagt es an; es stellt den Menschen als ganzen in Frage. Er hat nicht nur dieses oder jenes unterlassen, sondern seine Bestimmung und damit sich selbst verfehlt. „Wachen doch alle Menschen über ihre Sitten, vor allem das jüdische Volk; denn es sieht in seinen Gesetzen von Gott offenbarte Sprüche. In dieser Lehre ist es von frühester Kindheit an erzogen" (Philo, LegGai 210).[160]

17: Nach seiner Berufung zum Apostel beriet Paulus sich „nicht sofort mit Fleisch und Blut" (16c). Mit dieser Feststellung wollte er seine Selbständigkeit gegenüber den anderen Aposteln betonen. Er hat sich von ihnen und anderen Christen nicht beraten und unterrichten lassen. Er „zog ... nicht nach Jerusalem zu denen hinauf, die vor mir Apostel waren, sondern zog in (die) Arabia und kehrte wieder nach Damaskus zurück" (17). Dort „predigte er" nach Lukas, der von seinem missionarischen Wirken in der Arabia nicht berichtet, nach seiner Bekehrung schon „alsbald" in der Synagoge der Stadt Damaskus Jesus: „Dieser ist der Sohn Gottes" (Apg 9,20b). Von dort aus brach er ins Reich der Nabatäer auf. Dessen Hauptstadt war die Felsenstadt Petra im Wadi Musa zwischen dem Roten und dem Toten Meer in einem aus rotem Sandstein bestehenden Felsental.[161] während des 1. Jahrhunderts n.Chr. die Auranitis, abgesehen vom südlichen Teil um Bosra umfaßte, im Süden bis an die Dekapolis reichte, im Westen bis zum Mittelmeer entlang der Südgrenze der römischen Provinz Palästina den Zentralnegev, die Halbinsel Sinai bis zur ägyptischen Ostgrenze reichte. Das Nabatäerreich umfaßte auch Moab, Edom, Midian. Es reichte im Osten bis zum Wadi Sirhan und Dedan.[162] Die Stadt Damaskus war kein Bestandteil des Nabatäerreiches, wurde aber nach 2Kor 11,32f und Apg 9,24f vom Ethnarchen des Königs Aretas (9 v. – 38 n.Chr.) überwacht: „In Damaskus ließ der Statthalter des Königs Aretas die Stadt der Damazener bewachen, um mich festzunehmen. Doch wurde ich durch ein Fenster in einem Korb die Stadtmauer hintuntergelassen, und so entkam ich ihm" (2Kor 11,32f). Die Paulus in Damaskus drohende Festnahme hing höchst wahrscheinlich mit seiner Mission unter den Juden der Stadt zusammen. Sie werden ihn beim „Ethnarchen des Königs Aretas" angezeigt haben, weil er den vom römischen Präfekten Pontius Pilatus als angeblicher „Judenkönig" (Mk 15,26b parr.) und damit als Rebell gegen die römische Herrschaft im Land zum Kreuzestod verurteilten und durch ein römisches Exekutionskommando hingerichteten Jesus von Nazareth als den von Gott, seinem Vater, vom Tode auferweckten und zu ihm erhöhten Sohn als den Messias Israels predigte. Der Apostel schrieb der Gemeinde in Korinth: „Wir predigen Christus, den Gekreuzigten, den Juden ein Ärgernis" (1Kor 1,23). Ein am Schand-

---

160 *Philonis* Opera VI, 194f; *ders.*, Werke VII, 230 *(F.W. Kohnke)*.
161 Vgl. *R. Wenning*, Art. Petra (Πέτρα), RGG4 VI, 1157.
162 Vgl. *ders*, Art. Nabatäerreich, RGG4 VI, 1157.

kreuz Hingerichteter galt als von Gott Verfluchter (vgl. Dtn/5Mo 21,22). Einen solchen Menschen als Messias Israels zu verkünden. mußte unter Juden Befremden hervorrufen und Anstoß erregen. Die Paulus bevorstehende Verhaftung wurde den Christen in Damakus rechtzeitig bekannt. Sie verhalfen dem Missionar zur abenteuerlichen Flucht: „In Damaskus ließ der Statthalter des Königs Aratos die Stadt der Damaszener bewachen, um mich festzunehmen. Aber durch ein Fenster in einem Korb die Stadtmauer hinuntergelassen, und so entkam ich ihm (2Kor 11,32f; vgl. Apg 9,23ff). Der Nabatäerkönig Aretas IV. (Regierungszeit 4 v.Chr. bis 40 n.Chr.) hat vermutlich Damaskus zwischen der Regierungszeit der Kaiser Tiberius (14–37 n.Chr.) und Nero (54 – 68 n.Chr.) besessen. Paulus befand sich damals in unmittelbarer Lebensgefahr. Nur dadurch, daß seine judenchristlichen Freunde in Damskus einen Hausbesitzer, dessen Rückwand seines Hauses die Stadtmauer war, dazu bewegen konnten, den Apostel durch ein Fenster in einem „Korb" abzuseilen, konnter er entkommen. Lukas hat in der Apostelgeschichte wahscheinlich eine judenfeindliche Überlieferung übernommen und den Vorgang dementsürechend anders dargestellt: „Nach mehreren Tagen beschlossen die Juden, ihn umzubringen. Doch ihr Vorhaben wurde Saulus bekannt. Sie bewachten aber sogar die Stadttore am Tage und in der Nacht, um ihn töten zu können. Seine Jünger aber nahmen ihn und ließen ihn während der Nacht so durch die Mauer hinab, daß sie ihn in einem Korb abseilten (Apg 9,23ff). Der erhöhte Jesus Christus hatte Paulus angekündigt, daß Paulus seines Namens wegen werde leiden müssen (vgl. Apg 9,16). Diese Situation trat nach Lukas schon bald nach der Bekehrung und Berufung in Damaskus ein. Wegen der ungenauen Zeitangabe ist eine Datierung dieses Vorkommnisses nicht möglich. Juden, die durch die Evangeliumspredigt des Paulus bis zum äußersten gereizt wurden, schmiedeten ein Komplott gegen den Christuszeugen und beschlossen, ihn umzubringen. Angriffe aus jüdischen Kreisen, denen die Botschaft und Person des Apostels skandalös war (vgl. 1Kor 1,23), gehörten von nun an zu seinem Berufsschicksal (vgl. Apg 9,29; 13,50; 14.2-6.19f; 17,5.13; 18,12: 20.3; 21,27-34; 23,12-35; 25,3). Er wurde von seinen judenchristlichen Freunden in der Stadt rechtzeitig gewarnt. Da die Stadttore bei Tag und Nacht bewacht wurden, konnte er Damaskus nicht auf einer der Ausfallstraßen verlassen. Er hatte jedoch in der Stadt während seines relativ kurzen Aufenthalts Schüler und Freunde gewonnen. Sie seilten ihn nächtens in einem Korb durch das Fenster eines an die Stadtmauer gebauten Hauses nach draußen ab. Der frühere Christenverfolger (vgl. z.B. Apg 9,1f) wurde nun erstmals ein seines Christuszeugnisses wegen Verfolgter. Doch seine Widersacher konnten die Ausbreitung des Evangeliums durch ihn nicht hindern.

Die Unabhängigkeit des Paulus von den anderen Aposteln 1,18-24

18Darauf, nach drei Jahren, zog ich nach Jerusalem hinauf, um Kephas kennenzulernen und blieb fünfzehn Tage bei ihm. 19Einen anderen der Apostel jedoch sah ich nicht, außer Jakobus, den Herrenbruder. 20Was ich euch aber schreibe, siehe, vor Gott, ich lüge nicht.

[21]Darauf ging ich in die Gebiete Syriens und Kilikiens. [22]Den Gemeinden von Judäa aber, die in Christus sind, blieb ich unbekannt. [23]Sie hatten nur gehört: Der uns früher verfolgte, predigt jetzt den Glauben, den er einst zu zerstören suchte [24]und priesen Gott meinetwegen.

Aufbau
1. 18-20: a) Kontaktaufnahme mit Kephas und dem Herrenbruder Jakobus (18-19); b) Schwur (20).
2. 21-24: a) Heidenmission in Syrien und Kilikien; b) Bericht über die Reaktion der judäischen Gemeinden über die Wandlung des Christenverfolgers zum Prediger des Christusglaubens (22-24).

18-20: *Kontaktaufnahme mit Kephas und dem Herrenbruder Jakobus.*

18: Drei Jahre später zog Paulus von Damaskus aus nach Jerusalem, um Petrus kennenzulernen. Bei dieser Jahreszählung rechnet das schon begonnene Jahr voll mit. Es handelt sich also um eine runde Zeitangabe. „Nach drei Jahren" bedeutet also, daß Paulus im zweiten Jahr nach seiner Bekehrung und Berufung, die höchstwahrscheinlich im Jahre 32 n.Chr., also 35 n.Chr.[163], veranlaßt durch die 2Kor 11,32f und Apg 9,32-35 beschriebene Flucht aus Damaskus[164] „nach Jerusalem", das im Altertum etwa 615-780 m hoch lag, „hinaufzog". Ihm ging es darum, von Kephas, dem erstberufenen Jünger Jesu (vgl. Mk 1,16ff // Mt 4,18ff // S^{Lk} 5,1-11), und den anderen Aposteln in seinem Apostelamt anerkannt zu werden. Die etwa dreijährige Zeit zeigt, daß es dem Apostel nicht um Unterricht seitens derer, „die vor" ihm „Apostel waren" (Gal 2,7a), ging. Wenn er mit diesen nicht zusammenkam, so wird dies daran gelegen haben, daß ihm die Aussprache mit dem Sprecher der Jünger Jesu genügte (vgl. Mk 8,29b.32-33 // Mt 16,22-23 // Lk 9,20c.d; Mk 9,5 // Mt 17,4 // Lk 9,33; Mk 14,29 // Mt 26,33) Wahrscheinlich wohnte er damals bei seinen Verwandten in der Stadt.[165] Sein Besuch überraschte Kephas gewiß. Während des zweiwöchigen Aufenthaltes wird dieser ihm Wichtiges aus der Zeit des Wirkens, Leidens und Sterbens Jesu mitgeteilt haben.

19: Außer mit Kephas traf Paulus noch mit dem Herrenbruder Jakobus zusammen, der nach 1Kor 15,7a Zeuge seines auferstandenen Bruders Jesus war. Von etwa 43 bis zu seinem Märtyrertod im Jahre 62 n.Chr. leitete er nach der Abreise Petri aus der Stadt „an einen anderen Ort" (Apg 12,17c.) die judenchristliche Jerusalemer Gemeinde. Anläßlich des Jerusalemer Apostelkonvents etwa 48 n.Chr. „gaben Jakobus und Kephas und Johannes, die als Säulen gelten, mir und Barnabas die rechte Hand zum Zeichen der Gemeinschaft, damit wir zu den Heiden, sie aber zur Beschneidung gehen sollten" (Gal 2,9b.c.d). Kraft der Autorität, die Jakobus als Bruder Jesu hatte, kam das Aposteldekret zustande, das nach Apg 15,20 den Heidenchristen folgende ritualgesetzliche Bestimmungen auferlegte: Sie sollten „sich ... enthalten von den Verunreinigungen der Götzen

---

[163] Vgl. *R. Riesner*, Frühzeit, 18.
[164] Vgl. M. Hengel / *A.M. Schwemer*, Paulus, 214f.
[165] Vgl. *dies.*, ebd., 217.

und von der Unzucht und vom Erstickten und vom Blut"genuß. In der Gemeinde des syrischen Antiochia, zu der Juden- und Heidenchristen gehörten, intervenierte er nach Gal 2,12 durch von ihm beauftragte Judenchristen, daß Heiden- und Judenchristen nicht mehr miteinander ihre Mahlzeiten halten und auch nicht mehr das Mahl des Herrn gemeinsam feiern dürften. Nach Apg 21,15-25 vermittelte er zwischen Paulus und seinen judenchristlichen Widersachern. Im Jahre 62 n.Chr. erlitt er nach dem Tod des römischen Statthalters Festus den Märtyrertod. Josephus schreibt darüber: „Als der Kaiser von dem Tod des Festus erfahren hatte, sandte er den Prokurator Albinus als Prokurator nach Judäa. Der Hohepriester Ananus „versammelte den Hohen Rat zum Gericht und stellte vor dasselbe den Bruder Jesu, der Christus genannt wird, mit Namen Jakobus, sowie noch einige andere, die er der Gesetzesübertretung anklagte und zur Steinigung abführen ließ" (Ant XX, 200).[166] Eusebius von Caesarea (geb. vor 265, gest. 339/40 n.Chr.) hat unter Berufung auf Hegesipp, der vielleicht jüdischer Herkunft war und in der zweiten Hälfte des 2. Jh.s n.Chr. lebte, über den Herrenbruder geschrieben:

„Die Kirche wurde übernommen von den Aposteln und Jakobus, dem Bruder des Herrn, der von den Zeiten des Herrn an bis in unsere Tage allgemein der Gerechte genannt wurde; denn es gab noch viele, die den Namen Jakobus führten. Schon von Mutterleib an war er heilig. Wein und geistige Getränke nahm er nicht zu sich, auch aß er kein Fleisch. Eine Schere berührte nie sein Haupt, noch salbte er sich mit Öl oder nahm er ein Bad. Jakobus allein war es gestattet, das Heiligtum zu betreten; denn er trug kein wollenes, sondern ein leinenes Gewand. Allein pflegte er in den Tempel zu gehen, und man fand ihn auf den Knien liegend und für das Volk um Verzeihung betend. Seine Knie wurden hart wie die eines Kameles, da er ständig auf den Knien lag um zu Gott zu beten und ihn um Verzeihung für sein Volk zu bitten. Wegen seiner hervorragenden Gerechtigkeit wurde er der Gerechte genannt; er war ein Ochlias, was im Griechischen περιοχὴ τοῦ λαοῦ (Stütze und Halt des Volkes) heißt, und war die Gerechtigkeit von der die Propheten sprechen (Jes 3, 10).
Einige von den (in den ‚Erinnerungen') erwähnten Sekten[167] fragten ihn: ‚Bist du die Tür?' Er antwortete: ‚Jesus ist der Erlöser'. Einige von ihnen wurden für den Glauben, daß Jesus der Messias ist, gewonnen. Die erwähnten Sekten glaubten aber weder an die Auferstehung noch an das zukünftige Gericht nach eines jeden Werken. Diejenigen von ihnen, welche den Glauben annahmen, verdankten ihn Jakobus.
Da nun auch einige von den Führern (des Volkes) glaubten, entstand ein Aufruhr unter den Juden, den Schriftgelehrten und Pharisäern, welche erklärten, das ganze Volk laufe Gefahr, Jesus als den Messias zu erwarten. Sie gingen daher zu Jakobus und sagten zu ihm: ‚Wir bitten dich, dem Volk Einhalt zu gebieten; denn es ließ sich von Jesus verführen, da es ihn für den Messias hält. Wir bitten dich: Kläre alle, die zum Passahfeste gekommen sind, über Jesus auf! Dir schenken wir alle Vertrauen. Denn wir und das ganze Volk geben dir das Zeugnis, daß du gerecht und unparteiisch bist. Rede daher dem Volk zu, daß es sich nicht bezüglich der

---

166 *Josephus*, Jewish Antiquities, Book XX, 106-109; *ders.* Jüdische Altertümer, II, 667 *(H. Clementz).*

167 Die von Hegesippus erwähnten sieben Sekten sind nach Euseb, IV, 22.5 folgende: „Essäer (= Essener, vgl. z.B. Josephus, Bell II, 111-113.119-166.566-568), Galiläer (vgl. Josephus, Bell II, 56 u. Apg 5,37) Hemerobaptisten (vgl. Apg 19,2-4), Masbotheer, Samaritaner (vgl. z.B. SLk 10,30-37; 17,11-19; 18,11-14; 19,1-10 u. Apg 8,5-8), Sadduzäer (vgl. z.B. Mk 12,18.17 parr.; Apg 4,1-2; 5,17-19; 23,6-8; Josephus, Bell II, 164), Pharisäer (vgl. z.B. Mk 2,18-22 parr., 3,1-6 parr., 7,3-4.9-13 parr.; 8,15 parr., 12,13-17 parr., Apg 22,3; 23,6 u. 26,5, sowie Gal 1,14. (221). – Über die Masbotheer ist nichts bekannt. – Die Klammereintragungen sind von mir, W. E.

Person Jesu irreführen lasse! Denn das ganze Volk und wir alle schenken dir Vertrauen. Stelle dich auf die Zinne des Tempels, damit du dort oben gesehen und deine Worte vom ganzen Volk leicht verstanden werden! Denn wegen des Passahfestes sind alle Stämme mit den Heiden versammelt'.
Die erwähnten Schriftgelehrten und Pharisäer führten nun Jakobus auf die Zinne des Tempels und riefen ihm zu: ‚Gerechter, dem wir alle folgen müssen! Da das Volk sich von Jesus, dem Gekreuzigten, irreführen läßt, so tue uns kund, wer die Türe Jesu ist!' Er antwortete mit lauter Stimme: ‚Was fragt ihr mich über den Sohn des Menschen? Er thront im Himmel zur Rechten der großen Kraft und wird kommen auf den Wolken dea Himmels!' Als auf dieses Zeugnis des Jakobus hin viele voll Überzeugung in Lobpreisungen ausbrachen und riefen: ‚Hosanna dem Sohne Davids!' – da sprachen die gleichen Schriftgelehrten und Pharisäer zueinander: ‚Wir haben ungeschickt gehandelt, da wir Jesus zu solchem Zeugnis halfen. Doch lasset uns hinaufsteigen und ihn hinabstürzen, damit sie aus Angst nicht an ihn glauben!' Da sie schrieen: ‚Oh, oh, auch der Gerechte hat sich irreführen lassen!' erfüllten sie die bei Isaias (Jes 3,10) geschriebenen Worte: ‚Lasset uns den Gerechten aus dem Wege räumen; denn er ist uns lästig! Sie werden nunmehr die Früchte ihrer Werke genießen.'
Sie stiegen nun hinauf und warfen den Gerechten hinunter. Und sie schrien zueinander: ‚Lasset uns Jakobus, den Gerechten, steinigen!' Und sie begannen, ihn zu steinigen; denn obwohl er hinabgestürzt worden war, war er noch nicht tot. Vielmehr richtete er sich auf und betete auf den Knien: ‚Ich bitte dich, Herr, Gott und Vater, verzeihe ihnen, denn sie wissen nicht, was sie tun!' Während sie ihn noch steinigten, rief ein Priester aus der Familie Rechab, des Nachkommen der Rechabim, welche der Prophet Jeremias erwähnt (Jer 35,3-5): ‚Haltet ein! Was tut ihr? Der Gerechte betet für euch!' Da nahm einer aus ihnen, ein Walker, das Holz, womit er die Kleider preßte, und schlug es auf den Kopf des Gerechten. So starb er den Zeugentod. Man begrub ihn an derselben Stelle in der Nähe des Tempels. Noch jetzt ist sein Grabmal in der Nähe des Tempels. Jakobus war für Juden und Heiden ein glaubwürdiger Zeuge der Messianität Jesu. Bald darauf folgte die Belagerung durch Vespasian.' In diesem ausführlichen Bericht stimmt Hegesippus mit Clemens überein.
Jakobus war so bewunderungswürdig und bei allen anderen wegen seiner berühmten Gerechtigkeit so gefeiert, daß selbst die Juden, so weit sie noch klar dachten, das erwähnte Vorgehen gegen ihn sei die Ursache der bald auf seinen Martertod erfolgten Belagerung von Jerusalem gewesen; nur in dem blutigen Frevel, den sie an ihm begangen hatten, sahen sie den Anlaß ihres Schicksals. Auf jeden Fall trug Josephus kein Bedenken, in seinen Schriften diesen Gedanken zum Ausdruck zu bringen. Er schrieb:[168]
‚Dieses Schicksal widerfuhr den Juden als Rache für Jakobus, den Gerechten, den Bruder Jesu, des sog. Christus; denn obwohl er der Gerechteste war, hatten ihn die Juden getötet'.

... Dies ist die Geschichte des Jakobus. Von Jakobus soll der erste der sog. Katholischen Briefe verfaßt sein. Doch ist zu bemerken, daß er für unecht gehalten wird. Denn nicht viele von den Alten haben ihn den sog. Judasbrief erwähnt, der ebenfalls zu den Katholischen Briefen gehört. Doch ist uns bekannt, daß auch diese beiden Briefe wie die übrigen in den meisten Kirchen öffentlich verlesen worden sind."

20: Daß Paulus bei seinem Jerusalembesuch zwei der dortigen „Säulen" getroffen. Er kann es beschwören: „Was ich euch aber schreibe, siehe, vor Gott, ich lüge nicht". Ähnliche Schwurformeln finden wir in 2Kor 1,23a: „Ich aber rufe Gott als Zeugen gegen mein Leben an …". 2Kor 11,31: „Der Gott und Vater des Herrn Jesus, der gepriesen sei in Ewigkeit, weiß, daß ich nicht lüge" (vgl. Röm 9,1; 2Kor 11,10; 12,5 u 1Tim 2,7). Auf Gott als Zeugen beruft Paulus sich auch 1Thess 2,5c: „Gott ist Zeuge!". Gott ist Zeuge dafür, daß Paulus als Apostel selbständig ist.

---

168 *Josephus*, Ant XX, 197.199-203; *ders.*, Jüdische Altertümer II, 667 *(H. Clementz).*

Exkurs: Simon Petrus[169]
Petrus, ursprünglich Simon, und sein Bruder waren die von Jesus zuerst berufenen Jünger. Die Brüder waren Fischer (vgl. Mk 1,16ff par; S^{Lk} 5,1-11). Fischer gehörten zur gesellschaftlichen Unterschicht. Ihr Berufsalltag war hart, der Ertrag ihres Fischfangs gering. Nach Joh 1,40ff war Andreas der erste Jünger Jesu; er führte seinen Bruder Simon ihm zu. Jesus gab Simon den Beinamen „Kepha". Der Vater der beiden Brüder hieß Johannes (vgl. Joh 1,42). Jesus redete Simon als „Bar Jona", d.h. Sohn des Johannes, an. Beide Brüder stammten aus Bethsaida, das zur Galulanitis gehörte und am Nordufer des Sees Genezareth lag. *Josephus* hat diesen See folgendermaßen beschrieben: „Der See Gennesar hat seinen Namen von dem angrenzenden Landstrich. Er ist 40 Stadien breit, und seine Länge übertrifft die Breite noch um 100 Stadien;[170] trotz dieser Ausdehnung ist sein Wasser süß und zum Trinken sehr geeignet. Denn es ist klarer als das dicke Wasser eines Sumpfes und rein, da der See auf allen Seiten an sandige oder steinige Ufer stößt. Beim Schöpfen hat es immer die richtige Temperatur, da es milder ist als das Wasser eines Flusses oder einer Quelle und dabei doch immer kühler bleibt, als man es bei der Ausdehnung des Sees erwarten würde. Das Wasser wird so kalt wie der Schnee, wenn man es der Luft aussetzt, wie die Anwohner es in den Sommernächten zu tun pflegen. Die Fischarten, die sich im See finden, unterscheiden sich in Geschmack und Gestalt von denen anderer Gewässer. In der Mitte wird der See vom Jordann durchschnitten" (Bell III/X, 506-509).[171]
Das Fischerdorf gehörte zum Herrschaftsgebiet des Tetrarchen Philippus (4 v. – 34 n.Chr.). Dieser machte aus dem Fischerdorf eine hellenistische Stadt, der er den Namen Bethsaida-Julias gab. Julia war eine Tochter des Kaisers Augustus (23. 09. 63 v. – 19. 08. 14 n.Chr.). In Bethsaida heilte Jesus einen Blinden (vgl. Mk 8,22-26). Bethsaida wurde auch in den Weherufen Jesu genannt (vgl. QLk 10,13ff // QMt 11,21ff). Von dort bis nach Kapernaum waren es ca. 8 km.
Jesus und die meisten seiner Jünger waren Galiläer. Eine Ausnahme war der Judäer Judas Iskarioth. Menschen, die von dort kamen wurden von den Jerusalemern verachtet. Ned 48a Bar: „Rabbi Jehuda (um 150) hat gesagt: Die Bewohner Galiläas waren streitsüchtig." pKeth 4,29b. 30: „Die Leute Galiläas hielten mehr auf ihre Ehre als auf ihr Geld; und die Leute von Judäa hielten mehr auf ihr Geld als ihre Ehre." Erub 53b: „Die Bewohner Galiläas nehmen es mit der Aussprache nicht genau." Erub 53a: „Rabbi Jehuda († 299) hat gesagt, Rab († 247) habe gesagt: Weil die Judäer auf ihre Sprache achthätten, behielt ihre Lehre Bestand unter ihren Händen; weil die Galiläer auf ihre Sprache nicht achthatten, behielt ihre Lehre nicht Bestand unter ihren Händen. Aber hängt denn die Sache von solchem Achthaben ab? Vielmehr, weil die Judäer es mit dem Worte genau nahmen und sich Zeichen(voces memoriales) machten, behielt ihre Lehre Bestand unter ihren Händen; weil die Galiläer es mit dem Wort nicht genau nahmen und sich keine Zeichen machen, behielt ihre nicht Bestand unter ihren Hänswn."[172]
Simon war der Sprecher der Jünger (vgl. z.B. Mk 8,29 parr). Er war verheiratet (vgl. 1Kor 9,5) und wohnte zusammen mit seinem Bruder im Haus seiner Schwiegermutter, die Witwe war, in Kapernaum am nordnordwestlichen Ufer des Sees. Er war verheiratet. Seine Frau hat Paulus einmal erwähnt (vgl. 1Kor 9,5). Der Ort hatte ca. 1500 Einwohner. Durch Kapernaum

---

169 *K. Aland*, Wann starb Petrus? NTS 2, 1955/56, 267-275; *O. Böcher*, Art. Petrus I, TRE XXVI, 263-273; *Chr. Böttrich*, Petrus, passim; *O. Cullmann*, passim; *ders.*, Art. πέτρα, ThWNT VI, 94-99; *Kf. Froelich*,, Art. Petrus RGG4 VI, II, 273-278; *M. Hengel*, Der unterschätzte Petrus, passim; *M. Hardt.*, Art. Petrus, ökumenisch, 1168f; *R. Riesner*, Heptagon und Kapernaum, 176-179; *P. Lampe*, Art. Petrus I, ebd., 1160-1165; *J.E. Taylor*, Christians and Holy Places, 268-294; *H.G. Thümmel*, Art. Petrus II. Petrustraditionen, ebd., 1165-1168; *J. Zangenberg*, Art. Kapernaum, ebd., Bd. IV, 792.
170 Nach Josephus wäre der See 7,4 km breit und 25,9 km lang; heute mißt er indessen 12 auf 21 km.
171 Josephus, Bellum Judaicum I, 392f (*O. Michel / O. Bauernfeind*).
172 Vgl. Bill. I, 156f.

verlief eine alte Handelsstraße. Die Äcker ringsherum waren fruchtbar. Durch die Fernstraße und die Fruchtbarkeit des Landes, aber auch den Fischreichtum des Sees, war Kapernaum begünstigt.

Grabungen unter den Fundamenten einer oktogonalen byzantinischen Kirche aus dem späten fünften Jahrhundert und den Überresten ihres Vorgängerbaus, einer Hauskirche aus dem vierten Jahrhundert, haben die Überreste von Fischerhäusern aus dem ersten Jahrhundert an den Tag gebracht. Eines dieser Häuser wurde vielleicht zwischen 50 und 100 n.Chr. zu einer Hauskirche umgebaut. Graffiti und Inschriften auf Putzresten, dazu zahlreiche Reste von Öllämpchen, werden als Indizien für eine frühkirchliche Nutzung angesehen. Die Frage, ob es sich tatsächlich um das Haus des Simon Petrus gehandelt hat, ist offen. Jedenfalls galt es in frühchristlicher Zeit als solches und diente als Gedenkstätte.

Jesus gab Simon den Beinamen „Kephas". Der Name bedeutet „Stein" oder „Edelstein" (vgl. Mk 3,16; Joh 1,42). Durch den Beinamen ist Simon von einem zweiten Jünger mit dem Namen „Simon, der Kananäer", unterschieden (vgl. Mk 3,18). Nach S^{Mt} 16,17ff pries Jesus Simon nach dessen voraufgegangenem Christusbekenntnis (vgl. Mk 8,29 parr.) selig: „Selig bist du, Simon Barjona [d.h. „Sohn Jonas"]; denn Fleisch und Blut haben dir das nichr offenbart, sondern mein Vater im Himmel. Ich aber sage dir: Du bist Petrus, und auf diesen Felsen will ich meine Kirche gründen, und die Tore des Hades werden sie nicht überwältigen. Ich werde dir die Schlüssel des Himmelreiches geben; was du hím Himmel binden wirst, soll auch im Himmel gebunden sein, und was du auf Erden lösen wirst, soll auch im Himmel los sein". Das Petrus-Wort stammt nicht von Jesus, der nie von „meiner Kirche" sprach. Er könnte von einer „Versammlung" des von ihm gesammelten Gottesvolkes gesprochen haben, dessen Kern die zwölf Jünger bildeten, die er nach einer betend verbrachten Nacht aus seinem größeren Jüngerkreis als Kern des neuen Gottesvolkes erwählt hat (vgl. Lk 6,12-15; Mk 3,13-19; Mt 10,1-4). Das Petruswort wird seinen Usprung in einer judenchristlichen Gemeinde haben, die Aramäisch sprach und die erste Erscheinung des Auferstandenen vor Simon Petrus (vgl. S^{Lk} 24,34: 1Kor 15,5a) ins Leben und Wirken Jesu zurückverlegt hat. Es setzt den Tod dieses Apostels voraus. Die Apostel werden erst in relativ spät entstadenen neutestamentlichen Schriften als „Fundament der Kirche" bezeichnet (vgl. Eph 2,20; Offb 21,14): „Ihr seid auf dem Fundament der Apostel und Propheten erbaut, dessen Eckstein Chrus Jesus ist (Eph 2,20). Hier wird die Kirche aus Juden- und Heidenchristen einem Bauwerk verglichen, dessen sicheres Fundament „die Apostel und Propheten" sind. Der Grund- oder Eckstein des Bauwerks der Kirche ist Jesus Christus: „Einen anderen Grund kann niemand legen als den, der gelegt ist, Jesus Christus" (1Kor 3,11). Es gibt kein anderes Fundament der Kirche als dieses. Paulus verwendet hier das Passivum divinum: Gott hat dieses Fundament gelegt. Der „Eckstein" bestimmt die Richtung eines Hauses.

Das Felsenwort wird mit einer Seligpreisung des erstberufenen Jüngers eingeleitet: „Selig bist du, Simon Barjona". Der Vergleich der „Kirche" war durch das frühe Judentum vorbereitet, so z.B. bei den Qumran-Essenern. Dort wird der Tempel als „heiliges Haus" bezeichnet: „Der Rat der Gemeinschaft ist in der Wahrheit für die ewige Pflanzung,[173] ein heiliges Haus für Israel, eine Gründung des Allerheiligsten" (IQS VIII, 5). „In jener Zeit [d.h. der Endzeit, W. E.] sollen die Männer der Gemeinschaft ein heiliges Haus für Aaron absondern, ein Haus der Gemeinschaft für Israel, die in Vollkommenheit wandeln" (IQS IX, 5b.6).[174]

„Die Tore des Hades" bilden den Zugang zum Reich der Toten. Der Tod kann der Kirche Jesu Christi nichts anhaben; sie, die auf Felsengrund gebaut ist, wird solange bestehen, wie es diese Welt gibt. Der erhöhte Herr wird alle Zeit bei ihr sein: „Siehe, ich bin bei euch alle Tage bis zur Vollendung der Weltzeit" (S^{Mt} 28,20b). Der Herr, dem „alle Macht im Himmel und auf Erden gegeben ist" (S^{Mt} 18,18b), wird seiner Kirche beistehen, solange diese Welt besteht. Dessen kann sie sich getrösten.

---

173 Vgl. Jes 28,16 LXX: Gott Jahwe spricht: „Siehe, ich lege einen Grundstein in Zion, einen harten und kostbaren Eckstein, ein Fundament, das sicher und fest ist. Wer glaubt, braucht nicht zu fliehen".

174 Die Texte aus Qumran, 28f.32f *(E. Lohse)*.

Die frühesten Zeugnisse. in denen „Petrus" oder „Kephas" erwähnt wird, sind die Briefe des Apostels Paulus. Dieser wendet sich gegen die Parteienbildung in der Gemeinde zu Korinth: „Ich halte zu Paulus, ich zu Apollos, ich zu Kephas, ich zu Christus. Ist denn Christus zerteilt? Wurde etwa Paulus für euch gekreuzigt? Oder seid ihr auf den Namen des Paulus getauft?" (1Kor 1,12f). Einzelne Gruppen in der Gemeinde nannten sich nach den Missionaren, durch die sie für den christlichen Glauben gewonnen worden waren. Dagegen wendet sich der Apostel. So wenig Christus zerstückelt ist, kann seine Kirche zerteilt sein. „Daher rühme sich niemand eines Menschen. Alles gehört ja euch, Paulus, Apollos, Kephas, Welt, Leben und Tod, Gegenwart und Zukunft, alles gehört euch, ihr aber gehört Christus, Christus aber gehört Gott" (1Kor 3,21ff). Die drei Missionare, Paulus, Apollos und Kephas, sind für die Gemeinde da. Sie gehören ebenso wie die Gemeindeglieder Christus. Den Christen „gehört" die Menschheit insofern, als sie den Anders- und Ungläubigen das Evangelium Jesu Christi mitzuteilen verpflichtet sind. Nach Philo wird Moses „ein Freund Gottes (vgl. Ex/2Mo 33,11a) genannt,[175] so muß er folgerichtig auch an dessen Besitz teilnehmen, soweit es ihm von Nutzen ist. Während nämlich die Gottheit, der ja alles gehört, nichts braucht, besitzt der weise Mensch zwar nicht im eigentlichen Sinne nichts, nicht einmal sich selbst, aber er hat an den wertvollen Gütern der Gottheit, soweit er dazu imstande ist, Anteil" (VitMos I, 156f).[176]
„Dem Apostel währt es zu lange, alle Übrige nacheinander aufzuzählen, darum macht er von Petrus weg einen plötzlichen Sprung; da wird das Herz ihm groß und die Rede weit – kurz! Die ganze Welt ist euer, nicht nur Petrus; die ganze Welt, wie viele ausgezeichnete Männer an Geist, Gnadengaben, in geistlichen oder weltlichen Ämtern sie aufweisen mag: Sie ist euer, euch zu Dienst, ohne daß sie's ahnen."[177] „Leben und Tod" gehören den Christen insofern, als nichts sie von Gottes Liebe trennen kann. Paulus schreibt den Christen in Rom: „Ich bin gewiß, daß weder Tod noch Leben, weder Engel noch Herrschaften, weder Gegenwärtiges noch Zukünftiges noch Gewalten, weder Höhe noch Tiefe, noch irgendeine andere Kreatur uns von der Liebe Gotters in Christus Jesus, unserem Herrn, scheiden kann" (Röm 8,38f). Wenn der Apostel seiner Gewißheit Ausdruck gibt, daß uns keine Macht der Welt, nicht einmal der Tod, von der in Jesus Christus offenbar gewordenen Liebe Gottes trennen kann, dann gib er seiner Überzeugung Ausdruck, daß diese im Gekreuzigten erschienene Liebe unendlich mächtiger ist als irgendeine Kreatur: „Der letzte Feind, der entmachtet wird, ist der Tod" (1Kor 15,26). Mit der Vernichtung des Todes endet die Menschheitsgeschichte.
Simon Petrus spielte anfangs in der judenchristlichen Jerusalemer Gemeinde eine führende Rolle. Er veranlaßte die Nachwahl eines zwölften Apostels, der an die Stelle des Judas Iskarioth trat. Gewählt wurde Matthias, der zum weiteren Kreise der Jünger Jesu gehört hatte (vgl. Apg 1,15-26). Nach Lukas deutete Petrus auch der aus Jerusalemer und Diasporajuden, aber auch aus gottesfürchtigen Heiden bestehenden Menge das Sprachenwunder mit Hilfe von Joel 3,1-5a LXX, sowie mit Ps 16,8-11[15,8-11 LXX] und Ps 110,1 [109,1 LXX] das in Jesus Christus offenbar gewordene Gottesereignis (vgl. Apg 2,14-36). Er heilte einen von Geburt an gelähmten Mann am Tempeltor (vgl. Apg 3,1-10), erklärte der im Tempelvorhof in der Halle Salomos versammelten Menge dieses Wunder und warb für den Christusglauben (vgl. Apg 3,1-26). Nachdem Johannes und er auf Veranlassung von Priestern und Mitgliedern der Sadduzäerpartei verhaftet worden waren, bekannte er beim Verhör durch den Hohen Rat mutig seinen Glauben und nahm die Gelegenheit wahr, für diesen zu werben (vgl. Apg 4,8-17). Dabei machte er den Hohen Rat; erfüllt vom Heiligen Geist, freimütig auf folgendes aufmerksam: „Ihr Oberen des Volkes und Ältesten! Wenn wir heute wegen einer Wohltat an einem kranken Menschen verhört, werden, durch wen ihm Heilung widerfahren ist, so sei euch allen und dem gesamten Volk Israel kundgetan: Durch den Namen Jesu Christi, des Nazoräers, den ihr gekreuzigt habt, den Gott von den Toten auserweckt hat, steht dieser Mann gesund sor euch. Dieser ist der von euch Bauleuten verworfene Stein, der zum Eckstein geworden ist.

---

175 „Jahwe und Mose sprachen miteinander Auge in Auge, wie Menschen miteinander reden."

176 *Philonis* Opera IV157f; *ders.*, Werke I, 257f *(B. Badt).*

177 *J.A. Bengel*, Gnomon II, 147.

Und es gibt in keinem anderen Heil; es ist auch kein anderer Name unter dem Himmel den Menschen gegeben, in dem sie gerettet werden sollen“ (Apg 4,8-12). Daraufhin verbot der Hohe Rat den Aosteln im Namen Jesu zu lehren. Dagegen protestierten diese: „Urteilt doch selbst, ob es vor Gott recht ist, auf euch mehr zu hören als auf Gott“ (Apg 4,19b). Der Grundsatz, daß man Gott mehr gehorchen müsse als den Menschen, war auch in Athen und Rom verbeitet. Nach Platons Apologie machte Sokrates (ca. 470 – 399 v.Chr.) diese Maxime seinen Richtern gegenüber geltend: „Ich bin euch, ihr Athener, zwar zugetan und freund, gehorchen aber werde ich dem Gotte mehr als euch“ (Apol 29d).[178] Nach dem Tragödiendichter Sophokles (497– 406/05 v.Chr.) antwortete Antigone dem Tyrannen Kreon auf dessen Vorwurf, von ihm erlassene Getze übertreten zu haben: „Es war ja Zeus nicht, der es mir verkündet hat, / noch hat die Gottheit, die den Toten Recht erteilt, je für die Menschen solche Satzungen bestimmt. / Auch glaubte ich, so viel vermöchte kein Befehl / von dir, um ungeschriebne, ewige, göttliche / Gesetze zu überrennen als ein Sterblicher. / Denn nicht von heut und gestern, sondern immerdar / bestehen sie: niemand weiß, woher sie kommen sind“ (Ant 450 – 457).[179] Der Stoiker Epiktet (ca. 50 – 120 n. Chr) lehrte: „Wenn du zu irgendeinem prominenten Mann kommst, so denke daran, daß noch ein anderer von oben auf das Geschehen blickt und daß man diesem mehr gefallen muß als jenem“ (Diss. I, 30,1)[180]

Petrus übte Kirchenzucht an Hananias und seiner Frau Saphira, die beide falsche Angaben über ihr Vermögen gemacht hatten. Sein Urteil wurde durch ein Gottesurteil vollstreckt (vgl. Apg 5,1-11). Der Apostel genoß unter der Jerusalemer Bevölkerung ein so großes Ansehen, daß man sogar seinem Schatten eine heilsame Wirkung zutraute (vgl. Apg 5,14ff). Da die Apostel das Lehrverbot des Hohen Rates mißachteten, verschärfte sich der Konflikt mit diesem. Sie wurden erneut verhaftet, aber durch ein Wunder befreit, so daß sie weiter im Tempelvorhof lehren konnten. Auf den Vorwurf, die Apostel wollten „das Blut dieses Menschen über uns bringen, antwortete Petrus im Namen der Apostel: „Man muß Gott mehr gehorchen als den Menschen“ (Apg 5,29b). Dann, wenn das Gottes- und das Menschengebot einander widersprechen, hat Gottes Weisung stets den Vorrang. Lukas hat die Anspielung auf Sokrates, der sich als Angeklagter als Bekenner bewährt, mit Bedacht an dieser Stelle plaziert (vgl. Platon, Werke II, 36f). Petrus exkommunizierte den Magier Simon (vgl. Apg 8,18-24). Er heilte in Lydda den gelämten Äneas (vgl. Apg 9,32-35) und weckte in Joppe die entschlafene Jüngerin Tabitha vom Tode auf (vgl. Apg 9,36-42). Danach wurde er von „zwei Haussklaven und einem frommen Legionär, der zu den Ordonanzen“ des Centurios Cornelius gehörte, zu diesem nach Caesarea am Meer gerufen. Er taufte ihn sowie die in dessen Haus versammelten Verwandten und Freunde (vgl. Apg 10,1–11,18). Nachdem der Apostel Jakobus aufgrund einer Anweisung des Königs Agrippas I. Regierungszeit 37–44 n.Chr.) hingerichtet worden war, wurde auch Petrus verhaftet; wiederum kam er auf wunderbare Weise frei, ging zum „Haus der Maria, der Mutter des Johannes Markus“, bat die da versammelte Hausgemeinde, sein Widerfahrnis dem Herrenbruder Jakobus zu berichten. Dann „zog er an einen anderen Ort“ (vgl. Apg 12,1-17). In der Apostelgeschichte kommt er nur noch einmal vor, nämlich beim Jerusalemer Apostelkonvent (vgl Apg 15,1-29). Dort ergriff er auch das Wort und setzte sich für eine vom Mosegesetz, der Thora Israels, freie Heidenmission ein (vgl. Apg 15,7-11).
Nach altkirchlicher Überlieferung begab er sich nach Rom: „Noch unter der Regierung des Kaiseres Claudius (Regierungszeit 41-54 n.Chr.) führte die allgütige und so barmherzige, alles beherrschende Vorsehung sofort Petrus, den gewaltigen und großen unter den Aposteln, der infolge seiner Tüchtigkeit der Wortführer aller anderen war, nach Rom. …. Wie ein tapferer Feldherr Gottes brachte er den kostbaren Schatz des geistigen Lichtes, mit göttlichen Waffen gewappnet, den kostbaren Schatz des geistigen Lichtes vom Osten in den Westen, indem

---

178 Platon, Werke II, 34-37 (*Fr. Schleiermacher*).

179 Sophokles, Dramen, 208f (*W. Willige / K. Bayer*).

180 Epiktet /Teles / Musonius, Ausgewählte Schriften, 320f (*R. Nickel*).

er das Licht selbst und das die Seelen rettende Wort, die Lehre vom Himmelreich, verkündete."[181]

Aus den Paulusbriefen wissen wir, daß Kephas alias Petrus als reisender Missionar Judenmission betrieb (vgl. 1Kor 9,5; Gal 2,7f). Eine Zeitlang hielt er sich im syrischen Antiochia auf (vgl. Gal 2,11). Nach seinem Abschied reiste er wahrscheinlich von Jerusalem dorthin. Das in Syrien entstandene Matthäusevasngelium hat ihn als den „Fels" und damit als *die* Grundgestalt der Kirche Jesu Christi herausgestelt (vgl. S^{Mt} 16,18). Die vom Ende des ersten Jahrhunderts stammmenden ältesten Indizien für einen Aufenthalt des Petrus in Rom und seinem dortigen Märtyrertod ist einmal der erste Petrusbrief, der in dem unter der Chiffre „Babylon" (vgl. 1Petr 5,13) versteckten Rom in Rom verfaßt wurde, und zum anderen der erste Clemensbrief der auf ein dortiges Martyrium dieses Apostels anspielt (vgl. 1Clem 5,3f). Nach den gegen Ende des zweiten Jahrhunderts entstandenen apokryphen „Petrusakten" wurde er während der Regierungszeit Kaiser Neros (54-68 n.Chr.) in Rom gekreuzigt, auf seine Bitte „mit dem Kopf nach unten".[182]

Das Petrusbild des Markusevangeliums:
Wie schon berichtet, waren Simon und sein Bruder Andreas die beiden von Jesus zuerst berufenen Jünger (vgl. Mk 1,16ff). Jesus heilte seine Schwiegermutter vom Fieber (vgl. Mk 1,29ff). Er war der Sprecher der Jünger Jesu (vgl. z.B. Mk 8,29; 14.29.31). Er war leicht zu begeistern, wollte aber nicht, daß Jesus litt und starb. Darauf schalt Jesus ihn als „Satan" (σάταν, vgl Mk 8,32f). Zusamen mit den Brüdern Jakobus und Johannes war er Zeuge der Verklärung Jesu (vgl. Mk 9,2-10). Er gelobte, an Jesu Geschick keinen Anstoß nehmen zu wollen (vgl. Mk 14,29), schlief wie auch alle Jünger, die Jesus nach Gethsemane begleiteten, trotz dessen Bitte, mit ihm zu wachen, ein (vgl. Mk 14,32-42) und floh mit allen anderen Jüngern, als Jesus verhaftet wurde (vgl. Mk 14, 43-50). Als Jesus im hohepriesterlichen Palast verhört wurde, hielt Petrus sich dort im Hof auf. Als eine Sklavin des Hohenpriesters ihn erkannt hatte, stritt er dreimal (!) ab, mit Jesus jemals etwas zu tun gehabt zu haben, zuletzt unter Selbstverfluchung. Er bereute aber die Verleugnung seines Herrn unter Tränen (vgl. Mk 14,66-72). Den drei Frauen, denen ein Engel im Grab Jesu, das dieser als Auferstandener verlassen hatte, erschien, gab dieser den Auftrag, den Jüngern und Petrus mitzuteilen, sie sollten nach Galiläa zurückkehren; dorthin ging der Auferstandene, den sie dort sehen sollten, voraus (vgl. Mk 14,28; 16,7).

Das Petrusbild des Lukasevangeliums:
Hier werden nur von Markus abweichende Züge des Petrusbildes berücksicht. Wurde Jesus nach Mk 1,36 von Simon Petrus gesucht, so nach Lk 4,42 von der „Volksmenge". Anders als bei Markus erfolgt seine Berufung nach einem wunderbaren Fischfang (vgl. S^{Lk} 5,1-11). Lukas hat damit die Berufung dieses Jüngers zum „Menschenfischer" motiviert: „Von nun an wirst du Menschen fangen". Dadurch, daß bei Lukas anders als bei Markus die Heilung seiner Schwiegermutter der Berufung zum Jünger vorangeht (vgl. Lk 4,42; diff. Mk 1,30f), hat er Jesu Kraft, Wunder zu wirken, schon erfahren. Während Petrus nach Mk 8,29 für alle Jünger bekennt: „Du bist der Messias", antwortet er nach Lk 9,20 auf Jesu Frage, für wen seine Jünger ihn halten,: „Du bist der Messias *Gottes*". Auf Jesu Gleichniserzählung vom treuen und schlechten Sklaven (vgl QLk 12.41f // QMt 24,43f) hin fragt Jesus nur bei Lukas: „Herr, sagst du dies Gleichnis uns oder auch allen?". Die Satansschelte Jesu: "Weiche von mir Satan, denn du denkst nicht was göttlich, sondern was menschlich ist (Mk 8,33), läßt Lukas aus (vgl Lk 9,21f). Lukas hat Jesu Ankündigung der Verleugnung gegenüber Mk 14,29 anders gestaltet: "Simon, Simon, der Satan hat sich euch ausgebeten, um euch wie den Weizen im Sieb zu schütteln; ich aber habe für euch gebeten, daß dein Glaube nicht aufhöre; und wenn du dich dann bekehrt hast, stäürke deine Brüder! Er aber sprach zu ihm: Herr, ich bin bereit, mit dir in den Kerker und in den Tod zu gehen. Er aber sprach zu ihm: Der Hahn wird heute nicht krä-

181 Eusebius von Caesarea, Kirchengeschichte, 131 (*H. Kraft*).
182 Vgl. Neutestamentliche Apokryphen II, 287 (*W. Schneemelcher*).

hen, bis du dreimal geleugnet hast, mich zu kennen" (S^{Lk} 22,31-34). Nur an dieser Stelle wird bei Lukas Simon nur mit seinem Namen angeredet, und das – wie oft bei Lukas – gleich doppelt (vgl. Lk 10,41; 13,34; Apg 9,4; 22,7; 26,14). Durch die doppelte Anrede erhält das, was Jesus ihm und über ihn hinaus allen Jüngern zu sagen hat, einen warnenden Ton. Er eröffnet ihm, daß der Satan sie alle „suchten"[183] wird, wie man auf der Tenne gedroschenen Weizen im Sieb schüttelt, um ihn vom beigemischten Unkraut zu befreien. Der Satan, der schon einen der Jünger dazu gebracht hat Jesus untreu zu werden (vgl. Lk 22,3-6), bittet sich[184] von Gott aus, ihrer aller Jüngertreue auf eine harte Probe zu stellen. Er wird sie erschüttern und durcheinanderbringen. Infolge der Passion Jesu droht den Jüngern die Orientierungslosigkeit. Die Gefahr ihres Glaubensabfalls wird akut. Dem Verlangen Satans setzt Jesus seine Fürbitte entgegen. Er ist bei Gott, seinem Vater, für Simon eingetreten. Der Sprecher der Jünger ist mehr gefährdet als alle anderen; sein Versagen kann für die ganze Gruppe schlimme Folgen haben. Simon wird wanken und nahe daran sein, Jesus untreu zu werden. Er ist auf Jesu Fürbitte um Bewahrung in der Versuchung zur Apostasie angewiesen. Ihre Erhörung ermöglicht ihm im letzten Augenblick die Um- und Rückkehr zu Jesus. Hat er zu seinem Herrn zurückgefunden, so soll er die anderen Jünger, seine durch Jesu Passion ebenfalls angefochtenen Brüder, stärken. Damit wird schon die Aufgabe angesprochen, die Simon wahrnehmen wird, wenn ihm der auferstandene Gekreuzigte erschienen sein wird (vgl. S^{Lk} 24, 33f). Er muß die Initiative zur Ergänzung des Apostelkollegiums ergreifen (vgl. Apg 1,15-26). Er wird auch in der Heidenmission eine Rolle spielen und seine judenchristlichen Brüder in Jerusalem davon überzeugen, daß der Weg zu den heidnischen Völkern von Gott gewollt ist (vgl. Apg 10,1-11,18). Nicht allein Paulus, sondern auch Simon Petrus muß die Christen davon überzeugen, daß die Nachfolge Jesu durch Anfechtungen und Drangsale ins Reich Gottes führt (vgl. S^{Lk} 24.26.46; Apg 14,22). Wenn die Jüngertreue durch Anfechtungen erprobt wird, droht die Gefahr der Apostasie (vgl. Lk 8,13). In der Bedrängnis kommt es darauf an, standhaft zu bleiben (vgl. Lk 8,15). Dazu braucht man Fürbitte, Beistand und Hilfe. - Simon reagiert auf Jesu Ankündigung der Sichtung durch den Satan mit der Versicherung seiner Jüngertreue. Er ist bereit, mit seinem Herrn in den Kerker zu gehen, sogar mit ihm zu sterben. Auf das selbstsichere Versprechen antwortet Jesus mit der Ankündigung der Verleugnung. Noch vor dem ersten Hahnenschrei wird Simon dreimal (!) versichern, mit Jesus nicht bekannt zu sein (vgl. Lk 22,57-62). Später wird Petrus zu seinem Versprechen stehen und als Apostel Jesu Christi ins Gefängnis gehen (vgl. Apg 4,3; 5,19; 12,1-17).

Das Petrusbild des Johannesevangeliums:

Ein dem Bekenntnis des Petrus in Mk 8,29 parr. findet sich in Joh 6,67b-69: Nachdem sich viele der Jünger Jesu zurückgezogen hatten, fragte er die zwölf verbliebenen: „Wollt auch ihr weggehen?" Da antwortete ihm Simon Petrus: „Herr, zu wem sollten wir gehen? Du hast Worte des weigen Lebens, und wir haben geglaubt und erkannt: Du bist Christus, der Sohn des lebendigen Gottes". Die abgefallenen Jünger haben den Weg zum ewigen Leben verfehlt. Simon Petrus spricht das Bekenntnis im Namen der zwöf bei Jesus gebliebenen Jünger. Er redet Jesus mit „Herr" an So respektvoll redet ihn auch die Volksmenge an (vgl. z.B. Joh 6,34). Der Herrenname wird hier so wie in Röm 10,12 und Phil 2,11 gebraucht. Petrus bekennt mit diesem Hoheitstitel im Namen der Zwölf, daß Jesus der Offenbarer und die Offenbarung Gottes ist. Als solcher hat er allen Menschen zu sagen. Das Bekenntnis zu Jesus als dem „Heiligen Gottes" ist aus der Glaubenserkenntnis gewachsen. Als Heiligen Gottes bezeichnet Jesus in den synoptischen Evangelien nur ein von einem Dämon besessener Mann (vgl. Mk 1,24 parr). Als „Heiliger Gottes" gehört er ganz Gott, seinem Vater, und nicht der Welt. Er offenbart Gottes Liebe: „Gott hat die Welt so sehr geliebt, daß er seinen einzigen Sohn hingab, damit alle, die an ihn glauben, nicht verlorengehen, sondern das ewige Leben haben. Gott hat nämlich seinen Sohn nicht in die Welt gesandt, um die Welt zu richten, sondern damit die Welt durch ihn gerettet werde. Wer an ihn glaubt, wird nicht gerichtet; wer

---

183 Im NT nur hier; vgl. *W. Bauer*, Wörterbuch, 1502.

184 Im NT nur hier; vgl. *W. Bauer*, Wörterbuch, 549.

aber nicht an ihn glaubt, der ist schon gerichtet, weil er nicht an den Namen des einzigen Sohnes Gottes geglaubt hat“ (Joh 3,16ff). Jesu Sendung ist das Ereignis der Liebe Gottes zu uns Menschen. Im gekreuzigten Nazarener den Gottessohn zu sehen, vermag nur, wer an seinem Schandtod keinen Anstoß nimmt. Das Endgericht Gottes ist nach dem Johannesevangelium kein Geschehen am Ende der Zeit, sondern es vollzieht sich dort, wo man sich für oder gegen den Glauben an Jesus Christus als Gottes Heilbringer entscheidet. Wer an ihn glaubt, kann des Heils gewiß sein; wer nicht an ihn glaubt, ist damit gerichtet.
Am Abend vor dem Passahfest stand Jesus „während des Abschiedsmahles“ mit seinen Jüngern zu einer Zeichenhandlung „auf; er legte sein Obergewand ab und umgürtete sich mit einem Leinentuch. Dann goß er Wasser in eine Schüssel und begann, den Jüngern die Füße zu waschen und sie mit dem Leinentuch abzutrocknen. Als er zu Simon Petrus kam, sprach dieser zu ihm: Herr, du willst mir die Füße waschen? Jesus antwortete ihm: Was ich tue, verstehst du jetzt nicht; du wirst es aber später erfahren. Petrus entgegnete ihm: Nimmermehr sollst du mir die Füße waschen. Jesus antwortete ihm: Wenn ich dich nicht wasche, so hast du keinen Anteil an mir. Da sagte ihm Simon Petrus: Herr, nicht die Füße allein, sondern auch die Hände und das Haupt! Da sagte ihm Jesus: Wer gewaschen ist, braucht sich nur die Füße waschen zu lassen: er ist ganz rein“ (Joh 13,4-10). Jesus legte während des Abschiedsmahles mit seinen Jüngern sein Obergewand ab, hatte also nur noch seine Tunika an, und umgürtete sich mit einem Leinentuch. Dann begann er, seinen Jüngern die Füße zu waschen. Er begann bei Simon Petrus, der dagegen protestierte, daß sein Herr einen Sklavendienst verrichtete. Er hat nicht verstanden, daß die Fußwaschung eine Zeichenhandlung war, die Jesu hingebende Liebe zu den Seinen symbolisieren sollte. Er erniedrigt sich für sie bis zum Schandtod am Kreuz auf Golgatha. Er machte Petrus klar, daß er seine Symbolhandlung derzeit noch nicht verstünde, ihren Sinn aber später erfahren sollte. Wenn dieser Jünger sich von seinem Herrn nicht die Füße waschen läßt, dann kündigt er ihm die Gemeinschaft auf. Das will Petrus auf keinen Fall. Er bittet Jesus, ihm nicht allein die Füße, sondern auch die Hände und den Kopf zu waschen. Sein Herr klärt ihn darüber auf, daß die Fußwaschung zur Reinigung ausreicht. Darauf läßt Simon Petrus sie geschehen. Nach Abschluß seiner Zeichenhandlung klärte Jesus seine Jünger über deren Sinn auf: „Ein Beispiel habe ich euch damit gegeben, damit ihr, wie ich euch getan habe, ihr auch einander tut. Amen, amen ich sage euch, ein Sklave ist nicht größer als sein Herr und der Gesandte ist nicht größer als derjenige, der ihn gesandt hat. Selig seid ihr, wenn ihr daß wißt und dementsprechend handelt“ (Joh 13,15ff). Mit seiner Zeichenhandlung hat Jesus ein Beipiel seiner hingebenden Liebe gegeben, die seine Jünger auch einander schulden. Jesus kündigt dem Petrus an, daß er leugnen wird, etwas mit ihm zu tun zu haben: „Simon Petrus sagt zu ihm: Herr, wohin gehst du? Jesus antwortete ihm: Wohin ich jetzt gehe, kannst du mir derzeit nicht folgen; du wirst aber später nachfolgen. Da sagt Petrus zu ihm: Herr, warum kann ich dir jetzt nicht folgen? Mein Leben will ich für dich hingeben. Jesus entgegnete: Du willst dein Leben für mich lassen? Amen, amen, ich sage dir: Der Hahn wird nicht krähen, bevor du mich dreimal verleugnet hast“ (Joh 13,36ff). Petrus will Jesus bis in den Tod folgen. Jesus macht ihn darauf aufmerksam, daß das jetzt noch nicht möglich ist. Erst später wird er sein Leben für ihn lassen (vgl. Joh 21,18f). Nach der Verhaftung Jesu wird er leugnen, ihn zu kennen. Das kündigt Jesus ihm jetzt schon an. – Simon Petrus versuchte, Jesu Verhaftung zu verhindern: „Er besaß einen Dolch bei sich, zog ihn, schlug nach dem Sklaven des Hohenpriesters und hieb ihm das rechte Ohr ab. Der Skave hieß Malchus. Da sprach Jesus zu Petrus: Steck den Dolch in die Scheide! Soll ich den Kelch nicht trinken, den mir mein Vater gegeben hat?“ (Joh 18,10f). Anders als in Mk 14,51 fliehen die Jünger nicht, sondern werden von Jesus entlassen (vgl. Joh 18,8). Petrus aber bleibt bei seinem Herrn und versucht ihn zu verteidigen. Der Evangelist hat ihn als tapferen Mann dargestellt. Simon Petrus zückt den Dolch, den er bei sich hat, und schlägt dem hohepriesterlichen Sklaven Malchus das rechte Ohr ab. Der Sklave repräsentiert seinen Herrn. So, wie dieser nach dem Verlust seines rechten Ohres nicht mehr imstand ist Gottes Wort zu vernehmen, ist auch der Hohepriester selbst dazu nicht imstande. Anders als in S^{Lk} 22,51 ist hier von einer Heilung der Wunde durch Jesus keine Rede. Der Herr ist mit dem Handeln seines bei ihm gebliebenen Jüngers nicht einverstanden. Er will den ihm von seinem Vater gereichten bitteren Leidens-

und Zorneskelch (vgl. Ps 75,9; Jer 25,15ff; Ez 23,31-34) bis auf den Grund austrinken, d.h., seinen ihm von seinem Vater verordneten Leidensweg bis zum Tod am Schandkreuz auf Golgatha zu Ende gehen. – Nach der Verhaftung Jesu stand Simon Petrus im Hof des hohepriesterlichen Palastes „und wärmte sich. Da sprach man zu ihm: Bist du nicht einer von seinen Jüngern? Er leugnete und sagte: Nein! Da sprach einer von den Sklaven des Hohenpriesters, ein Verwandter dessen, dem Petrus das Ohr abgeschlagen hatte: Habe ich dich nicht im Garten bei ihm gesehen? Da leugnete Petrus abermals, und alsbald krähte der Hahn" (Joh 18,25ff). Schon die Türhüterin zum Hof des hohepriesterlichen Palastes hatte Petrus als Jünger Jesu erkannt. Er hatte das abgestritten: „Ich bin's nicht" (Joh 18,17). Nun wird er von einem Verwandten des Malchus erkannt und zur Rede gestellt. Auch ihm gegenüber streitet er ab, mit Jesus irgend etwas zu tun zu haben, ja, ihn nicht einmal zu kennen. Darauf kräht, der Ankündigung Jesu entsprechend, ein Hahn.
Die nächste Szene spielt am Kreuz Jesu auf Golgatha: „Beim Kreuz standen aber seine Mutter und die Schwester seiner Mutter, Maria, die Frau des Klopas, und Maria aus Magdala. Als nun Jesus die Mutter und den Lieblingsjünger sah, sprach er zur Mutter: Frau, das ist dein Sohn. Dann sagte er zum Jünger: Siehe, das ist deine Mutter. Und von dieser Stunde an nahm sie der Jünger zu sich" (Joh 19,25ff). Die drei Frauen und der Lieblingsjünger haben den zum Kreuzestod verurteilten Jesus nicht verlassen. Sie bleiben auch in den Stunden seiner tiefsten Erniedrigung bei ihm. Sie stehen für alle Christen, die am Fluch- und Schandtod Jesu keinen Anstoß nehmen, sondern in ihm ihr Heil erblicken. Der am Kreuz sterbende Jesus vertraut seine verwitwete Mutter der Obhut seines Lieblingsjüngers an. Jesu Bruder Jakobus kommt dafür nicht in Frage; denn er wird erst durch eine Begegnung mit dem Auferstandenen bekehrt (vgl. 1Kor 15,7). Auch Petrus kommt dafür nicht in Betracht; er hat nämlich seinen Herrn verleugnet (vgl. Joh 18,25ff). – Simon Petrus und der „Lieblingsjünger" am Grab, das Jesus als Auferstandener verlassen hat: „Am ersten Tag der Woche kam Maria von Magdala frühmorgens, als es noch dunkel war, zum Grab und sah, daß der Stein abgewälzt war. Da läuft sie schnell zu Simon Petrus und zu denderen Jünger, den Jesus liebte, und sagt ihnen: Man hat den Herrn aus dem Grab weggenommen, und wir wissen nicht, wohin sie ihn gelegt haben. Da gingen Petrus und der andere Jünger und kamen zum Grab. Der andere Jünger lief schneller als Petrus voraus und kam als erster zum Grab; er bückte sich und sah die Leinentücher daliegen, ging aber nicht hinein. Da kam auch Simon Petrus, der ihm gefolgt war, gimg ins Grab hinein und sah die Leinentücher daliegen; aber das Schweißtuch, das auf seinem Haupt gelegen hatte, lag nicht bei den Leinentüchern, sondern zusammengewickelt an einem eigenen Platz. Da ging auch der andere Jünger, der als erster zum Grab gekommen war, hinein; er sah und glaubte. Denn sie verstanden die Schrift noch nicht, daß er von den Toten auferstehen müßte. Dann gingen die beiden Jünger wieder heim" (Joh 20,1-10). Alle Erzählungen von der Entdeckung des Grabes, das Jesus als Auferstandener verlassen hat, stimmen darin überein, daß sie an dem auf den Karfreitag folgenen Sonntag erfolgte (vgl. Mk 16,2; Lk 24,1; Mt 28,1). Die Besonderheit dieser Erzählung besteht darin, daß Maria von Magdala allein das geöffnete Grab entdeckte. Sie ging in der Morgenfrühe, als es noch dunkel war, dorthin, sah, daß der Rollstein, der das Grab verschlossen und so vor Grabräubern und wilden Tieren gesichert hatte, abgewälzt war, betrat aber das offene Grab nicht, sondern lief zu Simon Petrus und dem Lieblingsjünger Jesu. Daraus, daß das Grab offen war, schloß sie, daß irgend jemand den Leichnam Jesu an einen anderen Platz gebracht habe. Dementsprechend informierte sie die beiden Jünger, die daraufhin zum Grab liefen, um den Bericht der Frau zu prüfen. Der Lieblingsjünger war schneller als Petrus; er traf als erster am Grab ein und sah die Leinentücher dort liegen, betrat aber das Grab zunächst nicht. Als Simon Petrus dort eingetroffen war, ging er ins Grab, sah auch die Leinentücher dort liegen, dazu das Schweißtuch, das Jesu Kopf bedeckt hatte, an einem besonderen Platz. Dann ging auch der Lieblingsjünger, der Petrus den Vortritt gelassen hatte, hinein; „er sah und glaubte", war also nicht auf eine Begegnung mit dem auferstandenen Herrn angewiesen, sondern schloß daraus, daß der Leichnam nicht mehr an seinem Platz lag, auf Jesu Auferweckung vom Tod durch Gott, seinen Vater. Über den Glauben des Petrus wird hier nichts gesagt. Ihm und den anderen Jüngern erscheint der Auferstandene am Sonntagabend (vgl. Joh 20,19-23). Der Lieblingsjünger,

auf den sich die johanneische Gemeinde zurückführte und berief, war auf eine Begegnung mit dem Auferstandenen nicht angewiesen. Für ihn war das Grab, in dem Jesu Leichnam nicht mehr war, ein hinreichend deutliches Zeichen.
Die Erzählung von der Erscheinung des Auferstandenen am See im Nachtragskapitel zum Johannesevangelium ist eine Variante zur Berufungsgeschichte des Petrus im Lukasevangelium (vgl. S^{Lk} 5,1-11): „Danach offenbarte Jesus sich den Jüngern noch einmal am See von Tiberias; er zeigte sich aber folgendermaßen: Beieinander waren Simon Petrus und Thomas, der Zwilling genannt wurde, und Nathanael aus Kana in Galiläa sowie die Söhne des Zebedäus und zwei andere seiner Jünger. Simon Petrus sagte ihnen: Ich gehe fischen. Sie sagten ihm: Wir kommen auch mit. Sie gingen aber hinaus und stiegen in das Boot, und in jener Nacht fingen sie nichts. Als es schon Morgen wurde, trat Jesus an den Strand; doch die Jünger wußten nicht, daß es Jesus war. Er aber sprach zu ihnen: Kinder, habt ihr nichts zu essen? Sie antworteten ihm: Nein. Er aber sprach zu ihnen: Werft das Netz zur Rechten des Bootes aus, so werdet ihr etwas fangen. Da warfen sie es aus und konnten es wegen der Menge der Fische nicht mehr hochziehen. Da sagte der Jünger, den Jesus liebte, zu Petrus: Es ist der Herr. Als nun Simon Petrus hörte, daß es der Herr sei, gürtete er das Obergewand um, weil er nackt war und warf sich in den See. Die anderen Jünger aber kamen mit dem Boot; sie waren nämlich nicht weit vom Land entfernt, sondern nur etwa zweihundert Ellen, und sie zogen das Netz mit den Fischen. Als sie nun an Land gingen, sahen sie ein Kohlenfeuer am Boden, Fisch darauf liegen und Brot. Jesus aprach zu ihnen: Bringt etwas von den Fischen, die ihr gerade gefangen habt! Nun ging Simon Petrus und zog das Netz an Land, voll mit einhundertdreiundfünfzig großen Fischen; obwohl es so viele waren, zerriß das Netz nicht. Jesus sprach zu ihnen: Kommt, eßt! Keiner der Jünger wagte ihn zu fragen: Wer bist du? Sie wußten ja, daß es der Herr war. Da kommt Jesus, nimmt das Brot und gibt es ihnen, den Fisch desgleichen. Das war nun das dritte Mal, daß Jesus den Jüngern begegnete, seit er von den Toten auferweckt war“ (Joh 21,1-14). Petrus beabsichtigt, Fische zu fangen. Die anderen Jünger schließen sich ihm an. Während der Nacht haben sie keinen Erfolg. Nachdem sie in der Morgenfrühe wieder an Land gegangen waren, stand Jesus plötzlich am Strand. Sie erkannten ihn aber nicht. Er möchte gern Fische von ihnen haben, um sie mit ihnen zusammen zu verspeisen. Da sie gestehen müssen, nichts gefangen zu haben, schlägt er ihnen vor noch einmal in den See hinauszufahren und ihr Netz auf der rechten Seite ihres Bootes auszuwerfen. Sie folgen ihm und fangen viele große Fische. Der Lieblingsjünger erkennt aufgrund des Fischfangwunders in dem fremden Mann den Herrn. Nachdem er dies Petrus mitgeteilt hat, springt dieser, angetan mit seinem Obergewand, ins Wasser, um als erster beim Herrn zu sein, während der Lieblingsjünger zusammen mit den anderen im Boot bleiben und das volle Netz nachschleppen. Sie haben die Fische zweihundert Ellen, das sind ca. 96 bis 97 Meter vom Ufer gefangen. Petrus zieht das volle Netz an Land. Jesus hatte inzwischen ein Feuer angezündet, Fische darauf gebraten und Brot geröstet. Er lud seine Jünger zur geimeinsamen Mahlzeit ein und teilte ihnen Brot und Fische zu. Inzwischen war allen klar, wer sie zur Mahlzeit eingeladen hatte. So brauchte ihn niemand mehr zu fragen, wer er sei. Vermutlich soll die große Menge der gefangenen Fische die zahlreichen Menschen bezeichnen, die durch die Evangeliumspredigt der Apostel für den Christusglauben gewonnen wurden.
„Als sie aber gegessen hatten, sprach Jesus zu Simon Petrus: Simon, Sohn des Johannes, liebst du mich mehr als diese alle? Er antwortete ihm: Herr, du weißt, daß ich dich liebe. Da sprach Jesus zu ihm: Weide meine Lämmer! Wiederum fragte er ihn: Simon, Sohn des Johannes, liebst du mich? Er antwortete ihm: Ja, Herr, du weißt, daß ich dich lieb habe. Jesus sgte ihm: Weide meine Schafe! Zum drittenmal fragte er ihn: Simon, Sohn des Johannes, liebst du mich? Da wurde Petrus traurig, weil Jesus ihn zum drittenmal gefragt hatte: Liebst du micht? Er antwortete ihm: Herr, du weißt alles; du weißt, daß ich dich liebhabe. Jesus sprach zu ihm: Weide meine Schafe! Amen, amen, das sage ich dir: Als du jung warst, gürtetest du dich selbst und gingst, wohin du wolltest. Wenn du aber alt geworden bist, wirt du deine Hände ausstrecken, und ein anderer wird dich gürten und dich führen, wohin du nicht willst. Das sagte er aber, um anzudeuten, mit welchem Tode er Gott verherrlichen würde. Als er das gesagt hatte sprach er: Folge mir nach! Petrus aber wandte ich um und sah den Jünger folgen,

den Jesus liebte, der bei jenem Mahl an seiner Brust gelegen und ihn gefragt hatte: Herr, wer ist es, der dich verraten wird? Als Petrus diesen Jünger sah, fragte er Jesus: Herr, was aber wird aus diesem? Jesus antwortete ihm: Wenn ich will, daß er bleibt, bis ich komme, was geht das dich an? Da verbreitete sich das Gerücht unter den Brüdern, jener Jünger stürbe nicht. Doch Jesus hatte zu ihm [Petrus] nicht gesagt: Er stirbt nicht, sondern: Wenn ich will, daß er bleibt, bis ich komme, was geht dich das an?" (Joh 21,15-23).
Nach dem gemeinsamen Essen fragt Jesus seinen Jünger Petrus: „Liebst du mich mehr als diese?" Petrus beantwortet Jesu Frage nicht so, wie er sie gestellt hat, sondern verzichtet darauf, ein Urteil über das Verhältnis der anderen Jünger zu ihrem gemeinsamen Herrn zu fällen; er beteuert nur, daß er Jesu liebhat. Jesus stellt diese Frage dreimal; Petrus gibt immer dieselbe Antwort. Er erinnert seinen Herrn daran, daß er alles weiß und ihm darum auch seine Liebe, die er für ihn hegt, bekannt ist. Jesus vertraut ihm daraufhin seine „Lämmer", d.h. die Gemeindeleitung an (vgl. z.B. S^{Lk} 22,32). Er ist dann ein rechter „Hirte", wenn er Jesu Wort beherzigt: „Ich bin der gute Hirte; der gute Hirte läßt sein Leben für die Schafe" (Joh 10,11). Die Gemeindeleitung kann nur hingebend ausgeübt werden. Die äußerte Konseqenz der Hingabe ist die Lebenshingabe in der Nachfolge Jesu. Der Herr kündigt ihm sein Martyrium an. Petrus sieht den Lieblingsjünger Jesus nachfolgen. Er interessiert sich für dessen Zukunft. Jesus eröffnet ihm, daß dieser bis zur Parusie am Leben bleibt (vgl. Mk 9,1; 1Kor 15,51f; 1Thess 4,15.17). Der Lieblingsjünger ist allem Anschein nach doch gestorben. Daraufhin hat der unbekannte Verfasser des Nachtragskapitels eingefügt: „Wenn ich *will,* daß er bleibt, bis ich komme ..." Simon Petrus soll sich nicht um das Geschick des Lieblingsjüngers kümmern, sondern seinen ihm bestimmten Weg gehen.
Die beiden letzten neutestamentlichen Zeugnisse sind die ihm zugeschriebenen, aber von einem unbekannten Autor verfaßten beiden Petrusbriefe, von denen der erste wahrscheinlich im letzten Jahrzehnt des ersten Jahrhunderts, der zweite in der ersten Hälfte des zweiten Jahrhunderts geschrieben worden ist. Der Autor des ersten Petrusbriefes könnte der Judenchrist Silvanus gewesen sein; denn es heißt 1Petr 5,12: „Durch Silvanus, den treuen Bruder, habe ich euch wenige Worte geschrieben, um euch zu ermahnen und euch zu bezeugen, daß dies die wahre Gnade ist, in der ich stehe". „Petrus ein Apostel Jesu Christi" (1Petr 1,1a), und: „Simon Petrus, ein Sklave und Apostel Jesu Christi" (2Petr 1,1a). Beide Briefe setzen den Märtyrertod dieses Apostels voraus, der wahrscheinlich im Jahre 64 in Rom am Kreuz hingerichtet wurde.
Petrus wird auch ein judenchristliches, um die Mitte des zweiten Jahrhunderts wahrscheinlich in Syrien entstandenes Evangelium zugeschrieben, in dem Jesu Auferstehung drastisch geschildert wird.[185] Außerdem wird ihm ein Brief an Philippus zugeschrieben, nach dem der auferstandene und erhöhte Herr seinen Aposteln auf dem Ölberg begegnet, sie mit der Mission unter allen Völkern betraut und dann wieder verschwindet.[186] Ihm wird auch das in der ersten Hälfte entstandene „Kerugma Petri" zugeschrieben, das nur fragmentarisch erhalten ist.[187] Ebenfalls hat man ihm die zwischen 180 und 190 vermutlich in Kleinasien entstandenen „Petrusakten" zugeschrieben, Sie enthalten angeblich in Rom gehaltene Predigten dieses Apostels, seine Auseinandersetzung mit Simon Magus (vgl. Apg 8,18-24), eine Vision, ferner anschaulich geschilderte Wunder dieses Apostels und setzen seinen Märtyrertod in Rom voraus.[188]

Exkurs: Der Herrenbruder Jakobus
Jakobus ist ebenso wie seine Brüder Joses, Judas und Simon nach Erzvätern Israels bekannt. Er stand ebenso wie seine Mutter und Brüder Jesus zu dessen Lebzeiten distanziert gegenüber. Er betrat ein Haus. „Wieder kommt die Volksmenge zusammen, so daß sie nicht einmal

---

185 Vgl. *W. Schneemelcher*, Hg., Neutestamentliche Apokrypen I, 180-188 (*W. Schneemelcher / Chr. Maurer*).
186 Vgl. *ders.*, ebd., 275-284 (*H.-G. Bethge*).
187 Vgl. *ders.*, Hg., Neutestamentliche Apokryphen II, 34-41 (*W. Schneemelcher*).
188 Vgl. *ders.*, Hg., ebd., 243-289.

Brot essen konnten. Und als die Seinen es hörten, zogen sie aus, um sich seiner zu bemächtigen. Sie sagten nämlich: ‚Er ist verrückt'" (Mk 3,20f). Markus kontrastiert Jesu Herkunftsfamilie aus Nazareth dem Sinnen und Trachten der Volksmenge, die ihn umdrängt. Die Familie hat Nachrichten über Jesu Wirken erhalten. Daraufhin macht sie sich auf, nicht, um ihm wie die Jünger zu folgen, oder, wie das Volk, ihn zu bewundern, sondern um das ausgerissene Familienmitglied wieder nach Nazareth zurückzuholen. Die Familie war im Altertum und noch lange danach die vorrangige Gruppe, die als Veranwortungs- und Sorgegemeinschaft für ihre Glieder da ist, und der diese zu allererst verpflichtet sind. Wenn ein Sohn, der Erstgeborene zumal, seinen Pflichten nicht nachkommt und predigend mit seinen Jüngern durch das Land zieht, dann ist das für seine Familienangehörigen eine Angelegenheit, die bereinigt werden muß. Jesu nächsten Angehörigen halten ihn für „verrückt". Das erinnert an die Beschimpfung, die dem Propheten Hosea widerfuhr: „Ein Narr ist der Prophet, verrückt der Mann des Geistes" (Hos 9,7 LXX). Jakobus ist erst durch eine Begegnung mit dem Auferstandenen zu Jesu Jüngern gestoßen (vgl. 1Kor 15,7). Er war ein gesetzesfrommer Mann (vgl. Apg 21,8-14; Gal 2,12f). Wenn die Familie der pharisäischen Frömmigkeitsrichtung nahestand, wird es ihr schwer gefallen sein, ihren erstgeborenen Sohn und Bruder für von Gott einzigartig legitimiert zu halten. Vielmehr lag es näher, ihn als Exzentriker zum Psychopathen zu stempeln, der die Familienehre kränkt. Nach damaliger Anschauung lagen Verrücktheit und Besessenheit nahe beieinander. Das Motiv des Unverständnisses beim eigenen Clan begegnet uns Mk 6,4 als sprichwörtliche Weisheit: „Ein Prophet ist nirgendwo ohne Ehre außer in seiner Vaterstadt, bei seinen Verwandten und in seinem Hause". Der Prophet Jeremia wurde vor einem Anschlag seiner Familienangehörigen auf sein Leben gewarnt: „Deine Brüder und dein Vaterhaus, auch sie sind treulos gegen dich, auch sie rufen laut hinter dir her. Trau ihnen nicht, wenn sie freundlich mit dir reden" (Jer 12,6 LXX).

Josephus berichet über den Tod des Jakobus: Der Hohe Priester Ananias „versammelte den Hohen Rat zum Gericht und stellte vor dasselbe den Bruder Jesu, der Christus genannt wird, sowie noch einige andere, die er zur Steinigung abführen ließ" (Ant XX, 200).[189]

Da nun auch von den Führern (des Volkes) viele glaubten, entstand ein Aufruhr unter den Juden, den Schriftgelehrten und Pharisäern, welche erklärten, das ganze Volk laufe Gefahr, Jesus als den Messias zu erwarten. Sie gingen daher zu Jakobus und sagten zu ihm: ‚Wir bitten dich, dem Volk Einhalt zu gebieten; denn es ließ sich von Jesus verführen, da es ihn für den Messias hält. Wir bitten dich: Kläre alle, die zum Passahfest gekommen sind, über Jesus auf! Dir allein schenken wir Vertrauen; denn wir und das ganze Volk geben dir das Zeugnis, daß du gerecht und unparteiisch bist. Rede daher dem Volk zu, daß es sich nicht bezüglich der Person Jesu irreführen lasse! Denn das ganze Volk und wir schenken dir Vertrauen. Stelle dich auf die Zinne des Tempels, damit du dort oben gesehen und deine Worte vom ganzen Volk leicht verstanden werden! Denn wegen des Passahfestes sind alle Stämme mit den Heiden versammelt.'

Die erwähnten Schriftgelehrten und Pharisäer führten nun Jakobus auf die Zinne des Tempels und riefen ihm zu: ‚Gerechter, dem wir alle folgen müsen! Da, das Volk sich von Jesus, dem Gekreuzigten, irreführen läßt, so tue uns kund, wer die Türe Jesu (vgl. Joh 10,9f) ist!' Er antwortete mit lauter Stimme: ‚Was fragt ihr mich nach dem Sohn des Menschen? Er thront im Himmel zur Rechten der großen Kraft und wird kommen auf den Wolken des Himmels.' Als auf dieses Zeugnis hin viele voll Überzeugung in Lobpreisungen ausbrachen und riefen: ‚Hosianna dem Sohne Davids!' – da sprachen die gleichen Schriftgelehrten und Pharisäer zueinander: ‚Wir haben ungeschickt gehandelt, da wir Jesus zu solchem Zeugnis halfen. Doch lasset uns hinaufsteigen und ihn hinabstürzen, damit sie aus Angst nicht an ihn glauben!' Da sie schrien: ‚Oh, oh, auch der Gerechte hat sich irreführen lassen!' erfüllten sie bei Jesaja (vgl. Jes3,10 LXX) geschriebenen Worte: „Lasset uns den Gerechten aus dem Wege räumen, denn er ist uns lästig! Sie werden nunmehr die Früchte ihrer Werke genießen".

---

189 *Josephus*, Antiquitates XX, 106-109 *(L.H. Feldman); ders.*, Jüdische Altertümer II, 667 *(H. Clementz).*

Sie stiegen nun hinauf und warfen den Gerechten hinunter. Und sie schrien zueinander: ‚Lasset uns Jakobus, den Gerechten, steinigen!' Und sie begannen ihn zu steinigen; denn obwohl er hinabgestürzt worden war, war er noch nicht tot. Vielmehr richtete er sich auf und betete auf den Knien: ‚Ich bitte dich, Herr Gott und Vater, verzeihe ihnen, denn sie wissen nicht, was sie tun' (vgl. S^{Lk} 23,34b: Der gekreuzigte Jesus betete für seine Henker: ‚Vater, vergib ihnen; denn sie wissen nicht, was sie tun!'). Während sie ihn noch steinigten, rief ein Priester aus der Familie Rechab, des Nachkommen der Rechabim, welche der Prophet Jeremia erwähnt (vgl. Jer 35,3ff): ‚Haltet ein! Was tut ihr? Der Gerechte betet für euch!' Da nahm einer aus ihnen, ein Walker, das Holz, womit man Kleider preßte, und schlug ihn auf den Kopf des Gerechten. So starb er den Zeugentod. Man begrub ihn an derselben Stelle in der Nähe des Tempels. Noch jetzt befindet sich sein Grabmal in der Nähe des Tempels. Jakobus war ein glaubwürdiger Zeuge der Messianität Jesu."[190]

Von der Erscheinung des Auferstandenen vor Jakobus (vgl. 1Kor 15,7) handelt auch das in der ersten Hälfte des 2. Jahrhunderts entstandene Hebräerevangelium: Als aber der Herr das Leintuch dem Knecht des Priesters gegeben hatte, ging er zu Jakobus und erschien ihm. Jakobus hatte nämlich geschworen, er werde kein Brot mehr essen, von der Stunde an, in der er den Kelch des Herrn getrunken hatte bis (vgl. Mk 14,25 par) er ihn von den Entschlafenen auferstanden sähe. Und kurz darauf sagte der Herr: Bringt einen Tisch und Brot! Und sogleich wird hinzugefügt: Er nahm das Brot, segnete es und gab es (vgl. Mk 14,22 par; 1Kor 11,23f) Jakobus, dem Gerechten, und sprach zu ihm: Mein Bruder, iß dein Brot; denn der Menschensohn ist von den Entschlafenen auferstanden (vgl. Mk 8,31 par)"[191]

Paulus erwähnt Jakobus nach 1Kor 15,7 noch Gal 1,19 anläßlich seines Besuches bei Petrus: „Einen anderen der Apostel jedoch sah ich nicht, außer Jakobus, den Herrenbruder. Nach seiner wunderbaren Befreiung aus dem Jerusalemer Kerker suchte Simon Petrus das Haus Marias, der Mutter des Johannes Markus, auf. Dort fand er eine Hausgemeinde versammelt. Er berichtete über das, was ihm widerfahren war. Dann sagte er den versammelten Judenchristen: „‚Berichtet das dem Jakobus und den Brüdern!' Und er ging hinaus und zog an einen anderen Ort" (Apg 12,17). Wohin Petrus gegangen war, berichtet Lukas nicht. Er spricht noch einmal während des Apostelkonvents (vgl. Apg 15,6-11). Dann läßt der Erzähler ihn aus der Apostelgeschichte verschwinden.

Der Herrenbruder spielt beim Apostelkonvent eine entscheidende Rolle. Nach der Rede des Petrus ergreift er das Wort: „Männer, Brüder, hört mich an! Simeon hat erzählt, wie Gott zuerst darauf gesehen hat, aus Heiden ein Volk für seinen Namen zu gewinnen. Und damit stimmen die Worte des Propheten überein, wie geschrieben steht: ‚Danach werde ich mich umwenden und die zerfallene Hütte Davids wieder aufbauen und sie aufrichten, damit die übrigen Menschen den Herrn suchen und alle Völker, über die mein Name ausgerufen ist, spricht der Herr, der dieses von Ewigkeit her kundtut.' Deshalb urteile ich, man solle den Heiden, die sich zu Gott bekehren, keine Schwierigkeiten machen, sondern ihnen schreiben, sich von den Verunreinigungen der Götzen, der Unzucht, vom Erstickten und vom Blut enthalten; dennn Mose hat seit alten Zeiten in jeder Stadt seine Prediger, weil er in den Synagogen an jedem Sabbat verlesen wird'" (Apg 15,13-21).

Von der Aufrichtung der „verfallenen Hütte Davids" in Jesus und seiner Gemeinde: [192] Nach Abschluß des Zeugenberichts der beiden Missionare über ihre von Gott gesegnete Mission unter den Heiden ergreift der Herrenbruder Jakobus das Wort. Er ist der maßgebende Repräsentant der gesetzesstrengen judenchristlichen Gemeinde. Jakobus geht auf den Erfahrungsbericht der Delegierten aus Antiochia mit keiner Silbe ein, sondern greift nach der Anrede der Versammelten und der Bitte um Gehör (13a) auf den Geschichtsbericht des Petrus (7-9) zurück (14b). In Anlehnung an den hebräischen Namen שִׁמְעוֹן nennt er den Apostel archaisierend „Simeon" (14a). Jakobus pflichtet Petrus darin bei, daß Heiden nach Gottes Willen durch ihn

[190] Eusebius von Caesarea, Kirchengeschichte, 142ff (*H. Kraft*):
[191] Neutestamentliche Apokryphen I, 147 *(Ph. Vielhauer / G. Strecker).*
[192] Vgl. *C.A. Evans*, Prophecy, 206ff.

das Evangelium hören und zum Glauben kommen sollten (7), knüpft allerdings nicht an dessen Aussage an, Gott habe keinen Unterschied zwischen Juden und bekehrten Heiden gemacht (9), sondern setzt in biblischer Sprache, wobei Stellen wie Ex/2Mo 19,5 und Dtn/5Mo 14,2 LXX anklingen, einen eigenen, Gottes Erwählungshandeln betonenden, Akzent:
Gott hat primär darauf geachtet, „aus Heiden ein Volk für seinen Namen zu gewinnen“ (14b; 7,6; 26,18-19; vgl. Ex 19,5; 23,22). Im Sinne der Apostelgechichte ist das die eine Kirche als erneuertes Gottesvolk, das aus den zum Christus Jesus bekehrten Juden und Christen anderer ethnischer Herkunft besteht (18,10). Lukas, der ein Glied der nachpaulinischen Kirche ist, nimmt damit die paulinische Heidenmission vorweg.[193] Er hebt im Evangelium und in der Apg hervor, daß Israel Gottes Eigentumsvolk ist (vgl. Lk 1,68; 77; 2,32; 7,16; Apg 7,34; 13,7). Eine ähnliche Aussage findet sich in Sach 2,15 LXX: „Und an jenem Tage werden sich Jahwe viele Völker anschließen, und sie werden mein Volk werden, und ich werde in deiner Mitte wohnen“ (vgl. auch Ps 47,10 [46,10 LXX]; 82,8 [81,8 LXX]; 86,9 [85,9 LXX]; 87,4-6 [86,,4-6 LXX]; Jes 45,14-25; 56,3-7).
Daß der Zugewinn von Menschen anderer als jüdischer Herkunft für den Glauben an den Christus Jesus eine heilsgeschichtliche Bedeutung eigener Art bekommen hat, bestätigt und erläutert das Zeugnis der Propheten (15).[194] Jakobus zitiert eine Heilsankündigung (16-18), die im wesentlichen auf Am 9,1-12 LXX beruht, in V. 16 auch von Jer 12,15 LXX beeinflußt ist und am Schluß (17c.18) ein Element aus Jes 45,21 LXX enthält. Die Heilsansage steht im Schlußabschnitt des Amosbuches, der wahrscheinlich aus vorgerückter nachexilischer Zeit stammt, frühestens aus der Zeit um 400 v.Chr. Auf ihre Bedeutung für den Beschlußvorschlag, den Jakobus am Ende seiner Rede machen wird, weist schon in seiner Einleitung der Hinweis hin, „wie Gott zuerst darauf gesehen hat, aus Heidenvölkern ein Volk für seinen Namen zu gewinnen“ (14). Die Formel, mit der Jakobus das Zitat einleitet, kommt so im lukanischen Doppelwerk nirgendwo sonst vor: „Damit stimmen die Worte der Propheten überein, wie geschrieben steht“ (15). Sie versucht, die Aussagen von V.14 mit dem Zitat aus Am 9,11-12 LXX in V. 16-18 zu parallelisieren, weist aber auch auf das andere Amos-Zitat in der Apg, das sich in der Rede des Stephanus (vgl. Apg 7,42f; Am 5,25ff LXX) findet. Das, was sich gegenwärtig zuträgt, stimmt mit den Worten aus dem Amos-Buch überein. Lukas läßt Jakobus auf die Heilige Schrift verweisen, um zu zeigen, daß sein Zeugnis mit dem des Petrus und des Paulus, den beiden von ihm vorrangig berücksichtigten Christuszeugen, übereinstimmt.
Das Heilswort in Am 9,11f sagt nach dem hebräischen Text und den darauf beruhenden Übersetzungen mit dem im Alten Testament einmaligen Bild vom Wiederaufbau der „zerfallenen Hütte Davids“ eine Erneuerung der politisch bedeutungslos gewordenen davidischen Dynastie und eine Wiederherstellung des alten David-Reiches an; es kündigt auch die Okkupation des (nach dem Eindringen arabischer Stämme seit dem 5. Jh. v.Chr.) übrig gebliebenen „Rest Edoms“ an der Südgrenze Judäas und der anderen Völker an, auf die Jahwe durch Ausrufung seines Namens seinen Hoheits- und Besitzanspruch geltend gemacht hat. Die griechische LXX-Fassung der Heilsansage, die Lukas dem Jakobus, der selbst zum Geschlecht Davids gehört, in den Mund legt, ist an einer entscheidenden Stelle, auf die hier allein Bezug genommen werden soll, anders als die hebräische. Es geht da nicht mehr um die Einnahme des restlichen Edoms und die Herrschaft über andere Völker; vielmehr wird „die zerfallene Hütte Davids“ wiederaufgerichtet, „damit die übrigen Menschen den Herrn suchen und alle Völker, über die mein Name genannt ist...“ Damit ist die immer zahlreicher werdende christliche Gemeinde gemeint. Mit der Erwähnung Davids und seiner Nachkommen spielt das Zitat ebenfalls auf die Botschaft des Engels an Maria (Lk 1,32-33) an, die auf die Weissagung Nathans (vgl. 2Sam 7,12.13.16) anspielt und auch auf die Heilsansagen im Benedictus des Zacharias (vgl. S^{Lk} 1,68-79): Die „verfallene Hütte Davids“ erinnert an das „Horn der Rettung … im

---

193 Vgl. *N.A. Dahl*, Volk Gottes, 190f; *ders.*, ‘A People for His Name’, 319-327.

194 Genaue Analysen bei *T. Holtz*, Untersuchungen, 21-27; *M. Neubrand*, Israel, 192-216; *D. Rusam*, Testament, 422-427.

Hause Davids“ (S^{Lk} 1,69), mit dem das Christusereignis gemeint ist. Die Aufrichtung des Reiches wird zudem in Lk 19,11 und Apg 1,6ff thematisiert.
Die LXX-Fassung des Heilswortes hat es Christen ermöglicht, eine Beziehung der Heilsansage zur Geschichte Jesu und dem in seinem Namen gesammelten Gottesvolk, in dem neben bekehrten Juden auch für die Annahme des Evangeliums gewonnene Menschen aus anderen Völkern eine heilsgeschichtliche Funktion erhalten, zu knüpfen: Die Erneuerung der „zerfallenen Hütte Davids“ geschah dadurch, daß Gott seinen Sohn Jesus in das Geschlecht Davids hineingegeben, ihm das ewige Königtum verheißen (vgl. S^{Lk} 1,32f), diese Verheißung mit der Aufnahme des von den Toten auferweckten gekreuzigten Jesus in den Himmel erfüllt und durch den Erhöhten seiner Gemeinde den Heiligen Geist verliehen hat (vgl. Apg 2,29-36). Dadurch wurde die Predigt des Evangeliums in Gang gesetzt, die in Jerusalem und über die Stadtgrenzen hinaus zur Bekehrung zahlreicher Juden geführt hat. Sie hat dann seit der Gründung einer Gemeinde im Haus des frommen römischen Centurio Cornelius (vgl. Apg 10, 1-11,18) dazu geführt, daß „die übrigen Menschen“, zunächst vor allem solche im Umfeld der Synagogen, „den Herrn suchen“ (17). Die Wiederaufrichtung oder Erneuerung Israels einerseits, sowie die Bekehrung zahlreicher Menschen aus vielen Völkern auf Erden zum Christusglauben und damit ihre Eingliederung in die christliche Kirche durch die Taufe auf den Namen des Herrn Jesus andererseits, hat diese Suchbewegung ausgelöst (vgl. S^{Lk} 1,32f; 4,25ff; 24,46f; Apg 1,7f; 3,22-25; 8,33 u. ö.). Die Erneuerung des Gottesvolkes Israel und die Ausrufung des Herrennamens über den für die Annahme des Evangeliums gewonnenen Heiden hat Gott der Herr seit eh und je kundgetan (18). Jakobus nimmt hier einen zentralen Satz aus der Pfingstpredigt des Petrus auf Apg 2,21 = Joel 3,5a) und wendet ihn auf den Weg der Heiden an.
Der Beschlußvorschlag: Aus dem Schriftzeugnis folgert Jakobus als erstes, daß man „den Heiden, die sich zu Gott bekehren“ (vgl. Jes 45,22), „keine Schwierigkeiten machen“, ihnen also kein Hindernis in den Weg legen soll (19). Das bedeutet: Beschneidung und konsequente Thoraobservanz (1.5) werden von Heidenchristen nicht verlangt. Der Herrenbruder als der jetzt nach Ansehen und Einfluß erste Mann in der Leitung der Jerusalemer Gemeinde kann nicht für eine radikal judenchristliche Richtung in Anspruch genommen werden, die eine konsequente Eingliederung der Christen aus nichtjüdischen Völkern in das jüdische Volk und die strenge Gesetzesbeachtung als heilsnotwendig hinstellt. Allerdings tritt er auch nicht für ein uneingeschränkt gesetzesfreies Heidenchristentum ein. Vielmehr bringt er seine Autorität ins Spiel, den Christen anderer als jüdisch ethnischer Herkunft einige Auflagen zu machen (20). Deren Übernahme ermöglicht es den auch an die rituellen Weisungen des Mosegesetzes gebundenen Judenchristen, mit ihnen in einer Gemeinde zusammenzuleben und gemeinsame Mahlzeiten zu halten, ohne sich kultisch zu verunreinigen. Es geht auch darum, den Synagogen in den Städten der Diaspora keinen Anlaß zu der Beschuldigung zu bieten, die christliche Lehre verführe zum Abfall vom Gesetz (vgl. Apg 18,13; 21,21). Vier rituelle Forderungen sollen Heidenchristen erfüllen. Die Auflagen haben ihre gesetzliche Grundlage in Lev/3Mo 17-18. Es handelt sich um Bestimmungen, die nicht nur für Israeliten, sondern auch für bei ihnen lebende „Schutzbürger“ gelten. Der Verstoß gegen die vier Bestimmungen wird nach Lev/3Mo 17-18 mit der Ausrottung und also mit der Todesstrafe geahndet, weil die Heiligkeit des Gottesvolkes tangiert wird, die der Heiligkeit Gottes entspricht (vgl. z.B. Lev/3Mo 19,2; 20,7f).
Die Heidenchristen sollen sich *erstens* „enthalten von den Verunreinigungen der Götzen“ (d.h. von Opferfleisch aus heidnischen Kulten (29; vgl. Lev/3Mo 17,7ff). Damit wird von ihnen erwartet, daß sie sich nicht nur von Kultmahlzeiten, die immer auch gesellschaftliche Ereignisse waren, fernhalten, sondern auch von Festessen, zu denen ihre religiös anders gebundenen Verwandten, Freunde, Nachbarn und Standesgenossen sie einladen. Bei konsequenter Einhaltung der Forderung droht den Heidenchristen die soziale Isolierung. Im Altertum wurde auf den Fleischbänken keine Ware angeboten, die nicht auf irgendeine Weise mit einem Kult in Kontakt gekommen war. Jede Tierschlachtung erfolgte rituell. Die nicht für den menschlichen Verzehr geeigneten Innereien verbrannte man auf dem Altar. Der Metzger warf zumindest einige Stirnhaare des geschlachteten Tieres ins Feuer, damit die Götter einen sym-

bolischen Anteil bekamen. In den Läden konnte man Fleisch von solchen Teilen der Opfertiere erstehen, die den Priestern zustanden, von diesen aber weiterverkauft worden waren. Judenchristen fürchteten, durch das Essen von Fleisch, das mit paganen Kulten in Berührung gekommen war, in den Bannkreis der Dämonen zu geraten und von ihnen infiziert zu werden. Paulus, der zwischen Götzendienst und dem Essen vom Fleisch heidnischer Opfertiere deutlich unterschied, hat 1Kor 8,1-13; 10,23-11,1 Heidenchristen in Korinth, die mit dem kultisch gebrauchten Fleisch unbefangen umgingen, einen Weg taktvoller Rücksichtnahme aufgezeigt, der es ihnen ermöglicht, im dort aufgebrochenen Konflikt um das Götzenopferfleisch vor dem Nächsten, der an ihrem Verhalten Anstoß nahm, wie auch vor dem eigenen Gewissen zu bestehen. Unter Judenchristen in Rom gab gleichfalls Sorgen vor Befleckung durch kultisch gebrauchte Speisen (vgl. Röm 14,1-23).

Zweitens sollen Heidenchristen sich „von der Unzucht“ fernhalten. Das Stichwort „Unzucht“ bezieht sich nicht nur auf den Geschlechtsverkehr mit Prostituierten (vgl. 1Kor 6,12-20), auch nicht allein auf Polygamie (vgl. Dtn/5Mo 17,17), Homosexualität (vgl. Lev/3Mo 18,22) und Sodomie (vgl. Lev/3Mo 18,23), sondern vor allem auf Ehen unter nahen Verwandten, die nach jüdischem Recht verboten waren (vgl. Lev/3Mo 18,6-18). In diesem Sinne hat Paulus in 1Kor 5,1-13 mit dem Bannfluch einen Mann aus der Gemeinde und damit zugleich aus der Heilssphäre verstoßen, der mit seiner Stiefmutter in einer eheähnlichen Verbindung lebte; er hat seine Mitchristen eindringlich an ihre Heiligung erinnert und sie vor der Tischgemeinschaft mit „Unzüchtigen“ und anderen groben Sündern unter den Gemeindegliedern gewarnt.

Drittens sollen Heidenchristen nichts „Ersticktes“ (im NT nur hier und 15,29; 21,25)[195] essen, d.h. kein Fleisch von Tieren, die anders als durch jüdisch rituelle Schächtung geschlachtet worden waren (Lev 17,13-14). Daran erinnert auch Josephus: Mose „untersagte den Genuß krepierten Viehs“ (Ant III, 260).[196] Christen sollen also ihren Braten beim jüdischen oder gegebenenfalls beim judenchristlichen Metzger kaufen, der koscheres Fleisch feilbietet. Und wenn sich diese Gelegenheit an ihrem Wohnsitz nicht bietet, müssen sie entweder fleischlos essen oder den Wohnort wechseln.

Viertens sollen Heidenchristen „Blut“ meiden. Das bedeutet im Zusammenhang der Speisevorschriften, daß sie keine fleischliche Nahrung zu sich nehmen, die Blut enthält (Lev/3Mo 17,10). Philo betont unter Berufung auf das Gesetz, daß man das Blut nicht verzehren darf, weil uns andernfalls dadurch „‚die Substanz der Seele‘ (Lev/3Mo 17,11.14; Dtn/5Mo 12,23), nicht zwar der denkenden und vernünftigen, wohl aber der sinnlich empfindenden und vernunftlosen Tieren das gemeinsame (Gut) des Lebens zuteil wird“ (SpecLeg IV, 123).[197] Ähnlich äußert sich Josephus: Mose „verbot den Genuß des Blutes aller Tiere, weil er glaubte, daß in ihm die Seele und der Geist enthalten sei“ (Ant III, 260).[198] Bei der Schächtung läßt man alles Blut, das als Sitz des Lebens galt, aus dem geschlachteten Tier ausfließen. Darüber hinaus bedeutet diese Weisung, daß sie kein Menschenblut vergießen sollen (vgl. Gen/1Mo 9,6).

Jakobus hält die vier Auflagen für zumutbar, weil sie als mosaische Weisungen allerwärts und seit alters bekannt sind. Durch die Verlesung und Auslegung des Mose-Gesetzes, die in der Synagoge an jedem Sabbath erfolgt, kommen sie regelmäßig zur Sprache (21). Die Heilige Schrift und insbesondere das Gesetz behalten über ihre prophetische Bezeugung der Geschichte Jesu Christi hinaus (vgl. S^{Lk} 24,25f.44) in zweiter Linie auch eine maßgebende Bedeutung.

Nach seiner Ankunft in Jerusalem sucht Paulus den Herrenbruder Jakobus auf, um ihm die Kollekte von ihm gegründeter heidenchristlicher Gemeinden für die arme judenchristliche Muttergemeinde zu überbringen. Auch die Gemeindeältesten sind anwesend. Paulus nimmt seine Begleiter mit (Apg 21,18a), also auch Lukas. Hier steht das letzte „Wir“ vor der Rom-Fahrt (vgl. Apg 27,1). Das Ältestenkollegium ist beim Besuch anwesend (18b). Es handelt sich also um einen offiziellen Empfang. Nach der Begrüßung (19a) berichtet Paulus detailliert

---

195 Vgl. *W. Bauer*, Wörterbuch, 1363.

196 *Josephus*, Jewish Antiquities I, 442f; *ders.*, Jüdische Altertümer I, 179 *(H. Clementz)*.

197 *Philonis* Opera V, 237; *ders.*, Über die Einzelgesetze II, 282 *(I. Heinemann)*.

198 *Josephus*, Jewish Antiquities I, 442f; *ders.*, Jüdische Altertümer I, 179 *(H. Clementz)*.

über alles, was durch seinen Dienst unter den Heiden geschehen ist (19b). Der Missionserfolg gilt ihm als Werk Gottes. Die Ältesten antworten auf den Bericht mit einem Gotteslob (20a). Sie erkennen die Heidenmission des Paulus als Gottes Werk an. Entsprechend begann, als Jesus sich vom Ölberg her Jerusalem näherte, „die ganze Menge der Jünger, Gott wegen aller Machttaten zu loben, die sie gesehen hatten" (Lk 19,37).

Falsche Informationen über Paulus: Das Ältestenkollegium macht wohl durch Jakobus den Paulus auf Vorbehalte aufmerksam, die unter Judenchristen gegen ihn und seine Missionsarbeit bestehen.[199] „Zehntausende" Judenchristen eifern für das Gesetz (20b.c), d.h. sie halten sich streng an die Ordnung des jüdischen Lebens durch die Tora, speziell auch an die zahlreichen rituellen Bestimmungen. Die Kirche ist auch unter den gesetzesfrommen Juden weiter gewachsen. „Zehntausende", d.h. eine riesige, letztlich nicht zählbare Menge, erkennt im Glauben an den Christus Jesus das wahre Judentum. Man findet die große Zahl gewiß nicht nur in Jerusalem, wenngleich Lukas mehrmals über Massenbekehrungen dort berichtet hat (vgl. Apg 2,41.47; 4,4; 5,14; 6,7), sondern wohl in ganz Palästina (vgl. Apg 9,31) und benachbarten Regionen. Unter den gesetzesstrengen Judenchristen kursiert das Gerücht, Paulus lehre die Diasporajuden den Abfall von der mosaischen Religion (21b; vgl. Apg 18,13) und zerstöre damit das Judentum. Man warnt also vor ihm als einem propagandistisch tätigen Apostaten. Konkret wirft man ihm vor, er lehre die Diasporajuden, ihre Kinder, d.h. die neugeborenen Knaben (vgl. S^{Lk} 2,21), nicht beschneiden zu lassen (21c) und in ihrer Lebensführung die im mosaischen Gesetz vorgeschriebenen Bräuche zu mißachten (21d), z.B. Sabbath- und Speisebestimmungen.

Als Quelle solcher anscheinend in den Diasporasynagogen verbreiteten und von Wallfahrern nach Jerusalem getragenen Vorbehalte und Warnungen kommen gewiß kaum Judenchristen in Betracht, sondern in erster Linie Diasporajuden, die in der gesetzesfreien Völkermission des Paulus eine Bedrohung der im mosaischen Gesetz verfaßten jüdischen Identität sahen. Da Paulus seine Predigt der Christusbotschaft regelmäßig in der örtlichen Synagoge begann (vgl. Apg 13,14f; 13,42; 14,1; 17,1.10.17; 18,4.19; 19,8), ist er dort auch immer auf von Stadt zu Stadt unterschiedlich viele Juden gestoßen, die seine Verkündigung des Evangeliums entschieden ablehnten. Ähnliche Anschuldigungen wie gegen ihn wurden in Jerusalem schon gegen Stephanus erhoben (vgl. Apg 6,11-15). Der Leser weiß, daß die Gerüchte falsch und verleumderisch sind (vgl. Apg 16,3f; 18,18; 20,16). Doch dürften sie unter Judenchristen, die mit ihren Glaubensgeschwistern aus der Diaspora die als Pilger in die heilige Stadt kamen, in reger Verbindung standen und um die Bewahrung ihres Judentums besorgt waren, Eindruck gemacht haben.

Wenn jemand wie Paulus, dessen Eintreffen sich schnell herumgesprochen haben dürfte, als ein an Christus glaubender Jude den anderen Völkern predigte und sie nicht der Tora und der Synagoge zuführte, sondern zu Gemeinden zusammenschloß, in denen die von Jesus Christus her begründete Gotteskindschaft die Zugehörigkeit zum jüdischen Volk und seiner im Sinaibund begründeten Religion ablöste, dann konnte er damit rechnen, als Lehrer der Apostasie betrachtet und verstoßen zu werden (vgl. Dtn/5Mo 13,5f). Man muß sich gegenwärtig halten, daß die Einstufung der Tora und der Beschneidung im Umkreis der Kreuzestheologie des Paulus, die das Gesetz zwar als Gottes heilige, gerechte und der genuinen Zielsetzung nach gute Forderung akzeptiert (vgl. Röm 7,12), aber doch als Heilsweg radikal negiert, von gesetzesfrommen Diasporajuden und Judenchristen mit pharisäischem Hintergrund als Preisgabe seines Judentums aufgefaßt werden konnte. Wenn ein Jude z.B. den Satz über Christus als Ziel und Ende des Gesetzes (vgl. Röm 10,4) ohne nähere Kenntnis und ohne Verständnis von Röm 3 und 7 hörte oder las, dann legte sich ihm die Annahme eines Abfalls[200] von der mosaischen Religion nahe.

---

199 Vgl. *R. Bauckham*, James, 475-480.

200 Das Wort findet sich im NT außer an unserer Stelle nur noch 2Thess 2,3, dort im Blick auf den großen „Abfall", den „der Mensch der Ungesetzlichkeit ..., der Sohn des Verderbens", Gottes Widersacher, in der Endzeit vor der Parusie Christi auslöst. Zur Auslegung die-

Man darf bezweifeln, daß provozierend zugespitzt formulierte Aussagen wie die, daß Christen „nicht unter dem Gesetz, sondern unter der Gnade" stehen (vgl. Röm 6,14f), und Paulus selbst in seiner Bindung an den Christus Jesus „den Gesetzlosen wie (!) ein Gesetzloser geworden" ist, um die Gesetzlosen für das Evangelium zu gewinnen (vgl. 1Kor 9,21), immer in ihrem Zusammenhang gelesen und bedacht wurden (vgl. 1Kor 9,19-23). Wenn Paulus sagt, daß die Beschneidung, die für einen frommen Juden Zeichen des Gottesbundes mit Abraham und der einzigartigen Erwählung Israels ist, für Christen als Erwählungszeichen ebenso wenig zählt wie die Unbeschnittenheit (vgl. Gal 5,2), sondern allein das Halten der Gebote (vgl. 1Kor 7,19) oder – was dasselbe meint – der in der Liebe tätige Christusglaube (vgl. Gal 5,6; 6,15), dann konnten solche Aussagen, als Parolen gebraucht, durchaus die Schlußfolgerung nahelegen, Juden sollten getrost vom Bundeszeichen der Beschneidung absehen und für ihre Söhne darauf verzichten. Der von Paulus Gal 2,11-14 berichtete Konflikt in Antiochia zeigt, daß Paulus Judenchristen nicht auf ein Leben nach der Thora verpflichtete, sondern ihnen auch einen Verzicht auf die Orientierung an ihren Ritualvorschriften zumutete im Interesse der für ihn als Vollzug der Gemeinschaft im Umkreis der Herrschaft Jesu Christi höherwertigen Mahlgemeinschaft mit Christen anderer ethnischer Herkunft. Für Lukas ist eine an den Sitten und Bräuchen der mosaischen Religion orientierte Lebensweise für die zum jüdischen Volk gehörenden Judenchristen selbstverständlich. Paulus selbst dürfte sich im rein oder überwiegend jüdischen Milieu ebenfalls an die überkommenen Bräuche gehalten haben.
Paulus soll seine Gesetzestreue öffentlich bekunden: Die Frage, was unter den gegebenen Umständen zu tun ist (22a), zielt darauf, wie man den falschen Anschuldigungen wirksam entgegentreten kann. Die Anwesenheit des Paulus in Jerusalem läßt sich nicht verheimlichen (22b). Die Gemeindeleitung macht ihn auf vier mittellose Judenchristen aufmerksam, die ein Nasiräatsgelübde abgelegt haben (23; vgl. Num/4Mo 6,1-21; 1Makk 3,49).[201] Paulus soll sie mit in den Tempel nehmen (24a). Er soll sich mit ihnen zusammen reinigen (24b). So bekundet er seine Gemeinschaft mit ihnen. Eine siebentägige kultische Reinigungsfrist mußte Paulus vor der Teilnahme am Opfermahl einhalten, weil er aus dem heidnischen Ausland kam, das als ähnlich verunreinigend angesehen wurde wie die Berührung einer Leiche (vgl. Num/4Mo 19,11f). Im Rahmen seiner kultischen Reinigung soll er die beträchtlichen Kosten für die nach Num/4Mo 6,14f zum Abschluß des Nasiärates der vier Männer vorgeschriebenen Opfer übernehmen (24b).[202] Zu den Riten gehörte auch das Scheren des Haupthaares (24d) und das Verbrennen der Haare im Opferfeuer. Wer sich bereit erklärte, Nasiräer scheren zu lassen, verpflichtete sich zur Übernahme *aller* mit ihrer Auslösung verbundenen Kosten.[203] Vermutlich soll Paulus das Geld der Kollekte der Gemeinden in Makedonien und Achaia dafür verwenden. Ein Hinweis auf die Sammlung erfolgt erst Apg 24,17. Jakobus und die Gemeindeältesten erwarten von dieser Aktion eine demonstrative Widerlegung der über Paulus umlaufenden Gerüchte (24e). Er zeigt damit vor aller Augen seine gesetzestreue Lebensführung (24f). D.h. aber auch, daß die Gemeindeleitung die Annahme und Verwendung der Kollekte für die Gemeindediakonie verweigert. Wie berechtigt die Befürchtung des Paulus war, die von ihm überbrachten Gaben der Heidenchristen würden „den Heiligen" nicht willkom-

ser Stelle vgl. *W. Trilling*, Der zweite Brief an die Thessalonischer, 81-88; *W. Bauer*, Wörterbuch, 197.

201 Es geht um die Übernahme eines befristeten Weihestatus mit etlichen Tabus und asketischen Leistungen auf Grund eines Gelübdes. Am Ende der Weihezeit sind teuere Opfer im Tempel darzubringen. Vgl. Bill. II,755-761; *K.-H. Bernhardt*, Art. Nasiräer, TRE XXIV, 10ff.

202 Als König Agrippa I. 41 n.Chr., nachdem Kaiser Claudius ihm die Herrschaft über Judäa übertragen hatte, in Jerusalem eintraf, „brachte er Dankopfer dar und ließ keine der gesetzlichen Vorschriften außer acht. Aus diesem Grunde ließ er auch viele Nasiräer scheren..." (*Josephus*, Ant XIX, 293-294; *ders.*, Jüdische Altertümer II, 521 *(H. Clementz)*.

203 Vgl. Bill. II, 756: „Gelöbnisformeln, mit denen die Kosten für ein Ausweiheopfer übernommen wurden, waren α. ‚Siehe, mir soll es obliegen, einen Nasiräer scheren zu lassen' … b. ‚Siehe, mir soll das Opfer eines Nasiräers obliegen' γ. ‚Siehe, mir soll das Sünd- und Schuldopfer des und des obliegen.'"

men sein, zeigt sich jetzt: „Ich bitte, euch, Brüder, im Namen unseres Herrn Jesu Christi, unsres Herrn. und bei der Liebe des Geistes: Steht mir bei und betet für mich zu Gott, daß ich vor den Ungläubigen in Judäa gerettet werde und mein Dienst in Jerusalem von den Heilgen dankbar aufgenommen wird" (Röm 15,30f)
Paulus folgt der Empfehlung der Ältesten: Lukas berichtet nicht über das Ende des Besuches bei der Gemeindeleitung, in dessen Verlauf Paulus selbst gar nicht zu Wort gekommen ist. Die Jerusalemer Gemeinde kommt von nun an nicht mehr vor. Jakobus und seine Mitältesten scheinen am Prozeß gegen Paulus keinen Anteil genommen oder sich zumindest nicht für ihn verwendet zu haben. Der Autor übergeht ihr Verhalten mit Schweigen. Er zeigt aber, wie wichtig dem Paulus der Rat ist, den man ihm gegeben hat und welchen Eifer er an den Tag legt, wenn es um die Beachtung der Gestzesvorschriften geht. Der Christuszeuge, der an seine Mitchristen appelliert hat, sie sollten darauf achten, „dem Bruder keinen Anstoß oder Ärgernis zu geben" (Röm 14,13), verhält sich seiner Mahnung entsprechend. Er nimmt die vier Nasiräer gleich mit (26a). Schon am nächsten Tag geht er mit ihnen zum Tempel (26c), leitet seine eigene Reinigung ein (26b), meldet den Abschluß des Nasiräats der vier Männer an (26c; vgl. Num/4Mo 6,5.13) und hinterlegt für alle vier das Geld zu den Auslösungsopfern, die erst nach einer siebentägigen Reinigungsfrist erfolgen konnten (26d). Die in die Welt gesetzten Gerüchte über Paulus als Apostat und Lehrer des Abfalls von der mosaischen Religion sind offensichtlich falsch.
„Obwohl ich nämlich allen gegenüber frei bin, habe ich mich allen zum Sklaven gemacht. Und ich bin den Juden wie ein Jude geworden, damit ich die Juden gewinne; denen, die unter dem Gesetz sind wie einer unter dem Gesetz, damit ich die, welche unter dem Gesetz sind, gewinne, obwohl ich nicht unter dem Gesetz vor Gott bin, sondern unter der Gnade Christi, damit ich die, welche ohne Gesetz sind, gewinne. Den Schwachen bin ich wie ein Schwacher geworden, damit ich die Schwachen gewinne. Ich bin allen alles geworden, damit ich auf jede Weise einige rette. Das alles aber tue ich um des Evangeliums willen, um an ihm Anteil zu bekommen".

Exkurs: Nasiräer[204]
Als „Nazir" oder „Geweihten", versteht man im Alten Testament ursprünglich einen Gott geweihten Menschen (vgl. Num/4Mo 6,1-21). Im Segen Jakobs (vgl. Gen/1Mo 49,26) und Moses (vgl. Dtn/5Mo 33,16d) wird Josef „der Geweihte unter seinen Brüdern" genannt, obwohl ihm alle äußeren Merkmale eines Nasiräers, der z.B. sein Haupthaar nicht schert, den Weingenuß und den Kontakt mit Verstorbenen meidet, fehlen. Der vom Geist Gottes zu Heldentaten hingerissene Simson (vgl. Ri 13,25; Ri 14,6 u. ö.) wird zwar „Nazir" von Mutterleib an genannt (vgl. Ri 16,17) und schert seine Haare nicht, trägt aber keine Bedenken, sich durch die Berührung von im Kampf gegen die Philistern getöteten Gegnern und das Anfassen von Tierkadavern zu verunreinigen (vgl. Ri 14,8f; 15,15f). Er trinkt auch Wein und andere alkoholische Getränke (vgl. Ri 14,12). Samuel wird zwar an keiner Stelle als „Nazir" bezeichnet, doch hat seine Mutter Hanna gelobt, „ihn Jahwe alle Tage seines Lebens (zu) geben. Und kein Schermesser soll auf sein Haupt kommen" (1Sam 1,11). So konnte er schon als junger Mann im Heiligtum zu Silo Dienst tun (vgl. 2Sam 2,18f). Nasiräer werden auch Am 2,11f neben den Propheten erwähnt. Auch Samuel war Prophet (vgl. Sir 46,12; Apokryphen der Lutherbibel 46,16).
Im frühen Judentum bildet sich neben dem lebenslangen ein in lebensbedrohlichen Situationen und schweren Krankheiten gelobtes, zeitlich begrenztes Nasiräat heraus. Die Mindestdauer betrug dreißig Tage (mNaz 1,3a).[205] Es wurde damit beendet, daß man sich im Tempel die Haare scheren ließ. Sie wurden im Opferfeuer verbrannt. Dazu wurden „ein einjähriges fehlerloses Lamm als Brandopfer und als Sündopfer ein fehlerloses, einjähriges weibliches

---

[204] Vgl. *K.-H. Bernhardt*, Art. Nasiräer, 10ff TRE XXVI, 10ff; *G. Delling*, Art. Nasiräer, BHH II, 1288f; Bill. II, 79-88, 747-751, 755-761; *H. Omerzu*, Prozeß, 290; *Th. Willi*, Art. Nasiräer, 56f.
[205] Vgl. Bill. II, 83.

Lamm und ein ebenfalls fehlerfreier Widder als Dankopfer dargebracht, dazu ein Korb mit ungesäuerten Broten: Kuchen aus Weizengrieß, mit Öl in der Pfanne geröstet, und ungesäuertes Fladenbrot, mit Öl bestrichen und in Stücke gebrochen und was sonst an Speis- und Trankopfern dazugehört" (Num/4Mo 6,14f LXX). Die Opfer waren sehr kostspielig Nach ihrer Darbringung konnte der Nasiräer auch wieder Wein trinken. Johannes der Täufer trägt anders als Jesus charakteristische Züge eines charismatischen, lebenslangen Nasiräers (vgl. S^{Lk} 1,15; QLk 7,33 // QMt 11,18. „Johannes der Täufer ist … gekommen, aß weder Brot, noch trank er Wein …".

Nach Apg 18,18 hatte Paulus in Kenchreä ein Nasiräatsgelübde abgelegt und wollte zur Auslösung nach Jerusalem reisen. Es wurde als verdienstvolles frommes Werk angesehen, wenn jemand die aufwendigen Kosten für das Auslösungsopfer für einen armen Nasiräer übernahm, wie Paulus nach Apg 21,23-27 die hohen Kosten gleich für vier bedürftige judenchristliche Nasiräer übernahm, um die in der Jerusalemer Gemeinde zur Sprache gekommenen Bedenken gegen seine Gesetzestreue zu zerstreuen. Eine ähnliche Geste wird von König Agrippa I. berichtet (Ant XIX, 294).[206] Es gab nach Num/4Mo 6,2 auch weibliche Nasiräer. Josephus nennt Berenike, die in der Not ein Gelübde ablegte, um Gottes Hilfe zu bekommen. Vgl. Bell II, 313f: „Es besteht nämlich der Brauch, daß alle, die durch Krankheit oder andere Notlage beschwert sind, geloben, die 30 Tage, bevor sie die eigentlichen Gelübdeopfer darbringen, sich des Weines zu enthalten und sich erst dann die Haare schneiden zu lassen. Ein solches Gelübde erfüllte damals Berenike, als sie mit bloßen Füßen den Florus vor dem Richterstuhl anflehte und dabei nicht nur ohne Rücksicht behandelt wurde, sondern auch ihr Leben selbst in Gefahr brachte.[207] Nach der Zerstörung des Tempels im August des Jahres 70 n.Chr. konnte faktisch kein zeitlich befristetes Nasiräatsgelübde mehr abgelegt werden. Das lebenslange Nasiräat gibt es auch heute noch unter kabbalistisch orientierten Juden.

Exkurs: Tarsus[208]

Die Stadt Tarsus, seit Pompeius (64 v.Chr.) die Hauptstadt der römischen Provinz Kilikien und Amtssitz des Statthalters, liegt am Unterlauf des im Altertum bis dorthin schiffbaren Kydnos etwa 13 km von der Küste entfernt. Schon der Athener Historiker und Sokratiker Xenophon (ca. 430/425 bis nach 355 v.Chr.) hat Tarsus als „große und reiche Stadt" in einer „schönen und reich bewässerten Ebene, die voll von Reben und mannigfachen Bäumen war" und „auch reichlich Sesam, zweierlei Hirse, Weizen und Gerste" hervorbringt, bezeichnet (An I,2.22-23).[209] Der zu seiner Zeit hochberühmte Rhetor Dion von Prusa in Bithynien (ca. 40 bis nach 110/11 n.Chr.), auch Dio Chrysostomus genannt, schrieb im ersten Diskurs über Tarsus: „Männer, ihr könnt euch glücklich und selig schätzen, da ihr ja in einer Großstadt wohnt und gutes Land besitzt und das, was ihr zum Leben braucht, in Hülle und Fülle bei euch findet und diesen Fluß habt, der mitten durch eure Stadt fließt und weil überdies Tarsus die Metropole für alle Kilikier ist" (Disc XXXIII, 17).[210] Die prosperierende Handelsstadt war ein wichtiger Verkehrsknotenpunkt an der Straße vom syrischen Antiochia zu den griechischen Städten an der ägäischen Küste Kleinasiens. Eine andere Straße führte in nördlicher Richtung durch das Taurus-Gebirge und weiter durch Kappadokien zum Schwarzen Meer. Die Bevölkerung der Großstadt bestand überwiegend aus Kleinasiaten und Griechen. Es gab dort aber auch eine größere jüdische Diasporagemeinde, die auf etwa tausend Mitglieder geschätzt

---

206 Vgl. *Josephus*, Jewish Antiquities XVIII-XIX, 352f: *ders.* Jüdische Altertümer II, 621 *(H. Clementz).*

207 Josephus, De Bello Judaico I, 242f (*O. Michel / O. Bauernfeind*).

208 Vgl. *R. Haensch*, Capita provinciarum, 267-272, 582ff; *M. Hengel*, Der vorchristliche Paulus, 180ff; *ders. / A.M. Schwemer*, Paulus, 246-267; *A.H.M. Jones*, Cities, 192-214; *J.C. Lentz, Jr.*, Luke's portrait, 28-43; *A.D. Macro*, Cities, 664f, 676; *E. Olshausen*, Art. Tarsus, KP V, 529f u. *J. Zangenberg*, Art. Tarsus I. Archäologisch, RGG4 VIII, 2005, 43.

209 Xenophon, Anabasis, 20f (W. Müri).

210 Dio Chrysostom, ed. III, 288.

wird.[211] Juden aus Kilikien wurden Apg 6,9 erwähnt. Tarsus, von Caesar gefördert und von Augustus wegen seiner Treue zu Caesar mit der Zuerkennung des Status einer freien Stadt (civitas libera) und der Erhebung zur Metropolis von Kilikien geehrt, war in der frühen Kaiserzeit ein Zentrum hellenistischer Kultur und Bildung. Sie hatte eine reiche philosophische Tradition (Strabo, Geographica, XIV, 5.14-15).[212] Nach Strabo widmeten sich die Tarser so eifrig der Philosophie und der gesamten übrigen Allgemeinbildung, daß ihre Stadt angeblich Athen und Alexandria übertraf. Auch alle Arten von Rhetorikschulen gab es dort (Geographica XIV,5.13).[213] Der nach Apg 21,39; 22,3 in Tarsus geborene Diasporajude Paulus hat aber, nach seinen Briefen zu urteilen, kaum etwas von dem in seiner Geburtsstadt lebendigen griechischen Bildungsgut in sich aufgenommen. Seine Erziehung und Bildung vollzog sich im Umkreis der jüdischen Religion und ihrer Tradition. In seinen Briefen erwähnt er seine Geburtsstadt nicht einmal. Paulus hat aber nach Gal 1,21 im Anschluß an seinen ersten Jerusalem-Besuch in Syrien und Kilikien missioniert. Mit Syrien ist wahrscheinlich die Hauptstadt Antiochia und ihr Umfeld gemeint. Dorthin hat Barnabas ihn geholt (vgl. Apg 11,25f). Mit Kilikien meint er wohl Tarsus und Umgebung. Tarsus wurde im 1. Jh. n.Chr. von Josephus und kaum von ihm allein mit dem in Gen/1Mo 10,4; Ps 72,10; Jon 1,3; 4,2; Jes 66,19 und Ez 27,12 genannten Tarsis identifiziert (Ant I, 127; IX, 208),[214] das man heute eher mit dem bei Herodot als Ziel weiter Seefahrten der Jonier erwähnten Tartessos im Südwesten Spaniens nahe der Mündung des Guadalquivir gleichsetzt (Hdt I,163).[215] Nach Jes 66,18f, dem wohl bedeutendsten Missionstext im Alten Testament, will Gott, der Herr, am Ende alle Völker und Zungen sammeln, daß sie seine Herrlichkeit sehen. Er sendet Gerettete als Boten aus, damit sie seine Herrlichkeit unter den Völkern verkündigen, die seinen Namen noch nicht gehört haben: „Ich kenne ihre Taten, ihre Gedanken und komme, um die Völker aller Sprachen zusammenzurufen; sie werden kommen und werden meine Herrlichkeit sehen. Ich richte bei ihnen ein Zeichen auf und sende einige von ihnen, die entronnen sind, zu den übrigen Völkern: nach Tarsis, Pul und Lud, nach Meschech und Rosch, Tubal und Jawan und zu den fernen Insteln, die noch nichts von mir gehört haben.“ Die Weissagung beginnt sich damit zu erfüllen, daß Paulus als Zeuge des erhöhten Herrn Jesus nach Tarsis/Tarsus kommt.[216]

Nachdem Paulus aus in der Umgebung seiner Heimatstadt das Evangelium von Jesus Christus gepredigt hatte, suchte Barnabas ihn dort auf, der ihm in Jerusalem nach Apg 9,27 die Bekanntschaft mit den Aposteln vermittelt haben soll. Er zog nach Apg 11,25-26acb „um Saulus aufzusuchen. Und als er ihn gefunden hatte, brachte er ihn“ ins syrische „Antiochia“, wo beide „ein ganzes Jahr in der Gemeinde viel Volk lehrten, sowie, daß man die Jünger zuerst in Antiochia Jünger nannte.

211 *J.C. Lentz, Jr.*, Luke’s portrait, 34.

212 Geography, VI, 346-353.

213 Geography, VI, 346f.

214 Herodot, Historien I, 150f; vgl. Josephus, Jewish Antiquities, 60-63; *ders.* Jüdische Altertümer I, 317f.

215 Vgl. z.B. *H.W. Wolff*, Dodekapropheton 3,78.

216 Von der Wichtigkeit von Jes 66,18-21 im Zusammenhang mit der Frage nach der Bedeutung des Widerfahrnisses vor Damaskus für das Selbstverständnis des Paulus als Heidenmissionar handeln *R. Riesner*, Frühzeit, 216-227; *M. Hengel / A.M. Schwemer*, Paulus, 158f. Vgl. auch *J.M. Scott*, Paul, 46f, 145ff.

Exkurs: Das syrische Antiochia[217]
Die Stadt war 300 v.Chr. von dem ebenso energischen wie umsichtigen Diadochen Seleukos I. Nikator (geb. 358, gest. 281 v.Chr.), dem Haupt der nach der Neuordnung des von Alexander d. Gr. hinterlassenen Weltreiches in Syrien, Mesopotamien, Medien, Persien und bald auch in Anatolien regierenden Seleukiden-Dynastie, begründet und nach seinem Vater, dem Makedonen Antiochus, benannt worden. Die Haupt- und Residenzstadt des Seleukidenreiches, in der Griechen und Makedonen die Oberschicht bildeten, war rasch zu einer Weltstadt herangewachsen, die sich mit Seleukia am Tigris und Alexandria vergleichen konnte. Die orientalische Untertanenbevölkerung hellenisierte sich im Laufe der Zeit großenteils. Die Metropole mit dem etwa 25 km entfernten Mittelmeerhafen Seleukia lag an großen Fernhandelsstraßen, die in östlicher Richtung nach Persien und Indien, nordwärts nach Kleinasien und südwärts nach Ägypten führten. Sie war das wirtschaftliche und kulturelle Oberzentrum im westlichen Syrien. Nachdem Antiochia mit dem Niedergang des Seleukidenreiches an Bedeutung eingebüßt hatte, stieg die Großstadt nach der Eroberung durch Pompeius (64 v.Chr.) und der nun einsetzenden römischen Unterstützung dank der hohen Fruchtbarkeit seines Umlandes und der für den Handel günstigen Lage wieder zu Wohlstand und neuer Größe auf. Die Stadt führte weiterhin den Titel ‚Metropolis'. Antiochia wurde Hauptstadt der (ab 27 v.Chr. kaiserlichen) Provinz Syrien und Sitz des Statthalters. Es erhielt den Status einer freien Stadt mit eigener Verfassung. Caesar, Augustus und Tiberius sorgten für den architektonischen Ausbau. Im Jahre 37 n.Chr. wurde die in ihrer Geschichte oft von schweren Erdbeben heimgesuchte Stadt durch ein Beben erschüttert und mit finanzieller Unterstützung der Kaiser Caligula und Claudius rasch und prunkvoll wiederaufgebaut. Die Baumaßnahmen waren wahrscheinlich voll im Gange, als Paulus nach Antiochia kam. Die Bevölkerung im 1. Jh. n.Chr. wird von Plinius d. Ä. mit 600.000 angegeben (NatHist VI, 122). Vermutlich ist diese Zahl zu hoch gegriffen. Nach einer neueren Schätzung betrug die Einwohnerzahl in der frühen Kaiserzeit bei einer für Wohnhäuser bebaubaren Fläche von maximal 750 ha und einer angenommenen Bevölkerungsdichte von höchstens 300 Bewohnern pro ha kaum mehr als 250.000.[218] Die Bevölkerung bestand aus Griechen, Syrern, Phöniziern, Juden, Arabern, Persern, Ägyptern und sogar Indern. Man sprach überwiegend Griechisch oder Aramäisch. Neben den Kulten der griechischen Götter wie z.B. Zeus, Apollon, Poseidon und der Stadtgöttin, der Tyche von Antiochia, deren Bildsäule berühmt war, gab es phönizische wie z.B. den Fruchtbarkeitskult des Adonis und syrische wie den Kult des Zeus Kasios. Aber auch der römische Jupiter Capitolinus war vertreten. Monumente des Herrscherkults sind bezeugt.
Die jüdische Gemeinde Antiochias war seit langem eine der größten in der Diaspora.[219] Ihre Zahl ging in die Zehntausende. Sie war wohlhabend und gesellschaftlich einflußreich, auch rechtlich privilegiert. Josephus Weist darauf hin, „daß die jüdischen Bewohner von Antiochia Antiochener genannt werden, weil der Gründer der Stadt, Seleukos, ihnen das Bürgerrecht verliehen hat" (Ap II, 39).[220] Es gibt allerdings sonst keinen klaren Hinweis darauf, daß die Juden in der Stadt im 1. Jh. n.Chr. dieselben Rechte wie die Griechen gehabt hätten. Josephus meint mit der politeía vermutlich Privilegien und Protektion, die einst der Einwanderergemeinde gewährt wurden.[221] Die antiochenischen Juden brauchten ebenso wie in anderen hellenistischen Großstädten, z.B. Alexandria, nicht an den offiziellen Kulten der Stadt teilzunehmen; sie konnten ihre Religion nach den ihnen überkommenen Bräuchen praktizieren. Ihr Recht auf eigene Religionsausübung war geschützt. Sie waren nach Josephus auch missiona-

---

217 Vgl. *R. Haensch*, Capita provinciarum, 244-258; *M. Hengel / A.M. Schwemer*, Paulus zwischen Damaskus und Antiochia, 281-299; *H. Bloedhorn / A.M. Ritter / W. Hage*, Art. Antiochia I-III, 551-553; *F. Kolb*, Antiochia, 97-121 (mit Stadtplan, 107); *J. Kollwitz*, Art. Antiochia am Orontes, 461-469; *F. W. Norris*, Art. Antiochia I. TRE Ntl., 99-103; *K. Obermeier*, Die Gestalt des Paulus, 126.-131; *R. Riesner*, Frühzeit, 97-101; *R. Tracey*, Syria, 236-239.
218 Vgl. *F. Kolb*, Antiochia, 101.
219 *S. Safrai/M. Stern*, Jewish People I, 138ff.
220 *Josephus*, Kleinere Schriften, 150 *(H. Clementz).*
221 *V. Tcherikover*, Hellenistic Civilisation, 328f.

risch aktiv und „veranlaßten ständig eine Menge Griechen, zu ihren Gottesdiensten zu kommen und machten diese gewissermaßen zu einem Teil der ihren“ (Bell VII, 45).[222] Damit ist nicht gesagt, daß diese ‚Griechen‘ scharenweise konvertierten, sondern daß sie mit der jüdischen Religion sympathisierten.
Unter diesen dem Judentum mehr oder weniger eng verbundenen Hospitanten der Synagogen gab es bald eine ständig wachsende Zahl derer, die zum Glauben an den Christus Jesus fanden. An Jesus glaubende Juden überzeugten sie davon, daß das Evangelium auch ihnen galt. In Antiochia wurden die Gemeinden des jungen Christentums großstädtisch und bildeten eigene Strukturen aus. Hier kam es auch früh zur Ausformung grundlegender Bekenntnis- und Lehrtraditionen, mit denen Paulus gelebt hat (z.B. Röm 1,3-4; 3,25-26; 4,25; 8,32-34; 10,9; 1Kor 11,23b-25; 15,3-5; 2Kor 5,21; - 1Kor 12,3; 2Kor 5,17; Gal 3,26-28). Die Missionsarbeit, die von der syrischen Metropole ausging und ins Weite zielte, behandelt Lukas ab Apg 13. - Um die Wende vom 1. zum 2. Jh. n.Chr. ist Ignatius von Antiochia, der um 110 während seiner Romfahrt ins Martyrium sieben kirchen- und theologiegeschichtlich außerordentlich wichtige Briefe an kleinasiatische Gemeinden und an Polykarp von Smyrna geschrieben hat, Bischof der Kirche in der Stadt. Nach ihm machen christliche Theologen aus Antiochia erst wieder im 3. und 4. Jh. von sich reden. – An der Stelle Antiochias steht heute das türkische Antakija, eine mittelgroße Provinzstadt.

Die zweite Jerusalemreise: Die Anerkennung des gesetzesfreien Evangeliums durch die Apostel 2,1-10

[1]Darauf, nach vierzehn Jahren, zog ich wieder mit Barnabas nach Jerusalem hinauf und nahm auch Titus mit. [2]Ich zog aber kraft einer Offenbarung hinauf und legte das Evangelium, das ich unter den Heiden predige, besonders den Angesehen vor, besorgt, daß ich nicht etwa vergebens laufe oder gelaufen sei. [3]Doch selbst Titus, mein Begleiter, wurde, obwohl er Grieche ist, nicht genötigt, sich beschneiden zu lassen. [4]Aber der eingedrungenen falschen Brüder wegen, die eingedrungen waren, wurde, [5]denen haben wir uns keinen Augenblick lang unterworfen, damit die Wahrheit des Evangeliums bei euch bleibe.
[6]Von den Angesehenen aber – wer immer sie waren, kümmert mich nicht; Gott sieht die Person nicht an – wurde mir nichts auferlegt, [7]sondern im Gegenteil: Als sie sahen, daß mir das Evangelium für die Unbeschnittenen anvertraut ist wie Petrus das für die Beschnittenen, [8]denn der, welcher in Petrus zum Apostelamt unter den Beschnittenen wirksam war, der war es auch für mich (in meinem Apostelamt) unter den Heiden – [9]und als sie die Gnade erkannten, die mir gegeben war, da gaben Jakobus und Kephas und Johannes, die als Säulen gelten, mir und Barnabas die rechte Hand zum Zeichen der Gemeinschaft, damit wir zu den Heiden, sie aber zur Beschneidung gehen sollten. [10]Nur sollten wir der Armen gedenken, was zu tun ich mich auch eifrig bemüht habe.

1-3: *Barnabas und Paulus als Delegierte der Gemeinde im syrischen Antiochia auf dem Jerusalemer Apostelkonvent:* **Vierzehn Jahre später ging ich wieder**

---

[222] Josephus, De Bello Judaico, II/2, 85 (*O. Michel / O. Bauernfeind*).

zusammen mit Barnabas nach Jerusalem hinauf; ich nahm auch Titus mit. Ich zog aber aufgrund einer Offenbarung hinauf und legte das Evangelium, das ich unter den Heiden predige, besonders den Angesehen vor, besorgt, daß ich nicht etwa vergebens laufe oder gelaufen zu sein. Doch selbst Titus, mein Begleiter, wurde, obwohl er Grieche ist, nicht genötigt, sich beschneiden zu lassen.

Paulus setzt wieder mit einem ἔπειτα, „darauf", ein. Er schließt damit an Gal 1,21, wo von seiner Missionstätigkeit in Syrien und Kilikien die Rede war, an und gibt einen bestimmten Zeitraum an: διά δεκατεσσάτον ἔτων, „nach vierzehn Jahren", Die „vierzehn Jahre" sind seit dem ersten Besuch Jerusalems vergangen. Diesmal zogen Barnabas und Paulus als Delegierte der aus Juden- und Heidenchristen zusammengesetzten Gemeinde im syrischen Antiochia in die heilige Stadt. Barnabas, d.h. „Sohn des Zuspruchs". Diesen Namen hatten ihm nach Apg. 4,36f die Apostel gegeben. Er stammte von der Insel Zypern und war nach Apg 4,36f. schon früh Mitglied der Jerusalemer Gemeinde. Barnabas hat die Gemeinde durch den Verkauf eines Grundstücks unterstützt und war er einer wichtigsten frühchristlichen Missionare. Nach dem Konflikt mit Paulus im syrischen Antiochia (vgl. Gal 2,11-14) missionierten er und sein Vetter Johannes Markus auf der Insel Zypern. Nach Apg 9,27 machte er Paulus mit den Aposteln bekannt. Beide dienten nach Apg 11,22; 13,1f und 15,35 der Gemeinde im syrischen Antiochia.. Sie führten zusammen die erste Missionsreise durch (vgl. Apg 13,1-14,28), während der sie zuerst auf der Insel Zypern, der Heimat des Barnabas, danach im pisidischen Antiochia, in Ikonion, Lystra und Derbe Heidenmission betrieben und dann in ihre Gemeinde, die sie ausgesandt hatte, zurückkehren und über ihre Arbeit berichteten. Beide nahmen auch als Delegierte ihrer Gemeinde auf göttliche Offenbarung hin nach Auseinandersetzungen in der Gemeinde im syrischen Antiochia am Jerusalemer Apostelkonvent teil, übergaben den Brief mit dessen Beschlüssen und wirkten eine Zeitlang dort als Lehrer und Prediger des Evangeliums (vgl. Apg 15,1-35). Die zweite Missionsreise führte Paulus zusammen mit Silas und dem von ihm bekehrten Griechen Titus (vgl. Tit 1,4).durch (vgl. Apg 15,40 – 18,22). Zwei judenchristliche und ein heidenchristlicher Missionar versuchten, ihre Hörer vom Evangelium Jesu Christi zu überzeugen. Nach 2Kor 2,13; 7,6.13.14; 8,5.16.23; 12,18 organisierte Paulus die Sammlung für die arme judenchristliche Jerusalemer Gemeinde. Nach 2Kor 2,4 überbrachte er den in 2Kor 10-13 enthaltenen „Tränenbrief". Mit ihm gelang es ihm durch geschicktes Taktieren Paulus das gestörte Verhältnis zur dortigen Gemeinde wieder in Ordnung zu bringen (vgl. 2Kor 7,5-16). Nach 2 Tim 4,10 missionierte er in Dalmatien, nach 2Tim 4,10 missionierte er in Dalmatien, nach Tit 1,5 auf der Insel Kreta. Dort war er nach späterer Tradition Bischof.[223] Sie nahmen Timotheus aus Lystra als Missionsgehilfen mit gründeten Gemeinden in Troas, Philippi, Thessalonich, Beröa und Korinth. In Athen ließen sich nur wenige Menschen für das von ihnen gepredigte Evangelium gewinnen.

Anläßlich des Apostelkonvents „wurde" Titus, „obwohl er Grieche ist, nicht genötigt, sich beschneiden zu lassen." Er wurde damit von den „Säulen" der Jerusalemer judenchristlichen Gemeinde, dem Herrenbruder Jakobus sowie den

223 Vgl. *G. Häfner*, Titus, 421.

Aposteln Kephas (Petrus) und Johannes als heidenchristliches Gemeindeglied anerkannt. Paulus hat dies hier erwähnt, um den galatischen Christen deutlich zu machen, daß es keinen Grund gibt, der Beschneidungsforderung der unter ihnen aufgetretenen judenchristlichen Gesetzeslehrer nachzugeben.

4-5: Aber der eingedrungenen falschen Brüder wegen, die eingedrungen waren, wurde, denen haben wir uns keinen Augenblick lang unterworfen, damit die Wahrheit des Evangeliums bei euch bleibe. Um „die Wahrheit des Evangeliums" geht es in diesen beiden Versen.[224] Paulus nennt die Gesetzeslehrer abfällig „falsche Brüder" (vgl. 2Kor 11,26). Ihnen war bekannt, daß der Apostel eine Beschneidung bekehrter und getaufter Heiden für nicht erforderlich hielt. Sie waren zuvor allem Anschein nach besorgt, daß die Jerusalemer Autoritäten der während des Apostelkonvents von Barnabas und Paulus vertretenen Auffassung der Gemeinde im syrischen Antiochia zustimmen würden. Tatsächlich ist das dann geschehen (vgl. Apg 15,19f.28f). Die beiden Abgesandten dieser Gemeinde haben den Forderungen der „falschen Brüder" konsequent widerstanden. Das geschah auch im Interesse der Christen in der Provinz Galatia, „damit die Wahrheit des Evangeliums bei euch bleibe".[225] Sie sollen den Forderungen der bei ihnen aufgetretenen Gesetzeslehrer so widerstehen, wie seinerzeit während des Apostelkonvents Barnabas und Paulus den damals aufgetretenen „falschen Brüdern". Dann bleibt „die Wahrheit des Evangeliums" bei ihnen und sie beharren im wahren Glauben. Sollten sie den Forderungen der judenchristlichen Agitatoren nachgeben, verlieren sie Gottes Gnade und damit ihr Heil.

Exkurs: Barnabas[226]

Lukas erwähnt Barnabas in der Apostelggeschchte dreiundzwanzigmal, Paulus in seinen Briefen nur fünfmal (1Kor 9,6; Gal 2,1.9.13). Barnabas gehört zu den herausragenden Persönlichkeiten des frühen Christentums. „Die paar bruchstückhaften Notizen über ihn entsprechen nicht seiner wirklichen Bedeutung. In Wahrheit war er eine der wichtigsten Persönlichkeiten der Urkirche."[227] Lukas bezeichnet ihn in der Apostelgeschichte als „trefflichen Mann, voll von Heiligem Geist und Glauben" (Apg 11,24). Er erteilt Barnabas aber an keiner Stelle, an der er von ihm spricht, das Wort.

Josef Barnabas war wahrscheinlich älter als Paulus. Er wurde gewiß noch im letzten Jahrzehnt vor der Zeitenwende als Sohn jüdisch zypriotischer Eltern geboren. Eine genauere Angabe seines Geburtsdatums ist kaum möglich. Er trägt einen zusammengesetzten aramäischen Namen, der „Sohn des Trostes" bedeutet. „bar" heißt „Sohn". der Vater könnte „naba(s)" geheißen haben. Man kann den Namen aber auch vom aramäischen „nabi', oder „nebi'ah", Prophetie herleiten. Ähnlich klingende Namen finden sich im Alten Testament: „Nebai" (Neh 10,20), „Nebo" (vgl. Esr 2,49; 10,43; Jes 46,1) und „Nachbi" (vgl. Num/4Mo 13,14). In Ägypten, im Tell Edfou hat man eine Quittung gefunden, die im Jahre 105 n.Chr. dem Juden Pamphilos, dem Sohn eines „Barnabis", für die Bezahlung der Kopf- und Deichsteuer ausgestellt worden war: „4. Bezirk. Pamphilos, Sohn des Barnabis, für die Kopfsteuer für das 8.

---

224 Diese beiden Verse sind Anakoluthe, d.h. nicht konsequent durchgeführte Sätze.

225 Die Wendung ἡ ἀλήθεια τοῦ εὐαγγελίου kommt bei Paiulus hier, Gal 2,14 und 2Kor 11,10 vor. Vgl. ferner Kol 1,5.

226 Vgl. *A. v. Harnack*, Mission, 58, Anm. 1; *B. Kollmann*, Joseph Barnabas, passim; *A. Lindemann*, Art. Barnabas, 1121; *M. Öhler*, Barnabas, passim; *W.-H. Ollrog*, Paulus, 14-17.206-215; *J. Schmid*, Art. Barnabas, 1207-1217.

227 *H. Conzelmann*, Geschichte, 140.

Jahr unseres Herrn Trajan 4 Drachmen, für die Deichsteuer 3 Drachmen 4 ½ Obolen. Jahr 9, Hatyr 4."[228]

Man kann den Namen „Barnabas“ aber auch von der alten Priesterstadt Nob in der Nähe Jerusalems ableiten (vgl. 1Sam 21,2-10; 22,6-19; 2Sam 21,16; Neh 11,32; Jes 10,32). Sie heißt bei Josephus „Naba“ (Ant VI, 252,254.260).[229] Nach Neh 10,32 wohnten in Nob Leviten. Das fügt sich gut in die levitische Herkunft des Barnabas ein. Vielleicht lag das Grundstück, das er zugunsten der Jerusalemer Gemeinde während ihrer Anfangszeit verkaufte, in Nob.

Über die Kindheit und Jugend des Barnabas, seinen Bildungsweg und die religiöse Prägung in seiner vorchristlichen Zeit wissen wir nichts. Was von ihm überliefert ist, handelt vom Christen Barnabas. Nach Clemens von Alexandria (Strom II, 1163), Eusebius von Caesarea (vgl. HE I, 12, 1; II, 1.4) u.a. gehörte er zu den siebzig Jüngern, die Jesus nach Lk 10,1 aussandte.[230] Die Überlieferung läßt sich nicht nachprüfen. Da er vermutlich schon zur Zeit des Erdenwirkens Jesu aus Zypern nach Jerusalem übergesiedelt war, könnte er Jesus während der kurzen Zeit seines dortigen Wirkens noch begegnet sein. Jedenfalls wird ihm nach Ostern der auferstandene Herr erschienen sein und ihm einen Auftrag zur Verkündigung der Christusbotschaft erteilt haben, denn Paulus verstand Barnabas ebenso wie sich selbst als einen vom auferstandenen Herrn Jesus zur Predigt des Evangeliums berufenen Apostel (vgl. 1Kor 9,4ff; 15,7f).[231]

Wenn Lukas die beiden in Apg 14,4.14 „Apostel“ nennt, dann meint er im Unterschied dazu ebenso wie Did 11,4ff missionarisch wirkende wandernde Charismatiker.[232] Barnabas dürfte auch zu den nach Apg 2,5 in Jerusalem wohnenden Diasporajuden gehört haben, die Zeugen des Pfingstereignisses wurden.

In der Jerusalemer Muttergemeinde war er wegen des Grundstücksverkaufs und der Spende des erzielten Erlöses ein bestens beleumundeter Mann, gehörte allerdings nicht zu den „Sieben“, die der aus der hellenistischen Diaspora stammenden und Griechisch sprechenden Gemeindegruppe vorstanden.[233] Er beherrschte aber auch die damals in Palästina gesprochene aramäische Sprache, sodaß er zwischen den „Hebräern“, den Aramäisch sprechenden palästinischen und den „Hellenisten“, den Griechisch sprechenden Judenchristen vermitteln konnte. Er blieb nach dem Märtyrertod des Stephanus in Jerusalem und stellte auch den Kontakt des bekehrten vormaligen Christenverfolgers Saulus/Paulus mit der Leitung dieser Gemeinde her (Apg 9,27). Als Gesandter der Jerusalemer Gemeinde, der von seinem Vetter Johannes Markus, begleitet wird, billigte er um 33/34 n.Chr. in Antiochia die dort von hellenistischen Judenchristen initiierte und erfolgreich betriebene gesetzesfreie Heidenmission (Apg 11,20-24). Er fand selbst in der Gemeinde von Antiochia sein weiteres Betätigungsfeld und führte Paulus, den er während seiner Missionsreise, die er irgendwann zwischen 36 und 46 n.Chr. nach Syrien und Kilikien unternahm, aus Tarsus mitbrachte, dort ein (vgl. Apg 11,25f). Beide arbeiteten in Antiochia etwa ein Jahr lang erfolgreich als Lehrer zusammen, überbringen gemeinsam um 45/45 n.Chr. eine Kollekte der Antiochener Gemeinde als Zeichen der Verbundenheit zwischen Tochter- und Muttergemeinde nach Jerusalem (vgl. Apg 11,27-30). Anläßlich der Rückkehr nach Antiochia nahm Barnabas seinen Vetter Johannes Markus aus Jerusalem mit (vgl. Apg 12,25). Barnabas und Paulus wurden ca. 47 n.Chr. von der Gemeinde in

---

228 Corpus Papyrorum Judaicorum II, No. 331; hier zitiert nach: *M. Öhler*, Barnabas, 28.

229 Vgl. *Josephus*, Jewish Antiquities IV-VI, 446f, 452f, 456f; *ders.*, Jüdische Altertümer I, 364, 366, 367 *(H. Clementz).*

230 *Clemens von Alexandria*, Teppiche I-III, 233 *(O. Stählin); Eusebius von Caesarea*, Kirchengeschichte, 110, 112 *(H. Kraft).* – Die Zahl der von Jesus nach Lk 10,1 ausgesandten Boten betrug nach den ältesten und besten Textzeugen der Stelle sehr wahrscheinlich 72- Vgl. dazu, *M. Metzger*, Commentary, 126f; *W. Eckey*, Lukasevangelium I, 454f.

231 Vgl. *A. Lindemann*, Der Erste Korintherbrief, 202f; 333f; *M. Öhler*, Barnabas, 10-24; *W.-H. Ollrog*, Mitarbeiter, 16.

232 Vgl. *A. Lindemann / H. Paulsen*, Hg., Die Apostolischen Väter, 16f; Schriften des Urchristentums II, 82-85.

233 Vgl. hier, S. 134-139.

Antiochia als Missionare ausgesandt (vgl. Apg 13,1ff). Sie missionierten zusammen mit ihrem Mitarbeiter Johannes Markus zuerst auf Zypern, der Heimat des Barnabas (vgl. Apg 13,4-12), und anschließend ohne Markus in Pisidien und Lykaonien (vgl. Apg 13,13 – 14,28).
Beide vertraten auch im Jahre 47/48 n.Chr. die Gemeinde von Antiochia auf dem Jerusalemer Apostelkonvent und traten mit Erfolg dafür ein, daß die Taufe für Heidenchristen als Zeichen ihrer Christuszugehörigkeit genügt (vgl. Apg 15,1-33; Gal 2,1-10). Als es in Antiochia infolge des Auftretens von Anhängern des Herrenbruders Jakobus aus Jerusalem zum Konflikt um die zuvor selbstverständlich praktizierte Mahlgemeinschaft zwischen Juden- und Heidenchristen kam, entschied sich Petrus anscheinend unter dem Druck der Jakobusleute, jedenfalls aus Furcht vor ihnen das gemeinsame Herrenmahl mit den Heidenchristen aufzukündigen (vgl. Gal 2,12). Paulus bezeichnet dies als Heuchelei. Dem schlechten Beispiel des Petrus folgten andere Judenchristen Auch Barnabas hielt es für wichtiger, sich mit den Judenchristen solidarisch zu erzeigen, als die Gemeinschaft mit den Heidenchristen beim Mahl aufrechtzuerhalten (vgl. Gal 2,13). Das Verhalten des Mannes, mit dem Paulus gemeinsam viele Heiden für die Christusbotschaft gewonnen und auf dem Apostelkonvent gegen „falsche Brüder" für „die Wahrheit des Evangeliums" eingetreten war (vgl. Gal 2,4ff), wird ihn tief geschmerzt haben.
Während Petrus trotz seines Versagens im Hof des hohepriesterlichen Palastes (vgl. Mk 14,66-72 // Mt 26,69-75 // Lk 22,56-62 // Joh 18,17.25-27) und seiner schwankenden Haltung in der Frage des gemeinsamen Herrenmahles für alle Zeiten im Gedächtnis der Christenheit eine herausragende Stelle einnimmt, ist Barnabas außer den Theologen nur noch bibelkundigen Christen bekannt. Petrus und Paulus sind für Lukas die beiden Hauptzeugen der christlichen Botschaft. Hinter ihnen ist Barnabas leider unverdient in den Schatten getreten. Das geht so weit, daß Lukas ihn Apg 13,13 nur pauschal als einen der Begleiter des Paulus nennt.
Barnabas und Paulus gaben im Jahre 48/49 n.Chr. ihre missionarische Zusammenarbeit auf, weil sie sich über die Mitarbeit des Johannes Markus, den Paulus als erwiesenermaßen unzuverlässig ablehnte nicht einigen können. Barnabas und sein Vetter missionierten wieder auf Zypern (vgl. Apg 15,36-39). Die überregionale Bedeutung des Barnabas läßt sich daran erkennen, daß man seinen Namen auch in den paulinischen Gemeinden von Galatien und Korinth kannte. Er verzichtete wie Paulus darauf, seinen Lebensunterhalt von den Missionsgemeinden bestreiten zu lassen und erarbeitete ihn als Handwerker (vgl. 1Kor 9,6).
Tertullian von Karthago hielt um 200 n.Chr. in seinem Traktat „Über die Ehrbarkeit" (De Pudicitia) Barnabas, den er als „von Gott hochgeehrten Mann" bezeichnet, für den Verfasser des Hebräerbriefes (Pud 20).[234] Dafür könnte außer der hellenistisch-judenchristlichen Prägung und einer gewissen Verwandtschaft dieses Schreibens mit der Theologie des Paulus, wie z.B. die Präexistent Jesu (Hebr 1,3; vgl. Gal 4,4), die Deutung des Leidens und Sterbens Jesu (Hebr 5,7f; vgl. 1Kor 1,18; Phil 2,8), die überragende Bedeutung Jesu im Vergleich mit Mose (Hebr 3,1-6; vgl. 2Kor 3,7-10), die Warnung, sich wie die Väter in der Wüste zu verhalten (Hebr 3,7 – 4,11; vgl. 1Kor 10,1-13), das Bild vom Wettkampf (Hebr 12,1f; vgl. 1Kor 9,24-27) die völlige Lösung vom alttestamentlichen Kult- und Ritualgesetz (vgl. Hebr 10,1-18) sprechen,[235] wenn man bedenkt, daß Barnabas in Antiochia und danach auch auf dem Apostelkonzil zusammen mit Paulus für die Anerkennung der Heidenmission eingesetzt hat, die von den zum Christusglauben Bekehrten keine Beschneidung forderten (vgl. Apg 15,1-4). Doch die Indizien für die Annahme einer Verfasserschaft des Barnabas reichen ebensowenig aus wie die Versuche, ihn Paulus selbst, Apollos, Philippus, Silas, Timotheus, Clemens von Rom u. a. zuzuschreiben. Vermutlich hat der Verfasser des Hebräerbriefes seinen Namen bewußt verschwiegen.[236] Schon Origenes hat geschrieben: „Wer … tatsächlich den Brief geschrieben hat, weiß Gott" (bei Eusebius, HE VI, 25,14).[237]

---

234 *Tertullian*, Schriften II, 457f *(K. A. H. Kellner);* vgl. auch *B. Kollmann*, Joseph Barnabas, 95.
235 Vgl. *H. Braun*, An die Hebräer, 3.
236 Vgl. *E. Grässer*, An die Hebräer, 21f.
237 Eusebius von Caesarea, Kirchengeschichte, 300.

Man hat Barnabas auch den „Barnabasbrief“ zugeschrieben, der wahrscheinlich um 130 n.Chr. entstanden ist und in manchen Regionen lange als vermeintlich apostolisches Schreiben hoch angesehen war.[238] Die Zuschreibung findet sich zuerst bei Clemens von Alexandria (Strom V, 63, 1).[239] Barnabas scheidet schon deshalb als Verfasser aus, weil er zur Abfassungszeit des Briefes bestimmt nicht mehr lebte. Jemand, der sich wie Petrus vor den aus Jerusalem nach Antiochia gekommenen Anhängern des Herrenbruders Jakobus fürchtete, die bisher gepflegte Tischgemeinschaft mit den Heidenchristen aufhab und so mit dazu beitrug, daß es zu einer Trennung beider Gruppen der Gemeinde kam (vgl. Gal 2,12), spiritualisiert unmöglich jüdische Speisebräuche (Barn 10,1-11), Opfervorschriften (Barn 2,1-10), Beschneidungspflicht (Barn 9,4-6) und Sabbathgesetze (15,1-9) durch eine allegorische Deutung. Der Verfasser des Briefes mißversteht in Barn 7,4 und 8,1 jüdische Bräuche. Er war gewiß kein Juden- sondern ein Heidenchrist.

In den um 320-330 n.Chr. entstandenen und Clemens von Rom zugeschriebenen Pseudoklementinen[240] ist Barnabas Petrus freundschaftlich verbunden und trägt mit zur Bekehrung des Clemens, der angeblich mit dem Kaiser Tiberius verwandt war, bei. Barnabas vermittelt eine Begegnung des Clemens mit Petrus in Caesarea.

Nach den gegen Ende des 5. Jh.s n.Chr. verfaßten, fälschlicherweise Johannes Markus zugeschriebenen „Acta Barnabae“, die das „kirchenpolitische Ziel verfolgen, „die Autonomiebestrebungen der Kirche von Zypern zu untermauern“, starb Barnabas den Märtyrertod in der Inselhauptstadt Salamis durch Verbrennen. Seine Asche soll dort zusammen mit einem Exemplar des Matthäusevangeliums beigesetzt worden sein.[241] Die angebliche Grabeshöhle wurde dort um 488 n.Chr. entdeckt worden sein.[242]

Die Selbständigkeit der Kirche von Cypern soll auch die im 6. Jh. von einem Mönch Alexander verfaßte „Laudatio Barnabae“ stützen.[243]

Bei den vielleicht im 11. Jh. n.Chr. entstandenen „Acta Bartholomai et Barnabae“[244] handelt es sich um Lobreden (Enkomien) handelt und nicht um Apostelgeschichten. Der unbekannte Verfasser hat darin Überlieferungen über Bartholomäus und Barnabas aufgenommen.

Aus spätmittelalterlicher Zeit stammt ein dem Barnabas zugeschriebenes Evangelium.[245]

Exkurs: Titus

Titus war einer der Mitarbeiter des Apostels Paulus. Dieser nennt ihn im Zusammenhang mit der Kollekte, die er als Zeichen des Dankes heidenchristlicher Gemeinden für die von ihr empfangenen „geistlichen Güter“ verstand: „Makedonien und Achaia haben beschlossen, eine Sammlung für die Armen der Heiligen in Jerusalem durchzuführen. Sie haben es beschlossen und sind es ihnen auch schuldig; denn wenn die Heiden an ihren geistlichen Gütern Anteil bekommen haben, sind sie verpflichtet, ihen mit irdischen Gütern zu dienen“ (Röm 15,26f). Der Apostel hat auch von den galatischen Gemeinden erwartet, daß sie sich an der Kollekte beteiligten. Er hat der Gemeinde in Korinth geschrieben: „Was die Geldsammlung für die Heiligen angeht, sollt ihr euch an das halten, was ich für die Gemeinden Galatiens angeordnet habe“ (1Kor 16,1). Von dieser Sammlung handelt 2Kor 8,1-24. In diesem Zusammenhang schreibt Paulus über Titus: „Gott sei Dank, der dem Titus solchen Eifer für euch ins Herz gelegt hat; denn er ließ sich gern ermuntern. Ja, weil er so eifrig war, daß er aus eigenem Ent-

---

238 Vgl. *A. Lindemann / H. Paulsen*, Hg., Die Apostolischen Väter, 23-71; Schriften des Urchristentums II, 101-202 *(K. Wengst)*.

239 *Clemens von Alexandria*, Teppiche, 173f; vgl. auch *B. Kollmann*, Joseph Barnabas, 93f

240 Vgl. Neutestamentliche Apokryphen II, 439-488 *(J. Irmscher / G. Strecker)*.

241 Neutestamentliche Apokryphen II, 421f *(S. de Santos Otero)*; vgl. auch *B. Kollmann*, Joseph Barnabas, 76-82.

242 Vgl. *B. Kollmann*, Joseph Barnabas, 75.

243 Vgl. *R. A. Lipsius / M. Bonnet*, Apokryphe Apostelgeschichten II/2, 292-302; vgl. auch *B. Kollmann*, Joseph Barnabas, 83-93.

244 Vgl. *B. Kollmann*, Joseph Barnabas, 83-93.

245 Vgl. dazu *A. Harnack*, Geschichte I, 62.

schluß gleich zu euch reiste“ (2Kor 8,16f). Titus ist im Konflikt des Apostel mit der Gemeinde in Korinth geschickt vorgegangen und hatte Erfolg (vgl. 2Kor 7,5-16). Er hat den Christen in der Hauptstadt Achaias auch den in 2Kor 10-13 enthaltenen „Tränenbrief“ überbracht (vgl. 2Kor 2,4). Wenn Barnabas und Paulus ihn mit zum Apostelkonvent nach Jerusalem nahmen, dann ging es ihnen darum, im Blick auf die vorhersebare Auseinandersetzung mit den Judaisten einen Heidenchristen bei sich zu haben, der durch die Predigt des gesetzesfreien Evangelium für den christlichen Glauben gewonnen war. Nach 2Tim 4,10 hat Titus in Dalmatien missioniert, nach Tit 1,5 auf der Insel Kreta. Lukas hat diesen Paulus-Mitarbeiter in der Apostelgeschichte nicht erwähnt. Es gibt apokryphe Titusakten und auch einen Titus zugeschriebenen Brief.

Grundbestand	*Erweiterungen*	*Zusatzerweiterungen*
6a: Von den Angesehenen aber **6d:** wurde mir nichts auferlegt,	**6b:** wer immer sie waren kümmert mich nicht;	**6c:** Gott sieht die Person nicht an
Überbietung		
7a: sondern im Gegenteil:	**7b.c:** Als sie sahen, daß mir das Evangelium für die Unbeschnittenen anvertraut ist wie Petrus das für die Bechnittenen,	**8:** denn der, welcher in Petrus zum Apostelamt unter den Beschnitte- nen wirksam war, der war es auch für mich in meinem Apostelamt unter den Heiden
	9a: und als die sie Gnade erkannten die mir gegeben war,	
9b.c.d: gaben Jakobus und Kephas und Johannes, die als Säulen gelten mir und Barnabas die rechte Hand zum Zeichen der Gemeinschaft	**9e.f:** damit wir zu den Heiden, sie aber zur Beschneidung gehen sollten.	
Einschränkung		
10a: Nur sollten wir der Armen gedenken	**10b:** was zu tun ich mich auch eifrig bemüht habe.	

6: Von den Angesehenen aber – wer immer sie waren, kümmert mich nicht; Gott sieht die Person nicht an – wurde mir nichts auferlegt. V. 6a ist wieder ein Anakoluth. „Die Angesehenen“ der Jerusalemer judenchristlichen Gemeinde sind den Forderungen derer, die eine Unterordnung der Heidenchristen unter das Mosegesetz, die Thora Israels, und damit auch ihre Beschneidung verlangten, nicht gefolgt. Sie haben den Heidenchristen keine diesbezüglichen Auflagen gemacht, sondern durch ihren Handschlag die bestehende Gemeinschaft bestätigt (vgl. Gal 2,9). „Ansehen“ genießt man nur bei den Menschen, aber nicht vor Gott. Mochte auch Jakobus als Bruder Jesu in der frühen Christenheit hoch angesehen sein, Paulus interessiert das nicht. Er hat der Gemeinde in Korinth geschrieben: „Wir kennen von jetzt an niemanden mehr nach dem Fleisch, und wenn wir auch Christus nach dem Fleisch gekannt haben, so kennen wir ihn doch jetzt nicht mehr so“ (2Kor 5,16). Wenngleich Jesus ein Nachfahre des Königs David war und Menschen wie beispielweise die Schwiegermutter seines

Jüngers Simon Petrus vom Fieber heilte (vgl. Mk 1,29ff parr.), so spielt das für den Apostel keine Rolle: Christus „nahm die Gestalt eines Sklaven an und wurde den Menschen gleich. Er erniedrigte sich selbst und ward gehorsam bis zum Tod, ja, bis zum Kreuzestod“ (Phil 2,7f). Christus entschied sich für den Status eines unfreien und ehrlosen Untertanen, eines fremd bestimmten, nur zum Dienst verpflichteten und auch zum Dienen willigen Knechtes. „Der Sklave ist ein beseeltes Werkzeug wie das Werkzeug ein unbeseelter Sklave“ (Aristoteles, EthNic VIII, 13p 1161 b 4).[246] Damit, daß der Gott Gleiche sich dazu entschloß, die Sklavengestalt für sich zu akzeptieren, hat er sich zum bloßen Mittel erniedrigt.
Inwiefern der Eine, der dem ihm eigenen Status in göttlicher *majestas* entsagte, die Stellung eines der hohen Herrschaft und insbesondere der Gottheit gegenüber zu nichts anderem als zum gehorsamen und demütigen Dienen verpflichteten armen Mannes, der als „beseeltes Werkzeug“ zu funktionieren hat, einnahm und ausfüllte, wird in den Versen Phil 2,7c-8c näher ausgeführt: Er wurde ein Mensch, den anderen „Menschen gleichgestaltet“ (7c), als Mensch „von einer Frau geboren“ und als geborener Jude „dem Gesetz unterstellt“ (Gal 4,4). Auch nach seiner äußeren „Erscheinung“ wurde er „als Mensch erkannt“. Er war also ein wirklicher Mensch, kein nur in Menschengestalt erscheinendes Himmelswesen. Als Mensch war er nicht auf Selbstsicherung und Selbstdurchsetzung aus, war auch nicht ängstlich um seine Selbstbewahrung besorgt, sondern erwies seine Hingabefähigkeit in der Wahl der Demut als ihm gemäße Lebensform: „Er erniedrigte sich selbst“ (8a). So hat er die Devise der Weisheit beherzigt: „Je größer du bist, um so mehr erniedrige dich, und du wirst vor dem Herrn Gnade finden“ (Sir 3,18 LXX; Apokryphen der Lutherbibel 3,20). Auf seinem Weg in die Niedrigkeit nahm der Gottgleiche auch willig das Los aller Menschen an und „erzeigte sich gehorsam bis zum Tod“. Ja, er, der für sich den niedrigen Sklavenstatus bejahte, nahm auch die „erbarmungswürdigste Todesart“ (Josephus, Bell VII, 203), die „Sklavenstrafe“ (servili supplicio, Tacitus, Hist IV, 11) auf sich.[247] Er erniedrigte sich gar „bis zum Kreuzestod“. Der Tod am Kreuz zeigt, daß er für sich den Status eines Ehrlosen und Verworfenen (vgl. Dtn/5Mo 21,23) bis zur äußersten Konsequenz akzeptierte. In tiefere Schmach und Schande kann ein Mensch nicht sinken.

7: **Im Gegenteil, als sie sahen, daß mir das Evangelium für die Unbeschnittenen anvertraut war wie Petrus für die Beschnittenen.** Wie bedeutend „die Angesehenen“ auch gewesen sein mögen, interessiert ihn nicht. „Gott sieht die Person nicht an“, d.h. für ihn ist es nicht relevant, welche Stellung jemand in der kirchlichen und weltlichen Öffentlichkeit einnimmt. Vgl. 1Sam 16,7b LXX: „Der Mensch sieht, was vor Augen ist; Gott aber sieht das Herz an“. Das „Herz“ ist in der Bibel das religiöse und sittliche Zentrum der Person. Es ist die Stelle im Menschen, an der Gott mit ihm in Verbindung tritt. Das „Herz“ steht auch für das Gemüt und die Vernunft: „Ein fröhliches Herz macht das Gesicht heiter; Kummer im Herzen bedrückt das Gemüt. Das Herz des Verständigen sucht Er-

---

246 *Aristoteles*, Die Nikomachische Ethik 356f *(O. Gigon)*; Tacitus, Historien, 386f *(J. Borst / H. Hross / H. Borst).*
247 Josephus, De Bello Judaico, II, 2, 112f (*O. Michel / O. Bauernfeind*).

kenntnis; der Mund des Toren ergeht sich in Torheit“ (Spr 15,13f LXX). „Auf den Lippen des Einsichtigen findet man Weisheit; auf den Rücken des Unverständigen paßt der Stock“ (Spr 10,13 LXX). „Weise verbergen ihr Wissen; der Mund des Toren ist drohendes Verderben“ (Spr 10,14 LXX). Die Hirten hatten den Eltern Jesu über ihr Erlebnis berichtet: „Maria aber bewahrte alle diese Worte in ihrem Gedächtnis und bewegte sie in ihrem Herzen (S^{Lk} 2,19). Maria bewahrt alles, was ihr die Hirten mitgeteilt haben, in ihrem Gedächtnis und „bewegt sie in ihrem Herzen“, also da, wo sie als Person vor Gott steht. – Gottes Sohn, Jesus Christus, „ist es, der uns sein Siegel aufgedrückt und als Unterpfand des Heils den Geist in unsere Herzen gegeben hat“ (2Kor 1,22). Der Heilige Geist wird mit der Taufe verliehen (vgl. z.B. Apg 2,38; Röm 5,5; 8,15; 1Kor 2,12; 6,22). Vgl Eph 1,13f: In Christus „seid auch ihr, die ihr das Wort der Wahrheit gehört habt, das Evangelium euerer Rettung; in ihm seid ihr, als ihr gläubig wurdet, mit dem Heiligen Geist versiegelt worden, der das Unterpfand unseres Erbes zu unserer Erlösung ist, damit wir sein Eigentum würden zum Lob seiner Herrlichkeit“. Dem Herzen teilt sich „der Friedee Gottes“ mit und wohnt in ihm: „Der Friede Gottes wird euere Herzen und Sinne in Christus Jesus bewahren“ (Phil 4,7). Der Gottesfriede „übersteigt alle Vernunft“. Er ist eine rational nicht berechenbare, mit dem Intellekt, der ihn nur bruchstückhaft begreift, nicht faßbare, auch für jeden, dem er zuteil wird, unbegreifliche, aber doch keine vernunftwidrige Macht. „Der Friede Gottes“ ist für Christen eine den Menschen als Vernunftwesen umgreifende, seine Existenz regierende Wirklichkeit. Er reicht über diejenigen hinaus, die in Sorgen und Ängsten zu Gott beten. Damit, daß er sie ergreift, erhält er sie in der Mitte ihrer Person, dem „Herzen“; er bewahrt sie aber auch in ihren Gedanken und Entschlüssen in der Gemeinschaft mit Jesus Christus und so in Gott. Darum geht es auch in Kol 1,15: „Der Friede Christi, zu dem ihr in einem Leibe berufen seid, regiere in eueren Herzen, und seid dankbar!“. Wer eine Wohltat empfangen hat, schuldet seinem Wohltäter Dank. Dankbarkeit prägt das Leben eines Christen: „Dankt für alles; denn das ist Gottes Wille an euch, die ihr Christus Jesus gehört“ (1Thess 5,18). Nach Paulus sind die Heiden undankbar: „Obwohl sie Gott erkannten, haben sie ihm nicht Lobpreis und Dank dargebracht, sondern wurden in ihren Gedanken eitel, und ihr unverständiges Herz wurde verfinstert“ (Röm 1,21). Obwohl alle Menschen Gottes Existenz aus seinen Schöpfungswerken erschließen konnten, sind sie ihm doch die ihm geschuldete „Ehre“ schuldig geblieben. Dankbarkeit ist die Antwort auf erfahrene Güte. „Dankt dem Vater Freude, der euch befähigt hat, am Los der Heiligen im Licht teilzuhaben“ (Kol 1,12). Das „Erbteil der Heiligen im Licht“ besteht in der Teilhabe am Leben der Engel. Die „Heiligen“ dind diejenigen Menschen, die Gott gehören und somit sein eigen sind. – In Martin Luthers „Kleinem Katechismus“ (1529) heißt es in der Erklärung zum ersten Artikel des Apostolicums unter anderem: Darum, daß Gott mich „mit aller Notdurft und Nahrung des Leibes und Lebens reichlich und täglich versorget, wider alle Fährlichkeit beschirmet und vor allem Übel behütet und bewahret, und das aus lauter väterlicher, göttlicher Güte und Barmherzigkeit, ohn all mein Verdienst und Würdigkeit dess’ alles ich ihm zu danken und dafür zu dienen und gehor-

sam zu sein schuldig bin."[248] – Der dritte Teil des „Heidelberger Katechismus" (1563) handelt „Von der Dankbarkeit". Die Frage 86 und die Antwort darauf lauten: „Dieweil wir denn aus unserem Elend ohn alle unsere Verdienste durch Christus erlöset sind, warum sollen wir gute Werke tun? Darum, daß Christus, nachdem er uns mit seinem Blut erkauft hat, uns auch durch seinen Heiligen Geist erneuert zu seinem Ebenbild, daß wir mit unserem ganzen Leben uns dankbar gegen Gott und seine Wohltat erzeigen, und er durch uns gepriesen werde. Darnach auch, daß wir uns selbst unseres Glaubens aus seinen Früchten gewiß seien, und mit unserem gottseligen Wandel unsere Nächsten auch Christo gewinnen."[249]
Die Jerusalemer Autoritäten erkannten, daß Paulus „das Evangelium an die Unbeschnittenen" anvertraut war „wie Petrus das für die Beschnittenen". Mit den „Unbeschnittenen" sind die Heiden, mit den „Beschnittenen" die Juden gemeint. Faktisch ließen sich Heiden- und Judenmission zur Zeit der frühen Christenheit nicht voneinander trennen. Paulus traf die Heiden in der Regel als „gottesfürchtige" Mitglieder des Freundeskreises der Synagoge in den dortigen Gottesdiensten oder an jüdischen Gebetsstätten an (vgl. Apg 13,14-52; 14,1-7; 16,16; 17,1-9.10-13.17; 18,4; 19,8). Das gab Anlaß zu Konflikten; denn auf diese Weise predigte er auch Juden das Evangelium Jesu Christi und versuchte, sie für den christlichen Glauben zu gewinnen. Paulus hat den Christen in Korinth, der Hauptstadt der Provinz Achaia geschrieben: „Obwohl ich von jedermann frei bin, habe ich mich allen zum Sklave gemacht, um möglichst viele zu gewinnen. Den Juden bin ich wie ein Jude geworden, damit ich die Juden gewinne. Denen, die unter dem Gesetz stehen, bin ich, wiewohl ich nicht unter dem Gesetz stehe, wie einer unter dem Gesetz geworden. um die zu gewinnen, die unter dem Gesetz stehen. Den Gesetzlosen war ich wie ein Gesetzloser, wenngleich ich vor Gott nicht ohne Gesetz, sondern an das Gesetz Christi gebunden bin, um die Gesetzlosen zu gewinnen" (1Kor 9,19ff). Der Apostel, der nach seiner Bekehrung und Berufung sich seiner Familie und seinem Volk entfremdet hat, ist von allen menschlichen Bindungen frei; er gehört ganz seinem Herrn, als dessen „Sklave" er sich versteht (vgl. z.B. Röm 1,1; Phil 1,1), verläßt sich in den Gefahren, die seine Missionsarbeit mit sich bringt, ganz auf seinen Herrn. Er war oft dem Tode nahe (vgl z.B. Apg 14,19f; 2Kor 4,8-11; 23-29). Obgleich er sich von allen menschlichen Bindungen frei weiß, hat er sich doch jedermann zum Sklaven gemacht, ohne dabei „ein Knecht der Menschen" (1Kor 7,23) zu werden. Er, der selbst ein Jude ist, hat sich seinen jüdischen Mitbürgern angepaßt und unter ihnen wie ein Jude gelebt, also dann auch das Mosegesetz, die Thora Israels, befolgt, von der er sich sonst frei weiß, um Juden für den christlichen Glauben zu gewinnen. Unter Heiden hat er wie ein Heide gelebt, obgleich er kein Heide, sondern an die christlichen Lebensnormen gebunden war, um Heiden für den Christusglauben zu gewinnen. Er wußte sich allen Menschen zu akkommodieren: „Den Schwachen wurde ich ein Schwacher, um die Schwachen zu gewinnen. Allen bin ich alles geworden, um auf jeden Fall einige zu retten. Alles aber

---

248 Die Bekenntnisschriften der evangelisch-lutherischen Kirche, Göttingen 41959,510f.

249 Bekenntnischriften und Kirchenordnungen der nach Gottes Wort reformierten Kirchen, hg. mit anderen v. *Wilhelm Niesel*, Zollikon-Zürich, 31938, 170. Die Schreibweise wurde von mir dem heutigen Gebrauch angepaßt. W. E.

tue ich des Evangeliums wegen, um sein Teilhaber zu werden“ (1Kor 9,22f). Die von Paulus angesprochenen „Schwachen“ waren Christen, deren Glauben noch nicht gefestigt war. Der Apostel könnte aber solche Gemeindeglieder gemeint haben, die sich an die jüdischen Speisevorschriften hielten und sich fürchteten, in paganen Kulten gebrauchtes Fleisch zu essen: „Nehmt den an, der im Glauben schwach ist, ohne mit ihm über unterschiedliche Meinungen zu streiten. Der eine glaubt, alles essen zu dürfen; der Schwache aber ißt nur Gemüse. Derjenige, der ißt, verachte denjenigen nicht, der nicht ißt. Derjenige aber, der nicht ißt, verurteile den nicht, der ißt; denn Gott hat ihn angenommen. Wer bist du, daß du einen anderen Sklaven verurteilst? Er steht oder fällt seinem eigenen Herrn. Er wird aber stehenbleiben; denn der Herr vermag ihn aufrecht zu halten (Röm 14,1-4). Die „Schwachen“ aßen vegetarisch; sie tranken auch keinen Wein. Sie wußten sich der Nahrungsaskese verpflichtet und fürchteten, sich durch nicht koschere Lebensmittel kultisch zu verunreinigen. Die im Glauben „Starken“ sollen nicht mit ihnen über deren Eßgewohnheiten disputieren, sondern sie so annehmen, wie sie sind. Die „Schwachen“ sollen die „Starken“ nicht deshalb verurteilen, weil sie Fleisch essen und Wein trinken. Ein „Sklave kann nur von seinem „Herrn“ zur Verantwortung gezogen werden, nicht aber von anderen „Sklaven“.[250] Christen sind ihrem Herrn über ihr Tun und Lassen Rechenschaft schuldig. Vor ihm haben sie sich mit ihrer Lebensführung zu bewähren. Der Apostel ist gewiß, daß der Herr „den, der gefallen ist, wieder aus Gnaden annehmen wird. Er hat die Macht, ihn aufzurichten. Und er will es.“[251] Er gibt allen, die an ihn glauben, einen festen Stand. Die römischen Christen sollen Gott für ihre Lebensmittel danken, die sie zu sich nehmen, wie das auch die Juden taten: „Gepriesen seist du, Jahwe, unser Gott, König der Welt, der die ganze Welt mit seiner Güte speist! In Gnade, Liebe und Erbarmen gibt er Brot allem Fleisch, denn seine Gnade währet ewiglich. Nach seiner großen, immerwährenden Güte hat er und nicht mangeln lassen und möge er uns in Ewigkeit nicht mangeln lassen Speise um seines großen Namens willen. Denn er speist und versorgt alle und erweist Gutes allen und richtet Speise zu für alle seine Geschöpfe, die er geschaffen hat. Gepriesen seist du, Jahwe, der alle speist!“[252] „Von Rabbi Schami, dem Alten (um 30 v.Chr.), hat man erzählt: Sein Leben lang hat er zu Ehren des Sabbaths gegessen; fand er ein schönes Stück Vieh, so sagte er: Dies für den Sabbath! Fand er ein anderes, schöneres, so stellte er das zweite für den Sabbath zurück und verzehrte das erste.“[253]

„Der eine bevorzugt einen Tag vor dem anderen; der andere heißt jeden Tag gut. Ein jeder möge seiner Überzeugung gewiß sein. Wer auf den Tag achtet, tut das für den Herrn. Und wer ißt, tut es für den Herrn; denn er sagt Gott Dank. Niemand von uns lebt für sich selbst, keiner stirbt für sich selbst. Leben wir, so leben wir dem Herrn; sterben wir, so sterben wir für den Herrn. Ob wir nun leben oder sterben, gehören wir dem Herrn. Dazu ist nämlich Christus gestorben und lebendig geworden, daß er über Tote und Lebende herrsche“ (Röm 14,5-9). Die Meinungsverschieden unter den römischen Christen hingen damit zusammen,

---

[250] Vgl. *H. Schlier*, Römerbrief, 406.
[251] *H. Schlier*, Römerbrief, 407.
[252] Bill. IV/2, 631.
[253] Bill. I, 611.

daß sie unterschiedliche Traditionen hatten, als sie zum Glauben kamen und sich taufen ließen. Sie lebten auch weiterhin ihren überlieferten Sitten gemäß. Unter den Judenchristen in Rom gab es nicht allein Differenzen, was die Enthaltsamkeit von Fleisch und Wein betraf, sondern auch im Blick auf die Begehung der im Mosegesetz und der daran anschließenden Tradition vorgeschriebenen Feiertage, insbesondere die Feier des Sabbats. Manche Heidenchristen werden sich von Astrologen beraten lassen haben, welche Tage sich für die Verwirklichung ihrer Vorhaben besonders eigneten und welche nicht. Für Christen kommt es darauf an, daß sie alle Tage für ihren Herrn da sind und ihm zur Verfügung stehen und im Hinblick auf ihn ihr Leben gestalten. Sie gehören nicht sich selbst, sondern im Leben und Sterben ihrem Herrn; denn niemand lebt und stirbt für sich selbst. „Ob wir leben oder sterben, wir gehören dem Herrn" (Röm 14,8b). Ähnlich argumentierten auch Rabbinen: Aboth 4,22 (Rabbi Elazar Ha-qappar, um 180) sagte: „Die Geborenen sind bestimmt zu sterben und die Gestorbenen wiederaufzuleben und die Lebenden gerichtet zu werden, damit man wisse, daß er Gott ist, er, der Bildner, er, der Schöpfer, er, der Aufmerkende, er, der Richter, der, Zeuge, der, Ankläger, und daß er einst richten wird, vor dem kein Unrecht gilt und kein Vergessen und kein Ansehen der Person und kein Nehmen von Bestechung; denn alles gehört ihm."[254] Aboth 2,12: „Rabbi Jose, der Priester (um 100), sagte: Alle deine Taten sollen um Gottes Willen geschehen."[255] Der unbekannte Autor des zweiten Timotheusbriefes schreibt im Namen des Apostels Paulus an Timotheus: „Wenn wir mit Christus gestorben sind, so werden wir auch mit ihm leben; bleiben wir standhaft, so werden wir auch mit ihm herrschen; verleugnen wir, so wird er uns auch verleugnen. Wenn wir untreu sind, so bleibt er treu; denn er kann sich selbst nicht verleugnen" (2Tim 2,1ff). Wie Paulus des Evangeliums wegen gelitten hat, so soll auch Timotheus dazu bereit sein, in der Nachfolge Jesu Christi Leiden auf sich zu nehmen. Er soll „standhaft" seinen Glauben bekennen und das Martyrium nicht scheuen. Im Rückblick auf den Märtyrertod des Apostels Paulus heißt es: „Ich werde nunmehr geopfert, und die Zeit meines Aufbruchs ist nahe. Ich habe den guten Kampf gekämpft, den Lauf vollendet, die Treue gehalten. Schon jetzt liegt der Kranz der Gerechtigkeit für mich bereit, den mir der Herr, der gerechte Richter, an jenem Tage geben wird, aber nicht nur mir, sondern sein Erscheinen ersehnen" (2Tim 4,6ff). Das Leiden und Sterben des Apostels ist ein Vorbild für alle Gemeindeleiter. Der Vergleich des Märtyrertodes mit einem Opfer erinnert an die „Trankopfer" die im Jerusalemer Tempel Jahwe mogens und abends dargebracht wurden (vgl. Ex/2Mo 29,40; Num/4Mo 28,7). Paulus ist seinem Herrn bis in den Tod hinein treu geblieben. Wie die Sieger in Wettkämpfen, z.B. in Olympia, mit einem Kranz aus Olivenzweigen um ihr Haupt geehrt wurden (vgl. 1Kor 9,24: Phil 3,14), so liegt für diejenigen Christen, die in der Nachfolge Jesu ihr Leben gelassen haben, ein „Kranz der Gerechtigkeit" bereit. Dieser wird ihnen erst bei der Parusie Christi zum Endgericht verliehen: „Wenn der oberste Hirte erscheint, werdet ir den unverwelklichen Kranz der Herrlichkeit empfangen" (1Petr 6.4). Mit einem solchen Kranz wurde aber auch der als Sieger aus einer

254 Bill. III, 309.
255 *Ders.*, ebd.

Schlacht heimkehrende römische Feldherr beim Triumphzug geehrt. Der Siegerkranz ist ein Bild für die Herrlichkeit, mit der ein Märtyrer in der Nachfolge Jesu, des „obersten Hirten", und des Apostels am Ende der Zeit gekrönt wird. Der Seher Johannes verheißt der Gemeinde in Smyrna (heute: Izmir): „Sei getreu bis in den Tod; dann werde ich dir den Kranz des Lebens geben" (Offb 2,10d). „Der Kranz des Lebens bezeichnet das ewige Heil, das Jesus Christus, der Herr des Lebens, jenen zuteil werden läßt, die in den Drangsalen der gegenwärtigen Weltzeit ausgeharrt und dabei ihr Leben aufs Spiel gesetzt haben."[256] „Selig der Mann, der in der Anfechtung standhält; denn wenn er sich bewährt hat, wird er den Kranz des Lebens empfangen den [Gott] denen verheißen hat, die ihn lieben" (Jak 1,12). Gottes Heil wird denen verheißen, die in Anfechtungen standhalten.

8: Denn, der Petrus die Kraft zum Apostolat unter den Beschnittenen gegeben hat, gab sie auch mir zum Dienst unter den Heiden. Hier formuliert der Apostel parenthetisch. Gott hat ihn mit dem Amt eines Heidenapostels Paulus betraut (vgl. Röm 1,5; 1Kor 9,2). Er steht dem Petrus, dessen Aufgabe die Judenmission ist, als Apostel in nichts nach. Wenn er dies summarisch feststellt, könnte er vielleicht die Jerusalemer Übereinkunft zitieren. Durch beide Apostel hat sich Gottes Wort als wirksam erwiesen. Im Blick auf Petrus ist an Apg 2,41.47b; 4,4 zu erinnern, im Blick auf Paulus an Gemeindegründungen in der Provinz Galatia (im pisidischen Antiochia, vgl. Apg 13,13-52; Ikonion und Perge, vgl. Apg 14,1-7.20b-25), in der Provinz Asia (Troas, vgl. Apg 16,8ff; 20,6-12 und Ephesus Apg 19,1 – 20,1), Makedonien (Philippi, vgl. Apg 16,16,11-40; Thessalonich, vgl. Apg 17,1-9; und Beröa, vgl. Apg 17,10-15) und Achaia (Korinth mit seinen beiden Hafenstädten Kenchreae und Lechaeon, vgl. Apg 18,1-18). Für die Wirksamkeit des Wortes Gottes gilt das, was Paulus den Christen in Thessalonich 1Thess 1,5a geschrieben hat: „Unsere Predigt des Evangeliums an euch erging nicht allein im Wort, sondern auch in Kraft und im Heiligen Geist sowie in großer Gewißheit". „Ich werde nicht wagen, etwas zu sagen, was nicht Christus durch Wort und Werk in der Kraft von Zeichen und Wundern, in der Kraft des Geistes, durch mich gewirkt hat" (Röm 15,18-19a; vgl. 1Kor 2,4). Paulus predigt den Heiden das Evangelium Jesu Christi in der Vollmacht des Heiligen Geistes. Seine Predigt wird begleitet und bestätigt durch „Zeichen und Wunder", die Gottes Geist, der auch der Geist Christus ist, wirkt. „Durch sie ermächtigt Christus selbst den Apostel zu seinem den Gehorsam der Völker erweckenden Wort."[257] Der von ihm in der Hauptstadt Achaias, der Hafen- und Handelsstadt Korinth, gegründeten Gemeinde hat er geschrieben: „Die Zeichen eines Apostels sind unter euch in großer Ausdauer unter euch geschehen: Zeichen und Wunder und machtvolle Taten" (2Kor 12,12). Bei den „Zeichen und Wundern", die einen Apostel ausweisen, handelte es sich wahrscheinlich um „Krankenheilungen, daneben Bekehrungen mit besonderen Begleitumständen, eindrucksvolles Auftreten gegenüber Ungläubigen".[258] Wenn Lukas in der Apostelgeschichte vom Wirken des Paulus in Korinth (vgl. Apg 18,1-17) keine

---

[256] *J. Roloff*, Offenbarung, 53.
[257] *H. Schlier*, Römerbrief, 432.
[258] *H. Windisch*, Der zweite Korintherbrief, 397.

Wunder berichtet oder erzählt hat, dann liegt das daran, daß diese dort nicht überliefert worden sind. Der Apostel spricht die Christen in Thessalonich als diejenigen an, die wissen, daß sie von Gott in Jesus Christus „erwählt“ sind. Der Apostel ist aus dem Grunde gewiß, daß sie „erwählt“ sind, weil sie seine „Predigt des Evangeliums“ mit Freuden angenommen haben. Der Gemeinde in Korinth hat er geschrieben: „Christus hat mich nicht zu taufen gesandt, sondern das Evangelium zu predigen – nicht mit klugen Worten, damit das Kreuz nicht entleert werde“ (1Kor 1,17). Paulus weiß sich von Christus gesandt und beauftragt, „das Evangelium zu predigen.“ Der Apostel war ein vom auferstandenen und erhöhten Christus berufener Prediger des Evangeliums, aber kein rhetorisch geschulter Redner.

9: Und als sie die mir verliehene Gnade erkannten, gaben Jakobus, Kephas und Johnnes mir und Barnabas, die als Säulen angesehen wurden, die Hand zum Zeichen der Gemeinschaft und wurden mit uns eins, daß wir zu den Heiden gehen sollten, sie aber zu den Beschnittenen. Dem Apostel ist nicht allein die Evangeliumspredigt an die Heiden anvertraut, sondern auch die „Gnade“ zuteil geworden, Gemeinden aus bekehrten und getauften Heiden zu gründen. Es handelt sich um die Gnade, die er mit dem Amt eines „Apostels“ von Jesus Christus empfangen hat, „zur Ehre seines Namens Gehorsam des Glaubens unter allen Heiden aufzurichten“ (Röm 1,5). Gnade und Apostelamt gehören zusammen. Die Verleihung dieses Amtes war ein göttlicher Gnadenerweis. Paulus hat den Christen in der Hauptstadt des römischen Imperiums mitgeteilt: „Ich habe euch teilweise recht kühn geschrieben als einer, der euch kraft der mir von Gott verliehenen Gnade an einiges erinnern will, damit ich als Diener Christi Jesu für die Heiden dastehe, der das Evangelium Gottes priesterlich verwaltet, damit die Heiden eine Ofergabe werden, die, geheiligt durch den Heiligen Geist, Gott wohlgefällt“ (Röm 15,15f; vgl. 1Kor 3,10; 15,10, ferner Eph 3,8). Paulus schrieb an Gemeinden in Rom, die er nicht selbst gegründet hatte. Er erkühnte sich dennoch, ihnen sein Verständnis der Aufgabe als Heidenmissionar mitzuteilen, aber auch seine Auffassung vom Evangelium Jesu Christi. Die Grundlage seiner ausführlichen Entfaltung der ihm anvertrauten Botschaft bildet das gemeinsame Glaubensbekenntnis zu Eingang seines Briefes von Gottes „Sohn, der nach dem Fleisch aus der Nachkommenschaft Davids stammt, dem Geist der Heiligkeit nach durch die Auferstehung von den Toten als Sohn Gottes in Macht eingesetzt ist, von Jesus Christus, unserem Herrn“ (Röm 1,3f). Die Wendung „von Jesus Christus, unserem Herrn“ deutet das vorangegangene Bekenntnis, das im Parallelismus membrorum und im Partizipialstil formuliert ist. Der irdischen Herkunft Jesu aus einem Nachkommen König Davids (1004 – 965 v.Chr.) wird das gegenübergestellt, was Gott, der Vater Jesu Christi, damit aus ihm gemacht hat, daß er ihn von den Toten auferweckte und zu sich erhöhte. Der Geist, in dem der Vater mit seinem Sohne eins ist, wird hier „Geist der Heiligkeit“ genannt. Wie Jesus „durch das Fleisch ein Davidssohn und ein Menschensohn ist, so ist er durch den Geist der, der Gott gehört und mit ihm verbunden ist, Gottes Sohn.“[259] Paulus hat die Adressaten an das ihm zur Heidenmissi-

---

[259] *A. Schlatter*, Gottes Gerechtigkeit, 20.

on anbefohlene Evangelium erinnert. „Aufgabe christlicher Verkündigung und Unterweisung bleibt stets die erinnernde Vergegenwärtigung der verläßlichen Gültigkeit des Evangeliums."[260] Paulus verdankt sein Apostelamt der Gnade Gottes (vgl. Gal 1,15). Er hat es durch Jesus Christus erhalten: „Durch ihn haben wir Gnade und Apostelamt empfangen, um in seinem Namen alle Heiden zum Gehorsam des Glaubens zu führen" (Röm 1,5). Seine Missionsarbeit bleibt nicht folgenlos (vgl. 1Kor 15,9f). Er vergleicht sich als „Diener" Jesu Christi mit einem Priester, der die von ihm bekehrten Heiden gleichsam als Opfer Gott durch den Heiligen Geist, der in seiner Predigt des Evangelums wirkt, darbringt. Der Apostel erhielt damit den Auftrag, mit der Evangeliumsverkündigung Menschen aus allen Völkern des römischen Weltreiches zu ihrem Heil für den Glauben an Jesus Christus als Offenbarer und Offenbarung Gottes zu gewinnen. Durch den Händedruck bekräftigten die drei Jerusalemer „Säulen", der Herrenbruder Jakobus sowie die Apostel Kephas (Petrus) und Johannes ihre Gemeinschaft mit den Heidenmissionaren Barnabas und Paulus.

Exkurs: Der Apostel Johannes
Er und sein Bruder Jakobus gehörten zu den erstberufenen Jüngern Jesu. Der Vater dieser Brüder hieß Zebedäus und war Fischer. Er war offenbar wohlhabend; denn er konnte Tagelöhner beschäftigen (vgl. Mk 1,19f). Nach altkirchlicher Überlieferung soll seine Mutter Salome gewesen sein, die mit anderen Frauen dem Sterben Jesu auf Golgatha „von fern" zuschauten (vgl. Mk 15,40), die Mt 27,56 ohne Namensnennung als „Mutter der Söhne des Zebedäus" bezeichnet wird. In den Apostellisten gehört er zu den vier zuerst genannten Jüngern (vgl. Mk 3,17; Mt 10,2; Lk 6,17; Apg 1,13). Simon Petrus, Jakobus und Johannes zählten zu den Jüngern, die Jesus besonders nahestanden (vgl. Mk 5,37; 9,2; 13,3; 14,33). Er hat den beiden Brüdern den Beinamen „Boanerges" gegeben. Markus hat ihn frei mit „Donnersöhne" übersetzt. Die Bedeutung dieses aramäischen Beinamens ist unklar. Vielleicht haben die beiden Brüder diesen Beinamen bekommen, weil sie zu übereilten und unbesonnenen Handlungen neigten (vgl. Mk 9,38; 10,35-40). Zusammen mit Petrus waren sie Zeugen der Auferwekkung Tabithas, der Tochter des Gemeindevorstehers Jairus (vgl. Mk 5,37). Jesus nahm diese drei Jünger mit auf den Berg der Verklärung (vgl. Mk 9,2). Jesus mißbilligt, daß seine zwölf Jünger laut einem Hinweis des Johannes einem Exzorzisten, der nicht zum engsten Kreis seiner Jünger gehört, aber im Namen ihres Herrn Dämonen austreibt, die Berufung auf seinen Namen verboten haben (vgl. Mk 9,38ff). Die beiden Zebedäussöhne begehren zum Ärger der übrigen zehn Jünger für sich die Ehrenplätze zur Rechten und Linken Jesu in seiner Herrlichkeit (vgl. Mk 10,35-45). Auf dem Ölberg veranlassen sie zusammen mit dem an vierter Stelle genannten Andreas, dem Bruder des Simon Petrus, durch ihre Fragen ihren Herrn zu seiner Endzeitrede (vgl. Mk 13,3f). In Gethsemane macht Jesus Simon Petrus, Jakobus und Johannes, die auch Zeugen der Offenbarung seiner Hwerrlichkeit waren, zu Zeugen seiner Herrlichkeit (vgl. Mk 9,2-9). Damals bezeichneter ihnen die Himmelsstimme Jesus als Gottes geliebten Sohn, auf den sie hören sollten (vgl. Mk 9,7). Jesus sprach zu den beiden Brüdern: „Ihr werdet zwar den Kelch trinken, den ich trinke, und die Taufe empfangen, mit der ich getauft werde; doch den Platz zu meiner Rechten und zu meiner Linken zu vergeben, steht mit nicht zu. Dort werden die sitzen, für die diese Plätz bestimmt sind (Mk 10,39f). Jakobus und Johannes bekunden vor Jesus ihre Bereitschaft, das Martyrium in Gottverlasssenheit zu bestehen. Jesus nimmt ihre Beteuerung entgegen und sagt ihnen den Tod in seiner Nachfolge an. In der Kreuzesnachfolge ist ihr Platz. Nach Apg 12,2 wurde Jakobus während der Herrschaft Königs Agrippas I. (Regierungszeit: 37-44 n.Chr.) enthauptet. Für den Märtyrtertod des Johannes gibt es aus der Zeit der frühen Christenheit kein verläßliches Zeugnis. Jesus gibt den beiden Brüdern auch zu verstehen, daß ihnen aus einem seinem Sterben entsprechenden Er-

[260] *E. Lohse*, Römer, 394.

leiden keine Anwartschaft auf das erbetene Privileg erwächst, die Plätze zu seiner Rechten und Linken in der himmlischen Herrlichkeit zu bekommen. Man kann sich eine Kandidatur für himmlische Ehren nicht erdienen. Jesus steht es nicht zu, die Ehrenplätze zu seiner Rechten und Linken zu vergeben. Diese Positionen werden denen zuteil, die Gott dafür vorgesehen hat (Passivum divinum), Jesus spricht nicht wie die beiden Jünger zuvor von seiner himmlischen Herrlichkeit, sondern nur von den Plätzen zu seiner Rechten und Linken. An seinem Karfreitag werden da zwei wie er zum Tode verurteilte Räuber hängen (vgl. Mk 15,27). Sie werden ihn ebenso wie alle Zuschauer des Hinrichtungsschauspiels schmähen (vgl. Mk 16,32). Zu diesem Zeitpunkt aber werden seine Jünger, auch Jakobus und Johannes, weit weg sein (vgl. Mk 14,50). – In Jesu letzter Nacht sollten sie Zeugen seiner abgrundtiefen Anfechtung werden; aber sie verschliefen die Zeit, während der sie gemäß der Weisung ihres Herrn mit ihm wachen und beten sollten (vgl. Mk 14,32-42). – Johannes war für Paulus eine der drei „Säulen" der Jerusalemer judenchristlichen Gemeinde. In der Apostelgeschichte des Lukas triott er immer zusammen mit Simon Petrus auf, ergreift aber nie das Wort (vgl. Apg 3,1 – 4,22); 8,14-25).
In der frühren Christenheit hat man den Apostel Johannes mit dem Lieblingsjünger Jesu identifiziert (vgl. Joh 13,21-26, 19,25ff; 20,2-10; 21,2-25). Ihm hat man diw Verfasserchaft, seit altkirchlicher Zeit nach ihm benannten Evangeliums zugeschrieben. Die Grundlage dafür war Joh 21,24: „Dieser Jünger ist es, der alles das bezeugt und aufgeschrieben hat, und wir wissen, daß sein Zeugnis wahr ist". Der Lieblingsjünger legte nicht allein ein mündliches Zeugnis für Jesus ab, sondern schrieb es auch auf. Höchst wahrscheinlich war der „Presbyter" Johannes der Verfassser des Evangeliums und der drei Johannesbriefe (vgl. 2Joh 1,1; 3Joh 1,1). – Eusebius von Caesarea (vor 265 – 349/50 n.Chr.) schrieb in seiner „Kirchengeschichte" [HE]: nach Papias, dem Bischof von Hierapolis, der um 110 n.Chr. unter anderem folgendes aufgezeichnet hatte: „Auch erklärt der von uns vorgestellte Papias, die Lehren der Apostel zwar von denen empfangen zu haben, die ihnen gefolgt sind, er habe aber, so sagt er, Aristion und den Presbyter Johannes selbst gehört. In seinen Büchern führt er deshalb Überleferungen von ihnen an, wobei er sie häufig mit Namen erwähnt" (Frgm 5/7).[261]
Daran ist bemerkenswert, daß er den Namen Johannes zweimal aufzählt. Den ersten von ihnen ordnet er Petrus und Matthäus und den übrigen Aposteln zu, deutlich den Evangelisten bezeichnend; den anderen Johannes ordnet er, in einem neuen Satzteil, einer Kategorie zu, die derjenigen der Apostel verschieden ist, den Ariston ihm voranstellend, und er bezeichnet ihn ausdrücklich als Presbyter. Und daher beweist sich, daß der Bericht der Presbyter wahr ist, es habe in Asien zwei mit demselben Namen gegeben, auch gebe es zwei Gräber in Ephesus, und jedes werde bis heute dasjenige des Johannes genannt. Auch darauf muß man das Augenmerk richten; denn es ist wahrscheinlich, oder, wenn man so will, der erste, die er unter dem Namen des Johannes umlaufende Offenbarung geschaut hat. Auch der von uns vorangestellte Papias sagt, er habe die Worte von denen, die ihnen gefolgt waren, empfangen; Ariston aber und den Presbyter Johannes habe er persönlich gehört" (Papiasfragmente II, 4-7).[262]
Die aus der zweiten Hälfte des 2. Jahrhunderts stammenen und nur fragmentarisch erhaltenen apokryphen „Johannesakten" enthalten viele Wunderheilungen und einige Totenauferwekkungen, so z.B. die „Auferweckung der Kleopatra und des Lykomedes", als Johannes sich zum erstenmal in der Provinzhauptstadt Ephesus aufhielt (vgl. ActJoh 19-25). Dort malt ein Maler ein Bild dieses Apostels (vgl. ActJoh 26-29). Wunderbare „Heilungen alter Frauen" folgen (vgl. ActJoh 30-34). Dann ist von der Evangeliumspredigt dieses Apostels die Rede (vgl. ActJoh 87-105). Diese Kapitel schließen mit einem angeblich von Jesus Christus stammenden Hymnus. Die zwölf Apostel standen im Kreis, hielten einander an den Händen und respondierten den einzelnen hymnischen Prädikationen mit „Amen" (vgl. ActJoh 94ff). Die Offenbarung des Kreuzesgeheimnisses schließt sich an (vgl. ActJoh 97-102). Darauf folgen Paranäsen (vgl. ActJoh 103ff), eine Erzählung von der „Zerstörung des Artemistempels", der „Bekehrung der Epheser" (vgl ActJoh 37-45), die Auferweckung des Artemispriesters" (vgl.

261 Schriften des Urchristentums III, 56f *(U.H.J. Körtner)*.
262 *A. Lindemann / H. Paulsen*, Hg., Die Apostolischen Väter, 290-293.

ActJoh 46f), der „Bekehrung eines Vatermörders“ (ActJoh 48-54). Der Apostel wird daraufhin von Christen aus Smyrna in diese Stadt gerufen (vgl. ActJoh 55). Dort exorziert er „die Söhne des Antipatros:“ Die Erzählung ist novellistisch gestaltet: „Auf die Kunde, daß Johannes da sei, kam die ganze Stadt zusammen, und ein Mann namens Antipatros, einer der Honoratioren unter den Smyrnäern, trat an Johannes heran und sprach: ‚Knecht Gottes, ich habe gehört, daß du in Ephesus viel Gutes getan und große Wunder gewirkt hast. Schau, ich gebe dir zehntausend Goldstücke. Ich habe nämlich zwei Jungen, Zwillingsbrüder, die gleich bei der Geburt von einem Dämon geschlagen wurden und bis heutigentags – sie sind 34 Jahre alt – furchtbar leiden, indem sie beide zur gleichen Zeit niederstürzen, so daß sie einmal im Badehaus, einmal im Wandelgang, häufig auch bei Tisch und dann wieder in der Bürgerversammlung der Stadt befallen werden. Du wirst selbst sehen, daß es hochgewachsene Männer sind, doch dahingesiecht unter der tagtäglich sie belastenden Krankheit. Ich bitte dich, steh meinem Alter bei! Ich erwäge nämlich, mir einen Entschluß aufzuerlegen; denn als sie kleine Kinder waren, litten sie in Grenzen, jetzt, da sie zu Männern herangewachsen sind, haben sie sich auch männlichere Dämonen zugezogen. Habe Erbarmen mit mir und ihnen!‘ Johannes sagte: ‚Mein Arzt nimmt keinen Lohn von Silber, er heilt vielmehr umsonst und trägt dabei die Seelen der Geheilten als Gegengabe ein. Wozu also bist du sls Gegengabe für die Jungen willens, Antipatros?‘ Wenn du Gott deine eigene Seele hingibst, wirst du auch deine Jungen durch die Macht Christi gesund erhalten.‘ Antipatros aber sagte: ‚Niemanden hast du bisher unbeachtet gelassen, auch nicht meine Söhne; denn (unter Mitwissen) aller meiner Verwandten erwäge ich, sie des (erfahrenen) Spottes wegen mit Gift zu töten. Du aber hilf, der du herbeigekommen bist und als ihnen von Gott bestellter, getreuer Arzt erstrahlst!‘ So gebeten, sprach Johannes zum Herrn: ‚Der du stets die Geringen tröstest und als Beistand gerufen wirst, der du niemals als Beistand gerufen zu werden brauchst, weil du nämlich selbst, bevor wir (damit) beginnen, zugegen bist – die unreinen Geister sollen von den Söhnen des Antipatros ausgetrieben werden!‘ Und sogleich fuhren sie von ihnen aus. Johannes aber ordnete an, daß die jungen Männer hereinkämen, und als ihr Vater sie bei Gesundheit sah, fiel er nieder und zollte Johannes fußfällige Verehrung ... Und Johannes wies Antipatros an, den bedürftigen Mittel zu geben und entließ sie, während sie Gott lobten und priesen.“ (ActJoh 56f).[263]
Die Johannesakten enthalten auch eine Erzählung von „den gehorsamen Wanzen“. Sie spielt unterwegs während der Rückkehr des Johennes und seiner Begleiter von Smyrna nach Ephesus: „Als wir aber am ersten Tag in einer verlassenen Herberge anlangten und wegen eines Bettes für den seligen Johannes in Verlegenheit waren, erlebten wir ein lustiges Stückchen von ihm. Es stand dort irgendwo ein Bett ohne Decken, darauf breiteten wir die Mäntel, die wir bei uns hatten, und forderten ihn auf, sich darauf zu legen und auszuruhen, während (wir) übrigen alle auf dem Boden schliefen. Als er sich nun niedergelegt hatte, wurde er von zahllosen Wanzen belästigt; und als sie ihm immer lästiger wurden und die Nacht schon zur Hälfte fortgeschritten war, sagte er zu ihnen, während wir alle es hörten: ‚Ich sage euch, ihr Wanzen, seit allesamt einsichtig, verlaßt augenblicklich euere Heimstatt, verhaltet euch ruhig an einem anderen Ort und bleibt fern von den Knechten Gottes!‘ Und während wir lachten und uns noch lange unterhielten, ergab sich Johannes dem Schlaf. Wir aber sprachen nur noch leise und fielen ihm nicht lästig. Als aber der Tag heraufdämmerte, stand ich schon als erster auf und mit mir Verus und Andronikus; und da sahen wir wir an der Tür des Raumes eine Menge Wanzen. Während wir über den Anblick ihrer (großen) Menge außer uns waren und auch alle Brüder sich ihretwegen erhoben hatten, schlief Johannes (noch). Und als er erwacht war, zeigten wir ihm, was wir sahen. Er aber richtete sich im Bett auf, sah, daß sie ... und sprach zu den Wanzen: ‚Da ihr sehr einsichtig waret und euch vor meiner Strafe gehütet habt, (so) geht (nun wieder) an eueren Plastz!‘ Und als er das gesagt hatte und vom Bett aufgestanden war, eilten die Wanzen wieder behende von der Tür zum Bett, stiegen an dessen Beinen empor und schlüpften in die Fugen. Und Johannes sagte wiederum: ‚Dieses Getier hörte die Stimme eines Menschen und verhielt sich still für sich, ohne (den Befehl) zu übertreten. Wir aber hören

263 *W. Schneemelcher*, Hg. Neutestamentliche Apokryphen II, 176f *(Kurt Schäferdiek u.a.)*.

die Stimme Gottes und sind seinen seinen Geboten ungehorsam und leichtfertig – und wie lange?" (Act Joh 60f).[264]
Es folgen Erzählungen vom zweiten Aufenthalt des Johannes in Ephesus (vgl. ActJoh 62-86), seinem letzten Gottesdienst und seinem „Heimgang" (ActJoh 106-115).

10: Außer der Aufteilung der Missionsgebiete war die einzige Auflage:[265] „Nur sollten wir der Armen gedenken" (10a). Die Fürsorge für die bedürftigen Glieder der judenchristlichen Gemeinde war sichtbarer Ausdruck dessen, daß die von Paulus gegründeten heidenchristlichen Gemeinden sich ihrer Muttergemeinde verbunden wußten. Darin zeigte sich die Einheit der frühen Christenheit trotz unterschiedlicher Herkunft. Der Apostel erwähnt Röm 15,26 „die Armen der Heiligen". Dieselbe Gruppe meint er, wenn er Röm 15,25 schreibt, er reise vor der Verwirklichung seines Vorhabens, die Christen in Rom zu besuchen, zunächst „nach Jerusalem, um den Heiligen zu dienen". In Röm 15,31 bittet er die Christen in der Hauptstadt des Weltreiches, für ihn zu beten, „daß ich vor den Ungläubigen in Judäa errettet werde und mein Dienst in Jerusalem von den Heiligen dankbar aufgenommen wird". 1Kor 16,1f fordert er die Gemeindeglieder in der Hauptstadt der Provinz Achaia auf: „Was aber die Kollekte für die Heiligen betrifft, sollt auch ihr euch an das halten, was ich in den Gemeinden Galatiens angeordnet habe: Jeder soll stets am ersten Tag der Woche etwas zurücklegen und zusammensparen, soviel ihm möglich ist, damit nicht erst, wenn ich komme, Kollekten durchgeführt werden". Die Kollekte soll nach 2Kor 8,12-15 die Verbundenheit der heidenchristlichen Gemeinden mit der judenchristlichen Muttergemeinde und zugleich den Dank für die empfangenen geistlichen Gaben zum Ausdruck bringen: „Wenn nämlich die Bereitwilligkeit da ist, so ist sie willkommen nach dem, was einer besitzt, nicht nach dem, was er nicht hat. Denn (das schreibe ich) nicht, damit andere Erleichterung haben, sondern nach Maßgabe des Ausgleichs. Zum jetzigen Zeitpunkt soll über euer Überfluß ihrem Mangel abhelfen, damit ein Ausgleich erfolge, wie geschrieben steht: 'Wer viel sammelte, hatte keinen Überfluß, und wer wenig sammelte, hatte keinen Mangel'" (Ex/2Mo 16,18 LXX). Paulus will die Christen in Korinth nicht überfordern. Sie sollen je nach ihrem Vermögen einen Beitrag zur Kollekte leisten. So empfiehlt Tob 4,8 LXX (Apokryphen der Lutherbibel 4,9): „Wenn du viel hast, so gib reichlich von dem, was du besitzt; hast du wenig, so zögere nicht, auch mit dem Wenigen Gutes zu tun". Was Paulus in 2Kor 8,12-15 angesprochen hat, führt er Kap. 9,12ff näher aus: „Die Besorgung dieses Dienstes gleicht nicht allein den Mangel der Heiligen aus, sondern wirkt auch überreich durch viele Danksagungen an Gott; denn infolge der Bewährung ihres Dienstes verherrlichen sie Gott, daß ihr euch gehorsam zum Evangelium Christi bekennt und ihr ihnen lauter geholfen habt, und in ihrem Gebet für euch sehnen sie sich nach euch der überschwenglichen Gnade Gottes wegen, die euch zuteil geworden ist. Gott sei Dank für seine unbeschreibliche Gabe!". Paulus denkt nicht daran, die Christen in Korinth zu überfordern. Der Beitrag, den sie zu der Kollekte leisten, soll ihren Vermögens- und Einkommensverhältnissen entsprachen. Die heidenchristlichen Gemeinden haben an den „geistlichen Gütern der Jerusalemer Mut-

264 *Ders.*, ebd., 178f *(dies.)*.
265 Vgl. *H. Schlier*, Galaterbrief, 80.

tergemeinde bekommen; sie sollen der armen Jerusalemer Gemeinde ihren Dank durch die Kollekte erstatten. Der Maßstab, nach dem sie ihre Spende bemessen, soll einmal Tob 4,8, zum anderen Jesu Beurteilung der Spenden reicher Juden und einer armen Witwe sein: Im Jerusalamer Tempel „setzte er sich der Schatzkammer gegenüber und sah zu, wie das Volk viel Geld in die Schatzkammer bringt: Und viele Reiche brachten viel hinein. Und es kam eine arme Witwe und brachte zwei Lepta hinein, das ist ein Quadrans. Und er rief seine Jünger herbei und sagte ihnen: ‚Amen, ich sage euch: diese Witwe hat mehr hereingebracht als alle, die in die Schatzkammer einlegten. Alle haben nämlich aus ihrem Überfluß eingelegt, diese aber hat aus ihrer Dürftigkeit alles hineingelegt, was sie hatte, ihren ganzen Lebensunterhalt'". Ähnlich wie in der Gleichniserzählung vom reichen Mann und armen Lazarus (vgl. S^{Lk} 16,19-31) der hilfsbedürftige Arme vor dessen Tor lag, wird hier dem gewissenlosen Richter eine Witwe gegenübergestellt, die in derselben Stadt lebt. Sie tritt an ihn heran und bittet ihn, ihr gegen ihren Widersacher zum Recht zu verhelfen. Wahrscheinlich kann sie sich in einer ihre Versorgung betreffenden Vermögensangelegenheit gegen eine einflußreiche Persönlichkeit nicht ohne ein rechtswirksames Gerichtsurteil durchsetzen. Der Erzähler berichtet nur einen Auftritt dieser Frau direkt. Ihr weiteres Verhalten erscheint dem Leser nur im Spiegel der Wahrnehmung durch den Richter.

In der alten Welt und besonders auch im Alten Testament wurde von jedem rechtsfähigen Mann gefordert, sich als Beistand der sozial, wirtschaftlich und rechtlich Schutzbedürftigen zu bewähren. Dazu gehörten neben den im Land ansässigen Ausländern insbesondere auch Witwen und Waisen, denen der Tod ihren Beschützer und Ernährer genommen hatte: „Lernt Gutes zu tun! Sorgt für das Recht! Helft den Unterdrückten! Verschafft den Waisen Recht; tretet für die Witwen ein!" (Jes 1,17 LXX). Gott galt als ihr Beschützer: „Er verschafft Waisen und Witwen ihr Recht; er liebt die Fremden, gibt ihnen Nahrung und Kleidung" (Dtn/5Mo 10,18 LXX). Bedrängten und Witwen Rechtsschutz zu geben, war eine Pflicht der Könige: Jeremia stand im Jerusalemer Königspalast und rief im Auftrag Gottes: „Sorgt für Recht und Gerechtigkeit, und rettet den Ausgeplünderten aus der Hand des Gewalttätigen! Fremde, Waisen und Witwen bedrängt und mißhandelt nicht; vergießt kein unschuldig Blut an diesem Ort!" (Jer 22,3 LXX). Das war auch die vornehmste Aufgabe eines Mannes der Oberschicht, an den Rechtsangelegenheiten herangetragen wurden: Hiob sprach im Rückblick auf seine Vergangenheit: „Ich rettete den Armen, der schrie, die Waise, die ohne Hilfe war. Der Segen des Verlorenen kam über mich, und jubeln ließ mich der Witwe Herz" (Hi 29,12f LXX) Die Warnungen, solchen Menschen Unrecht zuzufügen, sind an Deutlichkeit nicht zu überbieten: „Verschafft den Unterdrückten und Waisen Recht; verhelft den Gebeugten und Bedürftigen zum Recht! Befreit die Geringen und Armen; entreißt sie der Hand der Frevler!" (Ps 82,3f [81,3f LXX]). Die Häufigkeit und Schärfe der Warnungen zeigt, daß daß das Unrecht an denen, die sich nicht wehren konnten, häufig vorkam und viele Leute trotz der angedrohten Strafen Gottes daran vorbeisahen. Eine Witwe hatte es schwer, zu ihrem Recht zu kommen. In frühjüdischer Zeit gab es witwenfreundliche Mahnungen: „Neige dem Armen dein Ohr zu, und erwidere ihm freundlich den Gruß! Rette den Bedrängten vor seinen Bedrängern; ein gerechtes Gericht sei dir nicht widerwärtig. Sei den Waisen wie ein Vater und den Witwen wie ein Gatte! Dann wird Gott dich seinen Sohn nennen; er wird Erbarmen mit dir haben und wird dich lieber haben als dich deine Mutter hat" (Sir 4,8ff LXX). Wer Notleidende kennt, soll ihnen nicht allein nach seinem Vermögen helfen, sondern deren Sache auch öffentlich vertreten. Zwar wird niemand den Witwen ihren Mann und den Waisenkindern Vater und Mutter ersetzen können; doch soll er, so weit es ihm möglich ist, für sie sorgen, als wäre er der Ehemann oder der Vater. Er soll also deren Stelle vertreten. Dann darf er sich als „Sohn" seines Vaters im Himmel betrachten. „Er mißachtet nicht das Schreien der Waise und der Witwe, die viel zu klagen hat" (Sir 35,17 LXX). Amos wandte sich gegen die Beugung des Rechtes: „Wehe denen, die das Recht in bitteren Wermut verwandeln und die Gerechtigkeit zu Boden stoßen! Bei Gericht hassen sie den, der zur Gerechtigkeit mahnt, und wer Wahres redet, den verabscheuen sie. Da ihr von den Hilflosen Pachtgeld nehmt und ihr Getreide mit Steuern belegt, baut ihr euch Häuser aus Quadersteinen und wohnt nicht darin, legt ihr euch präcthige Weingüter an und werdet den Wein nicht trinken; denn ich kenne euere vielen Vergehen und euere zahlreichen Sünden. Ihr bringt den Unschuldigen in Not; ihr laßt euch bestechen und weist den Armen bei Gericht ab. Darum schweigt, wer kug ist, zu dieser Zeit; denn es ist eine böse Zeit. Sucht das Gute, nicht das Böse; dann werdet ihr leben, und dann wird, wie ihr sagt, Jahwe, der Gott der Heere, wirklich mit euch sein. Haßt das Böse und liebt das Gute und bringt im Gericht das Recht zur Geltung! Vielleicht wird dann Jahwe, der Gott der Heere, dem Rest Josephs gnädig sein" (Am 5,7-15). Im alten Israel gab es Reiche, die den Richter bestachen. Ihnen rief Jesaja ein „Wehe" entgegen und klagte sie an: „Wehe denen, die den Schuldigen gegen ein Geschenk freisprechen und dem Gerechten das Recht vorenthalten!" (Jes 5,23 LXX). Da Witwen und Waisen auch zu frühjüdischer Zeit geringgeschätzt wurden, wurde glücklich gepriesen, wer sich ihrer annahm: „Selig ist, wer ein gerechtes Gericht hält, nicht um des Lohnes, sondern um der Gerechtigkeit willen, ohne danach irgendwelche Dinge zu erhoffen. Schließlich wird ihm ein Gericht ohne Ansehen der Person folgen. Selig ist, wer die Nackten mit einem Gewand bekleidet und dem Hungrigen sein Brot gibt. Selig ist, wer ein gerechtes Gericht für die Waise und die Witwe richtet und jedem Gekränkten hilft" (slavHen XLII, 7ff).[266] – Der Richter in unserer Gleichniserzählung stellt sich stur. Er will die Klage der Witwe wahrscheinlich aus Rücksicht auf einen einflußreichen Gegner der Frau nicht annehmen. Die Sache wäre, wie sein Monolog zeigt, eindeutig zugunsten der Witwe zu entscheiden. Sie wird ihm mit ihrem Insistieren der Annahme und Entscheidung ihres Falles lästig. Durch die Konsequenz, mit der sie auf ein Urteil in ihrer Sache besteht, und ihrem zunehmend agressiven Auftreten lehrt sie ihn das Fürchten. Er sorgt sich, daß sie am Ende handgreiflich wird und ihm ins Gesicht schlägt. Daß eine Witwe, die sich im Recht weiß und ihr Recht will, einen in seiner Selbstbezogenheit gottlosen und menschenverachtenden Richter das Fürchten lehrt, war damals gewiß keine alltägliche Erscheinung. Die Sprache einer Parabel hat aber das Recht, eine korrupte Alltagswirklichkeit ironisch zu konterkarieren. Ob der Richter sich vor Handgreiflich-

---

266 *Chr. Böttrich*, Das slavische Henochbuch, 956.

keiten der Witwe fürchtet, oder ob er sich wegen der drohenden Attacke um seinen Ruf in der Öffentlichkeit sorgt, oder ob er durch die anhaltende Behelligung genervt wird – er gibt schließlich seinen Widerstand auf, besinnt sich auf seine Berufspflicht und nimmt sich vor, der Frau zu ihrem Recht zu verhelfen. Der seiner gesellschaftlichen Stellung nach Stärkere gibt sich geschlagen. Sein Egoismus bringt ihn zur Einsicht, daß ein Richter dazu da ist Recht zu sprechen. Die Ausführung seines Vorhabens wird nicht mehr berichtet. Sie versteht sich von selbst. – Jesu Aufforderung, auf das Selbstgespräch des Richters zu achten, bezieht sich auf dessen Sinnesänderung, nämlich auf seine Absicht, endlich das zu tun, was seines Amtes ist. Der Herr bezeichnet diesen Mann ausdrücklich als „ungerechten Richter“. Damit ist deutlich, daß er für die Kommentierung der Parabel nur als Kontrastfigur in Betracht kommt. – Gott wird nun dem korrupten Richter entgegengesetzt. Wenn sogar ein solcher Typ dazu gebracht werden kann, einer einflußlosen Witwe zu ihrem Recht zu verhalfen, woran er nicht interessiert ist, dann gilt das erst recht von Gott, der mit der Figur dieses ungerechten Richters nichts gemein hat. Mit einer rhetorischen Frage sichert der Herr anhand dieser Parabel einen Jüngern zu, daß Gott zugunsten seiner „Auserwählten“, die er aus der übrigen Menschheit herausgenommen hat, in den Gang der Geschichte eingreifen wird. Manche Gemeinden erkannten sich zu frühchristlicher Zeit, aber auch später noch in der „Witwe“ wieder. Sie riefen ihn in ihrer Bedrängnis und Not im Vertrauen auf die Zusagen ihres Herrn und in der Hoffnung auf Gottes Eingreifen inständig und beharrlich um seine Hilfe an. Der Herr Jesus sichert seiner Gemeinde durch den Mund eines frühchristlichen Propheten zu, daß Gott ihr Recht verschaffen wird. Anders al der Richter in der Gleichniserzählung liebt er das Recht und zögert nicht lange, es durch ein gerechtes Urteil durchzusetzen. – Die abschließende Frage klingt wie ein Seufzer. Darin klingt die Befürchtung des Lukas an, die sich hinauszögernde Parusie des Herrn werde unter den Christen seiner Zeit zu Ermüdungserscheinungen ihres Glaubens und Hoffens, insbesondere auch zur Vernachlässigung des Betens führen. Das zuversichtliche und seiner Erhörung gewisse Beten ist die vornehmste Praxis des Glaubens. Jesus erzählte seinen Jüngern folgendes Gleichnis: „Wer unter euch hätte einen Freund, und der käme um Mitternacht zu ihm und sagte ihm: ‚Freund, leihe mir drei Brote; denn einer meiner Freunde ist um Mitternacht zu mir gekommen, und ich habe nichts, das ich ihm vorsetzen könnte.‘ Würde jener etwa von drinnen antworten: ‚Mach mir keine Mühe! Die Tür ist schon verschlossen, und meine Kinder sind bei mir im Bett. Ich kann nicht aufstehen und dir geben.‘ Ich sage euch: Wenn er nicht gibt, weil er sein Freund ist, wird er doch wenigstens seiner Zudringlichkeit wegen aufstehen und ihm geben, was er braucht“ (S^{Lk} 11,5-8). Der Hintergrund dieser Gleichniserzählung ist die gemeinantike Hochschätzung der Gastfreundschaft. Der Gast ging unter Umständen Nachbarn und Verwandten vor. Im Alten Testament wird sie vor allem durch Abraham (vgl. Gen/1Mo 18,1-15) und Hiob (vgl. Hi 31,32) repräsentiert, aber auch durch die Totenbeschwörerin von Endor, die dem entkräfteten König Saul und mental verstörten König Saul und seinen Mannen nicht allein frisches Brot backt, sondern sogar ihr Mastkalb schlachtet und es ihnen zur Stärkung zubereitet (vgl. 1Sam 28,24f). Im Neuen Testament zeigt sich besonders Lukas an der Gastfreundschaft interessiert (vgl. Mk 14,3 parr.; S^{Lk} 7,36; 10,38; 14,1-14;

19,1-10). Der Erzähler führt Hörer und Leser in die dörfliche Welt Palästinas, wo man seine Lebensmittel selbst herstellt und auch das Brot für den täglichen Bedarf backt, etwa drei Fladenbrote pro Person und Mahlzeit. Er verwendet für seine Gleichniserzählung eine Dorfgeschichte. Ein Kleinbauer bekommt mitten in der Nacht plötzlich Besuch von einem Freund, der aus einem nicht bekannten Grund erst so spät eintrifft. Der Mann will seiner Pflicht als Gastgeber genügen, hat aber leider nichts mehr im Hause. In seiner Verlegenheit sucht er einen in der Nachbarschaft auf, um sich bei diesem die für das Gastmahl erforderlichen drei Brote zu leihen. Dies schließt ein, daß er eine entsprechende Anzahl Fladenbrote am nächsten Tag dem Nachbarn und Freund bringen wird, wenn seine Frau mit dem Backen fertig ist. Der Leser soll sich mit dem längst schlafenden Nachbarn identifizieren, an dessen Tür, die innen mit einem von innen vorgelegten Balken oder einer Eisenstange verriegelt wird, unter vernehmlichen Rufen geklopft wird. Auf dem Dorf wohnt man in Häusern, die jeweils aus nur einem Raum bestehen, der auch der Familie als Schlafstätte dient. Der Schlafplatz befindet sich im hinteren, erhöhten Teil des Hauses. Das Klopfen und Rufen reißt den Hausherrn und seine Familie aus dem Schlaf. Muß man nicht auf schlafende Kinder Rücksicht nehmen? Der Nachbar und Freund kommt mit seinem Anliegen wirklich zu ungelegener Zeit. Doch kann sich der in die Rolle des nächtens um Hilfe gebetenen versetzte Leser vorstellen, daß er seinem draußen vor der Tür stehenden, ihm freundschaflich verbundenen und ihn als „Freund“ anredenden Nachbarn von drinnen ohne Anrede zuruft: Mach mir bitte um „Mitternacht“ keine Mühe! Du merkst doch, daß die Tür verriegelt ist. Meine Kinder brauchen dringend Schlaf. Ich muß bei ihnen bleiben und kann dir leider nichts geben. Bitte, stör mich nicht länger! Nach den Grundregeln antiker Gastlichkeit ist es undenkbar, daß sich jemand gegenüber seinem Freund derart verhärtet. Er wird ihm auf jeden Fall dabei helfen, seine Gastgeberpflichten zu erfüllen. Aus Freundschaft läßt er ihn nicht draußen stehen und leer ausgehen. Jesu Hörer werden den Schluß vom Geringeren zum Größeren (a minori ad maius) gezogen haben: Wenn schon unter den Menschen die Freundschaft auch zu ungelegener Zeit Türen öffnet, um wieviel mehr werden Gottes Freunde bei ihm, der ihnen mit Jesu Botschaft und Person nahegekommen ist, mit ihrem Beten und Flehen offene Türen einrennen.
In der griechischen Antike ist der Sauhirt Eumaios ein Muster des Gastfreundes. Er spricht zu dem umherirrenden Odysseus, den er nicht kennt und der Sitte gemäß erst nach dem Mahl nach seinem Namen und der Herkunft fragt: „‚Folge mir, Alter, wir gehen in die Hütte; dort sollst du / selber an Brot und Wein dich sättigen, wie dir zumut ist. / Dann aber sagst du, woher du bist und wieviel du gelitten.‘ / Sprach's und ging ihm voran in die Hütte, der göttliche Sauhirt, / führte ihn ein, schob dicke Bündel von Reisig unter die Füße und breitete darüber die große und dicke / Haut einer bärtigen Ziege: sein eigenes Bettzeug. / Freudig, daß dort er ihn aufnahm sagte bedeutsam Odysseus: / ‚Gastfreund, gebe dir Zeus und die andern unsterblichen Götter, / was du vor allem dir wünschest; du hast mich ja freundlich empfangen.‘ / Antwort gabst du ihm da und sagtest, Sauhirt Eumaios: / ‚Fremdling, käme ein Schlechtrer als du, ich dürfte ja auch dann nicht / Fremden die Ehre versagen; von Zeus kommen sie alle, / Bettler

wie Fremde ..." (Od XIV, 45-58).[267] – „Götter gehen ja doch auch durch die Städte, in manchen Gestalten / Kommen sie, sehen dann aus als wären sie Fremde vom Ausland, / Prüfen indessen der Menschen Stolz und ihr rechtliches Wesen" (Od XVII, 485ff).[268]

Die Szene wird mit einer Situationsschilderung eröffnet. Jesus setzt sich so, daß er beobachten kann, wie die Leute Geldspenden in die Schatzkammer bringen. Jeder antike Tempel hatte eine Schatzkammer, das Jerusalemer Heiligtum selbstverständlich auch.[269] Sie lag nach Josephus (Bell V, 520) im inneren Vorhof,[270] an die Mauer angelehnt und bestand aus mehreren Räumen, in denen die Wein-, Öl- und Holzvorräte gespeichert wurden. In einigen befand sich auch „eine zahllose Menge Geld" (Bell VI, 282).[271] Kämmerer und Aufseher taten dort ihren Dienst. Davor standen dreizehn Opferstöcke. Der letzte war für freiwillige Gaben ohne Zweckbestimmung vorgesehen.[272] Jesus wird nahe bei dem Raum und speziell diesem Behälter sitzend vorgestellt. Er beobachtet, wie die Leute Geld in eine der Schatzkammern des Tempels bringen. Man warf das Geld nicht direkt in den Opferstock, sondern übergab es dem da diensttuenden Priester. Er leitete die Spende an die richtige Stelle weiter und sorgte dafür, daß sie in die Liste eingetragen wurde. Jesus sieht, wie viele reiche Leute große Beträge spenden.

Die reichen Spender dienen hier nur als Kontrastfiguren. Der Erzähler stellt ihnen eine mittellose Witwe gegenüber.[273] Witwen waren im Altertum gesellschaftlich, wirtschaftlich und rechtlich schlecht gestellt. Sie waren besonders arm dran, wenn sie keinen Rückhalt in der Familie des verstorbenen Mannes oder – z.B. im Fall der Kinderlosigkeit – in ihrer Herkunftsfamilie hatten. Diese Witwe bringt nur ein bißchen Kleingeld, „zwei Lepta". Das Lepton war eine Kupfermünze aus vorrömischer Zeit, die aber auch im 1. Jh. noch im Umlauf war. Sein Durchmesser betrug 11 mm. Es wog weniger als 1 gr. und hatte einen minimalenWert.[274] Markus erläutert, daß der ganze Spendenbetrag der Witwe nach römischer Währung einem „Quadrans" entsprach. Der Quadrans war die kleinste römische Münze.[275] Man kann sagen: Die Gabe der Witwe betrug nach heutiger europäischer Währung kaum ½ Cent.

Jesu Bewertung der Spende dieser Witwe ist eine Jüngerbelehrung. Sie ist damit speziell für die christliche Gemeinde von Bedeutung. Zu ihr gehörten von Anfang an die Witwen. Ihre Versorgung, aber auch die Lebensführung besonders jüngerer Witwen stellten die Gemeinden immer wieder vor Probleme, die gelöst werden mußten (vgl. Apg 6,1; 9,39; 1Kor 7,8f): „Ehre die Witwen, die wirklich Witwen sind! Hat eine Witwe aber Kinder oder Enkel, dann sollen diese lernen, zuerst im eigenen Hause fromm zu leben und ihren Vorfahren dankbar zu sein;

---

[267] Homer, Odyssee, 372f (*A. Weiher*).

[268] *Ders.*, ebd., 480f.

[269] Vgl. *S. Safrai / M. Stern*, The Jewish People, 879f.

[270] Josephus, De Bello Iudaico II/1, 136f, 252 (O Michel / O. Bauernfeind).

[271] *Ders.*, ebd., II/2, 48f.

[272] Vgl. Bill. II, 42ff.

[273] Vgl. *G. Stählin*, Art. χήρα, ThWNT IX, 428-454.

[274] Vgl. *B. Schwank*, Art. λεπτόν, EWNT II, 862f; *G. Theißen*, Lokalkolorit, 259f.

[275] „Die kleinste Kupfermünze nennen die Römer ... Quadrans" (Plutarch, Cicero, 29,5, in: Plutarch, Doppelbiographien II, 1021 *(K. Ziegler / W. Muhrmann)*.

denn das gefällt Gott. Die wirkliche Witwe und Einsame hat ihre Hoffnung auf Gott gesetzt; sie verharrt bei Tag und Nacht in Bitten und Gebeten. Die aber ein üppiges Leben führt, ist lebendig tot. Auch das präge ihnen ein, damit sie untadelig leben. Wenn aber jemand für seine Angehörigen und besonderes für die eigenen Hausgenossen nicht sorgt, hat er den Glauben verleugnet und ist schlimmer als ein Ungläubiger. – Als Witwe soll nur eingetragen werden, die nicht unter sechzig Jahre alt ist, nur eines Mannes Frau war, beglaubugt ist, Gutes getan, Kinder aufgezogen hat, gastfreundlich gewesen ist, den Heiligen die Füße gewaschen hat, denen, die in Not waren, geholfen hat und bemüht war, Gutes zu tun. Jüngere Witwen aber weise ab! Denn wenn ihre Leidenschaft sie Christus entfremdet, wollen heiraten und verfallen dem Urteil, ihre erste Treue gebrochen zu haben. Außerdem werden sie faul und gewöhnen sich daran, von Haus zu Haus zu laufen. Sie werden aber nicht allein faul, sondern auch geschwätzig und vorwitzig und reden, was nicht sein soll. Deshalb will ich, daß jüngere Witwen heiraten, Kinder zur Welt bringen, den Haushalt versorgen und dem Widersacher keinen Anlaß zu übler Nachrede geben" (1Tim 5,3-14). Eine Witwe, die in der Gemeinde registriert und von ihr unterhalten wird, muß das Greisenalter erreicht haben. Vorausgesetzt wird, daß sie zuhause lebt, von ihren Kindern und Enkelkindern versorgt wird oder selbst für diese sorgt. Sie soll ein frommes Leben führen, reisenden Predigern des Evangeliums die Füße waschen und damit einen Sklavendienst verrichten. Sie beten insbesondere für diejenigen Gemeindeglieder, die für ihren Lebenunterhalt sorgen. Von ihr wrird auch erwartet, daß sie nicht nur ihren Familienangehörigen, sondern auch anderen Gemeindegliedern nach dem Maß ihres Könnens Gutes tut. Junge Witwen sollen dagegen wieder heiraten und Kinder gebären. Sie sollen sich in ihrem häuslichen Pflichtenkreis bewähren und ihr Leben so führen, daß sie Außenstehenden keinen Anstoß geben.

Jesus leitet seine Jüngerbelehrung mit der schwurähnlichen Formel „Amen, ich sage euch" ein. Er charakterisiert sie damit als seine definitive Beurteilung dieser Sache. Die Gabe der Witwe hat in Beziehung zu den Einlagen der übrigen Spender einen qualitativ anderen Wert. Sie steht auch im Kontrast zum Reichen aus Mk 10,17-22, der an seinen vielen Gütern so sehr hing, daß sie ihn an der Nachfolge Jesu hinderten. Zur Begründung macht Jesus geltend, daß die Witwe mit ihrer armseligen Gabe „alles" hingegeben hat, was sie besaß, „ihren ganzen Lebensunterhalt", während alle anderen „aus ihrem Überfluß" spendeten. Der Wert einer Gabe soll also nicht nur nach der Höhe des Betrags gemessen werden, sondern vor allem zum Vermögen des Spenders in Beziehung gesetzt werden. Die Gabe der Witwe ist als Hingabe des gesamten Lebensunterhalts eine Äußerung ihres zuversichtlichen Vertrauens auf Gott und seine Fürsorge als Schöpfer und Erhalter des Lebens. Den Jüngern und über sie der christlichen Gemeinde wird diese Frau in ihrem Verhalten als Vorbild hingestellt. Sie sollen beherzigen, daß materielle Armut als solche noch kein Mangel ist. Im Zusammenhang mit Mk 12,40 ist das Lob für die Witwe eine indirekte Ermahnung der Gemeinde Jesu, sich der Witwen anders anzunehmen als bestimmte Schriftgelehrte, die sie ausbeuten. Das entspricht witwenfreundlichen Texten im Alten Testament (vgl. z.B. Dtn/5Mo 10,18; Ps 146,9; Jer 7,6) und im antiken Judentum: „Ein Vater der Waisen, ein Anwalt der Witwen ist Gott in seiner heiligen Wohnung" (Ps 68,5f [67,5f LXX]).

Paulus widersteht Kephas (Petrus) im syrischen Antiochia[276] 2,11-21

11Als aber Kephas nach Antiochia gekommen war, da widerstand ich ihm ins Angesicht, weil er schuldig geworden war. 12Bevor nämlich einige (Leute) von Jakobus gekommen waren, hatte er mit den Heiden(christen) zusammen gegessen. Als sie aber kamen, zog er sich zurück und sonderte sich ab, weil er die Juden(christen) aus der Beschneidung fürchtete. 13Und zusammen mit ihm heuchelten auch die übrigen Juden(christen), so daß auch Barnabas sich zu ihrer Heuchelei fortreißen ließ. 14Als ich aber sah, daß sie nicht ordentlich nach der Wahrheit des Evangeliums wandelten, sprach ich zu Petrus: „Wenn du, der du Juden(christ) bist, heidnisch und nicht jüdisch lebst, wie nötigst du dann die Heiden(christen), jüdisch zu leben?" 15Wir, die wir von Natur aus Juden und nicht Sünder aus den Heiden sind, 16wissen aber, daß der Mensch nicht aus Gesetzeswerken gerecht wird, sondern durch (den) Glauben an Christus Jesus. 17Wenn wir aber bei unserem Streben, in Christus gerechtfertigt zu werden, auch selbst als Sünder befunden wurden, ist Christus dann nicht ein Diener der Sünde? Das sei fern!" 18Denn wenn ich das, was ich zerstört habe, wieder aufbaue, erweise ich mich als Übertreter. 19Denn ich bin durch das Gesetz dem Gesetz gestorben, damit ich Gott lebe. Ich bin mit Christus zusammen gekreuzigt worden. 20Ich lebe, aber nicht mehr ich, in mir lebt Christus. Was ich aber jetzt im Fleisch lebe, das lebe ich im Glauben an den Sohn Gottes, der mich geliebt und sich mir zugute dahingegeben hat. 21Ich verwerfe die Gnade Gottes nicht; denn wenn durch das Gesetz Gerechtigkeit kommt, dann ist Christus vergebens gestorben.

11: Als aber Kephas nach Antiochia gekommen war, da widerstand ich ihm ins Angesicht, weil er schuldig geworden war. Paulus erwähnt den folgenden Vorfall, weil es damals um ein ähnliches Problem ging, wie jetzt in den galatischen Gemeinden. Der Apostel sagt nicht, aus welchem Anlaß Kephas nach Antiochia gekommen war. Der Zeitpunkt des Besuchs muß vor dem in Apg 15,36-39 genannten liegen, weil Barnabas sich noch dort aufhielt. In Antiochia am Orontes trat Paulus dem Petrus „ins Angesicht", „weil er schuldig geworden war. (11c). Sein eigenes Verhalten verurteilte ihn. Wann und aus welchem Anlaß Simon Petrus diese Gemeinde aufsuchte, ist ebenso wenig bekannt, wie die Absicht seines Besuches. Man kann annehmen, daß er dort eine neue Heimat suchte, nachdem der Jerusalem verlassen mußte, weil ihm dort Herodes Agrippa I. (Regierungszeit: 37 – 44 n.Chr) nach dem Leben trachtete (vgl. Apg 12,3-17). Der Konflikt zwischen den beiden Aposteln spielte sich höchst wahrscheinlich

---

276 Vgl. *U. Wilckens*, Was heißt bei Paulus: „Aus Werken des Gesetzes wird kein Mensch gerecht"?, 77-98.

in einer Gemeindeversammlung ab. Wegen dieser Auseinandersetzung schied Paulus aus dieser Gemeinde aus. Von da an war seine Missionstätigkeit nicht mehr an eine Gemeinde gebunden. Warum Paulus ihm entgegentrat, wird im Folgenden gesagt:

12: Bevor nämlich einige (Leute) von Jakobus gekommen waren, hatte er mit den Heiden(christen) zusammen gegessen. Als sie aber kamen, zog er sich zurück und sonderte sich ab, weil er die Juden(christen) aus der Beschneidung fürchtete. Beim „Zusammen essen" ist an das Herrenmahl zu denken, das, wie 1Kor 11,20-26 zeigt, während einer gemeinsamen Mahlzeit aller Gemeindeglieder eingenommen wurde. Sie ergab sich aus den Jerusalemer Vereinbarungen (vgl. Gal 2,7ff). Durch die Absonderung von den Heidenchristen wurde betont, daß die jüdischen Speisegebote immer noch galten.[277] Das bedeutete aber eine Preisgabe der *einen* Kirche aus Juden- und Heidenchristen, die sich beim gemeinsamen Herrenmahl, das den Opfertod und die Auferstehung Jesu Christi gegenwärtig hält (vgl. 1Kor 11,23ff // Mk 14.22ff // Mt 26,26ff // Lk 22,19f), zeigte, und damit des *einen* Leibes Christi. Petrus handelte aus Furcht vor den vom Herrenbruder Jakobus, dem Leiter der Jerusalemer judenchristlichen Gemeinde, entsandten Jerusalemer Judenchristen. Er fürchtete sich, wegen seines Essens und Trinkens zusammen mit Heidenchristen als Gesetzesbrecher verschrieen zu werden. Für strenge Judenchristen ist eine Tischgemeinschaft mit Heidenchristen unmöglich. Was die Heiden essen, ist für Juden unrein. Ezechiel beteuert: „Ach, Herr und Gott Israels, ich habe mich noch nie unrein gemacht. Seit meiner Jugend habe ich noch nie von verendeten Tieren gegessen. Niemals ist verdorbenes Fleisch in meinen Mund gekommen" (Ez 4,14 LXX; vgl. Hos 9,3f). Beschnittene sind für immer an das Mosegesetz gebunden. Wer sich beschneiden läßt, ist nach Gal 5,3 verpflichtet, das ganze Gesetz zu halten.

13: Und zusammen mit ihm heuchelten auch die übrigen Juden(christen), so daß auch Barnabas sich zu ihrer Heuchelei fortreißen ließ.
Paulus bezeichnet das Verhalten des Petrus und anderer Judenchristen einschließlich des Barnabas als Heuchelei. Petrus aus Furcht, seine Autorität in der Kirche zu verlieren, und die anderen täuschen die Jerusalemer, die von ihnen erwarten, daß sie gesetzestreu leben (vgl. Apg 10,14.28; 11,2f), sich von den Heidenchristen absondern und verhalten sich inkonsequent. Heuchelei ist eine absichtliche Verstellung und Vortäuschung einer Einstellung und Haltung, die man in Wirklichkeit nicht hat. Jesus sprach zu einem Pharisäer, der ihn eingeladen hatte, mit ihm zu essen: „Nun, ihr Pharisäer, ihr reinigt die Außenseite des Bechers und der Schüssel, euer Inneres aber ist voll Raub und Bosheit. Ihr Toren! Hat nicht der, welcher das Äußere schuf auch das Innere geschaffen? Doch gebt das, was darin ist, als Almosen – und siehe, alles ist euch rein" (QLk 11,39ff // QMt 20,23). Der Hauptvorwurf, den Jesus gegen die Pharisäer erhebt, lautet sinngemäß: Außen hui und innen pfui! Die Sorgfalt, mit der Pharisäer ihre Eß- und Trinkgefäße reinigen, steht in einem krassen Mißverhältnis zu dem, was

277 Vgl. *K. Berger*, Jubil 22,16b: „Trenne dich von den Völkern und iß nicht mit ihnen und handle nicht nach ihrem Werk und sei nicht ihr Gefährte!"

sich in ihrem Inneren abspielt. Ihr Reinheitsgebahren zeugt von Verhaltenstraining, ist aber kein Spiegel ihrer inneren Lauterkeit. Die Grundlage für die differenzierten Reinheitsbestimmungen und Reinigungsvorschriften fand man in Lev/3Mo 11,33 und 15,12. Für Jesus bestimmt die innere Verfassung die äußere. Wenn die Pharisäer doch ähnlichen Eifer und eine vergleichbare Sorgfalt wie auf die äußere Sauberkeit auf die Reinigung ihres Inneren von allem, was Gott zuwider ist, verwenden würden! Nach Lk 20,47 verschlingen sie die Häuser der Witwen.[278] Die Pharisäer werden in ihrem Selbstwiderspruch als „Toren" oder Dummköpfe bezeichnet. Das muß sie in ihrem Selbstansehen als „Erzieher der Unverständigen" (Röm 2,20) kränken. Unter der Form der rhetorischen Frage appelliert Jesus an sie, durch Umkehr zum Schöpfer die Veränderung ihrer Frömmigkeit zu bewähren, daß Gott das Innere und das Äußere geschaffen hat. Er hat dementsprechend auch Einblick ins Innere. Daß der Mensch für die Reinheit seiner Seele verantwortlich ist, die er vom Schöpfer erhalten hat, ist auch die Überzeugung der Rabbinen: Zu dem Satz: „Der Geist kehrt wieder zu Gott zurück, der ihn gegeben hat" (Pred 12,7b LXX) lehrten sie: „Gib, wie er ihn dir in Reinheit gegeben hat, auch du ihn Reinheit" (Schab 152b). Es kommt darauf an, dem Geist der Reinheit Raum zu geben, Rabbi Meir (ca. 150 n.Chr.) hat gelehrt: „Hüte deinen Mund vor jeder Sünde, reinige und heilige dich von aller Schuld und Sünde" (Berakh 17a).[279] Im Innern soll nicht die Bosheit regieren. Dort soll sich auch nicht die Gewinnsucht einnisten, die auch vor einer Gewalttat nicht zurückschreckt. Vielmehr soll dort die Barmherzigkeit wohnen. Jesus lehrte seine Jünger: „Werdet barmherzig, wie [auch] euer Vater barmherzig ist!" (QLk 6,36 // QMt 5,48). Diese äußert sich in freigebiger Wohltätigkeit zugunsten Bedürftiger (vgl. z.B. Lk 12,33; Apg 3,2.10; 10,2.4.31; 24,17). Die Freiheit gegenüber dem irdischen Hab und gut ist für den Evangelisten Lukas ein Indiz für das in Ordnung gebrachte Gottesverhältnis (vgl. Apg 2,44f; 4,34-37). Besonders der durch die Raffgier, die Jesus den Pharisäern unterstellt, erworbene Besitz soll den Armen zugute kommen. Das wäre ein Zeichen der Umkehr, die von den Pharisäern erwartet wird. Damit würden sich ihre rituellen Reinheits- und Reinigungsprobleme erledigen: „Den Reinen ist alles rein" (Tit 1,15a); Paulus hat den Christen in Rom geschrieben: „Ich weiß und bin im Herrn Jesus überzeugt, daß nichts an sich unrein ist, sondern unrein ist es nur für den, der etwas für unrein hält" (Röm 14,14). Alles, was Gott geschaffen hat, ist nicht unrein (vgl. Mk 7,14-23; Apg 10,14; 15,20.29; 1Kor 10,26ff; Gal 2,1ff; 1Tim 4,3f). Das Adjektiv „unrein dient dazu, die von der Thora Israels, dem Mosegesetz

---

278 Jüdische Apokalyptiker klagten zur Zeit Jesu über das ausbeuterische Verhalten dominierender Gruppen ihres Volkes. Sie wiesen dabei auch auf die Diskrepanz zwischen dem kultisch-rituellen und der übrigen Lebensweise hin. In der „Himmelfahrt Moses" findet sich eine Polemik gegen „betrügerische Leute, sich selbst zu Gefallen lebend, verstellt in ihrem ganzen Verhalten und zu jeder Tageszeit Liebhaber von Gastmählern , unersättliche Schlemmer … Leute, welche die Güter (der Armen) verzehren, wobei sie behaupten, sie täten das Barmherzigkeit … Vertreiber (Streitsüchtige), Betrüger, die sich verstecken, um nicht erkannt zu werden; Gottlose, voll Frevel und Ungerechtigkeit vom Morgen bis zum Abend … Und ihre Hände und ihre Gedanken werden Unreines treiben, und ihr Mund wird große Dinge sprechen, und sie werden ferner sagen: ‚Rühr (mich) nicht an, damit du mich nicht unrein machst,'' (AssMos 7,4-9 *(E. Brandenburger)*.

279 Bill. I, 719.

vorgesehene Unterscheidung von „rein“ und „unrein“ zu bezeichnen. Die Qumran-Essener („sollen darauf achten), zwischen rein und unrein zu unterscheiden und (den Unterschied) zwischen dem Heiligen und dem Profanen zu lehren, und den Tag des Fastens[280] entsprechend dem Finden derer, die im Lande Damaskus in den neuen Bund eingetreten sind“ (CD VI, 17ff).[281] Jesus lehrte seine Jünger: „Es gibt nichts außerhalb des Menschen, das, wenn es in ihn hieinkommt, ihn verunreinigen kann, sondern das, was aus dem Menschen herauskommt, das ist es, was den Menschen verunreinigt“ (Mk 7,15). Was die Person von außen tangiert und auf sie einwirkt, kann einen Menschen nicht kultisch unrein machen. Die Sorge vor dem Kontakt mit Menschen und Dingen, speziell auch Nahrungsmitteln, deren Berührung angeblich schon kultisch-rituell verunreinigend wirkt, ist vergeblich (15a). Das ist freilich ein deutlicher Widerspruch nicht allein zum gemeinantiken Tabudenken mit seinen Berührungsängsten, sondern auch zur jüdischen „Überlieferung der Alten“ und darüber hinaus zur schriftlichen jüdischen Thora (vgl. Lev/3Mo 11-15; Dtn/5Mo 14,3-21). Ihre ursprünglich für Priester im Dienst am Heiligtum bestimmten Reinheits- und Heiligkeitsgesetze in den Alltag der Laien zu übernehmen und durch kasuistische Auslegung praktikabel zu machen, um das jüdische Volk insgesamt für Gott zu heiligen, war ein Hauptanliegen der Pharisäer. Der Lehrspruch mutet durch seine antithetische Zuspitzung nicht allein den Pharisäern, sondern jedem frommen Juden eine Umkehrung der gewohnten Einstellung und Verhaltensweise zu. Für gesetzestreue Juden sind sämtliche Weisungen der Thora Manifestationen des Gotteswillens. Deswegen sollen sie alle genau beachtet werden. Die Reinheitsfrage stellt sich bei jeder Mahlzeit. Der greise, gesetzestreue jüdische Märtyrer Eleazar argumentiert gegenüber dem Tyrannen Antiochos, der seine Einstellung zur Thora als „absurde Philosophie“ bezeichnet: „Meine nicht, es sei eine kleine Sünde, wenn wir besudelte Speisen essen. Denn in kleinen und in großen Dingen wider das Gesetz zu verstoßen, ist völlig gleichwertig. In beiden Fällen nämlich wird gleichermaßen aus Hochmut gegen das Gesetz gefrevelt“ (4Makk 5,19ff).[282] Dementsprechend ist der als Regel formulierte Lehrspruch in seiner antithetischen Zuspitzung für fromme Juden anstößig. Er trifft in seiner Radikalität mit den für das Selbst- und Wirklichkeitsverständnis toratreuer Juden wesentlichen levitischen Speisebestimmungen von Lev/3Mo 11 und Dtn/5Mo 14 über rein und unrein die Thora insgesamt und stellt die Autorität Moses in Frage.[283]

Der Hauptakzent des Lehrspruchs liegt auf dem zweiten Glied: „Was aus dem Menschen herauskommt, das verunreinigt den Menschen“ (Mk 7,15b). Was aus dem Menschen herauskommt, das kommt aus dem Herzen und zeigt, daß er ganz und gar unrein ist. Darum ging es schon Mk 7,6-13 im Gegenangriff auf Pharisäer und Jerusalemer Schriftgelehrte. Das steht auch bei der folgenden Jüngerbelehrung im Vordergrund des Interesses: „Als er wieder vom Volk weg ins Haus gegangen war, fragten ihn seine Jünger nach dem Gleichnisses. Und er sagte ihnen: ‚Seid ihr auch so unverständig? Versteht ihr nicht, daß alles, was

280 den großen Versöhnungstag

281 *E. Lohse*, Die Texte aus Qumran, 76f; vgl. *J. Maier*, Die Qumran-Essener I, 17.

282 *H.-J. Klauck*, 4. Makkabäerbuch, 711f.

283 Vgl. *W. Schrage*, Ethik, 71.

von außen in den Menschen hineingeht, ihn nicht verunreinigen kann, weil es nicht ins Herz, sondern in den Bauch und in den Abort ihnausgeht?' Damit erklärte er alle Speisen füt rein. Er aber sagte: ,Was aus dem Menschen herauskommt, das verunreinigt den Menschen. Von innen nämlich, aus dem Herzen der Menschen kommen alle bösen Gedanken, Hurereien, Diebereien, Morde, Ehebrüche,
Begehrlichkeiten, Bosheiten, Arglist, Ausschweifung, Mißgunst, Blick, Lästerung, Überheblichkeit, Unverstand. Alles dieses Böse kommt von innen heraus und verunreinigt den Menschen'" (Mk 7,17-23). Markus läßt Jesus das Volk zusammenrufen. Was er die Menge lehrt, ist als Antwort auf die in Mk 7,5 gestellte vorwurfsvolle Anfrage aufzufassen. Jesus leitet seine Belehrung mit einem doppelten Appell zum aufmerksamen Zuhören *und* Verstehen ein (vgl. Gal 4,3.12). Die Lehre trägt er in einem als antithetischer Parallelismus geformten zweigliederigen Lehrspruch vor. In dem bildhaften Spruch wird das, was von außen in den Menschen hineingelangt, dem entgegengestellt, was aus dem Menschen herauskommt. Was die Person von außen tangiert und auf sie einwirkt, kann einen Menschen nicht kultisch unrein machen. Die Sorge vor dem Kontakt mit Menschen und Dingen, deren Berührung angeblich kultisch-rituell verunreinigend wirkt, ist vergeblich.
Eine Reihe von Textzeugen (die Codices Alexandrinus (A), 5. Jh.; Bezae (D), 5./6. Jh.; Freerianus (W), 4./5. Jh., der als Koine-Text bezeichnete, im byzantinischen Reich vorherrschend gewordene Text, den ursprünglich der 312 als Märtyrer gestorbene Lukian von Antiochia hergestellt hatte, ferner syrische und koptische Übersetzungen) haben den Weckruf aus Mk 4,9.23 hierher übernommen: „Wer Ohren hat zu hören, höre!". Diejenigen Handschriften freilich, in denen er fehlt (speziell die Codices Sinaiticus () und Vaticanus (B), beide 4. Jh.), wiegen schwer. Das Fehlen des Weckrufs muß im übrigen als die schwierigere Version gelten (lectio difficilior). Seine Eintragung läßt sich leicht erklären: Die Schreiber bemerkten, daß 7,15 das Ende der öffentlichen Belehrung ist und hier mit dem Übergang zur gesonderten Jüngerbelehrung eine zu Mk 4,9f völlig analoge Situation besteht. In Mk 7,17b fällt das Stichwort „Gleichnis". Aus form- und überlieferungsgeschichtlichen Gesichtspunkten erwartet man hier tatsächlich den Weckruf. Wer sich als Ausleger vor allem von solchen Aspekten leiten läßt, postuliert auch seine Ursprünglichkeit an dieser Stelle.
Ob das Volk Jesu Lehrspruch tatsächlich hört und versteht, bleibt offen. Entsprechend Gal 4,10ff läßt Markus der öffentlichen Belehrung des Volkes eine gesonderte Belehrung derer folgen, die bei Jesus bleiben und ihm folgen wollen. Den Übergang zur nicht öffentlichen Lehre für die Jünger markiert der Szenenwechsel mit Jesu Eintritt in „das Haus". Das Privathaus eines Gemeindegliedes war typischer Ort der Gemeindekatechese. Der Konflikt mit Pharisäern und Schriftgelehrten spielt nun keine Rolle mehr. Die Jünger fragen Jesus „nach dem Gleichnis" und bitten damit um eine nähere Erklärung des Bildwortes von Vers 15. Sie müssen daraufhin zunächst einen Tadel wegen ihres wieder einmal bewiesenen Unverstandes einstecken (vgl. Mk 4,13; 6,52). Die Erklärung bekommen sie dann nicht durch erläuternde Deutung des Lehrspruchs, sondern durch applikative Ausführung. Diese bezieht sich zunächst auf das erste Glied des Lehrspruchs und danach auf dessen zweiten Teil. Die Banalität dieser Anwen-

dung ist kaum zu überbieten: Da das, was der Mensch ißt, ihn nicht im „Herzen" und also nicht in dem für sein Gottesverhältnis entscheidenden Zentrum der Person betrifft, sondern auf natürlichem Weg durch den Bauch in den Abort abgeht, verunreinigt es den Menschen nicht. Markus zieht kommentierend die Konsequenz: „Damit erklärte er alle Speisen für rein" (Mk 7,19b). Jesu Jünger brauchen die Speisevorschriften der Thora und ihrer Auslegung in der „Überlieferung der Alten" insgesamt nicht mehr zu beachten. Das Zeremonialgesetz ist abgetan. In der Gemeinschaft mit Jesus kommt es auf anderes an. Darum geht es in den folgenden Versen.

Die Anwendung der zweiten Spruchhälfte erfolgt durch einen Lasterkatalog: „Aus dem Herzen der Menschen", hier aus ihrem zuinnerst Gott gegenüber verschlossenen Personzentrum kommen „die bösen Gedanken" samt den schlimmen Taten und Haltungen, in denen sie sich auswirken. Der konkretisierende Lasterkatalog besteht aus insgesamt zwölf Gliedern. Die Zwölfzahl zeigt an, daß der Katalog umfassend sein soll. Er zählt zunächst sechs Laster im Plural auf: „Hurereien, Diebereien, Morde, Ehebrüche, Begehrlichkeiten, Bosheiten" (Mk 7,21b-22a). Diese Laster beziehen sich ganz überwiegend auf Gebote der zweiten Tafel des Dekalogs. Es folgen sechs im Singular formulierte Laster: „Arglist, Ausschweifung, Mißgunst, Lästerung, Überheblichkeit, Unvernunft" (Mk 7,22b). Der abschließende Satz faßt zusammen: „Alle diese Bosheiten kommen von innen herasus und machen den Menschen unrein" (Mk 7,23). Alle genannten Fehlhaltungen und bösen Taten kommen „von innen" heraus. In ihnen manifestiert sich die Verschlossenheit für Gott, die den Menschen unfähig macht zu einer Gottesverehrung, die Gottes Willen entspricht.

Das hier Gesagte geht weit über die Situation der vorangegangenen Debatte hinaus. Alle unsere Lebensbereiche gehören dem Herrn; „denn die Erde und was sie erfüllt gehört dem Herrn" (1Kor 10,26 = Ps 24,1). Unter den Christen in Korinth gab es Differenzen, ob man Götzenopferfleisch essen dürfe oder nicht. Der Apostel, der diese Gemeinde gegründet hat, greift folgendermaßen in diesen Konflikt ein: „Nicht in allen aber ist die Erkenntnis; einige vielmehr essen, da sie bis jetzt an den Götzen gewöhnt sind, Götzenopferfleisch, und, weil ihr Gewissen schwach ist, wird es befleckt. Speise aber wird uns nicht vor Gott stellen. Wir haben weder, wenn wir nicht essen, einen Mangel, noch haben wir, wenn wir essen, einen Überschuß. Achtet aber darrauf, daß nicht etwa euere Vollmacht zum Anstoß für die Schwachen wird" (1Kor 8,7ff). Hier geht es um die Rücksichtnahme auf im Gewissen empfindliche Mitchristen. Nicht alle Gemeindeglieder haben die „Erkenntnis", die einigen gegeben ist. Auch die „Schwachen", die wie die vermeintlich „Starken", als sie zum Glauben kamen, ihre zuvor verehrten Göttern verworfen haben, glauben jetzt an *einen* Gott, den Vater, und an *einen* Herrn Jesus Christus, dessen Sohn. Einige der Gemeindeglieder finden nichts dabei, kultisch gebrauchtes Fleisch zu essen, weil sie es gewohnt sind, andere aber, die ein empfindliches Gewissen haben, scheuen davor zurück, weil sie der Auffassung sind, daß ihre Gottesbeziehung dadurch beeinträchtigt wird. Paulus macht ihnen klar, daß es auf das Nichtessen oder Essen nicht ankommt, sondern auf die gegenseitige Rücksichtnahme. Die vermeintlich Starken sollen den im Gewissen schwachen Gemeindegliedern zuliebe auf das Essen von Fleisch, das kultisch gebraucht worden ist, verzichten. AZ 2,3: „Fleisch, das zum Götzendienst hineingebracht werden soll, ist (zur Nutznießung) erlaubt; aber das Herausgebrachte ist verboten, weil das Totenopfer (= Götzenopfer) ist. Rabbi († 217 ?) sagte: „Wegen dieses Narren, der Ungehöriges getan hat, (indem er verbotenes Fleisch an einen Nichtjuden verkaufte und in den Handel brachte), sollten wir alle Fleischläden verbieten? Rabbi befolgte damit seinen Grundsatz; denn er sagte: Wenn Fleischläden vorhanden sind die Fleischer (darin) Israeliten sind, so ist das Fleisch, das sich in der Hand (im Besitz) eines Nichtisraeliten (als Besitzer des Fleischladens) befindet, erlaubt; (denn die jüdischen Fleischer darin sorgen dafür, daß nur rituell hergerichtetes Fleisch zum Verkauf kommt).[284]

14: Als ich aber sah, daß sie nicht ordentlich nach der Wahrheit des Evangeliums wandelten, sprach ich zu Petrus: „Wenn du, der du Juden(christ) bist, heidnisch und nicht jüdisch lebst, wie nötigst du dann die Heiden(christen), jüdisch zu leben?“ Hier nun greift Paulus ein. Petrus hat sich, wie einst schon in Gethsemane (vgl. Mk 14,32-42), bei der Verhaftung Jesu wie alle anderen Jünger (vgl. Mk 14,43-50) und schließlich im Hof des hohepriesterlichen Palastes (vgl. Mk 14,66-72) als schwach erwiesen. „Petrus hatte, vermöge der durch Christum erworbenen Freiheit, mit den Heiden gegessen. Da nun Petrus hernach durch sein Zurückgehen solches Essen für etwas Sündliches erklärt und sich selbst als Einen, der heidnisch gesündigt, dargestellt hat, so war es eben, als ob er Christum zu einem Diener der Sünde machte. Nun hatte aber ja Christus die Bereinigung des Verhältnisses zwischen Juden und Heiden, auf deren Grund hin Petrus den Heiden sich mit Recht zu Tisch gesetzt hat, gestiftet; also wird, wenn Petrus durch sein Essen mit den Heiden gesündigt hat, der Schluß richtig sein, daß Christus ein Diener jener Sünde gewesen. Dieser Schluß aber entrüstet Paulus in dem Grad, so daß er beifügt: Das sei ferne! … Auch der Ausdruck: Diener der Sünde, ist für das unwürdige Verhältnis, worein Christus hiermit geraten würde, höchst passend gewählt. Christus, der den Heiden Gerechtigkeit und Heiligkeit mitteilt, hat lediglich keine Schuld in dieser Sache; derjenige hat's ganz und gar allein auf sich, der sich von den zu Christo bekehrten Heiden auf's Neue absondert.“[285] (vgl. Gal 2,17). Der Apostel hat anders als Kephas sich von den „falschen Brüdern“ nicht beeinflussen lassen. Er muß hier einschreiten und macht Petrus und den anderen vor allen anwesenden Gemeindegliedern deutlich und in aller Schärfe auf die Inkonsequenz seines Verhaltens aufmerksam. „‚Wenn du, der du Juden(christ) bist, heidnisch und nicht jüdisch lebst, wie nötigst du dann die Heiden(christen), jüdisch zu leben?‘ Wir, die wir von Natur aus Juden und nicht Sünder aus den Heiden sind, wissen aber, daß der Mensch nicht aus Gesetzeswerken gerecht wird, sondern durch (den) Glauben an Christus Jesus, damit wir aus Glauben an Christus und nicht aus Gesetzeswerken gerechtfertigt werden, denn aus Gesetzeswerken wird kein Fleisch gerechtfertigt, sondern aus dem Glauben an Christus Jesus.“ Beim Ἰουδαΐζειν denkt Paulus an die jüdische Lebensweise, insbesondere an die Unterwerfung unter die jüdischen Speisegebote. Im Blick auf seine Auseinandersetzung mit

---

284 Bill. III, 421.
285 *J.A. Bengel*, Gnomon II, 308.

seinen Gegnern in den galatischen Gemeinden denkt er besonders an die Beschneidung. Petrus verhält sich dem Evangelium zuwider. Auch Juden können nur aus dem Glauben an Jesus Christus gerecht werden. „Nun aber ist ohne Gesetz Gottes Gerechtigkeit offenbart worden, bezeugt vom Gesetz und den Propheten, Gottes Gerechtigkeit für alle, die glauben; denn es gibt da keinen Unterschied: Alle haben gesündigt und die Herrlichkeit Gottes verloren. Sie werden umsonst durch die Erlösung in Christus Jesus gerechtfertigt" (Röm 3,21-24). Wir werden ohne das Mosegesetz, die Thora Israels, gerechtfertigt, weil Christus des Gesetzes Ziel und Ende ist: „Christus ist das Ende des Gesetzes, und jeder, der an ihn glaubt, wird gerecht" (Röm 10,4). Alle Menschen sind Sünder. Ein Frommer Israels gestand das ein, als er betete: „Ich erkenne meine bösen Taten, meine Sünde steht mir stets vor Augen. Gegen dich allein habe ich mich versündigt; ich habe getan, was dir mißfällt. So behältst du recht mit deinem Urteil, stehst du als Richter rein da" (Ps 51,5f [50,5f LXX]). Diesem Beter steht seine Sünde immer vor Augen. Seine Schuld, die er auf sich geladen hat, bedrückt und quält ihn. Ein von den Folgen seiner Sünde heimgesuchter Beter bekennt: „An meinem Leibe blieb nichts gesund, weil du mir grollst, daß ich gesündigt habe. Weil ich sündigte, blieb an meinen Gliedern nichts heil; sie erdrücken mich wie eine schwere Last" (Ps 38,4ff; [37,4ff LXX]). Der Beter leidet unter einer Krankheit. Sie lastet schwer auf ihm. Er empfindet Jahwe, den Gott Israels und seinen Gott als seinen Gegner. Seine Krankheit hält ihm seine Schuld gegenwärtig. Sein Leib ist ganz mit Wunden bedeckt. Er ist von seinem schweren Leiden erschöpft. Er ist aber dennoch gewiß, daß Jahwe sein Bitten und Flehen erhören wird.
Die folgenden Verse setzen die Rede fort, die mit V. 14 begann. Paulus schließt sich durch ἡμεῖς „wir" mit Petrus zusammen. Er knüpft damit an die Situation an. Wir haben hier nicht die im syrischen Antiochia von Paulus gehaltene Rede vor uns. Diese Sätze fassen den bisherigen Gedankengang zusammen. Sie entfernen sich ab V. 17 von der Auseinandersetzung mit Petrus im syrischen Antiochia. Sie nehmen schon Bezug auf die Situation in den galatischen Gemeinden. Sie bezeugen die Situation, wie Paulus sie sieht.

15-16: Wir, die wir von Natur aus Juden und nicht Sünder aus den Heiden sind, wissen aber, daß der Mensch nicht aus Gesetzeswerken gerecht wird, sondern durch (den) Glauben an Christus Jesus, damit wir aus Glauben an Christus und nicht aus Gesetzeswerken gerechtfertigt werden, denn aus Gesetzeswerken wird kein Fleisch gerechtfertigt, sondern aus dem Glauben an Christus Jesus. Es gilt zu beachten, worauf der Apostel mit diesen beiden Versen hinaus will. Es kommt ihm auf das an, was er in V. 16b schreibt: „Aus Gesetzeswerken wird kein Fleisch gerechtfertigt, sondern aus dem Glauben an Christus Jesus." Diese Aussage wird erläutert und verstärkt durch V. 15: „Wir, die wir von Natur Juden sind …" Die jüdische Herkunft unterscheidet Paulus, Simon Petrus und Joseph Barnabas von den Heiden. V. 16 nennt den Grund, aus dem die „wir" dazu gekommen sind, „daß der Mensch nicht aus Gesetzeswerken gerecht, wird, sondern durch den Glauben an Christus Jesus." Das einleitende ἡμεῖς, „Wir" nennt den Grund, aus dem die drei genannten Judenchristen als fromme Juden Christen wurden. Ihnen ist geoffenbart worden, daß die Menschen durch den Glauben an Christus Jesus gerechtfertigt werden und nicht durch ihre Gesetzeswerke. Das einleitende: „Wir, die wir von Natur aus Juden sind…“ bedeutet: „Wir, *obwohl* wir von Natur aus Juden sind …“ Juden verstehen sich als von Gott erwählt und damit als den Heiden überlegen, die für sie Sünder sind; seinen Vorzug vor allen anderen Völkern verdankt der Jude seiner Erwählung durch Gott. Die Vorzüge der Juden verdanken sie der Erwählung und dem Erbarmen Gottes sowie dadurch, daß ihnen „die Worte Gottes“ anvertraut sind (vgl. Röm 2,17ff; 3,2; 9,6ff; Phil 3,5f). Dagegen sind die „Heiden“ wie alle Menschen, auch die Juden, „Sünder“ (vgl. Mt 26,45; Mk 14,41; Lk 6,32ff; 18,32; 24,7; Apg 2,33: („Gesetzlose“; vgl. Röm 2,14, 1Kor 9,21; „Ungerechte“ 1Kor 6,1).[286] Sünder sind die Heiden insofern, als sie das Mosegesetz, die Thora Israels, nicht kennen und deshalb auch nicht nach der Gerechtigkeit streben können. Paulus weiß sich mit Petrus und allen anderen Christen von ihnen unterschieden. Das jüdische Selbstverständnis im Unterschied zu den Heiden kommt in 2Makk 6,13-17a zum Auasdruck: „Wenn die Sünder nicht lange geschont, sondern sofort bestraft werden, ist das ein Zeichen großer Güte. Bei den anderen Völkern wartet der Herr geduldig, bis das Maß ihrer Sünden voll ist, dann schlägt er zu. Mit uns beschloß er, anders zu verfahren, damit er uns nicht am Ende verurteilen müsse, wenn wir es mit unseren Sünden bis zum Äußersten getrieben hätten. Daher entzieht er uns nie sein Erbarmen, sondern erzieht sein Volk durch Unglück und läßt es nicht im Stich. Das soll uns zur Beherzigung gesagt sein.“ Das Verhältnis Jahwes zu dem von ihm erwählten Volk ist ein anderes als zu allen anderen Völkern. Während er diese hart bestraft, „erzieht“ er sein Volk durch das „Unglück“, das er ihm dessen Sünden wegen zuschickt. Für Heiden gibt es nach frühjüdischer Auffassung keine Erlösung, weil Jahwe, der Gott Israels, mit ihnen keinen Bund geschlossen hat.[287]

Kein Mensch wird durch die „Werke des Gesetzes“ „gerecht“ gesprochen.[288] Das von Paulus verwendete δικαιοῦσθαι „gerechtfertigt werden“ entspricht dem Sprachgebrauch der LXX. Darauf weist hier und auch in Röm 3,20 das Zitat aus Ps 143,2 (= 142,2 LXX) hin. Paulus verwendet den Begriff „gerechtfertigt“ oder „für gerecht erklären“(16c). Vgl. Röm 3,21-26: „Nun aber ist ohne Gesetz Gottes Gerechtigkeit offenbar geworden, bezeugt vom Gesetz und den Propheten, Gottes Gerechtigkeit durch den Glauben an Jesus Christus für alle Glaubenden. Denn da ist kein Unterschied. Denn alle haben gesündigt und ermangeln der Herrlichkeit Gottes; umsonst werden sie gerechtfertigt in seiner Gnade durch die Erlösung in Jesus Christus. Ihn hat Gott öffentlich aufgestellt als Sühnemittel – durch den Glauben – in seinem Blut zum Erweis seiner Gerechtigkeit um der Vergebung der zuvor geschehenen Sünden willen unter der

---

286 Vgl. *K.H. Rengstorf*, Art. ἁμαρτολός, ThWNT I, 329.

287 Vgl. *H.D. Betz*, Galaterbrief, 216.

288 Das Verb δικαιόω (rechtfertigen) findet sich in Gal noch 2,17; 3,8.11.24: 5,4; vgl. Röm 2,13; 3,,4.20.24.26.28.30; 4,2.5; 5,1.9; 6,7; 8,30.33; 1Kor 6,1. Das Nomen δικαιοσύνη, (Gerechtigkeit) δικαιοσυνη kommt in Gal 2,21; 3,8.11..24; Röm 1,17; 3,5.21.22.26 u.ö. Vgl. *G. Schrenk*, Art. δικαιοσύνη, II, ThWNT II, 204-214; *R. Bultmann*, Theologie §§ 28-31; *H. Conzelmann*, Grundriß § 25 II; *ders.*, Theologie, 200ff; *P. Stuhlmacher*, Gerechtigkeit, passim: *K. Kertelge*, Gerechtigkeit Gottes, passim;

Geduld Gottes; zum Erweis seiner Gerechtigkeit in der jetzigen Zeit, auf daß er gerecht sei und gerecht mache den, der aus Glauben an Jesus lebt". (Röm 3,21-26).[289] Mit der Offenbarung Gottes in und mit Jesus Christus, dem Gekreuzigten, in die Welt hinein Auferstandenen und zu Gott erhöhten Herrn ist eine Zeitenwende eingetreten. Gottes Gerechtigkeit ist in ihm erschienen. Während das Mosegesetz allein die Erfahrung und Erkenntnis der Sünden bewirkt, ist mit der Offenbarung der „Gerechtigkeit Gottes „das Heil" für uns Menschen Wirklichkeit geworden. Das bezeugt die Evangeliumspredigt des Apostels. Im Evangelium „ist die Gerechtigkeit aus Glauben zum Glauben geoffenbart, wie geschrieben steht: Der aus Glauben Gerechte wird leben" (Röm 1,17; vgl. Hab 2,4 LXX). Der Apostel nimmt die fünf Bücher der Thora, aber auch die prophetischen Schriften und die Psalmen sowie die übrigen Bücher des Alten Testaments für die Verkündigung Jesu Christi in Anspruch. Sie bezeugen „Gottes Gerechtigkeit", die im Glauben wahr- und angenommen wird. Es handelt sich um das Ereignis der „Gottesgerechtigkeit", die aufgrund der Predigt des Evangeliums durch den Glauben an Jesus Christus zugänglich und wirksam wird. Die Schranke, die das Gottesvolk Israel von den heidnischen Völkern trennte, ist dort, wo Juden- und Heidenchristen an den *einen* Herrn als den Offenbarer und die Offenbarung Gottes glauben, aufgehoben worden. Nun „aber schauen wir alle mit unverhülltem Angesicht die Herrlichkeit des Herrn und werden in das gleiche Bild verwandelt als vom Herrn des Geistes" (2Kor 3,18). Die aus Glauben Gerechtfertigten spiegeln Gottes „Herrlichkeit" wider. Für sie wird „Gottes Gerechtigkeit", kraft derer Sünder „geschenkweise" gerechtfertigt werden, wirksam. Das „Sühnemittel" oder „Sühnemal" war ursprünglich der „Deckel", der auf der Bundeslade lag. Der wurde am Versöhnungstag mit dem Blut eines geopferten Stieres und eines Schafsbocks besprengt (vgl. Lev/3Mo 16,1-34). Für den Apostel ist es Jesus Christus, der mit seinem Fluch- und Schandtod am Kreuz stellvertretend Gottes Gericht für uns Sünder auf sich genommen und uns damit aus unserer Sündenhaft befreit hat, so daß wir jetzt, mit Gott eng verbunden, als seine Kinder vor ihm leben können.[290] Alle Menschen, nicht allein die Heiden, sondern auch die Juden, haben gesündigt. Sie werden, sofern sie an Jesus Christus als das Heilsereignis Gottes glauben, ohne jede Vorleistung, allein aus Gottes Gnade und Barmherzigkeit, gerechtfertigt, weil Gott, der Vater Jesu Christi, seinen Sohn, unseren Herrn und Erlöser Jesus Christus, für uns mit seinem Tode am Kreuz auf Golgatha als „Sühnemal" aufgerichtet hat. „Das Geheimnis der Versöhnung im Blute Jesu ist und bleibt *Gottes* Geheimnis und seine Eröffnung, das Anschaulichwerden des Unanschaulichen ist immer wieder *Gottes* Tat, Tat seiner Treue, oder, was dasselbe ist, Tat des Glaubens. Sofern aber diese Tat Gottes geschieht, sofern seine Treue beharrt, sofern das Wagnis des Glaubens gewagt wird, ist uns im Blute Jesu der Anbruch eines neuen Weltentages, die Realität der Barmherzigkeit Gottes und unserer Errettung, unser kommendes Überkleidetwerden mit der Behausung, die nicht von Händen gemacht, die ewig, die im Himmel ist, gezeigt, angesagt, verbürgt und gewährleistet: „Wir wissen nämlich, daß, wenn unser irdisches Zelt abgebrochen wird, wir

289 *E. Lohse*, Römer, 128.
290 Vgl. *Fr. Büchsel*, Art. ἱλαστήριον, ThWNT III, 323f.

eine nicht von Menschen errichtete, sondern von Gott erbaute Behausung im Himmel haben, die nicht von Menschenhand gefertigt worden ist. Denn darum seufzen wir gegenwärtig auch und sehnen uns danach, mit unserer himmlischen Behausung bekleidet zu werden" (2Kor 5,1f). Wir stehen dann jetzt und hier schon im Abglanz der kommenden Dinge, nicht ohne Bedrängnis, aber auch nicht ohne Hoffnung, krank an Gott, wie wir sind, aber in der Krisis, an Gott zu gesunden."[291] Kraft des stellvertretenden Leidens und Sterbens Jesu sind wir von unseren Sünden befreit, so daß wir ihm aus Glauben gehorsam unser Leben führen können.

Das Motiv einer Verwandlung durch eine Spiegelschau findet sich auch OdSal 13,1-4: „Siehe, unser Spiegel ist der Herr. / So öffnet die Augen, beschaut euch darin / und erkennt, wie euer Antlitz aussieht! / Verkündet Lobpreis seinem Geiste und wischt den / Schmutz von eurem Antlitz! / Gewinnt seine Heiligkeit lieb und zieht sie an, / so wirdet ihr immerdar ohne Fehl vor ihm sein!"[292].Wie an dieser zitierten Stelle kommt das Spiegel-Motiv auch an folgender Stelle Philos von Alexandria in ethischer Hinsicht vor: „‚Es erinnere sich,' so sagt er [der Künstler], ‚auch wer sich besprengen will, daß der Stoff zu diesem Gefäße Spiegel waren, damit auch er seinen eigenen Geist wie in einem Spiegel betrachte; und wenn irgendein Makel infolge einer unvernünftigen Empfindung sich zeigen sollte, sei es einer Lust, die widernatürlich überhebt und aufbläht, oder andererseits eines Schmerzes, der herabstimmt und niederdrückt, oder einer Furcht, die von der Richtung des geraden Weges abzieht und ablenkt, oder der Begierde, die nach dem, was man nicht besitzt, gewaltsam zieht und lockt, so soll er diesen Fehler wie ein Arzt in Behandlung nehmen, heilen und der echten, makellosen Schönheit nachstreben'" (VitMos II, 139).[293]
„Nachdem ihr ... sehr genau das eigene Haus in allen seinen Teilen in Augenschein genommen und geprüft habt, welche Bewandtnis es mit jedem seiner Teile hat, dann bewegt euch fort und erstrebt den Aufbruch aus diesem (Leben), der nicht den Tod, sondern die Unsterblichkeit verheißt. Dessen Spuren werdet ihr euch in den körperlich und sinnlich wahrnehmbaren Höhlen aufgehalten habt, mitunter im tiefen Schlaf – denn dann geht gewissermaßen der Nus fort, trennt sich von den Wahrnehmungen und allem übrigen, was zum Körper gehört, und beginnt, mit sich selbst zu verkehren, indem er das Wahre gleichsam wie im Spiegel beobachtet; wenn er sich dann von allem gereinigt hat, was er von den Sinneswahrnehmungen sich eingeprägt, kündet er in Verzückung untrüglichste Traumweisungen über die künftigen Geschehnisse – mitunter auch im wachen Zustand (MigrAbr 189f).[294] – „Der Geist blickt also in sich selbst als seinen Spiegel; offenbar ein Bild der Selbstprüfung."[295]

Die Rechtfertigung durch Gott ist uns Sündern im Glauben an Jesus Christus zuteil geworden, der uns durch die Predigt des Evangeliums zugesprochen wird.

---

291 *K. Barth*, Römerbrief, 80.
292 Übersetzung nach *R. Bultmann*, Der zweite Brief an die Korinther, 95.
293 *Philonis* Opera IV, 232f; *ders.*, Werke I, 330 *(B. Badt).*
294 *Ders.*, Opera II, 305; *ders.*, Werke V, 203 *(Posner).*
295 *R. Bultmann*, Der zweite Korintherbrief, 95.

Seinetwegen brauchen wir uns vor dem Endgericht nicht zu fürchten; denn er bindet uns im Glauben an sich und damit an Gott, seinen Vater. Paulus weiß, daß er mit einem Einwand seiner judenchristlichen Gegner rechnen muß. Er fragt rhetorisch:

17: Was sollen wir nun sagen? Sollen wir bei der Sünde bleiben, damit die Gnade sich mehre? Auf keinen Fall! Wie sollen wir, die wir der Sünde gestorben sind, noch in ihr leben? Oder wißt ihr nicht, daß wir, die wir auf Christus Jesus getauft wurden, in seinen Tod hineingetauft worden sind? Wir wurden ja durch die Taufe auf seinen Tod mit ihm zusammen begraben, damit auch wir, durch die Herrlichkeit des Vaters vom Tode auferweckt wurden, in einem neuen Leben wandeln (Röm 6,1-4). Judaistische Gegner werden Paulus mißverstanden haben. Sie nahmen an, er hätte gepredigt: „Laßt uns bei der Sünde bleiben, damit die Gnade sich mehre!“ Er wehrt diesen Einwand entschieden ab: „Auf keinen Fall!“ Wer durch seine Taufe mit Christus gestorben und begraben worden ist, kann unmöglich im Bannkreis der Sünde leben. Er hat ihr vor der Taufe abgesagt. Würde er weiterhin im Bannkreis der Sünde leben, widerspräche er dem in der Gemeinschaft mit Christus gewonnenen neuen Leben. Ein Christ gehört Jesus Christus. Seine Lebensführung soll dieser Zugehörigkeit entsprechen. „So soll nun die Sünde in euerem sterblichen Leib nicht herrschen, daß ihr seinen Begierden gehorcht; stellt auch euere Glieder nicht als Waffen dem Unrecht und der Sünde zur Verfügung, sondern stellt euch als solche Gott zur Verfügung, die aus den Toten zum Leben kamen, und euere Glieder als Waffen der Gerechtigkeit für Gott; denn die Sünde wird über euch nicht mehr herrschen; ihr befindet euch nämlich nicht mehr unter dem Gesetz, sondern unter der Gnade“ (Röm 6,12ff). Die aufgrund ihrer Taufe aus der Macht und Gewalt der Sünde befreiten Christen sollen deren Herrschaft nicht wieder verfallen und nicht selbstsüchtig sein. Sie gehören ja ihrem Herrn Jesus Christus und sollen niemanden anders über sich herrschen lassen, insbesondere auch ihre vitalen Strebungen und Begierden nicht. Das Gesetz ruft das Verlangen hervor, es zu übertreten. Wer sich Gott zur Verfügung gestellt hat, kann nicht mehr nur auf sich selbst aus sein. Er gehorcht dem, dessen Herrschaft er aich mit der Taufe unterstellt hat. Da er dem auferstandenen und zu Gott erhöhten Herrn Jesus Christus gehört, ist er des künftigen, ungebrochenen und ewigen Lebens in der Gottesgemeinschaft gewiß. Die Zeit der Gesetzesherrschaft ist mit dem Kommen Jesu Christi vergangen, die Zeit der Gnade Gottes aber gekommen. „So gilt nun: Wie durch einen Menschen die Sünde in die Welt kam, durch die Sünde der Tod und so der Tod zu allen Menschen gelangte, weil alle sündigten – Denn bis zum Gesetz war die Sünde in der Welt; Sünde aber wird nicht angerechnet, wenn es kein Gesetz gibt. Doch herrschte der Tod von Adam bis Mose auch über diejenigen, welche nicht entsprechend der Übertretung Adams, der ein Urbild des Kommenden ist, gesündigt haben. Aber nicht wie die Übertretung, so auch die Gnadengabe; denn wenn durch den Tod des Einen die Vielen starben, um wieviel mehr ist die Gnade Gottes und die Gnadengabe des einen Menschen Jesus Christus auf die Vielen gekommen“ (Röm 5,12-15).

Durch den Tod Jesu Christi sind alle Menschen mit Gott versöhnt: „Da wir mit Gott durch den Tod seines Sohnes versöhnt worden sind, als wir noch Feinde waren, werden wir erst recht, nachdem wir versöhnt wurden, durch sein Leben gerettet werden" (Röm 5,10). „Dem universalen Verhängnis, das durch die Machtergreifung von Sünde und Tod über alle Menschen gekommen ist, wird der Triumph der Gnade entgegengesetzt, der die zwingenden Gewalten zerbrochen und Leben und Seligkeit heraufgeführt hat."[296] Da Adam Gottes Gebot verachtete, sind die Sünde und mit ihr der Tod, d.h. die Gottesferne sowie die Entfremdung von ihm über die Menschheit gekommen. „Gerecht gemacht aus Glauben, haben wir durch Jesus Christus, unseren Herrn, Frieden mit Gott; durch ihn haben wir durch [den Glauben] Zugang zu der Gnade erhalten, in der wir stehen, und rühmen uns uns ebenso unserer Bedrängnis; denn wir wissen, daß Bedrängnis Geduld bewirkt, Geduld aber Bewährung, Bewährung aber Hoffnung, Die Hoffnung aber läßt nicht zuschanden werden; denn die Liebe Gottes ist durch den Heiligen Geist, der uns gegeben ist, in unsere Herzen ausgegossen. Christus ist schon zu der Zeit, da wir noch Sünder, gottlos und schwach waren, für uns gestorben. Nun wird aber kaum jemand für einen Gerechten sterben; vielleicht wird er doch für einen Gerechten sein Leben lassen. Gott aber hat uns seine Liebe dadurch erwiesen, daß Christus für uns gestorben ist, als wir noch Sünder waren. Da wir nun durch sein Blut gerecht gemacht worden sind, werden vor dem Zorngericht bewahrt werden; denn wenn wir nun durch sen Tod seines Sohnes mit Gott versöhnt worden sind, als wir noch Feinde waren, werden wir durch sein Leben gerettet werden. Mehr noch, wir rühmen uns Gottes durch Jesus Christus, unseren Herrn, durch den wir jetzt schon Versöhnung empfangen haben" (Röm 5,1-11). Gott hat uns Menschen durch den Glauben gerechtfertigt (vgl Röm 3,26.30; 4,5). Das haben wir Christen erfahren. Unsere Rettung erfolgte durch den Kreuzestod Jesu Christi, durch sein „Blut". Dadurch sind wir mit Gott versöhnt: „Ihr seid reingewaschen, seid geheiligt, seid im Namen Jesu Christi, des Herrn, und im Geist unseres Gottes gerecht geworden" (1Kor 6,11). Paulus nimmt hier auf die Taufe Bezug. In ihr und durch sie sind wir im Namen des Sohnes Gottes, Jesu Christi, Gottes Kinder geworden, sind von unseren Sünden „reingewaschen", Gott „geheiligt" und gerechtfertigt geworden: „Nun aber ist ohne das Gesetz die Gerechtigkeit Gottes offenbar geworden, bezeugt durch das Gesetz und die Propheten, die Gerechtigkeit Gottes aus dem Glauben an Jesus Christus, offenbart für alle, die glauben (Röm 3,21f). „Für Paulus ist die Taufe das Sakrament des Glaubens, sofern dieser sie fordert und zu ihr hinführt, wenn der Täufling sich ihr im Glauben unterzieht und den Glauben erweist und sofern sie den Getauften der Glaubensexistenz übergibt. Im postbaptismalen Glauben wird die aus Glauben und im Glauben fixierte Rechtfertigung durchgehalten und so der Glaubende, der in der Taufe gerechtfertigt ist, immer wieder von neuem gerechtfertigt."[297] Unser Gottesverhältnis ist nun befriedet; denn Gott ist „der Gott des Friedens" (Röm 15,33) den „der Herr des Friedens" (2Thess 3,16) uns gewährt, den Christus am Kreuz auf Golgatha gestiftet hat: „Denn er ist unser Friede" (Eph 2,14a). „Der Friede Got-

---

[296] *E. Lohse*, Römer 174.
[297] *H. Schlier*, Römerbrief, 140.

tes, der alles Denken übersteigt, wird euere Herzen und Gedanken in der Gemeinschaft mit mit Christus Jesus bewahren“ (Phil 4,7). Gottes „Friede“ „übersteigt“ all unser „Denken“. Er ist eine rational nicht kalkulierbare, mit dem Intellekt der das, was ist, nur fragmentarisch begreift, nicht faßbare, auch für jeden, dem er zuteil wird, unbegreifliche, aber dennoch keine vernunftwidrige Macht; denn er nimmt jedem, der ihn empfängt, nicht die Fähigkeit, nüchtern zu unterscheiden, was differenziert gesehen werden muß, Sachverhalte deutlich zu erfassen und zu beurteilen, klare Gedanken verständlich zu formulieren. Der Gottesfriede ist für Christen eine den Menschen als Vernunftwesen überspannende, eine unsere Existenz umgreifende Realität. Er reicht über die hinaus, die mit sich selbst und anderen im Streit liegen, kommt über diejenigen, die in Sorgen und Ängsten vor Gott liegen. Damit, daß er sie ergreift, erhält er sie in ihrem personalen Zentrum, dem „Herzen“, bewahrt sie aber auch in ihren „Gedanken und Entschlüssen“ in der Gemeinschaft Jesu Christi und also in Gott. „Laßt uns also nach dem streben, war zum Frieden und der gegenseitigen Erbauung dient“ (Röm 14,19). Es handelt sich um den Frieden, dervon dem in Jesus Christus offenbaren Gott durch den Heiligen Geist über uns kommt. „Ihn“, Jesus Christus, „hat Gott dazu bestimmt mit seinem Blut Sühne zu leisten, Sühne, wirksam durch den Glauben. So erweist Gott seine Gerechtigkeit durch die Vergebung der Sünden, die früher während der Zeit seiner Geduld begangen wurden, um seine Gerechtigkeit in dieser Zeit zu erweisen, um zu zeigen, daß er gerecht ist und den rechtfertigt, der an Jesus glaubt“ (Röm 3,25f). „Er kam und predigte den Frieden, euch den Fernen, und uns, den Nahen. Durch ihn haben wir beide durch den den einen Geist Zugang zum Vater“ (Eph 2,17f). Mit dem „Kommen“ Jesu wird ähnlich wie mit den „Ich-bin-gekommen“-Sätzen im Johannesevangelium (vgl. z.B. Joh 5,43; 10,11; 12,46) der Sinn seiner Sendung und Existenz insgesamt angesagt. Er ist mit seinem ganzen Leben unter Einschluß seines Sterbens Gottes Friedens- und Heilsbotschaft.[298] Christus selbst sagt, was er ist. Vermutlich klingt hier wie später in Eph 6,15 Jes 52,7 LXX an. Dort verkündet der Freudenbote Zion den weltweiten Frieden. Die Stelle wird Röm 10,15 auch von Paulus aufgegriffen. Der Apostel sieht sich selbst in der Rolle des Freudenboten. Er verkündet das Evangelium der Völkerwelt, um unter den Völkern Glaubensgehorsam aufzurichten. Bei Tritopaulus ist der Freudenbote Christus selbst. Er kommt im Medium der Verkündigung der Apostel zu den Völkern und bringt den universalen Frieden. Seine Botschaft gilt „den Fernen“ wie „den Nahen“ gleichermaßen, wie unter deutlicher Anspielung auf Jes 57,19 LXX gesagt wird (17). Während Paulus Röm 10,20-21 unter Bezugnahme auf Jes 65, 1.2 und Röm 15,21 mit Zitat von Jes 52,15 die Annahme des Evangeliums unter den Heiden im Kontrast zur Verweigerung Israels herausarbeitet, sind die alten Gegensätze zwischen Juden und Heiden bei Tritopaulus irrelevant geworden. Ein Vorrang Israels gegenüber den Völkern ist nicht mehr erkennbar. Beide haben nun „durch ihn“ „in einem Geist“, dem Geist Christi, der sie verbindet, „Zugang“ oder „Zutritt“ zu Gott gebahnt hat. Vermutlich spielt der Autor auf Röm 5,2 an, wo Paulus selbst einmal dieses Substantiv gebraucht hat, das in unserem Brief noch einmal Eph 3,12 vorkommt, aber nirgendwo sonst im Neuen Testa-

---

298 Vgl. *G. Friedrich*, Art. εὐαγγελίζομαι, ThWNT II, 716.

ment. „Da nämlich durch *einen* Menschen der Tod gekommen ist, so kommt auch durch *einen* Menschen die Auferstehung der Toten; denn wie in Adam alle sterben, so werden in Christus alle lebendig gemacht werden" (1Kor 15,21f). Dem Tod, der am Anfang der Menschheit als Gottes Verhängnis wegen der Übertretung seines Gebotes (vgl. Gen/1Mo 2,17) über uns Menschen gekommen ist, entspricht die in der Auferweckung Jesu Christi begründete zuversichtliche und gewisse Hoffnung auf die Auferstehung der Toten, wie Urzeit und Endzeit einander entsprechen. Das neue und ewige Leben in der Gottesgemeinschaft ist reines Gnadengeschenk Gottes, das wir unserem Herrn Jesu Christus verdanken. Der Apostel fragt hypothetisch: Wenn das in Gal 2,15f. Geschriebene gilt, kommt es dann nicht mehr darauf an, das.Gesetz zu halten? Wenn wir uns als Sünder erwiesen haben, „ist Christus dann nicht ein Diener der Sünde? „Ist Christus demnach ein Beförderer der Sünder?"[299] Ist er dann nicht umsonst gestorben? Christus wäre vergeblich gestorben, wenn wir die Gerechtigkeit dem Gesetz verdankten. Das ist eine absurde These, ähnlich wie Röm 15,8: „Christus ein Diener der Beschnittenen".[300] Paulus bezieht sich hier auf die Polemik seiner judenchristlichen Gegner, die seine Christuslehre ablehnen. Er weist diese Vorwürfe zurück: „Auf keinen Fall!".

18: Paulus kritisiert nun das falsche Argument von V. 17. Seine Argumentation beruht auf dem in Röm 4,15b zitierten Rechtsgrundsatz: „Wo kein Gesetz ist, da ist auch keine Übertretung". Christus dient nicht der Sünde. Petrus (Kephas) freilich erweist sich dadurch als Sünder, daß er sich mit anderen Judenchristen vom gemeinsamen Herrenmahl mit den Heidenchristen absondert. Paulus war der einzige, der das Herrenmahl gemeinsam mit den Heidenchristen gefeiert hat. Er vergleicht das Verhalten des Petrus mit dem Abbruch und Wiederaufbau eines Hauses. Vgl. 2 Kor 5,1: Jemand hat ein Gebäude abgerissen, das er für nutzlos hielt. Danach erkannte er, daß er es doch noch brauchte. Er baute es dementsprechend wieder auf. Damit zeigte er, daß der Abriß voreilig erfolgte. Entsprechend verhält es sich mit der Trennung von den Heidenchristen beim Herrenmahl. Petrus und andere Judenchristen hatten sich zunächst über die jüdischen Speisevorschriften hinweggesetzt, sie gleichsam „zerstört" (18a). Dann aber erkannten sie, daß ihr Verhalten falsch war und kehrten zu ihnen zurück. Sie sahen ein, daß ihre vorherige Praxis verkehrt war. Mit der Teilnahme am Herrenmahl zusammen mit den Heidenchristen hatten sie eine Übertretung begangen. Sie hätten wie Paulus am gemeinsamen Herrenmahl festhalten sollen. Der Apostel schreibt:

19: Ich bin durch das Gesetz dem Gesetz gestorben, damit ich Gott lebe. Er, der allein an der Tischgemeinschaft mit den Heidenchristen festhielt, hat mit der Zerstörung des Gesetzes ernst gemacht. Paulus schrieb den Christen in Rom: „Ihr seid auch dem Gesetz gegenüber abgetötet durch den Leib Christi, so daß ihr einem anderen zugehört, dem, der von den Toten auferweckt ist, damit wir für Gott Frucht bringen. Als wir im Fleisch waren, da wirkten die Leidenschaf-

---

[299] *A. Oepke*, Galater, 92.
[300] Vgl. *H.D. Betz*, Galaterbrief, 225.

ten der Sünden in unseren Gliedern, so daß wir dem Tod Frucht brachten. Jetzt aber sind wir losgelöst vom Gesetz, indem wir dem gestorben sind, worin wir gefangengehalten wurden, so daß wir im neuen Wesen des Geistes Dienst tun und nicht im alten des Buchstabens" (Röm 7,4ff).[301] Damit, daß durch das Gesetz die Sünde erkannt wird (vgl. Röm 3,20; 7,7), kommen die sündhaften Leidenschaften an den Tag, die tödliche Frucht hervorbringen (vgl. Röm 7,5.9-13). Paulus, der als Jude im Halten des Gesetzes von klein auf eingeübt war, hat Christi wegen das Halten des Gesetzes aufgegeben. Er ist um Christi willen dem Gesetz nun gestorben, weil es ihn vor Gott nicht rechtfertigen kann. Das, was ihm früher Gewinn bedeutete, betrachtet er jetzt als Verlust: „Wenn jemand meint, er könnte sein Vertrauen auf das Fleisch setzten, ich viel mehr. Ich wurde am achten Tag beschnitten, stamme aus dem Volke Israel, dem Stamme Benjamin, bin ein Hebräer von Hebräern, der Gesetzespraxis nach ein Pharisäer, dem Eifer nach ein Verfolger der Gemeinde, der Gesetzesgerechtigkeit nach untadelig. Aber was mir Gewinn brachte, habe ich um Christi willen für Verlust erachtet. Ja, wahrlich, halte das alles für einen Verlust der überragenden Erkenntnis Christi Jesu wegen und halte es für Dreck, um Christus zu gewinnen und mit ihm angetroffen zu werden, der ich nicht meine Gerechtigkeit, die aus dem Gesetz kommt, haben will, sondern diejenige, die aus dem Glauben an Christus kommt, die Gerechtigkeit, die aufgrund des Glaubens aus Gott kommt, um ihn zu erkennen, und zwar die Kraft seiner Auferstehung und die Teilhabe an seinem Leiden, mit seinem Tode gleichgestaltet, um zur Auferstehung von den Toten zu gelangen" (Phil 3,4b-11).[302] Stolz auf die Herkunft war im Altertum für frei geborene Griechen und Römer, insbesondere für solche aus aristokratischen Familien selbstverständlich. Er ist es auch heute noch unter allen Völkern. Was Stolz auf die Herkunft bedeutet, war zu frühchristlicher Zeit den Christen nichtjüdischer Herkunft vertraut. Was die von Paulus aufgelisteten Einzelheiten für einen Juden bedeuteten, werden die Adressaten dieses Briefes geahnt haben. Er nennt einige Vorzüge seiner Herkunft und früheren Lebensführung, deretwegen er mit seinen judaistischen Gegnern konkurrieren kann. So ist er in einer an der Thora Israels und der sich an sie anschließenden Überlieferung orientierten jüdischen Familie geboren. Vier Vorzüge kann er aufweisen:

Erstens: Seine Eltern haben ihn nach Maßgabe der schon an Abraham ergangenen Weisung als „achttägigen" Säugling beschneiden lassen (vgl. Gen/1Mo 17,12; 21,4; Lev/3Mo 12, 3: S^{Lk} 2,21). In Korinth aufgetretene und mit ihm rivalisierende, mit Empfehlungsbriefen ausgestattete judenchristliche Missionare, die manche der dortigen Christen durch ihr charismatisches Wirken beeindruckt haben, betonten ebenfalls, Nachkommen Abrahams zu sein: „Sie sind Hebräer, ich auch. Sie sind Israeliten, ich ebenfalls. Sie sind Abrahams Nachkommen, ich auch" (2Kor 11,22).

Zweitens: Paulus war kein Proselyt und auch kein Sohn einer zum Judentum übergetretenen Familie, sondern ein geborener Jude mit lauter israelitischen Vorfahren. Auch seine Konkurrenten rühmten sich ihrer Herkunft aus dem auserwählten Volk (vgl. 2Kor 11,22).

---

301 Vgl. *E. Lohse*, Römer, 205.

302 Vgl. *G. Barth*, Philipperbrief, 40ff; *W. Eckey*, Philipper, 113-126.

Drittens: Sein Stammvater war Benjamin, der jüngste und als einziger im heiligen Land geborene Sohn der Rahel (vgl. Gen/1Mo 35,16ff). Nach Dtn/5Mo 33,12 LXX hat Mose ihn als „Liebling Jahwes" bezeichnet. Aus dem Stamme Benjamin kam auch der erste König Israels, „Saul" (vgl. z.B. 1Sam 9,1f). Nach ihm haben die traditionsbewußten Eltern diesen Sohn genannt. „Saulus" war sein Synagogenname, „Paulus" sein Beiname (cognomen) als römischer Bürger (vgl. z.B. Apg 22,25.27f), den er als Heidenmissionar führte und in seinen Briefen ausschließlich verwandte (vgl. z.B. Röm 1,1; 1Kor 1,1; 2Kor 1,1; Gal 1,1; Phil 1,1; 1Thess 1,1; Phlm 1,1). Die Heidenchristen in Philippi waren in den heiligen Schriften Israels nicht so bewandert wie er, so daß sie nicht ermessen konnten, was der Stolz eines Mannes aus dem Stamme Benjamin im jüdischen Volk bedeutete. Da ihnen aber der Stolz auf die eigene Herkunft nicht fremd war, werden sie geahnt haben, daß der Apostel hier einmal im jüdischen Volk berühmte Männer als seine Ahnen nannte.
Viertens: Obwohl er im pisidischen Tarsus, der Provinzhauptstadt Kilikiens, wo man Griechisch sprach, geboren und aufgewachsen war, sprach er ebenso wie seine den jüdischen Sitten treu gebliebenen Eltern noch Hebräisch, die Sprache der Thora, Propheten, Psalmen und der meisten übrigen heiligen Schriften Israels, unseres Alten Testaments. Seine aus Palästina gekommenen Konkurrenten bezeichneten sich ebenfalls als „Hebräer" (vgl. 2Kor 11,22).
Nach seinen ererbten Vorzügen weist Paulus darauf hin, wie sehr er sich um die Aneignung und Bewährung des ihm Überkommenen bemüht hat:
Erstens: Hinsichtlich der Befolgung des Mosegesetzes folgte er der pharisäischen Auslegungsrichtung. Nach Josephus, der sich ebenfalls für diese Lebensweise entschieden hatte, standen die Mitglieder dieser Laienbewegung unter den Juden im heiligen Land „in dem Ruhm gewissenhafter Gesetzesauslegung" (Bell II, 162).[303] Sie hielten sich für „besondere Lieblinge Gottes" (Ant XVII, 2,41).[304] Ihr Ziel war die Heiligung des Lebensalltags durch eine genaue Beachtung der Thora, insbesondere der Reinheitsvorschriften nach ihrer aus der Schriftauslegung gewonnenen und für sie normativen Überlieferung. Dazu waren eine detaillierte Kenntnis des komplizierten und kasuistischen Normengefüges und die kontinuierliche Einübung in ihre spezifizierte Anwendung unter Berücksichtigung mannigfacher Situationen der Lebenswirklichkeit nötig.
Zusammenfassend kommt der Apostel im Blick auf seine frühere Identifikation mit der Religion seiner Väter zu dem Urteil, daß er nach dem Maßstab der Gerechtigkeit, die man sich als Jude durch das Handeln und Verhalten nach dem Mosegesetz erwerben kann, „untadelig" war (vgl. z.B. S^{Lk} 1,6). Schrieb er dies auch im Rückblick und aus gegebenem Anlaß nur kurz und summarisch, so kann man ihm doch abnehmen, daß er sich da nicht nachträglich überschätzte und übertrieb.
Vor seiner Lebenswende sah der zum Christenfeind gewordene Saulus keinen Anlaß, nach der Befreiung aus seiner Gefangenschaft in der Sünde und dem daraus folgenden Todesgeschick zu fragen. Von der für ihn unerwartet eingetretenen Wende kann er nur konfessorisch sprechen. Alles das, was ihm vorher wert-

---

303 Josephus, De Bello Judaico I, 2,12f (*O. Michel / O. Bauernfeind*).
304 *Ders.*, Jüdische Altertümer, II, 444 *(H. Clementz).*

voll war und ihm Ansehen bei Gott durch treue Befolgung seiner Weisungen und Ansehen in seinem Volk verbürgte, hat nun seinen Wert verloren. Alles das, was er zuvor auf der Habenseite als Guthaben verbucht hatte, mußte er jetzt „Christi wegen" als „Verlust" abschreiben. Sein früheres Guthaben hatte sich in eine Schuld verwandelt.
Die Begegnung mit dem auferweckten und erhöhten Jesus Christus (vgl. 1Kor 9,1: 15.8ff; Gal 1,15f) hatte sein Leben von Grund auf verändert. Durch dieses Widerfahrnis wurde er zum Apostel Jesu Christi berufen. Als ehemaliger Verfolger der Jünger Jesu in Jerusalem und Umgebung war er nach seiner Selbsteinschätzung unter den Aposteln „der geringste" (1Kor 15,9). Er erfuhr Gottes Gnade (vgl. 1Kor 15,10a; Gal 1,15) und konnte dem Irdischen, damit aber Vergänglichen nicht länger vertrauen. Seither bedeutet ihm „die Erkenntnis Jesu Christi" alles. Diese Erkenntnis bestand in erster Linie in der Anerkennung Jesu Christi als seines „Herrn" (vgl. z.B. Röm 1,4; 4,24; 5,1; 1Kor 1,7ff; 8,6; 9,1; 15,57; 2Kor 1,3; 4,5.14; Gal 6,14; Phil 2,11; 3,8.20; 1Thess 1,3; 2,15.19; 3,11; 4,2; 5,9; Phlm 5). Sie erfolgte durch die ihn existentiell erschütternde, sein bisheriges Wertesystem umwerfende visionäre Begegnung mit dem zur Rechten Gottes, seines Vaters, erhöhten als Gottessohn erhöhten, am Schandkreuz den Fluchtod gestorbenen Jesus. Nach dieser Vision bekannte er sich zu ihm, den er in seinem Lebensvollzug ständig neu kennenlernen mußte, und verstand sich in seinem Missionarsberuf als dessen „Sklave" (vgl. z.B. Röm 1,1; 7,22; 2Kor 4,5). Mit seiner Inanspruchnahme durch Jesus Christus sah er auch ein, daß sein Vertrauen auf die Thora Israels kein Weg zur Gerechtigkeit war, die vor Gott gilt. Alles, was vor seiner Bekehrung und Berufung die Grundlage seines Selbstvertrauens und Stolzes gewesen war, rangierte seither nicht mehr nur unter dem „Verlust", sondern unter „Dreck" oder „Kot". Mit diesem, die Exkremente bezeichnenden ekelhaften Wort assoziiert man, daß das, was man ausgeschieden hat, nun definitiv erledigt ist. Seine Vergangenheit war für ihn abgetan. So bedeutete ihm die Beschneidung als äußeres Zeichen des Abrahambundes persönlich nichts mehr (vgl. Röm 2,25-29; 4,9-12; 1Kor 7,18f; Gal 6,5.15). Sie war für ihn eine Sitte. Seit dem Bruch mit seiner Vergangenheit ging es für ihn nur noch darum, Christus „zu gewinnen". Dieser ist für ihn so ein Gewinn, daß er sich in der Sphäre seiner Herrschaft befindet. Mit der Taufe, die er in der judenchristlichen Gemeinde zu Damaskus empfing (vgl. Apg 9,18), war er in Christi Tod eingetreten (vgl. Röm 6,3f). Es gab für ihn seither nur noch diejenige Gerechtigkeit, die Gott denen zuerkennt, die sie im Glauben an Jesus Christus dankbar annehmen (vgl. Röm 3,21f). Christus ist das Ende der Annahme, das Mosegesetz sei der Weg zum Heil. Seine Verbundenheit mit Jesus Christus schloß das Leiden in seiner Nachfolge ein. Sie schloß das Sterben als sein Zeuge ein. Paulus lebte oft in der Nähe des Todes (vgl. 2Kor 6,9). Der Apostel sieht seinem ihm bevorstehenden Märtyrertod entgegen. Dieser wird seiner Teilnahme an der Auferstehung von den Toten vorausgehen. Er hat ihn im Jahre 62 n.Chr. in Rom erlitten. Als römischer Bürger (cives Romanus) wurde er enthauptet. Von der Christusgemeinschaft, die ihn im Leben und Sterben prägt, schreibt er in seinem Bericht über die Umstände, unter denen er sein Amt als Apostel ausübt 2Kor 7-11. Die Prediger des Evangeliums tragen „diesen Schatz" (der Erleuchtung „zur Erkenntnis der Herrlichkeit Gottes auf dem Angesicht [Jesu] Christi" (2Kor 4,6)

als schwache und zerbrechliche Menschen „in irdenen Gefäßen“ (2Kor 4,7) weiter, damit ihre Hörer erkennen können, daß „das Übermaß der Kraft nicht von ihnen komme und nicht von uns“. Unter dieser Kraft versteht er „das Wort vom Kreuz“ (1Kor 1,18), das nicht „mit überredenden und klugen Worten menschlicher Weisheit, sondern mit dem Erweis des Geistes und der Kraft verbunden war, damit sich euer Glaube nicht auf Menschenweisheit stütze, sondern auf Gottes Kraft“ (1Kor 2,4f). Dem Wirken dieser Geisteskraft schreibt Paulus die Überwindung aller Schwierigkeiten und Hürden zu, die seine missionarische Tätigkeit zu verhindern versuchen. An den Leiden des Apostels erfahren die Menschen, denen er bei seiner Berufsausübung begegnet, die Gegenwart des Herrn. Im Vertrauen auf diese ihn belebende, tragende und haltende Kraft, die ihn in Bedrängnissen, Niederlagen und Todesnöten während seiner Berufsausübung stärkt, hofft er bei der hoheitlichen Erscheinung und Ankunft Christi „zur Auferstehung von den Toten zu gelangen“[305]. Daß die Aufnahme in die Leidensgemeinschaft Christi bedrängte und verfolgte Christen der Zugehörigkeit zum erhöhten Gekreuzigten vergewissert, hat Paulus Röm 8,17 dargelegt: „Sind wir Kinder, so sind wir auch Erben, nämlich Gottes Erben und Miterben Christi, wenn wir mit ihm leiden, um mit ihm verherrlicht zu werden“. Da Christen Gottes Kinder und damit auch „Miterben Christi“ sind, werden sie auch an Gottes Herrschaft und Reich teilhaben. Als „Miterben Christi“ werden sie mit Christus zusammen ewig leben: „Sind wir nun mit Christus gestorben, so glauben wir, daß wir auch mit ihm leben werden“ (Röm 6,8). Das Sterben „mit Christus“ erfolgte bei der Taufe (vgl. Röm 6,3f). „Wir wissen aber, daß Gott denen, die ihn lieben, alles zum Guten wirkt, die nach seinem Vorsatz berufen sind; denn diejenigen, die er zuvor erwählt hat, die hat er auch zuvor dazu bestimmt, dem Bild seines Sohnes gleichgestaltet zu sein, damit dieser der Erstgeborene unter vielen Brüdern sei. Die er aber vorausbestimmt hat, hat er auch berufen; die er aber berufen hat, die hat er auch gerechtfertigt; die er aber gerechtfertigt hat, die hat er auch verherrlicht“ (Röm 8,28ff). Ähnlich hat Rabbi Aqibar (†135) gelehrt (bBer 60b[Bar.]): „Immer gewöhne sich der Mensch zu sagen: Alles, was der Allbarmherzige tut, tut er zum Guten.“[306] „Zum Guten“ bedeutet: „zum Heil“ oder „zum Leben“. Mit allem, was uns widerfährt, auch mit Krankheiten und anderen Leiden oder Nöten, wirkt Gott, denen, die dies alles als sein Geschick annehmen, ihr Heil: „Auf meinen liebenGott / trau ich in Angst und Not; / der kann mich allzeit retten / aus Trübsal Angst und Nöten, / mein Unglück kann er wenen, / steht alls in seinen Händen. // Ob mich mein Sünd anficht, / will ich verzagen nicht, / auf Christus will ich bauen / und ihm allein vertrauen, / ihm tu ich mich ergeben / im Tod und auch im Leben“ (EG 345,1f). „‚Die Heiligen‘, die Gott lieben, lieben ihn als Antwort auf Gottes Ruf der ewigen Liebe in Jesus Christus. Ihnen aber wird Gott jedes Geschick zum Heil werden lassen.“[307] Gott, der Vater Jesu Christi, hat die von ihm erwählten Menschen dazu bestimmt, „dem Bild seines Sohnes gleichgestaltet zu werden“. Das Abbild spiegelt das Urbild und ist ihm ebenbürtig.[308] Bezeichnet der Apostel Christus als

---

305 Im NT nur hier, Phil 3,11; vgl. *W. Bauer*, Wörterbuch, 551.

306 Bill. III, 255f.

307 *H. Schlier*, Römerbrief, 271.

308 Vgl. *Fr. W. Eltester*, Eikon, 165.

Gottes Ebenbild, so bedeutet das, daß Gott Jesus als Menschen, wie er ihn geschaffen hat, als seinen Offenbarer in die Welt zu uns Menschen gesandt hat. „Er ist das Ebenbild des unsichtbaren Gottes, der Erstgeborene der ganzen Schöpfung" (Kol 1,15). Der geliebte Gottessohn wird in einer ersten genitivischen Aussage im Präsens, das die Dauer anzeigt, als „Bild des unsichtbaren Gottes" bezeichnet (15a). Ein Bild ist nach hellenistischem Wirklichkeitsverständnis nicht nur Abbildung einer Sache im Bewußtsein. Vielmehr tritt diese Sache im Bild als solche in Erscheinung.[309] Sie manifestiert sich in ihm. So repräsentiert es sie, macht damit zugleich aber auch ihre Unsichtbarkeit sichtbar. Der Gottessohn Christus ist als „Bild" die Offenbarung und der Repräsentant des unsichtbaren Gottes. Als Ebenbild Gottes wird der Gottessohn mit einer im griechischen Urtext zweiten, ebenfalls im Präsens zur Anzeige der Dauer stehenden genitivischen Aussage als „Erstgeborener (vor) aller Schöpfung" bezeichnet. Mit dem Wort „Erstgeborener" wurden im hellenistischen Judentum oft nicht mehr die Vorgänge des Zeugens und Gebärens assoziiert. Der Ausdruck wurde zum Synonym für den einzig Erwählten oder einzigartig Geliebten, so z.B., wenn das Volk Israel sich von Gott als seinen „Erstgeborenen, Einzigen, Anhänger [oder: Erwählten?], Liebling" tituliert versteht (4Esr 6,58; vgl. Ex/2Mo 4,22).[310]

Als „Erstgeborener", d.h. als der Eine Erwählte und Geliebte Gottes, hat der Sohn einen qualitativen Vorrang gegenüber aller Schöpfung. Er steht dem Rang nach über allen Kreaturen, steht Gott unmittelbar nahe, ist aber nicht ohne Bezug zur Schöpfung, wie in V. 16 näher ausgeführt wird. Traditionsgeschichtlich ähnelt der Sohn darin der Gott zugehörigen (z.B. Weish 8,3-4) und als Person vorgestellten Weisheit nach Spr 3,19; 8,22-31, Sir 24,3-17. Sie sagt von sich: „Ich bin hervorgegangen aus dem Mund des Höchsten" (Sir 24,3a LXX; Lutherbibel: 24,4). „Von Ewigkeit her, von Anfang an erschuf er mich, und in Ewigkeit vergehe ich nicht" (Sir 24,9 LXX; Lutherbibel: 24,14). Sie hat Gott bei der Schöpfung als Baumeisterin geholfen und ihr Werk vor ihm spielend leicht vollbracht. Nach SlHen 30,8 wird sie bei der Erschaffung des Menschen im Auftrag Gottes selbst tätig.[311] Nach Weish 9,4 ist sie Mitregentin auf dem Thron Gottes. Ähnlich Kol 1,15 bezeichnet Hebr 1,2c.3a den Sohn, durch den Gott die Welt geschaffen hat, als „Abglanz seiner Herrlichkeit und Prägebild seines Wesens". Die Menschen, die Gott Jesu Christi wegen erwählt hat, nehmen an der „Herrlichkeit" des erhöhten Herrn teil. Da er „der Erstgeborene unter vielen Brüder ist", läßt er sie an seiner „Herrlichkeit" partizipieren. „Wie wir nach dem Bild des Irischen gestaltet wurden, so werden wir auch nach dem Bild des Himmlischen gestaltet werden" (1Kor 15,49). Es handelt sich um solche Menschen, „die Gott lieben". Sie hat er, wie die Christen ihn Korinth in „die Gemeinschaft seines Sohnes" berufen: „Gott ist treu, durch den ihr zur Gemeinschaft mit seinem Sohn Jesus Christus, unserem Herrn, berufen worden seid" (1Kor 1,9). Der

309 Vgl. *H. Kleinknecht*, Art εἰκών, ThWNT III, 386f.

310 *J. Schreiner*, Das 4. Buch Esra, 341; vgl. *W. Michaelis*, Art. πρωτότοκος, ThWNT VI, 874f, 879.

311 Der Autor läßt Gott sprechen: „Am sechsten Tage befahl ich meiner Weisheit, den Menschen aus sieben Bestandteilen zu schaffen ..." *Chr. Böttrich*, Das slavische Henochbuch, 914f.

Apostel schließt das Prooimion (vgl. 1Kor 1,4-9) mit einem Lob der Treue Gottes. Er hat die Adressaten „in die Gemeinschaft seines Sohnes gerufen“, der sein und der korinthischen Christen „Herr“ ist. Nachdem sie die Predigt des Evangeliums angenommen hatten, ließen sie sich taufen. So schreibt der Gründer ihrer Gemeinde ihnen: „Ihr seid rein gewaschen, geheiligt, gerecht geworden im Namen Jesu Christi, unseres Herrn und im Geist unseres Gottes“ (1Kor 6,11). Die Gerechtsprechung erfolgt im Namen Jesu Christi: „Wie es durch die Übertretung des Einen für alle Menschen zur Verurteilung kam, so kam es durch des Einen Rechtstat für alle Menschen zur Rechtfertigung, die Leben ist“ (Röm 5,18). Adam gilt hier als „Typus des Kommenden“ (Ihm folgend, haben alle Menschen gesündigt und sich dadurch das Todesurteil Gottes, ihres Schöpfers, zugezogen. Der Tod besteht im Erleiden der unendlichen Gottesferne bei gleichzeitigem Bewußtsein, auf ihn angewiesen und seiner heilsamen Nähe bedürftig zu sein. Dem Ursünder stellt der Apostel den Einen gegenüber, der im Einvernehmen mit Gott lebte und starb. Wer sich Jesus Christus im Leben und Sterben anvertraut, kann gewiß sein, von Gott gerecht gesprochen zu werden. Er wird für immer in Gottes Nähe leben. „Die Recht-Tat Jesu Christi hat allen Menschen durch ihren Vollzug eine Zukunft eröffnet, in der sie gerechtfertigt sind und Leben haben werden, eine Zukunft, die aber im Glauben schon gegenwärtig ist.“[312]
Paulus ist dem Gesetz gestorben, um für Gott zu leben. Das Gesetz ist kein Weg, um die Gerechtigkeit durch Werke zu erlangen. Er lebt für Gott, der ihn durch den Glauben an Christus gerecht spricht (vgl. Gal 3.8; Röm 3.21-26.30; Phil 3,9). Er ist „mit Christus zusammen gekreuzigt worden“. Er weiß sich seinem Tode gleichgestaltet: „Ihn will ich erkennen, die Macht seiner Auferstehung und die Gemeinschaft seiner Leiden, um so seinem Tode gleichgestaltet zu werden, damit ich auch zur Auferstehung von den Toten gelange“[313] (Phil 3,10f). Die Erkenntnis, von der er spricht, ist ein „Erkennen“ im Existenzvollzug. Dabei macht er Erfahrungen mit Christus. In seiner Lebenswirklichkeit möchte er „die Kraft seiner“, Christi, „Auferstehung erfahren. Die Kraft, die von dem über alle Maßen erhöhten Herrn ausgeht (vgl. Phil 2,9ff), erfährt er mit seiner leibhaftigen „Teilnahme an seinen Leiden“. Die treue Christusverbundenheit schließt Leiden in seiner Nachfolge ein: „Wer nicht sein Kreuz trägt und mir folgt, kann nicht mein Jünger sein“ (QLk 14,27 // QMt 10,28). Die Nachfolge Jesu reicht ins Sterben hinein, so daß auch sein Tod, den er erlitten hat. ein schändlicher Verbrechertod, sein eigenes Geschick prägt: Der Apostel und seine Mitarbeiter bewähren sich „in Ehre und Schmähung, bei übler Nachrede und Lob; wir gelten als Betrüger und sind doch wahrhaftig; wir werden verkannt und doch anerkannt; wir sind Sterbende, und, siehe, wir leben; wir werden gezüchtigt und doch nicht getötet; wir sind traurig, und doch zu jeder Zeit fröhlich; wir sind arm und machen doch viele reich; wir haben nichts und doch haben wir alles“ (2Kor 6,8ff). Die Antithesen in 2Kor 7,8 sind mit Seligpreisungen Jesu verwandt: „Selig seid ihr Armen; denn euch gehört das Reich Gottes. Selig seid ihr, die ihr jetzt hungert; denn ihr sollt gesättigt werden. Selig seid ihr, wenn euch die Menschen hassen, euch ausschließen, schmähen und euch um des Menschensohnes

---

[312] *H. Schlier*, Römerbrief, 174.
[313] Im NT nur hier; vgl. *W. Bauer*, Wörterbuch 1554.

willen in Verruf bringen“: (QLk 6,20ff // QMt 5,3ff). Ob Jesus in der Aussageform gesprochen hat: „Selig sind die Armen, denn euch gehört das Reich Gottes“, oder Arme angeredet und ausgerufen hat: „Selig seid ihr Armen …!“, muß offen bleiben. Er selbst ist ärmer als die Füchse und Vögel: Die Füchse haben Gruben und die Vögel unter dem Himmel Nester; der Menschensohn dagegen hat nicht, wo er sein Haupt hinlegen kann“ (QLk 9,58 // QMt 8,20). Mittellose und Notleidende hat man gewöhnlich geringgeschätzt. Sie halten auch selbst nicht viel von sich (vgl. 1Sam 18,23; Zeph 3,12). Arme und Elende stehen unter Gottes Schutz (vgl. z.B. Ps 9/10; 25; 34; 69; 140). Die in der Seligpreisung Jesu angesprochenen Armen sind wie Elende in den genannten Psalmen fromme Menschen, die über Feinde klagen. Sie vertrauen auf die Hilfe Gottes und sind zuversichtlich, daß er sie aus der Not und Anfeindung durch frevlerische Widersacher retten wird. So verlassen sie sich auf Gottes Herrschaft, die ihre Lage bessern kann und wird. Wegen ihrer Teilhabe am Reiche Gottes sind sie schon jetzt selig zu preisen.

Die Armen sind zugleich diejenigen, die jetzt hungern. Hunger ist ein Zeichen elementarer Armut. Die hier selig Gepriesenen dind so elend dran, daß sie mit ihrer Hände Arbeit das, was sie zum Leben brauchen, nicht selbst erwirtschaften können. Mn kann hier nicht nur an die körperlich schwer beeinträchtigten Krüppel, Blinden und Lahmen denken (vgl. Lk 14,21), sondern auch an den sterbenskrank und hilflos vor der Tür des Reichen liegenden Lazarus (vgl. S^{Lk} 16,20f). Solche Menschen können zu erwarten, daß ihnen wohlgesonnene Menschen die zum Überleben notwendigen Lebensmittel bringen. In der alttestamentlichen Prophetie ist die Heilsverheißung mit der Verheißung aus dem elementaren Mangel an Speise und Trank verbunden (vgl. z.B. Jes 49,10; 55,1f; Ez 34,29). Die Heilszusage spielt auf das Bild des endzeitlichen Mahles an (vgl. Lk 22,15-20; Offb 3,20). Der arme Lazarus wird in seiner Todesstunde von Engeln auf einen Ehrenplatz beim Festmahl an Abrahams Seite entrückt (vgl S^{Lk} 16,22).

Die Armen und derzeit noch Ungernden sind zugleich die Trauernden und Weinenden. Ihre Tränen sind Zeichen dafür, daß sie unter dem erbarmungslosen Druck leiden, den sie in ihrem gesellschaftlichen Umfeld aushalten müssen. Sie sind aber auch Ausdruck ihrer Einsicht, daß sie ganz und gar auf Gott angewiesen sind. Spricht Jesus ihnen für die mit ihm ankommende Heilszeit das „Lachen“ zu, dann geht es ihnen ähnlich wie den nach Babylon verbannten Israeliten. Der Psalmsänger redet hier im Perfekt propheticum. Er redet von einem Ereignis, das noch aussteht: „Als Jahwe das Los der Gefangenen Zions wendete, da waren wir alle wie Träumende. Da war unser Mund voll Lachen und unser Mund voll Jubel“ (Ps 126,1f [125,1f LXX]). Jahwe, der Gott Israels, wird das Geschick seines Volkes wenden. Wenn die nach Babylon Verbannten heimkehren können, werden sie „wie Träumende“ sein. Sie werden ihre Befreiung mit Lachen und Jubel zur Kenntnis nehmen.

Von vielen Menschen gehaßt zu werden, war in der hellenistisch-römischen Welt eine Erfahrung, die Diasporajuden oft machen mußten. Ähnlich ging es den wenigen Christen, in den von Paulus gegründeten Gemeinden: „Ihr, Brüder, seid den Gemeinden in Judäa gefolgt, weil ihr von eueren Landsleuten dasselbe erlebt habt wie sie von den Juden“ (1Thess 2,14). Die durch die Predigt des Evangeliums für den christlichen Glauben gewonnenen Menschen bleiben als

Christen ihren religiös anders orientierten Mitmenschen nicht verborgen. So hatten auch die wenigen Christen in der Hauptstadt der Provinz Makedonien unter den Juden und Heiden ihrer Umgebung zu leiden. Paulus hat ihnen zu Eingang seines Briefes geschrieben: „Ihr seid unserem Beispiel und dem des Herrn damit gefolgt, daß ihr das Wort in großer Bedrängnis mit der Freude, die der Heilige Geist wirkt, angenommen habt" (1Thess 1,6). Die Heidenchristen in Thessalonich haben sich in der übersie gekommenen Bedrängnis bewährt. Die judenchristlichen Gemeinden in Judäa hatten die Feindschaft ihrer jüdischen Mitmenschen zu erdulden, weil sie wie zuvor Jesus mit Zöllnern und anderen Sündern die Mahlgemeinschaft pflegten (vgl. Mk 2,13-17 parr.). Da sie Jesus, den mit göttlicher Vollmacht ausgestatteten „Menschensohn" für den „Herrn des Sabbaths" hielten (vgl. Mk 2,28 parr.), setzten sie sich mit ihrem religiös und sozial abweichenden Verhalten in ihrem gesellschaftlichen Umfeld übler Nachrede aus und machten sich verhaßt. Die Synagogenvorstände verhängten über sie nicht nur Prügelstrafen (vgl. 2Kor 11,24), sondern verbannten sie auch aus ihren Gemeinden (vgl Joh 9,22; 12,43; 16,2). Man verfluchte sie im Synagogengottesdienst und strich ihre Namen aus den Mitgliederlisten der Gemeinden. Ihre Namen durften nicht mehr genannt werden. So galten sie nicht mehr als Juden. Es gab keinen gesellschaftlichen Verkehr mehr mit ihnen. Man grüßte sie nicht mehr und wich ihnen aus, wenn man ihnen auf der Straße begegnete. Sie wurden schikaniert, gesellschaftlich isoliert und diskriminiert. Der Apostel hatte in vielen Städten, in denen er das Evangelium predigte, unter Anschuldigungen der Juden, die auf seine Vernichtung aus waren, zu leiden (vgl. Apg 9,23.29; 13,50; 14,5f.19; 17,5-9; 18,12f; 20,3; 21,27-31; 22,22; 23,12). Als Jude und Christ machte er sich auch bei Heiden verhaßt, die sich infolge der Wirksamkeit seiner Evangeliumspredigt in ihrem Geschäftserfolg beeinträchtigt sahen (vgl. Apg 16,15-24; 19,23-31). Er nahm ein an Verwundungen reiches Leben auf sich. Die Heidenchristen mußten zur Zeit des Lukas ebenfalls damit rechnen, daß man sie ihres Christusbekenntnisses und der damit verbundenen Distanzierung von den in ihrer Umgebung gewohnten religiösen Bräuchen wegen aus ihren Herkunftsgruppen ausgrenzte und kriminalisierte. Nun sollen aber die Ausgestoßenen, Kriminalisierten und vielfach seelisch und körperlich Verletzten mit ihren geschundenen Leibern und gequälten Seelen nicht traurig sein, sondern sich noch am Tag ihrer Verstoßung freuen. Des rechten Gottesglaubens wegen den Tod freudig zu erleiden, wenngleich man dabei grausam gequält und Schmerzen erleiden mußte, gehörte im frühen Judentum zur Märtyrergesinnung: Eleasar „zog den ehrenvollen Tod einem Leben voll Schande vor, ging freiwillig auf die Folterbank zu und spuckte das [Schweine-]Fleisch wieder aus. In solcher Haltung mußten alle herantreten, die sich standhaft zu essen wehrten, was man nicht essen darf – nicht einmal um des geliebten Lebens willen" (2Makk 6,19f LXX). Anfechtungen sind ein Anlaß zur Freude, weil der Glaubende darin Standhaftigkeit bewähren kann: „Erachtet es für Freude, meine Brüder, wenn ihr in mancherlei Anfechtungen geratet; ihr wißt, daß die Prüfung eueres Glaubens Ausdauer bewirkt" (Jak 1,2f). Mit dieser Aussage befindet sich der unbekannte, hellenistisch-judenchristliche Verfasser in frühjüdischer Tradition. Bei den „Anfechtungen" handelt es sich um Versuchungen, unter dem Druck der jüdischen und heidnischen Umgebung vom christlichen Glauben abzufallen. Die von jedermann verachteten und verhaßten Jünger hatten zu frühchristlicher, aber auch noch in den ersten beiden Jahrhunderten der altkirchlichen Zeit auf Erden nichts mehr zu gewinnen. Sie konnten aber gewiß sein, daß Gott ihr Beharren im christlichen Glauben und so in der Gemeinschaft mit Jesus Christus als Erfüllung seines Willens anerkennen und belohnen wird. Die Erwartung eines himmlischen Lohnes entspricht der frühjüdischen Vorstellung: „Die Gerechten leben in Ewigkeit, und im Himmel ist ihr Lohn" (Weish 5,15 LXX; Apokryphen der Lutherbibel 5,16). Die bedrängten und verfolgten juden- und heidenchristlichen Jünger Jesu konnten aus dem, was ihnen widerfuhr, den Trost schöpfen, daß sie sich in der Gemeinschaft der alttestamentlichen Propheten befanden, denen es ähnlich erging (vgl. z.B. 1Kön 19,10.14; Jer 2,30; 11,18-23; 37,11 – 38,13; 2Chr 36,16). Der Erzmärtyrer Stephanus fragte die Jerusalemer Aurtoritäten: „Welchen Propheten haben euere Väter nicht verfolgt?" (Apg 7,52a).

Eine „Messianische Apokalypse" aus der Zeit 100 – 80 v.Chr. aus Qumran enthält folgende mit endzeitbezogenen Verheißungen verbundene Mahung für Fromme: „Nehmt euch zusammen, Sucher des Herrn in seinem Dienst! Findet ihr nicht darin den Herrn, alle die da hoffen im Herzen, daß der sich um Fromme kümmert und Gerechte mit Namen ruft, über Armen/Demütigen Sein Geist schwebt und Er Getreue neu stärkt durch seine Kraft. daß Er Fromme ehrt auf einem Thron ewiger Herrschaft, Gebundene löst, blinde (Augen) öffnet (vgl. Ps 145,7f)? ... Dann heilt er Durchbohrte und Tote belebt Er, Armen verkündet er (Gutes), und [Niedrig]e (?) wird er sät[tigen, Ve]rlassene (?) wird Er leiten und Hungernde rei[ch] machen (?) ..." (4Q 521; Frgm 3 Kol ii + Frgm 4).[314]

Christi Tod sind alle Christen damit, daß sie getauft wurden, mitgestorben und damit der Sünde abgestorben (vgl. Röm 6,3-11; 2Kor 5,14; Gal 5,24). In Gal 3,13 hat Paulus geschrieben: „Christus hat uns aus dem Fluch des Gesetzes losgekauft, weil geschrieben steht: ‚Verflucht ist jeder, der am Holz hängt' ... ." Er hat seine frühere Gesetzesfrömmigkeit (vgl. Gal 1,14; Phil 3,5ff) hinter sich gelassen und damit viele irdische Vorteile. So konnte er den Abgesandten des Herrenbruders Jakobus, das andere Judenchristen für zweckmäßig hielten, nicht nachgeben. Es kann dann vorkommen, daß er seine Entscheidung für den Glauben an den gekreuzigten Christus mit Verfolgungen (vgl. Gal 5,11; 6,12) und Mißhandlungen (vgl. Gal 6,17) bezahlen muß.

20: Ich lebe, aber nicht mehr ich, in mir lebt Christus. Was ich aber jetzt im Fleisch lebe, das lebe ich im Glauben an den Sohn Gottes, der mich geliebt und sich mir zugute dahingegeben hat. Das alte Ich des Paulus lebt nicht mehr. Er ist jetzt vom Fluche des Gesetzes frei. Sein alter Mensch (vgl. Röm 6,6; Eph 4,22; Kol 3,9) ist mit Christus gekreuzigt und damit auch dem Gesetz und der Welt, dem eigenen Fleisch mit seinen Leidenschaften und Lüsten. Sein eigenes Ich ist tot. Mit Christus gestorben zu sein, bedeutet, mit ihm jetzt auch für Christus, den Sohn Gottes, zu leben. Damit verfügt er über ihn ganz und gar, sein Leben, Denken, Fühlen, Handeln und seinen Dienst als Apostel (vgl. Röm 14,8; Phil 1,21), aber auch über sein Sterben. Er hat den Tod für alle Menschen auf sich genommen (vgl. 2Kor 5,14f). Die Gemeinschaft mit ihm erlebt er schon jetzt, sie wird aber erst nach seinem Tod (vgl. Phil 1,23) und bei Christi Parusie

---

314 Nach *J. Maier*, Die Qumran-Essener III, 684.

vollendet: „Ihr seid nämlich gestorben, und euer Leben ist mit Christus in Gott verborgen. Wenn aber Christus, unser Leben, offenbar wird, dann werdet auch ihr mit ihm in Herrlichkeit offenbar werden“ (Kol 3,3f). Der Autor setzt mit der Tauferinnerung ein: „Ihr seid gestorben“ (3a). Die Adressaten sind in Christi Tod hinein getauft worden (vgl. Röm 6,3). Sie sind in ihrer Taufe auf den Namen Christi sein Eigentum geworden und haben mit ihrer zwar nicht durch Religions-, aber durch Gottesferne bestimmten Vergangenheit gebrochen. Christus regiert seither ihr Leben, wie Paulus Phil 1,21a bekennt: „Für mich ist das Leben Christus“ (vgl. auch 1Joh 5,12). Seit der anläßlich der Taufe erfolgten Absage ist ihre von Satzungen und Vorschriften ihrer paganen Welt bestimmte Vergangenheit tot und abgetan (vgl. Kol 2,20; Röm 6,2.6). Sie hat ihnen nichts mehr zu sagen. Die gegenwärtige, ganz von Christus bestimmte Heilswirklichkeit ist für Christen gegenwärtig allerdings als jenseitige Realität allein im Glauben und in der Hoffnung da (vgl. Kol 1,27), somit einstweilen für sie unverfügbar: „Euer Leben ist mit Christus in Gott verborgen“ (3b). Die Vollendung steht noch aus. Das wahre Leben der Glaubenden ist dort, wo der mit seiner Auferstehung zu Gott erhöhte Christus ist. Bis zur Parusie, der endzeitlich endgültigen Erscheinung Christi in Hoheit, steht es in Gottes Hut. In Kol 3,4 ist zum ersten und einzigen Mal im Kolosserbrief vom letzten Advent Christi die Rede: „Wenn nun Christus, euer Leben, offenbar werden wird, dann werdet auch ihr mit ihm offenbar werden in Herrlichkeit“. Die Wendung „Christus, euer Leben“ findet sich in den authentischen Paulusbriefen nicht. Paulus sagt Gal 2,20a: „Nicht mein Ich lebt, sondern Christus lebt in mir.“ Er führt das Gal 2,20b näher aus: „Was ich … jetzt im Fleische lebe, das lebe ich im Glauben an den Sohn Gottes, der mich geliebt und sich selbst für mich dahingegeben hat.“ An unserer Stelle jedoch bezeichnet die Formulierung „Christus, euer Leben“die endzeitlich endgültige Gottesgabe. Wenn *Christus* für die Glaubenden das Leben ist, dann sehen auch sie in ihrer Erwartung seines hoheitlichen Advents der Offenbarung ihres bis dahin in Gott verborgenen Lebens in der Gottesgemeinschaft entgegen.[315] Dann wird an den Tag kommen, was sie in ihrer Christusgemeinschaft gegenwärtig schon sind. „Herrlichkeit“ charakterisiert die Sphäre Gottes und Christi (vgl. Gal 1,11.27). Wie Christus an der *maiestas* Gottes partizipiert, werden diejenigen, die mit ihm verbunden sind, ebenfalls daran teilhaben. Er ist ja ihr Leben. Von einer anschaulichen Darstellung des Endgeschehens, wie Paulus sie mehrmals versucht hat (vgl. 1Kor 15,51f; 1Thess 4,16f), sieht der Autor ab. Ihm liegt vor allem daran, daß Christen in ihrem derzeitigen Lebensalltag auf Erden mit ihrer Lebensführung bewähren und erweisen, daß ihr im Glauben Christus verbundenes Leben alle Zukunft hat. Darum geht es im paränetischen Teil seines Schreibens (vgl. Kol 3,5 – 4,6).

Bis dahin ist sein Leben „im Fleisch“ (vgl. 2Kor 10,3; Phil 1,22.24) durch den Glauben an den Sohn Gottes und nicht durch das Gesetz und seine Vorschriften geprägt. Unser Leben (Kol 3,4) ist Christus. Mit ihm leben wir als die Gestorbenen verborgen in Gott (vgl. Kol 3,3). Die Liebe Christi (vgl. Röm 8,35; 2Kor 5,14; Eph 3,19) hat sich dadurch erwiesen, daß sich Christus für uns und unsere

[315] Paulus gebraucht im Blick auf die endgültige Offenbarung Christi in Hoheit die Begriffe παρουσία (1Kor 15,23; 1Thess 2,10; 3,13; 4,15; 5,23) und ἀποκάλυψις (Röm 8,19; 1Kor 1,7; 14,6).

Sünden in den Tod gegeben hat. Ihm verdanken wir unsere Rechtfertigung durch Gott, die wir durch das Gesetz nicht erlangen konnten (vgl. Röm 3,24ff). Daraus folgt: „So haltet auch ihr euch selbst als tot für die Sünde, lebendig aber für Gott in Christus Jesus" (Röm 6,11). „Wie in Adam alle sterben, so werden in Christus alle zum Leben erweckt" (1Kor 15,22). „Adam" steht hier für die der Sünde verfallenen Menschheit. So heißt es im Lied des Lazarus Spengler (13. 03. 1497 – 07. 09. 1534): „Durch Adams Fall ist ganz verderbt, / menschlich Natur und Wesen, / dasselb Gift ist auf uns geerbt, / daß wir nicht konnten g'nesen, / ohn Gottes Trost, der uns erlöset / hat von dem großen Schaden …" (EKG, 243,1). „So er uns denn sein' Sohn geschenkt, / da wir sein Feind' noch waren, / der für uns ist ans Kreuz gehenkt, / getöt', gen Himmel gefahren, / dadurch wir sein / von Tod und Pein / erlöst, so wir vertrauen / auf diesen Hort, / des Vaters Wort: / wem wollt' vorm Sterben grauen? / Er ist der Weg, das Licht, die Pfort, / die Wahrheit und das Leben, / des Vaters Rat und ewigs Wort, / den er uns hat gegeben / zu einem Schutz, / daß wir mit Trutz / an ihn fest sollen glauben; darum uns bald / kein Macht noch Gewalt / aus seiner Hand wird rauben. / Wer hofft in Gott und dem vertraut, / der wird nimmer zuschanden; / denn wer auf diesen Felsen baut, / ob ihm gleich geht zuhanden / viel Unfall hie, / hab ich doch nie / den Menschen sehen fallen, der sich verläßt / auf Gottes Trost; er hilft sein' Gläubigen allen." ebd., 3ff). Die von Gott Jesu Christi wegen Gerechtfertigten leben nicht sich selbst, sondern ihm, der ihnen die Zukunft immerwährender Gemeinschaft mit ihm eröffnet hat. „Das Leben derer, die mit Christus verbunden sind, gehört ungeteilt dem in Christus Jesus offenbaren Gott."[316] All ihr Denken, Tun und Lassen ist durch diese Zugehörigkeit geprägt. Kein Bereich ihres Lebens ist davon ausgenommen, auch das Sterben nicht: „Keiner von uns lebt für sich selbst. Leben wir, so leben wir dem Herrn; sterben wir, so sterben wir dem Herrn. Wir leben oder sterben, wir gehören dem Herrn: denn dazu ist Christus gestorben und lebendig geworden, daß er über Tote und Lebende herrsche" (Röm 14,7ff). Wer durch die Taufe zu Jesus Christus gehört, lebt nicht mehr für sich selbst, sondern für seinen Herrn, dem er im Leben und Sterben gehört. Wo und wie wir uns auch immer befinden mögen, „wir gehören dem Herrn." Das ist auch der Sinn der Antwort auf die erste Frage des „Heidelberger Katechismus": „Was ist dein einiger Trost im Leben und im Sterben?": „Daß ich mit Leib und Seele, beides, im Leben und im Sterben, nicht mein, sondern meines getreuen Heilandes Jesu Christi eigen bin, der mit seinem teuren Blut für alle meine Sünden vollkömmlich bezahlet und mich aus aller Gewalt des Teufels erlöset hat uns also bewahret, daß ohne den Willen meines Vaters im Himmel kein Haar von meinem Haupt kann fallen, ja auch mir alles zu meiner Seligkeit dienen muß. Darum er mich auch durch den Heiligen Geist des ewigen Lebens versichert und ihm forthin zu leben von Herzen willig und bereit macht."[317] Der Herr, dem wir dienen, regiert über die ganze Welt. Der Auferstandene sprach zu seinen Jüngern auf einem Berg in Galiläa: „Mir ist alle Macht im Himmel und auf Erden gegeben" (S^{Mt} 28,18b). Seine Vollmacht kennt keine Grenzen, seine Herrschaft auch nicht. Sie umgreift die Sphären des Le-

---

316 *E. Lohse*, Römer, 193.

317 Bekenntnisse und Kirchenordnungen der nach Gottes Wort reformierten Kirche, hg. v. *W. Niesel u. a.*, 149.

bens und des Todes. Das Leben des von und zu Gott erhöhten Jesus Christus „bemächtigt sich unseres Todes und schließt unser Leben in sich."[318] Er ist auch der Richter über Lebende und Tote: „Wir müssen alle vor dem Richterstuhl Christi offenbar werden, damit jeder seinen Lohn für das Gute und Böse empfange, was er bei Leibesleben getan hat, es sei Gutes oder Böses" (Röm 5,10). Paulus kann Christus, aber auch Gott als Richter nennen. „Wir werden alle vor Gottes Richterstuhl stehen. ... Also wird nun jeder von uns Gott für sich selbst Rechenschaft ablegen" (Röm 14,10c.12). Jesus Christus richtet im Auftrag Gottes, seines Vaters. Unser gegenwärtig geführtes Leben, auch das uns nicht bewußte, wird vor dem Weltenrichter offenbar. Keiner unserer Lebensbereiche ist davon ausgenommen. Für uns kommt es darauf an, unser Leben so zu führen, daß wir dem Herrn, dem wir gehören, gefallen.[319]

21: Paulus weist die Beschuldigung seiner galatischen Gegner zurück: **Ich verwerfe die Gnade Gottes nicht; denn wenn durch das Gesetz Gerechtigkeit kommt, dann ist Christus vergebens gestorben**. Nach Gottes Willen sind wir ohne Gegenleistung gerechtfertigt worden und damit gerecht vor Gott. (vgl. Röm 3,24f; 5,15.17; Eph 1,6f.; 2,8). Wer die Gerechtigkeit vom Halten des Gesetzes erwartet, der setzt die Gnade Christi außer Kraft. Der aber verwirft „die Gnade Gottes" und damit die Erlösung durch Christi Hingabe seines Lebens zur Sühnung unserer Sünden. Diesen Vorwurf erhoben seine galatischen Gegner, die auch von Heidenchristen die Beschneidung, Erfüllung der Vorschriften des Gesetzes und damit den Übertritt zum Judentum forderten. Für sie hing Gottes Gnade von der Erfüllung des Mosegesetzes ab. Käme die Gerechtigkeit aus der Erfüllung des Gesetzes, wie Petrus, Barnabas und andere Judenchristen im syrischen Antiochia meinten, als sie sich von der Tischgemeinschaft mit den Heidenchristen zurückzogen, die zuvor geübte Tischgemeinschaft aufgaben und damit heuchelten, als die Gesandten des Herrenbruders Jakobus kamen, so hätte es der Selbsthingabe Jesu Christi nicht bedurft. Jesus wäre umsonst gestorben und die Entscheidung, Christ zu werden, sinnlos. Die Wendung „durch das Gesetz" ist bedeutungsgleich mit der Wendung „durch die Werke des Gesetzes" (Gal 2,16f). Sie steht im Gegensatz zur „Gnade Gottes" (Gal 2,21). Diese wird „im Glauben an den Sohn Gottes, der mich geliebt und sich selbst für mich hingegeben hat" (Gal 2,20) angeeignet. Denen, die in diesem Sinne glauben, spricht Gott die „Gerechtigkeit" zu; er rechtfertigt sie, anders ausgedrückt: Er spricht die Sünder gerecht, die ihr Heil der Selbsthingabe Jesu Christi verdanken. Wer sein Heil mit der Erfüllung der Weisungen des Mosegesetzes oder durch gute Werke zu erlangen sucht, entwertet Gottes Gnade und bringt sich um Gottes, in Jesus Christus offenbar gewordene heilsame Gegenwart unter uns Menschen.

318 *H. Schlier*, Römerbrief, 410.

319 M. Luther, Römerbriefvorlesung 1515/16: „Igitur cum coram Deo nullus sit iustus, nulli prorsus potest fieri iniustitia ab ulla creatura, etiamsi iustitiam habeat adversus illam. Ideo sublata est causa contentionis omnibus hominibus. Cuicunque ergo fit iniuria et malum obvenit in suo bono, avertat oculum ab isto malo et cogitet, quantum inaliis malum habeat, et videbit, quam bona sit voluntas Die in isto malo et cogitet, quantum malo, quod obvenit; hoc enim est renovari mentem et in alium sensum mutari et sapere, que Die sunt." (WA 56,440: Clemen V, 283).

Für ihn wäre Jesus „umsonst gestorben. Sein Opfertod hätte jeden Sinn verloren. Der Apostel meint damit die „falschen Brüder" (Gal 2,4), die ihm beim Apostelkonvent zu schaffen machten, denen er aber nicht nachgegeben, sondern mit Erfolg auf der gesetzesfreien Heidenmission bestanden hat.

Exkurs: Das Gesetz (νόμος, lex) im Altertum, bei Paulus und in den Deuteropaulinen[320]

Dem Nomen „Gesetz" liegt das Verb νέμω, aus-, er-, ver-, zuteilen zugrunde.[321] Als Besitz zugewiesen werden kann z.B. ein Acker oder eine Wiese. Das Nomen νομή bezeichnet die „Weide".[322] Überall dort, wo Menschen in kleinen oder großen Gruppen zusammenleben, ist es notwendig, das Hab und Gut der Familie und jedes ihrer Mitglieder, einer Sippe und eines Stammes im Verhältnis zu anderen dieser Gruppen rechtsverbindlich zu ordnen.Da die Menschen annahmen, alles, was sie besaßen, sei einer Gottheit zu verdanken, lassen sich im Altertum, im Mittelalter und auch noch in der frühen Neuzeit der religiöse, sittliche und rechtliche Sinn des Wortes kaum scharf voneinander abgrenzen. „Der Begriff ist religiöser Herkunft und spielt hauptsächlich im Kult eine Rolle."[323] Dem Schutz des Eigentums dient das biblische Gebot: „Du sollst nicht stehlen" (Ex/2Mo 20,15 // Dtn/5Mo 5,19). Martin Luther hat dieses Gebot im Kleinen Katechismus folgendermaßen ausgelegt: „Wir sollen Gott fürchten und lieben, daß wir unsers Nähisten Geld oder Gut nicht nehmen noch mit falscher Ware oder Handel an uns bringen, sondern ihm sein Gut und Nahrung helfen, bessern und behüten."[324]

---

320 Vgl. *H. Kleinknecht / W. Gutbrod*, Art. νόμος, ThWNT IV,1016-1084; *H. Hübner*, Art. νόμος, EWNT II, 1163-1172; *H.H. Eßer*, Art. ἐντολή, TBLNT I, 620-627; *H.H. Eßer/K. Haacker*, Art. νόμος, ebd., 627-640; *G. Bornkamm*, Paulus, 131-139; *R. Bultmann*, Theologie des NTs, 315-353; *D. Lührmann*, Art. Gerechtigkeit, TRE XII, 417f; *E. Brandenburger*, Art. Gericht Gottes III, ebd., 475-478; *G. Klein*, Art. Gesetz III, TRE XIII, 63-73; *H. Räisänen*, Art. Gesetz III. Neues Testament, RGG4 III, 848ff; *Chr.Schwöbel*, Art. Gesetz und Evangelium, ebd., 862f.; *J Becker*, Paulus, 409-423; *H. D..Betz*, Geist, Freiheit und Gesetz, in: *ders.*, Pauliniasche Studien, 46-62; *O. Betz*, Paulus als Pharisäer nach dem Gesetz, in: *ders.*, Biblische Studien II, 103-113; *ders.*, Die biblische Rolle Israels, ebd.,312-337; *G. Eichholz*, Paulus, 237-264; *L. Gaston*, Paul and the Torah, passim; *Ferd. Hahn*, Das Gesetzesverständnis im Römer- und Galaterbrief, ZNW 67, 1976, 29-63; *H. Hübner*, Das Gesetz bei Paulus, passim; *O. Kuss*, Nomos bei Paulus, MThZ 17, 173-227; *J. Lambrecht*, Gesetzesverständnis bei Paulus, in: *K. Kertelge*, Hg., Das Gesetz im Neuen Testament, QD 108, 88-127; *F. Lang*, Gesetz und Bund bei Paulus, in: Rechtfertigung, FS E. Käsemann, 305-320; *R. Liebers*, Das Gesetz als Evangelium, AThANT 75, passim; *H. Lichtenberger*, Paulus und das Gesetz, in: *M. Hengel / U. Heckel*, Hg., Paulus und das antike Judentum, WUNT I,58, 361-378; *U. Luz*, Gesetz, in: *R. Smend/U. Luz*, Gesetz, 89-112; *P. v. d. Osten-Sacken*, Das paulinische Verständnis des Gesetzes im Spannungsfeld von Eschatologie und Geschichte, EvTh 37, 1977, 549-587; *K. Snodgrass*, Spheres of Influence. A Possible Solution to the Problem of Paul and the Law, JSNT, 32, 2988, 93-113; *P.Stuhlmacher*, Biblische Theologie des NTs, I, 253-268; *ders.*, Zum Thema der Rechtfertigung, in: *ders.*, Biblische Theologie, 23-65; *U. Wilckens*, Zur Entwicklung des paulinischen Gesetzesverständnisses, NTSt 28, 1982, 154-290; *ders.*, Was heißt bei Paulus: „Aus Werken des Gesetzes wird kein Mensch gerecht?" in: *ders.*,Rechtfertigung als Freiheit, 77-109; *M. Winger*, By What Law?, passim; *O. Wischmeyer*, Die Religion des Paulus, in: *dies.*, Von Ben Sira zu Paulus, 311-328.

321 Vgl. *H. G. Liddell / R.. Scott*, A Greek-English Lexion, 1167: νέμω.

322 Vgl. *W. Bauer*, Wörterbuch, 1094.

323 *H. Kleinknecht*, Art. νόμος κτλ., ThWNT IV,1017.

324 Die Bekenntnisschriften der evangelisch-lutherischen Kirche, 509.

König Hammurapi von Babylon (1792-1750 v.Chr.) hat mit dem „Codex Hammurapi“ eine 282 Paragraphen umfassende und bedeutende Sammlung von Rechtsvorschriften geschaffen.[325] Daraus seien hier nur einige, besonders wichtige Paragraphen zitiert, so § 1: „Gesetzt, ein Mann hat einen anderen bezichtigt und ihm Mordtat vorgeworfen, hat ihn aber nicht überführt, so wird derjenige, der ihn bezichtigt hat, getötet.“ Das ist eine deutliche Warnung, einen Mitmenschen ohne manifeste Beweise vor Gericht anzuklagen.
§ 6: „Gesetzt, ein Mann hat Eigentum des Gottes[326] oder des Palastes gestohlen, so wird selbiger Mann getötet; und wer das Gestohlene aus seiner Hand in Empfang genommen hat, wird getötet.“[327]
§ 14: „Gesetzt, ein Mann hat einen minderjährigen Freigeborenen gestohlen, so wird er getötet.“[328] Vor Freiheitsberaubung warnt im Alten Testament auch das Gebot „Du sollst nicht stehlen“ (vgl. Ex/2Mo 20,15 // Dtn/5Mo 5,19).
§ 53: „Gesetzt, ein Mann hat es vernachlässigt, den Deich seines Feldes zu befestigen und hat seinen Deich nicht befestigt, und an seinem Deich ist eine Öffnung entstanden, und er hat verursacht, daß das Wasser die Flur wegriß, so wird der Mann an dessen Deich eine Öffnung entstanden ist, das Getreide, das er vernichtet hat, ersetzen.“[329] Diese Bestimmung soll dazu führen, auch das Eigentum und die Ernte der Nachbarn mit im Blick zu haben.
§ 102: „Gesetzt, ein Kaufherr hat seinem Gehilfen Geld zur Unterstützung (?) gegeben, und er erlebt Schaden da, wo er hingegangen ist, so wird er das Kapital des Geldes dem Kaufherrn erstatten.“[330] Diese Vorschrift soll dazu helfen, mit anvertrautem Geld sorgfältig umzugehen (vgl. die Parabel von den anvertrauten Geldern QLk19,11-27 // QMt 25,14-30).
§ 128: „Gesetzt, ein Mann hat eine Gattin genommen, ohne einen (schriftlichen) Vertrag mit ihr abzuschließen, so ist selbige Frau nicht seine Gattin.“ Diese Bestimmung soll die Rechtsform der Ehe sichern.
§ 129: „Gesetzt, die Gattin eines Mannes ist ertappt worden, wie sie bei einem anderen Manne gelegen hat, so wird man sie (beide) binden und ins Wasser werden. Gesetzt, der Gatte[331] will seine Gattin leben lassen, so wird der König seinen Sklaven[332] auch am Leben lassen.“
§ 130: „Gesetzt, ein Mann hat die Gattin eines anderen, die noch nicht (geschlechtliche) Bekanntschaft mit einem Manne gemacht hat und im Hause ihres Vaters wohnte, vergewaltigt und hat in ihrem Schoße geschlafen, und man hat ihn (dabei) ertappt, so wird selbiger Mann getötet, selbige Frau (aber) wird freigelassen werden.“[333] Die lertzten drei Paragraphen dienen dem Schutz der Ehe wie auch das biblische Gebot: „Du sollst nicht ehebrechen“ (vgl. Ex/2Mo 20,14 // Dtn/5Mo 5,18). Ex/2Mo 20,17 // Dtn/5Mo 20,17 LXX).

---

325 Vgl. *H. Gressmann*, Hg., Altorientalische Texte zum Alten Testament (AOT), 380-410.
326 D.h. des Tempels
327 a.a.O., 383.
328 a.a.O., 384.
329 a.a.O., 388.
330 a.a.O., 391.
331 Eig. „Herr der Gattin“
332 Der König ist Herr über alle seine Untertanen.
333 a.a.O., 393f,

§ 195: „Gesetzt, ein Kind hat seinen Vater geschlagen, so wird man ihm die Hände abschneiden.“ Dem entspricht Dtn/5Mo 27,16a: „Verflucht, wer Vater oder Mutter schmäht.“ Hier wie dort geht es darum, die Ehre der Eltern zu wahren.
§ 196: „Gesetzt, ein Mann hat das Auge eines Freigeborenen zerstört, so wird man sein Auge zerstören.“
§ 200: „Gesetzt, [ein Mann] hat das Auge eines Freigeborenen zerstört, so wird man sein Auge zerstören.“[334]
Diesen beiden Paragraphen entspricht im Alten Testament Ex/2Mo 21,24a.b: „Auge um Auge, Zahn um Zahn ...“ (vgl. Mt 5,38). Dadurch soll die maßlose Rache verhindert werden. Vgl. das Lamech-Lied Gen/1Mo 4,23f: „Lamech sprach zu seinen Frauen: / Ada und Zilla, hört auf meine Stimme, / ihr Frauen Lamechs, lauscht meiner Rede! / Einen Mann erschlage ich für eine Wunde / und einen Knaben für eine Strieme. / Kain wird siebenfach gerächt, / Lamech siebenundsiebzigfach“. Dagegen hat Jesus nach S^{Mt} 18,21-35 mit der Gleichniserzählung vom Schalksknecht die Weisung an seine Jünger gesetzt, einander Schuld zu vergeben und keine Grenzen der Vergebung zu ziehen.
§ 265: „Gesetzt, ein Hirte, dem Rinder oder Kleinvieh zum Hüten gegeben worden sind, ist treulos geworden, hat die (Vieh)marke verändert und hat (sie) für Geld verkauft, so wird man ihn überführen, und zehnfach wird er, was er gestohlen hat, an Rindern und Kleinvieh ihren Eigentümern ersetzen.“[335] Dem entsprechen im AT Ex/2Mo 22,9-14 Gebote, welche die Haftung für fremdes, anvertrautes Eigentum betreffen: „Wenn jemand seinem Nächsten ein Rind, einen Esel, ein Schaf, ein Kleid oder sonst etwas anvertraut, und das Tier eingeht oder bricht sich etwas oder fortgetrieben wird, ohne daß es jemand sieht, dann soll ein Schwur bei Jahwe zwischen den beiden darüber Klarheit schaffen, ob er nicht seine Hand nach dem Gut des anderen ausgestreckt hat. Dann soll sein (des Tieres) Besitzer es an sich nehmen, ohne daß der andere Ersatz zu leisten hätte. Wenn es ihm gestohlen worden ist, so muß er dem Besitzer Erasatz leisten. Ist es jedoch gerissen worden, so soll er es als Beweis herbeibringen; dann braucht er für das gerissene (Tier) keinen Ersatz zu leisten. Leiht ein Mann von einem anderen ein (Tier), und es bricht sich ein Glied oder verendet, ohne daß sein Besitzer zugegen war, so soll er vollen Ersatz leisten. War sein Besitzer zugegen, so braucht er keinen Ersatz zu leisten. Ist er ein Lohnarbeiter, so geht (der entstandene Schaden) zu Lasten seines Lohnes.“

„Gesetz“ bedeutete für die alten Griechen, am offiziellen Götterkult teilzunehmen. Das geht bei *Platon* (428/27 – 348/47 v.Chr.) Kratylos, 400d.e aus einem Gespräch zwischen Sokrates und Hermogenes hervor. Es geht um die Frage, inwiefern die Namen der Götter, mit denen sie angerufen werden, richtig sind. Sokrates: „Ja, beim Zeus, können wir es, wenn wir doch Vernunft haben, auf eine und zwar die schönste Weise, daß wir nämlich von den Göttern nichts wissen, weder von ihnen selber noch von ihren Namen, wie sie sich untereinander nennen. Denn offenbar werden sie selbst sich richtig benennen. Die nächst dieser

---

334 a.a.O., 401.
335 a.a.O., 405.

am meisten richtige Art aber wäre, wie es bei den Gebeten Brauch ist, daß, wie und woher sie selbst begehren genannt zu werden, so auch wir sie nennen, weil wir nämlich weiter von nichts wissen. Denn das scheint mir ein sehr guter Brauch".[336]

Die Gesetze sind göttlicher Herkunft. Recht und Macht liegen nach altgriechischer, aber auch noch hellenistischer Überzeugung in der Hand des Göttervaters Zeus. Auf ihn geht die Ordnung zurück, daß die „Tiere" einander fressen, aber die Menschen nach der von ihm gesetzten Ordnung der „Gerechtigkeit" ihr Leben führen sollen. Davon hat Hesiod (ca. 700 v.Chr.), Op 274-280 gesungen: „Höre du [Perses] jetzt auf das Recht und schlag die Gewalt aus dem Sinn dir! / Fische zwar sollten und wildes Getier und gefiederte Vögel / fressen einer den andern, weil unter ihnen kein Recht ist. / Aber den Menschen gab er das Recht bei weitem als bestes / Gut. Wenn nämlich ein Mann gewillt ist, das Rechte zu sagen, / das er erkannt hat, so verleiht ihm gedeihlichen Segen Kronion."[337]
Clemens Alexandrinus (ca. 150 – 215 n.Chr.) berichtet in Strom I,170.3 über die alten Griechen: „Von Minos[338] erzählen sie, daß er alle neun Jahre in die Grotte des Zeus gegangen sei und von ihm die Gesetze erhalten habe; und von Lykurgos[339] schreiben Platon und Aristoteles und Ephoros,[340] daß er häufig nach Delphi zu Apollon gekommen und von ihm in der Gesetzgebung unterwiesen worden sei. Und Chamaileon von Herakleia[341] in seiner Schrift ‚Über die Trunkenheit' und Aristoteles in der ‚Staatsverfassung der Lokrer' berichten, daß der Lokrer Zaleukos[342] seine Gesetze von Athene erhalten habe."[343]
In der Einleitung zum ersten Teil seines Werkes über die „Gesetze" hat *Platon* sich mit Grundsatzfragen der Gesetzgebung befaßt. Das geschieht in einem fingierten Gespräch zwischen einem Athener Megillos und Kleinias. Vgl. Leg I,624a – 625a: *„Der Athener:* Ist es ein Gott oder irgendein Mensch, der bei euch als Urheber der Gesetzgebung gilt? *Kleinias:* Ein Gott, Fremder, ein Gott, wie man mit vollem Recht sagen muß: bei uns Zeus, bei den Lakedaimoniern aber, von wo unser Freund da herkommt, geben sie, glaube ich, den Apollon an. Nicht wahr? *Megillos:* Ja. *Der Athener:* Du behauptest also im Anschluß an Homer, daß sich Minos jeweils alle neun Jahre zu einer Zusammenkunft mit seinem Vater Zeus begeben und nach dessen Aussprüchen euren Städten ihre Gesetze aufgestellt hat? *Kleinias:* Ja, so erzählt man bei uns; ja, und auch, daß

---

336 Platon, Werke III, 452f (*Fr. Schleiermacher*).
337 Kronion ist Zeus als Sohn des Titanen Kronos.
338 ein König der Kreter, der zwischen der Mitte des 3. und des 2. Jahrtausends v.Chr. gelebt hat. Von ihm werden viele Sagen erzählt.
339 lebte zwischen dem 11. und 8. Jh. v.Chr. Er gilt der Sage nach als Begründer der Verfassung Spartas.
340 ein griechischer Historiker, der im 4. Jh. v.Chr. lebte.
341 ein Aristoteliker im 4. Jh. v.Chr.
342 Er lebte im 7. Jh. v.Chr. und war nach Aristoteles Pol 2,1274a der Gesetzgeber der Lokrer. Lokris war im Altertum ein Stadtstaat im mittleren Griechenland: „Gesetzgeber waren auch Zalleukos bei den epizephyrischen Lokrern und Charondas bei seinen Mitbürgern und einigen anderen chalcidischen Städten Italiens und Siziliens" (Philosophische Schriften, Bd. 4,74 *[E. Rolfes])*.
343 Clemens von Alexandreia, Teppiche I,140f (*O. Stählin*).

sein Bruder Rhadamanthys[344] - den Namen habt ihr ja schon gehört – höchst gerecht gewesen sei. Von ihm möchten nun zumindest wir Kreter behaupten, daß er dadurch, daß er damals das Rechtswesen trefflich regelte, eben diesen Ruhm erlangt hat. *Der Athener:* Wahrlich ein schöner Ruhm, der einem Sohn des Zeus auch angemessen ist! Da nun aber ihr beide, du und unser Freund hier, in einer solchen gesetzlich geregelten Lebensweise aufgewachsen seid, so wird es euch nicht unangenehm sein, denke ich, wenn wir uns jetzt über Staatsverfassung und Gesetze unterhalten ...".[345]
Auch das geschriebene Gesetz geht nach *Platon* auf eine Gottheit zurück. Das geht aus dem Gespräch zwischen Kleinias und einem Athener Leg IV,711c – 712b hervor: „*Der Athener:* Keinerlei Anstrengung und keine besonders lange Zeit benötigt ein Tyrann, der die Sitten eines Staates umgetalten will, sondern er braucht nur selbst als erster den Weg einzuschlagen, auf dem er die Bürger zur Ausübung der Tugend oder zum Gegenteil hinführen will, indem er selbst als erster alles durch sein Tun vorzeichnet und das eine mit Lob und Ehre, das andere aber mit Tadel belegt und den Ungehorsamen entsprechend seinen jeweiligen Taten mit Ehrlosigkeit bestraft. *Kleinias:* Und wieso glauben wir, daß die übrigen Bürger demjenigen rasch folgen werden, der solche Überredungsgabe und zugleich solche Gewalt besitzt? *Der Athener:* Niemand soll uns einreden, ihr Freunde, daß ein Staat jemals auf andere Weise schneller und leichter seine Gesetze ändern könnte als unter der wegweisenden Führung der Mächtigen und daß das jetzt auf eine andere Weise geschehe oder in Zukunft je geschehen werde, Denn für uns ist es nicht dies, was unmöglich ist oder nur schwer geschehen könnte; sondern auch folgendes ist es, was nur schwer geschieht und was denn auch nur selten im Laufe langer Zeit geschehen ist; wenn es aber eintrifft, dann bewirkt es tausendfältiges, ja jegliches Gute in dem Staat, in dem es sich etwa einmal einstellt. *Kleinias:* Was meinst du denn damit? *Der Athener:* Den Fall, daß eine göttliche Liebe zu einer besonnenen und gerechten Lebensweise in großen Herrschermächten entsteht, mögen diese nun nach Art einer Mocharchie herrschen oder sich durch die überragende Größe ihres Reichtums oder ihrer Abstammung auszeichnen oder falls jemand einmal die Art Nestors[346] wieder hervorbrächte, von dem man sagt, daß er durch die Gewalt seiner Rede alle Menschen überragte, noch mehr aber sich durch seine Besonnenheit auszeichnete. Dies hat sich freilich zur Zeit Troias, wie es heißt, zugetragen, zu unserer Zeit aber keineswegs. Wenn es aber wirklich einen solchen Mann gegeben hat oder auch geben wird oder jetzt unter uns einen gibt, so führt dieser selbst ein glückseliges Leben, und glückselig sind diejenigen, welche die dem besonnenen Mund entströmenden Reden vernehmen. Ebenso gilt von jeder Macht überhaupt der Satz: daß dann, wenn in einem Menschen die größte Macht mit Einsicht und Besonnenheit in eins zusammenfällt, die Entstehung der besten Staatsform und ebensolcher Gesetze ihren naturgemäßen Anfang nimmt, auf andere Weise aber

---

[344] einer der Söhne des Göttervaters Zeus.
[345] Platon, Werke 8/I, 2-5 (*K. Schöpsdau*).
[346] Nestor (Νέστωρ) war nach *Homer*, Il II,20 der Sohn des Neleus und seiner Frau Chloris, nach Il I,252 König von Pylos. Nach II,370 war er ein weiser und rhetorisch überzeugender Herrscher, nach Od III,18 ein kluger Ratgeber. Vgl *Homer*, Ilias, 947; *ders.*, Odyssee, 751.*(A. Weiher)*.

sicherlich niemals. Das soll uns also, wie wenn ich eine Sage erzählt hätte, als ein Seherspruch und als bewiesen gelten, daß es einerseits zwar schwierig für einen Staat ist, gute Gesetze zu erhalten, daß diese aber andererseits, vorausgesetzt, daß das geschieht, was wir sagen, bei weitem die allerschnellste und allerleichteste Sache ist. *Kleinias:* Wieso? *Der Athener:* Wir wollen versuchen, daß auf unseren Staat anzuwenden und so wie bejahrte Kinder die Gesetze formen. *Kleinias:* Auf denn und zögern wir nicht länger! *Der Athener:* Laßt uns also die Gottheit bei der Einrichtung des Staates um Hilfe anrufen; möge sie uns erhören, und wenn sie uns erhört, gnädig und huldvoll nahen, um uns mit uns den Staat und die Gesetze recht zu ordnen.“.[347]

Nach *Platon,* Leg 715a-716a stellt ein Athener ein in einer an Siedler gerichteten Rede Gott als „Anfang und Ende und die Mitte alles dessen, was ist“, dar: „Ihr Männer“, 'wollen wir also zu ihnen sagen,' „der Gott, der, wie das alte Wort besagt, Anfang und Ende und die Mitte alles dessen, was ist, in Händen hat, geht auf geradem Wege zum Ziel, indem er der Natur gemäß kreisend seine Bahn zieht; und ihm folgt dabei stets die Gerechtigkeit nach als Rächerin für diejenigen, die hinter dem göttlichen Gesetz zurückbleiben. An diese schließt sich an, wer glücklich sein will, und folgt ihr in Demut und Bescheidenheit“.[348]

Auch *Philo von Alexandria* (ca. 20/10 v.Chr. bis ca. 45 n.Chr.) war davon überzeugt, daß das Geetz Israels einer Offenbarung Gottes zu verdanken sei. Vgl. Decal 15: „Da die Gemüter die Überzeugung gewinnen sollten, daß die Gesetze nicht etwa Erfindungen eines Menschen, sondern ganz klare Offenbarungen Gottes sind, führte er das Volk weit weg von den Städten in eine tiefe Wüste …“.[349]

Auch die Ehe und die Zeugung von Nachkommen folgen dem Gesetz. Das geht bei *Platon,* Gesetze IV,720e – 721d aus einem Gespräch zwischen Kleinias und einem Athener hervor: *Der Athener:* „Welches Gesetz würde wohl der Gesetzgeber als erstes geben? Wird er nicht naturgemäß als erstes den Anfang der Entstehung von Staaten durch seine Anordnungen regeln? *Kleinias:* Gewiß. *Der Athener:* Ist aber nicht der Anfang der Enstehung für alle Staaten die eheliche Vereinigung und Gemeinschaft? *Kleinias:* Ohne Zweifel. *Der Athener:* Wenn also als erstes Ehegesetze gegeben würden, so wäre das wahrscheinlich der rechte Weg zu einer richtigen Entwicklung für jeden Staat. *Kleinias:* Auf jeden Fall. *Der Athener:* Wir wollen also zunächst das Gesetz in seiner einfachen Form vortragen. Sie könnte vielleicht so lauten: Heiraten soll einer, wenn er dreißig bis fünfunddreißig Jahre alt ist; wo nicht, soll er durch eine Geldbuße und Ehrenentzug bestraft werden, und zwar durch Bußen in der und der Höhe und durch den Entzug der und der Ehren. So laute das einfache Gesetz über die Ehe; die doppelte Form aber ist folgende: Heiraten soll einer, wenn er dreißig bis fünfunddreißig Jahre alt ist, in der Erwägung, daß in gewissem Sinne das menschliche Geschlecht durch eine Art Naturgabe an der Unsterblichkeit teilhat, wonach auch naturgemäß ein jeder jedes erdenkliche Verlangen in sich trägt; denn berühmt zu werden und nicht namenlos nach dem Tod im Grab zu liegen ist ein solches Verlangen. Nun ist das Geschlecht der Menschen etwas mit der gesam-

347 Platon, Werke 8/I, 240-243 (*K. Schöpsdau*).
348 Platon, Werke 8/I, 254-257 (*K. Schöpsdau*).
349 *Philonis* Opera IV, 271; *ders.*, Werke I, 374 *(W. Theiler).*

ten Zeit eng Zusammengewachsenes, das unaufhörlich diese begleitet und begleiten wird, indem es in der Weise unsterblich ist, daß es Kindeskinder hinterläßt, dabei aber stets dasselbe und eines bleibt und so durch Zeugung an der Unsterblichkeit teilhat. Sich dessen freiwillig zu berauben, ist niemals fromm, und mit Vorsatz beraubt sich dessen, der von Kindern und Ehegatten nichts wissen will. Wer nun dem Gesetz gehorcht, der wird ungestraft davonkommen; wer dagegen nicht gehorcht und nicht mit fünfunddreißig Jahren verheiratet ist, der soll jährlich mit so und so viel bestraft werden, damit er nicht glaubt, sein lediges Leben bringe ihm Gewinn oder Erleichterung, und soll ferner an den Ehren keinen Anteil haben, mit denen die Jüngeren im Staat jeweils die ehren, die älter sind als sie".[350]

Die alten Griechen haben zwischen der unbedingten Forderung und dem politischen Gesetz nicht streng unterschieden. Vgl. Aischylos, Prom 144-151: Der Chor der Okenostöchter: „Ich seh's, Prometheus, und vor Schreck hat auf mein Aug mir / Ein Gewölk, von Tränentau schwer, / sich gestürzt, da sich dein Leib ihm darbot, / am Felshang audörrend in solch / Stählern gebundener Haft Mißhandlung; / Gib neue Weltsteurer doch Herren des Olympos; / Und nach neuer Satzung führt Zeus ohne Fug die Herrschaft; / Was früher gewaltig war, tilgt er aus nun.[351]

Hesiod (ca 700 v.Chr.) hat über den Lyderkönig Kroisos [= Krösus] (ca. 595 – ca. 547 v.Chr.) berichtet in den Historien, Bd. 1,29,1f: „Als Kroisos diese Stämme[352] unterworfen und dem Lyderreich hinzugewonnen hatte, kamen aus Griechenland alle gelehrten Männer, die zu jener Zeit lebten, einer nach dem anderen, nach Sardes, das von Reichtum strotzte. So traf unter anderem auch Solon (ca. 640 – ca. 560 v.Chr.) aus Athen ein, der den Athenern auf ihre Aufforderung hin Gesetze gegeben hatte und dann zehn Jahre auf Reisen gegangen war – hinausgesegelt war er angeblich, um die Welt zu sehen, in Wirklichkeit aber, um nicht gezwungen zu werden, eines der Gesetze, die er aufgestellt hatte, wieder aufzuheben. Die Athener konnten dies selbst nämlich nicht tun. Sie waren durch große Eide verpflichtet, die Gesetze, die Solon ihnen gegeben hatte, zehn Jahre lang anzuwenden".[353]

„Das Gesetz" hat auch mit der Bestattung und Ehrung der Toten zu tun. Die Gedenkrede des Perikles (ca. 500-429 v.Chr.) auf die im Kampf gegen die Perser Gefallenen beginnt: „Die meisten, die bisher gesprochen haben, rühmen den, der zuerst den alten Bräuchen diese Rede beifügte, weil es schicklich sei, am Grabe der Gefallenen zu sprechen. Mich aber würde es genug dünken, Männern, die ihren Wert durch ein Tun bewiesen haben, auch ihre Ehre durch ein Tun zu bezeugen, wie ihr es jetzt bei diesem öffentlichen Begängnis der Totenfeier seht, und nicht den Glauben an vieler Männer Heldentum zu gefährden durch einen einzigen guten oder minder guten Redner. Es ist nämlich schwer, das rechte Maß der Rede zu treffen, wo man auch die Vorstellungen, die jeder sich von der Wahrheit macht, kaum bestätigen kann: Denn der wohlwollende Hörer, der da-

---

350 Platon, Werke 8/I, 270-273 (*K. Schöpsdau*).

351 Aischylos, Tragödien, 480f (*O. Werner*).

352 die Lyder, Phryger, Myser, Mariandyner, Chalyber, Paphlagonier, Thraker, Thyner, Bithyner, Karer, Ionier, Dorer, Aioler und Pamphylier.

353 Herodot, Historien I, 38f (*Chr. Ley-Hutton*).

bei war, wird leicht finden, die Darstellung bliebe hinter seinem Wunsch und Wissen zurück, und der unkundige, es sei doch manches übertrieben, aus Mißgunst, wenn er von den Dingen hört, die seine Kraft übersteigen. Denn so weit ist das Lob erträglich, das anderen gespendet wird, als jeder sich fähig dünkt, wie er's gehört hat, auch zu handeln; was darüber hinaus geht, stößt schon auf Schelsucht und Mißtrauen. Nachdem es aber den Ahnen sich bewährt hat, daß dies so recht sei, muß ich auch dem Brauche folgen und versuchen, jedem von euch Wunsch und Erwartung zu erfüllen."[354]
Ungeschriebene Gesetze wurden in aller Regel beachtet. Vgl. *Aischylos* (525/24 – 456/55 v.Chr.) Eum 538-548: „Ehre den Altar des Rechts! / Schänd ihn nicht, / Vorteil erspäend, durch den Tritt / Mit dem gottlosen Fuß! Ver- / geltung ja trifft dich, / Vollen Rechts harrt Sühne dein. / Hiernach ehr jeder die Eltern in heiligster Scheu; / Und wenn ein Fremdling / Als Gast im Haus Einkehr hält, / Grüße man ihn mit Ehrfurcht!".[355]
Der uralte und ungeschriebene Wille der Götter steht über dem Gesetz des Staates. Vgl. *Sophokles* (490-406/5 v.Chr.), Antigone, 450-470: Antigone zu Kreon, dem Herrscher Thebens, der verboten hatte, ihren im Kampf gegen ihn, der durch seinen von ihm getöten Bruder Eteokles gefallen war und auf Befehl des Tyrannen nicht bestattet werden durfte, den seine Schwester aber symbolisch durch Bedeckung seines Leichnams mit Erde begraben hatte: „Es war ja Zeus nicht, der es mir verkündet hat, / noch hat die Gottheit, die den Toten Recht erteilt, / je für die Menschen solche Satzungen bestimmt. / Auch glaubte ich, so viel vermöchte kein Befehl / von dir, um ungeschriebene, ewige göttliche / Gesetze zu überrennen als ein Sterblicher. / Denn nicht von heut und gestern, sondern immerdar / bestehen sie: Niemand weiß, woher sie kommen sind. / Aus Furcht vor eines Menschen Willen wollt ich nicht / um Recht der Götter nicht vergehn; ich wußte ja, / daß ich einst sterben werde, – warum sollt ich nicht? – / hättst du's auch nicht vorher verkündet; doch wenn ich / nun vor der Zeit schon sterbe, nenn ich's nur Gewinn. / Denn wer wie ich in mannigfachem Leide lebt, / wie trüge der im Tode nicht Gewinn davon? / Drum ist es mir nicht schmerzlich, daß dies Schicksal jetzt / mich trifft; doch litte ich, daß meiner Mutter Sohn / als unbegrabner Leichnam draußen liegen bleibt, / das schmerzte mich; doch dies hier macht mir keinen Schmerz. / Und schein' ich dir verfallen auf ein töricht' Tun, / so ist vielleicht ein Tor, der mich der Torheit zeiht."[356]
Wie sehr die religiöse, sittliche und politische Bedeutung miteinander verflochten sind, kann nach *Xenophon* (ca. 430 – ca. 354 v.Chr.), mem IV,4.19ff der Versuch des Sokrates zeigen, sich gegen den Vorwurf, er verdürbe die Jugend, zu wehren: „Sokrates, so sagt er [der Ankläger Melitos], frevle, indem er die Jugend verderbe und die Glötter, welche der Staat annimmt, nicht annehme, sondern anderes neues Daimonisches".[357] Gesetz war für die alten Griechen alles, was überlieferte Sitte oder Brauch war, so etwa im Gespräch des Sokrates mit Hippias: „Du kennst doch auch gewisse ungeschriebene Gesetze, Hippias?

---

354 *Thukydides*, Der Peloponnesische Krieg, 110f *(G.P. Landmann).*
355 Aischylos, Tragödien, 434f (*O. Werner*).
356 *Sophokles*, Dramen, 208f *(W.Willige / K. Bayer).* – Vgl. *R. Bultmann*, Polis und Hades in der Antigone des Sophokles, in: Glauben u. Verstehen I, 20-31.
357 Platon, Werke II, 20f (*Fr. Schleiermacher*).

So fuhr er fort. Ja, solche, so erwiderte jener, die in jedem Lande in derselben Weise gelten. Könntest du nun wohl annehmen, so sagte er alsdann, daß die Menschen sie erlassen haben? Wie denn wohl, war die Antwort, da sie doch nicht alle zusammmenkommen könnten und auch nicht die gleiche Sprache sprechen? Wer hat nun, so fragte er weiter, nach deiner Meinung diese Gesetze erlassen? Ich glaube, so lautete die Erwiderung, daß die Götter diese Gesetze den Menschen gegeben haben; denn bei allen Menschen gilt es auch als oberstes Gesetz, die Götter zu verehren. Ist es nun nicht auch überall Gesetz, die Eltern zu ehren? Auch dies, entgegnete jener. Und nicht auch, daß sich weder die Eltern mit den Kindern und die Kinder mit den Eltern paaren dürfen? Dies, Sokrates, erwiderte jener, scheint mir kein göttliches Gesetz mehr zu sein. Warum denn? So fragte er. Weil ich manchen Menschen sehe, erwiderte jener, die es übertreten. Auch viele andere Gesetze übertreten die Menschen freilich, sagte er darauf; aber die, welche die von den Göttern erlassenen Gesetze übertreten, müssen gewiß dafür Strafe leiden, und es ist den Menschen in keiner Weise möglich, ihr zu entrinnen, so wie etwa bei Verstößen gegen die von Menschen erlassenen Gesetze der Strafe entgehen, sei es, daß sie unentdeckt bleiben, sei es, daß sie Gewalt anwenden.[358]

Seit dem 5. Jh v.Chr. wird bei den Griechen „Gesetz" für das *geschriebene* Gesetz gebraucht. Xenophon (ca. 430 – ca. 354 v.Chr.), mem I,2.42f, hat es im Gespräch des jungen Alkibiades mit seinem Vormund Perikles folgendermaßen definiert: „ Alles das ist ein Gesetz, was das versammelte Volk nach vorheriger Prüfung schriftlich festlegt, um zu bestimmen, was man tun soll und was nicht".[359] Perikles hat dem Alkibiades geantwortet: „Alles, ... was die herrschende Staatsgewalt an Geboten für das Handeln schriftlich festlegt, das gilt als Gesetz". Das gilt nach Perikles auch für die Oligarchie und sogar für eine tyrannische Herrschaft. „Wenn nun aber nicht das Volk, sondern wie dort, wo eine Oligarchie besteht, die Wenigen zusammenkommen und schriftlich festlegen, was man tun muß, was ist das? Alles, so habe jener geäußert, was die herrschende Staatsgewalt an Geboten für das Handeln schriftlich festlegt, das gilt als Gesetz. Und wenn nun ein Tyrann über den Staat herrscht und für die Bürger schriftlich festlegt, was man tun muß, ist das auch ein Gesetz? Auch was ein herrschender Tyrann schriftlich festlegt, so habe jener gesagt, das wird Gesetz genannt.[360]

Die Verfassung eines „Stadtstaates" kann nach dem Lyriker *Pindar* (522 od. 518 bis nach 446 v.Chr.) , Pyth 86ff, „Gesetz" genannt werden: „In jeder Ordnung ragt der gerade redende Mann hervor, / in der Tyrannis, in der Herrschaft des zügellosen Volkes / oder in der der weisen Männer, die die Stadt schützen".[361]

Platon zitiert Gorgias 484b *Pindar* (522 od. 518 bis nach 446 v. Chr): „'Das Gesetz, der Sterblichen König und Unsterblichen', und dies, sagt er, 'führt von Natur herbei rechtfertigend das Gewaltsamste mit übermächtiger Hand".

---

358 *Xenophon*, Erinnerungen an Sokrates, 290-293 *(P. Jaerisch).*

359 *Xenophon*, ebd., 34f

360 *Ders.*, ebd., 24f (*P. Jaerisch*).

361 Pindar, Oden, 100f (*E. Dönt*).

Die alten Griechen haben „die Einrichtung und ‚Satzung' der nemeischen Spiele ... als νόμος bezeichnet".[362] Das bezeugt Pindar, Nem 33b-34a: „Pisa hat die höchste / Satzung des Herakles erhalten ....".[363]
Aristoteles (385-322 v.Chr.) hat Pol 1281b-1282a über die Formen von *Demokratien* und das Gesetz als ihre geistige Verfassung folgendes gelehrt: „Von den *Demokratien* nun ist die erste die, wo die Gleichheit am vollkommensten verwirklicht ist. Die Gleichheit liegt ausgesprochen in der Satzung einer solchen Demokratie, daß, obwohl arm oder reich, der eine nicht mehr ist als der andere und keiner von beiden Herr ist, sondern beide sich gleich stehen. Denn wenn, wie einige meinen, Freiheit und Gleichheit am meisten in der Demokratie zu finden ist, so würde dies am meisten dann zutreffen, wenn alle an der Staatsleitung den möglichst gleichen Anteil haben. Und da das Volk in der Mehrzahl ist, und das gilt, was der Mehrheit recht scheint, so muß diese Form Volksherrschaft sein.

Das ist also eine Art Demokratie; eine andere ist es, wenn die Ämter von der Einschätzung abhhängen, aber die Einschätzung nicht hoch geht. Hier muß jedem, der das erforderliche Vermögen erwirbt, das Recht der Teilnahme zustehen, und wer dieses Vermögen verliert, darf nicht mehr an den Ämtern teilhaben.
Eine weitere Art der Demokratie ist es, wenn ausnahmslos alle Bürger, soweit sie mit Rücksicht auf ihre Geburt einwandfrei sind, an den Ämtern teilhaben, und im übrigen das Gesetz herrscht.

Und noch eine Art von Demokratie ist es, wenn im übrigen das Vorige gilt und nur die Menge Herr ist, und nicht das Gesetz. Das muß eintreten, wenn die Stimmen entscheiden, aber nicht das Gesetz, und das kommt wieder durch die Schuld der Demagogen. Denn in den Demokratien, wo es nach dem Gesetze zugeht, ist kein Aufkommen für Demagogen, weil daselbst die Besten aus den Bürgern die Stammführer sind, aber wo die Gesetze nicht die Herrschaft haben, da stehen Demagogen auf. Dort nämlich wird das Volk als kollektive Einheit Monarch, da die Vielen, nicht jeder für sich, sondern die Gesamtheit, die Herrschaft haben. *Homer* aber läßt es unbestimmt, welche Vielherrschaft er als nicht frommend bezeichnet, ob sie oder eine, wo mehrere je für sich Gebieter sind. Ein solches Volk also sucht als Monarch auch den Monarchen zu zeigen, bindet sich an kein Gesetz und wird despotisch, so daß die Schmeichler bei ihm zu Ehren kommen, und so ein Volk eine analoge Rolle spielt wie die Tyrannis unter den Monarchien. Darum ist auch der Charakter beider derselbe, und beide unterdrücken despotisch die Besseren; die Volksbeschlüsse sind dasselbe wie dort die Befehle. Auch Demagog und Schmeichler sind eins und analog, und beide haben bei beiden den allerdgrößten Einfluß, die Schmeichler bei den Tyrannen und die Demagogen bei einem derartigen Volke. Sie machen, daß die Stimmen, nicht die Gesetze herrschen, indem sie alles an das Volk bringen. Kann es doch nicht fehlen, daß sie selbst groß werden, wenn das Volk über alles Herr ist, und sie über die Meinung des Volkes, indem der große Haufe ihnen beipflichtet. Auch wenn man den Magistraten eins anhängen will, heißt es, das Volk müsse

---

362 *H. Kleinknecht*, ThWNT IV, 1017.
363 Pindar, Oden, 232f (*E. Dönt*).

richten, und das Volk nimmt den Vorschlag bereitwillig auf, so daß alle Staatsämter der Auflösung anheimfallen. Und eine wohlbegründete Rüge wäre es, wenn man behauptete, daß eine solche Demokratie keine Verfassung sei; denn wo die Gesetze nicht herrschen, ist keine Verfassung. Das Gesetz muß über alles herrschen. Das Einzelne aber müssen die Obrigkeiten und die Verfassung entscheiden. Ist demnach die Demokratie wirklich eine von den Verfassungen, so ist offenbar ein solcher Zustand, wo alles durch die Stimmen abgemacht wird, eigentlich auch keine Demokratie, weil keine Abstimmung von allgemeiner Natur sein kann."[364]
Aristoteles zu Problemen der Gesetzesänderung, Pol 1268b: „Ein Gesetz ..., das diejenigen, die etwas zum Vorteil des Staates aufspüren oder aussinnen, eine Anerkennung erhalten sollen, ist nicht unbedenklich, wenn so etwas sich auch gut anhört. Es führt zu Verleumdungen und unter Umständen zu Verfassungsänderungen. Das bringt uns auf eine andere Frage und eine andere Untersuchung. Man zweifelt hier und da, ob es für die Staaten schädlich oder nützlich ist, althergebrachte Gesetze zu ändern, wenn ein anderes Gesetz besser ist. Darum ist es auch nicht leicht, dem gedachten Vorschlag ohne weiteres beizupflichten, wenn anders es nicht nützlich ist, an den Gesetzen zu ändern. Es wäre ja möglich, daß einige die Aufhebung von Gesetz und Verfassung als gut fürs gemeine Beste, vorziehen.
Da wir aber diesen Punkt einmal erwähnt haben, so empfiehlt es sich, noch ein wenig auf ihn einzugehen. Die Sache ist, wie gesagt, zweifelhaft, und es könnte besser scheinen, wenn man die Gesetze ändert. Auf anderen Gebieten ist ja schon manche Änderung von Nutzen gewesen; so war es für die Heilkunde ein Fortschritt, daß man das herkömmliche Verfahren aufgab und ein neues adoptierte; so auch für die Gymnastik und für alle Wissenschaften und Künste, zumal, und da als ihre die Staatskunst zu gelten hat, so muß es also offenbar mit ihr ebenso sein. Ein Beleg dafür, so könnte man sagen, liefern die Tatsachen selbst, indem die alten Gesetze sehr primitiv und roh sind. Die Hellenen gingen einst immer in Waffen einher und kauften ihre Weiber voneinander. Und was von alten Gesetzen sich noch irgendwo erhalten hat, zeigt den Charakter großartiger Beschränktheit; so gibt es in Kyne ein Gesetz über Totschlag, wonach der Flüchtige, wenn der Verfolger eine Anzahl von Zeugen aus seiner Verwandtschaft beibringt, für des Mordes schuldig gelten soll. Überhaupt fragen alle nicht nach dem, was hergebracht, sondern nach dem, was gut ist, und man darf annehmen, daß die ersten Menschen, mögen ie nun aus der Erde entsprossen oder aus einem allgemeinen Untergang gerettet worden sein, nur den jetzigen gewöhnlichen und einfältigen Menschen gleich gewesen sind, wie ja auch von den Erdentsprossenen erzählt wird, so daß es ungereimt wäre, bei ihren Satzungen zu verharren. Zudem ist es auch nicht einmal gut, die bestehenden Gesetze unverändert zu lassen. Denn wie in den anderen Künsten kann auch in einer Staatsverfassung unmöglich alles seinen genauen schriftlichen Ausdruck finden. Denn die beschriebenen Satzungen müssen allgemein sein, während die Handlungen auf das einzelne gehen.

---

364 *Aristoteles*, Philosophische Schriften, Bd. 4, 133f *(E. Rolfes)*.

Diese Gründe also zeigen, daß einzelne Gesetze in einzelnen Fällen geändert werden müssen; wenn man die Sache aber von einem anderen Standüunkte betrachtet, so scheint hier große Vorsicht geboren. Wenn die Verbesserung unbedeutend und es andererseits vom Übel ist, die Leute daran zu gewöhnen, daß sie leichthin die bestehenden Gesetze aufheben, so muß man offenbar vereinzelte Fehlgriffe in Gesetzgebung und Verwaltung hingehen lassen. Denn die Veränderung der Gesetze kann einem nicht so viel nützen, als die Gewöhnung an Ungehorsam gegen die Obrigkeit eines Staates."[365]
Für den Bestand ihrer Gesetze müssen die Bürger unter Einsatz ihres Lebens eintreten. Das „Gesetz" gebietet den Spartanern, im Kampf mit Gegnern entweder zu ziehen oder zu sterben. Vgl. *Herodot* (490 bis nach 430 v.Chr.), Historien VII,104,4f: „Sie sind zwar frei, aber nicht in allem. Über ihnen steht nämlich das Gesetz als Herr, das sie mehr fürchten als deine [des Perserkönigs] Untertanen dich. Sie handeln stets, wie ihnen das Gesetz befiehlt. Es gebietet aber stets das Gleiche vor keiner Zahl von Gegnern zu fliehen, sondern auf dem Platz zu bleiben in Reih und Glied und entweder zu siegen oder zu sterben".[366]
Gegen Ende des 5. Jh.s v.Chr. gewinnt das „Gesetz" die Bedeutung von „Brauch" oder „Gewohnheit", so z.B. bei *Aristopahnes* (vor 445 bis ca. 385 v.Chr.), Av 752-758: *„An die Zuschauer:*
Hat von euch Zuschauern etwa einer Lust, sein Leben froh / Mit den Vögeln hinzuspinnen, macht euch auf und kommt zu uns! / Denn was hierzulande schändlich und verpönt ist durchs Gesetz, / Das ist unter uns, den Vögeln, alles löblich und erlaubt. / Wenn es hier für Infamie gilt, seinen Vater durchzubleun, / Ei, bei uns da gilt's für rühmlich, wenn der Sohn den Vater packt, / tüchtig prügelt und noch auslacht ...".[367]
Die „Natur" wird wichtiger als das auf Gewohnheiten beruhende „Gesetz". So sagt Hippias in *Platons* Prot 337c.de: „Ich denke, sagte er, ihr versammelten Männer, daß wir Verwandte und Befreundete und Mitbürger von Natur sind, nicht durch das Gesetz. Denn das Ähnliche ist dem Ähnlichen von Natur verwandt, das Gesetz aber, welches ein Tyrann der Menschen ist, erzwingt vieles gegen die Natur.".[368] Die Natur ist das Bleibende, das Gesetz das Veränderbare.
Da das „Gesetz" im Altgriechischen mit der „Ordnung" oder dem „Ton" bedeutungsgleich ist, war es möglich, daß es in der Musik zum Fachausdruck wurde. Homer, Hymn Ap 20: „Überall, Phoibos, sind ja für dich Gesänge im Schwange".[369]
Bei Aischylos (525/24 bis nach 456/55 v.Chr.) heißt es Prom 574f: „Und dazu klingt der wachsgefügten Flöte Rohr / Sanften Schalls in Schlummerliedes Ton".[370]
Ein Athener sagt bei *Platon* (428/27 – 348/47 v.Chr.). Leg IV,722cd.e: „... Seid wir über die Gesetze zu sprechen begonnen haben, ist aus dem frühen Morgen bereits Mittag geworden, und wir sind zu diesem wunderschönen Ruheplätzchen

---

365 *Ders.*, ebd., 17f.
366 *Herodot*, Historien II,948f *(J. Feix)*.
367 Antike Komödien, I: Aristophanes, 325 *(L. Seeger/ P. Rau)*.
368 Platon, Werke I, 154f (*Fr. Schleiermacher*).
369 Homer, Hymnen, 34f (*A. Weiher*).
370 Aischylos, Tragödien 506f (*O. Werner*).

gelangt, ohne von etwas anderem als von Gesetzen zu sprechen; Gesetze aber vorzutragen, damit scheinen wir eben erst den Anfang zu machen; alles Vorhergehende war für uns nur eine einleitende Vorrede zu den Gesetzen. Wozu habe ich das bemerkt? Ich wollte damit sagen, daß es zu allem Reden, ja zu allem, woran die Stimme beteiligt ist, Einleitungen und gleichsam gewisse Bewegungsübungen gibt, die eine kunstmäßige Vorbereitung darstellen, die recht nützlich für den darauf folgenden Vortrag ist. Und so sind, glaube ich, den sogenannten Nomen des Gesangs zur Kithara und jeder Art von Musik wundervoll ausgearbeitete Einleitungen vorangestellt; bei den wirklichen Gesetzen dagegen, die wir ja Staatsgesetze nennen, hat noch niemals jemand von einer einleitenden Vorrede gesprochen noch, wenn er eine solche verfaßt hatte, sie ans Licht gebracht, als ob es der Natur der Sache nach keine gebe".[371]
Seit dem sechsten Jahrhundert v.Chr. gilt der „Kosmos" als „Abbild des Alls".[372] Alle Kreaturen sind auf die Gesetzmäßigkeit der kosmischen Abläufe angewesen, die Menschen zudem darauf, daß sich alle Einwohner und Gäste ihres Staates an dessen Gesetze halten. Erziehung und Bildung (paidei/a) zielen drauf ab, daß die jungen Menschen lernen, sich selbst zu beherrschen. Das geht bei *Platon,* Leg I.643a – 650b aus dem Gespräch zwischen Kleinias, Megillos und einem Athener hervor, in dem es darum geht, daß Jugendliche sowohl gute Menschen als auch gute Staatsbürger werden: *„Der Athener:* … Zunächst wollen wir also im Hinblick auf unsere Untersuchung bestimmen, was überhaupt Erziehung ist und welche Wirksamkeit sie besitzt; denn durch sie, behaupten wir, muß die von uns jetzt in Angriff genommene Erörterung ihren Weg nehmen, bis sie zum Gott des Weines gelangt. *Kleinias:* Ja, das wollen wir tun, sofern es dir recht ist. *Der Athener:* Wenn ich euch nun erkläre, was man eigentlich unter Erziehung zu verstehen hat, so seht zu, ob euch meine Erklärung recht ist. *Kleinias:* So sprich. *Der Athener:* Das tu ich denn und behaupte, wer in irgendeinem Fach ein tüchtiger Mann werden will, der muß sich eben darin gleich von Kind an üben, indem er sich in Spiel und Ernst mit allem beschäftigt, was zu diesem Gebiet gehört. Wenn zum Beispiel jemand ein tüchtiger Landwirt oder etwa ein Baumeister werden will, so muß sich der eine damit beschäftigen, kindliche Häuschen zu bauen, der andere damit, ein Feld zu bestellen; und der Erzieher der beiden muß jedem kleine Werkzeuge, Nachbildungen der wirklichen, an die Hand geben, und so müssen sie sich auch alle Kenntnisse, die man zuvor erworben haben muß, im voraus aneignen; zum Beispiel muß der künftige Baumeister den Umgang mit Maßstab und Richtschnur und der Kriegsmann reiten lernen, indem er spielt oder sonst etwas Vergleichbares treibt; und man muß versuchen, die Lust und Liebe der Kinder dorthin zu lenken, wohin sie selbst gelenkt sein müssen, wenn sie erwachsen sind. Für die Hauptsache bei der Erziehung erklären wir also die richtige Pflege, die im Spiel die Seele des Zöglings soweit wie möglich zur Liebe zu dem hinleitet, worin er, zum Mann geworden, seine vollkommene fachliche Meisterschaft erweisen soll. Nun seht zu, … ob bis hierher das Gesagte unsern Beifall hat. *Kleinias:* Wie könnte es anders sein! *Der Athener:* Es darf nun aber auch das, was wir unter Erziehung verstehen, nicht

---

371 Platon, Werke 8/I, 274f (*K. Schöpsdau*).
372 *H. Kleinknecht*, Art. νόμος, ThWNT IV,1020.

ohne Abgrenzung bleiben. Denn gegenwärtig pflegen wir zu sagen, wenn wir die Erziehung eines jeden von uns tadeln oder loben wollen, der eine von uns sei gebildet, der andere sei ungebildet, obwohl dieser bisweilen zu den im Kleinhandel und in der Reederei oder zu andern derartigen sehr gut ausgebildeten Leuten gehören kann. Die jetzige Ausdrucksweise rührt nämlich von Leuten her, die anscheinend nicht dies letztere unter Erziehung verstehen, sondern die Erziehung zur Tugend vom Knabenalter an, welche die Lust und Liebe erweckt, ein vollkommener Staatsbürger zu werden, der es versteht, der Gerechtigkeit gemäß zu herrschen und sich beherrschen zu lassen. *Diese* Art der Bildung sondert unsere Rede heraus, wie mir scheint, und nur diese möchte sie jetzt als Erziehung bezeichnen, die Bildung dagegen, die auf Gelderwerb oder auf Körperkraft oder auch auf sonst eine Fertigkeit ohne Vernunft und Gerechtigkeit abzielt, bezeichnet sie als handwerksmäßig und eines Freien unwürdig und überhaupt nicht wert, Ertziehung zu heißen. Wir wollen nun nicht über den Namen miteinander streiten, sondern die ... von uns anerkannte Behauptung soll gültig bleiben: daß diejenigen, die richtig erzogen worden sind, in der Regel tüchtige Leute werden und daß man die Erziehung in keinem Fall geringschätzen darf, da sie von den schönsten Gütern das erste ist, das den besten Menschen zuteil wird. Und wenn sie einmal vom Weg abkommt, aber wieder auf die rechte Bahn gebracht werden kann, so muß jedermann sein Leben lang stets darauf hinwirken, so gut er kann."[373]

Die Autorität des Gesetzes wurde seit dem 5. Jh.v.Chr. dadurch relativiert, daß die Griechen die Gesetze anderer Völker kennenlernten. Gegen die menschliche Natur kommen Gesetze, mögen sie auch noch so scharf gefaßt und strafbewehrt sein, nicht an. Vgl. Thukydines III,45: „Nun steht der Tod in den Städten auf vielen Vergehen als Strafe, und nicht nur auf ... schweren ...., sondern schon auf geringen. Und dennoch gibt Hoffnung Mut zur Gefahr, und noch nie hat einer in sicherer Voraussicht seines Unterganges einen gewagten Anschlag dennoch unternommen. Und welche abfallende Stadt hätte je ihre Kriegsmacht, die eigene oder bündischen Zuzug, als zu gering eingeschätzt für ihr Unterfangen? Es ist in der Natur, daß alle, seien es Einzelne oder Staaten, sich schuldig machen, es gibt kein Gesetz das zu hindern; denn alle Strafen haben die Menschen schon durchversucht, immer steigernd, um so vielleicht Ruhe zu bekommen vor den Frevlern."[374] Vgl. *ders.*, III,84: „In Kerkyra[375] nun wurde das meiste davon versucht", um die „Sittenverderbnis" einzudämmen, „was manche, mit mehr Frevelsinn als Maß beherrscht, den zur Rache Gereiften heimzuzahlen, andere, der gewohnten Armut überdrüssig, meist aus Leidenschaft, nach fremdem Gute lüstern, gegen das Recht beschlossen oder auch gegen ihresgleichen, nicht zur Bereicherung, aber von unbemeistertem Zorn maßlos hingerissen, fühllos und und unerbittlich vollführten. Und bei der Verwirrung des Lebens im damaligen Staat, da kein Gesetz mehr band, konnte die menchliche Natur, die auch gegen die Natur gern sündigt, unbekümmert zeigen, daß sie des Zornes nicht Meister ist, des Rechtes Verächterin und Feindin jedes Höhergestellten – sie hätten ja

---

[373] *Platon*, Werke, 8/I, 54-57 *(K. Schöpsdau)*. – Vgl. *W. Jaeger*, Paideia III, 289-374.

[374] *Thukydides*, Der peloponnesiche Krieg, 184f.

[375] Kerkyra ist das antike Kerkuk am Schatt-el-Adem in der vorderasiatischen Arbelitis, die damals zum persischen Großreich gehörte.

doch nicht die Rache über die fromme Scheu gesetzt und Gewinn über Rechtlichkeit, besäße nicht so verderbliche Kraft der Neid. So pflegen die Menschen die allgemein hier gültigen Gesetze, auf die sich aller Hoffnung gründet, auch bei eigenen Fehlschlägen sich noch zu retten, ihrer Rache an anderen zuliebe erst einmal zu brechen und nicht bestehen zu lassen, wenn sie je einer in Gefahr deren eines vielleicht brauchen könnte."[376]

Platon (428/27 – 348/47 v.Chr.) zitiert Gorgias 484b *Pindar* (522 od. 518 bis nach 446 v. Chr): „ ‚Das Gesetz, der Sterblichen König und Unsterblichen', und dies, sagt er, ‚führt von Natur herbei rechtfertigend das Gewaltsamste mit übermächtiger Hand'".[377] „... mit der Ehrfurcht vor dem νόμος steht und fällt auch der Glaube an die Götter."[378]

Die Götter gelten nun als eine Erfindung der Menschen. Allein das Gesetz gebietet, ihr Dasein für wahr zu halten. Davon spricht *der Athener* zu *Kleinias* bei *Platon,* leg X,889e – 890a: „Die Götter, mein Bester, so lautet die Behauptung dieser Leute, verdanken ihr Dasein der Kunst, nicht der Natur, sondern bestimmten Gesetzen, und diese seien jeweils verschieden, je nachdem wie die einzelnen Gesetzgeber hierbei übereingekommen seien; uns so sei auch das Schöne etwas anderes nach der Natur und etwas anderes nach dem Gesetz; das Gerechte beruhe überhaupt nicht auf der Natur, sondern die Menschen würden darüber fortwährend streiten und es ständig neu festsetzen; was sie aber festsetzten und sobald sie es einmal festgesetzt hätten, das sei dann jeweils gültig, obwohl es auf der Kunst und auf den Gesetzen beruhe, aber gewiß nicht auf irgendeiner Ordnung der Natur.".[379]

Anders als im Privatleben leben Menschen „gemeinsam" „nach dem Gesetz". Vgl. *Plutarch* (ca. 46 bis ca. 120 n.Chr.), Quaest Conv II,10.2 [644c]: „Dort aber, wo jeder Gast seinen eigenen Anteil hat, geht die Gemeinschaft zugrunde. Das trifft da zu, wo es keine vergleichbare Verteilung gibt; denn nicht der Besitz dessen, was einem gehört, sondern jemandem anders etwas wegzunehmen und nach dem zu gieren, was allen gemeinsam gehört, war der Anfang von Unrecht und Streit. Das halten die Gesetze dadurch in Schach, daß sie die persönlichen Rechte begrenzen und einschränken, und ihrer Macht, das gerecht zu verteilen, was allen gehört".[380]

Eine Zusammenfassung alles dessen, was nach *Xenophon,* mem IV,4.20 als „Gottesgesetz" und „heilige Gesetze" sind, gibt *Plutarch,* Educ II,7e: „Durch [Philosophie und mit der Philosophie] ist es nämlich möglich, Kenntnis dessen zu erlangen, was ehrenhaft und anstößig, was recht und unrecht ist, was, kurz gesagt, erwählt und gemieden werden muß, wie man sich in der Beziehung zu den Göttern, seinen Eltern, älteren Leuten, Gesetzen, Fremden, Autoritätspersonen, Freunden, Frauen, Kindern und Haussklaven gegenüber betragen muß; man muß die Götter verehren, seine Eltern ehren, seinen älteren Mitmenschen Achtung entgegenbringen, den Gesetzen gehorchen, Autoritätspersonen den ihnen gebührenden Vorrang einräumen, seine Freunde lieben, sich selbstbeherrscht zu

---

376 *Ders.*, ebd., 208f.

377 Pindar, fr. 169, bei: Platon, Werke 1,380f *Fr. Schleiermacher*).

378 *H. Kleinkecht*, Art. νόμος κτλ., ThWNT IV,1022.

379 Platon, Werke, 8/II, 276f (*K. Schöpsdau*).

380 Plutarch, Moralia VIII, 192f (*P.A. Clement / H.B. Hoffat*).

Frauen verhalten, liebevoll mit Kindern umgehen und Sklaven nicht arrogant gegenübertreten".[381]

Welcher Rang dem Gesetz in der Sittenlehre der Griechen zukam, zeigt sich exemplarisch an dem Verhältnis, das *Sokrates* zu den Gesetzen Athens hatte. Das Sittengesetz ist das Gesetz des Stadtstaates. Das geht nach *Xenophon,* mem IV,12-18 aus einem Gespräch mit *Hippias* hervor: „... ich erkläre, das Gesetzmäßige ist das Gerechte. So meinst du wohl, Sokrates, daß gesetzmäßig und gerecht dasselbe sind? Sicherlich, sagte er. Da erfahre ich allerdings nicht von dir, was du gesetzmäßig und gerecht nennst. Die Gesetze des Staates kennst du doch? So fragte er weiter. Sicherlich, war die Antwort. Und welche meinst du damit? Was die Bürger, erwiderte er, gemeinsam beschlossen und schriftlich niedergelegt haben darüber, was man tun und wovon man sich fernhalten muß. Würde also nicht, fuhr er fort, gesetzmäßig sich der verhalten, welcher danach als Bürger lebt, und ungesetzlich der, welcher dagegen verstößt? Allerdings, was die Antwort. Würde nun nicht auch gerecht handeln, wer diesen (Gesetzen) gehorcht, dagegen ungerecht, wer diesen nicht gehorcht? Wie sollte es denn nicht so sein? So ist also, wer gesetzmäßig lebt, gerecht, wer aber ungesetzlich lebt, ungerecht. Da erwiderte Hippias: Wie sollte man aber, Sokrates, die Gesetze oder den Gehorsam ihnen gegenüber für etwas Bedeutsames halten, da doch selbst die, welche die Gesetze gegeben haben, diese häufig abschaffen und ändern? Auch den Krieg, so entgegnete Sokrates, fangen die Staaten ja oftmals an, und dann schließen sie wieder Frieden. Allerdings, war die Antwort. Darauf sagte er: Glaubst du nun, irgendwie einen Unterschied zu machen, wenn du die, welche den Gesetzen gehorchen gering schätzest, weil die Gesetze aufgehoben werden könnten, oder wenn du die, welche im Kriege ihre Pflicht tun, darum tadelst, weil Frieden geschlossen werden könnte? Oder tadelst du auch die, welche im Kriege dem Vaterland bereitwillig Hilfe leisten? Nein, beim Zeus, keineswegs, erwiderte jener. Hast du erkannt, fuhr Soktates fort, daß der Ladekämonier Lykurg (9. Jh. v.Chr.) wohl Sparta keineswegs gegenüber anderen Staaten eine Sonderstellung hätte geben können, wenn er ihm nicht den Gehorsam gegen die Gesetze vor allem eingeprägt hätte? Und weißt du nicht, daß unter den Leitern der Staaten diejenigen die Besten sind, welche die Bürger besonders zum Gehorsam gegen die Gesetze anhalten, und daß der Staat, in dem die Bürger den Gesetzen am willigsten gehorchen, im Frieden am besten gedeiht und im Kriege unüberwindlich ist? So scheint doch auch sicherlich die Eintracht der Staaten das höchste Gut zu sein, und immer wieder mahnen dort die Ältestenräte und die trefflichsten Männer die Bürger zur Einigkeit, und überall in Griechenland besteht das Gesetz, daß sich die Bürger durch Eid zur Eintracht verpflichten, und überall leisten sie diesen Eid. Ich glaube, das geschieht nicht deshalb, damit die Bürger dieselben Chöre auswählen, und auch nicht, damit sie dieselben Flötenspieler loben oder damit sie denselben Dichtern den Preis zuerkennen oder damit sie an denselben Dingen ihre Freude haben, sondern damit sie den Gesetzen Gehorsam leisten. Denn wenn die Bürger daran festhalten, dann werden die Staaten am mächtigsten und am glücklichsten; ohne Einigkeit könnte wohl weder ein Staat gut regiert noch ein Hauswesen gut verwaltet werden.

---

381 Plutarch, Moralia I, 34f (*F.C. Babbitt*).

Auch im Privatleben, wie könnte da wohl jemand seitens des Staates in Strafe genommen werden und wie könnte er wohl mehr Achtung genießen, als wenn er den Gesetzen gehorcht? Und wie könnte er wohl auch vor Gericht seltener unterliegen oder wohl häufiger Erfolg haben? Und wem würde wohl jemand mit größerer Zuversichtlichkeit sein Vermögen oder seine Söhne oder seine Töchter anvertrauen? Und wen sollte wohl auch der ganze Staat als vertrauenswürdiger betrachten als den, der die Gesetzess beachtet? Und bei wem könnten wohl Eltern oder Verwandte oder Sklaven oder Bürger oder Fremde eher ihr Recht erlangen? Und wem sollten wohl die Feinde mehr Glauben schenken bei einem Waffenstillstand oder bei einer Vereinbarung oder bei Friedensverhandlungen? Und wem möchten sich die Bundesgenossen wohl lieber anschließen als dem, der den Gesetzen Folge leistet? Und wem möchten wohl die Bundesgenossen lieber die militärische Führung überlassen oder den Befehl in ihren Festungen oder ihre Städte? Und wer dürfte wohl erwarten, von jemand für erwiesene Wohltaten eher Dank zu erfahren als von dem, der die Gesetze beachtet? Oder wem möchte man wohl eher eine Wohltat erweisen als dem, von dem man Dank zu erfahren glaubt? Und mit wem möchte man wohl lieber befreundet oder mit wem weniger gern verfeindet sein als mit einem Manne dieser Art? Und mit wem möchte man sich wohl weniger gern in einen Krieg einlassen wollen, als mit jemandem, mit dem man am liebsten befreundet und nur sehr ungern verfeindet sein möchte und dem sich die meisten als Freunde und Bundesgenossen anschließen möchten, mit dem aber die wenigsten verfeindet sein und im Kriege liegen möchten? Ich jedenfalls, Hippias, erkläre, daß gesetzmäßig und gerecht dasselbe ist; wenn du aber gegenteiliger Ansicht bist, so setze es mir auseinander. Da erwiderte Hippias: Im Gegenteil, beim Zeus, Sokrates, ich glaube nicht, etwas Gegenteiliges anerkennen zu können im Hinblick auf das, was du über das Gerechte gesagt hast." [382]

Aristoteles bestimmt den Unterschied zwischen Gerechtigkeit und Ungerechtigkeit in Eth Nicom V,1.1129a folgendermaßen: „Ungerecht scheint der Gesetzeswidrige zu sein und ebenso der Tyrannische und Ungleiche; demgemäß wird gerecht sein, wer die Gesetze beobachtet und sich an die Gleichheit hält. Gerecht ist also das Gesetzliche und das Gleiche, ungerecht das Widergesetzliche und Ungleiche."[383]

Seit dem 5. Jh.v.Chr. schwand die Autorität des Gesetzes bei den Griechen dadurch, daß sie Sitten anderer Völker kennenlernten. *Herodot* bewunderte noch die Bräuche anderer Völker, z.B. der Eneter auf der Balkanhalbinsel. Vgl. Hist I, 196f: „Ihre Sitten bestehen im folgenden: Die weiseste, die, wie ich erfahre, auch in Illyrien bei den Enetern herrscht, ist die, daß einmal im Jahr in jedem Dorf folgendes geschieht: Sie holen alle heiratsfähigen Mädchen zusammen und führen sie dichtgedrängt auf einen Platz. Ringsherum stellt aich der Schwarm der Männer. Nun tritt ein Herold auf und versteigert der Reihe nach alle Mädchen, die schönste zuerst. Hat er sie zu einem hohen Preis verkauft, ruft er die nächste aus, die zweitschönste. Als Kaufbedingung gilt, daß sie geheiratet werden. Die reichen Freier überbieten einander und kaufen die schönsten Mädchen.

382 Xenophon, Erinnerungen, 252-257 (*P. Jaerisch*).
383 *Aristtoteles*, Nikomachische Ethik, 188f *(O. Gigon)*.

Die Jünglinge aus dem Volke, denen es nicht so sehr um Schönheit geht, bekommen die häßlicheren und noch Geld dazu. Hat nämlich der Herold den Verkauf der Schönsten erledigt, läßt er die Unansehnlichste aufstehen oder eine Verkrüppelte. Auch sie bietet er aus, wer sie wohl zum geringsten Aufgeld erwerben und zur Frau nehmen möchte, bis sie an den kommt, der sich zu der geringsten Summe versteht. Das Geld bringen die hübschen Mädchen ein, und so verheiraten die Schönen die Häßlichen und Verkrüppelten. Es ist verboten, seine Tochter einem beliebigen Mann zur Frau zu geben. Auch darf der Käufer das Mädchen nicht heimführen, ohne einen Bürgen zu stellen. Erst wenn solche dafür erbracht sind, daß man mit der jungen Frau leben wolle, darf man sie heimführen. Wenn die Eheleute sich nicht verstehen, muß das Geld nach dem Gesetz zurückerstattet werden. Auch junge Leute aus den anderen Dörfern dürfen beliebig hinkommen und kaufen. Das war also ihr höchst vernünftiger Brauch, der aber jetzt nicht mehr geübt wird. In letzter Zeit haben sie ein anderes Mittel dafür ausfindig gemacht, um den Mädchen kein Unrecht zu tun und sie in eine fremde Stadt zu bringen. Die Verarmung des Landes durch die Unterwerfung und der Verfall des Vermögens hat alle aus dem Volk aus Mangel an Lebensunterhalt dazu geführt, ihre Töchter zu verkuppeln.

Als zweiter vernünftiger Brauch besteht dieser andere bei ihnen: Sie tragen ihre Kranken auf den Markt; denn sie haben ja keine Ärzte. Da treten die Leute heran und geben dem Kranken gute Ratschläge hinsichtlich seiner Erkrankung, wenn sie an derselben Krankheit gelitten haben wie der Kranke oder andere daran leiden sahen. Sie treten heran, reden dem Kranken gut zu und erklären ihm, wodurch sie von einem ähnlichen Leiden geheilt worden sind oder Genesung bei anderen gesehen haben. Schweigend an dem Kranken vorbeizugehen ist nicht erlaubt. Jeder muß fragen, woran er leidet".[384]

Platon, Gorg 482e – 483c: *Kallikles* zu *Sokrates* darüber, daß es von Natur schimpflich ist, Unrecht zu leiden: „Diese beiden stehen sich nämlich größtenteils entgegen, die Natur und das Gesetz. Wenn sich nun jemand schämt und nicht den Mut hat zu sagen, was er denkt, so wird er gezwungen, sich zu widersprechen. Was auch du dir eben recht künstlich abgemerkt hast und andere damit übervorteilst in den Reden; wenn jemand von dem Gesetzgeber spricht, schiebst du in der Frage das Natürliche unter, wenn aber vom Natürlichen, dann du das Gesetzliche. So jetzt gleich beim Unterechttun und Unrechtleiden, als Polos vom gesetzlich Unschöneren sprach, verfolgtest du das Gesetzliche, was auch das Üblere ist, also das Unrechtleiden, gesetzlich aber ist es das Unrechttun. Auch dies ist wahrlich kein Zustand für einen Mann, das Unrechtleiden, sondern für ein Knechtlein, dem besser wäre zu sterben als zu leben, weil er beleidigt und beschimpft, der ihm wert ist. Allein ich denke, die die Gesetze geben, das sind die Schwachen und der große Haufe. In Beziehung auf sich selbst also und das, was ihnen nutzt, bestimmen sie die Gesetze und das Löbliche, was gelobt, das Tadelhafte, was getadelt werden soll; und um kräftigere Menschen, welche mehr haben könnten, in Furcht zu halten, damit diese nicht mehr haben mögen als sie selbst, sagen sie, es sei häßlich und ungerecht, für sich auf immer mehr auszugehen, und das ist nun das Unrechttun, wenn man sucht, mehr zu ha-

---

384 *Herodot*, Historien I,180-183 *(J. Feix).*

ben als die anderen. Denn sie selbst, meine ich, sind ganz zufrieden, wenn sie nur gleiches erhalten, da sie die Schlechteren sind".[385]
Platon über einen Weg, der Verderbnis der Sitten, die der Tugend droht, durch die Anwendung des geltenden Rechts zu wehren. Sie hing damit zusammen, daß die Natur entgöttert wurde. Damit gerieten auch die Gesetze der griechischen Stadtstaaten in die Krise. Vgl. Leg X,889b-d: Der *Athener* zu *Kleinias:* „Was soll nun deiner Meinung nach der Gesetzgeber tun, da dieser Zustand schon seit alters besteht? Soll er sich etwa bloß mitten in der Stadt hinstellen und allen Leuten drohen, wenn sie nicht anerkennen, daß es Götter gibt, und sie sich nicht so vorstellen und das denken, wie sie das Gesetz beschreibt – auch für das Schöne und das Gerechte und überhaupt für all die erhabenen Dinge gilt übrigens derselbe Grundsatz sowie auch für alles, was sich auf Tugend und Laster bezieht, daß man nämlich nach der Denkweise handeln muß, wie sie der Gesetzgeber schriftlich vorgezeichnet hat –, wer sich aber dem Gesetz nicht gehorsam zeige, der müsse entweder sterben oder mit Schlägen und Gefängnis oder auch mit Ehrenentzug, andere wieder mit Armut und Verbannung bestraft werden? Überredung jedoch soll er den Menschen zuliebe, wenn er ihnen Gesetze gibt, seinen Worten überhaupt nicht hinzufügen, um dadurch imstande zu sein, sie möglichst willig zu machen? *Kleinias:* Nicht doch, Fremder! Sondern wenn es auf solch einem Gebiet auch nur eine kleine Möglichkeit der Überredung gibt, so darf ein Gesetzgeber, der nur ein bißchen etwas wert ist, nicht rasten und ruhen, sondern er muß, wie man zu sagen pflegt, alle Töne anschlagen und der alten Satzung mit dem Beweis zu Hilfe kommen, daß es Götter gibt und all das, was du eben dargelegt hast, und so muß er auch dem Gesetz als solchem beistehen und der Kunst, indem er zeigt, daß beide von der Natur herstammen oder von nichts Geringerem als der Natur, wenigstens wenn sie Erzeugnisse der Vernunft sind gemäß der richtigen Ansicht, die du, wie mir scheint, vorbringst und der auch ich jetzt Glauben schenke."[386]
Aristoteles, EthNicom V,5.1130b über die „Gerechtigkeit als besonderen Teil der Tugend: „Daß es also mehrere Arten von Gerechtigkeit gibt neben der gesamten Tugend, ist klar. Was und wie sie ist, muß nun untersucht werden. Wir unterscheiden im Ungerechten das Widergesetzliche und das Ungleiche und im Gerechten das Gesetzliche und das Gleiche. Aus dem Ungesetzlichen kommt jene Ungerechtigkeit, von der vorhin die Rede war. Da aber das Ungleiche und das Widergesetzliche nicht dasselbe sind, sondern sich zueinander verhalten wie Teil und Ganzes (denn alles Ungleiche ist gesetzwidrig, aber nicht alles Gesetzwidrige ist ungleich), so sind offenbar auch das Ungerechte und die Ungerechtigkeit hierin nicht dasselbe, sondern verschieden wie Teil und Ganzes. Denn jene Ungerechtigkeit ist ein Teil der ganzen Ungerechtigkeit und ebenso die entsprechende Gerechtigkeit ein Teil der Gerechtigkeit. So muß denn von der partikularen Gerechtigkeit und Ungerechtigkeit die Rede sein und ebenso von partikular Gerechten und Ungerechten. Die Gerechtigkeit und Ungerechtigkeit, die sich über die gante Tugend spannen als der Gebrauch der ganzen Tugend und die Schlechtigkeit andern gegenüber mögen als erledigt gelten. Und daß das die-

385 Platon, Werke I,376-379 (*Fr. Schleiermacher*).
386 *Platon*, Werke VIII/2, 278-281 *(Kl. Schöpsdau).*

sen entsprechende Gerechte und Ungerechte auszusondern ist, ist klar. Der größte Teil des Gesetzlichen betrifft nämlich Handlungen im Sinne der gesamten Tugend. Denn das Gesetz gebietet, gemäß jeder einzelnen Tugend zu leben, und verbietet jede einzelne Schlechtigkeit. Was aber die gesamte Tugend hervorbringt, sind jene Gesetzesvorschriften, die über die Erziehung für die Gemeinschaft erlassen sind. Was die Erziehung des Einzelnen, wodurch einer ein tüchtiger Mann schlechthin wird, betrifft, ob dies zur Staatslehre gehört oder nicht, ist später zu prüfen. Denn es ist wohl nicht dasselbe, ein tugendhafter Mann zu sein oder irgendein Bürger. Von der besonderen Gerechtigkeit nun und dem ihr entsprechenden Gerechten betrifft die eine Art die Zuteilung von Ehre, Geld und den andern Dingen, die unter die Mitglieder der Gemeinschaft aufgeteilt werden können; denn hier kann der eine ungleich oder gleich viel erhalten wie der andere. Die andere Art ordnet den vertraglichen Verkehr. Diese hat wiederum zwei Teile. Denn von den Verträgen sind die einen freiwillig, die andern unfreiwillig. Freiwillig sind etwa Kauf, Verkauf, Darlehen, Bürgschaft, Nutznießung, Deposition, Miete. (Dies heißt freiwillig, weil der Ursprung solcher Verträger ein freiwilliger ist.) Von den unfreiwilligen Verkehrsformen sind die einen verborgene, wie Diebstahl, Ehebruch, Giftmischerei, Kuppelei, Sklavenverführung, Meuchelmord, falsches Zeugnis; die andern sind gewaltsam, wie Mißhandlung, Freiheitsberaubung, Totschlag, Raub, Verstümmelung, Beleidigung, Beschimpfung.[387]

Der Glaube der Christen ist vor allem Gehorsam. Vgl. Röm 1,8: Paulus dankt Gott durch Jesus Christus der Christen in Rom wegen, „daß euer Glaube in der ganzen Welt verkündet wird".
Paulus versteht „das Gesetz" als von Gott gegeben. Es handelt sich um die grundlegenden fünf, im Pentateuch zusammengefaßten Bücher Genesis, Exodus, Leviticus, Numeri und Deuteronomium, die sog. fünf Bücher Moses. Die kultisch-rituellen Teile spielen – mit Ausnahme der Beschneidung – in seinen Briefen keine Rolle. Anders war es beim Herrenbruder Jakobus und seinen Anhängern in Galatien. Sie kritisierten den Apostel, weil er von den Heidenchristen keine Beschneidung verlangte. Für Paulus konzentriert sich das ganze Gesetz auf die Forderung der Nächstenliebe: „Du sollst deinen Nächsten lieben wie dich selbst" (Gal 5,14 Röm 13,8-10: vgl. Lev/3Mo 19,18; Mk 12,31; Mt 26,39; Lk 10,27b).
Der Wille eines jeden Menschen ist darauf ausgerichtet, das Gute zu verwirklichen und seinen jeweils Nächsten zu lieben. Er kann das Gute aber leicht „verfehlen"[388] und seinen Nächsten, der seiner bedarf, nicht beachten. So wird das Gute, seinen Nächsten wie sich selbst zu lieben, zu dem, das von ihm gefordert wird. Das Gesetz zeigt dem Menschen, wo er sich befindet, woher er kommt und wohin er am Ende gehen wird, wenn er die Predigt des Evangeliums nicht hört und ihr nicht im Gehorsam des Glaubens entspricht Gottes Forderung begegnete der frühen Christenheit und Paulus, aber auch uns heute noch in der Thora Israels, insbesondere in den zehn Geboten (vgl. Ex/2Mo 20,2-17 // Dtn/5Mo 5,6-

387 *Aristoteles*, Nikomachische Ethik, 194-197 *(O. Gigon)*.
388 *R. Bultmann*, Theologie, 260.

11), allen voran im ersten Gebot: „Ich bin Jahwe, dein Gott, ... Du sollst keine anderen Götter mir ins Angesicht haben“ (Ex/2Mo 20,2 // Dtn/5Mo 5,6f). „Mir ins Angesicht“ bedeutet soviel wie „Jahwe zum Trotz“.[389]
In Röm 7,2f bedeutet Gesetz soviel wie Norm: „Die verheiratete Frau ist durch das Gesetz an den Mann gebunden solange er lebt. Wenn der Mann aber stirbt, so ist sie vom Gesetz des Mannes frei. Also nennt man sie eine Ehebrecherin, wenn sie sich einem anderen Mann hingibt. Wenn aber der Mann gestorben ist, so ist sie frei vom Gesetz, so daß sie keine Ehebrecherin ist, wenn sie einem anderen Mann gehört“. Nach einem bei vielen Völkern geltenden Rechtsgrundsatz ist eine Ehefrau an ihren Mann zu dessen Lebzeiten gebunden. Stirbt er aber, so ist sie von dem Gesetz frei, das sie an ihn band. Entsprechend sind Christen von der Bindung an die Thora Israels frei. Gibt sich eine Ehefrau einem anderen Manne zu Lebzeiten ihres Ehemannes hin, so ist sie eine Ehebrecherin. Nach dem Tode ihres Mannes ist die Witwe frei, einen anderen Mann zu heiraten. Analog dazu sind die Christen für das Gesetz tot; dessen Herrschaft ist für sie beendet. Ihre Freiheit vom Gesetz verdanken sie dem Kreuzestod ihres Herrn Jesu Christi, in dessen Sterben und die Auferweckung durch Gott, seinen Vater, sie durch ihre Taufe hineingenommen worden sind. Vgl. Röm 6,3-11: „Wißt ihr nicht, daß wir, die wir auf Jesus Christus getauft wurden, in seinen Tod hineingetauft wurden? Wir wurden ja durch die Taufe auf seinen Tod mit mit ihm begraben. Damit auch wir, wie Christus durch die Herrlichkeit des Vaters von den Toten auferweckt wurde, in einem neuen Leben wandeln; denn wurden wir mit dem Abbild seines Todes verbunden, so werden wir es auch mit dem Abbild seiner Auferstehung sein. Dieses wissen wir, daß unser alter Mensch mitgekreuzigt wurde, damit der Leib der Sünde abgetan würde, so daß wir der Sünde keine Sklavendienste mehr leisten; denn wer gestorben ist, der ist von der Sünde frei. Sind wir aber mit Christus gestorben, so glauben wir, daß wir auch mit ihm leben werden. Wissen wir doch, daß Christus, von den Toten erweckt, nicht mehr stirbt; der Tod herrscht nicht mehr über ihn; denn mit seinem Tod ist er der Sünde ein für allemal gestorben; sein Leben aber lebt er Gott. So bedenkt auch ihr, daß ihr tot für die Sünde seit, Gott aber lebt in Christus Jesus“. Paulus erinnert die Christen in Rom an das, was ihnen aus dem Taufunterricht bekannt ist. Sie sind mit ihrer Taufe auf den Namen Jesu Christi der Sünde gestorben. Damit ist sie vergeben und abgetan. Sie haben einen neuen, durch seine Auferweckung durch Gott, seinen Vater, erhöhten Herrn, unter dessen Schutz sie stehen und der ihnen zu sagen hat. Deswegen können sie sich nicht mehr im Bannkreis der Sünde bewegen, der sie mit der Übereignung an Jesus Christus in der Taufe abgestorben sind. Ihre Lebensführung soll ihrer, durch den auferstandenen und zu Gott erhöhten Gekreuzigten begründeten neuen Lebenswirklichkeit entsprechen.
„Ich habe nämlich nach dem ineren Menschen Freude am Gesetz. Aber ich sehe ein anderes Gesetz in meinen Gliedern, das dem Gesetz meiner Vernunft widerstreitet und mich im Gesetz der Sünde gefangennimmt. Ich elender Mensch! Wer wird mich von diesem Todesleib retten? Dank sei Gott durch Jesus Christus, unseren Herrn!“ (Röm 7,22-25a). Hier geht es um den Widerstreit von Wollen und Vollbringen. Wir Menschen leben im Konflikt zwischen den Gebo-

[389] *G. v. Rad*, Theologie des Alten Testaments I, 203.

ten Gottes und unserer Sündenknechtschaft. Unter den Essenern gab es eine Auseinandersetzung zwischen dem Geist der Wahrheit und dem des Frevels. Vgl. 1QS III,13 – IV,26: „Für den Unterweiser, um zu unterweisen und zu belehren alle Söhne des Lichtes über den Ursprung aller Menschenkinder hinsichtlich aller Arten ihrer Geister, über ihre Kennzeichnung gemäß ihren Taten in ihren Generationen und hinsichtlich der Heimsuchung ihrer Plagen mit den Zeiten ihres Friedens. Vom Gott der Erkenntnis kommt alles Sein und Geschehen. Ehe sie sind, hat er ihnen ihren ganzen Plan festgesetzt. Und wenn sie da sind zu ihrer Bestimmung, so erfüllen sie nach seinem herrlichen Plan ihr Werk, und keine Änderung gibt es. In seiner Hand liegen die Satzungen für alles, und er sorgt für sie in all ihren Geschäften. Und er schuf den Menschen zur Herrschaft über den Erdkreis und bestimmte ihm zwei Geister, darin zu wandeln zur vorbestimmten Zeit seiner Heimsuchung. Das sind die Geister der Wahrheit und des Frevels. An der Quelle des Lichtes ist der Ursprung der Wahrheit, aber aus der Quelle der Finsternis kommt der Ursprung des Frevels. In der Hand des Fürsten des Lichtes liegt die Herrschaft über alle Söhne der Gerechtigkeit, auf den Wegen des Lichtes wandeln sie. Aber in der Hand des Engels der Finsternis liegt alle Herrschaft über die Söhne des Frevels, und auf den Wegen der Finsternis wandeln sie. Und durch den Engel der Finsternis geschieht Zerrüttung aller Söhne der Gerechtigkeit, und alle ihre Sünde, Missetaten und Schuld und die Verstöße ihrer Taten kommen durch seine Herrschaft entsprechend den Geheimnissen Gottes bis zu seiner Zeit. Und alle ihre Plagen und die festgesetzten Zeiten ihrer Drangsal kommen durch die Herrschaft seiner Anfeindung. Und alle Geister seines Loses suchen die Söhne des Lichtes und der Finsternis, und auf sie hat er jedes Werk gegründet [und auf] jeden Dienst. Den einen (Geist) liebt Gott in alle Ewigkeit, und an allen seinen Taten hat er Wohlgefallen für immer. Den anderen, seinen Rat verabscheut er, und alle seine Wege wahrer Gerechtigkeit vor ihnen zu ebnen und sein Herz in Furcht zu versetzen vor den Gerichten Gottes; und seinen Geist der Demut und Langmut und reiches Erbarmen und ewige Güte und Klugheit und Einsicht und mächtige Weisheit, die vertraut auf alle vier Werke Gottes und sich stützt auf seine reiche Gnade, und einen Geist der Erkenntnis in jedem Plan eines Werkes, Eifer um die gerechten Gerichte und heiliges Vornehmen in festem Streben und reiche Liebe zu allen Söhnen der Wahrheit und glänzende Reinheit, die alle unreinen Götzen verabscheut, und demütig wandeln in Klugheit in allen Dingen und schweigen über die Wahrheit der Geheimnisse der Erkenntnis. Dies sind die Ratschläge des Geistes für die Söhne der Wahrheit (in) der Welt. Und die Heimsuchung aller, die in ihm wandeln, geschieht zu Heilung und Übermaß des Friedens, solange die Tage währen, und Fruchtbarkeit des Samens mit allen ewigen Segnungen und ewiger Freude in immerwährendem Frieden und einen Kranz der Herrlichkeit mit prachtvollem Gewand in ewigem Licht.

Aber zum Geist des Frevels gehören Habgier und Trägheit der Hände im Dienst der Gerechtigkeit, Bosheit und Lüge, Stolz und Hochmut des Herzens, Betrug und Täuschung, Grausamkeit und große Gottlosigkeit, Jähzorn und Übermaß an Torheit und stolze Eifersucht, Greueltaten im Geist der Hurerei und Wege des Schmutzes im Dienst der Unreinheit und eine Lästerzunge, Blindheit der Augen und Taubheit der Ohren, Halsstarrigkeit und Hartherzigkeit, um zu wandeln auf allen Wegen der Finsternis und böser List. Und die Heimsuchung aller, die darin wandeln, geschieht zu Übermaß an Plagen durch die Hand aller Plageengel, zu ewigem Verderben durch Gottes rächenden Zorngrimm, zu immerwährender und ewiger Schmach mit Schande der Vernichtung in finsterem Feuer. Und alle ihre Zeiten werden für ihre Geschlechter (verbracht) in trauerndem Jammern und bitterem Unglück, in finsterem Verderben, bis sie vernichtet sind, ohne daß ein Recht oder Entronnene ihnen bleiben.

In diesem (beiden Geistern) befindet sich der Ursprung aller Menschen, und an ihren Klassen haben Anteil all ihre Scharen in ihren Geschlechtern. Auf ihren Wegen wandeln sie, und alles Tun ihrer Werke geschieht in ihren Klassen entsprechend dem Anteil eines jeden, es sei viel, es sei wenig, für alle ewigen Zeiten. Denn Gott hat sie Seite an Seite gesetzt bis zur letzten Zeit und hat ewigen Streit bestimmt zwischen ihren Klassen. Ein Greuel für die Wahrheit sind die Taten des Frevels, und ein Greuel für den Frevel sind die Wege der Wahrheit. Eifervoller Streit ist bei all ihren Satzungen; denn sie können nicht gemeinsam wandeln. Aber Gott hat in den Geheimnissen seiner Einsicht und in seiner herrlichen Weisheit ein Ende gesetzt für das Bestehen des Frevels, und zur festgesetzten Zeit der Heimsuchung wird er ihn auf ewig vernichten. Und dann wird die Wahrheit der Welt für immer hervorkommen; denn sie hat sich dahingeschleppt auf den Wegen der Gottlosigkeit unter der Herrschaft des Frevels bis zum Zeitpunkt des bestimmten Gerichtes. Und dann wird Gott durch seine Wahrheit alle Werke des Menschen läutern und wird sich einige aus den Menschenkindern reinigen, indem er allen Geist des Frevels aus dem Innern ihres Fleisches tilgt und sie reinigt durch heiligen Geist von allen Taten. Und er wird über sie sprengen den Geist der Wahrheit wie Reinigungswasser (zur Reinigung) von allen Greueln der Lüge und dem Sich-wälzen in unsauberem Geist, um die Rechtschaffenen zu unterweisen in der Erkenntnis des Höchsten und der Wahrheit der Söhne des Himmels und klug zu machen, die vollkommen im Wandel sind. Denn sie hat Gott erwählt zum ewigen Bund, und ihnen gehört alle Herrlichkeit des Menschen. Und Frevel wird nicht mehr sein, zuschanden werden alle Werke des Trugs. Bis dahin kämpfen die Geister der Wahrheit und des Frevels. Im Herzen des Menschen wandeln sie in Weisheit und in Torheit, und entsprechend dem Erbteil eines Menschen an Wahrheit und Gerechtigkeit haßt er den Frevel, und entsprechend seinem Anteil am Lose des Frevels handelt er gottlos in ihm und verabscheut die Wahrheit. Denn Seite an Seite hat sie Gott gesetzt bis zur bestimmten Zeit und zur neuen Schöpfung. Und er weiß um das Wirken ihrer Werke zu allen [ewigen] Zeiten. Bis dahin kämpfen die Geister der Wahrheit und des Frevels. Im Herzen des Menschen wandeln sie in Weisheit und in Torheit, und entsprechend dem Erbteil eines Menschen an Wahrheit und Gerechtigkeit haßt er den Frevel, und entsprechend seinem Anteil am Lose des Frevels handelt er gottlos in ihm und verabscheut die Wahrheit. Denn Seite an Seite hat sie Gott gesetzt bis zur bestimmten Zeit und zur neuen Schöpfung. Und er weiß um das Wirken ihrer Werke zu allen [ewigen] Zeiten. Und er gab sie den Menschen zum Anteil, damit sie Gutes [und Böses] erkennen können, [um] das Los zu werfen über jedes Lebewesen entsprechend seinem Geist [zur festgesetzten Zeit der] Heimsuchung."[390]

---

[390] Die Texte aus Qumran, 13-17 *(E. Lohse)*; vgl. *J. Maier*, Die Qumran-Essener I, 173-177.

Die alttestamentliche Weisheitsliteratur kennt die Lehre von den beiden Wegen (vgl. z.B. Ps 1,1.6; 16,11; 18,22; 32,8; 37,5; 119,9.14.30 u.ö.; 139,3.24; Spr 2,19; 419; 5,6.21; 10,17; 11,5; 12,28; 29,27 u.ö), aber auch die Propheten (vgl. z.B. Jes 2,3; 42,16; 59,8; Jer 5,4; 6,16; 7,23) und im Neuen Testament z.B. QLk 13,23f // QMt 7,13f: „Jemand sprach zu ihm [= Jesus]: Herr, sind es nur wenige, die gerettet werden? Er aber sprach zu ihm: Ringt darum, durch die enge Tür einzutreten! Denn viele, sage ich euch, werden hineinzukommen suchen und werden es nicht können."
In der frühjüdischen Literatur findet sich die Lehre vom Widerstreit zweier Geister. Vgl. TestJud XCX,1-5: „Erkennt nun, meine Kinder, daß sich zwei Geister mit den Menschen abgeben, der der Wahrheit und der der Verirrung. Und in der Mitte ist der (Geist) der Einsicht, (d.h.) des Verstandes. Wohin er will, neigt er sich. Und das sich auf die Wahrheit und das sich auf die Verirrung Erstreckende ist auf die Brust des Menschen geschrieben. Und jedes von ihnen kennt der Herr. Und es gibt keine Zeit, in der die Werke des Menschen verborgen sein könnten, denn auf seinem Brustknochen ist (alles) eingeschrieben von dem Herrn. Und der Geist der Weisheit bezeugt alles und verklagt alle. Und der Sünder wird aus seinem eigenen Herzen heraus entflammt und vermag sein Angesicht nicht zum Richter zu erheben."[391]
Auch die Rabbinen kennen die Auseinandersetzung zwischen dem guten und bösen Trieb. Ihnen geht es darum, Juden zum Gesetzesgehorsam zu führen: „TBerakh 7,7 (15): R, Meïr (um 150) hat gesagt: Siehe, es heißt: Du sollst lieben Jahwe, deinen Gott, mit deinem ganzen Herzen (Dtn 6,5), mit deinen beiden Trieben (entsprechend den beiden in לבבך), dem guten Trieb und dem bösen Trieb."[392]
„BB 16a: Reschlaqisch (um 350) hat gesagt: Derselbe ist der Satan, derselbe der böse Trieb u. derselbe der Todesengel (d.h. die drei sind identisch). Derselbe der Satan, denn es steht geschrieben: Da ging der Satan hinweg vom Angesicht Jahwes, Hi 2,7. Derselbe ist der böse Trieb; es steht dort geschrieben: Der Trieb seiner Herzensgedanken ist nur qr böse immerfort Gen 6,5, und es steht hier geschrieben: Nur רַק sein Leben schone, Hi 2,6. Derselbe der Todesengel; denn es steht geschrieben: Nur רַק sein Leben schone, Hi 2,6. – Beweis durch Analogieschluß aus dem Wort qr „nur". Der böse Trieb verführt auf Anstiften Satans den Menschen zur Sünde und macht diesen dadurch zu einer Beute des Todes. – Vgl. Chag 16a: Der Böse [er ist nichts anderes als der böse Trieb".[393]
Zum guten Trieb: „Mekh Ex 18,27 (68b): Jabeç rief den Gott Israels also an: Wenn du mich segnen und mein Gebiet mehren wirst und deine Hand mit mir sein wird und du handelst ohne Leid, daß ich nicht Schmerz erfahre – da ließ Gott geschehen, was er gebeten 1Chr 4,10."[394]
„Berakh 17a: R. Alexandrai (um 270) pflegte, wenn er (das Achtzehngebet) gebetet hatte, zu sprechen: Herr der Welten, offenbar und kund ist es vor dir, daß es unser Wille ist, deinen Willen zu tun. Aber wer hindert uns? Derb Sauerteig im Teig (= der böse Trieb in uns) und die Unterjochung unter die Weltreiche.

---

391 Die Testamente der zwölf Patriarchen, 74 *(J. Becker).*
392 Bill. IV,1, 467.
393 Bill. IV,1, 468.
394 Bill. IV,1, 473.

Möge es wohlgefällig vor dir sein, daß du sie demütigst vor uns und hinter uns, damit wir wieder die Satzungen deines Willens mit ganzem Herzen tun.“[395]
„Sanh 107a: David sprach vor Gott: Offenbar und kund ist es vor dir, daß, wenn ich meinen bösen Trieb hätte beugen wollen, ich ihn gebeugt hätte; aber ich dachte, man sollte nicht sagen: Der Knecht hat seinen Herrn besiegt (David hat das Wort Gen 6,5 oder 8,21 zuschanden gemacht).“.[396]
„Sanh 43a: R Jehoschua b. Levi (um 250) hat gesagt: Wer seinen (bösen) Trieb opfert הזובח und ein Bekenntnis (seiner Sünden) ablegt, dem rechnet es die Schrift so an, als ob er Gott in beiden Welten, in dieser Welt und in der zuünftigen Welt ehrte; denn es steht geschrieben: Wer Bekenntnis opfert, der ehret mich (Ps 50,23; dabei wird das Doppel-Nun in יכבדנני als Hinweis auf die beiden Welten gedeutet).“[397]
„Midr Ps 4 § 9 (23b): Zürnet und sündigt nicht Ps 4,5. R Acha (um 320) hat gesagt: Erzürne ארגיז (kränke, ärgere) deinen (bösen) Trieb, so wird er dich nicht zur Sünde verleiten.“[398]
„SNum 6,4 § 40 (12a): Jahwe segne und behüte dich Num 6,24. R Jiçchaq (der Tanaait, um 150) sagte: Er möge dich behüten vor dem bösen Triebe, wie es heißt: Jahwe wird deine Zuversicht sein, und er bewahre deinen Fuß vor Einfangung Spr 3,26. – Sukka 52b: Schimeon b. Lakisch (um 250) hat gesagt: Der (böse) Trieb erhebt sich täglich mächtig wider ihn und sucht ihn zu töten Ps 37,32, wie es heißt: Es lauert der Fevler (= böser Trieb) dem Gerechten auf und sucht ihn zu töten Ps 37,32, und wenn nicht Gott ihn unterstützte, würde er ihn (den bösen Trieb) nicht besiegen, wie es heißt (dass. V. 33): Aber Jahwe überläßt ihn nicht in seine Hand.“[399]

Wenn Paulus sich nicht, wie im Galaterbrief, veranlaßt sieht, auf das jüdische Ritualgesetz einzugehen, berücksichtigt er vor allem *sittliche* Forderungen des Gesetzes, insbesondere des Dekalogs, so z.B. Röm 2,1-4.20: „Was ist nun der Vorzug des Juden oder was der Nutzen der Beschneidung? Viel in jeder Hinsicht! Denn zuerst sind ihnen die Worte anvertraut worden. Was denn? Wenn einige untreu wurden, was liegt daran? Wird dann etwa ihre Treue aufheben? Das sei ferne! Vielmehr möge Gott sich als wahr erweisen, der Mensch aber als Lügner, wie geschrieben steht: ‚Damit du recht behältst in deinen Worten und siegst, wenn man mit dir rechtet‘„ (Ps 50,6 LXX; BH u. deutsche Übersetzungen Ps 51,6).
Hatte Paulus in Röm 2,28f argumentiert, es käme für einen Juden nicht auf die fleischliche Beschneidung an, sondern auf die des Herzens, wenn er von Gott gelobt werden wolle, so fragt er jetzt nach dem Vorzug des Juden vor anderen Menschen. Er antwortet: Den Juden wurde Gottes Wort anvertraut. Gottes Treue zu dem von ihm erwählten Volk wird dadurch nicht aufgehoben, daß etliche Glieder dieses Volkes untreu wurden. Auf Gottes Wort ist Verlaß. Essener bekennen vor Gott nach 1QS XI, 9-14a: „Ich gehöre zur ruchlosen Menschheit, zur

395 Bill. IV,1, 474.
396 Bill. IV,1, 475
397 Ebd.
398 Ebd.
399 Bill. IV,1, 476.

Menge des frevelnden Fleisches. Meine Sünden, meine Übertretungen, meine Verfehlungen samt der Verderbtheit meines Herzens gehören zur Menge des Gewürms und derer, die in Finsternis wandeln. Denn (k)ein Mensch (bestimmt) seinen Weg, kein Mensch lenkt seinen Schritt; sondern bei Gott ist die Gerechtigkeit, und aus seiner Hand (kommt) vollkommener Wandel, und durch sein Wissen ist alles entstanden. Alles, was ist, lenkt er nch seinem Plan, unsd ohne ihn geschieht nichts. Ich aber, wenn ich wanke, so sind Gottes Gnadenerweise meine Hilfe auf ewig. Und wenn ich strauchle durch die Bosheit des Fleisches, so besteht meine Gerechtigkeit durch die Gerechtigkeit Gottes in Ewigkeit. Und wenn er meine Bedrängnis löst, so wird er meine Seele aus der Grube ziehen und meine Schritte auf den Weg lenken. Durch sein Erbarmen hat er mich nahe gebracht, und durch seie Gnadenerweise kommt meine Gerechtigkeit."[400] Vgl. auch 1QH I, 26f: „Was soll der Ungerechte erwidern auf gerechtes Gericht? Bei dir, Gott der Erkenntnisse, sind alle Werke der Gerechtigkeit und der Rat der Wahrheit, aber bei den Menschenkindern sind Dienst der Sünde und Taten des Trugs."[401] Vgl. ferner 1QH IX, 14f: „Ich erkannte, [daß] es Hoffnung durch deine [B]armherzigkeit und Erwartung durch die Fülle deiner Kraft gibt. Denn niemand ist gerecht in deinem Ge[richt] und niemand un[schuldig in] deinem Prozeß"[402]

Paulus hat die Forderungen des Dekalogs, soweit sie das Verhältnis zum Nächsten betreffen, Röm 13,8ff zusammengefaßt: „Bleibt niemandem etwas schuldig, außer daß ihr einander liebt; denn wer den andern liebt, der hat das Gesetz erfüllt. Denn das 'Du sollst nicht ehebrechen', 'Du sollst nicht töten', 'Du sollst nicht stehlen', Du sollst nicht behren', und alle anderen Gebote sind in dem einen Satz zusammengefaßt: 'Liebe deinen Nächsten wie dich selbst!' Die Liebe tut dem andern nichts Böses. So ist die Liebe des Gesetzes Erfüllung." Die „Liebe" ist ein zentrales Thema der paulinischen Paraklese. Der Apostel setzt in V. 8a mit der negativen Mahnung ein, niemandem etwas schuldig zu bleiben. Diese Forderung begründet er in V. 8b, damit, daß, wer seinen jeweils Nächsten liebt, das Gesetz erfüllt. Das geschieht durch das Handeln dem Nächsten zugute. Die Verbote in V. 9a.b.c.d, seinem Nächsten Böses zuzufügen, bringt er in V. 9d mit Lev 19,18 LXX auf den positiven Generalnenner: „Liebe deinen Nächsten wie dich selbst!" (vgl. Mk 12,33c parr.). In V. 10a begründet Paulus dieses Gebot: Die Liebe tut dem Nächsten nichts Böses, wie er es in V. 9a.b.c.d exemplarisch genannt hat. Das entspricht der Tob 4,15a LXX (Apokryphen der Lutherbibel 4,16) negativ formulierten Goldenen Regel: „Wie ihr wollt, daß euch die Leute tun sollen, das sollt ihr ebenso auch ihnen tun" (QLk 6,31 // QMt 7,12): „Was du nicht willst, daß man dir tu, das füg auch keinem andern zu." *(Martin Luther),* wörtlich: „Was dir selbst verhaßt ist, das mute auch keinem anderen zu!" Vgl. auch Gal 5,14: „Das ganze Gesetz ist in einem Wort erfüllt, in diesem: 'Du sollst deinen Nächsten lieben wie dich selbst'." *Heinrich Schlier* hat diesen Vers treffend ausgelegt: „Die Freiheit, zu der die Galater gerufen sind, ist in ihrem Sinn und rechtem Gebrauch nach die Freiheit zur Liebe, sie ist, kann man auch sagen, die Freiheit der Liebe. Der echte und rechte Vollzug der Freiheit geschieht ja in

---

400 Die Texte aus Qumran, 40-43 *(E. Lohse)*. Vgl. *J. Maier*, Die Qumran-Essener I, 195f.

401 *E. Lohse*. Hg., Die Texte aus Qumran, 114f..

402 *Ders.*, ebd., 146f; vgl. *J. Maier*, Die Qumran-Essener I, neue Zählung: 1QH XVII,93.

dem gegenseitigen Dienst der Liebe. Die Wirklichkeit der Liebe ist gegeben in der liebenden Bindung an den anderen."[403]

Diese Forderung haben sich auch die Rabbinen zu eigen gemacht. Vgl „Schab 31a: Ein andermal kam ein Heide (גּוֹי = Nichtisraelit) vor Schammai (um 30 v.Chr.) und sprach zu ihm: Mache mich zu einem Proselyten unter der Bedingung, daß du mich die ganze Thora lehrst, während ich auf Einem Fuß stehe. Er jagte ihn mit einem Meßstock fort, den er in der Hand hatte. Darauf trat er vor Hillel (um 20 v.Chr.), der ihn als Proselyt annahm. Hillel sprach zu ihm: 'Was dir unliebsam ist, das tu auch deinem Nächsten להברך (= einem andren) nicht. Dies ist die ganze Thora; das andere ist ihre Auslegung; geh hin uns lerne das."[404] R. Aqiba († ca. 135) lehrte zu Lev 19,18: „Das ist ein großer, umfassender Grundsatz der Tora זה כלל גדול בתורה ... R.Aqiba will damit sagen, daß das Gebot der Nächstenliebe alle übrigen Bestimmungen der Thora mitumfasse, so daß, wer jenes halte, zugleich auch diese erfüllt."[405]

Gottes Forderung gilt allen Menschen, Juden wie Heiden. Die Juden finden sie in ihrer Bibel, unserem Alten Testament. Paulus hat Röm 2,12-16 den Christen in Rom geschrieben: „ ... so viele, die ohne Gesetz sündigten, werden auch ohne Gesetz verlorengehen, und so viele unter dem Gesetz sündigten, werden durch das Gesetz gerichtet werden; denn nicht die Hörer des Gesetzes sind vor Gott gerecht, sondern die Täter werden gerechtfertigt werden. Wenn also Heiden, die das Gesetz nicht haben, von sich aus tun, was das Gesetz fordert, sind sie, die das Gesetz nicht haben, sich selbst Gesetz. Sie erweisen, daß das Herz in ihre Herzen geschrieben ist, worüber ihr Gewissen ihnen Zeugnis ablegt und die Gedanken, die einander anklagen und verteidigen – an dem Tag, da Gott das Verborgene der Menschen richten wird nach meinen Evangelium von Christus Jesus."

Juden und Heiden werden im Endgericht nach denselben Kriterien gerichtet, weil dir beide auch der gleichen Forderung entsprechen müssen. Entscheident ist es, nicht nur Hörer des Gesetzes, sondern auch dessen Täter zu sein. Heiden sündigen „ohne Gesetz"; sie haben doe Thora Israels nicht empfangen (vgl. 1Kor 9,20f). Dagegen sind die Juden nach Röm 6,14; Gal 3,23; 4,4f.21 und 5,18 „unter dem Gesetz"; sie sind verpflichtet, die Gebote der Thora zu halten.

Wenn das Gesetz uns Menschen keinen Anlaß mehr bietet, uns selbst zu rechtfertigen, dann sind wir frei, Gottes Willen und Gebot, so zu erfüllen, daß wir ihn dadurch lieben und ehren. Vgl. Röm 7,12: „So ist das Gesetz nun heilig, und das Gebot ist heilig, gerecht und gut". Wenn Paulus hier „das Gebot" mit den drei Adjektiven „heilig", „gerecht" und „gut" bezeichnet, dann drückt er mit der Dreizahl die göttliche Vollkommenheit aus. Es gilt, die einzelnen, konkreten Weisungen der jeweiligen Situation entsprechend zu erfüllen.

---

403 *H. Schlier*, Galaterbrief, 243.
404 Bill. I,357.
405 Bill. I, 357f.

II. Teil:
3,1 – 5,12:
Das Gesetz und der Glaube[406]

Im Abschnitt 1,13 – 2,21 wies Paulus nach, daß er das ihm anvertraute Evangelium nicht nach Menschenweise empfangen hat. Jetzt werfen ihm seine judenchristlichen Gegner vor, sein Evangelium ermögliche nach Menschenweise ein gesetzesfreies Leben. Der Apostel wies nach, daß sein Evangelium und damit der Glaube als Weg zum Heil schriftgemäß ist. Er weist die Schriftgemäßheit seines Evangeliums nach, appelliert an die Erfahrung, welche die Galater als Christen gemacht haben (3,1-5.6-18; 4,21-24). Da nach der Schrift der Glaube und nicht die Gesetzeswerke der Weg zum Heil ist, legt Paulus in 3,16-18; 4,21-31 dar. Da nach der Schrift der Glaube und nicht die Werke des Gesetzes der Weg zum Heil sind, appelliert Paulus in 3,1-5.6-18 und 4,21-31 in 4,8-20 an die Einsicht an die Erfahrung der galatischen Christen und geht dann zum zweiten Schriftbeweis über. Hat Jesus Christus nach der Schrift mit seinem Leben, Wirken und Sterben die Freiheit vom Gesetz gebracht, kann es nach 5,1-12 keinen Kompromiß zwischen christlicher Freiheit und jüdischer Gesetzesfrömmigkeit geben. Die Freiheit eines jeden Christen muß sich nach 5,13-26 in der Liebe bewähren. Der zweite Teil des Briefes schließt in 6,1-10 mit Ermahnungen zur Bewährung des christlichen Gemeinschaftsgeistes.

Die Gerechtigkeit aus dem Glauben:
Die dem Abraham gegebene Verheißung[407]
3,1-18

Der Geist kommt aus der Predigt des Glaubens
3,1-5

1O ihr unverständigen Galater, wer hat euch bezaubert, denen (doch) Jesus Christus als Gekreuzigter vor die Augen gemalt worden ist? 2Dieses eine will ich von euch wissen: Habt ihr den Geist aus Werken des Gesetzes empfangen oder aus der Predigt vom Glauben? 3So unverständig seid ihr? Nachdem ihr im Geist angefangen habt, wollt ihr's nun im Fleisch vollenden? 4So Großes habt ihr vergeblich erlitten? In der Tat vergeblich! 5Der euch den Geist verleiht und Wunderkräfte in euch wirkt, (tut er es) aus Gesetzeswerken oder aus der Predigt des Glaubens?

Nachdem der Apostel dargelegt hat, daß das von ihm gepredigte Evangelium „nicht von menschlicher Art" ist (vgl. Gal 1,11), wendet er sich nun direkt an die Adressaten seines Rundbriefes. Mit fünf aufeinander folgenden rhetorischen Fragen, die sie nicht zu beantwor-

---

406 Vgl. *F. Mußner*, Galaterbrief, 205.

407 Vgl. *U. Wilckens*, Was heißt bei Paulus: „Aus Werken des Gesetzes wird kein Mensch gerecht"?, 77-98, sowie die Kommentare v. *U. Borse*, 122-125; *G. Ebeling*, Wahrheit, 210-221; *F. Mußner*, 205-211 u. *H. Schlier*, 118-126.

ten brauchen, weil sich die Antwort unmittelbar aus der jeweiligen Frage ergibt, appelliert er an sie, ihren Glauben an „Jesus Christus“, den er ihnen mit seiner „Verkündigung „vor die Augen gemalt“ hat, nicht auf „Werke des Gesetzes“, sondern auf die zuvor entfaltete Predigt vom Heil in dem für sie am Fluch- und Schandkreuz gestorbenen Christus Jesus zu gründen. Sie haben die Gabe des Gottesgeistes empfangen, der „in „Wunderkräften“ immer noch unter ihnen wirksam ist und befinden sich in der Gefahr, sich um diese Erfahrung zu bringen, wenn sie den judaistischen Gesetzespredigern folgen.

1-5: *Fünf Fragen an die Galater:* Paulus fragt die von ihm angeredeten galatischen Christen nach dem Ursprung der Gabe, die für die Christen in der Provinz Galatia die Quelle ihres Lebens als Christen ist, nämlich der Heilige Geist, der ihr Leben als Christen begründet. Nicht das Gesetz spendet den Geist; vielmehr vermittelt ihn die Predigt des Evangeliums. Der Apostel appelliert an die Einsicht der galatischen Christen. In seinen fünf rhetorischen Fragen kommt das gestörte Verhältnis zwischen ihnen und ihrem Gemeindegründer zum Ausdruck. Er hat ihnen in seiner Missionspredigt den gekreuzigten Christus derart anschaulich vor Augen gestellt, daß sie hätten meinen können, sie wären selbst unter denen gewesen, die dessen Leiden und Sterben auf Golgatha zuschauten (vgl. Mk 15,40 parr.). Das können sie doch nicht vergessen.

1: *Appell an die Einsicht der galatischen Christen:* **O ihr unverständigen Galater, wer hat euch bezaubert, denen (doch) Jesus Christus als Gekreuzigter vor die Augen gemalt worden ist?** Paulus redet die Christen in der Galatia „bissig und aggressiv“[408] namentlich an: „O, ihr unverständigen Galater“. In den anderen paulinischen Briefen findet sich eine namentliche Anrede der Adressaten nur noch 2Kor 6,11: „,... Korinther ... und Phil 4,15: „Ihr Leute aus Philippi ...“ (...). In solchen Fällen bemüht er sich um intensiven Kontakt mit den von ihm angeschriebenen Gemeinden. Wenn der Apostel „O“ gebraucht, tadelt er oft, so Röm 2,1.3 u. 9,20): „,... o Mensch ... . Vgl. auch S^{Lk} 24,25 und Apg. 13,10. Er kann, wie er schon in 1,6 zum Ausdruck brachte und in Gal 5,7 noch einmal betonen wird, nicht verstehen, daß die galatischen Christen dem Gesetzesdienst verfallen sind.᾽Ανόητος bedeutet „unverständig“ oder „unvernünftig“.[409] Es bedeutet die Unfähigkeit zu verstehen, worum es geht. Der Apostel meint die Unfähigkeit der galatischen Christen, zwischen dem Glauben und dem Gesetz zu unterscheiden. Das Unverständnis beruht auf Behexung. Baskai/nw bedeutet „behexen“.[410] Die Judaisten haben sie mit ihrer Thorafrömmigkeit tief beeindruckt. So ist den Christen in der Galatia der Blick auf den Gekreuzigten verstellt. Hierbei kommt es zur Übertragung des Bildes vom gekreuzigten Jesus Christus vom Sehen auf das Hören. Paulus hatte den Christen in der Galatia den Gekreuzigten gleichsam vor die Augen gemalt, wörtlich „hingeschrieben“. Προγράφω heißt „schreiben“ wie Röm 15,4 und Eph 3,3. In unserer Zeit würde man sagen: „öffentlich bekanntmachen“, z.B. eine amtliche Verfügung.[411] Wie konnten die galatischen Christen den Gekreuzigten nicht mehr als alleinigen Weg zum Heil ansehen, sondern ihre Rechtfertigung aus dem Gesetz erwarten?

---

408 *H.D. Betz*, Galaterbrief, 240.
409 Vgl. *W. Bauer*, Wörterbuch, 139f.
410 Vgl. *W. Bauer*, Wörterbuch, 274.
411 Vgl. *H. Schlier*, Galaterbrief, 119f.

Sie haben sich von den Gesetzespredigern, in denen gottwidrige Mächte und Gewalten am Werk waren, verzaubern lassen: „Wir haben nicht gegen Fleisch und Blut zu kämpfen, sondern gegen Mächte und Gewalten, nämlich gegen die Beherrscher dieser finsteren Welt, gegen die bösen Geister unter dem Himmel" (Eph 6,12). Die in den judaistischen Gesetzespredigern wirkenden Gegner des Apostels sind schwer zu fassende kosmische, hierarchisiert aufgestellt gedachte „Mächte" und „Gewalten", die hier mit mehreren Bezeichnungen umschrieben werden: „Weltherrscher dieser Finsternis", „Geister der Bosheit". Ihre Sphäre sind die „Himmel". Undurchsichtige und intrigante gottwidrige Mächte, hinter denen sich der Teufel versteckt, halten als dessen Vorhut die Transzendenz des Menschendaseins in der Welt besetzt und beeinflussen so das Leben der Menschen. Wenn die Adressaten dieses Rundschreibens meinen sollten, sie könnten noch Christen bleiben, wenn sie den Gesetzespredigern folgen, so irren sie sich. Sie haben sich dann von Jesus Christus entfernt und die Gemeinaschaft mit ihm verloren.

2: *Der Empfang des Geistes aus der Predigt des Glaubens:* Paulus will **„nur dieses eine von euch"**, den galatischen Christen **wissen: „Habt ihr den Geist aus Werken des Gesetzes empfangen oder aus der Predigt des Glaubens?** „Predigt" meint einmal die Weitergabe des Gehörten, sodann das Gehörte, das man hören muß, weiterhin das, was aufgrund von Offenbarung bekannt wird und ist in der Sache mit dem Gotteswort eins.[412] Nach Röm 10, 17 „kommt der Glaube aus der gehörten Botschaft, die Botschaft aber aus dem Wort Christi. Der Geistempfang war nach V. 5 mit der Verleihung von Wunderkräften verbunden, die sich wie 1Kor 12,30 u. 13,1 (vgl. Apg 2,4; 10,46) durch Glossolalie, d.h. Zungenreden, oder wie 1Kor 14,22b-25.29-32 (vgl. Apg 19,6) durch prophetische Rede äußerten.[413] „Zungenreden sind Zeichen, nicht für die Gläubigen, sondern für die Ungläubigen, die prophetische Rede aber nicht für die Ungläubigen, sondern für die Gläubigen. Wenn sich nun die ganze Gemeinde versammelt und alle in Zungen reden, und es kommen Unkundige oder Ungläubige herein, werden sie nicht sagen: Ihr seid verrückt? Wenn aber alle prophetisch reden, es kommt aber ein Ungläubiger oder Unkundiger herein, wird er von allen überführt, von allen geprüft, das Verborgene seines Herzens wird offenbar, und so wird er auf sein Angesicht fallen, Gott anbeten und bezeugen: Gott ist wahrhaftig in eurer Mitte" (1Kor 14,22-25). Ungläubige können in Zungen redende Gemeindeglieder nur mißverstehen. Der Apostel forderte, daß „nur zwei oder höchstes drei" Gemeindeglieder „nacheinander" in Zungen reden und ein anderer ihre Zungenrede auslegen sollte (vgl. 1Kor 14,27). Die Gemeinde sollte darauf achten, daß ihre in Zungen redenden Glieder nicht von „Unkundigen oder Ungläubigen" für „verrückt" erklärt werden sollten. Ein Christ lebt sein Leben nicht aus dem Gesetz, auch nicht autonom, sondern aus der „gehörten Botschaft" im „Glauben". In der frühchristlichen Prophetie ging es weniger um die Vorhersage künftiger Geschehnisse – eine Ausnahme bilden die Visionen des Sehers Johannes im letzten Buch des Neuen Testaments – als vielmehr um eine

---

[412] Vgl. *H. Schlier*, Galaterbrief, 121f; *G. Kittel*, Art. ἀκούω κτλ., ThWNT I, 220-222, z.B. Aesch, Ag. 615; Soph, Oed. Col 504; Xen Cyr 6,1.31 Hell. 2,1; Ex 2,4 LXX; 2 Makk 7,2.

[413] Vgl. *U. Borse*, Galater, 123.

Deutung der Gegenwart. Nahmen religiös anders orientierte Bekannte eines Gemeindegliedes am Gottesdienst teil, so bestand die Prophetie in der Enthüllung deren innerer Einstellung. Ob sie sich dann wirklich niedergeworfen haben und von Gottes Gegenwart in der christlichen Gemeindeversammlung überzeugt waren, muß offen bleiben.

3: *Im Geist, aber nicht in Fleisch leben:* Wie schon in Gal 3,1 greift Paulus die galatischen Christen scharf an: **So unverständig seid ihr? Nachdem ihr im Geist angefangen habt, wollt ihr's nun im Fleisch vollenden?** Unverständig sind sie, weil sie den ihnen mit ihrer Taufe gespendeten Gottesgeist, der am Anfang ihrer Existenz als Christen stand, anscheinend vergessen haben. „Wenn wir im Geiste leben, so laßt uns auch dem Geiste folgen.“. Dem Anfang eines Christenlebens „im Geist“ sollte angesichts des Gegensatzes von „Fleisch“ und „Geist“ auch ein Fortgang „im Geist“ folgen, wie der Apostel in Gal 6,8 schreibt: „Wer auf sein Fleisch sät, wird vom Fleisch Verderben ernsten; doch wer auf den Geist sät, wird vom Geist ewiges Leben ernten.“ Sehen seine judaistischen Gegner die Befolgung der Thora als Heilsweg an, so sieht Paulus darin nach Gal 1,6ff einen Abfall von dem von ihm gepredigten Evangelium als wahren Weg zum Heil. Für ihn ist die Befolgung der Thora, insbesondere der jüdischen Reinheitsbestimmungen (vgl Mk 7,1-23 // Mt 15,1-20) keine Ergänzung des Evangeliums, sondern ein Abfall vom Christusglauben. Nach Jak 2,22 „wirkte der Glaube mit seinen Werken zusammen, und aus den Werken gewann der Glaube seine Vollendung.“[414] Es wäre widersinnig, den bei der Taufe empfangenen Heiligen Geist als etwas Vorläufiges anzusehen, das durch das Halten der Thora, insbesondere ihrer kultischen Bestimmungen einschließlich der Beschneidung, ergänzt werden muß. Vielmehr kommt es darauf an, sein Leben nach den Gaben des Geistes zu führen. Vgl. Gal 5,22-25: „Die Frucht des Geistes aber ist Liebe, Freude, Friede, Langmut, Freundlichkeit, Güte, Treue, Sanftmut, Selbstzucht. Dagegen ist das Gesetz nicht. Die aber, die Christus [Jesus] angehören, haben das Fleisch samt den Leidenschaften und Begierden gekreuzigt. Wenn wir im Geiste leben, so laßt uns auch dem Geiste folgen.“[415] Gottes Geist wirkt anders als die menschlichen Triebe, wie z.B. der Nahrungs- und Fortpflanzungstrieb, und Begierden. „Die Frucht des Geistes“ ist das, was wir nicht selbst hervorbringen, wachsen und reifen lassen können, nämlich das Gute, das Gott duech uns wirkt. Der Apostel nennt eine neunfache Frucht. Die Drei ist eine Vollkommenheitszahl. Wir Christen glauben an den Dreinigen Gott, der sich uns als Vater, Sohn und Heiliger Geist offenbart. Dreimal drei drückt die gesteigerte Drei aus. Die neunfache Geistesfrucht ist in Wirklichkeit eine. Sie wirkt nur in neunfacher Hinsicht. Während ein von seinen „Leidenschaften und Begierden“ umgetriebener Mensch unter Zwang handelt, ist ein vom Heiligen Geist angetriebener Mensch in seinem Tun und Lassen frei. In 1Kor 12,8ff nennt Paulus neun Geistesgaben: Das Wort der Weisheit, der Erkenntnis, den Glauben, das Charisma zu heilen, die Kraft, Wunder zu wirken,

---

[414] Vgl. *W. Schrage*, Die katholischen Briefe, 32.

[415] „Libertas in Christo est prorsus nullo externo opere alligari, sedad quodlibet libere et indifferenter se habere, nisi ubi sola charitas fraterna requirat, ut Roma 13: ‚Nulli quepiam debeatis, nisi ut invicem diligatis.“ Luthers Werke V, 329f *(E. Vogelsang);* = WA 57,63.

die Befähigung zur prophetischen Rede, die Fähigkeit, Geister zu unterscheiden, die Glossolalie und schließlich die Kunst, Zungenrede zu deuten. „Es gibt verschiedene Gnadengaben, aber nur *einen* Geist. Es gibt auch verschiedene Dienste, aber nur *einen* Herrn. Es gibt auch verschieden wirkende Kräfte, aber nur *einen* Gott, der alles in allen bewirkt“ (1Kor 12,4ff). Gottes Geist wird den Christen unterschiedlich zugeteilt. In drei (!) Sätzen nennt der Apostel eine dreifache (!) Verteilung: „Gnadengaben“, „Dienste“ und „Kräfte“. Sie alle sind Zeichen von Gottes gnädigem Wirken durch seinen Geist.

4: *Das Leben im Geist als Großes:* Die vierte rhetorische Frage lautet: **So Großes habt ihr vergeblich erlitten? In der Tat vergeblich!** Paulus scheint im Blick auf die galatischen Christen ratlos zu sein. Waren alle seine Bemühungen um sie vergeblich? Man kann hier an Nachteile, die Mißachtung und auch an eine Verfolgung durch heidnische Mitmenschen denken, die sie ihres Bekenntnisses zu Christus wegen „erlitten“ haben. Auch in Gal 2,2.5.14.21 fürchtet Paulus, daß alle seine Bemühungen um die Christen in der Galatia vergeblich gewesen sein könnten. Das „Große“ ist die bei der Taufe von ihnen empfangene Gabe des Geistes. Wenn sie jetzt unter dem Einfluß der judaistischen Wanderprediger den Bestimmungen der jüdischen Thora und der daran anschließenden Tradition folgen, trennen sie sich von Christus: Vgl. Gal 5,4: Ihr seid von Christus abgekommen, die ihr durch das Gesetz gerecht werden wollt; ihr seid aus der Gnade gefallen: Ihr seid von Christus abgekommen, die ihr durch das Gesetz gerecht werden wollt; ihr seid aus der Gnade gefallen. Paulus ist davon überzeugt, daß man derart „Großes” wie die Gabe des Heiligen Geistes nicht vergeblich empfangen kann. Paulus erwartet, daß er die Christen in der Galatia auf den Weg zum Heil zurückbringen kann. Wenn die Adressaten dort meinen, im Leben nach dem Gesetz noch Christen sein zu können, so irren sie sich. Die Mission des Paulus bei ihnen scheint vergeblich gewesen zu sein, wenn sie sich jetzt seinen Gegnern zuwenden. Das Leben nach dem Gesetz führt nicht zu Christus hin, sondern von ihm weg.

5: *Der einst empfangene Geist wirkt auch weiter unter den galatischen Christen:* Die fünfte Frage des Apostels lautet: **Der euch den Geist verleiht und Wunderkräfte in euch wirkt, (tut er es) aus Gesetzeswerken oder aus der Predigt des Glaubens?** Die galatischen Christen müssen gestehen, daß das Gesetz keine Geisteswirkungen hervorbringt. Paulus spricht nicht wie in V. 2 von der Erfahrung, sondern nennt jetzt indirekt den Urheber: „Der euch den Geist verleiht und Wunderkräfte in euch wirkt ...“ Gott „verleiht“ den galatischen Christen „den Geist“. Er wirkt auch Wunderkräfte in“ ihnen. Das ist der Beweis für die Wirksamkeit des Geistes.[416]

---

[416] *M. Luther*, Galatervorlesung 1515/16: „Vigilanter ait ‚ex auditu fidei‘, non ex fide neque ex operibus fidei, ut omneprorsus removeat meritum. Non enim cum spiritus ipse ante fidem et opera datur, ut igitur dicit: ‚qui tribuit vobis spiritum et operatur virtutes‘. Ita neque ex fide. Restat ergo, quod solum ‚ex auditu‘, ut Actuum 1: ‚Cecidit spiritus sanctus super omnes, qui audiebant verbum’. Id etiam notandum, notandum, ut ‚auditus‘ hoc loco neque pro vi auditiva neque pro pro actu audiendi, sed potius pro obiecto, scil. ipso verbo seu evangelio vocaliter praedicatio.“ (WA 57,77; Clemen V, 334f).

Die Glaubenden sind Söhne Abrahams und empfangen den ihm zuteil gewordenen Segen 3,6-9

Im Abschnitt Gal 3,6-14 führt Paulus einen Schriftbeweis mit Abraham, dem Stammvater des Volkes Israel. Paulus nennt seinen Namen bis Gal 4,31 häufig. Allein in Gal 3,6-18 kommt er siebenmal (!) vor (vgl. Gal. 3,6.7.8.9.14.16.18). Die Sieben ist eine Vollkommenheitszahl. Nach Gen/1Mo 12,2f wird Abraham siebenfach gesegnet: Jahwe, will ihn zu einem großen Volk machen; er will ihn segnen, seinen Namen groß machen, ihn zum Segen für andere werden lassen, Wer ihn segnet soll gesegnet werden; wer ihn verflucht, den soll Jahwes Fluch treffen. In ihm sollen alle Völker gesegnet werden. Abraham ist für Paulus der „Vater aller Glaubenden", ob sie nun beschnitten sind oder nicht. Abraham wird auch Sir 44,19a LXX wie schon Gen 17,4 und 5c LXX der „Vater vieler Völker" genannt.

6So heißt es von Abraham „Er glaubte Gott, und es wurde ihm zur Gerechtigkeit gerechnet." 7Erkennt also: die aus Glauben, die sind Abrahams Söhne. 8Da aber die Schrift vorhersah, daß Gott die Heiden aus Glauben gerecht spricht, hat sie dem Abraham zuvor verkündet: „In dir werden alle Völker gesegnet werden." 9Also werden diejenigen, die aus Glauben leben, mit dem glaubenden Abraham gesegnet.

6: *Abrahams Glaube:* Die Christen in der Provinz Galatia waren Hörer der Glaubenspredigt des Apostels Paulus und sind durch die zum Christusglauben gekommen. Jetzt führt er als Schriftbeweis Gen/1Mo 15,6 nach der LXX an: „Abraham glaubte an Gott und es wurde ihm zur Gerechtigkeit gerechnet" (Vgl. Röm 4,3; Jak 2,23; 1Clem 10,6). Dieser Satz liefert dem Apostel den Schriftgrund für seine Lehre von der Rechtfertigung des Sünders durch Gott allein aus Glauben. Paulus denkt an die Verheißung Gottes nach Gen 15b LXX: „So ... sollen deine Nachkommen sein". Paulus deutet das Beispiel Abrahams im Sinn seiner eigenen Lehre. Seine Deutung, daß Abraham aus Glauben gerechtfertigt wurde, überzeugt nur diejenigen, die seine Prämissen teilen. In Röm 4,1-25 weist er V. 1-8 Abrahams Glaubensgerechtigkeit auf, in V. 9-12 dessen „Glaubensgerechtigkeit ohne Beschneidung", in V. 13-17 „Abrahams Glaubensgerechtigkeit ohne das Gesetz" und in V. 18-25 den „Glauben Abrahams und" den „Glauben der Christen".[417] Paulus zeigt in Röm 4,16 auf, daß der Glaube Abraham rechtfertigte. Dieser glaubte nach Röm 4,16 an den Gott, der „Vater unser aller ist" und die „Ungerechten gerecht spricht " so, wie „er an den Gott glaubte, der die Toten lebendig macht und dem Nichtseienden ruft, daß es sei" (Röm 4,17b). Das Motiv, daß Gott „die Toten lebendig macht", kommt schon im Alten Testament vor, so z.B. Dtn/5Mo 32,39 LXX: Jahwe spricht: „Jetzt seht: Ich bin es, nur ich, und kein Gott tritt mir entgegen. Ich bin es, der tötet und der lebendig macht. Ich habe verwundet; nur ich werde heilen". „Jahwe macht tot und lebendig; er führt ins Totenreich hinab und auch herauf" (1Sam 2,6 LXX). „Du

417 *H.D. Betz*, Galaterbrief, 257 u. *E. Lohse*, Römer, 145, 153 u. 159.

hast Gewalt über Leben und Tod; du führst zu den Toten der Unterwelt hinab und wieder herauf" (Weish 16,13 LXX). Die zweite Benediktion des Schemone Esre, das jeder fromme Jude täglich dreimal betet, mündet in den Lobpreis: „Gepriesen seist du, Jahwe, der die Toten lebendig macht!"[418] Eine jüdische Mutter, die Zeugin des Martyriums ihrer sieben Söhne wurde, sprach zu ihrem Jüngsten vor dessen Märtyrertod: „Ich bitte dich, mein Kind, schau dir den Himmel und die Erde an; sieh alles, was es da gibt, und erkenne: Glott hat das alles aus dem Nichts geschaffen, und so entstehen auch die Menschen" (2Makk 7,28 LXX). Im Rückblick auf seine Haftzeit in Ephesus schrieb Paulus: Wir hatten unser Todesurteil hingenommen, weil wir unser Vertrauen nicht auf uns selbst setzten, sondern auf den Gott, der die Toten auferweckt" (2Kor 1,9). „Abrahamskindschaft bleibt nicht länger das Privileg des Judentums und ist nicht einmal bloß die Auszeichnung von Judenchristen. Welterbe ist der Patriarch, sofern in Gestalt der Heidenchristen auch die Heiden seine Kinder, sein ‚Same' werden, und eben nicht bloß als Proselyten. Abraham, der selber vor seiner Beschneidung und allein auf Grund seines Glaubens gerechtfertigt wurde, ist das Urbild der Rechtfertigung der Gottlosen und, wie die Heidenchristen beweisen, so auch der Vater der gerechtfertigten Gottlosen."[419]

7: *Abrahams Söhne:* **Erkennt also: die aus Glauben, die sind Abrahams Söhne**. Abraham ist der Stammvater des Volkes Israel. Paulus fragt rhetorisch: „Was sagen wir nun von Abraham, unserem leiblichen Stammvater? Wenn Abraham aufgrund von Werken Gerechtigkeit erlangt hat, dann hat er zwar Ruhm, aber nicht vor Gott. Was sagt denn die Schrift? Abraham glaubte Gott, und das wurde ihm als Gerechtigkeit angerechnet." (Röm 4,1ff; vgl. Gen/1Mo 15,6 LXX). Als Jahwe zu Gast bei Abraham war, sagte dieser: Mein Herr, wenn ich deine Gnade gefunden habe, geh doch an deinem Sklaven nicht vorüber!" (Gen/1Mo 18,3 LXX). Im frühen Judentum spielte dieser Erzvater eine große Rolle: „Wurde Abraham in der Erprobung nicht für treu befunden, und wurde ihm das nicht als Gerechtigkeit angerechnet?" (1Makk 2,52 LXX): Diese Stelle spielt auf die Versuchung Abrahams an, seinen Sohn Isaak zu opfern (vgl. Gen/1Mo 22,1-19). Seine Lebensweise galt als Treue zur Thora Israels lange bevor sie Israel durch Moses Vermittlung übergeben wurde. „Abraham wurde der Vater vieler Völker; seine Ehre blieb makellos. Er hielt das Gebot des Höchsten und trat in einen Bund mit ihm ein. Wie ihm befohlen wurde, hat er sich beschnitten; in der Prüfung wurde er treu befunden. Darum hat Gott ihm mit einem Eid zugesichert, durch seine Nachkommen die Völker zu segnen, sie zahlreich zu machen wie den Staub auf der Erde und seine Nachkommen wie die Sterne zu erhöhen, ihnen Besitz zu geben vom Meer zu Meer, vom Euphrat bis an die Grenzen der Erde" (Sir 44,19ff LXX). Mekh 14,15 (35b): Schemaja sagte; „(Gott sprach:): Der Glaube, mit welchem ihr Vater Abraham an mich geglaubt hat, verdient es, daß ich ihnen das Meer spalte, wie es heißt: Er glaubte an Jahwe, und er rechnete es ihm als Gerechtigkeit (= als ein Verdienst) an. Mekh 14,31 (40b): „Ebenso findest du, daß unser Vater Abraham diese und die zu-

---

418 Bill. IV/1, 211.

419 *E. Käsemann*, Paulinische Perspektiven, 156f.

künftige Welt nur durch das Verdienst des Glaubens in Besitz genommen hat, an mich geglaubt hat, wie es heißt: Er glaubte an Jahwe, und er rechnete es ihm als Gerechtigkeit an" (vgl. Gen1Mo 15,6).[420] „In jener Zeit [Abrahams] galt ihnen noch ein ungeschriebenes Gesetz, die Werke der Gebote wurden damals schon getan, der Glaube an das kommende Gericht ward damas schon erweckt, die Hoffnung auf die Welt, die einst erneuert werden wird, ward damals schon gebaut. Es ward gepflanzt auch die Verheißung eines Lebens, das einmal kommen wird" (syrBar LVII, 2)[421]. Dieser Erzvater ist der Typos für die Gerechtigkeit aus Glauben. Die Juden zur Zeit Jesu und der frühen Christenheit sahen in ihm ihren Stammvater. Johannes, der Täufer, hat seine Hörer aufgefordert: „Ihr Natterngezücht, wer hat euch unterwiesen, daß ihr dem künftigen Zorn entrinnen werdet? Bringt darum Früchte, die der Umkehr gemäß sind! Fangt nicht an, bei euch zu sagen: Wir haben Abraham zum Vater. Ich sage euch nämlich: Gott kann dem Abraham aus diesen Steinen Kinder erwecken" (QLk 3,7f // QMt 3,7ff). Der Täufer fordert seine Hörer dazu auf, als Zeichen ihrer Buße „Früchte zu bringen", die ihrer „Umkehr" entsprechen und von ihrer religiös-sittlichen Erneuerung zeugen. Das Zorngericht Gottes wird von Propheten mit dem Bild vom vernichtenden oder verzehrenden Feuers angesagt: „Wer hält stand in der Glut seines Zorns?" (Nah 1,6b LXX). Jahwe spricht: „Darum – so spricht der Heilige Israels: Weil ihr dieses Wort verachtet, weil ihr Ränken traut und euch auf das Falsche verlaßt, darum wird euere Schuld wie ein herabfallendes Bruchstück von einer hoch aufragenden Mauer sein, die dann plötzlich, urplötzlich einstürzt. Sie zerbricht wie der Krug eines Töpfers, den man erbarmungslos zerschlägt, so daß sich unter all den Stücken keine Scherbe mehr findet, mit der man Feuer von Herd holen oder Wasser oder Wasser aus der Zisterne schöpfen kann; denn so spricht Jahwe, der Heilige Israels: Nur in der Umkehr und Ruhe liegt euere Rettung, nur Stille und Vertrauen verleihen euch Kraft. Doch ihr habt nicht gewollt, sondern gesagt: Nein, auf Rossen wollen wir daherfliegen. Darum sollt ihr jetzt fliehen. Ihr habt gesagt: Auf Rennpferden wollen wir reiten. Darum rennen die Verfolger euch nach. Tausende werden zittern, wenn ein einziger droht. wenn nur fünf euch drohen, ergreift ihr alle die Flucht, bis das, was von euch übrig ist, wie ein Fahnenmast auf dem Gipfel eines Berges, wie ein Feldzeichen auf dem Gipfel eines Hügels aussieht" (Jes 30,12-17 LXX). Die Hörer des Propheten Jesaja haben sich der Botschaft verschlossen, die er ihnen in Jahwes Auftrag mitgeteilt hat. Er malt ihnen die schrecklichen Folgen dieser Ablehnung drastisch vor Augen. Nur eine radikale Umkehr kann ihr Geschick noch wenden. Maleachi hat den kommenden Gerichtstag Jahwes mit einem glühenden Backofen verglichen: „Seht, der Tag kommt; er brennt wie ein Ofen. Da werden die Überheblichen und Frevler zu Spreu, und der Tag. der kommt, wird sie verbrennen, spricht Jahwe der Allherrscher" (Mal 3,19 LXX). Der Täufer schwingt über den zur Taufe gekommenen „Volksscharen" die Zuchtrute einer trotz ihrer Sprachbilder unverhüllten Scheltrede. Johannes schilt seine vielen Hörer als Giftschlangenbrut. Die Menge wird hier auf ihr widerlich hinterhältiges und giftig bösartiges Unwesen angesprochen. Johannes droht ihnen mit Got-

---

[420] Bill. III, 200.

[421] *A.F.J. Klijn*, Die syrische Baruch-Apokalypse 162.

tes bevorstehendem Zorngericht. Ein Giftschlangennest rottet man aus. Vom gottwidrigen Unwesen kann man sich nicht selbst befreien; man muß sich durch das Gericht hindurch davon befreien lassen. Das geschieht hier durch die Taufe im Jordan, welche die Täuflinge durch Johannes an sich vollziehen lassen. Sie unterstellen sich damit dem Gottesgericht, das in der Hoffnung auf Heil im Medium des Wassers über sie ergeht. Das Scheltwort und der Drohruf dienen als Warnung und bereiten die folgende Forderung vor: „Bringt nun Früchte, die der Umkehr würdig sind!" Es geht hier um eine fromme und sittliche Lebensführung, durch welche die Umkehr bewährt wird. Das zeigt die Wiederaufnahme des Bildes vom Baum und seiner Frucht in einer bedingten Unheilsankündigung: „Jeder Baum nun, der keine gute Frucht bringt, wird abgehauen und ins Feuer geworfen." Das zeigt die Wiederaufnahme des Bildes in der Predigt Jesu: „Es gibt keinen guten Baum, der faule Frucht bringt, und wiederum keinen faulen Baum, der gute Frucht bringt. Jeder Baum wird nämlich an seiner Frucht erkannt; von Dornen sammelt man ja keine Feigen, und von einem Dornbusch keine Trauben" (QLk 6,43f // QMt 7,16f). Jesus erzählte seinen Hörern folgendes Gleichnis: „Ein Mann hatte in seinem Weingut einen Feigenbaum gepflanzt, und als er kam und nachsah, ob er Früchte trug, fand er keine: Da sagte er zum Weingärtner: Siehe, drei Jahre komme ich jetzt schon und sehe nach, ob dieser Feigenbaum Früchte trägt, und finde keine. Hau ihn um! Was soll er weiter dem Boden seine Kraft nehmen? Der aber antwortete: Herr, laß ihn in diesem Jahr noch stehen! Ich will den Boden um ihn herum umgraben und düngen. Vielleicht trägt er doch noch Früchte; wenn aber nicht, so hau ihn um!" (S^{Lk} 13,6-9). Jesus spricht hier von einem Grundbesitzer, der irgendwann einen „Feigenbaum" (ficus carica) gepflanzt hat. Nach der Zeit, die ein Setzling zum Heranwachsen braucht, hat er „Frucht gesucht" und keine gefunden. Der Baum, der normalerweise alljährlich Früh- und Spätfeigen abwerfen müßte, scheint unfruchtbar zu sein. So weist der Weingutbesitzer seinen „Gärtner"[422] an, den Baum abzuhauen, damit er nicht länger den Boden aussaugt. Der Gärtner jedoch versucht den Baum zu retten. Er bitten seinen „Herrn" um ein Jahr Aufschub. Er will dem Baum noch eine Chance geben, den Boden ringsherum umgraben und mit Mist"[423] düngen. Vielleicht trägt der Baum doch noch Frucht. Andernfalls mag der Weinbutbesitzer ihn abhauen lassen. Von einer Reaktion des Weingutbeseitzers ist nicht die Rede. Der Gärtner behält das letzte Wort. Der „Feigenbaum" steht als Chiffre für Jerusalem und die dorthin orientieren Juden. Die „Frucht" steht als Metapher für deren Lebensführung, Reden und Taten. Dem auf Jerusalem ausgerichteten jüdischen Volk droht unwiderruflich das für sein Lebenszentrum tödliche Strafgericht. Gott aber gewährt ihm mit Jesu Kommen noch eine kurze Gnadenfrist, die es zur Umkehr und zur Änderung seiner Lebensweise nutzen soll. Christliche Leser des Lukasevangeliums kannten die Folgen des ersten Aufstandes gegen die römische Oberherrschaft (66-73 n.Chr.). Zwischen der den Forderungen nach „Früchten" führenden Androhung des göttlichen Strafgerichts und der Warnung für den Fall ausbleibender „guten Frucht" steht ein Ausspruch, der sich gegen einen Erwählungsglauben richtet, der in der

422 Im NT nur hier; vgl. *W. Bauer*, Wörterbuch, 91.
423 Im NT nur hier; vgl. *W. Bauer*, Wörterbuch, 902.

Herkunft von Abraham schon eine Rettungsgarantie sieht. Das begründeten Pharisäer mit einem Appell an Gottes Güte und Barmherigkeit: „Du hast Abrahams Samen vor allen Völkern auserwählt und hast deinen Namen auf uns gelegt, und er wird nicht aufhören in Ewigkeit“ (PsSal 9,9).[424] Der Stolz, zu Abraham aufblicken zu können, war bei Rabbinen ausgeprägt. Sie erwarteten, vor Gott auf ihre Verdienste zurückkommen zu können. Abrahams Verdienste würden ihnen zugute kommen. Rabbinen meinten auch, Proselyten könnten damit wegen fehlender Herkunft von Abraham nicht rechnen. Vgl. LvR 36 (133b): „Wie sich der Weinstock auf trockene Hölzer stützt, während er frisch (saftig) ist, so stützen sich die Israeliten auf das Verdienst ihrer Väter, obgleich diese schlafen“ Vgl. Ex/2Mo 32,13f: „Wie der Weinstock lebt und sich auf abgestorbene Hölzer stützt, so lebt Israel und stützt sich auf die Väter, obgleich diese verstorben sind.“.[425] Daß der Aufblick zu Abraham kein Heil verbürgt, zeigt die Beispielerzählung vom reichen Mann und dem armen Lazarus (vgl. S^{Lk} 16,19-31). Dem Oberzöllner Zachäus, einem durch Jesu Einkehr bei ihm zur Umkehr bewogenen Abrahamsnachfahren, wurde Heil zugesagt (vgl. S^{Lk} 19,1-10). Johannes setzt gegen die Selbstsicherheit, die sich auf einen uralten Geburtsadel beruft, die schöpferische Souveränität Gottes. Der Täufer bedient sich bildhafter Rede, die zum Lokalkolorit des Jordanufers und der Wüste paßt: „Gott kann dem Abraham aus diesen Steinen Kinder erwecken.“ Vielleicht spielte er dabei auf Jes 51,1f LXX an: „Hört auf mich, die ihr der Gerechtigkeit nachjagt und die ihr Jahwe sucht. Blickt auf den Felsen, aus dem ihr gehauen seid, auf den Schacht, aus dem ihr herausgebohrt wurdet, Blickt auf Abraham, eueren Vater, und auf Sara, die euch gebar, Er war allein, als ich ihn rief; doch ich habe ihn gesegnet und ihm viele Nachkommen geschenkt“. An dieser Stelle wird Abraham mit einem Felsen verglichen und seine Nachkommen mit Steinen, die aus diesem Felsen herausgehauen worden sind. Gott hat die Macht, sich aus dieser Steinmasse der zahlreichen Zuhörer des Johannes diejenigen auszuwählen, die er zu seinen Kindern erweckt. Die Macht des Schöpfers, Lebloses zum Leben zu erwecken hat Paulus im Blick auf Abrahams Nachkommen aus vielen Völkern betont: „Nach dem Wort der Schrift: Ich habe dich zum Vater vieler Völker bestimmt, ist er unser aller Vater vor Gott, dem er geglaubt hat, ihm, der die Toten lebendig macht und das, was nicht ist, ins Dasein ruft“ (Röm 4,17). Der Apostel zitiert hier Gen/1Mo 17,5 LXX zur Begründung der dem Erzvater Abraham gegebenen Verheißung. Ihre Verwirklichung konnte er nicht vorhersehen. Er glaubte dennoch der göttlichen Zusage, daß er „ein Vater vieler Völker werden würde und vertraute dem Gott, „der Tote lebendig macht und das, was nicht ist, ins Dasein ruft.“ Seine Frau Sara war alt, er selbst auch. Von ihr war nach menschlciehm Ermessen kein Nachkomme mehr zu erwarten. Dennoch hoffte er darauf, daß Gott seine Zusage auch verwirklichen werde; denn seine Kraft und sein Vermögen kennt keine Grenzen. „Auf das eigene Können zu verzichten und Gott das unbegrenzte Vermögen zuzuerkennen, ist der Akt des Glaubenden.“[426] Mit einem weiteren Bildwort kündigt der Täufer das nahe bevorstehende göttliche Strafgericht an. Im Hintergrund steht die Vorstellung von Israel als „Pflan-

424 *S. Holm-Nielsen*, Die Psalmen Salomos, 84.
425 Bill. I, 117.
426 *A. Schlatter*, Gottes Gerechtigkeit, 169.

zung Gottes". Jeremia sprach im Namen und also im Auftrag Jahwes zum treulosen Volk: „Ich hatte dich als Edelrebe gepflnazt, als gutes, edles Gewächs. Wie hast du dich zum Wildling gewandelt, zum entarteten Weinstock!" (Jer 2,22; vgl. Ps 80,,9-12). Das Bild der „Pflanzung" ging später auf die endzeitliche Gemeinde und ihre Glieder über, durch die Jahwe sich verherrlichen will: Man wird die endzeitliche Gemeinde „die Pflanzung [nennen], durch die Jahwe seine Herrlichkeit zeigt" (Jes 61,3). Der Fromme, der seine Lebensführung nach der Thora ausrichtet, „ist wie ein Baum, gepflanzt an den Wasserbächen, der seine Frucht bringt zu seiner Zeit, und seine Blätter verwelken nicht" (Ps 1,3 LXX). Ein frommer Jude freut sich, die Weisungen der „Thora", des Mosegesetzes erfüllen zu können. Er ist ein „Gerechter". Ein Baum, der gute Früchte trägt, ist ein Bild für die Lebenskraft und Dauer. „Die Frommen des Herrnm," deren Lebenserfüllung das Halten der Weisungen des Mosegesetzes ist, gelten als „Lustgarten des Herrn, die Bäume des Lebens. ... Ihre Pflanzung ist verwurzelt für die Ewigkeit, sie werden nicht ausgerissen alle Tage des Himmels" (PsSal 14,3f).[427]

In der Gerichtsdrohung des Täufers geht es darum, daß Gott jetzt dabei ist, seine Obstbaumplantage von unfruchtbaren Bäumen zu reinigen. Er will diese Bäume nicht nur von morschen Ästen befreien, sondern sie an der Wurzel treffen. Ein Holzfäller legt die Wurzeln des Baumes frei, den er fällen will. Er legt seine Axt an die Stelle, die es zu treffen gilt. Eben bemißt er den Schwung, mit dem er zuschlagen will. Seinen gezielten Schlag wird er im nächsten Augenblick führen. Die Zeit zur Umkehr drängt. Die Bildsituation ist klar: Die Hörer sind in ihrer Gegenwart vom Vernichtungsgerischt Gottes bedroht. Nur ein letzter Augenblick bleibt noch, „Frucht" zu bringen, die der Umkehr angemessen ist.

„Abrahams Söhne sind diejenigen", die aus dem „Glauben" leben, welcher der Grund ihrer Existenz als Christen ist. Eine ähnliche Wendung steht Röm 4,16c: „... aus Glauben Abrahams ..."; doch ist die Wendung in Gal 4,7 so bei Paulus einmalig.[428] Es handelt sich um den Glauben an Gott, der sich in Jesus Christus geoffenbart hat und Inhalt der Evangeliumspredigt des Apostels unter den Galatern, bevor sie zum Glauben kamen und sich auf den Namen Jesu Christi taufen ließen (vgl Apg 2,38), war. Die Christen bilden das Volk Abrahams, durch den nach Gen/1Mo 12,3 „alle Geschlechter der Erde Segen erlangen" sollen. Paulus wendet sich hier indirekt gegen diejenigen, die „aus Werken des Gesetzes" leben wollen. Nach dem Talmudtraktat Aboth „Väter" 5,19 ist ein Schüler Abrahams, wer „ein wohlwollendes Auge, ein(nen) bescheidene(n) Sinn und ein(nen) demütige(n) Geist" hat.[429] Diese Stelle „ist insofern wichtig, als sich in ihr an die Schülerschaft, die sich auf die Werke gründet, eine Erwartung knüpft, wie sie Paulus analog für den Samen Abrahams hegt, der da glaubt."[430] Paulus wendet sich hier mit seiner Schriftauslegung gegen diejenigen Judenchristen, die darauf bestanden, ein Heidenchrist könne nur durch die Beschneidung ein Nachfahre Abrahams werden.

---

427 *S. Holm-Nielsen*, Die Psalmen Salomos, 91.
428 Vgl. *H.D. Betz*, Galaterbrief, 258.
429 Bill. I, 539-541.
430 *H. Schlier*, Brief, 129.

8-9: Diejenigen, „die aus Glauben leben, werden mit dem glaubenden Abraham gesegnet“:
Da aber die Schrift vorhersah, daß Gott die Heiden aus Glauben gerecht spricht, hat sie dem Abraham zuvor verkündet: „In dir werden alle Völker gesegnet werden.“ Also werden diejenigen, die aus Glauben leben, mit dem glaubenden Abraham gesegnet. Obwohl diese Worte bei Paulus als Zitat gekennzeichnet sind, finden sie sich in Gen1Mo 12,3 LXX. Wahrscheinlich hat Paulus sie selbst formuliert: „In dir werden alle Völker gesegnet werden“. Gen/1Mo 12,3 LXX lautet: „In dir werden gesegnet werden alle Stämme der Erde“.[431] Söhne Abrahams sind nicht nur die Juden, sondern „alle Völker“. Juden- wie auch Heidenchristen sind Nachkommen Abrahams und sind in ihm gesegnet. Ihm kommt also in der Geschichte der Menschheit eine einzigartige Bedeutung zu. Er hat keine Verdienste aufzuweisen, sondern ist nach Gen/1Mo 15,6 LXX der erste Glaubende und Gerechtfertigte: „Abram glaubte Gott, und das wurde ihm als Gerechtigkeit angerechnet. Alle Menschen, die glauben, wie dieser Erzvater geglaubt hat, sind seine Nachkommen. Die ihm zuteilgewordene Verheißung ist nicht allein für Juden, sondern auch für Heiden bestimmt; denn Gott ist Einer, der die Beschnittenen aus Glauben und die Unbeschnittenen durch Glauben rechtfertigen wird“ (Röm 3,30). Juden und Heiden erhalten Gottes Heil allein durch den Glauben (sola fide). Zu den ehemaligen Heiden gehören auch die galatischen Christen. Ihnen wird auch der einst Abraham und seinen Nachkommen zugesagte Segen zuteil. Sie werden nicht wegen der Erfüllung der Weisungen im Mosegesetz gerechtfertigt, sondern allein aufgrund ihres Glaubens an Jesus Christus, den Gott auch ihnen zum Heil gesandt hat. „Ist Gott für uns, wer kann dann wider uns sein? Der seinen eigenen Sohn nicht verschont, sondern ihn für uns alle hingegeben hat, wie sollte er uns mit ihm nicht alles schenken? Wer will Gottes Auserwählte anklagen? Gott ist es, der gerecht spricht. Wer will verurteilen? Christus [Jesus], der gestorben, ja, mehr noch, der auferweckt wurde, sitzt zur Rechten Gottes und tritt für uns ein (Röm 8,31-34). Gottes Heiliger Geist tritt für alle ein, die aus oder durch den Glauben an Jesus Christus gerechtfertigt wurden (vgl. Röm 8,26ff). Der Apostel stellt sich eine Situation vor, in der sich Menschen vor Gericht für ihre Taten verantworten müssen. „Das Leben des Menschen spielt sich ständig und grundsätzlich in der Verantwortung vor Gottes Gericht ab.“[432] Aufgrund der Selbsthingabe Jesu Christi für uns Menschen, wird uns Gottes Heil zuteil. Er ist es, der uns Recht verschafft: Jahwe spricht: „Er, der mich freispricht, ist nahe. Wer wagt es, mit mir zu streiten? Laßt uns zusammen vortreten! Wer ist mein Gegner im Rechtsstreit? Er trete zu mir heran. Sehet her, Gott, der Herr, wird mir helfen. Wer kann mich für schuldig erklären? Seht: Sie alle zerfallen, wie ein Gewand, das die Motten zerfressen“ (Jes 50,8f LXX). Das Zitat gehört zu einem der Stücke vom Gotteskecht (vgl. Jes 42,1-4; 49,1-6; 50,1-11; 52,13 – 53,12). Hier geht es um den leidenden „Gottesknecht“. Man hat gegen ihn angeklagt, ihn gefoltert und ihm ins Gesicht gespuckt (vgl Jes 50,6). Ihm drohen die Todesstrafe und Hinrichtung. Sein Trost ist der Gott Israels, der auch sein Gott ist: „Doch Gott Jahwe wird mir helfen; darum werde ich nicht in

---

431 Bill. III, 539.
432 *H. Schlier*, Römerbrief, 276.

Schande enden. Deshalb mache ich mein Gesicht hart wie einen Kiesel; ich bin gewiß, daß ich nicht in Schande gerate" (Jes 50,7 LXX). Die Folter hat ihn unempfindlich gemacht. Er vertraut darauf, daß Gott ihm Recht verschafft; denn das gegen ihn angestrengte Rechtsverfahren ist schon beendet. Der Knecht ist unterlegen. Der Richter hat ihn zum Tode verurteilt. Ihm bleibt nur noch die Hoffnung, daß Gott ihn posthum rehabilitiert.

Alle, die aus Gesetzeswerken leben, sind unter dem Fluch 3,10-12

10Denn so viele aus Gesetzeswerken leben, sind unter dem Fluch; denn es steht geschrieben: „So viele aus Gesetzeswerken leben, sind unter dem Fluch." 11Daß aber aufgrund des Gesetzes niemand gerechtgesprochen wird, ist klar; denn „der Gerechte wird aus Glauben leben." 12Das Gesetz aber ist nicht aus Glauben, sondern (es gilt): „Wer sie getan hat, wird (= durch sie) leben."

10-12: Alle, die aus Gesetzeswerken leben, sind unter dem Fluch.
10: *Erstes Schriftzeugnis:* Die Christen in Galatien müssen sich zwischen Gesetz und Glaube entscheiden. Das geht aus der ersten Aussage des Apostels hervor: **„So viele aus Gesetzeswerken leben, sind unter dem Fluch**". Sie finden keinen Zugang zur Rechtfertigung. Er beruft sich dabei auf Dtn/5Mo 27,26; 28,58 u. 30,10 LXX nach der ihm vorliegenden Version: „Alle, die nach dem Gesetz leben, sind unter dem Fluch; denn es steht geschrieben: „So viele aus Gesetzeswerken leben, sind unter dem Fluch." Für Paulus soll das Gesetz die Sünde hervorrufen.[433] Niemand kann durch das Halten der Weisungen des Mosegesetzes gerechtfertigt werden und so das Heil erlangen.

11: *Zweites Schriftzeugnis:* Um zu erweisen, daß das Heil nur durch den Glauben zu erlangen ist, zitiert der Apostel die Schrift: **Daß aber aufgrund des Gesetzes niemand gerechtgesprochen wird, ist klar; denn der Gerechte wird aus Glauben leben**. Mit dem „aber" macht Paulus deutlich, daß er ein zweites Schriftzeugnis einführt. Er führt den Gedanken von V. 10 weiter: Wenn „die aus Gesetzeswerken leben, unter dem Fluch sind", dann „ist klar", „daß aufgrund des Gesetzes niemand gerechtgesprochen wird" (11a). Dafür, daß es für den Gerechten nur Leben aus dem Glauben gibt, beruft der Apostel sich auf Hab 2,4 LXX: „Der Gerechte wird aus Glauben leben". Paulus zitiert diese Stelle auch Röm 1,17. In Hab 2,4 lautet der Text folgendermaßen: ὁ δίκαιος ἐκ πίστεως μου ζήσεται. Das kann entweder bedeuten: „Der Gerechte wird aus Glauben an mich leben" oder eher: „Der Gerechte wird aus meiner Treue leben."[434] Dagegen befindet sich jeder, der die Weisungen des Mosegesetzes nicht hält, unter

433 Vgl. *H.D. Betz*, Galaterbrief, 264.
434 Vgl. *F. Mußner*, Galaterbrief, 226.

dem Fluch: „Verflucht, wer nicht die Worte dieser Weisungen stützt, indem er sie hält“ (Dtn/5Mo 27,26a LXX).
„Wer darf gasten in deinem Zelt, und wer darf wohnen auf deinem heiligen Berg? Erstens: Wer unsträflich wandelt; und zweitens Gerechtigkeit tut; und drittens die Wahrheit redet in seinem Herzen; und viertens nicht verleumdet er mit seiner Zunge; und fünftens nicht tut er seinem Nächsten Böses; und sechstens Schmähung hebt er nicht auf gegen seine Genossen; und siebtens verachtet ist in seinen Augen das Verwerfliche; aber achtens die den Herrn fürchten, ehrt er; neuntens er schwört (zu seinem eigenen) Nachteil und ändert nichts ab; zehntens sein Geld gibt er nicht für Zins und elftens Geschenk wider den Unschuldigen nimmt er nicht an …“[435]
Auch im Habakuk-Kommentar aus Qumran ist der „Gerechte der Täter des Gesetzes. „Seine Treue wird auf den Lehrer der Gerechtigkeit bezogen, so QpHab XVII, 17: „Der Gerechte wird durch seine Treue leben.“ Nach QpHab XVIII, 1 „bezieht sich“ diese „Deutung auf alle Täter des Gesetzes im Hause Juda“.[436]

12: *Das dritte Schriftzeugnis:* **Das Gesetz aber ist nicht aus Glauben, sondern (es gilt): „Wer sie getan hat, wird** (= durch sie) **leben“** (Dtn/5Mo 27,26 LXX). Paulus zieht hier auch noch Lev 18,5b heran, worauf er auch Röm 10,5 zurückkommt: „Der Mensch, der sie tut, wird in ihnen leben.“ Lev/3Mo 8,5b LXX lautet wörtlich: „Durch sie wird der Mensch, der sie tut, leben.“ Paulus stellt hier den Gegensatz von Gesetz und Glaube heraus: „Das Gesetz … ist nicht aus Glauben“. Beim Gesetz kommt es kommt es auf das Halten aller Gebote und ihrer Auslegung durch die Gesetzeslehrer an. Hier kommt es auf das *Tun* an. Gesetz und Glaube schließen einander aus. „Heute sollst du erkennen und dir zu Herzen nehmen: Jahwe ist der Gott im Himmel droben und auf der Erde unten, keiner sonst. Daher sollst du auf seine Gesetze und Gebote achten, auf die ich dich heute verpflichte, damit es dir und deinen Nachkommen gut geht und du lange in dem Land lebst, das dir der Herr, dein Gott, für alle Zeit gibt“ (Dtn/5Mo 4,39f LXX). „Wie halte ich da aufrecht: „daß er durch sie lebe“? (Durch die Deutung:) „In der zukünftigen Welt.“ (S^{Lv} 18,5 [337a]).[437] „Mose schreibt nämlich: ‚Wer sich in seinem Tun an die Gesetztesgerechtigkeit hält, wird durch sie leben.‘ Die Glaubensgerechtigkeit aber spricht: ‚sag nicht in deinem Herzen: Wer will in den Himmel hinaufsteigen?‘ Das hieße, Christus von den Toten heraufzuholen“ (Röm 10,5f).
Das Zitat von Lev/3Mo 8,5 weicht etwas vom Text der Septuaginta ab. Wer die Weisungen des Mosegesetzes hält, wird durch sie leben: „Vor Gott sind nämlich nicht diejenigen gerecht, die das Gesetz hören, sondern diejenigen, die das Gesetz tun, werden für gerecht erklärt“ (Röm 2,13). Für uns Menschen kommt es nicht allein darauf an, Gottes Gebote zu hören, sondern seine Forderungen zu erfüllen: „Seid aber Täter des Wortes und nicht Hörer allein; sonst betrügt ihr euch selbst (Jak 1,22). Das Tun soll dem Reden entsprechen; beide dürfen nicht auseinanderklaffen: „Redet und handelt wie Menschen, die nach dem Gesetz der Freiheit gerichtet werden; denn das Gericht wird ohne Erbarmen über den erge-

435 Bill. III, 542.
436 *E. Lohse*, Hg., Die Texte aus Qumran, 236f.
437 Bill. III, 278.

hen, der kein Erbarmen gezeigt hat. Barmherzigkeit aber triumphiert über das Gericht“ (Jak 2,13f). „Das vollkommene Gesetz der Freiheit“ (Jak 1,25), das ein Teil des Mosegesetzes ist, gilt nach der Überzeugung des Verfassers dieses Rundschreibens an die judenchristlichen Gemeinden in der Diaspora (vgl. Jak 1,1) auch für Christen. Im Endgericht wird es für die Unbarmherzigen kein Erbarmen geben. Wer aber mit seinem hilfsbedürftigen Nächsten Erbarmen hatte (vgl. S^{Lk} 10,30-37), kann dereinst triumphierend auf das Endgericht zurückblicken.[438] „Rabbi Simlai (um 250) hat vorgetragen: In der Zukunft (beim Jüngsten Gericht) wird Gott das Thorabuch auf seinen Schoß legen und sagen: Wer sich mit ihr (der Thora) befaßt, der komme und empfange seinen Lohn!“ Aboth 1,15: „Schammai (um 30 v.Chr.) Mach dein Thorastudium zu etwas Feststehendem; sprich wenig, aber tu viel!“[439] „Liebe ist Halten der Gebote. Das Erfüllen der Gebote sichert Unvergänglichkeit; und Unvergänglichkeit bringt in Gottes Nähe“ (Weish 6,18f LXX). Die Liebe zur Weisheit zeigt sich im Halten der Weisungen der Thora Israels. Wer die Gebote erfüllt und die Verbote beachtet, der kann seiner „Unvergänglichkeit“ gewiß sein und gelangt so in Gottes Nähe.[440]

Die Glaubenden haben den in Christus verheißenen Segen Abrahams empfangen 3,13-14

[13]Christus hat uns aus dem Fluch des Gesetzes losgekauft, weil geschrieben steht: „Verflucht ist jeder, der am Holz hängt“, [14]damit den Heiden der Segen Abrahams zuteil würde in Christus Jesus, damit wir die Verheißung des Geistes empfangen durch den Glauben.

13-14: *Die Erlösung durch Christus:* „Paulus kommt nun zu seinem fünften Schriftbeweis…“[441] Hatte Paulus in Gal 3,10 aufgewiesen, daß so viele aus Gesetzeswerken leben, die sind unter dem Fluch“, daß aber aufgrund des Gesetzes niemand gerechtgesprochen wird, ist klar; denn „der Gerechte wird aus Glauben leben (Gal 3,11; vgl. Hab 2,4), denn das Gesetz aber ist nicht aus Glauben, sondern (es gilt): „Wer sie getan hat, wird (= durch sie) leben“ (Gal 3,12; vgl. Lev/3Mo 18,5 LXX). Gesetz und Glaube stehen im Gegensatz zueinander.
Christus aber hat uns aus dem Fluch des Gesetzes losgekauft. Das geschah dadurch, daß er selbst den Fluch auf sich nahm, weil geschrieben steht: „Verflucht ist jeder, der am Holz hängt …“ damit den Heiden der Segen Abrahams in Christus Jesus zuteil würde, damit wir durch den Glauben den verheißenen Geist empfangen. Der Loskauf betraf nicht allein die Juden, sondern auch die ehemaligen Heiden, denen die judenchristlichen Wanderprediger nahelegten, die Weisungen der Thora Israels zu halten.

---

438 Vgl. *W. Schrage*, Die katholischen Briefe, 28.
439 Bill. III, 84 und 86.
440 Vgl. *H. Hübner*, Die Weisheit Salomos, 86.
441 *H.D. Betz*, Galaterbrief, 269.

13: *Christus hat uns vom Fluch des Gesetzes losgekauft:* **Christus hat uns vom Fluch des Gesetzes dadurch freigekauft, daß er für uns zum Fluch geworden ist, denn es steht geschrieben: Verflucht ist jeder, der am Pfahl hängt.** Das gilt für alle Menschen und nicht nur für Juden. Damit sind wir vom Fluche frei.' Εξαγοάζω heißt los- oder freikaufen (vgl. 4,5).[442] Diese Aussage vom Dienst eines Mittlers ist schon im Alten Testament vorbereitet.[443] Paulus vergleicht den Loskauf vom Fluch des Gesetzes durch Christus einem Sklavenfreikauf. Häufiger kommt ἀγοραζω vor, das für den sakralen wie den profanen Sklavenloskauf steht und z.B. in 1Kor 6,20 und 7,23 zur Bezeichnung des Werkes Christi gebraucht wird. Christus hat durch seinen Tod am Kreuz die an Sünde und Tod versklavte Menschheit losgekauft. Das geht aus 2Kor 5,21 hervor. Gott, „hat den, der von keiner Sünde wußte, für uns zur Sünde gemacht, damit wir Gottes Gerechtigkeit in ihm würden". „Verflucht ist jeder, der am Holz hängt". Zum Erweis dafür zitiert Paulus Dtn/5Mo 21,23 LXX. Damit, daß Jesus am Kreuzesholz hing, ist er ein Verfluchter geworden: „Wenn ein Aufgehängter am Holz hängt, dann darf seine Leiche nicht über Nacht am Holz hängen bleiben, sondern du sollst ihn unbedingt am selben Tag begraben; denn ein Aufgehängter ist ein Fluch Gottes." (Dtn/5Mo 21,23 LXX). „Ihr seid um einen teueren Preis erkauft worden; verherrlicht also Gott in euerem Leibe" (1Kor 6,20). Gott „hat den, der keine Sünde kannte, damit wir in ihm die Gerechtigkeit Gottes würden" (2Kor 5,21). Da Jesus „die Sünde nicht kannte, hat Gott ihn zur Sünde gemacht. Nur er war der, der zur Sünde werden konnte, ohne daß daraus für ihn Untergang und Höllennot entstand. Er wird von Gott gerichtet, entehrt und entrechtet, aus der heiligen Gemeinde ausgestoßen, von der Erde weggetrieben und

---

442 *W. Bauer*, Wörterbuch, 548; *Fr. Büchsel*, Art. ἐξαγοράζω, ThWNT II, 126; *R. Dabelstein*, Art. ἐξαγοράζω, EWNT II, 1f. *A. Deissmann*, Licht, 275: „... Von Natur aus sind wir *Sklaven* der Sünde (z.B. Röm 6,1.20.6.19) der Menschen (1Kor 7,23), des Todes (Röm 8,20), der Jude ist dazu noch *Sklave* des Gesetzes (Gal 4,1-7; 51,1) der Heide *Sklave* seiner Götter (Gal 34,8.9). *Freie* werden wir dadurch, daß Christus uns *kauft*. Und das hat er getan.: „Um einen Preis seid ihr erkauft," sagt Paulus zweimal (1Kor 4,9,6,20).

443 Vgl. *G. v. Rad*, Theologie II, 417f.: v. Rad macht auf „eine Vorstellung" aufmerksam, „die durch die radikale Gesetzespredigt eine bemerkenswerte Ausgestaltung erfahren hat, nämlich die eines menschlichen *Mittlers*, der stellvertretend in den Raum zwischen Jahwe und das von Jahwe bedrohte Volk tritt. In einer sehr altertümlichen Erzählung wird uns mitgeteilt, daß der dem Fluch verfallene Jonathan vom Volke ausgelöst wurde, wobei die von vielen Auslegern vertretene Auffassung, daß es sich um einen Menschen (und nicht um ein Tier) handelt, der antiken Strenge der ganzen Erzählung am besten entspricht (1 Sam 14,45). ..."
„Auch im Prophetenamt war eine interzessorische Funktion von vornherein verankert. Theologisch bedeutsam wird aber dieser Mittlerdienst da, wo das übernommene Amt in den Bereich des persönlichen Lebens übergreift und die Existenz des Mittlers selbst gefährdet. Auch das hat sich gewiß schon in den alten Zeiten immer wieder ereignet; aber es fällt auf, daß dieses Bild des leidenden Propheten erst im 7. und 6. Jahrhundert eine besondere, intensive Ausgestaltung erfahren hat. Von Jeremia ist hier freilich nur bedingt zu reden; zwar tat sich in seinem Prophetendienst ein Abgrund von Leiden auf, und jeder Leser sieht auch, wie sich hier der Zusammenstoß Jahwes mit seinem ungehorsamen Volk in dem Humanum des Propheten ereignete. Das ist bei Hesekiel schon wesentlich anders, denn er wird mit seinem Leben haftbar gemacht für die, die seiner Wachsamkeit anbefohlen sind. Hier greift also das Israel tötende Gesetz Ebenso kommt das in der Aufgabe des „in die Bresche Tretens" zum Ausdruck, in der Hesekiel offenbar das Wesentliche seines Prophetenberufs zusammenfaßt (Ez 28,28f; 13,4). ..."

des Lebens beraubt. Dadurch erleidet er das, was Gott der Sünde tut, und macht sichtbar, was dann geschieht, wenn der Mensch Gott gegen sich hat. Das tat Gott uns zugut. Er machte ihn zur Sünde, damit nicht wir zur Sünde würden. Wir tun Sünden; aber an uns ist noch nicht offenbar, was die Sünde aus dem Menschen macht. Damit wir nicht erfahren, was die Sünde wirkt, ließ Gott dies den erfahren, der die Sünde nicht kannte, damit an uns die Gerechtigkeit wirksam würde. Das ist nun selbstverständlich nicht unsere Gerechtigkeit, sondern die Gottes, die einzige, die es gibt."[444] Wir sind vor Gott gerecht geworden, weil Gott uns aufgrund der Stellvertretung Jesu Christi für Gerechte hält. Gerechtfertigt zu werden bedeutet die Sünden vergeben zu bekommen. In der Sündenvergebung ist unsere Freiheit begründet (vgl. Gal 5,1). Alle Christen sind durch Christi Fluchtod sein Eigentum geworden. Daraus erwächst uns die Verpflichtung, unser Leben so zu führen, daß Gott dadurch verherrlicht wird. „Ihr seid teuer erkauft; macht euch nicht zu Sklaven der Menschen!" (1Kor 7,23). Jesus Christus hat durch seinen Schandtod am Kreuz sowohl Sklaven als auch Freie sich zum Eigentum erworben. Für die galatischen Christen kam es darauf an, sich nicht zu Sklaven der judaistischen Wanderprediger dadurch machen zu lassen, daß sie sich deren Forderungen, sich dem Mosegesetz zu unterstellen, fügten.

14: *Der Segen Abrahams soll in Christus zu den Heiden kommen:* **Damit durch ihn den Heiden der Segen Abrahams zuteil wird und wir aufgrund des Glaubens den verheißenen Geist empfingen.** Damit, daß Christus zum Fluch wurde, kam der Segen, der Abraham schon vorausverkündet war, zu den Heiden. Damit, daß Christus zum Fluch wurde, kam der Segen, der Abraham schon vorausverkündet war, zu den Heiden. Vgl. Gal 3,8: „Da aber die Schrift vorhersah, daß Gott die Heiden aus Glauben gerecht spricht, hat sie dem Abraham zuvor verkündet: ‚In dir werden alle Völker gesegnet werden.'" Die Heiden sollen in Jesus Christus, und nicht aus dem Gesetz, den Segen und damit die Rechtfertigung empfangen.[445] Der Segen Abrahams aber ist der Geist, der den Heiden wie auch den Judenchristen in Christus zuteilgeworden ist. So ist nun die Trennung zwischen beiden überwunden. Der Segen Abrahams kommt mit der Verheißung des Heiligen Geistes zur Wirkung: Der Auferstandene verheißt seinen Jüngern: „Siehe, ich sende euch die Verheißung meines Vaters" (S^{Lk} 24,49a). Zur Wahrnehmung ihres Zeugenberufes verspricht der Auferstandene seinen Jüngern den ihm vom Vater zugesagten Geist (vgl. Apg 1,4f). „Wenn nun ihr, die ihr böse seid, eueren Kindern gute Gaben geben könnt, um wieviel mehr wird der Vater im Himmel den Heiligen Geist denen geben, die ihn bitten (S^{Lk} 11,13). Dem allein guten Gott gegenüber sind die Menschen als Sünder böse. Dennoch verstehen sie sich darauf, ihren Kindern gute Gaben zu vermitteln. Im Schlußverfahren vom Geringeren zum Größeren (a minori ad maius) heißt es nun: Um wieviel mehr wird Gott denen, die ihn in Jesu Namen als Vater anrufen, nicht allein dieses und jenes irdische Gute zukommen lassen, sondern ihnen vor allem die *eine* Himmelsgabe schenken. Diese dient ihnen als Kraft von oben bis ans Ende der Zeit zur Vergewisserung ihres Heils, zum ebenso freimütigen

---

444 *A. Schlatter*, Paulus, der Bote Jesu, 568.
445 Vgl. *U. Borse*, Brief, 130.

wie beharrlichen Gebet, zur Wachsamkeit im Glauben, zum Durchstehen von Anfechtungen und mutigen Bekennen ihres Glaubens, der ihnen aber nicht zuletzt zur Bewahrung vor der Untreue existenznotendig ist: den Heiligen Geist. „In ihm“, Jesus Christus, „habt auch ihr das Wort der Wahrheit gehört, das Evangelium von euerer Rettung; durch ihn habt ihr das Siegel des verheißenen Heiligen Geistes empfangen“ (Eph 1,13). In der zum Lob Gottes bestimmten und auf die Vollendung ihres Heils hoffenden Gemeinschaft mit Christus befinden sich auch die Adressaten, die hier erstmals angeredet werden (13a). Der Briefautor erinnert sie an Stadien auf ihrem Weg zum Christsein. Sie haben „das Wort der Wahrheit gehört“. Die Formulierung geht auf Kol 1,5b zurück, ist aber auch schon von Paulus selbst 2Kor 6,7 gebraucht worden. „Entziehe meinem Mund nicht das Wort der Wahrheit! Ich hoffe auf deine Entscheide“ (Ps 119,43 [118,43 LXX]). Sie bezeichnet die Christusbotschaft als von Gott offenbartes, verläßliches Wort. Dieses Wort wird näher charakterisiert als „das Evangelium der Rettung“ und damit als zuverlässiges Heilsangebot Gottes. Als solches hat es die angesprochenen Hörer zum Glauben gebracht. Sie haben die Taufe empfangen und mit ihr den Heiligen Geist. Dieser wird hier mit einer hebraisierenden Wendung als „Geist der Verheißung“, d.h. als von Gott verheißener Geist bezeichnet und als Eigentums- und Schutzzeichen aufgefaßt, das sie als Glieder des von Gott erwählten Volkes kennzeichnet (V. 13b). Die Deutung der Taufe als Eigentums- und Schutzzeichen und des mit ihr vermittelten Geistes als Anzahlung auf die verheißene Vollendung findet sich schon in authentischen Briefen des Paulus. Der Apostel schreibt 2Kor 1,22: Gott „hat uns … für sich versiegelt und die Anzahlung des Geistes in unsere Herzen gegeben“. Unser Autor nimmt das Versiegelungsmotiv auf und variiert das aus dem Schuldrecht stammende Bild vom Angeld dabei:[446] Der Heilige Geist ist „eine Anzahlung auf unser Erbteil“ (14a), die das Recht auf dessen künftige vollständige Auszahlung gewährleistet. Die Motive des Erben und des Erbens spielen schon bei Paulus eine große Rolle: Christus ist Erbe der dem Abraham gegebenen Verheißungen (vgl. Gal 3,18). Die Christen sind als „Söhne Gottes“ Miterben Christi (vgl. Röm 8,17). Die vollständige Auszahlung des Erbes wird in der durch die Anzahlung verbürgten Zukunft erfolgen, „jene Erlösung, die Inbesitznahme (des Erbes)“ (14b).[447] Die Ausdrucksweise des Autors ist nicht leicht zu verstehen. Da περιποίησις, „Besitz“, „Eigentum“, Mal 3,17 LXX im Blick darauf gebraucht wird, daß Gott, der Herr, die Frommen Israels zu seinem Eigentum machen will, und 1Petr 2,9 die Christusgemeinde „ein auserwähltes Geschlecht, eine königliche Priesterschaft, ein heiliger Stamm, Volk des Eigentums“ genannt wird, verstehen viele Ausleger unsere Stelle entsprechend.[448] Das ist grammatisch möglich. Doch aus dem unmittelbaren Textzusammenhang legt sich die andere Auf-

[446] Vgl. *J. Behm*, Art, ἀρραβών, ThWNT I, 474; *G. Fitzer*, Art. σφράγις κτλ., ThWNT VII, 949f.

[447] So mit d. Kommentatoren *T.K. Abbott*, 23f; *H. Conzelmann*, 93; *M. Dibelius / H. Greeven*, 62f; *A. Lindemann*, 26; *U. Luz*, 121; *H. Schlier*, 39; *R. Schnackenburg*, 65f.

[448] Vgl. z.B. *W. Bauer*, Wörterbuch, 193; *G. Schneider*, Art. περιποίησις, EWNT III, 179; *E. Percy*, Probleme, 188f; sowie unter den Kommentatoren z.B. *M. Barth*, I, 97; *J. Ernst*, 281; *J. Gnilka*, 86f; *E. Haupt*, 31f; *H. Hübner*, 141; *F. Mußner*, 50; auch die gebräuchlichen deutschen Bibelausgaben, Lutherbibel, kath. Einheitsübersetzung, Elberfelder Bibel.

fassung nahe: Nachdem Gott uns als Anzahlung auf das Erbe den Heiligen Geist gegeben hat, wird er uns am Ende unser volles Erbteil in Besitz nehmen lassen, die Erlösung. „Was aber sagt die Schrift? Verstoße die Magd und ihren Sohn; denn der Sohn der Magd soll nicht mit dem Sohn der Freien erben. Daraus folgt, Brüder, daß wir nicht Kinder der Magd, sondern der Freien sind" (Gal 4,30f). Der Apostel zitiert hier Gen/1Mo 21.20.12. Mit „Ismael" meint er hier die judaistischen Wanderprediger. Ihnen widersteht er. Er erwartet von den Christen in den galatischen Gemeinden, daß sie die Wideacher des von ihm gepredigten Evangeliums vertreiben, ähnlich wie einst Abraham die Sklavin Hagar und ihren Sohn Ismael verjagen sollte. Paulus sieh die Christen als Kinder" der „Freien", der Sara und ihres Sohnes Isaak. Vgl. Gal 3,8: „Da aber die Schrift vorhersah, daß Gott die Heiden aus Glauben gerecht spricht, hat sie dem Abraham zuvor verkündet: ‚In dir werden alle Völker gesegnet werden.'" Die Heiden sollen in Jesus Christus, und nicht aus dem Gesetz, den Segen und damit die Rechtfertigung empfangen.[449] Der Segen Abrahams aber ist der Geist, der den Heiden wie auch den Judenchristen in Christus zuteilgeworden ist. So ist nun die Trennung zwischen beiden überwunden. Der Segen Abrahams kommt mit der Verheißung des Heiligen Geistes zur Wirkung: Der Auferstandene verheißt seinen Jüngern: „Siehe, ich sende euch die Verheißung meines Vaters" (S^{Lk} 24,49a). Zur Wahrnehmung ihres Zeugenberufes verspricht der Auferstandene seinen Jüngern den ihm vom Vater zugesagten Geist (vgl. Apg 1,4f). „Wenn nun ihr, die ihr böse seid, eueren Kindern gute Gaben geben könnt, um wieviel mehr wird der Vater im Himmel den Heiligen Geist denen geben, die ihn bitten (S^{Lk} 11,13). Dem allein guten Gott gegenüber sind die Menschen als Sünder böse. Dennoch verstehen sie sich darauf, ihren Kindern gute Gaben zu vermitteln. Im Schlußverfahren vom Geringeren zum Größeren (a minori ad maius) heißt es nun: Um wieviel mehr wird Gott denen, die ihn in Jesu Namen als Vater anrufen, nicht allein dieses und jenes irdisch Gute zukommen lassen, sondern ihnen vor allem die *eine* Himmelsgabe schenken. Diese dient ihnen als Kraft von oben bis ans Ende der Zeit zur Vergewisserung ihres Heils, zum ebenso freimütigen wie beharrlichen Gebet, zur Wachsamkeit im Glauben, zum Durchstehen von Anfechtungen und mutigen Bekennen ihres Glaubens, der ihnen aber nicht zuletzt zur Bewahrung vor der Untreue existenznotendig ist: den Heiligen Geist. „In ihm", Jesus Christus, „habt auch ihr das Wort der Wahrheit gehört, das Evangelium von euerer Rettung; durch ihn habt ihr das Siegel des verheißenen Heiligen Geistes empfangen" (Eph 1,13). In der zum Lob Gottes bestimmten und auf die Vollendung ihres Heils hoffenden Gemeinschaft mit Christus befinden sich auch die Adressaten, die hier erstmals angeredet werden (13a). Der Briefautor erinnert sie an Stadien auf ihrem Weg zum Christsein. Sie haben „das Wort der Wahrheit gehört". „Wahrheit" heißt auf hebr. תְּפִלָּה; auf griech: ἀλήθεια, auf lat.: veritas). Die Formulierung geht auf Kol 1,5b zurück, ist aber auch schon von Paulus selbst 2Kor 6,7 gebraucht worden. „Entziehe meinem Mund nicht das Wort der Wahrheit! Ich hoffe auf deine Entscheide" (Ps 119,43 [118,43 LXX]). Sie bezeichnet die Christusbotschaft als von Gott offenbartes, verläßliches Wort. Dieses Wort wird näher charakterisiert als „das Evangelium der Rettung" und damit

[449] Vgl. *U. Borse*, Brief, 130.

als zuverlässiges Heilsangebot Gottes. Als solches hat es die angesprochenen Hörer zum Glauben gebracht. Sie haben die Taufe empfangen und mit ihr den Heiligen Geist. Dieser wird hier mit einer hebraisierenden Wendung als „Geist der Verheißung", d.h. als von Gott verheißener Geist bezeichnet und als Eigentums- und Schutzzeichen aufgefaßt, das sie als Glieder des von Gott erwählten Volkes kennzeichnet (V. 13b). Die Deutung der Taufe als Eigentums- und Schutzzeichen und des mit ihr vermittelten Geistes als Anzahlung auf die verheißene Vollendung findet sich schon in authentischen Briefen des Paulus. Der Apostel schreibt 2Kor 1,22: Gott „hat uns … für sich versiegelt und die Anzahlung des Geistes in unsere Herzen gegeben". Die Christen sind als „Söhne Gottes" Miterben Christi (vgl. Röm 8,17). Die vollständige Auszahlung des Erbes wird in der durch die Anzahlung verbürgten Zukunft erfolgen, „jene Erlösung, die Inbesitznahme (des Erbes)" (14b).[450] Die Ausdrucksweise des Autors ist nicht leicht zu verstehen. Da περιποίησις, „Besitz", „Eigentum", Mal 3,17 LXX im Blick darauf gebraucht wird, daß Gott, der Herr, die Frommen Israels zu seinem Eigentum machen will, und 1Petr 2,9 die Christusgemeinde „ein auserwähltes Geschlecht, eine königliche Priesterschaft, ein heiliger Stamm, Volk des Eigentums" genannt wird, verstehen viele Ausleger unsere Stelle entsprechend.[451] Das ist grammatisch möglich. Doch aus dem unmittelbaren Textzusammenhang legt sich die andere Auffassung nahe: Nachdem Gott uns als Anzahlung auf das Erbe den Heiligen Geist gegeben hat, wird er uns am Ende unser volles Erbteil in Besitz nehmen lassen, die Erlösung. „Was aber sagt die Schrift? Verstoße die Magd und ihren Sohn; denn der Sohn der Magd soll nicht mit dem Sohn der Freien erben. Daraus folgt, Brüder, daß wir nicht Kinder der Magd, sondern der Freien sind" (Gal 4,30f). Der Apostel zitiert hier Gen/1Mo 21.20.12. Mit „Ismael" meint er hier die judaistischen Wanderprediger. Ihnen widersteht er. Er erwartet von den Christen in den galatischen Gemeinden, daß sie die Wideracher des von ihm gepredigten Evangeliums vertreiben, ähnlich wie einst Abraham die Sklavin Hagar und ihren Sohn Ismael verjagen sollte. Paulus sieht die Christen als Kinder" der „Freien", der Sara und ihres Sohnes Isaak.

---

450 So mit d. Kommentatoren *T.K. Abbott*, 23f; *H. Conzelmann*, 93; *M. Dibelius / H. Greeven*, 62f; *A. Lindemann*, 26; *U. Luz*, 121; *H. Schlier*, 39; *R. Schnackenburg*, 65f.

451 Vgl. z.B. *W. Bauer*, Wörterbuch, 193; *G. Schneider*, Art. περιποίησις, EWNT III, 179; *E. Percy*, Probleme, 188f; sowie unter den Kommentatoren z.B. *M. Barth*, I, 97; *J. Ernst*, 281; *J. Gnilka*, 86f; *E. Haupt*, 31f; *H. Hübner*, 141; *F. Mußner*, 50; auch die gebräuchlichen deutschen Bibelausgaben, Lutherbibel, kath. Einheitsübersetzung, Elberfelder Bibel.

Die Verheißungen sind dem Gesetz gegenüber vorrangig
3,15-18

Durch das Gesetz werden die dem Abraham gegebenen Verheißungen nicht ungültig
3,15-16

15Brüder, ich rede nach Menschenweise: Wie niemand das Testament eines Menschen, das rechtsgültig geworden ist, umstößt oder nachträglich (etwas) hinzufügt, 16so wurden dem Abraham und seinen Nachkommen die Verheißungen zugesprochen. Es heißt nicht: „Und den Nachkommen" als ob es sich um viele handelte, sondern so, daß es sich um einen handelt: „Und deinem Nachkommen", der ist Christus.

15-16: Ein Testament ist unabänderlich:
Nachdem Paulus die Galater in Gal 3,1 als „unverständig" oder „töricht" angesprochen hatte, wird sein Ton ihnen gegenüber nun geschwisterlich. Er redet sie als „Brüder" an. Diese Anrede gebraucht er immer dann, wenn es darum geht, die Aufmerksamkeit seiner Leser auf ein neues Thema zu lenken (vgl. Röm 10,1; Gal 1,11; 4,12, 5,13). Er redet zu den galatischen Christen nach „Menschenweise", also aus menschlicher Sicht (vgl. Röm 3,5; 6,19). 1Kor 9,8): Das Gesetz, von dem der Apostel zuletzt in Gal 3,13f schrieb, kann die einmal gegebene Verheißung nicht aufheben. Um das zu verdeutlichen, gebraucht er einen Vergleich aus dem Erbrecht: Ein rechtskräftiges Testament kann niemand abändern. Man kann auch nichts hinzufügen. Paulus schließt vom Geringeren zum Größeren, a minori ad maiorem. Wenn niemand ein Testament eines Menschen ändern kann, dann erst recht nicht Gottes Testament. Damit meint Paulus die Verheißungen, die Abraham und seinen Nachkommen gegeben wurden. Abrahams Nachkomme aber ist *einer:* Christus. Er denkt dabei an Gen/1Mo 17,1-7: „Abraham war neunundneunzig Jahre alt, da erschien ihm Jahwe und sprach zu ihm: ‚Lebe vor meinem Angesicht und sei untadelig! Und ich will meinen Bund zwischen mir und dir setzen und will dich sehr mehren. Da fiel Abraam auf sein Angesicht, und Gott redete mit ihm und sprach: ‚Ich, siehe, (d.h.) mein Angesicht, das ist mein Bund mit dir: Du wirst Vater vieler Völker werden, und Könige werden deine Nachkommen sein. Und ich werde meinen ewigen Bund aufrichten zwischen mir und dir und deinen Nachkommen nach dir durch (sämtliche) Generationen zu einem immerwährenden Bund, um dir Gott zu sein und deinen Nachkommen nach dir.'" In Gen/1Mo 17,1-7 kommt auch fünfmal διαθήκη, „Bund", vor. Aus Gen/1Mo 17,4 geht hervor, wie der Apostel die ἐπαγγελίαι, „Verheißungen" und auch fünfmal σπέρμα „Nachkommen", vor. (vgl. Gen/1Mo 13,15; 24,7; vgl. auch Gal 3,21; Röm 9,4; 2Kor 1,20; 7,1). „Nachkommen" ist ein kollektiver Singular. *Der* Nachkomme Abrahams ist Christus. Über ihn sind alle Heiden- und Judenchristen mit Abraham verbunden. Ihnen allen wird der Segen ohne das Gesetz zuteil, den Gott diesem Erzvater zugesagt hat. Alle, die an Jesus Christus glauben, sind in ihm verbunden. „Christus ist der Wahrheit Gottes wegen ein Diener der Beschneidung geworden, um

die den Vätern gegebenen Verheißungen zu bekräftigen. Die Heiden aber mögen Gott für sein Erbarmen preisen, wie geschrieben steht: ‚Darum werde ich dich unter den Heiden bekennen und deinem Namen lobsingen'" (Röm 15,8f; vgl. Ps 18,50 [17,50; 2Sam 22,50 LXX]). Jesus Christus ist durch sein Geschick ein „Diener" des Volkes seiner Herkunft geworden. Er hat ihm während seines Erdenwirkens, aber auch durch sein Leiden, Sterben und Auferstehen „Gottes Wahrheit" erschlossen. Die zum Glauben gekommenen Heiden preisen sein Erbarmen, das ihnen zuteil geworden ist.

Gottes Testament wird durch das Gesetz nicht aufgehoben[452] 3,17-18

[17]Ich meine aber damit dies: Einem von Gott zuvor in Kraft gesetzten Testament nimmt das vierhundertunddreißig Jahre später erlassene Gesetz nicht die Kraft, so daß es die Verheißung aufheben würde. [18]Denn käme das Erbe aus dem Gesetz, so käme es nicht mehr aus der Verheißung: Dem Abraham hat es Gott durch die Verheißung geschenkt.

17-18: Gottes Testament wird durch das Gesetz nicht aufgehoben:
Paulus nimmt den in V. 16b unterbrochenen Gedanken wieder auf und argumentiert logisch konsequent: Wie er in V. 15a mit einem λέγω, „ich sage", sein Beispiel vom unabänderlichen Testament eingeleitet hatte, so erläutert er jetzt mit einem τούτο δὲ λέγω, „ich meine aber", auf das Vorausgegangene Bezug, um es näher zu erläutern: **„Einem von Gott zuvor in Kraft gesetzten Testament nimmt das vierhundertunddreißig Jahre später erlassene Gesetz nicht die Kraft, so daß es die Verheißung aufheben würde"**. Nach Ex/2Mo 12,40f dauerte die Sklaverei der Hebräer in Ägypten 430, nach Gen/1Mo 15,13 u. Apg 7,6 ca. 100 Jahre. Der Apostel hat sich an den ihm überlieferten Text von Ex/2Mo 12,40f gehalten. Den Widerspruch zwischen Gesetz und Verheißung hatte er in Gal 3,10ff schon festgestellt, als Gesetz und Glaube einander ausschließen. Es ist undenkbar, daß die dem Abraham gegebene Verheißung durch das mehr als vierhundert Jahre später dem Mose am Berg Sinai übergebene Gesetz aufgehoben und damit für ungültig erklärt worden sein sollte:. „Jahwe sprach zu Mose: Komm zu mir auf den Berg herauf, und bleib hier! Ich will dir die Steintafeln übergeben, die Weisung und die Gebote, die ich aufgeschrieben habe. Du sollst das Volk darin unterweisen. Da erhob sich Mose mit seinem Diener Josua und stieg den Berg hinauf. Zu den Ältesten sagte er: Bleibt hier, bis wir zu euch zurückkehren; Aaron und Hur sind ja bei euch. Dann stieg Mose auf den Berg, und die Wolke bedeckte den Berg. Die Herrlichkeit Jahwes ließ sich auf den Sinai herab, und die Wolke bedeckte den Berg sechs Tage lang. Am siebten Tag rief Jahwe mitten aus der Wolke Mose herbei. Die Erscheinung der Herrlichkeit Jahwes auf dem Berg zeigte sich vor den Augen der Israeliten wie ein verzehrendes Feuer. Mose ging mitten in die Wolke hinein und stieg den Berg hinauf. Vierzig Tage und vierzig Nächte blieb Mose auf den Berg"

[452] Vgl. *U. Borse*, Brief, 133.

(Ex/2Mo 24,12-18 LXX) Das Mosegesetz kann auch Gottes, dem Abraham gegebene und in Jesus Christus erfüllte Verheißung nicht ändern.
V. 18 enthält eine Zusammenfassung des Beweisgangs der VV. 15-17:[453] Gesetz und Verheißung schließen einander aus: **„Käme das Erbe aus dem Gesetz, so käme es nicht mehr aus der Verheißung: Dem Abraham hat Gott es durch die Verheißung geschenkt"** (18). Nach dem Gesetz käme es auf die Leistung bei der Erfüllung aller Vorschriften an (vgl. Röm 4,14 u. 11,6). Damit, daß das Judentum auf dem Gesetz und seiner Auslegung durch die Rabbinen beharrt, verfehlt es die dem Abraham zuteil gewordene Verheißung (18b). Paulus fragt: „Hat Gott etwa sein Volk verstoßen? Auf keinen Fall; denn auch ich bin ein Israelit, aus Abrahams Nachkommen, aus dem Stamme Benjamin. Gott hat sein Volk nicht verstoßen, das er zuvor erwählt hat. Oder wißt ihr nicht, was die Schrift von Elia sagt, als er sich bei Gott über Israel beklagte? ‚Herr, sie haben deine Propheten getötet, deine Altäre haben sie niedergerissen; ich aber bin allein übriggeblieben, und mir trachten sie nach dem Leben' (vgl. 1Kön 19,10.14). Doch was sagt ihm da der Gottesspruch? ‚Ich habe mir siebentausend Mann übriggelassen, die ihre Knie nicht vor Baal gebeugt haben' (vgl. 1Kön 19,18). So ist auch gegenwärtig ein Rest nach der Gnadenwahl vorhanden. Wenn aber aus Gnaden, dann nicht aus Werken, weil sonst die Gnade nicht mehr Gnade wäre" (Röm 11,1-6). In Ps 94,14 [93,14 LXX] heißt es: „Ja, Jahwe wird sein Volk nicht verstoßen und sein Erbe niemals verlassen" (Der Apostel fragt im Anschluß an diese Psalmstelle, ob denn Gott sein Volk verstoßen habe. Gott macht die Erwählung Israels nicht rückgängig. Er bleibt seinem Volk treu. „Seines großen Namens wegen wird Jahwe sein Volk nicht verstoßen; denn er hat sich entschlossen, euch zu seinem Volk zu machen (1Sam 12,22 LXX). Paulus fragt, ob sein Herkunftsvolk etwa vom Herrn verstoßen worden ist. Er antwortet: „Auf keinen Fall!" Er begründet seine Antwort, daß er selbst dem Volk Israel angehört, ein Nachkomme Abrahams und ein Benjaminit ist, und damit aus einem Stamm kommt, der durch ein besonderes Selbstbewußtsein ausgezeichnet ist. Als das Volk aus Ägypten geflohen war und sich dem Schilfmeer näherte, da hatten die Benjaminiten, die Nachfahren des jüngsten der zwölf Söhne Jakobs (vgl. Gen/1Mo 35,16-20), als letzte die ägyptische Reiterei dicht auf den Fersen. Außerdem war der erste König Israels, Saul (Regierungszeit: 1212-1204 v.Chr.), ein Benjaminit. Saulus war auch der Synagogenname des Apostels (vgl. z.B. Apg 7,58; 8,3; 9,1.4.11.17.19b.22.27). Seine Eltern haben ihn nach Israels erstem König benannt. Im Unterschied zu 2Kor 11,22 und Phil 3,5, wo er seine Herkunft zu dem zählt, was er Christi wegen zurückgelassen hat, zeigen seine diesbezüglichen Aussagen hier, daß er als Israelit und Benjaminit ein besonderes Selbstbewußtsein hat. Da er als frommer, pharisäisch orientierter Jude bekehrt und zum Apostel berufen wurde, ist er ein Beispiel dafür, daß Gott sein erwähltes Volk nicht verstoßen hat. Gott bleibt seinem Volk treu, obgleich sich dieses immer wieder gegen ihn versündigt. Dazu weist der Apostel auf den Propheten Elia hin, der zur Zeit des Königs Ahab (Regierungszeit: 871-852 v.Chr.) wirkte. Israel ist und bleibt Gottes erwähltes Volk: „Nicht als ob das Wort Gottes hinfällig geworden wäre; denn nicht alle aus Israel sind wirklich Israel, und nicht, weil

---

[453] Vgl. *H.D. Betz*, Galaterbrief, 286f.

sie Nachkommen Abrahams sind, sind sie alle Kinder, in Isaak wird dir Nachkommenschaft berufen werden (vgl. Gen/1Mo 21,12 LXX), Das heißt: Nicht die Fleischeskinder sind Gotteskinder, sondern die Kinder der Verheißung werden als Nachkommen anerkannt; denn das Wort der Verheißung lautet so: Um diese Zeit werde ich kommen, und Sara wird einen Sohn haben (vgl. Gen/1Mo 18,10.14; Röm 9,6-9; vgl. Gen/1Mo 18,10.14). „Gottes Wort ist nicht hinfällig geworden." Mit dieser These setzt Paulus hier ein. Es handelte sich um das Wort, mit dem er Israel zu seinem Volk erwählte und erschuf (vgl. Ex/2Mo 4,22). Dieses Wort ist weiterhin wirksam. Für den Apostel sind nur diejenigen Israeliten, die Gottes Wort hören, sich ihm erschließen und ihm von Herzen glauben. Obschon sich Israel Jesus Christus größtenteils verschlossen hat, bleibt es weiterhin das Volk, das Gott liebt: „Vom Evangelium her sie Feinde euretwegen; von ihrer Erwählung her sind sie geliebt, und das der Väter wegen; denn Gottes Gnadenerweise und die Berufung sind unwiderruflich" (Röm 1,28f). Die meisten Juswn waren zur Zeit Jesu und der Apostel Gegner des Evangeliums, wie auch Paulus vor seiner Bekehrung und Berufung einer war (vgl. Gal 1,13f). „Gottes Verhalten gegen Israel ist gleichzeitig Feindschaft und Liebe. Die Feindschaft wird durch das Evangelium gestiftet; denn die Juden verwerfen es. Die Liebe hat ihren Grund in der Wahl, da die Gaben, die sie den Juden geschenkt hat, und die Berufung, die an sie ergangen ist, unwandelbar gelten. Feinde sind sie um derer willen, die jetzt an Jesus glauben; denn diese werden von den Juden verdammt, und ihr Anteil am Reich Gottes wird ihnen bestritten. Geliebte sind sie der Väter wegen, die die Geschenke der göttlichen Gnade und ihren Ruf empfangen haben."[454]
Nach dem Verständnis des Paulus verhält sich die überwiegende Mehrheit der Juden zu seiner Zeit blind und taub für Gottes Verheißung, aber auch der Predigt des Evangeliums gegenüber: Nachdem der Erzmärtyrer Stephanus seinen zahlreichen Hörern den Inhalt seiner Vision mitgeteilt hatte, „schrien sie laut, hielten sie sich die Ohren zu, stürmten gemeinsam auf ihn ein, stießen ihn zur Stadt hinaus und steinigten ihn" (Apg 7,57-58a).

Das Gesetz wurde der Übertretungen wegen hinzugefügt 3,19-22

19Was soll nun das Gesetz? Der Übertretungen wegen wurde es hinzugefügt, bis daß der Nachkomme käme, dem die Verheißung gegeben ist, verordnet durch Engel mit Hilfe eines Mittlers. 20Einen Mittler gibt es nicht bei Einem, Gott aber ist Einer. 21Steht nun das Gesetz gegen die Verheißungen [Gottes]? Das sei ferne! Denn wenn ein Gesetz gegeben worden wäre, das Leben verheißen könnte, so käme die Gerechtigkeit wirklich aus dem Gesetz. 22Aber die Schrift hat alles unter die Sünde zusammengeschlossen, damit die Verheißung aus Glauben an Jesus Christus denen gegeben werde, die an Jesus Christus glauben.

---

454 *A. Schlatter*, Gottes Gerechtigkeit, 328.

19: Paulus stellt in V. 19a die Frage: **„Was soll nun das Gesetz?“** Die Frage zielt auf die Rolle des Gesetzes im Heilsplan Gottes.[455] Er antwortet in V. 19b: **„Der Übertretungen wegen wurde es hinzugefügt, bis daß der Nachkomme käme, dem die Verheißung gegeben ist, verordnet durch Engel mit Hilfe eines Mittlers“.** Es wurde von Jahwe, dem Gott des Volkes Israels, der Verheißung ca. 400 Jahre später hinzugefügt. Diese Aussage ist mit jüdischem Denken unvereinbar, denn so lehrt Bar Pes 54a: „Sieben Dinge sind erschaffen worden, bevor die Welt erschaffen wurde, nämlich die Thora, das Paradies (Gan Eden), die Hölle (Gehinnom), der Thron der Herrlichkeit, das (himmlische) Heiligtum u. der Name des Messias.“[456] In Spr 3,18 LXX heißt es: „Ein Lebensbaum ist sie (die Thora) denen, die sie ergreifen, und wer sie festhält, ist glückselig“. Und in Spr 4,9 LXX: „Sie wird deinem Haupte einen anmutigen Kranz verleihen; sie wird dich mit einer prangenden Krone beschenken“, „einem anmutigen Kranz“ in dieser Welt, „mit einer prangenden Krone wird sie dich beschenken in der zukünftigen Welt“. Und schließlich Spr 4,22 LXX: „Leben sind die Worte der Thora für jeden, der sie festhält und seinem ganzen Leibe Heilung.“ Während im hebräischen Text des Alten Testaments von einer Beteiligung von Engeln an der Gesetzgebung keine Rede ist, heißt es Dtn/5Mo 33,2 LXX, die Engel seien bei Gott gewesen, als er Mose die Thora übergab: „... aus seiner (Jahwes), Rechten unter Begleitung von Engeln ...“.[457] Auch nach Flavius Josephus Ant XV, 136 „haben wir das Beste unserer Lehren und das Heiligste unserer Gesetze von Engeln gelernt, die Gott gesandt hat.“[458] In der Rede des Erzmärtyrers Stephanus heißt es Apg 7,38: Mose „ist es, der in der Volksversammlung in der Wüste mit dem Engel, der auf dem Berg Sinai mit ihm redete, und unseren Vätern war, der lebendige Worte empfing, um sie uns zu geben. Vgl. auch Apg 7,53a: „Ihr habt das Gesetz durch Weisungen der Engel empfangen ...“. Ebenso Hebr 2,2a: „ Denn wenn das durch Engel geredete Wort sich als gültig erwies ...“.

Auch in Röm 5,20a.b: lehrt der Apostel: „Das Gesetz aber kam dazwischen hinein, damit sich die Übertretung mehre“. Dort geht es ihm unter Rückverweis auf Röm 5,12 darum, daß das Gesetz zu Sünde und Tod führt. Paulus „formuliert die provokative These, daß das Gesetz dazu in die Geschichte der Menschheit eintrat, damit die Übertretung sich mehre.“[459] Worum es ihm geht, schreibt er Röm 4,15; 5,20 u. 7,15-17 deutlich: „... Ist das Gesetz Sünde? Das sei ferne. Denn die Begierde hätte ich nicht kennengelernt, wenn das Gesetz nicht sagen würde: Du sollst nicht begehren. Die Sünde aber machte sich das Gebot zunutze und bewirkte dadurch jede Begierde. Denn ohne Gesetz war die Sünde tot. Ich aber war einst lebendig ohne das Gesetz. Als aber das Gebot kam, kam die Sünde zum Leben“.[460]

20: *Der eine Gott:* **Einen Mittler gibt es nicht bei Einem, Gott aber ist Einer.**

---

[455] Vgl. *A. Oepke*, Galater, 114.
[456] Vgl. Bill. IV/1, 435.
[457] Vgl. Bill. I, 917.
[458] Josephus, Antiquities, 322f (*R. Marcus*).
[459] *E. Lohse*, Römer, 183.
[460] *E. Lohse*, Römer, 211.

„Zu einem Mittler gehört es, daß er nicht einen vertritt, sondern stets eine Mehrheit. Gott aber ist Einer. Also stammt das Gesetz nicht direkt von Gott, vielmehr von einer Vielheit der Engel."[461] Vgl. auch QH VI,13a: „... zu allen Männern deines Rates und in ein Los gemeinsam mit den Engeln...."[462] und QH III, 22b. „Wer Essener wird, tritt damit ein in „die Gemeinschaft der Himmelssöhne."[463] Daß Gott Einer ist, bekennen Juden und Christen. Das Hauptgebet der Juden ist bis heute das Schemone Esre.[464] Ein Vermittler ist nur da nötig, wo es zwei Parteien gibt, die miteinander streiten, gegebenenfalls auch nicht mehr direkt miteinander verkehren und deshalb einen Mittler brauchen, der mit beiden Parteien getrennt spricht. Mose war einst der Mittler zwischen Jahwe und seinem von ihm erwählten Volk. Dem entspricht in der Zeit des Neuen Bundes Jesus Christus. Der unbekannte Verfasser der drei Pastoralbriefe schreibt unter dem Namen des Apostels Paulus „Denn *Einer* ist Gott und auch *Einer* Mittler zwischen Gott und den Menschen: der Mensch Christus Jesus, der sich als Lösegeld hingegeben hat, als ein Zeugnis zur vorherbestimmtem Zeit, als dessen Prediger und Apostel ich eingesetzt wurde – ich sage die Wahrheit und lüge nicht – als Lehrer der Heiden und in der Wahrheit" (1Tim 2,5ff). Der Autor hat hier eine frühchristliche Lehrüberlieferung aufgenommen. Die Formel: *„Einer* ist Gott" kommmt schon Röm 3,30a vor, ebenso in Eph 4,6a. Die monotheistische Formel: „Ein Gott" (6a; vgl. Dtn/5Mo 6,4) wird hier durch die anschließende Prädikation ausgelegt. Gott wird wie schon in Eph 1,3.17; 2,18; 3,14) als „Vater" bezeichnet. Das „und" ist hier wie schon Eph 1,3 explikativ zu verstehen. Mit der Prädizierung des einen Gottes, der „der Vater unseres Herrn Jesus Christus" ist (Eph 1,3) als „Vater aller" modifiziert der Autor 1Kor 8,6a.b: „Für uns ist Ein Gott, der Vater, aus dem alles ist und wir zu ihm". Der Weg zum *„einen* Gott" führt über den *„einen* Mittler, den Menschen Christus Jesus". Nur an dieser Stelle wird Jesus Christus als „Mittler"[465] bezeichnet. Jesus ist durch die Hingabe seines Lebens zum Mittler zwischen Gott, dem Vater, und uns Menschen geworden; „denn der Menschensohn ist nicht gekommen, um sich dienen zu lassen, sondern um zu dienen und sein Leben als Lösegeld für viele hinzugeben" (Mk 10,45). Der Ausspruch über sein Gekommensein faßt zunächst seine Sendung antithetisch unter dem Aspekt des Dienens zusammen: „Der Menschensohn ist nicht gekommen, bedient zu werden, sondern zu dienen." Zum Wort vom Dienen gibt es im lukanischen Abendmahlbericht eine der Mahlsituation gemäße Variante: „Wer ist denn größer, der zu Tisch Liegende oder der Dienende? Ist es nicht der zu Tisch Liegende? Ich aber bin in eurer Mitte wie ein Dienender" (S^{Lk} 22,27). Das von Markus tradierte Wort bezieht sich auf den Lebensvollzug Jesu insgesamt. Seine Sendung und Existenz ist pu-

---

461 *A. Oepke*, Galater, 119; *ders.*, Art. μεσίτης κτλ., ThWNT IV, 622, 48-51: „Da ein Mittler immer oder doch in der Regel zwischen *zwei* Parteien verhandelt, Gott aber *einer* ist, so ist das durch einen Mittelsmann gegebene Gesetz ein Kontrakt oder ein Kompromiß, nicht der unmittelbare Ausdruck des Willens Gottes." Vgl. auch *F. Vouga*, Galater, 84.

462 Vgl. *E. Lohse*, Hg., Die Texte aus Qumran, 134f. *J. Maier*, Qumran-Essener I, 54.

463 Vgl. *E. Lohse*, Hg., Die Texte aus Qumran, 122f.

464 Vgl. Bill. IV, 1, 211-214.

465 Diese Wendung kommt im Neuen Testament im Zusammenhang mit „Christus Jesus" nur 1Tim 2,5 vor; vgl. *W. Bauer*, Wörterbuch, 1026.

rer Dienst. Zudem bekommt das Wort dadurch, daß es den Hoheitstitel „Menschensohn“ ins Spiel bringt, einen der gängigen Vorstellung von der maiestas der Menschensohn-Gestalt widersprechenden Charakter. Denn der „mit großer Kraft und Herrlichkeit" kommende Menschensohn hat selbstverständlich Engel als Diener, die er aussendet: „Dann werden sie den Menschensohn mit großer Kraft und Herrlichkeit auf Wolken kommen sehen. Und er wird dann die Engel aussenden und [seine] Erwählten aus den vier Winden vom Erden- bis zum Himmelsrand einsammeln“ (Mk 13,26f). Es erscheint Gottes einzigartiger Repräsentant, „der Menschensohn“ (26). Sein Advent wird in Anlehnung an Dan 7,13 geschildert: Er hat die „große“ herrscherliche „Kraft“, Gottes Regiment auf Erden zu vollenden und strahlt Gottes „Herrlichkeit“, seine majestas, aus. Die Leser wissen, daß der himmlische Menschensohn Jesus ist, der den ihm zugemuteten Tod erlitten hat und auferstanden ist (vgl. Mk 8,31; 9,31; 10,33.34.45). Anders als in Mk 8,38 und 14,62 kommt hier nicht der Gesichtspunkt seiner Erscheinung zum Gericht über diejenigen, die ihn verleugnen (vgl. Mk 8,38), und über seine irdischen Richter, die ihn für einen des Todes schuldigen Gotteslästerer hielten (vgl. Mk 14,62ff) zur Sprache, sondern nur der tröstliche Aspekt seiner Ankunft zur Rettung für seine Getreuen. Sie sehen in der Ankunft Jesu „mit großer Kraft und Herrlichkeit“ die Erfüllung ihrer Zuversicht auf die Vollendung des Gottesreiches. In Anlehnung an Sach 2,10, wo von der Zerstreuung des Gottesvolkes in die vier Winde die Rede ist, und Dtn/5Mo 30,4, wo es um die Sammlung des Gottesvolkes, unter Umständen auch vom Himmelsrand her, geht, wird angesagt, daß der Menschensohn seine himmlischen Helfer, „die Engel“, aussendet, um seine Erwählten herbeizuholen und um sich zu versammeln. „Seine Erwählten“ sind seine von Juden und Heiden bedrängten und verfolgten Jünger (9), die ihm auf dem Leidensweg folgen (vgl. Mk 8,34-9,1 par.). Sie können zuversichtlich sein, daß er sie zu sich und damit zu Gott heimholen läßt, wo immer sie sich bei seinem Advent in Gottes Hoheit befinden mögen. Mit dieser für die unter den Leuten verrufenen, bedrängten und verfolgten Jünger tröstlichen Zusage ihrer Rechtfertigung wird die relativ kurze Zukunftsschilderung abgeschlossen.

Daß der Menschensohn seine Sendung im Dienen erfüllt, läßt aufhorchen. Der Würdename des Menschensohnes bekommt ein eigenes Gepräge durch seinen von Jesus als Dienst qualifizierten und auf die Lebenshingabe ausgerichteten, in ihr sich erfüllenden Existenzvollzug. Das Gekommensein des Menschensohnes als des Trägers einzigartiger göttlicher Vollmacht zum Dienen wird sodann ausgelegt als Lebenshingabe, die „vielen“ zugute kommt. Jesu Selbsthingabe wird gedeutet „als Lösegeld für viele“.[466] Er lebt in Wort und Tat „für viele“. Und er stirbt anstelle der Vielen, d.h. anstelle der Menschen, die vor Gott ihr Leben verwirkt haben. Er tritt in ihre Rolle ein, opfert sich für sie und entlastet sie so. Darin kommt seine Sendung zur Erfüllung. Kein Mensch hat nach 8,37 ein „Tauschmittel“[467] für die von ihm geforderte Existenz. Die Lebenshingabe des

---

[466] Vgl. *C.K. Barrett*, The Background of Mk 10,45; *ders.*, Mark 10,45; *F. Büchsel*, Art. λύτρον, ThWNT IV, 341-359; *G. Guttenberger*, Gottesvorstellung, 220ff; *V. Hampel*, Menschensohn, 302-342; *K. Kertelge*, Art. λύτρον, EWNT II, 901-905; *P. Stuhlmacher*, Existenzstellvertretung, 27-42; *W. Zager*, Deutung des Todes Jesu, 165-186.

[467] Im NT nur Mk 8,37 par; vgl. *W. Bauer*, Wörterbuch, 144.

Menschensohnes ist „Gegenwert" für sie. Vom „Lösegeld" spricht man im Altertum, auch im jüdischen Bereich, im Blick auf den Loskauf von Gefangenen, Sklaven und Verschuldeten. Hintergrund des Bildes vom Lösegeld ist wohl die Schuldopfervorstellung, wie sie Jes 53,10ff zum Ausdruck kommt,[468] wenngleich das Wort „Lösegeld" dort fehlt.[469] Jesus ist der eine erwählte „Gottesknecht", dessen frei und in der Haltung demütigen Gehorsams nach Gottes Willen übernommene Selbsthingabe in den Verbrechertod die Schuldenlast der Vielen ein für allemal wegnimmt. Er nimmt ihnen ihre Verantwortung vor dem heiligen Gott nicht ab; aber er befreit sie damit von den Folgen ihrer Daseinsverfehlung, daß er an ihre Stelle tritt. Jesu Lebenshingabe und Sterbensdienst gibt ihrem Leben in der Gemeinschaft mit Gott eine neue, von der Schuldenlast befreite Basis. Ist sein Opfertod „Lösegeld für viele" (vgl. auch Mk 14,24), so hat er unbegrenzte Sühnkraft.[470] Das liegt daran, daß im Selbstopfer dieses Mannes Gott selbst wirksam präsent ist. Das ist das Geheimnis der Existenz Jesu. Seine Selbsthingabe ist für alle Menschen da, die diese Stellvertretung in Gottes Namen je für sich akzeptieren. Sie hebt definitiv alles menschliche Bemühen auf, Heil zu realisieren. Die Aussage über die Sühnkraft des Todes Jesu steht paulinischen Aussagen über die Heilsbedeutung des Todes Jesu wie z.B. 2Kor 5,18f und Gal 1,4 nahe. Eine Überlieferungsvariante des Lösegeldwortes finden wir in der Akklamationsformel von 1Tim 2,5-6a. In der Sühnkraft des Opfertodes Jesu besteht ein entscheidender und unaufhebbarer Unterschied zwischen seiner dienenden Selbsthingabe und dem Dienen seiner Jünger. Das Dienen der Jünger im Namen Jesu schließt zwar die Lebenshingabe in einen Sklaven- und Verbrechertod als äußerste Möglichkeit ein; aber seine Selbsthingabe „als Lösegeld für viele" ist einmalig. Sie kann von den Seinen nicht nachvollzogen werden. Doch kann Jesu unwiederholbare Selbsthingabe durch selbstloses Dienen in seiner Nachfolge am ehesten glaubwürdig bezeugt werden. Wer selbstvergessen dient und damit das ein für allemal durch die sühnende Kraft der Lebenshingabe Jesu erwirkte Heil glaubhaft bezeugt, dem gebührt Autorität in der Gemeinde Christi.

21: *Zusammenfassung:* **Steht nun das Gesetz gegen die Verheißungen [Gottes]? Das sei ferne! Denn wenn ein Gesetz gegeben worden wäre, das Leben verheißen könnte, so käme die Gerechtigkeit wirklich aus dem Gesetz** (V. 21) faßt die Ausführungen von V.19b und 20 zusammen. Gesetz und Verheißung stehen im Gegensatz zueinander. Paulus betont gegen die in den galatischen Gemeinden aufgetretenen Judaisten, daß das Gesetz den Menschen weder

---

468 Vgl. *J. Jeremias*, Lösegeld, 216-229; *E. Lohse*, Märtyrer, 117ff.

469 Auf dem Hintergrund des Sühnegeldmotivs von Jes 43,3f, wo die Hingabe großer und reicher nordafrikanischer Völker und auch die eines Menschen (Adam) zur Auslösung Israels in Aussicht gestellt wird, speziell auch im Kontext der Rolle, die diese Stelle im rabbinischen Judentum gespielt hat, interpretieren das Lösegeldwort Mk 10,45: *P. Stuhlmacher*, Existenzstellvertretung, 27-42; *V. Hampel*, Menschensohn, 326-334. - *S. Kim*, Son of Man, 53-61, und *O. Betz*, Jesus und Jes 53, betonen die Synthese von Sühnegeld- (Jes 43,3f) und Schuldopfervorstellung (Jes 53,10) im Selbstverständnis und Lebensvollzug Jesu. *M. D. Hooker*, Mark, 249, und *R. E. Watts*, Exodus, 269-284, halten ebenfalls das Gottesknechtsmotiv von Jes 53 für den Hintergrund von Mk 10,45b.

470 Πολλοί [viele] wird hier (zumal neben πάντες [alle]) im einschließenden Sinn gebraucht; vgl. *J. Jeremias*, Art. πολλοί, ThWNT VI, 544.

Leben noch Gerechtigkeit geben könne. „Leben" und „Gerechtigkeit" sind für den Apostel identisch. Er betont Röm 7,9f: „Ich aber war einst lebendig ohne das Gesetz. Als aber das Gebot kam, wurde die Sünde lebendig, ich aber geriet in den Tod. Und so stellte sich heraus, daß das Gebot, mich gerade in den Tod führte. Denn die Sünde machte sich das Gebot zunutze und betrog und tötete mich mit seiner Hilfe".[471] Der Apostel hatte hier wahrscheinlich Gen/1Mo 3,17ff LXX im Blick: Jahwe sprach zu Adam: „Da du auf deine Frau gehört und von dem Baum gegessen hast, von dem zu essen ich dir verboten hatte: So ist der Acker deinetwegen verflucht. Unter Mühsal wirst du alle Tage deines Lebens von ihm essen. Dornen und Disteln läßt er dir wachsen, und die Pflanzen des Feldes mußt du essen. Im Schweiße deines Angesichtes sollst du dein Brot essen, bis du zum Ackerboden zurückkehrst, von dem du ja genommen bist; denn du bist Staub, zum Staub mußt du zurück". Adam muß ein mühseliges Leben führen; denn sein Acker wird nur wenig Ertrag liefern. So wird die Nahrung des Ehepaares kärglich sein. Seine ganze Sorge gilt der Beschaffung des Lebensunterhaltes; denn sein Acker ist verflucht. Er trägt mehr „Dornen und Disteln" als Korn. Beide sind stachelige Unkräuter, an denen man sich leicht verletzt. Das Ehepaar muß ein kümmerliches Leben führen, bis beide sterben und also wieder „zu Staub werden." Aus Wüstenstaub hat Jahwe den Menschen geformt und ihm seinen Odem eingeblasen, durch den er lebendig wurde (vgl. Gen/1Mo 2,15). Gott, „du läßt die Menschen zum Staub zurückkehren und sprichst: Kehrt zurück, Menschenkinder" (Ps 90,3 [89,3 LXX]). Der Tod und damit die Gottesferne ist der Lohn der Sünde: Der Stachel des Todes ist die Sünde, die Kraft der Sünde aber ist das Gesetz" (1Kor 15,56). Beim „Stachel" hat Paulus wahrscheinlich an den Treiberstachel gedacht, mit dem man Zugtiere wie Esel oder Ochsen antrieb. Die Sünde manifestiert sich im Egoismus und also im selbstsüchtigen Begehren. „Der Sold der Sünde ist der Tod; Gottes Gabe aber ist das ewige Leben in Jesus Christus, unserem Herrn" (Röm 6,23). Der Tod ist der Lohn, den die Sünde dem Sünder zahlt, wie ein römischer Legionär einen Teil seines Soldes ausbezahlt bekam, den Rest erst bei der Beendigung seiner Dienstzeit. Dagegen ist „das ewige Leben" Gottes Gnadengabe, die er uns armen Sündern aus lauter Barmherzigkeit um Jesu Christi, seines Sohnes, willen, dem wir aufgrund unserer Taufe gehören, zukommen läßt: „Ihr alle, die ihr auf Christus getauft seid, habt Christus angezogen" (Gal 3,27). Der Apostel stellt sich die Christuszugehörigkeit wie ein Gewand vor, das die Getauften umfängt. Das Bild des Gewandes braucht er noch einmal: „Zieht den Herrn Jesus Christus an, und sorgt nicht so für eueren Leib, daß die Begierden erwachen" (Röm 13,14). „Christus ist wie ein himmlisches Gewand angezogen worden, d.h., der Täufling ist in das Sein und die Seinsweise Christi aufgenommen."[472] „Wißt ihr nicht, daß wir, die wir auf Christus Jesus getauft wurden, auf seinen Tod getauft wurden? Durch die Taufe auf seinen Tod wurden wir ja mit ihm zusammen begraben, damit auch wir, wie Christus durch die Herrlichkeit des Vaters von den Toten auferweckt wurde, in einem neuen Leben wandeln; denn wenn wir mit dem Abbild seines Todes verbunden wurden, so werden wir es

---

[471] Vgl. *E. Lohse*, Römer, 211.

[472] *H. Schlier*, Römerbrief, 399.

auch mit dem seiner Auferstehung sein“ (Röm 6,3ff). Den Empfängern dieses Briefes war es bekannt, daß sie bei ihrer Taufe in Jesu Christi Tod hinein getauft wurden. Mit der Taufe sind wir Jesu Christi Eigentum geworden. Er ist seither unser Schutzherr. Sünde und Tod üben nun nicht mehr ihre Herrschaft über uns aus. Wir haben einen neuen Schutzherrn. Unser alter Mensch ist mit ihm zusammen begraben worden. „Die Taufe, die uns mit Christi Tod einigt, mit Christus sterben läßt, vereinigt uns auch mit ihm im Grab.“[473] So, wie wir als Getaufte an Jesu Tod und Grab teilhaben, werden wir auch an seinem Auferstehungsleben in der ungebrochenen Gottesgemeinschaft partizipieren. Unsere Lebensführung soll und kann dieser gewissen Hoffnung entsprechen.

22: Aber die Schrift hat alles unter der Sünde zusammengeschlossen, damit die Verheißung aus Glauben an Jesus Christus denen gegeben werde, die an Jesus Christus glauben. Paulus wechselt jetzt vom „Gesetz“, von dem in V. 21 die Rede war, zur Schrift, dem Medium des Wortes Gottes. In V. 22a liegt aller Nachdruck zum einen auf der „Schrift“, zum andern auf „unter der Sünde“.[474] Mit der „Schrift“ kann zum einen die gesamte Heilige Schrift gemeint sein, die in einzelnen Schriftstellen wie die Zitate in Gal 3,8; 4,30 und Röm 3,10-18 zeigen. Sie geben Gottes Urteil über uns Menschen wieder, wie auch Röm 11,32 zeigt: „Denn Gott hat alle in den Ungehorsam eingeschlossen, damit er sich aller erbarme“.[475] Beim Zusammenschluß denkt Paulus an eine Schutzhaft. Die Schrift hat alles unter die Sünde zusammengeschlossen. In Röm 3,9 spricht der Apostel von der „Schuldverfallenheit aller Menschen“: „daß Juden wie Griechen, alle unter der Sünde sind“ und 7,11: „... Die Sünde machte sich das Gebot zunutze und betrog mich und tötete mich mit seiner Hilfe“. [476] Das Gesetz bewirkt nicht die Rechtfertigung des Sünders. Es hat die Aufgabe, alle Menschen als Sünder offenbar zu machen. Es tritt nicht in Konkurrenz zur Verheißung. Diese wird nur denen zuteil, die an Jesus Christus glauben. „Gott hat nämlich alle in den Ungehorsam zusammengeschlossen, um sich aller zu erbarmen“ (Röm 11,32). Alle Menschen haben Gott nicht gehorcht. Sie haben seine Gebote übertreten. Er hat alle zusammen, Juden und Heiden, inhaftiert. Sie können nicht entrinnen. Die Inhaftierung diente ihrem Heil. Durch die Sendung Jesu Christi hat er „sich aller erbarmt“ und sie in die Freiheit entlassen. „O welche Tiefe des Reichtums, der Weisheit und Erkenntnis Gottes! Wie unerforschlich sind seine Gerichte und unaufspürbar seine Wege! Denn wer hat den Sinn des Herrn erkannt, oder wer ist sein Ratgeber gewesen? Oder wer hat ihm etwas vorausgegeben, so daß es ihm zurückgegeben werden müßte. Denn von ihm und durch ihn und auf ihn hin ist alles. Sein ist die Herrlichkeit in Ewigkeit. Amen (Röm 11,33-36). Paulus bewundert Gottes Ratschluß. Er ist von der Tiefe des Reichtums und der Erkenntnis Gottes“ ergriffen. Den Abgrund göttlicher Weisheit kann niemand ermessen (vgl. Hi 28,1-28). Das Geheimnis der Gerichte und Urteile Gottes kann niemand durchschauen. „Wie kann deine Fassungskraft den Weg des Höchsten erfassen? Denn im Unermeßlichen wurde der Weg des

---

473 *Ders.*, ebd., 193.
474 Vgl. *H. Schlier*, Galater, 164.
475 Vgl. *E. Lohse*, Römer, 367.
476 *E. Lohse*, Römer, 119 u. 211.

Höchsten geschaffen. Du kannst nicht, vergänglich in einer vergänglichen Welt, den Weg dessen, der unvergänglich ist, erkennen" (4Esr IV, 11).[477] „O Herr, mein Herr, wer kann dein Urteil schon verstehen? Wer kann die Tiefe deiner Wege untersuchen und wer durchforschen deines Pfades Majestät? Oder wer kann durchdenken deinen unaufspürbaren Ratschluß? Welches Geschöpf hat stets den Anfang und das Ende deiner Weisheit aufgefunden? Denn alle sind wir doch geschaffen wie ein Hauch" (SyrBar XIV, 8ff).[478] Röm 11,34 zitiert der Apostel teilweise Jes 40,13f LXX: „Wer bestimmt den Geist des Herrn? Wer kann sein Berater sein und ihn unterrichten? Wen fragt er um Rat, und wer vermittelt ihm Einsicht? Wer kann ihn über die Pfade des Rechts belehren und zeigt ihm den Weg der Erkenntnis? " Hier handelt es sich um einen Teil einer prophetischen Disputation. Gottes Geist ist unermeßlich; ihm kann niemand raten. „Gottes Geist ergründet nämlich alles, auch die Tiefen Gottes" (1Kor 2,10b). Gottes Geist ergründet alles, nicht allein sich selbst, sondern die letzten Winkel eines Zeltes (vgl. Gen/1Mo 31,33.35.37), sondern auch das Herz der Menschen (vgl. z.B. 1Sam 16,7; 1Chr 29,9; Ps 7,10; 139,23; Jer 11,20; 12,3; 17,10; Röm 8,27). Paulus ist von der „Tiefe des Reichtums, der Weisheit und Erkenntnis Gottes" überwältigt. Das alles ist für uns Menschen unerforschlich und auch unermeßlich. Auch den verborgenen Sinn der „Gerichte", Gottes d.h. seine Urteile und deren Vollstreckung können wir nicht ergründen. Im Namen Jahwes klagt Amos die Oberschicht Israels an: „Nur euch habe ich erwählt aus allen Stämmen der Erde; darum ziehe ich euch für alle eueren Vergehen zur Rechenschaft" (Am 3,2 LXX). Eliphas fragt Hiob: „Hast du gelauscht im Rate Jahwes und die Weisheit an dich gerissen? Weißt du. was wir nicht wissen, verstehst du, was uns nicht bekannt ist?" (Hi 15,8f LXX). Wir verdanken unser Leben Gott allein; er erhält es uns auch. Dafür können wir ihm nur dankbar sein; denn „von ihm und durch ihn und zu ihm hin ist alles" (Röm 11,36a). Der von der Stoa und ihrem Pantheismus beeinflußte Kaiser Marc Aurel (Regierungszeit: 161-180 n. Chr) schrieb in seinen Selbstbetrachtungen: „Alles paßt mir, was dir gut paßt, mein Kosmos. Nichts ist mir zu früh oder zu spät, was für dich zum richtigen Zeitpunkt geschieht. Für mich ist alles eine gute Ernte, was deine Jahreszeiten bringen, gütige Natur. Von dir ist alles, in dir ist alles, zu dir geht alles" (M IV, 23)[479]. „Die Zerlegung eines Tieres in seine Teile lehrt entweder, daß alle Dinge eine Einheit bilden, oder daß sie aus der Einheit stammen und wieder zur Einheit werden" (SpecLeg I, 208).[480] Das Staunen des Apostels über die wunderbaren Wege Gottes mündet in einen Lobpreis: „Ihm sei die Herrlichkeit in Ewigkeit! Amen." Auf Gottes Führung unseres Lebens ist Verlaß. Die Formel: „Von ihm und durch ihn und auf ihn hin ist alles", ist über das hellenistische Judentum auf Paulus gekommen.[481]

[23]Ehe aber der Glaube kam, wurden wir unter dem Gesetz verwahrt, eingeschlossen auf den Glauben hin, der geoffenbart werden sollte. [24]Also ist das

---

[477] *J. Schreiner*, Das 4. Buch Esra 317f.
[478] *A.F.J. Klijn*, Die syrische Baruch-Apokalypse, 132.
[479] *Marc Aurel*, Wege zu sich selbst, 74f *(R. Nickel).*
[480] *Philonis* Opera V, 50; *ders.*, Werke II, 69 *(I. Heinemann).*
[481] Vgl. *H. Schlier*, Römerbrief 347.

Gesetz unser Zuchtmeister auf Christus hin geworden, damit wir aus Glauben gerechtfertigt würden. [25]Nachdem aber der Glaube gekommen ist, stehen wir nicht mehr unter einem Zuchtmeister. [26]Denn ihr alle seid Söhne Gottes durch den Glauben an Christus Jesus.
[27]Denn ihr alle, die ihr auf Christus getauft seid, habt Christus angezogen. [28]Da ist nicht Jude noch Grieche, das ist nicht Sklave noch Freier, da ist nicht Mann noch Frau, denn ihr alle seid Einer in Christus Jesus. [29]Wenn ihr aber Christus angehört, so seid ihr Abrahams Nachkommenschaft (und) kraft der Verheißung Erben.

23-25: Ehe aber der Glaube kam, wurden wir unter dem Gesetz verwahrt, eingeschlossen auf den Glauben hin, der geoffenbart werden sollte. Nachdem aber der Glaube gekommen ist, stehen wir nicht mehr unter einem Zuchtmeister.
Die Verse Gal 3,23ff bilden eine Einheit. Das wird schon aus ihrer Gestalt ersichtlich. Der Anfang von V. 23 : „Ehe aber der Glaube kam …" entspricht dem von V. 25: „Nachdem aber der Glaube gekommen ist".[482] Damit ist auch das Verhältnis zum Gesetz anders als zuvor. Das Gesetz ist zum „Zuchtmeister[483] auf Christus hin geworden". Ein Pädagoge war im Altertum in der Regel ein Sklave, der sich um das Benehmen der Jungen zwischen dem sechsten und sechzehnten Lebensjahr kümmern mußte, also z.B. um ihre Anstands- und Tischsitten. Ihm mußten die Jungen gehorsam sein, so lange ihr Vater dies wollte. Der unmündige Erbe „unterscheidet sich in keiner Hinsicht von einem Sklaven obwohl er Herr über alles ist; er steht unter Vormundschaft bis zu der Zeit, die sein Vater festgesetzt hat" (Gal 4,1b.2). Er ist vom Lehrer zu unterscheiden. Damit ist das später als die Verheißung gegebene Gesetz ungültig geworden. Vgl. Röm 5,20: „Das Gesetz aber kam dazwischen hinein, damit sich die Übertretung mehre. Wo aber die Sünde sich gemehrt hat, da wurde die Gnade überreichlich …".[484] Das Gesetz hat also nur eine begrenzte Gültigkeit. „Das Gesetz als Pädagoge sollte die ihm unterstellten Menschen durch die Strenge der Gebote und Verbote auf einen Zustand der Mündigkeit und der Befreiung von Sündenangst vorbereiten und hoffen lassen. Das Bewußtsein der Knechtschaft unter der Gewalt des Gesetzes ließ sie eine Erlösung erwarten, die nach Gottes Willen von Christus kommen sollte."[485] Es gilt bis auf Christus hin. Mit seinem Kommen ist die Zeit des Gesetzes abgelaufen. Christen stehen nun nicht mehr unter dem „Zuchtmeister".

26-27: Denn ihr alle seid Söhne Gottes durch den Glauben an Christus Jesus. Denn ihr alle, die ihr auf Christus getauft seid, habt Christus angezogen. Alle, die auf den Namen Jesu Christi getauft worden sind, sind mit ihm vereint. Er hat sie zu freien und mündigen Söhnen Gottes gemacht (vgl. Gal 4,4f; Röm 8,14-17.19; 9,26; 2Kor 6,18). Das Gesetz als „Zuchtmeister" hat sei-

---

482 Vgl. *F. Mußner*, Galaterbrief, 254.
483 Vgl. *G. Bertram*, Art. παιδεύω, κτλ., ThWNT V, 618f; *G. Schneider*, Art. παιδαγωγός, EWNT III, 4f.
484 Vgl. *E. Lohse*, Römer, 173.
485 *U. Borse*, Galater, 137.

ne Aufgabe erfüllt. Es hielt die Menschen in Furcht und Sklaverei gefangen. Die Gläubigen unterstehen ihm nicht mehr (vgl. Gal 4,3.5). Der Glaube führt zur Gottessohnschaft. Die Schrift hat ihre Aufgabe als Gesetz verloren. Wer getauft ist, hat „Christus angezogen". Er ist durch seinen Glauben ein Sohn Gottes geworden. Wer aber „Christus angezogen" hat, ist von der Welt und ihren Gegensätzen frei und eine neue Kreatur Gottes. Er befindet sich in der Gemeinschaft mit Christus und seinen Glaubensgeschwistern. Der Glaube und die Taufe sind untrennbar: „*ein* Herr, *ein* Glaube, *eine* Taufe, Eph 4,5. Glaube" ist im Griechischen weiblich, „Taufe" sächlich. Christen stehen unter *einem* Herrn, den sie unter Absage an die vielen anderen anrufen. Vgl. 1Kor 8,5f: „Obwohl es im Himmel und auf Erden sogenannte Götter gibt, wie es ja viele Götter und Herren gibt, so haben *wir* doch nur *einen* Gott, den Vater, von dem alles herkommt und wir leben auf ihn hin, und *einen* Herrn Jesus Christus, durch welchen alles ist und wir durch ihn". Paulus unterstellt hypothetisch, daß es andere Götter und Herren gibt, wie er auch damit rechnet, daß es viele Dämonen gibt, die von den Heiden als Götter verehrt werden (vgl. 1Kor 10,30) und denen sie opfern. Für Christen existieren die Götter und Dämonen der Heiden nicht. Sie bekennen sich zu dem *einen* Gott, dem Vater (vgl. Röm 10,9-13), und zu dem *einen* Herrn Jesus Christus. Von ihm her und auf ihn hin leben sie. Alle Christen sind durch das gemeinsame Credo, dem „*einen* Glauben" miteinander verbunden. „Glaube" ist hier das als Lehre formulierte Glaubensgut. Dazu haben sie sich anläßlich ihrer Taufe, durch die sie in den einen Leib Jesu Christi eingegliedert wurden, bekannt. Die Täuflinge haben am Geschick Jesu Christi teil: „Mit ihm wurdet ihr in der Taufe begraben, mit ihm durch den Glauben an die Kraft Gottes, der ihn von den Toten auferweckt hat, auch auferweckt" (Kol 2,12). Durch die Taufe ist das alte Leben erledigt. Der Autor greift auf Tauftradition zurück, derer sich wohl schon Paulus bedient hat. In Röm 6,4 schrieb er: „Wir wurden mit ihm (Christus) durch die Taufe begraben in den Tod, damit, wie Christus von den Toten auferweckt wurde durch die Herrlichkeit des Vaters, so auch wir in der Neuheit des Lebens wandeln". Das Begräbnis eines verstorbenen Menschen besiegelt dessen Tod. Wie die Auferweckung Christi Gottes schöpferischer Machterweis an dem gekreuzigten Christus ist, so steht das Leben der Getauften unter der Herrschaft des durch die Auferweckung zum Weltenherrn erhöhten Christus. Röm 6,6 hat der Apostel im Blick auf den in der Taufe vollzogenen Herrschaftswechsel dargelegt, daß damit „unser alter Mensch mitgekreuzigt wurde, damit der Sündenleib vernichtet würde, so daß wir der Sünde nicht mehr dienen". Während Paulus die Auferweckung der Getauften erst von der Zukunft erwartet, die Taufe im Namen Jesu also zwar die Begründung der Schicksalsgemeinschaft der Glaubenden mit dem gestorbenen und auferstandenen Christus ist, aber noch nicht unsere Auferweckung, so ist sie es doch für den Verfasser des Kolosserbriefes: „Seid ihr nun mit Christus auferweckt, so strebt nach dem, was droben ist, wo Christus tzr Rechten Gottes sitzt" (Kol 3,1). Der Begriff der Auferstehung hat mit der Zukünftigkeit auch das Element der Leiblichkeit abgestreift. Die Teilhabe am Leben Christi erfolgt „durch den Glauben", der sich der wirksamen Kraft Gottes anvertraut, ihr Leben jetzt und künftig zu erneuern. Sie hat ihre Stärke in der Auferweckung des Christus Jesus von den Toten erwiesen.

28: Da ist nicht Jude noch Grieche, das ist nicht Sklave noch Freier, da ist nicht Mann noch Frau, denn ihr alle seid Einer in Christus Jesus. Das Anziehen Christi bedeutet für die auf seinen Namen getauften Gläubigen, daß die Bedeutung menschlicher Unterschiede relativiert wird. Ein getaufter Jude bleibt lebenslang ein Jude, ein Grieche dementsprechend ein Grieche, der Römer ein Römer, der Deutsche ein Deutscher. Dementsprechend bleibt eine Frau eine Frau, der Mann ein Mann. Jesus sprach zu seinen Jüngern: Ihr sollt euch nicht Lehrer nennen lassen; denn *einer* ist euer Lehrer, Christus. Der Größte unter euch soll euer Diener sein" (S^{Mt} 23,10f). Der Evangelist wendet sich hier gegen das Verlangen nach Titel. Die Lehrer in der Gemeinde sollen beherzigen, daß sie ebenso wie die Gemeindeglieder Schüler Jesu Christi, ihres einzigen Lehrers sind. Die Gemeindeleiter aber sollen ihre Größe durch ihr Dienen erweisen. In einer christlichen Gemeinde sind die sozialen Unterschiede, die im gesellschaftlichen Lebensalltag die Gemeindeglieder trennen, wie Schranken aufgehoben. Das gilt für die Gemeinde Christi, aber nicht für das Leben in der Gesellschaft und im Staat. Sklaverei gibt es in Europa schon lange nicht mehr. Im 16., 17. und auch noch im 18. Jahrhundeert wurden Sklaven aus Afrika in Süd- Mittel- und Nordamerika in den britischen, niederländischen, portugiesischen und spanischen Kolonien auf Baumwoll-, Kaffee- und Zuckerrohrplantagen eingesetzt. In den britischen Kolonien konnten Sklaven Freie werden, wenn sie Militärdienst leisteten. Großbritannien und die USA verboten im Jahre 1808 den Sklavenhandel, die Niederlande 1814. Endgültig wurde die Sklaverei erst gegen Ende des 19. Jahrhunderts abgeschafft.[486] In der „Regel des heiligen Benedikt" (ca. 480 – 21. 03. 547 n.Chr.) heißt es: „Ob Sklave oder frei: in Christus sind wir alle eins (vgl. Gal 3,28) und tragen unter dem *einen* Herrn die gleiche Last des Kriegsdienstes: ‚Bei Gott gibt es ja kein Ansehen der Person' (Röm 2,11). „Nur dann gelten wir bei ihm mehr, wenn wir besser als die anderen in guten Werken und demütiger erfunden werden" (Benediktinerregel II, 19ff).[487] „Nimm nur einmal den Frauen ihren Schmuck und den Herren ihre Diener weg, so wirst du keinen Unterschied mehr zwischen den Herren und ihren gekauften Sklaven finden, nicht im Gang, nicht im Blick, nicht in der Sprache; so sehr gleichen sie den Sklaven."[488] „Wenn du sagst: ‚Ich bin ein Jude', wird niemand wanken. Wenn du sagst: ‚Ich bin ein Römer', wird niemand verwirrt werden. Wenn du sagst: ‚Ic[h nin e]in Grieche', ‚ein Barbar', ‚ein Sklave', ;[ein Fre]ier', wird niemand in Unruhe geraten. [Wenn] du aber [sagst}: ‚Ich bin ein Christ', wird die [Welt] zittern."[489]

Frühchristliche Amtsträger verstanden dich als „Sklaven Christi Jesu" (Kol 3,11). Zur Relativierung der nationalen Unterschiede vgl. Röm 1,16; 10,12; 1Kor 1,24; 12,13; Apg 20,21. Zur Zeit des Paulus gehörten auch Sklaven zu den von ihm gegründeten Gemeinden. In seinem Brief an Philemon bittet der Apostel diesen, dem geflohenen und zu Paulus ins Gefängnis zu Ephesus gekommenen Sklaven Onesimus die Freiheit zu schenken (vgl. Phlm 8-21).

---

486 Vgl. *R.E. Luker*, Art. Sklaverei IV. Kirchengeschichtlich, RGG4 VII, 1385ff.

487 Die Regel des hl. Benedikt, 10.

488 Clemens von Alexandreia, Werke II, 166 (*O. Stählin*).

489 Neutestamentliche Apokryphen I, 161 *(H.-M. Schenke).*

29: Gehört ihr aber zu Christus, dann seid ihr Abrahams Nachkommen und nach der Verheißung Erben. Aufgrund ihres Glaubens und der Taufe sind die galatischen Christen mit ihrem Retter, Jesus Christus, eng verbunden. Sie sind Glieder des Erdenleibes Christi, der Kirche. Der Apostel hat den Christen in Rom geschrieben: „Wie wir am Leib viele Glieder haben, so sind wir, die Vielen, *ein* Leib in Christus, als einzelne aber sind wir Glieder, die zueinander gehören (Röm 12,4f). Paulus vergleicht die Kirche hier mit einem menschlichen Leib. Wie der *eine* Leib viele Glieder hat, die alle aufeinander angewiesen sind, so verhält es sich auch mit der Gemeinde Jesu Christi. Die Vielfalt der Geistesgaben kommt, wenn alle im Geiste eins sind, dem Gemeindeaufbau zugute. Die Christenheit bildet die Nachkommenschaft des Erzvaters Abraham kraft der ihm gegebenen Verheißung.

Die Verheißung der Sohnschaft[490]
4,1-31

Mit dem belehrenden „Ich sage aber“ beginnt ein neuer Abschnitt (4,1-11). Zwar werden Abraham und sein Glaube nicht mehr genannt, doch geht der Gedankengang folgerichtig weiter. Paulus greift das Stichwort „Erbe“ (im Folgenden wieder auf. (4,1.7). Es geht anfangs um die Zeit vor der Ankunft des Glaubens (3,23f) oder vor der Ankunft des Gottessohnes (4,1-3). Dann geht es um die Zeit, in der das Ende der Bedrückung bekanntgegeben wird (3,25f; 4.4f). Dann geht es um die Zeit vor der Sendung des Sohnes Gottes (4,1-3), danach um die Zeit, in welcher der noch unmündige Erbe sich in nicht von einem Sklaven unterscheidet. Danach geht es um die Einheit mit Christus und seinen Anspruch auf die Erbschaft (3,27-29) sowie um die Beteiligung am Geist des Sohnes Gottes und damit um die Christen als Söhne Gottes und Erben (4,6f.). Im nächsten Abschnitt wendet Paulus das zuvor Gesagte auf die Christen in Galatien an. Nachdem sie aus ihrer Knechtschaft befreit wurden, ist es Paulus völlig unverständlich, daß sie nun dabei sind, wieder in den Status von Sklaven zurückzufallen. Des Apostels Bemühungen, ihnen mit dem Glauben an Christus zur Erkenntnis Gottes zu helfen, wären vergeblich gewesen.

Der unmündige Erbe und der mündige Sohn
4,1-7

1Ich sage aber: Solange der Erbe unmündig ist, unterscheidet er sich in nichts von einem Sklaven, obwohl er Herr von allem ist, 2sondern er untersteht bis zu der vom Vater bestimmten Zeit Vormündern und Verwaltern. 3So waren auch wir, die wir unmündig waren, den Weltelementen wie Sklaven unterworfen. 4Als aber die Zeit erfüllt war, sandte Gott seinen Sohn, geboren von einer Frau (und) dem Gesetz unterworfen, 5auf daß er die dem Gesetz Unterworfenen loskaufte, damit wir die Sohnschaft empfin-

490 Vgl. *D.- A. Koch*, Die Schrift als Zeuge des Evangeliums, 204-211.

gen. [6]Da ihr aber Söhne seid, hat Gott den Geist seines Sohnes in unsere Herzen gesandt, der da ruft: ‚Abba, Vater!‘ [7]So bist du kein Sklave mehr, sondern Sohn, wenn aber Sohn, dann auch Erbe durch Gott.

1-2: *Der unmündige Erbe:* **Ich sage aber: Solange der Erbe unmündig ist, unterscheidet er sich in nichts von einem Sklaven, obwohl er Herr von allem ist, sondern er untersteht bis zu der vom Vater bestimmten Zeit Vormündern und Verwaltern.** Paulus beginnt seine Erörterung der Situation, in der sich die Christen in Galatien befinden, mit einem Vergleich aus dem Vormundschaftsrecht. Der künftige Erbe muß sich während der Zeit seiner Unmündigkeit (vgl. z.B. 1Kor 3,1; 13,11; Eph 4,14) mit dem Status eines Sklaven; der sich seinem Herrn unterordnen und seinen Befehlen gehorchen muß, begnügen, kann aber über sein Erbe solange nicht verfügen; bis er mündig ist und die Erbschaft antreten kann und zu diesem Zeitpunkt seine Sohnesrechte wahrnimmt. Paulus setzt hier voraus, daß Christen Erben Abrahams sind (vgl. Gal 3,29). Dazu hat Gott sie gemacht: „Wir wissen aber, daß Gott denen, die ihn lieben, alles zum Guten wirkt, denen, die nach seinem Vorsatz berufen sind; denn diejenigen, die er zuvor erkannt hat, die hat er auch dazu bestimmt, dem Bild seines Sohnes gleichgestaltet zu werden, damit dieser der Erstgeborene unter vielen Brüdern sei. Die er aber vorherbestimmte, die hat er auch berufen; die er aber berufen hat, die hat er auch gerechtfertigt; die er aber gerechtfertigt hat, die hat er auch verherrlicht“ (Röm 8,28ff). Paulus stellt zunächst fest, daß „Gott bei denen, die ihn lieben, alles zum Guten wirkt.“ Dies ist der Leitsatz dieses Abschnittes. Hierbei handelt es sich um diejenigen, die er nach seinem Vorsatz berufen hat. Das gilt auch für Krankheiten und andere Leiden, die er uns zuschickt. Wir befinden uns mit ihm in Übereinstimmung, wenn wir sie aus seiner Hand annehmen und vertrauen darauf, daß er es gut mit uns meint. Sie dienen uns zum Heil. „Im Namen des Rabbi Aqiba († ca. 135 n.Chr.) ist gelehrt worden: Immer gewöhne sich ein Mensch zu sagen: Alles, was der Allbarmherzige tut, tut er zum Guten.“[491] Daß wir Gott lieben können, verdanken wir seiner Liebe zu uns: „Die Liebe Gottes ist durch den Heiligen Geist, der uns gegeben ist, in unsere Herzen ausgegossen worden“ (Röm 5,5b). „Mit ‚lieben‘ meint Paulus die Kraft und den Erweis des Glaubens und das Eingehen und Bleiben in der Liebe, die Gott durch den Geist in die Herzen gegossen hat.“[492] Das „Herz“ ist das Zentrum der Person. „Gott kennt die heimlichen Gedanken des Herzens (Ps 44,22b [43,22b LXX]). „Das Herz des Einsichtigen erwirbt Erkenntnis; das Ohr des Verständigen sucht Erkenntnis“ (Spr 18,15 LXX). Im „Herzen“ sind wir mit Gott durch seinen „Heiligen Geist“ eng verbunden. „Der Herr aber ist der Geist, und wo der Geist des Herrn ist, da ist Freiheit. Wir alle spiegeln mit enthülltem Angesicht die Herrlichkeit des Herrn wider und werden von Herrlichkeit zu Herrlichkeit durch den Herrn, welcher der Geist ist, in sein eigenes Bild verwandelt (2Kor 3,17f). „Gott ist Geist, und die ihn anbeten, müssen ihn im Geist und in der Wahrheit anbeten“ (Joh 4,24). Wenn Gott uns „zuvor erkannt“ hat, dann hat er uns damit erwählt. Wie Gott „die Wahrheit ist, so ist er auch „die Liebe“: „Gott

---

491 Bill. III, 257.
492 *H. Schlier*, Römerbrief, 271.

ist Liebe, und wer in der Liebe bleibt, der bleibt in Gott und Gott in ihm" (1Joh 4,16). Ein Gottesdienst ist nur dann recht, wenn er eine Antwort des Glaubens auf die Offenbarung der Liebe Gottes in Jesus Christus ist. Mit seiner Sendung, seiner Botschaft und seinem Geschick hat uns Gott seine Liebe erwiesen. Wir können unsere Gottesliebe nur zusammen mit der Nächstenliebe praktizieren. Als Gottes Sohn ist Jesus Christus zugleich auch Gottes Bild: „Er ist das Ebenbild des unsichtbaren Gottes, der Erstgeborene der Schöpfung" (Kol 1,15). Der geliebte Gottessohn wird in einer ersten genitivischen Aussage im Präsens, das die Dauer anzeigt, als „Bild des unsichtbaren Gottes" bezeichnet (15a). Ein Bild ist nach hellenistischem Wirklichkeitsverständnis nicht nur Abbildung einer Sache im Bewußtsein. Vielmehr tritt diese Sache im Bild als solche in Erscheinung. Sie manifestiert sich in ihm. So repräsentiert es sie, macht damit zugleich aber auch ihre Unsichtbarkeit sichtbar. Der Gottessohn Christus ist als „Bild" die Offenbarung und der Repräsentant des unsichtbaren Gottes. Als Ebenbild Gottes wird der Gottessohn mit einer im griechischen Urtext zweiten, ebenfalls im Präsens zur Anzeige der Dauer stehenden genitivischen Aussage als „Erstgeborener (vor) aller Schöpfung" bezeichnet. Mit dem Wort „Erstgeborener" wurden im hellenistischen Judentum oft nicht mehr die Vorgänge des Zeugens und Gebärens assoziiert. Der Ausdruck wurde zum Synonym für den einzig Erwählten oder einzigartig Geliebten, so z.B., wenn das Volk Israel sich von Gott als seinen „Erstgeborenen, Einzigen, Anhänger [oder: Erwählten?], Liebling" tituliert versteht (4Esr 6,58; vgl. Ex/2Mo 4,22).[493]
Als „Erstgeborener", d.h. als der Eine Erwählte und Geliebte Gottes, hat der Sohn einen qualitativen Vorrang gegenüber aller Schöpfung. Er steht dem Rang nach über allen Kreaturen, steht Gott unmittelbar nahe, ist aber nicht ohne Bezug zur Schöpfung, wie in V. 16 näher ausgeführt wird. Traditionsgeschichtlich ähnelt der Sohn darin der Gott zugehörigen (z.B. Weish 8,3-4) und als Person vorgestellten Weisheit nach Spr 3,19; 8,22-31, Sir 24,3-17. Sie sagt von sich: „Ich bin hervorgegangen aus dem Mund des Höchsten" (Sir 24,3; Lutherbibel: 24,4). „Von Ewigkeit her, von Anfang an erschuf er mich, / und in Ewigkeit vergehe ich nicht" (Sir 24,9; Lutherbibel: 24,14).[494] Sie hat Gott bei der Schöpfung als Baumeisterin geholfen und ihr Werk vor ihm spielend leicht vollbracht. Nach SlHen 30,8 wird sie bei der Erschaffung des Menschen im Auftrag Gottes selbst tätig. Nach Weish 9,4 ist sie Mitregentin auf dem Thron Gottes. Ähnlich Kol 1,15 bezeichnet Hebr 1,2c.3a den Sohn, durch den Gott die Welt geschaffen hat, als „Abglanz seiner Herrlichkeit und Prägebild seines Wesens". Jesus Christus: „wird unseren nichtigen Leib verwandeln, daß er seinem verherrlichten Leib in der Kraft, mit der er sich alles unterwerfen kann, ähnlich werde" (Phil 3,21). Die Gewißheit der Christen, „in den Himmeln" zuhause zu sein, prägt ihre Erwartung Jesu Christi, ihres Herrschers, der das durch ihn gegründete Gemeinwesen der von ihm auf Hoffnung hin Geretteten zur Parusie als „Retter". Er wird diejenigen Menschen, die ihm jetzt leibhaftig nach ihrer je individuellen Personalität in Niedrigkeit, in vorläufiger Gestalt und im Bereich des Nichtigen dienen und sich da nach unmittelbarer und immerwährender Gemeinschaft mit

---

493 *J. Schreiner*, Das 4. Buch Esra, 341.
494 *G. Sauer*, Jesus Sirach, 563f.

ihm sehnen (vgl. Röm 8,23), in eine seiner ihm von Gott nach dem erlittenen Kreuzestod gegebenen Existenz entsprechende Lebensform, in „den Leib seiner Herrlichkeit“, umgestalten, wird sie voll mit sich verbinden und in seine himmlische Herrlichkeit eingliedern (21b). Nahe verwandt dieser Hoffnungsaussage ist die in Röm 8,29: Gott hat seine Erwählten, die ihn lieben und für die er alles zum Guten wirkt (vgl. Röm 8,28), dazu „bestimmt, dem Bild seines Sohnes ebenbürtig gestaltet zu sein, damit er der Erstgeborene unter vielen Brüdern sei.“ So können sie einer von Grund auf erneuerten und ewig währenden Gemeinschaft mit ihm und untereinander entgegensehen. Christus ist als Gottes „Erstgeborener“ nicht allein aller Schöpfung voraus (vgl. Kol 1,15), sondern er ist auch der erste, der von den Toten aufetanden ist: „Er ist der Anfang, der Erstgeborene der Toten; so hat er in allem denn Vorrang; denn es hat Gott gefallen, in seiner ganzen Fülle in ihm zu wohnen“ (Kol 1,18.b.c). Eingangs wird der Gottessohn parallel zu der Bezeichnung als „Bild des unsichtbaren Gottes“ und „Erstgeborener (vor) aller Schöpfung“ (Kol 1, 15a.b) mit einem Gottesattribut „Anfang“ genannt (18b).[495] Er ist der princeps und das vor Raum und Zeit liegende principium der Schöpfung, der Grund und Ursprung aller Kreatur. Der Anfang, um den es jetzt geht, ist die neue Schöpfung. Erstling und Anfang ist der Gottessohn Christus als „Erstgeborener aus den Toten“ (18c). Der Begriff des „Erstgeborenen“ aus V. 15b wird hier bewußt wieder aufgenommen. Die David und seinen Nachfolgern gegebene Verheißung: „Ich will ihn zum Erstgeborenen machen, zum höchsten König auf Erden“ (Ps 89,28 [88,28 LXX]) wird im auferstandenen und in Gottes, des Weltenherrschers, Hoheit eingegangenen Christus übertroffen. Am nächsten verwandt mit unserer Stelle ist Offb 1,5, wo Jesus Christus „der Erstgeborene von den Toten und Erste der Könige auf Erden“ genannt wird. Der nicht nur zeitliche, sondern vielmehr qualitative Vorrang des auferstandenen Christus kommt im Finalsatz V. 18d zum Ausdruck: „damit er in allem der Erste sei“. Die Aussagen in V. 18b.c.d sind ein Echo auf Röm 8,29; 1Kor 15,20-23. Gott hat uns seine Liebe darin erwiesen, daß Christus für uns gestorben ist, als wir noch Sünder waren. Nachdem wir jetzt durch sein Blut gerechtfertigt worden sind, werden wir durch ihn erst recht vor dem Gericht Gottes gerettet (Röm 5,8f). Gott erweist seine Liebe zu uns Menschen damit, daß er seinen Sohn, unseren Herrn Jesus Christus in den Fluch- und Schandtod am Kreuz dahingegeben hat. Mit dem „Blut“ Jesu Christi ist sein Opfertod gemeint. In Ausnahmesituationen können auch andere Menschen ihr Leben für andere einsetzen und hingeben, beispielsweise dann, wenn jemand ein Kind davor bewahrt, von einem Auto überfahren zu werden, aber dann selbst von diesem oder einem anderen Wagen erfaßt und tödlich verletzt wird. Es kann auch vorkommen, daß ein Mann oder eine Frau beim Hausbrand alte Leute oder Kinder in Sicherheit bringt, doch dabei selbst von den Flammen erfaßt wird und den Tod erleidet.

Diejenigen Menschen, die Gott nach seinem Plan „berufen hat“, die hat er auch „erwählt“, wie z.B. den Christenfeind Saulus zum Heidenapostel. (vgl. z.B. Apg 9,15f; Gal 1,15f; 2,7). Sie sollen dem Bild seines Sohnes“, in und mit dem er sich geoffenbart hat, dadurch „gleichgestaltet werden“, daß sie so weit, wie es

495 Vgl. *G. Delling*, Art. ἀρχή, ThWNT I, 482; *K. Weiß*, Art. ἀρχῆ, EWNT I, 389f.

ihnen möglich ist, anderen zugute leben. Als der „erstgeborene unter vielen Brüdern" läßt der erhöhte Jesus Christus uns Christen, die wir „gerechtfertigt" worden sind, an seiner „Herrlichkeit" teilhaben: „Wir alle spiegeln mit enthülltem Angesicht die Herrlichkeit des Herrn wider und werden so durch den Geist des Herrn von Herrlichkeit zu Herrlichkeit in sein eigenes Bild verwandelt" (2Kor 3,18). Paulus hat hier alle Christen im Blick. Wir „spiegeln die Herrlichkeit des Herrn" nur gebrochen „wider"; denn „wir schauen jetzt in einen Spiegel ein umrißhaftes Bild, dann aber von Angesicht zu Angesicht. Jetzt erkenne ich stückweise; dann aber werde ich erkennen, wie ich erkannt wrden bin" (1Kor 13,12). Wir erkennen Gott nur unvollkommen und verstehen sein Wort, das Evangelium, nur fragmentarisch. Gott aber erkennt und durchaut uns ganz und gar. Wenn wir ihn lieben, so werden wir von ihm für wert gehalten, seine Kinder zu sein: „Wer Gott liebt, der ist von ihm erkannt" (1Kor 8,3); denn „aus der Liebe zu Gott entsteht jenes Erkennen, das so erkennt, wie man erkennen soll, das nie fertig werden kann und nie satt macht, weil Gott größer als alle unsere Erlebnisse und Gedanken ist."[496]
Die Christen befanden sich im Zustand der Unmündigkeit, solange sie den „Weltelementen" (vgl. Gal 4,3.9; Kol 2,8.20) dienten. Als Minderjähriger untersteht der künftige Erbe einem Vormund oder mehreren Vormündern und Verwaltern (vgl. S[Lk] 8,1ff). seines künftigen Erbes. Wie lange seine Unmündigkeit dauert, hängt von der Festsetzung des Zeitpunktes ab, an dem sein Vater ihn für mündig erklärt. Nach Philo von Alexandria (20/10 v. – ca. 45 n.Chr.) „ist Gott der erhabenste Anfang von allem, was existiert. ... Ein Irrtum nun, und kein geringer, hält die meisten Menschen in einer Sache gefangen, die allein oder mehr als alles im Geiste aller völlig ohne Unsicherheit feststehen sollte. Es vergöttern die einen die vier Elemente, Erde, Wasser, Luft und Feuer, andere die Sonne, den Mond und die anderen Gestirne, Planeten und Fixsterne, andere endlich das ganze Weltall" (Decal 52f).[497]

3: Paulus wertet jetzt das aus, was er in Versen 1-2 dargestellt hat. **„So waren auch wir, die wir unmündig waren, den Weltelementen wie Sklaven hilf- und hoffnungslos unterworfen"**. Ehe die Galater Christen wurden, waren sie Unmündige und Sklaven der „Weltelemente". Zur Welt gehört Unvollkommenheit und Vergänglichkeit (vgl Gal 6,14; 1Kor 1,20-28; 2,12; 3,19, 7,31), die Griechen dem Schicksal und dem Zufall, der Tyche, der Magie und verschiedenen Kulte, um die feindlichen Mächte gnädig zu stimmen, die Juden dem Gesetz. Sie mußten mit ihren Ritualen und magischen Handlungen die ihnen feindlich gesonnenen Mächte versöhnen Die nun vergangene diente der Vorbereitung auf die „Fülle der Zeit" und damit auf die Erfüllung ihres Sehnens. Mit ihr beginnt die Heilszeit (vgl. Mk 1,15), die Zeitenfülle. Vgl.Eph 1,9f: Gott „hat uns ja nach seinem Wohlgefallen das Geheimnis seines Willens zu erkennen gegeben, das er zuvor bei sich beschlossen hat, die Zeitenfülle herbeizuführen und in Christus alles zusammenzufassen, was im Himmel und auf Erden ist. Um klarzustellen, daß das Zitat sich auf Christus bezieht, unterbricht der Verfasser sei-

---

496 *A. Schlatter*, Paulus, der Bote Jesu, 252.
497 *Philonis* Opera IV, 280f; *ders.*, Werke I, 382 *(L. Treitel)*.

nen Gedankengang in V. 9 und 10 mit einer Parenthese. Was er in chiastischer Anordnung ausführt, ist an den Text herangetragen. Er unterstellt, daß der Aufstieg in die Höhe im Psalmzitat von vornherein die Himmelfahrt Christi meint. Ein Aufstieg setzt aber voraus, daß der als präexistent gedachte Christus zuvor hinabgestiegen ist. Er ist hinabgestiegen bis „zu den unteren" Regionen „der Erde" (9). Damit ist wahrscheinlich nicht die Höllenfahrt Christi, der descensus ad inferos zur Überwindung der gottfeindlichen Macht und Gewalt (1Petr 3,19) gemeint, die ja nach Eph 2,2; 6,12 in der Luft zwischen der Sphäre Gottes und der Erde haust, sondern ähnlich wie in Joh 3,13 und Phil 2,6-11 die Menschwerdung Christi, die Inkarnation. Die gottwidrigen Gewalten hat Christus bei seinem Aufstieg überwunden (vgl. Eph 1,20-23). So „hat er Gefangene gemacht." Das wird aber nicht näher ausgeführt. Beim Aufstieg hat Christus „alle Himmel" durchmessen. Nach dem Weltbild des Epheserbriefes besteht der Himmel aus niederen und höheren Sphären. Christus hat sie alle durchdrungen. Er ist „über alle Himmel" aufgestiegen (10a). Das geschah, „damit er das All erfülle" (10b).[498] Hier wird von Christus gesagt, was Jahwe nach Jer 23,24b LXX von sich selbst im Blick auf seine heilsame und richterliche Gegenwart sagt: „Sind es nicht Himmel und Erde, die ich erfülle?" Die gesamte Schöpfung wird von ihm bestimmt und durchdrungen.[499] Der erhöhte und inthronisierte Christus hat über alle Bereiche des Kosmos zu sagen und füllt sie durch sein Wirken aus. Seine effektive Erfüllung des Universums läßt er hervortreten in seinem Leib, der universalen Kirche, durch deren weltweite Verkündigung Menschen aus al-

---

498 Christus nimmt die Stelle ein, in der Platon im Phaidros das Wesen der Wahrheit sieht, das nur die Vernunft sehen kann. Sein Sokrates hat die göttlichen und menschlichen Seelen mit Pferdegespannen verglichen, die auf der Rennbahn des Himmels aufwärts jagen. Während die göttlichen Wagen immer wohlgezügelt dahineilen, ist bei den Gespannen der Menschen ein Roß unedler Abkunft und drängt ständig wieder zur Erde hinab, so daß es den Fahrern schwer fällt, ihren Wagen oben zu halten. Die göttlichen Seelen kennen diese Schwierigkeit nicht. „Die unsterblich genannten [Seelen] zwar, wenn sie an den äußersten Rand gekommen sind, wenden sich hinauswärts und stehen so auf dem Rücken des Himmels, und hier stehend reißt sie der Umschwung mit fort, und sie schauen, was außerhalb des Himmels ist. Den überhimmlischen Ort aber hat noch nie einer von den Dichtern besungen, noch wird ihn je einer nach Würden besingen. Er ist aber so beschaffen, denn ich muß es wagen, ihn nach der Wahrheit zu beschreiben, besonders auch, da ich von der Wahrheit zu reden habe: Das farblose, gestaltlose, wahrhaft seiende Wesen, das nur der Seele Führer, die Vernunft, zum Beschauer hat und um das Geschlecht der wahrhaften Wissenschaft ist, nimmt jenen Ort ein" (Phaedr 247 b.c; Platon, Werke V, 74-77 *(Fr. Schleiermacher)*.

499 Vgl. auch Philo von Alexandria über Gottes wirksame Gegenwart in seiner Offenbarung im „Leben Mosis" (Vita Mosis) II, 238: „Der Schöpfer des Alls, der Vater der Welt, der Erde, Himmel, Wasser und Luft und alles, was aus jedem dieser Elemente hervorgegangen ist und lenkt, der Beherrscher von Göttern und Menschen, verschmähte es nicht, verwaisten Mädchen Recht zu sprechen." (*ders.*, Werke, I, 353 *[B. Badt]*); *ders.*, „Über die Träume" *(De somniis* II, 221) als Gottesrede zu Mose in Umschreibung von Ex 17,6: „Ich, der ich sichtbar und hier bin, ich bin auch dort und überall, da ich das All ausgefüllt habe, in demselben Zustand verharrend und bleibend, da ich unwandelbar bin, bevor du oder irgendein Ding in das Werden eintratest, gegründet auf die höchste und älteste Macht der Herrschaft, von der das Werden der Dinge strömte und der Quell der Weisheit floß." (*ders.*, Werke VI, 263 *[M. Adler])*. Vgl. zu Philos Verständnis des das All erfüllenden Gottes *G. Delling*, Art. πληρόω, ThWNT VI, 287f; zu unserer Stelle ebd., 290f.

len Völkern in seinen Herrschaftsraum einbezogen werden „Die Kirche, die sein Leib ist, die Fülle dessen, der alles in allem erfüllt". (Eph 1,23)
Gott führte eine Wende der Geschichte herbei, „als aber die Zeit erfüllt war". Er sandte nach der frühchristlichen Lehre von der Präexistenz Christi seinen eingeborenen Sohn (vgl. Röm 8,3: Mk 12,6 parr.; Joh 3,16f; 5,23.36f; 6,44.57; 7,8; 8,16.42 10,36; 11,41f; 12,49; 14,24; 17,3; 18,21.25; 20,21: 1Joh 4,9f). Dieser wurde Mensch, ein Jude (Röm 8,3; Joh 1,14), der Sohn einer ihrem Mann untergeordneten Frau geboren und dem Gesetz Israels unterworfen (vgl. 1Kor 11, 7ff; S^{Mt} 1,18-23; S^{Lk} 1,26-35) „entäußerte sich selbst, nahm Sklavengestalt an, wurde den Menschen gleichgestaltet, auch der Erscheinung nach als Mensch erkannt, erniedrigte sich selbst, erzeigte sich gehorsam bis zum Tod, ja bis zum Kreuzestod." (Phil 2,7f). Die Erniedrigung, der Kreuzestod, seine Auferstehung und Erhöhung zu Gott ermöglichen die Befreiung der Erben aus der Unmündigkeit und damit die Freiheit vom Gesetz, der Thora Israels. Paulus wollte dem Gesetz treu verbundene Juden für den Glauben an Christus gewinnen. Er verstand sein Apostolat mit seinen Leiden und Mühen als Nachfolge Christi (vgl. 2Kor,1,16 – 12,10).

4-5: Als aber die Zeit erfüllt war, sandte Gott seinen Sohn, geboren von einer Frau (und) dem Gesetz unterworfen, auf daß er die dem Gesetz Unterworfenen loskaufte, damit wir die Sohnschaft empfingen. Die vom Vater festgesetzte Zeit der Versklavung durch das Gesetz, die Thora Israels, und der Unmündigkeit hat damit ein Ende, daß Gott seinen präexistenten Sohn in diese Welt gesandt hat (vgl. Röm 8,3; Mk12, 6.7 parr.). „Die Zeit" ist jetzt „erfüllt" (vgl. V. 2; Lk 21,21.24; Joh 7,8: Apg 9.23; 24,27) und damit die Zeit der endzeitlichen Neuschöpfung (vgl. Gal 3,15-28; 2Kor 5,14-19) und der Mündigkeit gekommen. Mit der erfüllten Zeit ist das Heil angebrochen (vgl. Mk 1,15). Der Geist des Gottessohnes regiert die an Christus Glaubenden und Getauften; er hält sie im Gehorsam des gehörten Evangeliums fest. Wenn die galatischen Christen sich wieder dem Gesetz zuwenden, verachten sie den ihnen anläßlich ihrer Taufe und damit den ihnen mit dem Glauben an Jesus Christus mitgeteilten Heiligen Geist.

6: Da ihr aber Söhne seid, hat Gott den Geist seines Sohnes in unsere Herzen gesandt, der da ruft: „Abba, Vater!". Mit der Erlangung der Sohnschaft sind die berufenen Erben mündig. Sie unterstehen nicht mehr den Weltelementen und auch nicht mehr dem Gesetz, der Thora Israels, sondern sind jetzt Söhne Gottes (vgl. 3,26). Gott hat seinen Geist in ihre „Herzen" und damit ins Zentrum ihrer selbst gesandt. Er wohnt nun darin und regiert ihr Leben (vgl. Röm 5,5; 8,9ff.27; 1Kor 3,16; 2Kor 1,22; 2,3). Es handelt sich um den Geist des Gottessohnes Jesus Christus (vgl. Röm 1,4; 8,9f; Mk 1,9ff parr. u.ö. Joh 1,32ff; 16,13ff; Apg 10,38). Der Geist ermöglicht ein Leben als Söhne Gottes. Christen beten zu Gott als ihrem Vater, denn in ihren Herzen wohnt und lebt der Geist Gottes (vgl. Röm 8,5.9ff; QLk 11,2 // QMt 6,9). Die galatischen Christen werden wie Paulus „Abba, Vater!" gebetet haben. Wie Jesus zu Gott als seinem Vater gesprochen hat (Mt 11,25f par. 26, 39 par.; Lk 23,34.46; Joh 11,41; 12,27f; 17,1.5,11..21.24f), so beten auch Christen durch den in ihnen lebenden und sie

regierenden Heiligen Geist zu Gott als ihrem „Vater“. Sie beten im Geiste des Gottessohnes Jesu Christi als Söhne Gottes. Röm 8,16: „Der Geist selbst bezeugt unserem Geist, daß wir Gottes Kinder sind“. Gottes Geist vergewissert uns unserer Gotteskindschaft.
7: Paulus kommt jetzt zur Schlußfolgerung alles dessen, was er in Gal 4,1-6 geschrieben hat: Er „bekräftigt damit Gal 3,26-29, d.h. 3,1-29.“[500] **So bist du kein Sklave mehr, sondern Sohn, wenn aber Sohn, dann auch Erbe durch Gott**. Durch den Geist des Gottessohnes Jesu Christi rufen Christen Gott als ihren Vater an. Dementsprechend sind sie keine Sklaven mehr, die tyrannischen Herren gehorchen müssen, sondern freie und mündige Söhne und Töchter Gottes. Paulus hat „Gott“ betont an den Schluß des Satzes gestellt. Gott hat die früheren Sklaven in ihrer Taufe auf den Namen Jesu Christi als seine Söhne und Töchter adoptiert (vgl. Gal 3,23; 4,1). Sie erben die Verheißung, die Gott dem Abraham gegeben hat (vgl. Gal 3,8.16.18.29) und beten von Herzen gern im Heiligen Geist (vgl. Gal 4,6; Röm 8,14). Ihre Erwählung erfolgte durch Gottes freie Gnade. Paulus kommt auf das hier in VV. 5.-7 geschrieben hat, in Röm 8,14-17 wieder zurück: „Diejenigen, die vom Geist geführt werden, sind Söhne Gottes. Ihr habt ja keinen Sklavengeist empfangen, so daß ihr wieder Angst haben müßtet, vielmehr habt ihr den Geist der Sohnschaft empfangen, in dem wir rufen: Abba, Vater! Der Geist selbst bezeugt unserem Geist, daß wir Gottes Kinder sind. Wenn aber Kinder, dann auch Erben, Erben Gottes, Miterben Christi, wenn wir denn mitleiden, damit wir auch verherrlicht werden“. Mit dieser Stelle ist Gal 5,18 nahe verwandt: „Wenn ihr euch vom Geist führen laßt, dann steht ihr nicht unter dem Gesetz“. Christen lassen sich durch Gottes Geist führen. Alle, die sich in ihrer Lebensführung vom Heiligen Geist leiten lassen, sind Söhne Die Gotteskindschaft ist seit der Sendung Jesu Christi nicht mehr an das Volk Israel gebunden. „Kinder Gottes“ sind alle, die ihr Vertrauen auf Jesus Christus als ihren Herrn setzen. In den frühchristlichen gottesdienstlichen Versammlungen riefen die Gottesdienstteilnehmer: „Abba, Vater!“ Der Apostel erinnert die Adressaten dieses Briefes daran, daß sie bei ihrer Taufe Gottes Geist empfangen haben. Er stellt diesen Geist dem „Sklavengeist“ entgegen, der die Menschen dazu zwingt, sich vor Gott zu ängstigen. Wer Gott im Namen Jesu Christi seinen „Vater“ nennen und in vertrauensvoll in allen Leiden und Nöten anrufen kann, braucht sich vor ihm nicht zu fürchten, weil er sich auf seinem Lebensweg von ihm leiten läßt. „Wir, die wir die Erstlingsgabe des Geistes haben, wir seufzen in unseren Herzen und erwarten die Sohnschaft, die Erlösung unseres Leibes; denn zur Hoffnung sind wir gerettet worden. Hoffnung aber, die man sieht, ist keine Hoffnung. Wie kann denn jemand erhoffen, was er sieht? Wenn wir aber auf das hoffen, was wir nicht sehen, so warten wir in Geduld“ (Röm 8,23b-25). „Die Erstlingsgabe des Geistes“ Gottes macht uns aufgrund unserer Taufe zu Söhnen Gottes. Der Geist ist eine Anzahlung, die uns darauf hoffen läßt, daß wir den Rest auch noch ausbezahlt bekommen, nämlich „die Erlösung unseres Leibes“. Sie erfolgt in unserer Auferweckung von den Toten: „Gott hat den Herrn auferweckt; er wird durch seine Macht auch uns auferwecken“ (1Kor 6,14). „Die Auferweckung von den Toten“ betrifft unser ganzes Leben, den „Leib“ auch.

---

[500] Vgl. *H.D. Betz*, Galaterbrief, 369.

Gottes Geist hält uns unseren Herrn Jesus Christus gegenwärtig; denn „der Geist bezeugt unserem Geist, daß wir Gottes Kinder sind“ (Röm 8,15). Als „Gottes Kinder“ können und sollen wir der Geistesgabe entsprechend unser Leben führen, so daß wir uns dafür jederzeit vor Gott verantworten können. Gottes Geist verbindet uns in der Kirche Jesu Christi miteinander. Als Gottes „Kinder“ gewährt uns sein „Geist“ den Glauben und die Liebe. Er erweckt auch unsere Hoffnung: „Der Gott der Hoffnung aber erfülle euch mit aller Freude und mit allem Frieden im Glauben, damit ihr reich werdet an Hoffnung in der Kraft des Heiligen Geistes“ (Röm 15,13). Der Apostel ruft für die Christen in der Hauptstadt des römischen Weltreiches den „Gott der Hoffnung“ an. Er bittet darum, daß er die Adressaten seines Briefes „mit aller Freude, mit Frieden im Glauben erfülle.“ Er hat sie ermutigt und ermuntert: „Seid fröhlich in der Hoffnung, geduldig in der Bedrängnis, beharrlich im Gebet!“ (Röm 12,12). Sie sollen in „Bedrängnissen” nicht vom Glauben abfallen, vielmehr der Versuchung dazu tapfer widerstehen. Paulus sagt von seinen Mitarbeitern und sich: „Wir werden verkannt und doch anerkannt; wir sind wie Sterbende, und, siehe, wir leben; wir werden gezüchtigt und doch nicht getötet; wir sind traurig, sind aber allezeit fröhlich; wir sind arm, und doch machen wir viele reich“ (2Kor 6,9f). Heiden halten den Apostel und seine Mitarbeiter für philosophische Wanderlehrer, z.B. für Kyniker. „Anerkannt“ werden sie von denen, die durch sie für den christlichen Glauben gewonnen worden sind. „Wie Sterbende“ sind die Missionare insofern, als sie von Juden, aber auch von Heiden, mit dem Tode bedroht und geschlagen werden (vgl. z.B. Apg 9,23ff; 14,19f; 16,22ff; 23,12-15; 2Kor. 4,7-11; 11,23b-29). Die Prügel und Todesdrohungen können ihre Glaubensfreude nicht zerstören. „Arm“ sind sie insofern, als sie mit ihrer Hände Arbeit ihr Geld für den Lebensunterhalt verdienen müssen. So arbeitete Paulus als Zeltmacher (vgl. Apg 18, 1ff). Nur von der Gemeinde in Philippi nahm er Geldspenden entgegen (vgl. Phil 4,10-20). Die Missionare machen ihre Hörer damit „reich“, daß sie ihnen das Evangelium Jesu Christi predigen und sie bitten, dieser Heilsbotschaft zu glauben und sich taufen zu lassen. Was es heißt, beharrlich zu beten, kann man aus der Gleichniserzählung von der bittenden Witwe und einem ungerechten Richter lernen: „In einer Stadt gab es einen Richter, der Gott nicht fürchtete und sich vor keinem Menschen scheute. In jener Stadt gab es aber eine Witwe, die zu ihm kam und sprach: ‚Schaffe mir Recht gegen meine Widersacher!‘ Und er wollte eine Zeitlang nicht. Dann aber sprach er zu sich selbst: ‚Wenn ich auch Gott nicht fürchte und mich vor keinem Menschen scheue, will ich doch wenigstens dieser Witwe Recht verschaffen, weil sie mir Mühe macht, damit sie nicht schließlich kommt und mir ins Gesicht fährt.‘ Der Herr aber sprach: ‚Hört, was der ungerechte Richter sagt! Sollte Gott denn nicht seinen Auserwählten Recht schaffen, die bei Tag und Nacht zu ihm rufen? Und zieht er es lange mit ihnen hin? Ich sage euch: Er wird ihnen in Kürze Recht schaffen. Wird jedoch der Menscnensohn bei seiner Ankunft Glauben auf Erden finden?‘“ (S^{Lk} 18,2-8). Die Gleichniserzählung beginnt mit der Vorstellung der handlungstragenden Figuren. Zunächst wird ein Richter präsentiert, der sich nicht um Gott, noch um die Menschen kümmert. Ihn schert weder das Gottes- noch das Menschenrecht. Er ist ähnlich wie der schlaue Verwalter (vgl. S^{Lk} 16,1.8) von vornherein eine Negativfigur. Die örtliche Rechtsprechung wurde Persönlichkeiten übertragen, die man für kompetent hielt. Bei ihnen waren Gottesfurcht und Achtung vor dem Recht ihrer Klienten nicht selbstverständlich. Richter standen bei den alttestamentlichen Propheten in schlechtem Ruf. Micha klagt darüber, daß sie Bestechungsgeld verlangen: „Sie trachten nach bösem Gewinn und lassen sich's gut gehen: Die hohen Beamten fordern Geschenke; die Richter sind für Geld zu haben, und die Großen entscheiden nach Habgier; so verdrehen sie das Recht" (Mi 7,3 LXX). Zephanja verglich die Richter seiner Zeit mit gierigen Steppenwölfen, die ihre Beute über Nacht bis auf den letzten Rest auffressen: „Ihre Fürsten sind brüllende Löwen; ihre Richter sind Steppenwölfe, die bis zum Morgen keinen Knochen mehr übrig lassen" (Zeph 3,3 LXX). Es gab Anlaß genug, vor Rechtsbeugung Parteilichkeit und Bestechlichkeit zu warnen und eine am Gerechtigkeitspostulat orientierte Rwechtsprechung zu fordern: „Du sollst das Recht nicht beugen. Du sollst kein Ansehen der Person kennen. Du sollst keine Bestechungsgelder annehmen; denn Besteung macht Weise blind und verdreht die Fälle jener, die im Recht sind" (Dtn/5Mo 16,19 LXX). – Ähnlich wie in der Erzählung vom reichen Mann und dem armen Lazarus der hilfbedürftige Arme vor des Reichen Tor liegt (vgl. S^{Lk} 16,19ff), so wird hier dem skrupellosen Richer eine Witwe konfrontiert, die in derselben Stadt lebt. Sie tritt an ihn heran, er möge ihr gegen ihren Widersacher zu ihrem Recht verhelfen. Wahrscheinlich kann sie ihren Anspruch in einer ihre Versorgung betreffenden Vermögensangelegenheit gegen eine einflußreiche Persönlichkeit ohne ein Gerichtsurteil nicht durchsetzen. Der Erzähler berichtet nur einen Auftritt dieser Frau direkt; ihr weiteres Verhalten erscheint dem Leser nur im Spiegel der Wahrnehmung durch den Richter. Dieser stellt sich stur. Er will die Klage der Frau wohl mit Rücksicht auf deren einflußreichen Gegner nicht annehmen. Die Angelegenheit wäre, wie sein Monolog zeigt, zu Gunsten der Witwe zu entscheiden gewesen. Die Frau läßt sich nicht damit abspeisen, daß ihr Fall aussichtslos sei; vielmehr erweist sie sich als hartnäckig. Immer wieder wird sie bei diesem Richer vorstellig. Mit ihrem Insistieren auf der Annahme und Entscheidung ihres Falles wird sie ihm lästig. Durch die Festigkeit, mit der sie auf einem Urteil in ihrer Sache besteht und ihrem zunehmend ungeduldigen sowie agressiven Auftreten lehrt sie ihn das Fürchten. Der Richter sorgt sich, daß sie handgreiflich wird und ihm ins Gesicht schlägt. Daß eine Witwe, die sich im Recht weiß und ihr Recht will, einen in seiner Selbstbezogenheit gottlosen und menschenverachtenden Richter das Fürchten lehrt, kommt nur sehr selten vor. Allerdings hat die Sprache der Parabel das Recht, eine korrupte Alltagswirklichkeit ironisch zu konterkarieren. Ob der Richter sich nun vor Handgreiflichkeiten fürchtet, oder ob er sich wegen einer drohenden Attacke auf seine Person um seinen Ruf sorgt, oder ob er durch die permanente Behelligung genervt wird, gibt er schließlich seinen Widerstand auf, besinnt sich auf seine Berufspflicht und nimmt sich vor der Witwe zu ihrem Recht zu verhelfen. Sein purer Egoismus bringt ihn dazu, daß ein Richter dazu da ist, Recht zu sprechen. Die Ausführung seines Vorhabens wird nicht mehr berichtet. – Die Aufforderung Jesu, des Herrn, auf den Monolog des Richters zu achten, bezieht sich auf dessen Sinnesänderung, auf seine Absicht, endlich das zu tun, was seines Amtes ist. Der Herr bezeichnet den Mann ausdrücklich als „ungerecht". Damit ist deutlich, daß er für die folgende Kommentierung der Parabel nur als Kontrastfigur in Betracht kommt. – Jetzt wird Gott dem korrupten

Richter entgegengesetzt. Wenn sogar ein solcher Typ trotz seiner Selbstbezogenheit dazu gebracht werden kann, einer armen Witwe zu ihrem Recht zu verhelfen, woran er im Grunde nicht interessiert ist, dann gilt das erst recht von Gott, der mit der Figur dieses Richters nichts gemein hat. Mit einer rhetorischen Frage sichert der Herr seinen Jüngern zu, daß Gott zugunsten seiner „Auserwählten" in den Gang der Geschichte eingreifen wird. Sie sind diejenigen, „die nach Gerechtigkeit hungern und dürsten" (Mt 5,6) und erkennen sich in der Witwe der Gleichniserzählung wieder. Die damalige Gemeinde Jesu Christi, die ähnlich wie sie unter bitterem Unrecht litt, rief aus ihrer Bedrängnis und Not (Lk 21,22), die sie durch ihre jüdischen und heidnischen Gegner erlitt, rief Gott im Vertrauen auf die Zusagen ihres Herrn und in der Hoffnung inständig und beharrlich an. Anders als der Richter liebt er das Recht und zögert nicht lange, es durch ein gerechtes Urteil durchzusetzen. In Kürze wird er durchgreifen. – Im Hintergrund dieser Parabel steht wahrscheinlich Sir 35,15bff: „Er ist ja der Gott des Rechts; bei ihm gibt es keine Begünstigung. Er ist nicht parteiisch gegen die Armen; das Flehen des Bedrängten erhört er. Er mißachtet nicht das Schreien der Waise und der Witwe, die viel zu klagen hat" (Sir 35,12ff LXX).

Der Rückfall in die Sklaverei durch die Weltelemente 4,8-11

8Aber damals, als ihr Gott nicht kanntet, dientet ihr Göttern, die nicht wirklich Götter sind. 9Jetzt aber habt ihr Gott erkannt, vielmehr seid ihr von Gott erkannt worden. 10Ihr beachtet Tage und Neumonde und (Fest)zeiten und Neujahrstage. 11Ich fürchte, daß ich mich um euch vergeblich abgemüht habe.

8: Aber damals, als ihr Gott nicht kanntet, dientet ihr Göttern, die nicht wirklich Götter sind. Nicht allein Juden, sondern auch Heidenchristen sind aus der Sklaverei der Weltelemente befreit (vgl. Gal 4,3). Die Galater jedoch sind im Begriff, ihrer in der Gemeinschaft Jesu Christi gewonnene Freiheit wieder in die frühere Sklaverei zu verfallen. Hatten sie früher Göttern gedient, die in Wirklichkeit Götzen waren (vgl. 2Chr 13,9; Jes 37,19; 1Kor 12,2), so verfallen sie jetzt der Sklaverei durch die Weltelemente. Bevor sie Christen wurden und den wirklichen Gott nicht kannten, dienten sie ihren Göttern: „Gottes Zorn wird vom Himmel herab über alle Gottlosigkeit und Ungerechtigkeit der Menschen offenbar, welche die Wahrheit in Ungerechtigkeit niederhalten; denn was man von Gott erkennen kann, ist ihnen offenbar. Gott hat es ihnen nämlich geoffenbatt. Denn seine unsichtbare Wirklichkeit, seine ewige Macht und Gottheit, wird seit der Erschaffung der Welt mit der Vernunft wahrgenommen, so daß sie unentschuldbar sind. Obwohl sie nämlich Gott erkannten, haben sie ihn weder als Gott geehrt, noch ihm gedankt, sondern sie wurden in ihren Gedanken zunichte gemacht, und ihr unverständiges Herz wurde verfinstert. Sie behaupten, weise zu sein und wurden zu Toren; sie haben die Herrlichkeit des unvergänglichen Gottes mit dem Abbild der Gestalt eines vergänglichen Menschen, von Vögeln, Vierfüßlern und Gewürm vertauscht" (Röm 1,18-23; vgl. 1Kor 15,34; 1Thess

4,3; 2Thess 1,8). Der V. 18 nennt das Thema dieser Perikope: „Die Heiden verehren die Schöpfung statt des Schöpfers. Dadurch ziehen sie sich den Zorn Gottes zu, der sich in ihrer sittlichen Verwirrung und Auflösung erweist.“[501] „Was ist der Mensch, daß du seiner gedenkst, des Menschen Kind, daß du dich seiner annimmst? Du hast ihn wenig geringer als die Engel gemacht, hast ihn mit Herrlichkeit und Ehre gekrönt. Du hast ihn als Herrscher über das Werk deiner Hände eingesetzt; alles hast du ihm zu Füßen gelegt (Ps 8, 5ff LXX). „Gott hat den Menschen zur Unvergäglichkeit erschaffen und ihn zum Bild seines eigenen Wesens gemacht“ (Weish 2,23 „Gottes Zorn“ bedeutet sein Gericht: Von ihm ist ein Zorngericht ausgegangen, und die Plage hat schon begonnen“ (Num/4Mo 17,11b LXX). „Womit ein Mensch ungesetzlich handelt, darin wird er auch bestraft.“ (TestGad V, 10).[502] Alle Menschen müssen sich vor ihm für ihre Lebensführung einschließlich ihrer Frömmigkeit verantworten. Er erwartet von uns, daß wir ihn als Schöpfer achten und ehren. Die Existenz des Schöpfers läßt sich indirekt und gebrochen aus den Werken seiner Schöpfung erkennen. Wer ihn verachtet, muß die Folgen tragen. Gottes Offenbarung erfolgt „vom Himmel her“. „Alle Menschen waren von Natur töricht, denen die Gotteserkenntnis fehlte. Sie hatten die Welt in ihrer Vollkommenheit vot Augen, ohne den wahrhaft Seienden erkennen zu können. Beim Anblick der Werke erkannten sie den Meister nicht, sondern hielten das Feuer, den Wind, die flüchtige Luft, den Kreis der Gestirne, die gewaltige Flut oder die Himmelsleuchten für weltbeherrschende Götter. Wenn sie diese, entzückt über die Schönheit, als Götter ansahen, dann hätten sie auch erkennen sollen, um wieviel besser ihr Gebieter ist; denn der Urheber der Schönheit hat sie geschaffen. Wenn sie über deren Macht und ihre Kraft ins Staunen geraten, dann hätten sie auch erkennen können, um wieviel mächtiger jener ist, der sie geschaffen hat; denn von der Größe und Schönheit der Geschöpfe läßt sich auf ihren Schöpfer schließen“ (Weish 13,1-5 LXX). Die „Götzendiener suchen Gott und wollen ihn finden, gehen aber dabei in die Irre. Sie verweilen bei der Erforschung der Werke und lassen sich durch den Augenschein täuschen; denn das, was sie schauen, ist schön. Doch auch sie sind unentschuldbar: Wenn sie durch ihren Verstand schon fähig waren, die Welt zu erforschen, warum fanden sie dann nicht eher den Herrn der Welt?“ (Weish 13,6b-9). „Der Herr der Welt … hat (zwar) die Welt um seines Volkes willen geschaffen, aber er hat nicht (damit) angefangen, es, den Erstling der Schöpfung, auch von Anfang der Welt an offenbar zu machen, so daß die Heiden dadurch überführt würden und demütig durch Erörterungen einander hätten überführen können“ (AssMos I, 12f).[503] Im Hinblick auf das Endgericht schreibt der Apostel: „Wir wissen aber, daß Gottes Gericht über alle, sie solches tun, der Wahrheit entspricht. Meinst du etwa, du könntest dem Gericht Gottes entrinnen, wenn du die richtest, die solche Dinge tun? Verachtest du etwa den Reichtum seiner Güte, Geduld und Langmut?“ (Röm 2,2ff). „Vor Gott gibt es kein Ansehen der Person“ (Röm 2,11). Der Stand eines Menschen und sein Beruf gelten da nichts. Niemand kann dem Gottesgericht entrinnen. Man kann seine „Güte, Geduld und Langmut“, die er uns Menschen gewährt, auch auszutzen. Er will uns damit zur

501 *H. Schlier*, Römerbrief, 48.
502 *J. Becker*, Die Testamente der zwölf Patriarchen, 110.
503 *E. Brandenburger*, Himmelfahrt Moses, 68.

Umkehr führen. „Du hast mit allen Erbarmen, weil du alles vermagst und siehst über die Sünden der Menschen hinweg, damit sie sich bekehren“ (Weish 11,23 LXX). „Nun will ich der Werke Gottes gedenken; was ich gesehen habe, will ich erzählen: Durch Gottes Wort entstanden seine Werke; seine Lehre ist Ausfluß seiner Liebe. Über allem strahlt die herrliche Sonne; die Herrlichkeit des Herrn erfüllt alle seine Werke. Gott gibt seinen Heerscharen die Kraft, vor seiner Herrlichkeit zu bestehen“ (Sir 42,15ff LXX). Ben Sira bezieht sich hier auf Gen/1Mo 1,1ff [1,1-5 LXX]: „Im Anfang schuf Gott Himmel und Erde; die Erde aber war wüst und wirr; Finsternis lag über der Urflut, und Gottes Geist schwebte über dem Wasser. Gott sprach: Es werde Licht. Und es ward Licht. Gott sah, daß das Licht gut war. Gott schied das Licht von der Finsternis, und Gott nannte das Licht Tag; die Finsternis aber nannte er Nacht. Es wurde Abend, und es wurde Morgen: der erste Tag“. Gott erschafft die Welt aus dem Chaos: „Du hast die Erde auf Pfeiler gegründet; in Ewigkeit wird sie nicht wanken. Einst hat die Urflut sie bedeckt wie ein Kleid, die Wasser standen über den Bergen. Sie wichen vor deinem Drohen zurück; sie flohen vor der Stimme deines Donners. Da erhoben sich die Berge und senkten sich Täler an den Ort, den du für sie bestimmt hast. Du hast den Wassern eine Grenze gesetzt; die dürfen sie nicht überschreiten; nie wieder sollen sie die Erde bedecken“ ((Ps 104,5-9 [103,5-9 [XX]). „Himmel und Erde“ bezeichnen zusammen den Kosmos. Vor der Schöpfung bedeckte die Urflut die Erde (vgl. Gen/1Mo 1,2). Der Schöpfer hat sie wie eine Insel im Urmeer auf Pfeilern fest gegründet. Gelegentlich bedeckten sie die Wasser des Urmeeres. Vor Jahwes Donnerstimme mußten sie zurückweichen. Die Meere wurden durch ihn begrenzt. Er hat die Berge und damit auch die Täler geschaffen. „Die Himmel rühmen Gottes Herrlichkeit; das Firmament kündet vom Werk seiner Hände: Ein Tag sagt’s dem anderen; eine Nacht tut es der anderen kund, ohne Worte und ohne Reden; ihre Stimme bleibt unhörbar. Doch ihre Botschaft geht in die ganze Welt hinaus, ihre Kunde bis zu den Enden der Erde“ (Ps 19,2-5b [18,2ff LXX]}.Dieser Hymnus ist ein Loblied auf den Schöpfer, dessen „Herrlichkeit“ seine Schöpfung damit, daß sie da ist, preist. Der „Himmel“, die „Erde“, „das Firmament“, „Tag“ und „Nacht“ bezeugen lautlos die Macht und Ehre ihres Schöpfers. Ihre Kunde dringt bis in alle Länder der Erde vor, so daß alle Menschen sie vernehmen können. Die ganze Schöpfung einschließlich der Menschen wird dazu aufgerufen, ihren Schöpfer zu verherrlichen: „Lobet Jahwe, all seine Scharen, seine Diener, die seinen Willen ausführen! Lobet Jahwe, all seine Werke, an jedem Ort seiner Herrschaft! Lobe Jahwe, meine Seele!“ (Ps 103,21f [102,21f LXX]). Der himmlische Hofstaat, alle Schöpfungswerke, aber auch die Menschen werden aufgerufen, den Allherrscher zu preisen.

Jesus Sirach pries ca. 180 v.Chr. den Schöpfer in den Werken seiner Schöpfung: „Durch Gottes Wort entstanden seine Werke; seine Lehre ist ein Ausfluß seiner Liebe. Über allem strahlt die leuchtende Sonne; die Herrlichkeit des Herrn erfüllt alle seine Werke. Die Heiligen Gottes können nicht alle seine Wunder erzählen. Gott gibt seinen Heerscharen die Kraft, vor seiner Herrlichkeit zu bestehen. Er erforscht die Meerestiefe und das Menschenherz und kennt all ihre Geheimnisse. Der Höchste hat Kenntnis von allem; er sieht das Kommende bis in die fernste Zeit. Vergangenheit und Zukunft macht er kund und enthüllt die Rätsel des Verborgenen. Ihm fehlt keine Einsicht; kein Ding entgeht ihm. Seine mächtige Weisheit hat er fest gegründet; er ist der Einzige von Ewigkeit her. Nichts ist hinzuzufügen, nichts wegzunehmen; er braucht keinen Lehrer. Alle seine Werke sind vortrefflich; doch sehen wir nur einen Funken und ein Spiegelbild. Alles lebt und besteht für immer; für jeden Gebrauch ist alles bereit. Jedes Ding ist vom anderen verschieden; keines von ihnen hat er vergeblich gemacht. Eines ergänzt durch seinen Wert das andere. Wer kann sich an ihrer Pracht satt sehen?“ (Sir 42,15b-25 LXX). Ben Sira kommt eingangs auf Gen/1Mo 1,3a zurück: „Und Gott sprach“. Mit den „Heiligen Gottes“ sind seine Engel gemeint. Gott verfügt frei über alle Räume und Zeiten. Ein unbekannter Prophet, Deuterojesaja genannt (ca. 550 – 540 v.Chr.), hat an die heidnischen Gottheiten, um ihre Nichtigkeit zu erweisen, appelliert: Bringt euere Sache vor, spricht Jahwe, schafft euere Beweise herbei, spricht Jakobs König. Sie sollen uns kundtun, was sich ereignen wird. Was bedeutet das Vergangene? Teilt es uns mit, damit auch wir uns danach richten. Oder laßt uns das Zukünftige hören, damit wir das Ende erfahren“ (Jes 41,21f LXX). Hier handelt es sich um den Anfang einer Grichtsszene, in der Jahwe, der Gott Israels, durch seinen Propheten mit den babylonischen Gottheiten streitet. Diese werden vor das Gericht geladen, in dem Jahwe zugleich als Ankläger und Richter fungiert. Die Gegenpartei soll ihre Sache vorbringen und dafür plädieren. Sie sollen erweisen, daß sie das vergangene, aber auch und vor allem das künftige Geschehen kennen. Nur wenn sie dazu imstande sind, können sie zu Recht Gottheiten genannt werden. – Gott hat das All geschaffen; er erhält es auch. Ihm sind Gegenwart, Vergangenheit und Zukunft genau bekannt. Alle seine Geschöpfe haben ihre jeweils eigene und besondere Art. Ben Sira staunt über Gottes wunderbare Schöpfung.

Alles von Gott Geschaffene bezeugt seine Herrlichkeit. Gott, „der Höchste, wollte nicht, daß die Menschen verlorengehen; vielmehr beflecken sie, die Geschaffenen, den Namen dessen, der sie gemacht hat. Sie waren undankbar gegen ihn, der ihnen doch das Leben gegeben hat“ (4Esr VIII, 59b-61).[504] An dieser Stelle geht es um einzelne Undankbarkeiten. Dem Apostel aber geht es in Röm 1,21ff um die menschliche Ur- oder Personsünde der Enfremdung von Gott. Sie hat die kultische Verehrung von Geschaffenem zur Folge: „Sie vertauschten die Wahrheit Gottes mit der Lüge, beteten das Geschöpf anstelle des Schöpfers an, der in Ewigkeit gepriesen sei! Amen (Röm 1,25). Jahwe ermahnt und warnt die Israeliten: „lauft nicht in euer Verderben, und macht euch kein Gottesbild, das etwas darstellt, keine Statue, kein Abbild eines Mannes oder einer Frau, kein Abbild eines Tieres, kein Bild eines gefiederten Vogels, der am Himmel fliegt, auch kein Abbild eines Meerestieres im Wasser unter der Erde“ (Dtn/5Mo 4,16ff LXX). Paulus findet die Verehrung des Geschaffenen anstelle des Schöpfers abscheulich. Er schließt mit einer Benediktion (Eph 1,3; 2Tim 4,18). Die Doxologien im Corpus Paulinum verweisen in der Regel auf das vorausgegangene Subjekt zurück. Sie beziehen sich auf Gott (vgl. Röm 1,25; 11,36; 2Kot 11,31; Gal 1,5; 2Tim 4,18). Andere Doxologien beginnen mit dem Prädikatsnomen εὐλογητός (vgl. 2Kor 1,3; Eph 1,3). Es gibt auch alttestamentliche Doxologien die mit dem Prädikatsnomen einsetzen: „Gelobt sei Jahwe Tag für Tag“ (Ps

504 *J. Schreiner*, Das 4. Buch Esra 370.

68,20 [67,20 LXX]). „Gelobt sei der Herr, der Gott Israels! Er allein tut Wunder. Gelobt sei sein herrlicher Name in Ewigkeit! Seine Herrlichkeit erfülle die ganze Erde. Amen, ja, amen“ (Ps 72,18f [71,18f LXX]). Doxologien schließen zumeist mit einem „Amen“.[505]
9: Dem, was damals war, stellt Paulus das was gegenwärtig ist, entgegen: **„Nun aber, da ihr Gott erkannt habt, vielmehr von Gott erkannt worden seid, wie könnt ihr nun wieder zu den schwachen und armseligen Weltelementen zurückkehren, denen ihr von neuem Sklavendienst leisten wollt?“.** Paulus hat den Galatern den einzig wirklichen Gott gepredigt (vgl. Apg 17,23). Die Verkündigung des Glaubens an das Evangelium Jesu Christi und nach seiner Annahme des ihm entsprechenden Glaubens hat die Gotteserkenntnis zur Folge. Jedoch ist dieses Erkennen Gottes vielmehr ein Erkanntwerden: „Jetzt blicken wir nämlich in einem Spiegel ein dunkles Bild; dann aber schauen wir von Angesicht zu Angesicht. Derzeit erkenne ich stückweise; dann aber werde ich erkennen, wie auch ich erkannt bin“ (1Kor 13,12). Unsere gegenwärtige Erkenntnis Gottes, der Menschen und der Welt ist unvollkommen. Der Apostel verwendet das Passivum divinum. Von Gott erkannt zu werden, bedeutet völlig durchschaut zu sein. Wir befinden uns vor dem allwissenden Gott: „Herr, du hast mich erforscht und kennst mich. Ob ich sitze oder stehe, so weißt du es; du bist mit allen meinen Wegen vertraut. Noch bevor mir das Wort auf der Zunge liegt, kennst du, Herr, es bereits. Du umgibst mich von allen Seiten und legst deine Hand auf mich“ (Ps 139,1-5 [138,1-5 LXX]). Hier plädiert ein Angeklagter, der sich keiner Schuld bewußt ist. Er ruft Jahwe als Zeugen an. Er, der ihm stets gegenwärtig ist, kennt ihn ganz genau. Vor Gott kann man nichts verbergen. Niemand kann vor ihm fliehen; denn er ist überall präsent. Himmel, Erde und Unterwelt liegen vor ihm offen da und damit auch die Welt der Toten. – Gott, der Vater Jesu Christi, hat die Christen als seine Söhne und Töchter anerkannt. Durch seinen Heiligen Geist hat er sie nach Gal 4,3f in seine Gemeinschaft, d.h. in die Gemeinde Jesu Christi aufgenommen.

10: Ihr beobachtet Tage und Neumonde und Festzeiten und Neujahrstage
Die Galater feiern wie wir auch, allerdings aus christlichen Anlässen und mit christlichem Inhalt bestimmte „Tage und Neumonde und Festzeiten und Neujahrstage“, so die vierwöchige Adventszeit als Vorbereitung auf die Geburt Johannes, des Täufers und Jesu, .das zweitägige Weihnachtsfest zum Gedenken der Geburt Jesu, das Neujahrsfest nicht nur als Feier des Jahreswechsels, sondern auch, wiewohl kaum noch bewußt und bekannt, als Fest der Beschneidung und Namengebung Jesu, die Passionszeit zur Erinnerung der Leiden, den Gründonnerstag zum Gedächtnis der Einsetzung des heiligen Abendmahles am Vorabend des Leidens Jesu, den Karfreitag zur Erinnerung an Jesu Kreuzigung und Tod, den Karsamstag zum Gedenken der Grabesruhe Jesu, das zweitägige Osterfest zum Gedächtnis der Auferstehung Jesu, das Fest seiner Himmelfahrt zur Erinnerung an Jesu Erhöhung zu Gott, das zweitägige Pfingstfest zum Gedächtnis der Ausgießung des Heiligen Geistes, Trinitatis als Fest der Heiligen Dreieinigkeit, das Erntedankfest zum Dank dafür, daß wir zu essen und zu trinken ha-

---

505 Vgl. *H. Schlier*, Römerbrief, 288.

ben, den Buß- und Bettag, weil wir dessen eingedenk sind, alle Sünder und auf Gottes Vergebung angewiesen zu sein und den Ewigkeitssonntag zum Gedenken unserer verstorbenen Angehörigen und zum Trost, daß wir nach unserem irdischen Ende eine ewige Heimat bei Gott haben.
Ob sich die Galater ihrer Rückkehr in die Knechtschaft bewußt sind, wissen wir nicht. Sie feiern nach dem Gesetz und durch lange Gewohnheit vorgeschriebene Festtage: „Der eine bevorzugt bestimmte Tage, der andere macht keinen Unterschied. Jeder soll von seiner Auffassung überzeugt sein" (Röm 14,5). Unter den römischen Christen gab es Differenzen über das Einhalten bestimmter Feiertage. Um welche Tage es ging, bleibt offen. Judenchristen werden den Sabbat eingehalten haben, Heidenchristen ihre aus ihrer vorchristlichen Zeit gewohnten Tage. Jeder soll seiner Überzeugung folgen und die Feiertage nach bestem Wissen und Gewissen begehen, aber nur so, daß sein christlicher Glaube dadurch nicht gefährdet wird. „Niemand soll euch wegen Speise und Trank oder wegen eines Festes, es sei Neumond oder Sabbath, verurteilen" (Kol 2,16), weil sie der Ansicht sind, Gott damit einen Dienst zu erweisen.[506] Essen und Trinken sowie das Achthaben auf das, was jeweils jetzt an der Zeit ist, gehört elementar zum kreatürlichen Dasein von Menschen in der Welt. Nahrungsvorschriften spielen in antiken Religionen eine große Rolle, aber nicht nur in ihnen. Allem Anschein nach haben auch die Vertreter der vom Briefverfasser bekämpften „Philosophie" versucht, die Christen für bestimmte mit Tabus verbundenen asketische Speisevorschriften zu gewinnen und diejenigen unter ihnen verurteilt, die sich solchen

[506] Vgl. äthHen 72-80: „Sonne und Mond", 73: „Das wechselnde Licht des Mondes", 74: „Das Solarjahr", 75: „Die Sterne", 76: „Die zwölf Winde", 77: „Die vier Himmelsrichtungen" sowie „die sieben Berge, sieben Flüsse, und sieben Inseln, 78: „Die Lunarphasen", 79 u. 80: „Das Lunarjahr" sowie „Die Änderung der kosmischen Ordnung durch die Sünde der Menschen". Vgl. 72,1: „Uriel der heilige Engel, zeigte mir ...", Henoch, „alle ihre Vorschrift, wie sie ist, und wie alle Jahre der Welt (sind), und bis in Ewigkeit , bis die neue Schöpfung, die bis in Ewigkeit währt, geschaffen sein wird."; 75,3: „ ...die Zeichen und die Zeiten und die Tage zeigte mir der Engel Uriel, den der Herr der Herrlichkeit auf ewig über alle Lichter des Himmels und am Himmel und in der Welt gesetzt hat, damit sie herrschen an der Oberfläche des Himmels und auf der Erde sichtbar werden und Führer für den Tag und die Nacht werden: Sonne, Mond und alle dienstbaren (Geschöpfe), die in allen Wagen des Himmels ihren Umlauf machen." 79,2: " ... er zeigte mir das Gesetz für diese für jeden Tag und jede (Jahres)zeit, die gerade herrscht, (für) jedes Jahr und seinen Ausgangsort nach dem Gesetz und für jeden Monat und jede Woche." (*S. Uhlig*, äth. Hen. 613, 618, 621). Vgl. 1QM II, 4-6a: „... die Häupter ihrer Dienstabteilungen sollen zusammen mit ihren Ausgehobenen sich einstellen zu ihren Festzeiten, Neumonden, Sabbathen und zu allen Tagen des Jahres, vom Alter von fünfzig Jahren an aufwärts. Diese sollen sich einstellen zu den Brandopfern und zu den Schlachtopfern, um wohlriechendes Räucherwerk und zu bereiten zum Wohlgefallen Gottes, um zu entsühnen für seine ganze Gemeinde und sich beständig vor ihm zu erquicken, am Tisch der Herrlichkeit." Vgl. 1QS I, 13, 12-15: Alle Mitglieder der Gemeinde sollen „ihren Besitz in die Gemeinschaft Gottes einbringen, um ihr Wissen zu reinigen durch die Wahrheit der Gebote Gottes und ihre Kraft einzusetzen nach der Vollkommenheit seiner Wege und all ihren Besitz nach seinem gerechten Rat; nicht ein einziges von allen Worten zu übertreten in ihren Zeiten und nicht ihre Zeiten vorzurücken und nicht zurückzubleiben mit allen ihren Festzeiten ; und nicht abzuweichen von allen Worten Gottes zu übertreten in ihren Zeiten mit all ihren Festzeiten ; und nicht abzuweichen von den Geboten seiner Wahrheit, nach rechts oder nach links zu gehen." *E. Lohse*, Hg., Die Texte aus Qumran , 4f; *J. Maier*, Qumran-Essener I, 241.

Richtlinien für Speise und Trank nicht unterwarfen (vgl. 2,20-21). Die Gläubigen sollen sich davon nichts annehmen und sich durch eine solche Verurteilung nicht beeindrucken lassen. Das gilt auch für ihre Einstellung zu und ihr Verhalten an bestimmten, von ihnen begangenen Fest- und Feiertagen. Gemeinsame Essensgewohnheiten und die Begehung von Festtagen miteinander sind vor allem in traditionsorientierten Gesellschaften ein wichtiges soziales Bindemittel. Für die Vertreter der „Philosophie" gehörten die Zeiten zu einer von den kosmischen Elementarmächten verwalteten Ordnung.[507] Der Neumondtag (νεομηνία, im NT nur hier)[508] wurde als Anfang einer durch den Mondumlauf eingeteilten Zeitstrecke und als Wiederaufstieg der diesem vielfach als Gottheit verehrten Gestirn zugeschriebenen Segenswirkungen bei Angehörigen verschiedener Völker freudig festlich begangen. Der Mond galt als Lebensspender und Glücksbringer auf Erden und im Meer.[509]
Doch damit irren sie sich. Paulus hält es für seine Pflicht, sie daran zu erinnern (vgl. Gal 1,6; 3,4). Sie begeben sich erneut in die Knechtschaft der „Weltelemente". Wenn sie den jüdischen Festkalender übernehmen, so richtet dieser sich nach den Sternen und ihrem Lauf, so der Sabbat, das Passahfest, Neumond und Neujahr. Wenn die Galater sich an das Gesetz Israels halten, so fallen sie vom Glauben ab. Der am jüdischen Festkalender ausgerichtete Gottesdienst, den die Galater feiern, ist das Gegenteil dessen, was sich für „Söhne Gottes" gehört.

11: Paulus zieht nun die Konsequenz: **Ich fürchte, daß ich mich um euch vergeblich abgemüht habe**. Die Galater feiern bestimmte „Tage und Neumonde und Festzeiten und Neujahrstage".
Ob sich die Galater ihrer Rückkehr in die Knechtschaft durch die Weltelemente bewußt sind, wissen wir nicht. Sie feiern nach dem Gesetz und durch lange Gewohnheit vorgeschriebene Festtage: „Der eine bevorzugt bestimmte Tage, der andere macht keinen Unterschied. Jeder soll von seiner Auffassung überzeugt sein" (Röm 14,5. Unter den römischen Christen gab es Differenzen über das Einhalten bestimmter Feiertage. Um welche Tage es ging, bleibt offen. Judenchristen werden den Sabbath eingehalten haben, Heidenchristen ihre aus ihrer vorchristlichen Zeit gewohnten Tage. Jeder soll seiner Überzeugung folgen und die Feiertage nach bestem Wissen und Gewissen begehen, aber nur so, daß sein christlicher Glaube dadurch nicht gefährdet wird. „Niemand soll euch wegen Speise und Trank oder wegen eines Festes, es sei Neumond oder Sabbath, verurteilen" (Kol 2,16), weil sie der Ansicht sind, Gott damit einen Dienst zu erweisen. Essen und Trinken sowie das Achthaben auf das, was jeweils jetzt an der Zeit ist, gehört elementar zum kreatürlichen Dasein von Menschen in der Welt. Nahrungsvorschriften spielen in antiken Religionen eine große Rolle, aber nicht nur in ihnen. Allem Anschein nach haben auch die Vertreter der vom Briefverfasser bekämpften „Philosophie" versucht, die Christen für bestimmte mit Tabus verbundenen asketische Speisevorschriften zu gewinnen und diejenigen unter ihnen verurteilt, die sich solchen Richtlinien für Speise und Trank nicht unterwarfen (vgl. 2,20-21). Die Gläubigen sollen sich davon nichts annehmen und

---

507 So mit *J. Gnilka*, Kolosser, 146; vgl. auch *H. Hübner*, Kolosser, 87.
508 Vgl. *W. Bauer*, Wörterbuch, 1084.
509 Vgl. *G. Delling*, Art. μήν κτλ., ThWNT IV, 641-645.

sich durch eine solche Verurteilung nicht beeindrucken lassen. Das gilt auch für ihre Einstellung zu und ihr Verhalten an bestimmten, von ihnen begangenen Fest- und Feiertagen. Gemeinsame Essensgewohnheiten und die Begehung von Festtagen miteinander sind vor allem in traditionsorientierten Gesellschaften ein wichtiges soziales Bindemittel. Für die Vertreter der „Philosophie" gehörten die Zeiten zu einer von den kosmischen Elementarmächten verwalteten Ordnung.[510] Der Neumondtag[511] wurde als Anfang einer durch den Mondumlauf eingeteilten Zeitstrecke und als Wiederaufstieg der diesem vielfach als Gottheit verehrten Gestirn zugeschriebenen Segenswirkungen bei Angehörigen verschiedener Völker freudig festlich begangen. Der Mond galt als Lebensspender und Glücksbringer auf Erden und im Meer.[512]
Doch damit irren sie sich. Paulus hält es für seine Pflicht, sie daran zu erinnern (vgl. Gal 1,6; 3,4). Sie begeben sich erneut in die Knechtschaft der „Weltelemente". Wenn sie den jüdischen Festkalender übernehmen, so richtet dieser sich nach den Sternen und ihrem Lauf, so der Sabbath, das Passahfest, Neumond und Neujahr. Wenn die Galater sich an das Gesetz Israels halten, so Der am jüdischen Festkalender ausgerichtete Gottesdienst, den die Galater feiern, ist das Gegenteil dessen, was sich für „Söhne Gottes" gehört.

Exkurs: Die Weltelemente
Der wandernde Arzt und Philosoph Empedokles (ca. 483/82-423 v.Chr.) gilt als Schöpfer der antiken Lehre von den vier Elementen, aus denen die Welt zusammengesetzt ist. Als „Elemente" bezeichnete er in mythischer Rede „vier Wurzelgebilde aller Dinge", die er mit Göttern in Verbindung brachte: „Leuchtend-heller Zeus [Feuer] und lebenspendende Hera [Erde] und Aidoneus [der ‚Unsichtbare' – Luft] und Nestis [die ‚Fließende' – Wasser], die mit ihren Tränen den sterblichen Quellstrom befeuchtet" (fr. 13). Diese Vier, Feuer, Erde, Luft und Wasser, werden als ungeworden (fr. 14) und entsprechend als unvergänglich angesehen. Liebe und Haß waren und sind immer dabei (fr. 15).[513] Liebe verbindet sie zu Lebewesen, Haß zwischen ihnen trennt sie und vernichtet die Lebewesen (fr. 25 u. ö.).[514] Beim Menschen ist es nicht anders als bei allen anderen Lebewesen im All und muß zerfallen, wenn die Elemente miteinander nicht mehr harmonieren (fr. 26).[515] Er besteht aus den gleichen vier Elementen. Da die Götter als personifizierte Elemente angesehen werden, wird diesen kultische Verehrung dargebracht.
Auch Platon (428/27-349/48 v.Chr.) gebraucht das Wort στοιχεῖον für die Urbestandteile, aus denen alles in der Welt zusammengesetzt ist (Theaet 201e; Soph 252b; Tim 57c),[516] obwohl er es nicht auf die vier Elemente des Alls anwenden wollte (Tim 48b.c).[517] Nach ihm können sich die aber ineinander verwandeln: Wasser wird durch Verdichtung zu Erde und Steinen, durch weitere Verflüssigung aber zu Luft; diese wiederum kann durch Erhitzung zu Feuer werden (49b.c).[518] Die Erschaffung des Menschen erzählte Platon mythisch. Hier sei als Beispiel seine Vorstellung der Bildung des Marks und der Knochen zitiert: Knochen und Fleisch hatten in der Entstehung des Markes ihren Ursprung; „denn die Bande des Lebens

510 So mit *J. Gnilka*, Kolosser, 146; vgl. auch *H. Hübner*, Kolosser, 87.
511 Im NT nur hier; vgl. *W. Bauer*, Wörterbuch, 1084.
512 Vgl. *G. Delling*, Art. μήν κτλ., ThWNT IV, 641-645.
513 Die Vorsokratiker II, 74f *(J. Mansfeld)*.
514 Die Vorsokratiker II, 78ff *(J. Mansfeld)*.
515 Die Vorsokratiker II, 82f *(J. Mansfeld)*.
516 Platon, Werke VI, 186f, 342f; VII, 108f (*Fr. Schleiermacher / H. Müller*).
517 Platon, Werke VII, 84f (*H. Müller*).
518 Platon, Werke VII, 86f (*H. Müller*).

wurden bei der Zusammenbindung der Seele mit dem Körper in ihm (dem Mark) verknüpft und gaben so dem sterblichen Geschlecht feste Wurzeln. Das Mark selbst aber ging aus anderen Bestandteilen hervor. Denn indem der Gott alle Elementardreiecke, welche als unverbogen und glatt vorzüglich geeignet waren, Feuer, Wasser, Luft und Erde mit Sorgfalt herzustellen, nahm und diese jeweils abseits von den ihnen zugehörigen Arten aussonderte, sie aber im richtigen Verhältnis untereinander vermischte, bildete er aus ihnen, da er auf eine Samenmischung für jedes sterbliche Geschlecht bedacht war, das Mark. Danach pflanzte er in ihm die Arten der Seele und band sie fest und teilte sogleich bei der ursprünglichen Verteilung das Mark in so viele und so beschaffene Gestalten, wie sie (die Arten der Seele) ihren einzelnen Formen nach erhalten sollten. Und denjenigen Teil des Markes, der, gleich einem Saatfeld, den göttlichen Samen in sich enthalten sollte, bildete er allenthalben kugelförmig, und ihn nannte er Gehirn, da nach der Vollendung jedes Lebewesens das Gefäß, welches es umgeben sollte, der Kopf sein sollte. Was aber den übrigen sterblichen Teil der Seele festhalten sollte, das teilte er zugleich in runde und längliche Gestalten und nannte sie alle Mark und schuf, indem er von ihnen wie von Ankern aus Taue als Fesseln für die ganze Seele auswarf, um dies alles schon unseren ganzen Körper, indem er zunächst für dieses (das Mark) eine knöcherne Schutzdecke, die sich um das ganze Mark legte, verfestigte. Die Knochen fügte er aber in folgender Weise zusammen. Reine und glatte Erde, die er ausgesiebt hatte, verknetete und befeuchtete er mit Mark; dann legte er dieses Gemisch ins Feuer, hierauf tauchte er es ins Wasser, dann wieder ins Feuer und noch einmal ins Wasser. Dadurch aber, daß er es in dieser Weise häufig vom einen ins andere Element versetzte, machte er es für beide unlösbar. Unter Benutzung dieses Substanz nun drechselte er um das Gehirn des Lebewesens eine knöcherne Kugel; ihr ließ er einen engen Ausgang. Und er bildete daraus um das Hals- und Rückenmark Wirbel und setzte sie in einer Reihe gleich Türangeln darunter, ausgehend vom Kopf durch den ganzen Rumpf. So umschloß er den ganzen Samen, ihn schützend, mit einem steinartigen Wall; und er arbeitete Gelenke ein, indem er, um Bewegung und Beugung zu gewährleisten, die Kraft des Verschiedenen zu Hilfe nahm, die zwischen sie gleichsam in die Mitte trat ..." (Tim 73b-74a).[519]

Auch der jüdische Religionsphilosoph Philo von Alexandria (ca. 20/15 v.Chr. bis nach 45 n.Chr.) teilt die gemeinantike Lehre von den Elementen. In seinem Traktat „Über die Cherubim" fordert er den Leser auf, die Welt zu betrachten: „Erkennen wirst du als ihren Urheber Gott, als Stoff die vier Elemente, aus denen sie zusammengesetzt wurde, als Werkzeug die Vernunft Gottes, durch die sie eingerichtet wurde, und als Grund der Schöpfung die Güte des Schöpfers" (Cher 127).[520] Philo weiß auch, daß die Elemente in der nichtjüdischen Umwelt als Götter personifiziert wurden. In seinem Traktat „Über das betrachtende Leben" (De Vita Contemplativa) würdigt er den jüdischen Orden der Therapeuten und fragt, mit welcher anderen Gruppe er ihn vergleichen kann: „Welche von denen, die die Frömmigkeit als ihre wichtigste Aufgabe angeben, kann man zu Recht mit ihnen vergleichen? Etwa die, welche die Elemente verehren, Erde, Wasser, Luft und Feuer? Ihnen verliehen die einen solche, die anderen solche Bezeichnungen; das Feuer nennen sie, wie ich glaube Hephaistos nach exapsis, Anzünden; die Luft heißt Hera, weil sie sich nach oben hebt und in die Höhe steigt, das Wasser Poseidon, vielleicht weil es trinkbar ist, die Erde Demeter, insofern sie die Mutter aller Pflanzen und Lebewesen zu sein scheint" (VitCont 3).[521]

---

519 *Platon*, Werke VII, 154-157 *(H. Müller).*

520 *Philonis Alexandrini* Opera I, 200; *ders.*, Werke III, 204 *(L. Cohn).*

521 *Philonis Alexandrini* Opera V, 47, *ders.*, Werke VII49 *(K. Bormann).*

In einem Referat des Diogenes Laertes (3. Jh. n.Chr.) über den Pythagoreismus heißt es: „Der Anfang von allem sei die Einheit (Monade); aus der Einheit aber stamme die unbestimmte Zweiheit, die gleichsam als Materie der Einheit, ihrer Ursache, zugrunde liege. Aus der Einheit ferner und der unbestimmten Zweiheit stammen die Zahlen; aus den Zahlen die Punkte, aus diesen die Linien, aus diesen Flächengestaltungen, aus den Flächen die geometrischen (mathematischen Körper, aus diesen die sinnlich wahrnehmbaren Körper, deren Elemente vier an der Zahl sind: Feuer, Wasser, Erde, Luft; sie unterliegen der Veränderung und einer durchgängigen Wandelbarkeit, und es bildet sich aus ihnen eine beseelte Welt, vernunftbegabt, kugelförmig mit der Erde als ihrem Mittelpunkt, die auch ihrerseits kugelrund und bewohnt ist." Nach einer Erklärung von Jahres- und Tageslauf fährt er fort: „Die Luft um die Erde herum sei festgelagert und ungesund und alles in ihr sei vergänglich, wogegen die oberste Luft in ständiger Bewegung sei und rein und gesund und alles in ihr unvergänglich und darum göttlich. Sonne, Mond und die übrigen Gestirne seien Götter, denn es überwiege in ihnen die Wärme, welche die Erzeugerin des Lebens ist. Der Mond aber erhalte sein Licht von der Sonne. Mit den Menschen seien die Götter verwandt, insofern der Mensch an der Wärme teilhabe; daher die Fürsorge Gottes für uns. Das Schicksal sei die Ursache des festgeordneten Ganges des Ganzen wie der einzelnen Teile" (DiogLaert VIII, 25-27).[522]

Der bedeutende Arzt Galen (129-199 n.Chr.), der aus Pergamon stammte und in Rom als kaiserlicher Leibarzt tätig war, bestreitet in seiner Schrift „De Elementis ex Hippocratis Sententia" die Meinung, daß Lebewesen aus nur einem oder aus keinem der vier Elemente bestünden, weil keines in Reinform vorkomme: „Es setzt mich ja auch in Erstaunen, wenn du glaubst, daß der Weizen, die Gerste, die Eicheln, die Feigen, die übrigen Früchte und das Obst alle nicht aus Wasser und Erde entstanden seien, da du doch deutlich siehst, daß sie dort ihren Ursprung haben. Sind sie denn überhaupt nicht der Luft und der Feuersubstanz teilhaftig? Gewiß, wenn du Erde mit Wasser befeuchtest, wirst du nichts als Schlamm haben. Früchte und Obst sind aber nicht ebendies, Schlamm, weil sie auch Anteil an Feuer und Luft haben, die sich durchweg miteinander mischen. Nun gut, vielleicht gibst du zu, daß die Eicheln und die Feigen aus den Elementen des Kosmos gebildet sind wie die Mutterpflanzen von ihnen, wenn du dir anschaust, daß der Same einer jeden so winzig ist, wenn er in die Erde eingebettet wird, daß er nicht einmal ein zehntausendstel Teilchen der jeweiligen Mutterpflanze ausmacht; aber obwohl du siehst, daß alle übrige Natur aus den Elementen des Kosmos besteht, bist du im Zweifel bei den Tieren, als ob sich nicht auch diese von jenen (den Pflanzen) ernähren. Schafe fressen ja Gras, Schweine dieses und dazu auch Eicheln, Ziegen zudem auch zarte Zweige von den Bäumen, und damit bildet sich ihr Blut und ernährt sich ihr Körper, und ihre Embryonen bestehen und wachsen daraus. Sind also Ziegen, Schweine und Schafe aus den Elementen des Kosmos gebildet, die (Tiere) aber, von denen sie aufgefressen werden, sollten anderswoher ihren ersten Ursprung oder ihr Wachstum oder ihren derzeitigen Leibeszustand haben? Das alles ist doch wirklich unsinnig, absurd, ja völliges Ignorantentum. Denn Hülsenfrüchte wie überhaupt

---

522 *Diogenes Laertes*, Leben und Meinungen II, 122f *(O. Apelt)*. Vgl. auch NW II/1, 723f.

alle Früchte sind aus den Elementen des Kosmos gebildet, und aus ihnen entstehen, nähren sich und wachsen die Lebewesen. Und man muß nachdrücklich dafür plädieren, daß Erde, Feuer, Luft und Wasser die allem gemeinsamen ersten Elemente sind. Denn sie sind die ersten und einfachsten Körper von allem im Kosmos; und alles andere, Pflanzen wie Tiere, besteht aus ihnen“.[523]

Die Beziehungen des Paulus zu den Christen in Galatien 4,12-20

Paulus gebraucht in diesem Abschnitt einige Wörter, die zur „Freundschaft“ gehören.[524] Er hatte seine Sorge geäußert, daß seine Bemühungen, die Galater für den Glauben an Jesus Christus „zu gewinnen, vergebens gewesen sein könnte (V. 11).[525] Ihr jetziges Benehmen hat ihn befremdet. Seine bisherigen freundschaftlichen Beziehungen zu den Christen in Galatien ist gefährdet. Würden sie sich an seiner Haltung orientieren, könnten die Beziehungen zu ihnen wieder wie früher sein. Paulus nutzt seine persönlichen Beziehungen, um ihnen mitzuteilen, daß das früher gute Verhältnis durch ihren Gesetzesdienst gefährdet ist. Nähmen sie sich ihn zum Vorbild, so könnte das früher gute, ja herzliche Verhältnis zu ihnen wiederkehren. Paulus hatte bisher keinen Anlaß, sich über sie zu beschweren. Anläßlich seiner Mission dort waren sie hilfsbereit und rücksichtsvoll zu ihm (V. 123b.15b). Sie haben ihn so herzlich aufgenommen, daß er sich bisher nicht über sie beschweren brauchte (V 12b). Er kann sie nur tadeln, daß sie seine Lehre des Evangeliums verlassen. Sie sollten einsehen, daß er, wenn er ihnen die Wahrheit sagt, nicht ihr Feind geworden ist (V. 16). Jetzt lassen sie sich auf die Gesetzesprediger ein, die auch von den Heidenchristen die Beschneidung fordern und damit ihr Verhältnis zu Jesus Christus gefährden (V. 17f.). Durch seine Mission hat Paulus die Galater als seine geistlichen Kinder gewonnen. Er muß nun wie eine in Wehen liegende Mutter (V.19) erneut ihretwegen leiden. Er wünschte, jetzt unter ihnen zu sein, um den Gesetzespredigern persönlich entgegentreten zu können. Dann würde er sie erneut für das von ihm gepredigte Evangelium zu gewinnen. Da dies jedoch derzeit nicht möglich ist, hat er ihretwegen Sorge (V. 20). Damit schließt der zweite Hauptteil.

Ein Aufruf, dem Apostel nachzufolgen und die Erinnerung an das frühere herzliche Verhältnis zu den galatischen Christen 4,12-16

12Werdet wie ich; denn ich wurde wie ihr, Brüder, ich bitte euch. Ihr habt mir nichts zuleide getan. 13Ihr wißt, daß ich euch wegen einer Schwachheit des Fleisches das erste Mal das Evangelium gepredigt habe, 14und ihr habt die Versuchung, die euch mein Fleisch bereitete, nicht mit Verachtung er-

---

523 *Galen* I, 455,2 – 456,16 *(ed. Kuehn)*.
524 Vgl. *H- D. Betz*, Galaterbrief, 383f; *G. Stählin*, Art. φίλος κτλ., ThWNT IX, 144-169.
525 *U. Borse*, Brief, 148.

widert, habt auch nicht ausgespieen, sondern wie einen Engel Gottes habt ihr mich aufgenommen, wie Christus Jesus. [15]Wo bleibt nun euer Ruhm? Ich bezeuge euch nämlich, daß ihr euch, wenn möglich, die Augen ausgerissen und sie mir gegeben hättet.“ [16]Bin ich euer Feind geworden, weil ich euch die Wahrheit sage?

12: Werdet wie ich; denn ich wurde wie ihr, Brüder, ich bitte euch. Ihr habt mir nichts zuleide getan. V. 12 ist eine Mahnung zur Nachfolge. Paulus ist ein Freund der galatischen Christen. Er kann ihnen als ihr Missionar Anweisungen erteilen und stellt sich auch sonst als Vorbild für die Gemeinden hin (vgl. 1Kor 4,12; 11,1; Phil 3,17; 4,9, siehe auch 2Thess 3,7.9). Der Apostel ist ein mit Christus Gekreuzigter (vgl. Gal 2,19) und ein auf den Namen Jesu Christi Getaufter (vgl. Gal 3,27).Den „Gesetzlosen“ ist er ein „Gesetzloser“ geworden (vgl. 1Kor 9,21). Paulus ist ein Gesetzloser nur, weil er ein an das „Gesetz Christi“ Gebundener ist und insofern ein ἔννομος Χριστοῦ. Bis vor kurzem war ihr Verhältnis zu dem ihnen gepredigten Evangelium Jesu Christi gut. Erst durch die Gesetzesprediger hat es sich verschlechtert. Die Christen in Galatien sollen ihre mit der Taufe erworbene Gottessohnschaft ernst nehmen (vgl. Gal 4,4ff). Die jetzige Mahnung entspricht den bisherigen Ausführungen (vgl. Gal 1,6-9; 3,1ff; 4,4ff). Durch das „Brüder, ich bitte euch“, kommt zum Ausdruck, daß Paulus jetzt der galatischen Christen wegen ratlos ist. Bisher haben sie ihm kein Leid zugefügt. Sie sollen das auch künftig nicht tun (vgl. Gal 6,17) und seine Kritik zu Herzen nehmen.

13-14: Ihr wißt, daß ich euch wegen einer Schwachheit des Fleisches das erstemal das Evangelium gepredigt habe, und ihr habt die Versuchung, die euch mein Fleisch bereitete, nicht mit Verachtung erwidert, habt auch nicht ausgespieen, sondern wie einen Engel Gottes habt ihr mich aufgenommen, wie Christus Jesus. Des Paulus Bitte erinnert die Christen in Galatien an seinen ersten Besuch dort. Er lobt die Gemeinde. Sie hat ihn bisher nie gekränkt, sondern sich ihm gegenüber einwandfrei verhalten. Ihr Verhältnis zueinander war freundschaftlich. Als er zuerst das Evangelium bei ihnen predigte war er ein kranker Mann. Da er krank war, hätten die Galater allen Anlaß gehabt, die göttliche Herkunft des von ihm verkündeten Evangeliums Jesu Christi anzuzweifeln. Doch diese Krankheit hinderte sie nicht daran, vor ihm aus Furcht vor eventueller dämonischer Besessenheit auszuspucken. Sie nahmen ihn bei sich auf, um ihn wieder gesund zu pflegen. Auch haben sie in ihm einen Boten Gottes erkannt und ihn wie Jesus Christus selbst beherbergt. Gott hat ihn ihnen zu ihrem Heil gesandt. Sein krankheitsbedingter längerer Aufenthalt diente seiner Predigt des Evangeliums Jesu Christi. Er möchte jetzt gern bei ihnen sein und sie in ihrem Glauben stärken.

Exkurs: Paulus war Epileptiker[526]

Paulus litt unter einer erworbenen Epilepsie, die im Altertum als heilige Krankheit (morbus sacer) galt und litt unter gelegentlichen epileptischen Anfällen, die sich z.B. in Fieberkrämp-

---

526 Vgl. *A. Oepke*, Art. ἔκστασις κτλ.,ThWNT II, 447-456; *W. Bousset*, Himmelsreise, 136-169 u. 229-273; *Pschyrembel*, Wörterbuch, 464-468.

fen, posttraumatischen Anfällen und Visionen zeigte. Diese Anfälle ergaben sich aus den Strapazen seiner ungeregelten Lebensweise. Er mußte auf seinen Wanderungen im Dienste seiner Mission viele Nächte schlaflos zubringen, konnte auch keine regelmäßigen Mahlzeiten zu sich nehmen. Wenn er in Dürregebieten unterwegs war, mußte er oft Durst erleiden und Mißhandlungen von Juden und Heiden erdulden. Als er den Galatern das Evangelium Jesu Christi predigte, wurde er von einem epileptischen Anfall überrascht. Darüber schreibt er in 2Kor 12,2ff und redet dabei in der 3. Person Singular distanziert von sich selbst: „Ich weiß von einem Menschen in Christus, daß er vor vierzehn Jahren – ob im Leib, weiß ich nicht; Gott weiß es -, daß dieser in das Paradies entrückt wurde und unaussprechliche Worte hörte, die auszusprechen einem Menschen nicht zusteht". Paulus schreibt distanziert vom eigenen Widerfahrnis, als redete er vom Erlebnis eines Freundes. Er berichtet in einem Mischzitat (vgl. Jes 64,3; 52,15; 65,16; Jer 3,16; Sir 1,10 LXX; vgl. Röm 8,28; Apg 7,23) von dem, „was kein Auge gesehen und kein Ohr gehört, was Gott denen bereitet hat, die ihn lieben" (1Kor 2,9). Der „Mensch in Christus" ist Paulus selbst. Er bekräftigt gegenüber allen, die sein Apostolat bestritten oder anzweifelten, daß er Christi eigen ist (vgl. 2Kor 10,7b), mit dem Bericht über ein persönliches Offenbarungswiderfahrnis. Paulus hat lange darüber geschwiegen. Nach vierzehn Jahren bricht er sein Schweigen. Die Vierzehn enthält zweimal die Sieben, die eine Vollkommenheitszahl ist. Man denke an die Siebentagewoche und an die sieben Planeten, die man im Altertum nur kannte. Mit der doppelten Sieben deutet er himmlische Vollkommenheit an. Was er in dem ekstatischen Widerfahrnis erlebt hat, berichtet er nicht; vielmehr überläßt er das Gott. Die spätere „Apokalypse des Paulus" entfaltet seine Himmelsreise näher.[527] Ein solches Erlebnis vergißt man nicht. Mit der Bemerkung, er wisse nicht ob die Entrückung ins Paradies „im Leib" oder „außerhalb des Leibes" erfolgt sei, überläßt er das Urteil darüber Gott. Nach *O. Betz* „spricht ... das ... erlebte Hören unaussprechlicher Worte (V. 4) für eine Vison bzw. Himmelsreise der Seele."[528]
Es gibt viele antike Entrückungsberichte. Wurde Henoch seiner Frömmigkeit wegen entrückt (vgl. Gen/1Mo 5,24: „Henoch führte sein Leben mit Gott und war nicht mehr da, denn Gott hatte ihn hinweggenommen." Eine Entrückung wird auch vom Propheten Elia erzählt: Während Elia und Elisa „miteinander gingen und redeten, „siehe, da erschien ein feuriger Wagen mit feurigen Pferden und trennte die beiden voneinander. Und Elia fuhr im Sturmwind zum Himmel auf" (2Kön 2.11/Reg IV,11 LXX). Lukas erzählt zweimal von der Entrückung oder Himmelfahrt des auferstandenen Jesus vor den Augen seiner Jünger. Vgl. Lk 24,51: „Und es geschah, während er mit ihnen redete und sie segnete, entfernte er sich von ihnen und wurde in den Himmel hinaufgetragen". Wie einst Aaron (vgl Lev/3Mo 9,22) mit den zum Segnen erhobenen Armen und Händen scheidet der Auferstandene von seinen Jüngern und wird vor ihren Augen zu Gott entrückt. Nach Ps 110.1 (Ps 109,1 LXX) ist er im Himmel als Weltenherrscher inthronisiert. Das entspricht Mt 28,18b. Dort spricht der Auferstandene zu seinen Jüngern: „Mir ist alle Macht gegeben im Himmel und auf Erden". Lukas hat von der Entrükkung des Auferstandenen auch zu Beginn der Apostelgeschichte erzählt: Nachdem Jesus seinen Aposteln die Reichweite ihrer missionarischen Aufgabe eröffnet hatte, „wurde er vor ihren Blicken emporgehoben, und eine Wolke nahm ihn auf, weg vor ihren Augen". In beiden Entrückungsberichten hat Lukas die Sichtbarkeit des Geschenes für Jesu Jünger hervorgehoben.
Ekstatische Widerfahrnisse werden im Alten Testament von Bileam berichtet (vgl. Num/4Mo 24,15-24), von einem namentlich nicht bekannten Gottesmann (vgl. 1Sam 2,27), vom Seher Samuel (1Sam 9,1-14) aber auch von den Propheten Gad (vgl 2Sam 24,11), Jesaja (vgl. z.B. Jes 1,1; 2,1-22; 6,1-13 u.ö.), Deuterojesaja (vgl. Jes 40,1-11), Tritojesaja (vgl. Jes 61,1-11), Ezechiel (vgl. z.B. Ez 1,1 – 3,27), Amos (vgl. z.B. Am 1,1; 7,1-9; 8,1-3; 9,1), Obd 1, Micha (Mi1,1), Sacharja (Sach 1,7-17; 2,1-4; 3,5-17; 4,1-14; 5,1-4.5-9; 6,1-8). Von einer Gruppe ekstatischer Propheten, die sich durch die Musik ihrer Instrumente und Tanz – wie heute noch

527 Vgl. *H. Duensing* † / *Aurelio de Santor Otero*, in: *W. Schneemelcher*, Hg., Neutestamentliche Apokryphen II, 630-675.
528 *O. Betz*, Art. Entrückung II, TRE IX, 686.

in manchen islamischen Gebieten die Derwische – in Ekstase versetzt hatten, berichet 1Sam 10,5-12. Es gab auch trügerische, durch Alkohol herbeigeführte ekstatische Erlebnisse (vgl. Jes 28,7-10; 29,9f).

Widerfahrnisse Jesu wie anläßlich seiner Taufe durch Johannes (vgl. Mk 1,9ff parr.), der Verklärung (vgl. Mk 9,2-10 parr.) und seine Vision vom Satanssturz (vgl. S^{Lk} 10,18) sind als ekstatisch zu bezeichnen.

Unter den frühen Christen war der Erzmärtyrer Stephanus in seiner Sterbestunde Visionär. Vgl. Apg 7,55f: „Er aber, voll Heiligen Geistes, blickte gespannt zum Himmel auf und sah die Herrlichkeit Gottes und Jesus zu seiner Rechten stehen und sprach: 'Siehe, ich sehe die Himmel offen und den Menschensohn zur Rechten Gottes stehen". Stephanus wurde in den letzten Augenblicken seines Erdenlebens geschenkt, den erhöhten Herrn Jesus Christus zur Rechten Gottes stehend zu schauen. Wenn dieser steht, so bedeutet das: Er bekennt sich zu seinem Zeugen Stephanus und ist nach Lk 12,8f (vgl. Mk 8,38; Mt 10,32f) sein Anwalt vor Gottes Forum.
Ein frühchristlicher Visionär war auch Johannes, Verfasser der nach ihm benannten Offenbarung. Er schildert seine Berufungs- und Beauftragungsvision. Vgl. Offb 1,9-20: „Ich, Johannes, euer Bruder und Teilhaber eurer Bedrängnis, an der Herrschaft und der Standhaftigkeit in Jesu, war auf der Patmos genannten Insel des Wortes Gottes und des Zeugnisses Jesu wegen. Am Herrentag wurde ich vom Geist ergriffen und hörte hinter mir eine Stimme, gewaltig wie eine Posaune, die sprach: Was du siehst, das schreibe in ein Buch und sende es den sieben Gemeinden: nach Ephesus, Smyrna, Pergamon, Thyatira, Sardes, Philadelphia und Laodizea. Und ich wandte mich um, die Stimme zu sehen, die mit mir sprach. Und als ich mich umwandte, sah ich sieben goldene Leuchter und inmitten der Leuchter einen, der einem Menschensohne glich, angetan mit einem langen Gewand und um seine Brust mit einem goldenen Gürtel umgürtet. Sein Haupt und sein Haar waren weiß wie weiße Wolle, wie Schnee, und seine Augen wie Feuerflammen; seine Füße glänzten wie Gold, und aus seinem Mund ging ein zweischneidiges scharfes Schwert hervor, und sein Angesicht leuchtete, wie die Sonne scheint in ihrer Kraft. Als ich ihn sah, fiel ich wie ein Toter zu seinen Füßen nieder. Da legte er seine Rechte auf mich und sprach: Fürchte dich nicht! Ich bin der Erste und der Letzte und der Lebendige, und ich war tot, und, siehe, ich bin lebendig in alle Ewigkeit und habe die Schlüssel zum Tod und zum Hades. Schreibe auf, was du gesehen hast und was hernach geschehen wird. Mit dem Geheimnis der sieben Sterne verhält es sich so: Die sieben Sterne sind die Engel der sieben Gemeinden, und die sieben Leuchter sind die Gemeinden".[529] Die Eingangsszene handelt von der Berufung und Beauftragung des Johannes. Sie ähnelt speziell im Blick auf die Nennung des Ortes und der Zeit des Widerfahrnisses den Berufungsberichten alttestamentlicher Propheten (vgl z.B. Jes 6,1; Jer 1,2f; Ez 1,1-3; äthHen 14,8 – 16,4). Dem Seher wird eine Vision des erhöhten Herrn Jesus Christus zuteil. Er befindet sich wegen seines Ein-

529 Zur folgenden Auslegung vgl. *W. Bouuset*, Die Offenbarung Johannis, 191-202; *E. Lohse*, Die Offenbarung des Johannes, 17-22; *Jürgen Roloff*, Die Offenbarung des Johannes, 37.46; *H. Ritt*, Offenbarung des Johannes, 20-23.

tretens für diesen Herrn und sein Evangelium in der Verbannung auf der Felseninsel Patmos, die zur Gruppe der Sporaden gehört, in der Ägäis nahe vor der kleinasiatischen Westküste liegt. Mit seinem Geschick partizipiert Johannes am standhaften und gedudigen Ausharren in der Gemeinschaft Jesu Christi. So hat er an dem teil, was Barnabas und Paulus den Christen in den von ihnen gegründeten kleinasiatischen Gemeinden in Aussicht stellten: „Wir müssen durch viele Bedrängnisse in das Reich Gottes eingehen" (Apg 14,22b). Johannes vernimmt an einem „Herrentag", d.h. an einem Sonntag, den die Christen schon damals anstelle des jüdischen Sabbaths als Tag des Gedenkens an die Auferstehung Jesu Christi begingen (vgl. Barn 15,9; IgnMagn 9), in der Ekstase den Auftrag zur Abfassung eines Buches. Die Beauftragung erfolgt unter Trompetenschall. Das Wort σάλπιγξ, das weithin mit „Posaune" wiedergegeben wird, bezeichnet das damalige Signalinstrument, das man auf einem Relief des Titusbogens in Rom sehen kann. Es bestand aus einem langen metallenen Rohr mit Mundstück und Schalltrichter und spielt in apokalyptischen Texten eine Rolle (vgl. Mt 24,231; 1Kor 15,52; 1Thess 4,16; Offb 3,2 u.ö.). Die unüberhörbar laut wie ein Signalinstrument klingende Stimme, die Johannes hörte, war die des Engels, der Offb 1,1 als Offenbarungsmittler genannt worden war. Der Seher soll das, was er schaut, in ein Buch schreiben und als Rundbrief an sieben Gemeinden schicken, die damals durch Häresie bedroht waren. Ephesus, die Hauptstadt der Provinz Asia, Smyrna, Pergamon, Thyatira, Sardes, Philadelphia und Laodizea waren auf Straßen leicht zu erreichen. Alle genannten Städte waren Verwaltungszentren, in denen der Kaiserkult selbstverständlich ausgeübt wurde. Die sieben Gemeinden werden durch sieben, im Kreis aufgestellte Leuchter symbolisiert. Inmitten der Leuchter steht der als einem „Menschensohn" ähnliche, erhöhte Herr. Er trägt das knöchellange weiße hohepriesterliche Gewand (vgl Ex/2Mo 28,4.27; Dan 7,9), das auf die himmlische Herrlichkeit hiweisen soll. Das gilt auch für das weiße Haupthaar. Vor seinen wie Feuer leuchtenden Augen bleibt nichts verborgen. Seine Füße glänzen wie Gold (vgl. Dan 10,6), und seine Stimme erklingt laut wie ein rauschender Wasserfall. Die richterliche Vollmacht des Weltenherrschers Jesus Christus wird mit dem Bild eines scharfen zweischneidigen Schwertes angedeutet (vgl. Jes 11,4; PsSal 17,24.35). Auf diese überwältigende göttlich majestätische Erscheinung hin fällt Johannes wie tot um; das ist die typische Reaktion derer, die einer Gottesoffenbarung gewürdigt werden. Ihr kann niemand standhalten (vgl. Gen/1Mo 32,31; Ex/2Mo 33,20; Ri 6,22f; 13,22; Jes 6,5 u.ö-). Durch die Berührung mit der Rechten Christi erhält der Seher neue Lebenskraft. Der Herr stellt sich ihm als „der Erste und der Letzte und der Lebendige" vor. Hier sind alttestamentliche Gottesprädikate auf Christus übertragen worden (vgl. Jes 44,6; 48,12; Jos 3,10; Ps 42,3). Er, der tot war und im Grab gelegen hat, verfügt als der Auferstandene und Erhöhte auch über den Hades, die Welt der Verstorbenen. Das wird durch das Bild des „Schlüssels" symbolisiert. Johannes soll aufschreiben, was er gesehen und gehört hat. Die Wendung „was ist" bezieht sich auf die Zustände in den angeschriebenen sieben Gemeinden (Offb 2 – 3), „was hernach geschehen wird" auf die in Offb 4 – 22 in Bildern geschilderten endzeitlichen Geschehnisse.

Ekstatische Widerfahrnisse werden auch aus dem frühen Judentum berichtet, so z.B. „B 10b: Rabbi Abbahu (um 300) hat gesagt: Man fragte Salomo: Wer ist ein Sohn der künftigen Welt? Der, von dem es Jes 24,23 heißt: Seinen Ältesten gegenüber Ehre! – Das entspricht jenem Vorfall mit Joseph, dem Sohn des Rabbi Jehoschua (b. Levi um 250). Als dieser nämlich krank war, wurde er entrückt (im Fiebertraum). Sein Vater sprach (hinterher) zu ihm: Was hast du gesehen? Er antwortete ihm: Eine umgekehrte Welt habe ich gesehen, die Obersten zu unterst und die Untersten zu oberst. Er sprach zu ihm: Eine lautere Welt hast du gesehen (d.h. eine Welt, in der der wirkliche Wert eines Menschen in Erscheinung tritt). Uns aber, wie hast du uns (dort) gesehen? Er antwortete ihm: Wie wir hier geachtet sind, so sind wir auch dort geachtet."[530] Feuer erschien Rabbinen beim Studium der Heiligen Schrift, so wird pChag 2,77b , 32 berichtet: „Mein Vater Abuja (so berichtet der Apostat Elischa b. Abuja, um 120), einer von den Großen Jerusalems, hatte an dem Tage, an dem ich beschnitten werden sollte, alle Großen Jerusalems eingeladen und sie in *einem* Zimmer Platz nehmen lassen, ebenso auch den R. Eliezer (b. Hyrkanos) und den R. Jehoschua (b. Chananja). Nachdem man gegessen und getrunken hatte, fing man an, in die Hände zu klatschen und zu tanzen. Da sprach R. Eliezer zu R. Jehoschua: Während sich jene mit dem Ihrigen (mit dem, was ihnen am Herzen liegt) beschäftigen, wollen wir uns mit dem Unsrigen beschäftigen. So saßen sie denn und beschäftigten sich mit den Worten der Thora. Von der Thora gingen sie über zu den Propheten und von den Propheten zu den Hagiographen; und diese Worte (der heiligen Schrift) freuten sie sich wie damals, als sie vom Sinai her gegeben wurden, und Feuer umzüngelte sie, wie es sie vom Sinai her umzüngelt hatte; denn ihr ursprüngliches Gegebenwerden vom Sinai erfolgte unter Feuer, s. Dtn/5Mo 4,11: Der Berg brannte feurig bis in den Himmel. Da sagte mein Vater Abuja zu ihnen: Meine Herren, wenn so groß die Kraft der Thora ist, so will ich diesen Sohn, falls er am Leben bleibt, für die Thora bestimmen."[531] Diese rabbinische Überlieferung erinnert an das Pfingstereignis wie es Lukas Apg 2,3 erzählt hat.

Ganymed wurde nach *Homer* um seiner Schönheit willen entrückt. Vgl. Il XX, 232ff (8. Jh. v.Chr.): „Welcher der allerschönste doch war von den sterblichen Menschen. / Ihn entrafften denn auch um der Schönheit willen die Götter, / Zeus zu bedienen als Schenke des Weins, bei den Himmlischen wohnend".[532]

Nach *Homer,* Od IV, 61-569 (7. Jh. v.Chr), wird Menelaos, dem König von Sparta, verheißen: „Dir aber, Götterkind Menelaos, beschieden die Götter, / Nicht in Argos,[533] wo die Rosse gedeihen, zu sterben, dein Schicksal / Dort zu erfüllen. Es schicken dich einst die unsterblichen Götter / Weit, bis ans Ende der Welt, in Elysions[534] ebne Gefilde. / Dort ist der Blonde daheim, Radamanthys[535]; dort wandeln die Menschen / Leicht durch das Leben. Nicht Regen,

---

[530] Bill. I, 830.
[531] Bill. II, 603.
[532] Homer, Ilias, 692f (*Hans Rupé*).
[533] Eine von einem antiken Heros dieses Namens gegründete Stadt.
[534] Elysion ist der Ort, an dem die von den Göttern mit ewigem Leben begückten Menschen wohnen.
[535] ein Sohn des Göttervaters Zeus.

nicht Schnee, nicht Winter von Dauer - / Die ihm Okeanos[536] schickt zur Erfrischung der Menschen".[537]
Nach *Hesiod* (ca. 700 v.Chr.), „Werke und Tage", 196ff werden zwei Heroen entrückt: „Da zum Olympos hinweg von den breiten Straßen der Erde, / beide in weiße Gewänder die Schönheit des Leibes verhüllend, / gehen sie fort zur Schar der Unsterblichen, fliehen die Menschen".[538]
Platon, Politeia X, 621B: „Nachdem sie [die Seelen] sie sich nun zur Ruhe gelegt und es Mitternacht geworden, habe sich Ungewitter und Erdbeben erhoben, und plötzlich seien sie dann hüpfend wie Sterne der eine hierhin, der andere dorthin getrieben worden, um eben ins Leben zu treten. Er selbst [Odysseus] habe von dem Wasser zwar nicht trinken dürfen, wie aber und auf welche Weise er wieder zu seinem Leibe gekommen, wisse er doch nicht, sondern nur, daß er plötzlich, des Morgens aufschauend, sich schon auf dem Scheiterhaufen liegend gefunden".[539] Philo SpecLeg III,1f: „Es gab einmal eine Zeit, da ich mich ganz der Philosophie und der Betrachtung der Welt und ihrer Teile hingab, da ich mich des herrlichen, vielbegehrten, wahrhaft seligen Geistes freute, in stetem Verkehr mit göttlichen Gedanken und Lehren, an denen ich mich mit nie zu stillendem und zu sättigendem Verlangen erquickte; da stieg kein niedriger oder gemeiner Gedanke in mir auf, noch wand ich mich im Staube um Ruhmes, Reichtums oder leiblicher Freuden willen, sondern in fernen Höhen glaubte ich stets in seelischer Verzückung zu schweben und mitzuschwingen mit Sonne und Mond, mit dem ganzen Himmel und Weltall. Ja, damals erschaute ich, aus Äthershöhen herniederblickend und das Geistesauge wie von einer Warte hinabrichtend, die unzähligen Bilder von allem, was auf Erden ist, und pries mich glücklich, den Verhängnissen des Menschenlebens durch Ausspannung entronnen zu sein".[540] Vgl. *ders.,* Somn I,36: „Könnte deren [der Himmelskörper] Schall zu unseren Ohren gelangen, so würden nicht zu bändigender Liebesdrang, leidenschaftliche Sehnsucht und ein unaufhörlicher rasende Trieb in uns entstehen, so daß wir uns selbst des Nötigsten enthielten und uns nicht mehr wie Sterbliche mit Speise und Trank durch die Kehle ernährten, sondern wie Leute, die im nächsten Augenblick unsterblich werden sollen, durch die Ohren mit gotterfüllten Liedern einer unasterblichen Musik".[541] Von leiblichen Entrückungen erzählen auch frühjüdische Schriften, so z.B. von Henoch (vgl. Gen/1Mo 5,21-24. Vgl. äthHen XII,1:"Vor diesem [endzeitlichen] Geschehen war Henoch entrückt worden, und niemand von den Menschenkindern wußte, was (mit ihm) geschehen war." Der Verfasser des äthHen läßt Henoch ebd. XIV,8 berichten: „Und die Vision erschien mir folgendermaßen: Siehe, Wolken riefen mich in der Vision, und Nebel riefen mich, und die Bahn der Sterne und die Blitze drängten mich zur Eile und trieben mich und hoben mich empor in den Himmel." Henoch darf den „Ort der Gerechten und der Erwählten" schauen: ebd., XXXIX,3ff: „Und in jenen Tagen riß mich ein Sturmwind von der Erde und setzte mich ab

---

536 Nach antiker Vorstellung war die als Scheibe vorgestellte Erde vom Ozean umgeben.
537 Homer, Odyssee, 110-113 *(A. Weiher).*
538 Hesiod, Werke und Tage, 96f (*A. v. Schirnding*).
539 Platon, Werke IV,872f (*Fr. Schleiermacher*).
540 Philonis Opera, V,150; *ders.*, Werke II,183 (*I. Heinemann*).
541 Philonis Opera III,212; ders,, Werke VI,180f (*M. Adler / I. Heinemann*).

am Ende des Himmels. Und ich sah dort eine andere Vision: die Wohnungen der Heiligen und die Ruheorte der Gerechten. Hier sahen meine Augen ihre Wohnungen bei den Engeln seiner [=Gottes] Gerechtigkeit und ihre Ruheorte bei den Heiligen, und sie baten, flehten und beteten für die Menschenkinder, und Gerechtigkeit floß wie Wasser vor ihnen und Barmherzigkeit wie Tau auf der Erde. So ist es unter ihnen für immer und ewig."[542]
Über visionäre Erlebnisse berichten auch pagane griechische und römische Schriftsteller der hellenistisch-römischen Zeit. *Sueton* (ca. 75-150 n.Chr.) berichtet über Drusus, den Vater des Kaisers Claudius (42-54 n. Chr), über dessen Kämpfe in den Wäldern Germaniens um 13 v.Chr.: „Auch hatte er den Feind fast immer vernichtend geschlagen und ihn bis in die tiefsten Einöden getrieben, doch mit seiner Verfolgung hörte er nicht eher auf, bis dem Sieger die Erscheinung einer Einheimischen von übermenschlicher Größe auf Latein verbot, weiter zu marschieren" (hoatem etiam frequenter caesum ac penitus in intimas solitudines actum non piririus destitit insequi, qaum species barbarae mulieris humana amplior victorem tendere ultra sermone Latino prohibuisset).[543]
Sueton berichtet vom Beginn des römischen Bürgerkrieges im Jahre 49 v.Chr.: Als Caesar „seine Kohorten am Rubicon, dem Grenzfluß seiner Provinz, eingeholt hatte, machte er kurz Rast und rekapitulierte im Geiste noch einmal, was er ins Werk setzte; dann wandte er sich an die Leute seiner näheren Umgebung mit den Worten: 'Noch gibt es für uns ein Zurück; haben wir aber diesen Steg erst einmal überschritten, dann gibt es für alles nur noch eine Losung: Krieg.' Als er noch zögerte, ereignete sich etwas Wunderbares. Plötzlich setzte sich jemand neben ihn, der durch seine Größe und sein Aussehen besonders hervorstach, und trat als Schalmaienspieler auf. Als außer dem Hirten auch noch Soldaten und mit ihnen auch Tubabläser von ihren Posten zahlreich zusammengelaufen waren, um ihm zuzuhören, riß er einem von ihnen die Tuba aus der Hand, sprang vor zum Fluß,, bließ kräftig ins Horn und ließ das Signal ertönen; dann watete er an das andere Ufer. Da sagte Caesar: 'Man soll dorthin gehen, wohin der Götter Zeichen und die Ungerechtigkeit der Feinde einen rufen. Der Würfel ist gefallen'„ (consecutusque cohortis ad Rubiconem flumen, qui provinciae eius finis erat, paulum constituit, ac reputans quantum moliretur, conversus ad proximos: 'etiam nunc', inquit, 'regredi possumus; quod si ponticulum transierimus, omnia armis agenda erunt.' cunctanti ostentum tale factum est. Quidam eximia mgnitudine et forma in proximo sedens repente apparuit harundine canens; ad quem audiendum cum praeter pastores plurimi etiam ex stationibus milites concurrissent interque eos et aeneatores, rapta ab uno tuba prosiliuit ad flumen et ingenti spiritu classicum exorsus pertendit ad alteram ripam. Tunc Caesar: 'eatur', inquit, 'quo deorum ostenta et inimicorum iniquitas vocat. Iacta alea est', inquit)[544]
Was Paulus zu erdulden hatte, nennt er Gal 4,13 „Schwäche". Darüber schreibt er 2Kor 4,7-12 den Christen in Korinth: „Wir haben nämlich diesen Schatz [des Evangeliums, das er predigt] in irdenen Gefäßen, damit das Übermaß der Kraft von Gott sei und nicht aus uns. In allem sind wir bedrängt, aber nicht erdrückt, sehen keinen Ausweg, aber nicht ohne Ausweg, verfolgt, aber nicht verlassen,

---

542 Vgl. *S. Uhlig*, Das Äthiopische Henochbuch, 555; 538 u. 548f.
543 *Sueton*, Kaiserviten, 540f.
544 *Sueton*, Kaiserviten, 58-61 *(H. Martinet).*

niedergeworfen, aber nicht vernichtet, tragen allezeit das Sterben Jesu an unserem Leib, damit auch das Leben an unserem Leib sichtbar werde; denn immer werden wir, obgleich wir leben, dem Tod ausgeliefert, damit auch das Leben Jesu an unserem sterblichen Leib sichtbar werde. So ist nun der Tod mächtig in uns, das Leben aber in euch". Vgl. auch 2Kor 11,29: „Wer ist schwach, und ich bin nicht schwach? Wer kommt zu Fall, ohne daß ich von Sorge verzehrt werde?". Wer nimmt Anstoß, ohne daß ich von Sorge verzehrt werde?" Das schreibt Paulus im Blick auf die Anfechtungen, die er erdulden mußte.

Entrückungsgeschichten wurden im Altertum über Menschen erzählt, die für ihre Anhängerschaft, für Völker, Städte und Reiche über ihren Tod hinaus grundlegende oder maßgebliche und richtungweisende Bedeutung gewonnen haben, in der Welt lebendig weiterwirken und posthum eher noch an Lebens- und Leuchtkraft gewonnen haben, obwohl sie nicht mehr in der Welt sind. In Himmelfahrtserzählungen kommt zum Ausdruck, daß der Fortgang oder die Hinwegnahme eines solchen nach wie vor lebenskräftig und für viele erhellend wirksamen Menschen die Vorstellungskraft übersteigt.

Die griechische Mythologie erzählt von Herakles, er sei am Ende seines Erdenlebens auf dem Oitaberg in Phrygien vom brennenden Scheiterhaufen unter Donnerschlägen in einer Wolke in den Himmel getragen und so der Unsterblichkeit teilhaftig geworden (Apollodorus Mythographus 2,7.7).[545] *Titus Livius* (59 v.Chr. bis 17 n.Chr.), der Historiker Roms zur Zeit des Kaisers Augustus, erzählt in seiner Frühgeschichte der Stadt von der Himmelfahrt des Romulus, des sagenumwobenen und beim Volk von Rom mehr als unter den Senatoren beliebten Stadtgründers und ersten Königs, im Unwetter während einer Heeresmusterung:

Als Romulus „zur Musterung seines Heeres auf dem Marsfeld beim Ziegensumpf eine Heeresversammlung durchführte, brach plötzlich mit lautem Tosen und Donnern ein Unwetter los und hüllte den König in einen so dichten Sturzregen, daß die Versammlung ihn nicht mehr sehen konnte; und danach war Romulus nicht mehr auf Erden. Der Schrecken legte sich schließlich, als nach diesem Gewittersturm das Tageslicht heiter und ruhig zurückkehrte. Da sahen die Männer von Rom den Platz des Königs leer; sie glaubten zwar den Senatoren, die direkt dabeigestanden hatten, voll und ganz, daß der Sturm ihn empor gerissen habe, waren aber doch eine Zeitlang sprachlos vor Kummer, als hätte die Angst, nunmehr verwaist zu sein, sie gelähmt. Als dann einige wenige den Anfang machten, grüßten sie alle Romulus als Gott, von einem Gott gezeugt, als König und Vater der Stadt Rom (deum deo natum, regem parentemque urbis Romanae); und sie flehten um seinen Beistand, daß er huldvoll und gnädig sein Volk immer behüten möge. Es gab aber, glaube ich, auch damals schon einige, die im stillen die Senatoren beschuldigten, den König eigenhändig in Stücke gerissen zu haben. Denn auch diese Version breitete sich aus, wenn auch nur in ganz dunklen Andeutungen. Jene andere dagegen setzte sich infolge der Bewunderung, die der Mann genoß, und infolge des Schreckens, der die Menschen befallen hatte, allgemein durch.

---

545 Apollodor's Mythologische Bibliothek, 127; vgl. *M.P. Nilsson*, Geschichte I,131,660.

Und die Sache soll auch durch den klugen Einfall eines einzelnen Mannes noch glaubhafter geworden sein. Denn während die Bürgerschaft durch den Schmerz ihres Königs wegen aufgewühlt war und den Senatoren grollte, trat Proculus Julius, eine, wie es heißt, gewichtige Autorität auch in einer so bedeutenden Sache, vor die Volksversammlung und sagte: ‘Mitbürger! Heute beim ersten Licht des Tages kam Romulus, der Vater dieser Stadt, plötzlich vom Himmel herab und trat mir entgegen. Als ich von Schauer durchbebt und in tiefer Ehrfurcht vor ihm stand und ihn bat, ihm ins Antlitz blicken zu dürfen, sagte er: ‚Geh und verkünde den Römern, es sei der Wille der Himmlischen, daß mein Rom das Haupt des Erdkreises *(caput orbis terrarum)* sei. Sie sollen also das Kriegswesen pflegen, und sie sollen es wissen und an ihre Nachkommen weitergeben, daß keine Macht der Welt den Waffen Roms widerstehen kann.‘ Nach diesen Worten, ‚entschwand er in die Höhe.‘ Es ist erstaunlich, wieviel Glaube der Mann mit diesen Worten fand und wie der Schmerz um Romulus beim Volk und beim Heer gelindert wurde, nachdem seine Unsterblichkeit als erwiesen galt“ (I,16).[546]

Ovid (43 v.Chr. bis 18 n.Chr.), der große Elegiker der Augusteischen Zeit, hat von der Entrückung des Romulus in den „Metamorphosen“ gesungen. Während bei dem stark rational orientierten Skeptiker Livius, der sich bewußt ist, daß vieles aus der Vor- und Frühgeschichte Roms eher in die Sagen der Dichter als in die Geschichtsbücher gehört, und der seinerseits erklären möchte, wie die Überlieferung von der Apotheose des Romulus zustande kam, der Zweifel eine starke Rolle spielt, erzählt Ovid die Himmelfahrt des Stadtgründers in mythischer Redeweise und poetischer Gestalt. Diese erlaubt ihm eine durch die Frage nach der historischen Glaubhaftigkeit der Aussage ungetrübte Verherrlichung des Helden: Mars, der Urahn Roms und Vater des Stadtgründers, erscheint vor Jupiter, „dem Vater der Götter und Menschen“:

> „‘Vater, es ist an der Zeit, da die Stärke der römischen Sache,
> sicher begründet und fest, von einem Herrscher nicht abhängt,
> mir und dem würdigen Enkel verheißenen Lohn zu gewähren,
> und, der Erde entrafft, in den Himmel ihn zu versetzen.
> Vor den versammelten Göttern hast einst zu mir du gesagt: - ich
> habe in treuem Gemüt die frommen Worte behalten -:
> ‹Einer wird sein, den du in des Himmels Blau sollst erheben.›
> Dies dein hohes Wort, es gehe nunmehr in Erfüllung.‘
> Und der Allmächtige nickte ihm zu, verfinstert’ mit schwarzen
> Wolken die Lüfte und schreckte mit Donner und Blitzen den Erdkreis.
> Mars empfand es als Zeichen, versprochenen Raub zu vollführen,
> und auf die Lanze gestemmt, bestieg er kühn das von blutger
> Deichsel gedrückte Gespann; er läßt die Schläge der Deichsel
> klatschen und jagt in steiler Fahrt herab durch die Lüfte,
> macht auf der waldigen Höh des Berges Palatius[547] halt und
> raubt der Silvia Sohn, der dort seinen Bürgern Recht, und
> kein tyrannisches sprach. Beim Flug durch die schmeichelnden Lüfte
> schwand der sterbliche Leib, wie die bleierne Kugel von breiter
> Schleuder gesandt, in der Mitte des Himmels schmilzt; und ihm ward

546 Ausgabe von *H.J. Hüllen*, 46-49; vgl. die ähnliche Erzählung bei *Plutarch*, Romulus 27f.
547 Der Palatin war damals der vornehmste Stadtteil Roms.

ein schönes Gesicht, wie es würdiger war der erhabenen Sitze,
und die Gestalt wie die des Trabeaträgers Quirinus[548]."
("tempus adest, genitor, quoniam fundamine magno
Res Romana valet, nec preside pendet ab uno.
Praemina, quae promissa mihi dignote nipoti,
solvere et ablatum terris inponere caelo.
tu mihi concilio quondam praesente deorum
(nam memoro memorique animo pia verba notavi)
'unus erit, quem tu tolles en tu caerula caeli'
Dixisti: rata sit verborum summa tuorum!"
Adnuit omnipotens et nudibus aëra caecis
occulit tonitruque et fulgure terruit orbem.
quae sibi promissae sensit tata signa rapinae
innixusque hastae pressos temone cruento
inpavidus conscendit equos Gradivus et ictu
verberis increpuit pronusque per aera lapsus
constitit nemorosi nemorosi colle Palati
reddetemque suo non regia iura Quiriti
abstulit Iliadem: corpus mortale per auras
dilapsum tenues, ut lata plumbea funda
missa solet medio glans interbesceo caelo
pulchra subit facies et pulvinaribus altis
dignior, est trabeati forma Quirini).
(Met XIV, 808-827).[549]

Anläßlich der prachtvollen Beisetzungsfeierlichkeiten für Augustus (14 n.Chr.), der zu seinen Lebzeiten in seiner Person den Zeitgenossen die Gewähr für Frieden, staatliche Ordnung und Sicherheit im römischen Reich geboten hatte und dem schon lange vor dem Tod göttliche Ehren erwiesen wurden, „gab es auch einen Mann vom Rang eines Praetors, der schwor, daß er gesehen habe, wie das Abbild des Verbrannten in den Himmel aufgestiegen sei" (Sueton, Augustus, 101,4).[550]
Nach der von Philostratos um 220 n.Chr. im Auftrag der Kaiserin Julia Domna verfaßten, stark idealisierenden und weitgehend legendären Lebensbeschreibung des wandernden neupythagoreischen Heilslehrers und magiekundigen Wundertäters Apollonius, eines Griechen aus Tyana in Kappadokien, der um 96-98 n.Chr. hochbetagt gestorben ist,[551] von seinen zahlreichen Anhängern als „göttlicher Mann" verehrt, dagegen vom Satiriker Lukian aus dem syrischen Samosata im 2. Jh. n.Chr. für einen trickreichen Schwindler gehalten wurde (Alex 5),[552] gab es nicht nur eine Überlieferung vom Tod, sondern auch unterschiedliche Berichte über die Apotheose des Apollonius:
„Nach einigen soll Apollonius in Ephesos gestorben sein, von zwei Dienerinnen gepflegt... Nach dem Bericht anderer soll Apollonius in Lindos gestorben sein, wo er den Tempel der Athene betreten habe und plötzlich an Ort und Stelle verschwunden sei. Andere lassen ihn auf Kreta auf eine noch wunderbarere Weise

548 Quirinus heißt der vergöttlichte Romulus.
549 *Ovid*, Metamorphosen, 553ff *(E. Rösch)*.
550 *Sueton*, Kaiserviten, 314f *(H. Martinet)*.
551 Vgl. *A.Y. Collins*, Art. Apollonius von Tyana, 610; *B. Kollmann*, Jesus, 101-106.
552 Lukian, Werke II, 78f; ders, Vol. IV, 182f.

sein Ende finden. Bei seinem Aufenthalt in Kreta, wo er mehr denn je bewundert worden sei, habe er nachts den Tempel der Diktynna[553] betreten. Dieser Tempel wurde von Hunden bewacht, die das darin befindliche Gut hüten und nach der Behauptung der Kreter weder den Bären noch anderen wilden Tieren nachstehen. Diese Tiere nun hätten ihn nicht angebellt bei seinem Kommen, sondern seien ihm entgegengelaufen und hätten ihm geschmeichelt, wie sie dies nicht einmal bei den bekanntesten Leuten zu tun pflegten. Da hätten ihn die Tempelvorsteher wie einen Zauberer und Räuber ergriffen und gefesselt, mit der Behauptung, er habe den Hunden etwas zur Besänftigung vorgeworfen. Er aber habe sich um Mitternacht freigemacht, dann habe er diejenigen, die ihn gefesselt hätten, herbeigerufen, um nicht heimlich zu handeln, sei zu den Türen des Tempels geeilt, die sich vor ihm geöffnet und wieder geschlossen hätten, als er hineingetreten sei. Von innen aber habe man die Stimmen singender Jungfrauen vernommen, deren Gesang etwa so lautete: ‚Verlasse die Erde und komme zum Himmel!'. Es war dies, als ob sie sagen wollten: ‚Steige von der Erde in die Höhe!'" (VitAp VIII, 30).[554]

Die kretische Erzählung, in der Apollonius seiner Himmelfahrt entgegen geht, handelt von der Wiederherstellung des Tierfriedens (vgl. Jes 6,11ff; 65,25; Mk 1,13), enthält eine wunderbare Selbstbefreiung (vgl. dagegen Apg 5,17-21; 12,3-11; 16,23-34), im Zusammenhang damit ein Türöffnungswunder (vgl. Apg 5,19; 12,10; 16,26) und gipfelt in der Apotheose. Der Aufstieg in den Himmel wird nur indirekt berichtet.

Der kynische Philosoph und Wundertäter Peregrinos Proteus, der nach Lukian eine Zeitlang zu einer christlichen Gemeinde gehörte, hat 165 n.Chr. in Olympia an heiliger Stätte während der Festversammlung seine Selbstverbrennung auf einem eigenhändig errichteten und entzündeten Scheiterhaufen inszeniert. Lukian hat das Schauspiel mit angesehen. Nach seiner satirischen Erzählung über „Das Lebensende des Peregrinos" sprach dieser nach Süden gewandt: „'Mütterliche und väterliche Götter nehmt mich gnädig auf!' Nach diesen Worten sprang er ins Feuer, wurde aber nicht mehr gesehen, sondern von der Flamme umfangen, die reichlich emporschoß" (PeregrMort 36). – Was Lukian weiter erzählt, gehört ganz ins komische Fach: „Für die Dummköpfe aber und die, die etwas Neues zu hören erpicht waren, bauschte ich es aus eigenem etwas tragisch auf, daß, nachdem der Scheiterhaufen entzündet worden war und sich Proteus eilends hineingestürzt hatte, es zuerst ein großes Erdbeben mit einem dumpfen unterirdischen Donner gegeben habe, dann sei mitten aus der Flamme ein Geier im Nu zum Himmel geflogen, der mit lauter menschlicher Stimme sagte: 'Ich verließ die Erde, ich gehe zum Olymp.' Jene nun waren ganz weg, bezeigten schaudernd ihre Verehrung und fragten mich aus, ob gegen Osten oder gegen Westen der Geier geflogen sei, ich aber erwiderte, was mir gerade in den Sinn kam. Als ich zur Festversammlung fortgegangen war, kam ich dazu, wie ein grauhaariger und - beim Zeus! nach seinem Äußeren, wegen seines Bartes und seines sonstigen ehrwürdigen Aussehens, vertrauenswürdiger Mann unter anderem auch das von Proteus erzählte, daß nach der Verbrennung er ihn in weißem

553 Kretisch-minoische Höhengöttin.

554 Philostratos, Apollonius, 964-967 (*V. Mumprecht*).

Gewande kurz vorher gesehen und jetzt in der Halle mit dem siebenfachen Echo gelassen habe, wo er heiter und mit einem Kranz aus den Zweigen des wilden Ölbaumes geschmückt lustwandelte. Zu allem fügte er noch den Geier hinzu, wobei er schwur, er selbst habe ihn wahrhaftig aus dem Scheiterhaufen auffliegen gesehen, den Geier, den ich kurz zuvor zur Verspottung der unvernünftigen und dummen Leute hatte fliegen lassen. Denke dir, was da in Zukunft wahrscheinlich ihm zu Ehren geschehen wird..." (PeregrMort 39-41).[555] – Lukian geißelt in seiner Schrift die Ruhmsucht des Peregrinos, verspottet die Legendenbildung unter den Verehrern des Philosophen, aus dessen Vorleben er Schändliches enthüllt, und lacht über die Leichtgläubigkeit der Leute.
Ein wesentlicher Unterschied der lukanischen Erzählungen von Jesu Auffahrt am Ende des Evangeliums und zu Eingang der Apg zu sämtlichen anderen antiken Himmelfahrtsgeschichten besteht darin, daß hier der von Gott aus seinem Tod und Grab zu unzerstörbarem Leben auferweckte und so der Gewalt des Todes entrissene gekreuzigte Jesus am Ende seiner österlichen Erscheinungszeit, die ihn den Seinen als den aus Gottes Lebensmacht in die Welt und ihre Geschichte hinein Auferstandenen erwiesen hat, vor seinen Jüngern entrückt wird und zur Rechten Gottes seiner Parusie entgegensieht, die sich analog der Entrückung vollziehen soll. Er wird sich in der Parusie der Welt und seiner Gemeinde auf Erden als schlechthin zukunftsmächtig erweisen.

15: Wo bleibt nun euer Ruhm? Ich bezeuge euch nämlich, daß ihr euch, wenn möglich, die Augen ausgerissen und sie mir gegeben hättet. Die ironische und rhetorische Frage in V. 15a erinnert an die Gastfreundschaft, welche die Galater Paulus erwiesen haben. Sie haben ihn als einen ihnen gesandten „Engel Gottes“ bei sich aufgenommen. Der Ausdruck steht im Gegensatz zum „Engel Satans“ (2Kor 12,7). Wenn es nötig und möglich gewesen wäre, hätten sie ihm sogar die eigenen Augen gegeben; sie wären also bereit gewesen, seinetwegen ein großes Opfer zu bringen. Vgl. auch 2Kor 8,5a: „Sie gaben sich selbst hin“, wenn es darum gegangen wäre, Paulus zu helfen. Das ist eine hyperbolische, also übertriebene Ausdrucksweise. Das Auge ist ein wichtiges Sinnesorgan (vgl. 1Kor 12,16f; Mt 5,29; 18,9 par.). Ihre Opferbereitschaft, die nur unter Freunden möglich ist, hätte also kaum noch überboten werden können. Der Apostel war selbst bereit, wenn die Juden zum Glauben an das Evangelium Jesu Christi kämen, „verflucht zu sein von Christus weg, für meine Brüder, meine Verwandten nach dem Fleisch, die Israeliten sind, denen die Sohnschaft gehört und die Herrlichkeit und die Gesetzgebung und der Gottesdienst und die Verheißungen, ihnen ist das Gesetz gegeben, sie haben die Väter und dem Fleische nach stammt von ihnen der Christus, der über allem als Gott steht. Er sei gepriesen in Ewigkeit. Amen.“ (Röm 9,3ff). Paulus ist traurig und empfindet tiefen Schmerz des Volkes seiner Herkunft wegen. Die Israeliten haben geirrt und Gott dadurch verkannt, daß sie in der Gesetzesgerechtigkeit ihr Heil suchten. Sie haben „die Gerechtigkeit. die aus dem Glauben kommt, abgelehnt. Wenn der Apostel seiner Brüder aus Israel wegen von Christus geschieden werden möchte, dann verhält er sich ebenso wie eins Moses, als die Israeliten Jahwe in einem

555 *Lucian*, Peregrinos, 496-501 *(Th. Fischer).*

goldenen Stierbild symbolisiert sehen wollten: „Nimm jetzt ihre Sünde von ihnen! Wenn nicht, dann streich mich aus dem Buch, das du angelegt hast" (Ex/2Mo 32,32 LXX). Paulus will den über Israel gekommenen Fluch auf sich ziehen. Sukk 20a: Resch Laqisch (um 250) hat gesagt: Siehe. ich will Sühne für Rabbi Chijja und seine Söhne sein!"[556] Da Gott Israel, die Nachkommen Jakobs (vgl. Gen/1Mo 32,28f), liebt, hat er sich dieses Volk erwählt: „So spricht Jahwe: Israel ist mein erstgeborener Sohn" (Ex/2Mo 4,22 LXX; vgl. Dtn/5Mo 4,7.32f). „Sie tauschten ihre Herrlichkeit gegen das Bild eines Stieres ein, der Gras frißt" (Ps 106,20 [105,20 LXX). „Als Israel jung war, gewann ich es lieb; aus Ägypten rief ich meinen Sohn" (Hos 11,1 LXX). Gott hat Israel an Sohnes Statt adoptiert. „Die Herrlichkeit" Jahwes begleitete das Gottesvolk auf seinem Zug durch die Wüste (vgl. z.B. Ex/2Mo 16,10; 24,16; 40, 34f; Lev/3Mo 9,6.23). Den Israeliten gehören auch die „Väter". Ihnen gehören auch die „Verheißungen", die mit der Sendung und dem Geschick Jesu Christus erfüllt sind. Gott, der Vater Jesu Christi, hat sein Volk Israel damit geehrt, daß er seinen Sohn als Juden, der David zu seinen Vorfahren zählte (vgl. Röm 1,3f) von der Jüdin Maria, der Frau Josephs, geboren werden ließ (vgl. z.B. S^{Mt} 1,18; 2,1; S^{Lk} 1,31ff; 2,1-20; Joh 1,14). „Das Heil kommt von den Juden" (Joh 4,22b). Der Abschluß einer Doxologie mit „Amen" ist üblich (vgl. z.B. Röm 1,25: 11,36; 15,33; 16,27; Gal 1,5; Eph 3,21).

16: Bin ich euer Feind geworden, weil ich euch die Wahrheit sage? Da der Apostel seinerzeit von den Galatern so freundlich aufgenommen worden war, befremdet es ihn, daß er jetzt ihr Feind geworden zu sein scheint und die Galater sich nicht mehr an seine Lehre halten, sondern den Gesetzespredigern folgen. Paulus fragt, ob er zu ihrem Gegner geworden ist, weil er ihnen „die Wahrheit gesagt hat, d.h. das Evangelium gesetzesfrei auslegte (vgl. Gal 2,5.14)? Nein, dies tat er schon längst vor dem Auftreten der Gegner, und die Galater haben ihm bisher darin zugestimmt. So sind die Christen geworden."[557] Paulus muß den Galatern offen die Wahrheit sagen; denn „die Wahrheit des Evangeliums" ist gefährdet (vgl. Gal 2,5.14). Er belehrt sie, zeigt sich verwundert (vgl. Gal 1,6), verurteilt die Unruhestifter (vgl. Gal 1,8f; Gal 5,8f; 10b; 12), bringt seine Sorge und Enttäuschung zum Ausdruck (vgl. Gal 4,11.20) und fordert von ihnen, ihm keine Schwierigkeiten zu machen und bringt seinen Wunsch zum Ausdruck, daß sie seine Mahnungen annehmen (vgl. Gal 6,17). Seine offene Ausdrucksweise tut gewiß den galatischen Christen weh. Er muß ihnen aber so offen schreiben, weil ihr Heil gefährdet ist. Er weiß sich für sie vor Gott verantwortlich und wünscht sich, daß die Adressaten sich durch seine Offenheit nicht gekränkt fühlen, sondern für seine Ermahnungen und Warnungen dankbar sind. Paulus erwartet auch, daß das frühere, freundschaftliche Verhältnis zu ihnen erneuert wird.

---

556 Bill. III, 261.
557 *J. Becker*, Galater, 69.

Paulus warnt vor den judaistischen Wanderpredigern und sorgt sich um die galatischen Christen 4,17-20

[17]Sie bemühen sich eifrig auf nicht gute Art um euch, sondern wollen euch von mir abspenstig machen, damit ihr euch eifrig um sie bemüht. [18]Gut ist es aber, wenn man im Guten allezeit umworben wird und nicht nur, wenn ich bei euch bin. [19]Meine Kinder, um die ich wiederum Geburtswehen erleide, bis Christus in euch Gestalt gewinnt. [20]Ich wünschte aber, jetzt bei euch zu sein und in anderer Weise zu euch reden könnte; denn ich bin euretwegen ratlos.

17: Sie bemühen sich eifrig auf nicht gute Art um euch, sondern wollen euch von mir abspenstig machen, damit ihr euch eifrig um sie bemüht. Paulus braucht die Namen seiner Gegner nicht zu nennen. Sie sind ja den Galatern bekannt. Seine Gegner haben ihn übertrumpft. Sie versuchen, die galatischen Christen für ein „anderes Evangelium" (Gal 1,6) als das von ihm gepredigte zu gewinnen. Er verurteilt die Unruhestifter(vgl. Gal 1,8f); 5,8f; 10b.12), die er für unlauter hält, tadelt die Galater (vgl. Gal 3,1,3), und fragt, aus welchem Grund sie „der Wahrheit nicht folgen" (Gal 5,7), bringt seine Sorge und Enttäuschung zum Ausdruck; er fürchtet, daß er sich um sie „vergeblich abgemüht" hat (vgl. Gal 4,11; 5,11), vertraut darauf, daß die galatischen Christen letztlich nicht „anders gesinnt" sind als er (vgl. Gal 5,10b), sorgt sich um sie wie eine Mutter, die ein Kind gebiert (vgl. Gal 4,19). Durch die Gegner des Apostels, denen sie folgen, erkennen sie ihren wahren Freund nicht mehr. Paulus hofft, daß sie seine Kritik an ihnen nicht mißverstehen, sondern dafür dankbar sind. Hinsichtlich der galatischen Christen gilt auch, was er der Gemeinde in Korinth geschrieben hat: „Ich eifere um euch mit Gottes Eifer; ich habe euch nämlich als reine Jungfrau einem einzigen Manne angetraut, Christus" (2Kor 11,2). Der Apostel versteht sich als Brautvater und Brautwerber. Er „eifert um sie" mit dem Eifer, den auch Gott hat. Wenn die Christen in den Gemeinden der Provinz Galatia dem von ihrem Gemeindegründer gepredigten Evangelium den Rücken kehren und den Forderungen der judenchristlichen Wanderprediger nachgeben, fallen sie damit auch von Gott ab. Paulus sieht sich in der Rolle eines Vaters, der seine Tochter dem Schwiegersohn, dem er sie versprochen hat, rein in die Ehe geben will und einen Mitbewerber oder Nebenbuhler abzuwehren trachtet. Der Bräutigam, dem er seine Tochter rein zuführen will, ist Jesus Christus. Jahwe spricht durch den Propheten zu seinem Volk: „Ich traue dich mir auf ewig an; ich traue dich mir um den Brautpreis von Gerechtigkeit und Recht, von Liebe und Erbarmen; ich traue dich mir um den Brautpreis meiner Treue an. Dann wirst du den Herrn erkennen" (Hos 2,20bff [2,21f LXX]). Eine Verlobung war im alten Israel, aber auch noch zur Zeit des frühen Judentums der rechtliche Beginn einer Ehe. Der Bräutigam mußte dem Vater seiner Braut das Brautgeld zahlen. Die Braut blieb bis zum Vollzug der Ehe in ihrem Elternhaus. In diesem ungewöhnlichen Fall empfängt das Brautgeld, Gottes „Gerechtigkeit und Recht", seine „Liebe", sein „Erbarmen" und seine „Treue". Wenn das Gottesvolk in seiner Lebensführung den Gaben seines „Herrn" entspricht, wird es ihn „erkennen."

18: Gut ist es aber, wenn man im Guten allezeit umworben wird und nicht nur, wenn ich bei euch bin. Paulus warnt die Christen vor denen, die sich jetzt um sie bemühen. Es ist gut, wenn nicht nur er, sondern auch andere Missionare die Galater mit der Predigt des gesetzesfreien Evangeliums umwerben und das nicht nur, wenn er bei ihnen ist. Der Ausdruck „wenn ich bei euch bin“, erinnert an „leibhaftig abwesend, dem Geiste nach aber anwesend“ (1Kor 5,3). „Obwohl ich leiblich abwesend bin, so bin ich doch im Geist bei euch und freue mich, wie fest und geordnet euer Christusglaube ist“ (Kol 2,5). Da der Apostel den Adressaten persönlich nicht bekannt ist, hält der Briefautor es für erforderlich, seine Warnung vor der mit der Christusbotschaft und dem ihr entsprechenden Glauben unvereinbare konkurrierende Lehre zu begründen. Er versichert die Briefempfänger seiner persönlichen Verbundenheit. Dabei bedient er sich eines gebräuchlichen Elements antiker Briefschreiber,[558] der Betonung geistiger Anwesenheit trotz physischer Abwesenheit: Wenngleich er räumlich fern ist und nicht leibhaftig unter ihnen sein kann, so kann er doch brieflich mit ihnen kommunizieren und so dem Geiste nach und kraft des mit seinem menschlichen Geist verbundenen Gottesgeist vollmächtig wirksam unter ihnen gegenwärtig sein (5a).[559] Er hat die Christen in Philippi ermahnt, sich wie in seiner Anwesenheit, so auch „erst recht jetzt während meiner Abwesenheit“ zu bewähren: „Also, meine Lieben – wie ihr nicht allein in meiner Gegenwart, sondern jetzt noch viel mehr in meiner Abwesenheit gehorsam waret – bemüht euch mit Furcht und Zittern um euer Heil; denn Gott ist es, der in euch das Wollen und Vollbringen nach seinem Wohlgefallen wirkt“ (Phil 2,12f). Der Apostel ruft die Christen in Philippi und über sie auch uns dazu auf, unsere durch die Taufe begründete Verbundenheit mit Jesus Christus durch die Lebensführung zu bewähren. Er lobt die Adressaten seines Briefes und erinnert sie an seine frühere Anwesenheit unter ihnen. Seinerzeit haben sie auf ihn gehört. Auch jetzt während seiner Abwesenheit sind sie in ihrer Lebensweise nicht lax geworden. Sie hören immer auf ihn als ihren Gemeindegründer und verhalten sich seiner Erwartung entsprechend auch während der Zeit seiner Abwesenheit. Nach seiner anerkennenden Bestätigung ruft Paulus die Gemeindeglieder dazu auf, ihren Christusglauben zielorientiert zu leben. Es geht ja um ihr Heil: „Bemüht euch mit Furcht und Zittern um euer Heil!“ Er will die Adressaten nicht in panische Angst versetzen, sie könnten ihr Heil verfehlen. Hier geht es weder um Grauen und Entsetzen vor dem Endgericht und der Hölle noch um einen ängstlich engen Moralismus. Allerdings sollen die Christen in Philippi, aber auch wir nicht, in eine Heilssicherheit verfallen und annehmen, die Verbundenheit mit Jesus Christus durch die Taufe böte eine Heilsgarantie. Vielmehr geht es darum, sich bei nüchterner und demütiger Selbsteinschätzung an der Selbsthingabe Jesu Chrisi zu orientieren. Es kommt darauf an, daß wir uns mit unserem Tun und Lassen an auf dem Weg des uns mit dem Evangelium zugesprochenen und im Glauben zuversichtlich bejahten Endheil konsequent zu bleiben und voranzuschreiten. Gott hat uns ja seine Huld erwiesen. Darauf sind wir alle angewiesen. Alles kommt darauf an, mit der Lebensführung dem uns zugesagten Heil zu entsprechen. Gott selbst bewirkt unser

---

558 Vgl. *H.-D. Betz*, Paul's „Second Presence“, 510-517; *G. Karlsson*, Formelhaftes, 38-41; *H. Koskenniemi*, Studien, 172-180.

559 Vgl. *E. Schweizer*, Art. πνεῦμα, ThWNT VI, 434.

„Wollen und Vollbringen nach seinem Wohlgefallen." In der nächsten Parallelstelle 1Kor 5,3 geht es um eine völlig andere Situation als hier. Während dort ein Gemeindemitglied, ein Mann, der mit der Frau seines Vaters zusammenlebt, über die räumliche Distanz zwischen Apostel und Gemeinde durch das Zusammenwirken beider mit einem sakralrechtlichen Akt exkommuniziert werden soll (vgl. 1Kor 5,1-5), hat unser Briefautor, der davon überzeugt ist, daß der Märtyrerapostel, der sich im Himmel befindet, ihm wie auch den Adressaten „dem Geiste nach" immer gegenwärtig ist, für seine Leser Lob bereit: Er freut sich über ihre „Ordnung" und die bisher trotz der angewandten Überredungskünste der konkurrierenden Lehrer bewährte „Festigkeit" ihres Christusglaubens (5b). Sie will er mit seinem Schreiben in der Gefahrensituation, die für das Festhalten an der Glaubenstradition seiner Briefempfänger besteht, weiter stärken. Bei ihm geht es anders zu als in dem Sprichwort: „Aus den Augen, aus dem Sinn".[560] „... Wahre Freundschaft ändert sich sogar dann nicht, wenn die Freunde getrennt sind."[561] Paulus möchte, daß das frühere gute Verhältnis zu den galatischen Christen bald wiederhergestellt wird. Das ist derzeit seine einzige Sorge.

19: Meine Kinder, um die ich wiederum Geburtswehen erleide, bis Christus in euch Gestalt gewinnt. Nannte Paulus die Galater in 4,12 seine „Brüder", so bezeichnet er sie jetzt als seine „Kinder" (vgl 2Kor 6,15). Zur Anrede „meine Kinder", um die er wie eine Gebärende „Geburtswehen erleidet". Durch seine Predigt des Evangeliums Jesu Christi waren die zuvor heidnischen Galater zum Glauben gekommen. Dadurch hatte „Christus in" ihnen „Gestalt gewonnen" (vgl. Gal 2,15 – 4,7, besonders 3,1). Paulus sieht sich sonst als geistlicher „Vater" der Glaubenden (vgl. 1Kor 4,15; 2Kor 6,13; Phlm 10). Der Glaube der Galater ist durch ihr Hören auf die Gesetzesprediger schwach geworden, wenn nicht gar gestorben. Paulus muß sie von neuem gebären, wie eine werdende Mutter Schmerzen leidet, bis sie ihr Kind geboren hat: „Wenn eine Frau gebären soll, hat sie Schmerzen, weil ihre Stunde da ist; wenn sie aber das Kind geboren hat, so denkt sie nicht mehr andie Angst der Freude wegen, daß ein Mensch zur Welt gekommen ist" (Joh 16,21). Seine Bemühungen sind darauf gerichtet, daß sie wieder zu dem von ihm gepredigten Evangelium zurückkehren und nicht länger auf die Gesetzesprediger hören: „Ihr wißt auch, daß wir, wie ein Vater seine Kinder, jeden einzelnen unter euch ermahnt, ermutigt und beschworen haben, so zu leben, wie es Gottes würdig ist, der euch zu seinem Reich und zu seiner Herrlichkeit beruft" (1Thess 2,11f). Der Apostel bemüht sich wie ein Seelsorger um jedes einzelne Gemeindeglied. Er berät und ermahnt sie wie ein Vater seine Kinder. Das geht erfolgreich nur dann, wenn sie ihm vertrauen. Ihre Lebensführung soll ihrer Berufung durch Gott in die Anwartschaft auf sein „Reich und seine „Herrlichkeit" entsprechen.

20: Ich wünschte aber, jetzt bei euch zu sein und in anderer Weise zu euch reden könnte; denn ich bin euretwegen ratlos. Des Paulus Rede wird noch eindringlicher. Wäre er jetzt persönlich unter den Christen Galatiens anwesend,

---

560 Vgl. *A. Oepke*, Galater, 144.
561 *H.D. Betz*, Galaterbrief, 392.

so könnte er sich unmittelbar zu Wort melden. Die Gefahr, in der sich die Christen dort durch die Gesetzeslehrer befinden, macht ihn hilf- und ratlos: Wir werden von allen Seiten bedrängt, aber wir ängstigen uns nicht. Uns ist bange, aber wir verzweifeln nicht. Wir tragen allezeit das Sterben Jesu an unserem Leibe, damit auch das Leben an unserem Leibe offenbar werde" (2Kor 4,8ff). Diese Aussagen zeugen von dem Leidensdruck, den Paulus und seine Mitarbeiter auszuhalten hatten. Wenn sie auch „bedrängt werden", so werden sie doch nicht in die Enge getrieben. Sie befinden sich oft in großen Nöten, aber sie verzagen nicht. Sie werden von jüdischen und heidnischen Widersachern bedroht, aber doch bisher stets gerettet. Ihnen geht es wie den Menschen, die der Seher Johannes im Blick hatte: „Wenn jemand ins Gefängnis gehen soll, so geht er ins Gefängnis; wenn einer mit dem Schwert getötet werden soll, dann wird er mit dem Schwert getötet. Hier ist Standhaftigkeit und Glaube der Heiligen" (Offb 13,10). Auch in äußerst schwierigen Situationen kommt es darauf an, Glaubenstreue zu bewähren. Paulus befand sich oft in Lebensgefahr, so in Damaskus (vgl. Apg 9,24f; 2Kor 11,32), in Lystra (vgl. Apg 14,19f), auch in Philippi (vgl. Apg 16,19-40), ebenso in Ephesus, der Hauptstadt der Provinz Asia (vgl. 2Kor 1,8ff), schließlich in Jerusalem (vgl. Apg 23,12-15). „Ich ertrug mehr Mühsal, war häufiger gefangen, befand mich oft in Todesgefahr. Von den Juden erhielt ich fünfmal vierzig Peitschenhiebe weniger einen. Dreimal wurde ich ausgepeitscht; einmal wurde ich gesteinigt. Dreimal habe ich Schiffsbruch erlitten; einen Tag und eine Nacht trieb ich auf dem tiefen Meer. Ich bin oft gereist, gefährdet durch Flüsse, gefährdet durch Räuber, in Gefahr unter Juden, gefährdet durch Heiden, gefährdet in der Stadt, gefärdet in der Wüste, in Gefahr auf dem Meer, gefährdet durch falsche Brüder, in Mühe und Qual, in Nachtwachen, Hunger und Durst, oft in Fasten, in Kälte und Blöße; abgesehen von dem, was ich unerwähnt lasse: der tägliche Andrang zu mir, die Sorge für alle Gemeinden" (2Kor 11,23c-28). Der Apostel hätte viel mehr Gründe, sich zu rühmen, als die judenchristlichen Wanderprediger, die etliche Gemeindeglieder in Korinth beeindruckt haben. Er hat sich als Diener Jesu Christi bewährt; denn er befand sich mehrmals in einem Gefängnis, ist auch von jüdischen Behörden fünfmal verprügelt, dazu von heidnischen Gerichtsdienern oder Liktoren ausgepeitscht worden (vgl Apg 16,22). In Diasporasynagogen erhielt er vom Synagogendiener vierzig Schläge weniger einen. Da er fünfmal so gezüchtigt wurde, bekam er insgesamt einundertfünfundneunzig Schläge von Juden. Wahrscheinlich wird man ihn fünfmal gezüchtigt haben, weil er mit Heidenchristen zusammen gegessen hatte, was einem Juden verboten war. Die Schriftgrundlage für die Zahl der Schläge bildet Dtn/5Mo 25,3 LXX: Ein Richter „darf ihm," dem schuldig gesprochenen Mann, vierzig Schläge geben lassen, mehr nicht; sonst könnte dein Bruder, wenn man ihm darüber hinaus noch viele Schläge geben würde, in deinen Augen entehrt werden". Man wollte sichergehen, daß dieser vielleicht falsch gezählt haben könnte. Sein Leben war oft in Gefahr. „Wegen Eifersucht und Streit zeigte Paulus den Kampfpreis der Ausdauer: Siebenmal in Ketten, vertrieben, gesteinigt, Herold im Osten wie im Westen hat er hat er den edlen Ruhm für seinen Glauben empfangen" (1Clem 5,5f).[562] Das Durchschwimmen von Flüssen konnte Reisenden

---

[562] *A. Lindemann / H. Paulsen*, Hg., Die Apostolischen Väter, 86f; vgl. Schriften des Urchri-

dann gefährlich werden, wenn sie während der Regenzeit über die Ufer getreten waren.[563] In Wüsten mit Felsenhöhlen hausten nicht selten Räuberbanden (vgl. S^{Lk} 10,30ff). Der Apostel wäre gelyncht worden, wenn römisches Militär nicht rechtzeitig eingegriffen und in Schutzhaft genommen hätte (vgl. Apg 21,27-36). Er wurde auch mehrmals vor römischen Behörden angeklagt (vgl. Apg 16,20; 18,13). Nachdem er vor der Überfahrt nach Rom schon „dreimal Schiffbruch erlitten" hatte, kam es zum viertenmal vor der Insel Malta zu einer Schiffskatastrophe, bei der jedoch niemand umkam (vgl. Apg 27,39-44). Die von den „falschen Brüdern" ausgehenden Gefahren werden darin bestanden haben, daß sie ihn in Verruf brachten und ihn verleumdeten. Die von ihnen verbreiteten Gerüchte konnten die jeweiligen städtischen Behörden auf ihn aufmerksam machen. Wenn Paulus unterwegs war, konnte er sich nicht regelmäßig ernähren. So kam es, daß er oft unter „Hunger und Durst" litt und fasten mußte. Zur Winterszeit fror er oft. Er sorgte sich oft um die von ihm gegründeten Gemeinden, insbesondere um die in der Provinz Galatia, daß sie bei dem von ihm gepredigten Evangelium blieben.
Der Weg zu den galatischen Gemeinden ist sehr weit. „... Zwischen ihm und seinen Kindern liegt manche Tagereise, liegen Gebirge und Flüsse (von Ephesus bis Pessinus ca. 400 km Luftlinie!"[564] Für den Weg dorthin würde er mehrere Wochen brauchen. Da er den Brief in Makedonien geschrieben hat, dauerte es noch länger. Er kann aber den Besuch, den er der Gemeinde in Korinth versprochen hat, nicht länger aufschieben (vgl. 1Kor 4,18f; 16,5ff; 2Kor 12,14; 13,2f) und muß auch noch die der judenchristlichen Gemeinde in Jerusalem versprochene Kollekte überbringen. Er kann die Christen in Galatien derzeit nicht besuchen. Könnte er bei ihnen sein, würde er ihnen in der Auseinandersetzung mit den Gesetzeslehrern beistehen. Er sorgt sich um ihr Heil und weiß derzeit keinen Rat.

Die beiden Söhne Abrahams und ihre Mütter
4,21-30

21Sagt mir, die ihr unter dem Gesetz sein wollt: Hört ihr das Gesetz nicht?
22Es steht doch geschrieben: Abraham bekam zwei Söhne, einen von der Sklavin und einen von der Freien. 23Doch der von der Sklavin ist nach dem Fleisch gezeugt worden, der von der Freien kraft der Verheißung. 24Das ist allegorisch gesprochen: Diese (beiden Frauen) bedeuten nämlich zwei Bundesschlüsse, einen vom Berg Sinai, der zur Sklaverei gebiert, und das ist Hagar. 25Denn (das Wort) Hagar meint einen Berg in Arabien; es entspricht dem jetzigen Jerusalem. 26Das Jerusalem droben aber, ist eine Freie, und das ist unsere Mutter. 27Denn es steht geschrieben: „Freue dich, Unfruchtbare, die du nicht gebierst; brich in Jubel aus und jauchze, die du nicht in

stentums I, 32f *(J.A. Fischer).*
563 Vgl. *H. Windisch*, Der zweite Korintherbrief, 358: Windisch weist auf Friedrich I., Barbarossa genannt, hin, „der 1090 im kilikischen Kalykadnos ertrank."
564 *A. Oepke*, Galater, 146.

Wehen liegst! Denn die Vereinsamte wird viele Kinder haben, mehr als die, welche den Mann hat" (Jes 54,1). 28Ihr aber, Brüder, seid nach Isaaks Weise Kinder der Verheißung. 29Doch so, wie damals der nach dem Fleisch Gezeugte den nach dem Geist (Gezeugten) verfolgte, so auch jetzt. 30Was sagt aber die Schrift? Wirf die Sklavin und ihren Sohn hinaus; denn der Sohn der Sklavin soll nicht mit dem Sohn der Freien erben. 31Deshalb, Brüder, seid ihr nicht Kinder der Sklavin, sondern der Freien.

21: Sagt mir, die ihr unter dem Gesetz sein wollt: Hört ihr das Gesetz nicht? Paulus fordert seine Leser ironisch auf, das Gesetz, die Thora Israels, nach der sie leben wollen, genau zu lesen. Sie würden dann verstehen, daß ein Leben nach den Bestimmungen des Gesetzes mit einer Lebensführung nach dem Evangelium Jesu Christi nicht vereinbar ist. Paulus erwartet, daß die Christen in Galatien sich noch nicht endgültig entschieden haben, nach dem Gesetz zu leben (vgl. Gal 1,6; 3,3; 4.11.17). Sie sollten sich doch nach dem „Gesetz Christi" richten, daß die Gottes- und Nächstenliebe gebietet (vgl. Mk 12,28-34 // Mt 22,37-39 // Lk 10,27): „Du sollst den Herrn, deinen Gott, aus deinem ganzen Herzen, mit deiner ganzen Stärke und mit deiner ganzen Vernunft lieben, sowie deinen Nächsten wie dich selbst". Das Gebot der Gottesliebe ist ein Zitat aus Dtn/5Mo 6,5f und Jos 22,5 LXX, allerdings ohne den Vorsatz: aus Dtn/5Mo 6,4: Höre Israel! Jahwe unser Gott, *ein* Jahwe ist er". Mit dem Gebot der Gottesliebe wird das der Nächstenliebe aus Lev/5Mo 19,18 LXX verknüpft: „Du sollst deinen Nächsten wie dich selbst lieben". Die Verknüpfung beider Gebote erfolgt über den Satz „du sollst lieben". Der Gottesdienst soll aus einem ungeteilten Herzen erfolgen. Nach dem biblischen Verständnis des Menschen ist das Herz unser sittlich, religiöses Personzentrum. Es ist der Sitz aller unserer Strebungen und Kräfte. All unser Trachten, Denken und Streben sowie unsere ganze Kraft soll darauf aus sein, Gott in Liebe zu dienen.

Im hellenistischen Judentum kommt die Verbindung von Gottes- und Nächstenliebe als zusammenfassende, auf das Halten der Thora Israels, des Mosegesetzes, bezogene Forderung vor. Die Weisung, Gott zu lieben, ist die Grundregel jeder monotheistischen Frömmigkeit. Das Gebot, den in der gegebenen Situation begegnenden Nächsten zu lieben, ist die Summe mitmenschlicher Gerechtigkeit. Die beiden Gebote kommen in den „Testamenten der zwöf Patriarchen" (2, Jh. v.Chr.) vor: Liebt den Herrn und den Nächsten, der Armen und Schwachen erbarmt euch!" (TestIss V, 2). „Den Herrn liebte ich und ebenso jeden Menschen mit aller meiner Kraft" (Test Iss VII, 6). Liebt den Herrn mit euerem ganzen Leben und einander mit wahrhaftigem Herzen!" (TestDan V, 3). „Fürchtet den Herrn und liebt den Nächsten!" (TestDan III, 3a).[565]

Der jüdische Religionsphilosoph Philo von Alexandria nennt in seinem Traktat „Über die Einzelgesetze" (De Specialibus Legibus) „zwei Grundlehren, denen die zahllosen Einzellehren und Sätze untergeordnet sind: In Bezug auf Gott das Gebot der Gottesverehrung und Frömmigkeit, in Bezug auf Menschen das der Nächstenliebe und Gerechtigkeit" (SpecLeg II, 631)[566].Im Traktat „Über die

565 *J. Becker*, Die Testamente der zwölf Patriarchen, 82. 84. 94. 132.

566 *Philonis* Opera V, 102; *ders.*, Werke II, 126 *(I. Heinemann).*

Tugend“ schreibt er: „Der Frömmigkeit ganz nahe verwandt und geradezu ihre Zwillingsschwester ist die Menschenliebe. Diese schätzte der prophetische Gesetzgeber wie kaum ein anderer; denn er wußte, daß sie wie ein gebahnter Weg zur Frömmigkeit führt“ (Virt 51).[567]

22-23: Es steht doch geschrieben: Abraham bekam zwei Söhne, einen von der Sklavin und einen von der Freien. Doch der von der Sklavin ist nach dem Fleisch gezeugt worden, der von der Freien kraft der Verheißung. Mit dem: „Es steht doch geschrieben“ leitet Paulus den für die folgende Erörterung kurz zusammengefaßten alttestamentlichen Text ein. Abraham, der Träger der Verheißung (vgl. Gen/1Mo 12,1ff) hatte zwei Söhne (vgl. Gen/1Mo 16,15; 21,1f). Paulus liegt nicht daran, genau über die betreffenden Erzählungen der Genesis zu berichtet. Er verfolgt kein historisches Interesse. So läßt er hier unberücksichtigt, daß Abraham noch sechs Söhne von seiner zweiten Frau Ketura hatte (vgl. Gen 25/1Mo, 1-6). An den Söhnen ist er nicht interessiert; ihm liegt allein an ihren beiden Müttern. Ismaels Mutter ist die Sklavin Hagar (vgl. Gen/1Mo 16,15), Isaaks Mutter ist Abrahams Ehefrau, die freie Sara (vgl. Gen/1Mo 21,2f), die im hohen, neunzigjährigen und nicht mehr gebärfähigen Alter gemäß göttlicher Verheißung noch empfing (vgl. Gen/1Mo 15,4; 17,16.19; 18,10). Ismael wurde als Sklave geboren, Isaak als Freier. Paulus nennt vorläufig noch keine Namen. Er setzt die Kenntnis der Erzählungen bei seinen Lesern in Galatien voraus. Steht Hagar für die Sklaverei, so Sara für die Freiheit. Was Paulus „allegorisch“ nennt (V.24a), ist in Wirklichkeit „typologisch“. Beide Frauen stehen für eine jetzt geltende Wahrheit. Der Apostel ist an ihrer Rolle in der Heilsbeschichte interessiert. Ihm liegt an deren Bedeutung für uns Christen. Er zitiert auch sonst die Heilige Schrift, um heilsgeschichtliche Zusammenhänge aufzuzeigen. An der folgenden Stelle geht es ihm um die endzeitliche Rettung seines Herkunftsvolkes Israel: „Ich will euch, Brüder, dieses Geheimnis nicht verhehlen, damit ihr nicht auf eigene Einsicht baut: Teilweise ist Israel Verstokkung widerfahren, bis die Vollzahl der Heiden das Heil erlangt hat. Und so wird ganz Israel gerettet werden, wie geschrieben steht: ‚Aus Zion wird der Erlöser kommen und für alle in Jakob, die sich von ihrer Gottlosigkeit abwenden – Spruch Jahwes. Und dies wird mein Bund für sie sein, den ich mit ihnen schließe, spricht Jahwe: Mein Geist, der auf dir ruht, soll nicht von dir weichen, und meine Worte, die ich dir in den Mund gelegt habe, sollen immer in deinem Munde bleiben deinder Kinder und Nachkommen, spricht Jahwe, jetzt und in Ewigkeit“ (Jes 59,20f LXX; vgl. Ps 14,7; Jer 31,33f; Jes 27,9). Nach dem Evangelium sind sie zwar eueretwegen Feinde; was die Erwählung betrifft, sind sie Geliebte der Väter wegen“ (Röm 11,25-28). Der Apostel teilt den Christen in Rom, die er als „Brüder“ anredet, ein „Geheimnis“ mit. Vom „Geheimnis“[568] spricht er oft (vgl. Röm 16,25; 1Kor 2,7; 4,1; 13,2; 14,5; 15,51). Die Frage, ob „ganz Israel“ noch vor der Parusie „gerettet“ wird, hat er nicht gestellt. Unter einem „Geheimnis“ versteht er ein endzeitliches Offenbarungsereignis, das Gott vorab begnadeten Sehern eröffnet und durch sie verbreiten läßt (vgl. z.B Offb

---

567 *Philonis* Opera V, 279f; *ders.*, Werke II, 332 *(L. Cohn)*.
568 Vgl. *G. Bornkamm*, Art. μυστήριον, ThWNT IV, 829ff.

1,1ff). In den Schriften der Qumran-Essener ist wiederholt von „Geheimnissen" die Rede, die Gott vormals den Propheten und jetzt dem „Lehrer der Gerechtigkeit" mitgeteilt hat: „Alle Geheimnisse der Worte seiner Knechte, der Propheten; denn noch ist eine Schau auf Frist; sie eilt dem Ende zu und lügt nicht. Seine Deutung ist, daß sich die letzte Zeit in die Länge zieht ..." (1QHab VII, 5ff).[569] „Durch mich hast du das Angesicht vieler erleuchtet und dich zu unzähligen Malen als stark erwiesen; denn du hast dich in deinen wunderbaren Geheimnissen stark an mir erwiesen, wunderbar um deiner Ehre willen wunderbar zu handeln ..." (1QH IV, 27f). „Du hast sie in deinen wunderbaren Geheimnissen unterwiesen. Um deiner Ehre willen hast du den Menschen von Sünde gereinigt, daß er sich heilige" (1QH XI, 10).[570] Apolyptikern werden „Geheimnisse" auf dem Wege der Entrückung oder durch Visionen mitgeteilt: Jahwe sprach im Hinblick auf Mose zu Esra: „Ich sandte ihn, führte mein Volk aus Ägypten heraus und brachte es zum Berg Sinai. Ich behielt ihn viele Tage lang bei mir, zeigte ihm die Geheimnisse der Zeiten und das Ende der Zeiten. Ich habe ihm befohlen und gesagt: Diese Worte, sollst du veröffentlichen und jene geheimhalten. Und jetzt sage ich dir: Die Zeichen, die ich dir gezeigt habe, die Traumgesichte, die du geschaut hast, und die Drklärungen, die du gehört hast, verwahre in deinem Herzen! Du wirst von den Menschen hinweg entrückt werden und wirst fernerhin mit meinem Sohn und deinesgleichen verweilen, bis die Zeiten zu Ende sind" (4Esr XIV, 4-9).[571] Jahwe sprach zu Baruch: „Geh und heilige dich sieben Tage lang und iß kein Brot und trink kein Wasser und sprich mit keinem und komm danach an diesen Ort, so will ich mich dir offenbaren und will wahrhaftige Dinge mit dir reden und dir einen Auftrag geben betreffs des Laufs der Zeiten. Sie werden nicht verzögert werden" (SyrBar XX, 5). Baruch betete: „Du allein, o Herr, hast zuvor die Höhen der Welt gekannt, und was (noch) geschehen wird in den Zeiten, das bringst du durch dein Wort. Und gegen die Werke der Erdbewohner bringst du die Anfänge der Zeiten eilends nahe. Das Ende der Perioden kennst nur du allein" (syrBar LIV, 1).[572] Jesus sprach auf dem Ölberg zu vieren seiner Jünger: „Über jenen Tag und jene Stunde aber weiß niemand etwas, weder die Engel im Himmel noch der Sohn, sondern nur der Vater" (Mk 13,32). Der Zeitpunkt der Heilswende ist Gottes Geheimnis. Niemand auf Erden und im Himmel kann über Gottes Heilsplan ein geheimes, vermeintlich sicheres Wissen mitteilen. Das wird mit einer Klimax angesagt: „Weder die Engel im Himmel", der Thronsphäre Gottes, noch der Sohn, der dem Schöpfer und Herrn der Welt doch unmittelbar nahesteht, sind darin eingeweiht.

Die Existenz Israels als Gottesvolk ist ein „Geheimnis". Paulus erwartet, daß *ganz* Israel gerettet wird. Ein Rätsel, das wir nicht auflösen können, ist auch Israels Verstockung. Dem „Geheimnis", das wir Menschen niemals werden ergründen können, gilt auch der Ausruf des Apostels: „O, welche Tiefe des Reichtums und der Erkenntnis Gottes! Wie unergründlich sind seine Entscheidungen, wie unerforschlich seine Wege! Wer hat denn des Herren Sinn erkannt, oder wer

---

569 *E. Lohse*, Die Texte aus Qumran, 234f; vgl. *J. Maier*, Die Qumran-Essener I, 161.
570 *Ders.*, ebd., 126f; 154f.
571 *J. Schreiner*, Das 4. Buch Esra, 400f.
572 *A.F.J Klijn*, Die syrische Baruch-Apokalypse, 135 und 158.

ist sein Ratgeber gewesen? Oder wer hat ihm etwas gegeben, daß Gott es ihm erstatten müßte? Denn aus ihm und durch ihn und auf ihn hin ist alles. Ihm sei Ehre in Ewigkeit! Amen" (Röm 11,33-36). Hinsichtlich des Geschickes Israels, seiner Erwählung, Verstockung und endgültigen Rettung, aber auch hinsichtlich des Geschickes der heidnischen Völker, das mit dem Israels verbunden ist, preist Paulus die uns für uns Menschen unergründliche Fülle des göttlichen Erbarmens mit uns, „Gottes Reichtum und seine Erkenntnis". Von „Gottes Reichtum" hatte er schon an anderen Stellen geschrieben (vgl. Röm 9,23; 10,12). Dieser „Reichtum" ist die Segensfülle, die Juden, aber auch Heiden, mit Gottes Offenbarung in Jesus Christus, die durch die Predigt des Evangeliums den jeweiligen Hörern gegenwärtig gehalten wird, erfahren, damit sie diese annehmen, ihr glauben und sich taufen lassen. Den Christen in Philippi hat Paulus, als er ihnen für das ihm durch einen Gemeindeboten überbrachte Geld dankte, geschrieben: „Mein Gott wird allen eueren Bedarf nach dem Reichtum seiner Herrlichkeit in Christus Jesus erfüllen. Unserem Gott und Vater aber sei die Ehre in alle Ewigkeit. Amen" (Phil 4,19f). Der Apostel stellt seinen Mitchristen in Philippi in Aussicht, daß Gott ihnen ihre großzügige Geldspende reich vergelten wird. Sie, die selbst nicht vermögend sind, haben ihn an dem wenigen Geld, über das sie verfügen, teilhaben lassen. Gott wird ihrem Mangel nach seinem unermeßlichen Reichtum abhelfen. Diese Hilfe besteht in dem ihnen mit dem Evangelium Jesu Christi zugesprochenen Heil. Gott wird sie an seiner ewigen Herrlichkeit in der Gemeinschaft mit dem erhöhten Herrn Jesus Christus teilhaben lassen. Nach seinem Ausblick auf die Heilsvollendung schließt Paulus mit einem Gotteslob. Er preist Gott, der sich in Jesus Christus, seinem geliebten Sohn, als sein und der für das Evangelium gewonnenen Heiden auch als ihr Gott erzeigt hat. Ihm allein gebühren „Ehre", „Ruhm" und „Herrlichkeit" über alle erdenklichen Räume und Zeiten hinaus, d.h. in alle Ewigkeit. Der Apostel bekräftigt seinen Lobpreis mit seinem „Amen." Die Adressaten werden in ihrer gottesdienstlichen Versammlung nach der Verlesung dieses Briefes in das „Amen" eingestimmt haben.
Daß Gottes „Urteile unerforschlich" sind, bringt Paulus mit Jes 40,13 LXX zum Ausdruck: „Wer bestimmt den Geist des Herrn? Wer kann sein Berater sein und ihn unterrichten?" Niemand kann bestreiten, daß kein Mensch Gottes „Geheimnisse" erforschen kann: „Wie kann deine Fassungskraft den Weg des Höchsten erfassen? Denn im Unermeßlichen wurde der Weg des Höchsten geschaffen. Du kannst nicht, vergänglich in einer vergänglichen Welt, den Weg dessen, der unvergänglich ist erkennen" (4Esr IV, 11).[573] Ein Apokalyptiker schrieb unter dem Namen des Baruch: „O Herr, mein Herr, wer kann dein Urteil schon verstehen? Wer kann die Tiefe deines Weges untersuchen und wer deines Pfades Majestät durchforschen? Oder wer kann deinen unaufspürbaren Ratschluß durchdenken? Welches Geschöpf hat stets den Anfang und das Ende deiner Weisheit aufgefunden? Denn alle sind wir doch geschaffen wie ein Hauch" (syrBar IV, 8ff).[574] „Hast du im Rate Gottes gelauscht und die Weisheit an dich gerissen? „Was weißt du, was wir nicht wissen, verstehst du, was uns nicht bekannt ist?" (Hi 15 8f LXX). In der dritten und letzten Frage des Apostels klingt Hi 41,3a an: „Wer

573 *J. Schreiner*, Das 4. Buch Esra, 317f.
574 *A.F.J. Klijn*, Die syrische Baruchapokalypse, 132.

begegnete ihm und bliebe heil?" Gott hatte bei seinen Schöpfungswerken keinen Helfer, aber auch keinen Ratgeber: „Wer hat den Sinn des Herrn erkannt und wer kann ihn belehren? Wir aber haben Christi Vernunft" (1Kor 1,16). Kein Mensch ist in Gottes Pläne eingeweiht. Die Entscheidungen, die Gott als Richter trifft, sind uns unbegreiflich. Kein Mensch kann Gottes Schuldner sein. Paulus schließt mit einem Lobpreis. Die Wendungen „von ihm", „durch ihn" und „zu ihm hin" haben eine Parallele in den pantheistischen Aussagen der Monologe des Kaisers Marc Aurel (Regierungszeit: 161-180 n.Chr.): „Alles, paßt mir, was dir gut paßt, mein Kosmos. Nichts ist mir zu früh oder zu spät, was für dich zum richtigen Zeitpunkt geschieht. Für mich ist alles eine gute Ernte, was deine Jahreszeiten bringen, gütige Natur. Von dir kommt alles, in dir ist alles. zu dir geht alles" (Wege zu sich selbst IV, 23).[575] Röm 11,33-36 schließt mit einem Gotteslob: „Ihm sei Ehre in Ewigkeit! Amen". Ähnlich ist der Schluß von Phil 2,6-11: „Alle Zungen sollen bekennen: Jesus Christus ist der Herr, zur Ehre Gottes, des Vaters (Phil 2,11). Dem Weltenherrscher, der sich in und mit dem gekreuzigten Jesus Christus präsentiert, werden schließlich sämtliche Wesen des von ihm geschaffenen Kosmos demütig huldigen.Durch ihre Akklamation: „Herr ist Jesus Christus!", werden sie den Bekenntnisruf aufnehmen, den bis auf weiteres die Kirche Jesu Christi als sein Herrschaftsraum auf Erden anstimmt. Durch die Anerkennung des gekreuzigten Jesus, mit dem Gott, der Herr sich identifiziert hat, wird er, Gott, als sein und unser Vater geehrt: „Wir haben nur *einen* Gott, den Vater, von dem alles kommt und wir durch ihn, und *einen* Herrn, Jesus Christus, durch den alles ist und wir durch ihn" (1Kor 8,6). Hier handelt es um ein frühchristliches Glaubensbekenntnis, vielleicht um ein Taufbekenntnis. Wir haben hier einen symmetrisch aufgebauten Parallelismus membrorum vor uns. Dem *einen* „Gott, dem Vater", entspricht der *eine* „Herr Jesus Christus". „Durch ihn ist alles geworden, und ohne ihn ist nichts geworden." (Joh 1,3).

24-27: **Das ist allegorisch gesprochen: Diese (beiden Frauen) bedeuten nämlich zwei Bundesschlüsse, einen vom Berg Sinai, der zur Sklaverei gebiert, und das ist Hagar. Denn (das Wort) Hagar meint einen Berg in Arabien; es entspricht dem jetzigen Jerusalem. Das Jerusalem droben aber, ist eine Freie, und das ist unsere Mutter. Denn es steht geschrieben: „Freue dich, Unfruchtbare, die du nicht gebierst; brich in Jubel aus und jauchze, die du nicht in Wehen liegst! Denn die Vereinsamte wird viele Kinder haben, mehr als die, welche den Mann hat" (Jes 54,1).**

Die beiden Frauen stehen für zwei Bundesschlüsse (vgl. Gal 3,15.17). Paulus bezieht sich zunächst auf den Bundesschluß der sich auf die Sklavin Hagar bezieht. Das Nomen διαθήκη bezeichnet ein rechtsgültiges Testament.[576] Entsprechend ihrem Sklavenstand steht sie für den Bundesschluß der sich auf Hagar bezieht. Sie steht für den Bundesschluß, der die Knechtschaft hervorbringt und an ihre Nachkommen weitergibt. Hagar steht für den Bundesschluß vom Sinai (vgl. Ex/2Mo 24,3-8; 34,27). „Hagar" ist in Arabien der Name des Berges Si-

---

575 *Mark Aurel*, Wege zu sich selbst, 75 *(R. Nickel).*
576 Vgl. *H.D. Betz*, Galaterbrief, 419.

nai."[577] Der Sinaibund machte das Volk Israel und seine jüdischen Nachkommen zu Knechten des Gesetzes, der Thora. Die bis in ihr neunzigstes Lebensjahr hinein unfruchtbare Sara Sie symbolisiert für Paulus die Christenheit in ihren von ihm, Paulus, und anderen Missionaren Gemeinden gegründeten Gemeinden. Sie unterstehen nicht dem Gesetz, sondern gehören zu Sara, der Freien. In ihnen ist die Verheißung von Jes 54,1 erfüllt. Sie leben in der Freiheit vom Gesetz und unterstehen dem Evangelium Jesu Christi. Für Paulus und die frühe Christenheit war ihre Zeit die Endzeit, die sich auf Hagar bezieht. Entsprechend ihrem Sklavenstand steht es für den Bundesschluß, der die Knechtschaft hervorbringt und an die Nachkommen Hagars weitergibt. Sie steht für den Bundesschluß vom Sinai (vgl. Ex/2Mo 24,3-8). Der Sinaibund machte das Volk Israel und seit Isaak seine jüdischen Nachkommen zu Knechten des Mosegesetzes, der Thora. Die bis in ihr neunzigstes Lebensjahr hinein unfruchtbare Sara Die Mutter Isaaks symbolisiert für den Apostel die Christenheit in ihren von ihm und anderen Missionaren Gemeinden gegründeten Gemeinden. Sie unterstehen nicht dem Gesetz, sondern gehören zu Sara, der Freien. In ihnen ist die Verheißung von Jes 54,1 erfüllt. Sie leben in der Freiheit vom Gesetz und unterstehen dem Evangelium Jesu Christi. Die frühe Christenheit erwartete die baldige Parusie Jesu Christi in herrscherlicher Hoheit: „Wir wollen euch aber, Brüder, nicht in Unkenntnis über die Entschlafenen lassen, damit ihr nicht wie die anderen trauert, die keine Hoffnung haben; denn wenn wir glauben, daß Jesus starb und auferstand, dann wird Gott auch die Entschlafenen durch Jesus mit ihm führen. Dieses sagen wir euch nämlich mit einem Herrenwort, daß wir Lebenden, die übrig Gebliebenen, bei der Parusie des Herrn den Entschlafenen nichts voraushaben; denn er selbst, der Herr, wird mit einem Befehl, mit der Stimme eines Erzengels und mit der Trompete Gottes vom Himmel herabsteigen, und die in Christus Verstorbenen werden zuerst auferstehen. Dann werden wir, die Übriggebliebenen, zugleich mit ihm dem Herrn entgegen in die Luft entrückt werden, und so werden wir allezeit beim Herrn sein. So tröstet also mit diesen Worten einander!" (1Thess 4, 13-18). Der Apostel hatte allem Anschein nach durch einen Boten der Gemeinde in Thessalonich eine Nachricht bekommen, daß die Hinterbliebenen verstorbener Gemeindeglieder über deren Geschick beunruhigt waren. Er rät ihnen, sich über ihre Entschlafenen nicht zu bekümmern. Sie sollen nicht trauern wie ihre heidnischen Mitmenschen, welche Gott und damit die Hoffnung der Christen nicht kennen. Die Auferstehung des am Fluch- und Schandkreuz gestorbenen Jesus Christus ist der feste Grund der christlichen Hoffnung. Da er von Gott, seinem Vater, von den Toten auferweckt und zu ihm erhöht wurde, werden auch verstorbene Christen seinetwegen an der Auferstehung von den Toten teilhaben. Das begründet Paulus mit einem „Herrenwort". Dieses ist in den Evangelien und auch sonst nicht überliefert. Hier, aber auch im ersten Korintherbrief finden wir die Meinung, er, aber auch andere Christen, würden die Parusie Christi erleben: „Siehe, ich sage euch ein Geheimnis: Wir werden nicht alle entschlafen, werden aber alle verwandelt werden; plötzlich, im letzten Augenblick, beim Trompetenschall: Die Trompete wird nämlich ertönen, die Toten werden auferweckt, und wir werden verwandelt" (1Kor 15,51f). Der Apostel bezieht sich bei seiner

---

[577] *J. Becker*, Galater, 72.

Kundgabe eines „Geheimnisses“ auf eine ihm zuteilgewordene Erleuchtung. Was er hier der Gemeinde in Korinth geschrieben hat, ist 1Thess 4,15ff nahe verwandt. Beide Stellen sind Zeugnisse der frühchristlichen, vom Apostel geteilten Naherwartung der Parusie Christi. Hier wie dort finden wir die Vorstellung von der Verwandlung der zum Zeitpunkt der Parusie noch lebenden Christen. Als er in Ephesus inhaftiert war und mit einem Todesurteil rechnete, trat eine Ernüchterung ein. Damals schrieb er der Gemeinde in Philippi: „Für mich ist Christus das Leben und Sterben Gewinn“ (Phil 1,21). Ist für ihn *Christus* das Leben und ein sinnvolles Dasein ohne ihn undenkbar, dann greift dieses Lebensverständnis über das vorläufige und durch die Vollstreckung eines möglichen Todesurteils vielleicht schon bald beendete Erdendasein hinaus. Das durch Christus bestimmte und von diesem erfüllte Leben können ihm Richter und Henker nicht nehmen. Es trägt durch seine Sterbestunde hindurch. Richter und Henker können es durch das Urteil und dessen Vollstreckung nur bekräftigen. Da Christus für ihn „das Leben“ ist und bedeutet, kann er das „Sterben“ nur für Gewinn erachten. Er ist nicht lebensmüde, sondern sieht der Vollendung seiner Lebensgemeinschaft in Gott entgegen. Das Leben mit Christus umfaßt beides, das Mitleiden und die Teilnahme an seiner Herrlichkeit (vgl. Röm 8,17). Christus „möchte ich erkennen, die Kraft seiner Auferstehung und die Teilnahme an seinem Leiden, um seinem Tode gleichgestaltet zu werden, damit ich auch zur Auferstehung von den Toten gelange“ (Phil 3,10f). Paulus geht es hier um ein „Erkennen“ im Existenzvollzug. Er macht Erfahrungen mit Christus, durch die dieser ihm vertrauter wird. Er möchte in seiner Lebenswirklichkeit „die Kraft seiner Auferstehung“ erfahren. Die treue Lebensverbundenheit mit Christus schließt das Leiden in seiner Nachfolge ein: „Wer nicht sein Kreuz trägt und mir nachfolgt, kann nicht mein Jünger sein“ (QLk 14,27 // QMt 10,38). Die Hinwendung zu Jesus und das kontinuierliche Festhalten an ihr ist eine verantwortliche Entscheidung des Einzelnen. Die Wahrnehmung dieser Treuepflicht bedeutet für einen Jünger zugleich auch Treue gegenüber sich selbst. Die Leidensnachfolge kann schlimmstenfalls bis zum Sklaven- und Verbrechertod führen. Paulus lebte täglich in gefährlicher Todesnähe: „Ich sterbe täglich, so wahr ihr, Brüder, mein Ruhm seid, den ich in Christus Jesus, unserem Herrn habe (1Kor 15,31). Der Apostel war auf die Mitglieder der von ihm in Korinth gegründeten Gemeinde stolz. Er befand sich oft in unmittelbarer Todesgefahr und sah seinem über kurz oder lang ihm bevorstehenden Tod als Zeuge Jesu Christi entgegen. Dieser sollte seiner Teilnahme an der Auferstehung von den Toten vorausgehen.
Nach Jes 54,1 LXX wird die Unfruchtbare viele Nachkommen haben. Deuterojesaja erwartet sie noch. Nach der frühchristlichen Schriftauslegung bezieht sich diese Stelle auf die juden- und heidenchristlichen Gemeinden, in denen nach damaligem Verständnis das himmlische Jerusalem, der Wohnort schon auf Erden gegenwärtig war.
Jerusalem auf dem Berg Zion, das Zentrum aller Juden, steht dagegen für das durch die Sklavin Hagar repräsentierte irdische Jerusalem. Es ist vergänglich und steht für die Knechtschaft des auf dem Sinai Mose übergebenen Gesetzes. Zum seinerzeit erwarteten himmlischen Jerusalem vgl. Jes 54,11-17; 60,1-64,24; Tob 13,10-22; 1QH VI, 24-35 (neu: XIV 25-36); äthHen CIII,6; 4Esra VII, 26-27; syrBar V, 1-3; 32,2-4; Offb 12; 21 u.ö. Damit ist die Typologie beendet. Ha-

gar steht für die Knechtschaft, damit für den Sinaibund und das irdische Jerusalem. Was Paulus hier geschrieben hat, schreibt er ähnlich in Röm 4,16f.

28: Ihr aber, Brüder, seid nach Isaaks Weise Kinder der Verheißung. Paulus bezieht die höchstwahrscheinlich in der Gemeinde des syrischen Antiochia entstandene, vielleicht auch von ihm selbst konzipierte Überlieferung auf die Gemeinden in Galatien. Sie gehören wie Isaak anders als sein Bruder Ismael zur Verheißung (vgl. Gal 4,23; 3,14.16ff.22.29). Da die Verheißung, die Sara zuteil wurde, auch für die galatischen Christen wirklich geworden ist, sind sie „Brüder". Nur die Christen, insbesondere auch die Heidenchristen, sind Erben der Verheißung (vgl. Gal 4,30; Röm 9,6-13), die einst Abraham zuteil wurde (vgl. Gen/1Mo 12,1ff). Daran kann auch die damalige Verfolgung der Christen durch Juden, denen ein gekreuzigter Messias ein Ärgernis war, nichts ändern: „Die Juden fordern Zeichen; die Griechen suchen Weisheit. Wir aber predigen Christus als den Gekreuzigten, den Juden ein Ärgernis und den Heiden eine Torheit, für die Berufenen aber, Juden und Griechen, Gottes Kraft. Die Torheit Gottes ist nämlich weiser als die Menschen und Gottes Schwachheit ist stärker als die Menschen sind" (1Kor 1,22-25). Der Apostel hat den Widerstand jüdischer und heidnischer Hörer seiner Predigt des Evangeliums vom am Fluch- und Schandkreuz gestorbenen Jesus Christus und dessen Heilsbedeutung selbst hervorgerufen. Schon Jesus sah sich der Forderung von Zeichen als Erweis für die Wahrheit seiner Botschaft von der mit ihm ankommenden Gottesherrschaft gegenüber: „Die Pharisäer kamen heraus und begannen mit ihm zu streiten. Sie forderten ein Zeichen vom Himmel her von ihm, um ihn zu versuchen. Er aber seufzte in seinem Geist und sagt: ‚Was fordert dieses Geschlecht ein Zeichen? Amen, ich sage euch: Niemals wird diesem Geschlecht ein Zeichen gegeben'" (Mk 8,11f). Die Pharisäer waren Jesu notorische Gegner (vgl. Mk 2,16.24; 3,6; 7,1.3.5; 10,2; 12,3). In dieser Szene wollten sie mit ihm disputieren. Jetzt forderten sie von ihm „ein Zeichen vom Himmel". Ihnen lag an einem Beglaubigungswunder, das ihn eindeutig als Gottes Repräsentanten ausweisen sollte. Nachprüfbare Legitimationswunder sind im Alten Testament nichts Anrüchiges (vgl. z.B. Ex/2Mo 4,1-12.29ff; 1Kön 13,1-6). Jesu Wunder, auch seine beiden Speisungswunder (vgl. Mk 6,30-44 parr.; 8,1-11 par.), genügen dem Anspruch an ein solches Zeichen nicht. Sie sind keine heiligen Ereignisse, die, wie im Alten Testament, das Volk als ganzes betreffen. Solche Zeichen waren beispielsweise Gidons Sieg über die Midianiter (vgl. Ri 7) oder Jonathans Heldentat an den Philistern (vgl. 1Sam 1-14). Ein entsprechendes Zeichen wäre zur Zeit Jesu die Befreiung vom Joch der römischen Besatzungsmacht gewesen. Ein derartiges Verlangen der Widersacher war ein Erweis ihres Unglaubens und eine Versuchung ähnlich wie die durch den Satan (vgl. Mk 1,13; QLk 4,1-13 // QMt 4,1-11). Jesus ist selbst das Zeichen. Gott hat sich ja vom Himmel her zu ihm bekannt (vgl. Mk 1,9ff parr.). Im Heidenland hat man ihn anläßlich seiner Heilung eines Taubstummen als Repräsentanzrn Gottes und endzeitlichen Erlöser ankerkannt: „Er hat alles gut gemacht: Die Tauben bringt er zum Hören und die Stummen zum Reden" (S^{Mk} 7,37). Jesus erfüllt die Heilsankündigungen der Propheten (vgl. z.B. Ps 67,3; 98,3; Jes 17,10; 49,6; 52,10; S^{Lk} 1,69). Dafür gebührt ihm hohes Lob. Die Akklamation zeigt, daß Menschen im Heidenland Jesus als

Heilbringer der Endzeit für das Gottesvolk Israel (vgl Jes 35,5f) erkennen und feiern. – Jesu Aufseufzen im Geist zeigt den „in seinem Geist“ wirksamen Schmerz über den Unglauben seiner Kontrahenten. „Dieses Geschlecht“ ist ähnlich wie „dieses Volk“ (vgl. Ps 95,10f; Jer 8,3) eine polemische und disqualifizierende Bezeichnung, mit der Jesus seine Dinstanz zu den Herausforderern betont. Die Phrisäer sind die Repräsentanten „dieses Geschlechtes“. Mit der Beteuerungsformel: „Amen, ich sage euch“, leitet er seine Antwort ein. Sie steht im Passivum divinum. Dieser Sorte, die sich so provozierend ungläubig verhält, wird Gott auf keinen Fall ein Zeichen zur Legitimation Jesu geben. Jesu Botschaft und Wunder sind Zeichen genug.

Paulus betont das Unerhörte und Paradoxe seiner Botschaft, die nicht allein für Juden, sondern auch für den sogenannten gesunden Menschenverstand anstößig ist. Das besteht darin, daß ein den Fluch- und Schandtod am Kreuz gestorbener Jude der von Gott, seinem Vater, gesandte Retter und Erlöser der Menschheit ist. Ein Gekreuzigter als Messias Israels und Heiland für alle Völker ist nicht nur für Juden anstößig, sondern befremdet auch viele andere Menschen bis in unsere Zeit hinein. Man meint, ein rechtskräftig zum Tod verurteilter und hingerichteter Verbrecher könne unmöglich der von Gott gesandte Retter der Menschheit sein. Wer aufgrund der Predigt des Evangeliums zum Glauben an Jesus Christus gekommen ist und sich in der Taufe zu ihm bekannt hat, weiß, wie es sich mit Gottes Macht und Weisheit verhält: „Bei ihm allein ist Weisheit und Macht; bei ihm sind Rat und Einsicht“ (Hi 12,13 LXX). Der Apostel schrieb der Gemeinde in Korinth vor seinem dritten Besuch im Blick auf Jesus Christus und sich selbst „Zwar wurde er in seiner Schwachheit gekreuzigt; aber er lebt aus Gottes Kraft. Auch wir sind in ihm schwach; aber wir werden mit ihm zusammen vor eueren Augen aus Gottes Kraft leben“ (2Kor 13,4). 1Kor 1,25 enthält die Antwort auf die Frage, wie etwas, daß die Juden für ein „Ärgernis“ und die Heiden für eine „Torheit“ halten, vor Gott „Kraft“ und „Weisheit“ sein kann. Gottes Offenbarung im gekreuzigten Jesus Christus steht im Gegensatz zu allen menschlichen Erwartungen. Paulus bekam auf seine dreimalige Bitte, ihn vom „Stachel im Fleisch“ zu befreien, vom erhöhten Herrn die Antwort: „Meine Gnade genügt dir; denn meine Kraft kommt in Schwachheit zur Vollendung. Darum will ich mich viel lieber meiner Schwachheit rühmen, damit die Kraft Christi auf mich herabkommt. Deswegen bin ich in Ohnmacht, Mißhandlungen und Nöten, in Verfolgungen und Ängsten um Christi willen guten Mutes; denn wenn ich schwach bin, dann bin ich stark“ (2Kor 12,9f). Der Apostel mußte auf die Heilung von seiner Epilepsie verzichten. Er begnügte sich mit der Antwort, daß ihm die Gnade des Herrn genügt. Christi „Kraft kommt in Schwachheit zur Vollendung.“ Das bedeutet: Mehr bekommst du nicht. Damit mußt du dich begnügen. Was willst du noch mehr, als daß ich dir gnädig bin? Paulus hat sich das sagen lassen. Er tat auch unter widrigen Umständen seinen Dienst, und er tat ihn gern; denn er war gewiß: „Ich lebe, doch nicht mehr ich, sondern Christu lebt in mir. „Was ich nämlich jetzt im Fleisch lebe, das lebe ich im Glauben an den Sohn Gottes, der mich geliebt und sich selbst für mich hingegeben hat“ (Gal 2,20). Paulus ist mit Christus eng verbunden. Er vertraut ihm auch dann, wenn er sein Apostelamt in schwierigen Situationen ausüben muß und manchmal seine Missionsarbeit erfolglos bleibt.

Da die christlichen Galater „nach Isaaks Weise Kinder der Verheißung" sind, kann Paulus sie „Brüder" nennen. Christen sind „durch die befreiende Tat Christi „Befreite des Herrn".[578]

29: Doch so, wie damals der nach dem Fleisch Gezeugte den nach dem Geist (Gezeugten) verfolgte, so auch jetzt. Was Paulus in V. 28 geschrieben hat, wird durch die Erfahrung, welche die Juden- und Heidenchristen damals machen mußten, bestätigt. Ihre Verfolger waren, wie schon in V. 28 festgestellt, die Juden. Einst hatte Paulus wie vormals Ismael, der mit Isaak seinen Spaß trieb (vgl. Gen/1Mo 21, 9), selbst die Christen verfolgt (vgl. Gal 1,12f. 23; Apg 8,3; 9,1f). Jetzt wurde er selbst verfolgt (vgl. Gal 5,11f). Die Verfolger waren höchstwahrscheinlich nicht die Irrlehrer, sondern Juden und vor allem die „christlichen Judaisten"[579], infolge ihrer Abstammung und Gesetzeshörigkeit, welche die Heidenchristen zur Übernahme der Thora Israels zwingen wollten. Paulus, selbst geborener Jude, war kein Judenfeind (vgl. Röm 9,1 – 11,36).

30-31: Was sagt aber die Schrift? Wirf die Sklavin und ihren Sohn hinaus; denn der Sohn der Sklavin soll nicht mit dem Sohn der Freien erben. Deshalb, Brüder, seid ihr nicht Kinder der Sklavin, sondern der Freien. V. 31 enthält die Schlußfolgerung des Abschnitts Gal 3,1 – 4,30. Paulus beginnt mit der Frage, „was die Schrift sagt". Er zitiert Gen 21,10 LXX: Sara sagte Abraham im Blick auf Hagar und deren Sohn Ismael: „Verstoße diese Sklavin und ihren Sohn; denn der Sohn dieser Sklavin soll nicht zusammen mit meinem Sohn Isaak erben". Der Apostel möchte Gal 4,28f von dieser alttestamentlichen Stelle her gedeutet wissen. Wie Abraham die Hagar und ihren Sohn Ismael vertrieben hat, so sollen auch die Christen in den galatischen Gemeinden die judenchristlichen Wandermissionare, die sich auf den Herrenbruder Jakobus beriefen und seine Widersacher sind, ausweisen und ihnen nicht länger ihr Gehör schenken; denn diese predigen „ein anderes Evangelium" (Gal 1,8), als sie es von ihm gehört und angenommen haben. Hat Gott den Heidenchristen das Erbe überlassen (vgl. Gal 3,14.29; 4,1.7), so bekommen es die Juden und diejenigen Judenchristen nicht, die ihr Heil durch die Erfüllung des Mosegesetzes zu erlangen suchen. Der Apostel identifiziert die Christen mit Isaak. So, wie dieser von seinem Bruder Ismael verfolgt wurde, werden jetzt die Christen von den Juden verfolgt. Anders als in Röm 9,1 -11,36, insbesondere in Röm 11,25-32, gibt es im Galaterbrief für Juden keine Chance der Teilnahme am endzeitlichen Heil. Paulus hat in dem nur wenig später geschriebenen Römerbrief seine Ansicht geändert.

---

[578] *Th. Zahn*, Galater, 248.
[579] *F. Mußner*, Galaterbrief, 331.

Aufruf zur Freiheit
5,1-12

Der letzte Teil des Galaterbriefes (Gal 5,1 – 6,10) besteht aus Mahnungen oder Paränese. Paulus setzt in diesem Abschnitt die Behandlung des Themas Freiheit fort, mit der er in Gal 4,21-31 begann. Er behandelt noch einmal den grundsätzlichen Gegensatz zwischen der Gesetzeshörigkeit und der in Christus gewonnenen Freiheit.

1Zur Freiheit hat Christus uns befreit. So steht (darin) fest und laßt euch nicht von neuem das Joch der Sklaverei auferlegen. 2Siehe, ich, Paulus, sage euch: Wenn ihr euch beschneiden laßt, (so) wird euch Christus nichts nützen. 3Doch bezeuge ich wiederum jedem Menschen, der sich beschneiden läßt, daß er das ganze Gesetz zu halten verpflichtet ist. 4Ihr seid von Christus abgekommen, die ihr durch das Gesetz gerecht werden wollt; ihr seid aus der Gnade gefallen. 5Denn wir erwarten durch den Geist die erhoffte Gerechtigkeit. 6Denn in Christus Jesus gilt weder Beschneidung noch Unbeschnittenheit etwas, sondern der Glaube, der durch Liebe wirksam ist. 7Ihr lieft gut; wer hat euch gehindert, der Wahrheit zu folgen? 8Die Überredung stammt nicht von dem, der euch beruft. 9Ein wenig Sauerteig durchsäuert den ganzen Teig. 10Ich vertraue für euch im Herrn, daß ihr nichts anderes denken werdet. Aber der, welcher euch verwirrt, wird das ganze Urteil zu tragen haben, wer es auch sei. 11Ich aber, Brüder, wenn ich noch die Beschneidung predige, warum werde ich dann noch verfolgt? Dann ist ja das Ärgernis des Kreuzes beseitigt. 12Diese Leute, die euch aufhetzen, sollen sich doch entmannen lassen.

1: Zur Freiheit hat Christus uns befreit. So steht (darin) fest und laßt euch nicht von neuem das Joch der Sklaverei auferlegen. Dieser Vers weist durch den betonten Gegensatz von Freiheit und Knechtschaft auf Gal 4,21-31 zurück.[580] Wie die Befreiung durch Christus erfolgte, hat Paulus den Christen in Galatien in Gal 1,4; 2,20; 3,13; 4,4 u. ö. dargelegt. Jetzt geht es um das Resultat dieser Befreiung von der Gesetzeshörigkeit. Anders als die gesetzeshörigen Juden und Judenchristen (vgl. Gal 4,24f) sehen der Judenchrist Paulus und die Heidenchristen sich von der Gesetzesbindung frei. Das Mosegesetz konnte ihnen keine Freiheit bringen und ihnen dementsprechend auch kein Leben in der Gemeinschaft mit Gott vermitteln. Christus hat sie aus der Sklaverei der Weltelemente (vgl. Gal 4,3), auch aus ihrer Bindung an die Thora Israels (vgl. V. 5) und vom Fluch des Gesetzes befreit (vgl. Gal 3,13). Wenn sie jetzt wieder den jüdischen Festkalender beachten (vgl. Gal 4,10), fallen sie in die Gesetzesknechtschaft zurück. Die galatischen Christen sollen auf dieser Freiheit bestehen und sich nicht wieder in die von den Juden und Judenchristen ihrer Umgebung verlangte Gesetzeshörigkeit begeben. Diese ist mit der im christlichen Glauben eröffneten Freiheit nicht vereinbar. Der Apostel erwartet von ihnen, daß sie in der durch Christi Erlösung gewonnenen Freiheit fest stehen bleiben und ihr Leben dementsprechend führen. Christen sind durch Christus von der Sünde befreit (vgl. Gal 1,4). Sie stehen unter der Gnade Christi und der Predigt des Evangeliums (vgl.

---

580 Vgl. *U. Borse*, Galater, 178; *K. Erlemann*, Unfassbar?, 124ff.

Gal 1,6). Sie sind wegen ihres Christusglaubens von Gott gerechtfertigt (vgl. Gal 2,16; 3,8f), ihnen ist der Heilige Geist gegeben (vgl. Gal 3,2.14) und auch die Sohnschaft (4,5). Für die alten Griechen galt nach Heraklit (um 504/01 v. Chr): „Des Menschen Verhalten [oder: Charakter] ist sein Schicksal".[581]

2: Siehe, ich, Paulus, sage euch: Wenn ihr euch beschneiden laßt, (so) wird euch Christus nichts nützen. Paulus erkennt, daß die galatischen Christen sich in zwei Gefahren befinden. Erstens, in der von den Judaisten geforderten Übernahme Thora Israels (vgl. Gal 5,2-12) und zweitens darin, daß ihr Leben als Christen durch Sittenverderbnis und damit vom „Fleisch" bedroht wird. Wer sich beschneiden läßt, also die Thora Israels übernimmt, dem hilft Christus nicht. Der Glaube an Christus und die Beschneidung lassen sich nicht vereinbaren. Die Beschneidung kann nie Bedingung der Rechtfertigung des Sünders sein (vgl. Gal 2,3-5; Apg 15,1-5). Paulus erwartet, daß die Christen in der Provinz Galatia das einsehen.

3: Doch bezeuge ich wiederum jedem Menschen, der sich beschneiden läßt, daß er das ganze Gesetz zu halten verpflichtet ist. Wer sich beschneiden läßt, unterstellt sein Leben der Thora Israels. Paulus hat den galatischen Christen bezeugt und tut es erneut, daß jeder, der sich beschneiden läßt, das ganze Gesetz mit seinen 613 Geboten und Verboten zu halten verpflichtet ist. Wenn er auch nur eines übertritt, muß er sich immer vor Strafen fürchten (vgl. Gal 3,10.12). Paulus selbst ist als geborener Jude zum Halten des Gesetzes erzogen worden. Er schrieb Phil 3,5f: „Ich bin am achten Tag beschnitten worden, stamme aus dem Volk Israel, aus dem Stamm Benjamin, bin ein Hebräer von Hebräern (d.h. ein hebräisch sprechender Jude), der Gesetzespraxis nach ein Pharisäer, dem Eifer nach ein Verfolger der Kirche, der Gesetzesgerechtigkeit nach untadelig". Die Heidenchristen, die sich dem Gesetz unterwerfen, verlieren ihre Freiheit. Um ihre Erlösung durch Jesus Christus ist es dann geschehen.

4: Ihr seid von Christus abgekommen, die ihr durch das Gesetz gerecht werden wollt; ihr seid aus der Gnade gefallen. Paulus hat in Gal 5,3 die jüdische Lehre vom Gesetz (νόμος) gedeutet. Jetzt befaßt er sich mit den Folgen, welche die Absicht der Galater hat, durch „das Gesetz gerecht" werden zu wollen (vgl. Gal 2,16; 3,1). Damit sind sie „aus der Gnade gefallen", d.h. aus der Predigt des Evangeliums von der freien Gnade Wer Gottes Gnade zurückweist und durch Gesetzeswerke gerecht werden will, ist „aus der Gnade gefallen" und kann damit keine Erlösung durch Jesus Christus erwarten. Wenn die Galater, welche auf die judaistischen Gesetzesprediger hören, das Heil durch Jesus Christus mit Gesetzeswerken zur Erlangung der Gerechtigkeit verbinden zu können, so irren sie sich. Sie ziehen den Fluch und damit die ewige Gottesferne auf sich; „denn so viele aus Gesetzeswerken leben, sind unter dem Fluch" (Gal 3,10a). Aber „Christus hat uns vom Fluch des Gesetzes losgekauft, indem er für uns zum Fluch geworden ist" (Gal 3,13).

---

581 Vgl. *J. Mansfeld*, Die Vorsokratiker I, 274f.

5-6: Denn wir erwarten durch den Geist die erhoffte Gerechtigkeit. Denn in Christus Jesus gilt weder Beschneidung noch Unbeschnittenheit etwas, sondern der Glaube, der durch Liebe wirksam ist. Nach seiner Abgrenzung von den Gesetzespredigern bestimmt Paulus, was die Lebensführung von Juden- und Heidenchristen kennzeichnet. Sie erwarten nicht, durch Werkgerechtigkeit vor Gott gerecht werden zu können. Vielmehr wird ihre Lebensführung von Gottes und Jesu Christi Geist bestimmt (vgl. 3,1-5.14; 4,6). Christen hören auf die Predigt des Evangeliums von der freien Gnade Gottes (vgl. 1,6; 2,21) die uns in Jesus Christus durch seinen Opfertod zuteilgeworden ist und nicht durch unsere Werke (vgl. Röm 11,6). Sie vertrauen darauf im Leben und Sterben. „Gerechtigkeit" ist uns zu unserem Heil gegeben (vgl. Röm 5,1.9; 8,30; Gal 2,16; 3,13; 4,4; Röm 5,1.9f u. ö.).
Nachdem Paulus aufgewiesen hat, daß zwischen dem jüdisches und dem christliches Gerechtigkeitsverständnis durch die Erfüllung des Gesetzes (vgl. Gal 2,16) und das Evangelium von der freien Gnade Gottes in Christus Jesus unvereinbare Gegensätze sind, macht er nun aufgrund antiochenischer Überlieferung klar, daß „weder Beschneidung noch Unbeschnittenheit", wodurch Juden- und Heidenchristen sich unterscheiden, vor Gott etwas gelten. Daß der Beschneidung für das Heil keine Bedeutung zukommt, hat Paulus schon in Gal 3,26ff (vgl. Kol 3,11) dargelegt. „In Christus Jesus" kommt es auf den Glauben, das Vertrauen auf Gottes freie Gnade an und auf das Halten seiner Gebote an (vgl. Röm 2,16; 28f; 1Kor 7,19). Ohne Glauben gibt es keine Rechtfertigung, die Gott uns aus Gnaden und nicht aufgrund der Erfüllung des Gesetzes zuteil werden läßt (vgl. Röm 3,22ff). Es kommt auf die in Christus verwirklichte „neue Schöpfung" an (vgl. 2Kor 5,17). Allerdings wäre ein Glaube ohne Werke tot: „Der Glaube für sich allein ist tot, wenn er keine Werke vorzuweisen hat" (Jak 2,17). Ein lebendiger Glaube erweist sich in Werken der Liebe, die sich im Dienst am Nächsten bewährt (vgl. Gal 5,13f). Die Kraft dazu gibt Gott durch seinen Geist (vgl. Gal 2,8; 3,5; 1Kor12,6.11; Phil 2,13). Paulus nennt Glaube und Liebe mehrmals zusammen (vgl. 1Kor 13,2.13; 1Thess 1,3; 3,6; 5,8; Phlm 5, ferner, deuteropaulinisch: Eph 1,15; 3,17; 6,23; Kol 1,4).

7-8: Ihr lieft gut; wer hat euch gehindert, der Wahrheit zu folgen? Die Überredung stammt nicht von dem, der euch beruft. Paulus bedient sich hier des Bildes eines Läufers im Stadion. Er setzt voraus, daß die Galater noch Christen nach seiner Verkündigung des Evangeliums Jesu Christi sind (vgl. Gal 1.10.13; 6,1.10). Für den Fall, daß die Galater ihre Rechtfertigung im Gesetz suchen, verlieren sie ihren Anteil an der Gnade Gottes (vgl.Gal 5,.2.4). Der Apostel hat hier ständig den Gegensatz zum Streben nach Gerechtigkeit durch Werke des Gesetzes im Blick. Die christliche Freiheit läßt sich nicht vom Bleiben in der Wahrheit trennen (vgl. Gal 2,4f). Nicht der Wahrheit zu folgen, wäre töricht, denn „wir vermögen nämlich nichts wider die Wahrheit, sondern (nur) für die Wahrheit" (2Kor13,8). Paulus hat den christlichen Galatern nach Gal 3,1 den gekreuzigten Herrn Jesus Christus, der allein ein Grund zur Rechtfertigung aus Glauben vor Augen gemalt. Er konnte nicht erwarten, daß sie sich plötzlich von der Wahrheit, von ihr abwenden und ihr nicht gehorchen würden: „Denen, die sich aus Selbstsucht der Wahrheit widersetzen, aber der Ungerechtigkei gehorchen, widerfährt Zorn und Grimm“ (Röm 2,8). Paulus kennt zwar die Grundeinstellung der durch den Anspruch an die galatischen Christen, das Gesetz zu befolgen, Gegner der Wahrheit. Die Überredung, mit der sie die Gemeinden der Galater für sich zu gewinnen zu trachten, stammt nicht von Gott, der sie durch die Predigt des Apostels berufen hat. Er hat sie durch seine Predigt des Evangeliums Jesu Christi überzeugt, und sie sind zum Glauben gekommen (vgl. Gal 1,7).

9-10: Ein wenig Sauerteig durchsäuert den ganzen Teig. Ich vertraue für euch im Herrn, daß ihr nichts anderes denken werdet. Aber der, welcher euch verwirrt, wird das ganze Urteil zu tragen haben, wer es auch sei. Das Sprichwort vom Sauerteig, welches den ganzen Teig durchsäuert, zitiert Paulus hier, Gal 5,9 und 1Kor 5,6. Es ist auch Philo von Alexandrien und Plutarch bekannt.[582] Hier ist es am ehesten auf die judaistischen Gesetzeslehrer, welche auch von Heidenchristen das Halten aller Ge- und Verbote des Gesetzes, der Thora Israels, und die Beschneidung fordern, zu beziehen. Da schon wenig Sauerteig genügt, um den ganzen Teig zu durchsäuern, muß man sich vor ihm hüten, muß man sich von ihm fern halten: Wißt ihr nicht, daß ein wenig Sauerteig den ganzen Teig durchsäuert?“ (1Kor 5,7; vgl. Gal 5,7). In QLk 13,20f // QMt 13,33 ist es positiv gemeint: Jesus sprach: „Womit soll ich das Reich Gottes vergleichen? Es gleicht einem Sauerteig, den eine Frau nahm und unter drei Scheffel Mehl mengte, bis er ganz durchsäuert war“. Jesus vergleicht Gottes Herrschaft und Reich mit dem Sauerteig, der bereits einen Gärungsprozeß durchgemacht hat und anstelle der Hefe zum Durchsäuern des Teigs verwendet wird. Wegen der fäulniserregenden Kraft des gärenden Teigs ist er für Opfer untauglich (vgl. Ex/2Mo 23,18; Lev/3Mo 2,11). Jesus verwendet das Bild vom Sauerteig, um zu verdeutlichen, daß der unansehnliche graue Sauerteig, den die Frau unter den Teig aus Weizenmehl knetet, in wenigen Stunden eine große Wirkung auf die gesamte Teigmasse ausübt und deren Qualität verändert. Ein „Sat“[583] entspricht 13.3 Liter. Drei Sat sind etwa 39,4 Liter. Das ist eine Riesenmenge für einen damaligen bäuerlichen Haushalt. Mit den daraus gebackenen Broten kann man ca. 140 – 160 Menschen sättigen. Bei diesem Gleichnis geht es um die qualitätsverändernde Wirkung des Sauerteigs. Entsprechend verändert Jesus mit seiner Botschaft von Gottes Herrschaft und Reich das Leben kräftig auf verborgene Weise.

Paulus vertraut dem Herrn, daß die meisten Christen in der Provinz Galatia, die guten Glaubens jetzt noch auf die judaistischen Gesetzesprediger hören, wieder zum Glauben an das von ihm gepredigten Evangelium zurückkehren. Er kannte die Irrlehrer nicht, die wahrscheinlich in der Gemeinde angesehene Personen waren.[584] Nach Gal 1,8f hat er sie verflucht, weil sie eine Lehre vertreten, die dem Evangelium Jesu Christi widerspricht. Eventuell wußte er doch, wer sie waren, wollte aber nur ihre Namen nicht nennen. Wer immer sie gewesen sein mö-

---

582 Vgl. Philo, Opera, V, 70; 131f; ders,Einzelgesetze, I, 2,293; II, 184f; *H. Windisch*, ThWNT III, 907; *W. Popkes*, EWNT II, 259ff.

583 Vgl. Bill. I, 669f.

584 Vgl. *H. Schlier*, Galater, 238.

gen, sie sind aus der Gemeinschaft der Glaubenden auszuschließen. Sie werden im Jüngsten Gericht ihr „Urteil zu tragen haben".

11-12: Ich aber, Brüder, wenn ich noch die Beschneidung predige, warum werde ich dann noch verfolgt? Dann ist ja das Ärgernis des Kreuzes beseitigt. Diese Leute, die euch aufhetzen, sollen sich doch entmannen lassen. Der Apostel stellt den Lesern seines Briefs eine rhetorische Frage. Allem Anschein nach haben seine Widersacher dem Apostel vorgeworfen, er predige noch die Beschneidung, weil er nach Apg 16,1-3 seinen Mitarbeiter Timotheus beschnitten hat. Würde er noch wie seine judaistischen Widersacher, die Beschneidung predigen, gäbe es keinen Grund, ihn zu verfolgen. „Dann" wäre „ja das Ärgernis des Kreuzes beseitigt" (11c). Vgl. 1Kor 1,22-25: „Da die Juden Zeichen fordern und die Griechen Weisheit begehren, predigen wir Christus als den Gekreuzigten, den Juden ein Ärgernis, den Heiden Torheit, den Berufenen aber, Juden wie Griechen, Christus, Gottes Kraft und Gottes Weisheit; denn das Törichte Gottes ist weiser als die Menschen und das Schwache Gottes ist stärker als die Menschen". Gottes. Die judaistischen Gegner traten für die Beschneidung ein, um nicht von den Juden verfolgt zu werden. Sie verfolgten Paulus, weil er „das Ärgernis des Kreuzes" predigte. Paulus legt seinen Widersachern nahe, sich entmannen zu lassen. Nach Dtn/5Mo 23,2 können Kastrierte nicht zur Gemeinde Gottes gehören. In der frühen nachexilischen Zeit hat aber ein namentlich unbekannter Prophet verheißen: „Der Fremde, der sich dem Herrn angeschlossen hat, soll nicht sagen: Gewiß wird der Herr mich aus seinem Volk ausschließen. Der Kastrierte soll nicht sagen: „Ich bin nur ein dürrer Baum; denn so spricht der Herr: Den Kastrierten, die meine Sabbate halten, die gern tun, was mir gefällt, und an meinem Bund festhalten, ihnen allen errichte ich in meinem Haus und in meinen Mauern ein Denkmal; ich gebe ihnen einen Namen, der mehr wert ist als Söhne und Töchter. Einen ewigen Namen gebe ich ihnen, der niemals ausgetilgt wird" (Jes 56,3ff LXX).

Exkurs: ἐλευθερία, libertas, Freiheit I[585]
„Freisein heißt nach Pseud-Plat. Def 415a über sich selbst verfügen: ἐλεύθερον τὸ ἄρχον ἑαυτοοῦ. Das ist auch der allgemeine Sinn in Pseud.Plat. Def 412d:[586], d.h. Freiheit ist die Regierung des Lebens, die eigene Herrschaft über alles im Gegensatz zur Macht des Schick-

[585] Vgl. *O. Kaiser*, Art. Freiheit I. Altes Testament, RGG4, III, 304ff; *S. Vollenweider*, Art. Freiheit II: Neues Testament, ebd., 306ff; *D. R. Schwartz*, Art. Freiheit III: Antikes Judentum, ebd., 308f; *H. W. Bartsch*, Art. Freiheit I.: Altes Testament, TRE XI, 497f; *R. Heiligenthal*, Art. Feiheit II/1.: Frühjudentum, ebd., 498-502; *H. Greive*, Art. Freiheit, ebd., 502-505; *H. W. Bartsch*, Art. Freiheit III.: Griechisch-hellenistische Antike, ebd., 505f; *ders.*, Art. Freiheit IV.: Freiheit und Befreiung im Neuen Testament, ebd., 506-511; *H. Schlier*, Art ἐλεύθερος κτλ., ThWNT II, 484-500; *H. D. Betz*, Geist, Freiheit und Gesetz, *H. D. Betz*, Geist, Freiheit und Gesetz, in: *ders.*,Paulinische Studien, 46-62; *ders.*, Paul's Concept of the Freedom, in: *ders.*, ebd., 110-125; *G. Bornkamm*, Die christliche Freiheit, in: *ders.*, Das Ende des Gesetzes, Paulusstudien, 133-138; *W. Brandt*, Freiheit im Neuen Testament, 15-19;*R. Bultmann*, Theologie, 326-348; *G. v. Bredow*, Das Sein der Freiheit, passim; *H. Jonas*, Augustin und das paulinische Freiheitsproblem, ; *E. Käsemann*, Paulinische Perspektivenm 211-236; *M. Müller*, Freiheit, 177-236; *D. Nestle*, Eleutheria, passim; *O. Schmitz*, Der Freiheitsgedanke, passim; *J. Weiß*, Die christliche Freiheit, passim.
[586] *H. Schlier*, Art ἐλεύθερος κτλ., ThWNT II, 484.

sals (ἀνάγκη). Im übrigen ist Freiheit für die alten Griechen vor allem ein politischer Begriff. Vgl. (8. Jh. v.Chr.) VI,424-426: „...Meine Mutter, die Fürstin am waldigen Hange des Plakos, / Führte er [Hektor,[587] W. E.] zwar hierher mit anderer Beute des Krieges, / Doch befreit' er sie wieder und nahm unendliche Buße. / Aber sie starb durch Artemis'[588] Pfeil im Palaste des Vaters. Vgl. auch ebd. VI,449-455: „... Doch nicht kümmert mich so der Troer künftiges Elend, / Priamos selbst und das Volk des lanzenkundigen Königs. / Doch nicht kümmert mich so der Troer künftiges Elend, / Weder des Priamos Leid, noch das der Hekabe selber / und der leiblichen Brüder, die dann, so tapfer, in Scharen / Niedersinken im Staub, von feindlichen Händen getötet, / Als wie einst, wann einer der erzumschirmten Achaier / dir den Tag der Freiheit raubt und die Weilende wegführt.[589]

Heraklit (um 500 v.Chr.) lehrte im Blick auf den zur Praktizierung der Verstandesfreiheit tätigen Logos: „Gegenüber der hier gegebenen unabänderlich gültigen Auslegung [Logos] erweisen sich die Menschen als verständnislos, sowohl bevor sie, als auch wenn sie einmal gehört haben. Denn obwohl alles in Übereinstimmung mit der hier gegebenen Auslegung geschieht, gleichen sie Unerfahrenen, sobald sie sich überhaupt an solchen Aussagen und Tatsachen versuchen, wie ich sie darlege, indem ich jedes Einzelne seiner Natur gemäß zerlege und erkläre, wie es sich damit verhält. Den anderen Menschen aber entgeht, was sie im Wachen tun, genau wie das, was sie im Schlaf vergessen".[590] Vgl. *Aischylos* (525/24 bis nach 456/55 v.Chr., Perser, 402ff: „... ‚Ihr Söhne der Hellenen, auf! / Befreiet unser Vaterland! Auf, auf, befreiet / Die Kinder, Weiber, unsrer Stammesgötter Sitz, ...'". Vgl. ders., Eumeniden, 550f: „... Drum wer, vom Zwang unberührt, gerecht sich zeigt, / bleibt nicht ohne Segen;"[591] Vgl. *Sophokles* (490-406/5 v.Chr.), Antigone, 821-824: „Du lebst nach eigenem Gesetz, rum allein / Zum Lande der Toten gehst du..".[592]
Nach dem griechischen Historiker *Herodot* (geb. nach 490, gest. nach 430 v.Chr.) Hist III,80 „hielten die Verschwörer gegen die Mager [persische Priester, W. E.] Rat über das Schicksal des Reiches; und es wurden dabei Reden gehalten, die aber doch gesprochen worden sind. Otanes riet, die Regierungsgewalt in die Hände der Gesamtheit der Perser zu legen; er sagte folgendes: ‚Mir scheint, ein einzelner darf nicht Alleinherrscher werden; das ist nicht erfreulich und gut für uns. Ihr seht alle, wie weit der Frevelmut des Kambyses [Sohn des Kyros, Regierungszeit 529-522 v.Chr.] gegangen ist. Auch unter dem Übermut des Magers hattet ihr zu leiden. Wie kann die Alleinherrschaft eine wohlgeordnete Einrichtung sein, wenn es darin dem König erlaubt ist, ohne Verantwortlichkeit zu tun, was er will. Auch wenn man den Allerbesten zu dieser Stellung erhebt, würde er seiner früheren Gesinnung untreu werden. Selbstüberhebung befällt ihn aus der Fülle von Macht und Reichtum, und Neid ist dem Menschen von Anfang schon angeboren. Mit diesen Eigenschaften besitzt er aber auch schon alle anderen Laster. Aus Selbstüberhebung und Neid begeht er viele Torheiten. Freilich

---

587 Sohn des Priamos und der Hekabe; Held der Troer. Vgl. *H. v. Geisau*, Art. Hektor, DKP I,987f.
588 Göttin der Jagd.
589 Ilias, 218-221 *(H. Rupé).*
590 DK 22 B 1; DK 22 B 119; ed. *J. Mansfeld*, Vorsokratiker I, Nr. 2, *ders.*, ebd., Nr. 102, S. 276f.
591 *Aischylos*, Trgödien, 34f; 436f.
592 *Sophokles*, Dramen, 228f.

sollte gerade ein Alleinherrscher ohne alle Mißgunst sein; besitzt er doch alle Güter. Aber seinen Mitbürgern gegenüber zeigt er sich als das Gegenteil. Er beneidet die Besten um ihr bloßes Dasein und Leben, er freut sich über die schlechtesten Bürger und ist gern bereit auf Verleumdungen zu hören. Und was am allerwenigsten zusmmenpaßt: Wenn man ihn in maßvoller Weise bewundert, ärgert er sich, daß man ihm nicht ehrerbietig genug begegnet; erweist man ihm aber die höchste Achtung, dann ärgert er sich, daß man ihm schmeichelt. Das Schlimmste aber sage ich jetzt erst: Er rührt an den altüberlieferten Ordnungen, er vergewaltigt Frauen und tötet ohne Richterspruch. Wenn dagegen die Menge herrscht, hat dieses Regiment zunächst den allerschönsten Namen: Gleichheit vor dem Gesetz. Außerdem ist sie von allen Fehlern frei, die die Alleinherrschaft aufweist. Sie besetzt die Ämter durch das Los, die Verwalter der Ämter sind verantwortlich; alle Beschlüsse werden der Gesamtheit vorgelegt. So meine ich also: Wir schaffen die Alleinherrschaft ab und geben der Menge die Macht; denn auf der Masse des Volkes ruht der ganze Staat."[593]
Nach *dems.,* Hist VII,104 erklärte der seit 501 v.Chr. regierende, im Jahre 490 v.Chr. wegen seiner den Persern gegenüber freundlichen Einstellung abgesetzte und zu den Persern geflohene König von Sparta Dematatos dem Großkönig Darius I. (521-486 v.Chr.) im Blick auf die Spartaner: „Sie sind zwar frei, aber nicht in allem. Über ihnen steht nämlich das Gesetz als Herr, das sie viel mehr fürchten, als deine Untertanen dich. Sie handeln stets, wie ihnen das Gesetz befiehlt. Es gebietet ihnen aber stets das gleiche: vor keiner Zahl von Gegnern aus der Schlacht zu fliehen, sondern auf dem Platz zu bleiben in Reih und Glied und zu siegen oder zu sterben."[594]
Xenophon (ca. 450-355/54 v.Chr.), mem IV,2f: Sokrates im Gespräch mit Euthydemos über die „Selbstbeherrschung": „Sage mir, Ethydemos, so sprach er, du glaubst doch auch, daß die Freiheit ein schöner und großartiger Besitz ist sowohl für den einzelnen Mann wie auch für den Staat? Ja, sogar ganz besonders, war die Antwort. Wer nun von den körperlichen Begierden beherrscht wird und um ihretwillen nicht das Beste zu tun imstande ist, hältst du den für frei? Nicht im geringsten, erwiderte jener. Sicherlich scheint dir die Freiheit vielleicht darin zu bestehen, daß man das Beste tut, und hältst du es dann für unfrei, jemanden (als Herrn) zu haben, der daran hindert, solches zu tun? Durchaus, gab jener zur Antwort. Scheinen dir demnach die völlig unfrei zu sein, welche ohne Selbstbeherrschung sind? Ja, natürlich, beim Zeus."[595]
Freiheit ist ein primär politisches Problem: Vgl. Platon (428/27 – 349/48 v.Chr.). Politeia, 576.c.d. e: Sokrates im Gespräch mit Glaukon über „das Glück und Unglück des Gerechten und Ungerechten": „Wird nun nicht, sprach ich, wer sich als der Verborgenste zeigt, auch als der Unseligste erscheinen? Und wer die längste Zeit und am meisten tyrannisch geherrscht hat, der auch am meisen und die längste Zeit ein solcher wirklich gewesen sein? Die Menge freilich meint auch mancherlei. Notwendig, sagt er, muß sich das so verhalten. Und so ist es doch, sprach ich, daß der Tyrannische auch der tyrannisch beherrschten Stadt und der Volksmäßige der demonkratisch verwalteten ähnlich ist und ebenso die

---

593 *Herodot*, Historien I, 436ff.
594 *Herodot*, Historien, Bd. II, 948f.
595 Xenophon, Erinnerungen, 296f (*P. Jaerisch*).

anderen? Wie sonst? Also auch wohl, wie sich die eine Stadt zu der anderen verhält, was Tugend und Glückseligkeit betrifft, so auch der eine Mann zu dem anderen? Natürlich. Wie also verhält sich eine tyrannisch beherrschte Stadt zu einer königlich regierten, so wie wir sie zuerst beschrieben haben? Ganz als das Gegenteil, sagte er. Denn die eine ist die beste, die andere die schlechteste. Ich will nicht fragen, entgegnete ich, welche von beiden du meinst; denn es ist offenbar. Urteilst du aber über ihre Glückseligkeit und Unseligkeit ebenso oder anders? Und laß uns nicht etwa irre werden, indem wir auf den Tyrannen, der nur einer ist, sehen, und auf die einigen wenigen, die ihn umgeben; sondern wie man sich eine Stadt ganz beschauen muß, menn man hineinkommt, so laß uns überall herumsteigen und zusehen, und dann unsere Meinung abgeben. Sehr richtig, sagte er, ist deine Forderung; und es ist wohl jedem klar, daß keine unseliger ist als eine tyrannisch beherrschte und keine glückseliger als eine königlich regierte".[596]
Ein Athener äußert sich über die Gefahren, die eine übertriebene Demokratie mit sich bringt, vgl. *ders.,* Politeia. 698a.b: „... Was dagegen die attische Verfassung betrifft, so müssen wir danach in derselben Weise darlegen, daß die vollkommene und von allen Obrigkeiten unabhängige Freiheit der maßhaltenden Beherrschung durch andere um nicht weniges nachsteht. Denn wir hatten zu jener Zeit, als der Angriff der Perser auf die Hellenen und vielleicht auf fast alle Bewohner Europas erfolgte, noch eine aus alter Zeit stammende Verfassung und Obrigkeiten aufgrund von vier Familienklassen, und in uns wohnte als Behüterin eine gewisse Ehrfurcht, durch die wir bereit waren, im Gehorsam gegen die damals bestehenden Gesetze zu leben".[597]
Dort, wo der Stadtstaat die richtige Verfassung hat, wird die Freiheit durch den Wechsel in der Herrschaft und mit ihr die Freiheit seiner Bürger verwirklicht. Vgl. *ders.,* Leges 832d: „... einerseits wird sich der Staat vermutlich der größten Muße erfreuen; andererseits sind die Bürger voneinander unabhängig ..."[598]
Freiheit läßt sich nach Platon da verwirklichen, wo alle sich den alten Gesetzen unterordnen. Vgl. *ders.,* Leges III,700a: Megillos im Gespräch mit einem Athener: „*Der Athener:* Unser Volk ... war zur Zeit der alten Gesetze über nichts Herr, sondern gewissermaßen freiwillig Sklave der Gesetze. *Megillos:* Welche Gesetze denn? *Der Athener:* Zuerst der Gesetze über die damalige Musik, um vom Anbeginn an das übermäßige Auswuchern der freien Lebensweise dazulegen."[599]
Ders., Leges III,701a: Die Freiheit darf nicht grenzenlos sein; vielmehr müssen sich die Menschen den Gesetzen und der Autorität iherer Eltern unterordnen. Der Athener: „... Selbst bei einer Volksherrschaft, sofern sie sich auf die Musik und auf freie Männer beschränkt hätte, wäre das Ergebnis nicht besonders schlimm gewesen. So aber nahm von der Musik aus die Einbildung, alle verständen alles, und die Gesetzesverachtung ihren Anfang, und in ihrem Gefolge stellte sich die Freiheit ein. Sie wurden nämlich furchtlos, da sie ja Kenner seien; die Furchtlosigkeit aber Unverschämtheit; denn die Meinung des Besseren,

---

596 *Platon*, Werke IV, 738-741 (*Fr. Schleiermacher*).
597 *Platon*, Werke VIII,1, 204-207 *(K. Schöpsdau)*.
598 *Ders.*, ebd., 122f.
599 *Ders.*, ebd., 212f.

aus Dreistigkeit nichts zu fürchten, eben darin besteht ja gerade die arge Unverschämtheit, als Folge einer Freiheit also, die sich allzu viel herausgenommen hat. – Megillos: Du hast völlig recht. – Der Athener: Im Anschluß an diese Freiheit dürfte dann wohl die entstehen, daß man sich nicht den Obrigkeiten unterwerfen will; an diese aber schließt sich die, daß man sich der Unterwerfung unter Vater und Mutter und Ältere und ihrer Zurechtweisung entzieht und daß diejenigen, die bereits vor dem äußersten Ziel stehen, den Gesetzen nicht zu gehorchen suchen und daß sie, wenn sie bereits am Ziel selbst angelangt sind, sich um Schwüre und Versprechungen und überhaupt um die Götter nicht mehr kümmern, indem sie so die alte Titanennatur, von der die Sage berichtet, hervorkehren und nachahmnen, dadurch aber wieder in jene gleiche Lage geraten, so daß sie ein mühseliges Leben führen und kein Ende der Leiden sehen."[600]
Die beste Verfassung, die Freiheit der Bürger zu gewährleisten, ist diejenige der Demokratie. Vgl. *ders.,* Politeia VIII, 562b.c: Sokrates im Gespräch mit Platon: „... Die Demokratie, löst nicht auch diese sich auf durch die Unersättlichkeit in dem, was sie sich als ihr Gut vorsetzt? Was meist du aber, daß sie sich vorsetze? Die Freiheit, antwortete ich. Denn von dieser wirst du immer in einer demokratischen Stadt hören, daß sie das Vortrefflichste sei und daß deshalb auch nur in einer solchen leben dürfe, wer von Natur frei sei."[601]
Freiheit im politischen Sinn kann auch bedeuten, von Tyrannenherrschaft frei zu sein. Vgl. *Herodot,* Historien V,78: „ ... Als die Athener von Tyrannen beherrscht wurden, waren sie keinem einzigen ihrer Nachbarn im Kriege überlegen; jetzt aber, wo sie frei von Tyrannen waren, standen sie weitaus an der Spitze. Daraus ersieht man, daß sie als Untertanen, wo sie sich für ihren Gebieter mühten, sich absichtlich feige und träge zeigten, während sie jetzt nach ihrer Befreiung ein jeder eifrig für sich selbst schaffte.".[602]
„Freiheit" war die Losung der griechischen Stadtstaaten, die sich gegen ihre Gegner verteidigten: Vgl. *Thukydides,* Der peloponnesische Krieg, III,9-12: Die Mytilener suchen Hilfe: „Den unter Hellenen herlömmlichen Brauch, Spartaner und Bundesgenossen kennen wir: Die Abtrünnigen, die im Kriege das frühere Bündnis verlassen, werden, soweit sie nützen, gern aufgenommen und dennoch als Verräter ihrer bisherigen Freunde verachtet. Und dies Urteil ist auch ganz berechtigt – sofern die Abtrünnigen und die, die sie im Stiche lassen, zueinander in gleicher Gesinnung und Freundschaft standen, an Heeresstärke und Macht sich gewachsen sind und auch kein triftiger Grund für den Abfall vorliegt. Aber so wart es nicht zwischen uns und Athen, und keiner soll uns gering achten, wenn wir, im Frieden von ihnen geehrt, in der Gefahr nun abfallen.
Vom Recht also und insoweit Treue müssen wir zuerst reden, zumal wir ja um ein Bündnis nachsuchen; denn wir wissen, daß keine Freundschaft unter Männern Bestand hat und keine Gemeinschaft zwischen Staaten, wenn sie nicht gegenseitig von ihrer Redlichkeit überzeugt und auch sonst gleichartig sind; auf den Unterschieden der Gesinnung beruhen nämlich auch die Zerwürfnisse im Leben. Unser Bündnis mit Athen begann, als ihr euch aus dem persischen Krieg zurückzoget und sie im Feld ausharrten, um zu tun, was noch zu tun übrig war.

---

600 *Ders.*, ebd., 700f.
601 *Platon*, Werke IV, 696f.
602 *Herodot*, Historien 734f.

Doch schlossen wir dies Bündnis nicht zur Unterwerfung der Hellenen unter Athen, sondern zur Befreiung von den Persern für Hellas. Und solange wir unsere gleichgestellten Führer waren, folgten wir in guten Treuen; als wir sie aber den Kampf mit Persien aufgeben und dafür die Knechtung der Verbündeten betreiben sahen, begannen wir uns zu fürchten. Wehrlos in ihrer Vielfältigkeit, wurden nun einer um den anderen die Verbündeten zu Untertanen Athens, außer uns und Chios: Nur wir leisteten unsere Waffenhilfe völlig selbständig und frei, dem Namen nach. So wurde uns die Führung Athens verdächtig, wenn wir auf die bisherigen Beispiele sahen; sie hatten ja mit den anderen zugleich wie mit uns ihre Verträge geschlossen und hatten sie nun unterworfen – es war nicht zu erwarten, daß sie mit den übrigen, hätten sie nur gekonnt, nicht ebenso verfahren würden. Wären wir nun alle noch unabhängig, so hätten auch wir mehr Gewißheit, daß sie nichts Gewaltsames gegen uns vorkehren werden. Da ihnen aber die meisten botmäßig sind und nur wir gleich zu gleich mit ihnen stehen, mußten wir es begreiflicherweise übel nehmen, wenn, zumal gegenüber der gefügigen Mehrzahl, wir allein unser gleiches Recht behaupteten, wo sie doch auch von Tag zu Tag erstarkten und wir vereinsamten. Gegenseitige Furcht ist aber die einzige Gewähr bei einem Bündnis, denn vor geplanten Übergriffen schreckt einer doch zurück, wenn er ohne Übergewicht angreifen müßte. Wir behielten auch unsere Unabhängigkeit aus dem einzigen Grunde, weil ihrer Herrschsucht das Ziel erreichbar schien durch den Schönklang eines Wortes und durch ein Vorgehen lieber der Klugheit als der Gewalt. Denn erstens konnten sie sich darauf berufen, die Gleichberechtigten würden doch nicht gegen ihren Willen mitkämpfen, wenn nicht die Angegriffenen Unrecht hätten, und gleichzeitig konnten wir so immer das Stärkere zunächst beiziehen gegen die Kleineren und es fürs Ende aufsparen, um nach dem Wegfall alles anderen ringsum schon mit geschwächten Gegnern zu tun zu haben. Hätten sie dagegen mit uns den Anfang gemacht, wo alle noch selber Kraft hatten und einen Rückhalt, woran sich zu lehnen, es wäre ihnen nicht ebenso gelungen. Sodann hatten sie auch eine gewisse Angst wegen unserer Flotte, in die Vereinzelung getrieben, könnte sie sich etwa euch oder sonst wem anschließen und ihnen gefährlich werden. Schließlich haben wir uns auch durch Gefälligkeit gegenüber ihrem Volk und seinen jeweiligen Vorstehern gehalten. Aber freilich, auf länger hinaus hofften wir selbst nicht, das zu können, wenn nicht dieser Krieg ausgebrochen wäre, denn wir hatten ja Beispiele an den anderen.

Was wäre nun das für eine Freundschaft, was für ein Verlaß auf Freiheit? In der wir gegen das Gefühl eiander willkommen hießen, und die eine Seite uns im Krieg aus Angst gut behandelten und wir sie ebenso im Frieden? Während andere doch vor allem auf die gegenseitige Zuneigung bauen können, gab uns nur die Furcht einigen Halt; auf Mißtrauen gründete unser Bündnis, nicht auf Liebe, und wem von uns ein gefahrloser Weg zuerst den Mut gegeben hätte, der hätte auch als erster den Bund gebrochen. Wer also meint, wir täten Unrecht, so früh abzufallen, weil doch auch Athen noch zögerte, Gewalt anzuwenden, wir hätten selbst entsprechend warten müssen bis zur Gewißheit, ob wirklich dergleichen einträte, der sieht die Dinge nicht richtig an. Ja, wären wir stark genug, von gleich zu gleich Anschlag gegen Anschlag zu setzen, so müßten wir auch auf ihr Zögern hin ebenfalls zögern, uns gegen sie zu wenden; da es aber bei ihnen steht, jeden Augenblick anzugreifen, muß es auch bei uns stehen, uns rechtzeitig zu wehren."[603]

Aristoxen (ca. 356/350 – ca. 300 v.Chr.) Fragm. 33: Zur menschlichen Lebensführung: "Daß man vom Göttlichen denkt, es existiere und sei gegenüber dem Menschengeschlecht so eingestellt, daß es darauf achte und es nicht vernachlässige, hielten die Pythagoreer für tauglich, weil sie es von ihm gelernt hatten. Denn wir bedürfen einer solchen Vormundschaft, der wir [uns] in nichts zu widersetzen wagen, und eine solche sei die göttliche Führung, da das Göttliche derartig sei, daß es der Herrschaft über alles würdig sei. Denn mit Recht behaupteten sie, das Lebewesen neige von Natur aus zu Übermut und sei wechselhaft in seinen Trieben und Begierden und sonstigen Leidenschaften; es bedürfe daher einer solchen höheren Herrschaft und Drohung, von der Besonnenheit und Ordnung ausgehe. Sie glaubten also, kein Mensch dürfe im Bewußtsein der Mannigfaltigkeit seiner Natur jemals die Ehrerbietung und den Kult gegenüber vergessen, sondern müsse sich stets das Göttliche vorstellen, wie es die menschliche Lebensführung beobachtet und beaufsichtigt. Nach dem Göttlichen und Dämonischen solle man am höchsten die Eltern und das Gesetz achten und sich diesen unterordnen, und zwar nicht zum Schein, sondern aus Überzeugung. Und überhaupt glauben sie, man müsse kein anderers Übel für größer halten als das Fehlen einer Herrschaft. Denn seiner Natur nach könne der Mensch nicht überleben, wenn niemand ihn beaufsichtige. Jene Männer hielten es für Recht, den väterlichen Bitten und Gesetzen treu zu bleiben, auch wenn diese etwas schlechter sein sollten als die anderen; denn von den bestehenden Gesetzen leicht abzuspringen und nach Neuerungen gierig zu sein, sei keineswegs zuträglich und heilsam.[604]

Ders., Fragm. 35: Zum Verhältnis zwischen Herrschern und Beherrschten nach Meinung der Pythagoreer: „Über Herrschende und Beherrschte hatten sie folgende Meinung: Sie sagten, die Herrschenden müßten nicht nur einsichtsvoll, sondern auch menschenfreundlich sein, und die Beherrschten sollten nicht nur gehorsam sein, sondern auch die Herrschenden lieben. Sie nahmen an, die Kinder müßten sich der Grammatik und der anderen Lerngegenstände befleißigen; die jungen Leute sich in den Sitten und in den Gesetzen der Stadt üben; die Männer der politischen Tätigkeit und der öffentlichen Dienste nachgehen; die alten Leute müßten sich mit all ihrer Kenntnis um Überlegungen, Entscheidungen und Ratschläge bemühen, daß die Kinder sich nicht wie Kleinkinder und die jungen Leute sich nicht wie Kinder und die Männer sich nicht wie junge Leute benähmen und die alten Leute nicht von Sinnen seien. Sie behaupteten, man müsse gleich von Kindheit an die Nahrung in wohl geregelter Weise zu sich nehmen, denn sie lehrten, die Ordnung und das Gleichmaß sei schön und zuträglich, die Unordnung und der Mangel an Gleichmaß sei häßlich und unerträglich.[605]

Freiheit ist auch ein Problem im Verhältnis des jeweils Einzelnen zu sich selbst: Vgl. Aristoteles, EthNic III,4.1111b. Vorausgegangen ist die Bestimmung des Freiwilligen und Unfreiwilligen: „Da wir nun das Freiwillige und Unfreiwillige bestimmt haben, haben wir in der Folge von der Entscheidung zu sprechen.

603 *Thukydides*, Der peloponnesische Krieg, 163ff *(G.P. Landmann).*

604 Die Vorsokratiker, Bd. I, 136-139.*(M.L. Gemelli Marciano).*

605 Ebd., Bd. I, 138f.

Denn dies scheint der Tugend am eigentümlichsten zu sein und noch mehr als die Handlungen ein Urteil über die Charaktere zu ermöglichen. Die Entscheidung gehört offenbar zum Freiwilligen, ist aber nicht dasselbe. Denn am Freiwilligen haben auch die Kinder und die übrigen Lebewesen Anteil, an der Entscheidung dagegen nicht. Und plötzlische Handlungen nennen wir freiwillig, aber nicht daß sie von der Entscheidung ausgehen. Wer aber behauptet, sie sei Begierde, Zorn oder ein Wollen oder irgendein Meinen, scheint nicht das Richtige zu treffen. Denn die Entscheidung hat mit dem Vernunftlosen nichts gemein, wohl aber die Begierde und der Zorn. Und der Zügellose handelt im Begehren, aber nicht mit Entscheidung. Der Beherrschte umgekehrt handelt in Entscheidung, aber ohne Begehren. Und der Entscheidung kann die Begierde entgegentreten, nicht aber die Begierde selbst einer Begierde. Ebenso bezieht sich die Begierde auf Angenehmes und Schmerzliches, aber die Entscheidung weder auf das eine noch auf das andere. Noch weniger ist sie mit dem Zorn gleichzusetzen. Denn was im Zorn geschieht, scheint am allerwenigsten durch Entscheidung zu geschehen. Sie ist aber auch kein Wollen, auch wenn sie verwandt erscheint. Denn die Entscheidung bezieht sich nicht auf Unmögliches, und wenn einer behauptet, sich für solches zu entscheiden, so müßte er als einfältig wirken. Das Wollen dagegen bezieht sich auf Unmögliches, wie etwa die Unsterblichkeit. Das Wollen geht auch auf Dinge, die man niemals aus sich selbst vollbringt, wie etwa, daß irgendein Schauspieler oder Athlet den Sieg erringt. Dazu entscheidet sich aber keiner, sondern nur zu Dingen, von denen er annimmt, daß er sie selbst zustande bringen kann. Ferner bezieht sich das Wollen eher auf ein Ziel, das Entscheiden dagegen eher auf die zum Ziel führenden Wege. So wollen wir gesund sein, wir entscheiden uns aber für die Mittel, durch die wir gesund werden. Und wir wollen glückselig sein und beanspruchen dies; es geht aber nicht an, zu sagen, daß wir uns dafür entscheiden. Allgemein gesagt, scheint sich die Entscheidung auf das zu beziehen, was in unserer Gewalt ist. Sie ist aber auch kein Meinen. Denn das Meinen betrifft alles, das Ewige und Unmögliche ebensogut wie das, was in unserer Gewalt steht".[606]

Vgl. ebd., III,6,1113a: „So sei also im Umriß gesagt, was die Entscheidung ist, auf was sie sich bezieht und daß sie die Wege zum Ziel im Auge hat. Das Wollen dagegen geht auf das Ziel, wie wir sagten; die einen meinen, es ginge auf da Gute, die anderen, es ginge auf das scheinbar Gute. Jene nun, die sagen, daß das Gewollte das Gute sei, kommen dazu, daß dasjenige gar nicht gewollt sei, was einer auf Grund einer unrichtigen Wahl will [denn wenn es nicht gewollt wäre, wäre es auch gut; es traf sich aber, daß es schlecht war]. Wer aber wiederum sagt, daß das so erscheinende Gute das Gewollte nicht ein von Natur Gewolltes sei, sondern nur für jeden Einzelnen, was ihm so scheint. Jedem scheint wieder anderes gut zu sein und je nachdem sogar Entgegengesetztes. Wenn nun also das auch nicht paßt, muß man dann sagen, daß allgemein und der Wahrheit nach das Gewollte das Gute sei, für jeden Einzelnen aber das so Erscheinende? Für den Edlen ist es das in Wahrheit Gute, für den Gemeinen das Zufällige, so wie auch bei den Körpern für die gut disponierten dasjenige gesund ist, was in Wahrheit so ist, für die kränklichen dagegen anderes, und ebenso auch beim Bitteren, Sü-

---

606 *Aristoteles*, Nikomachische Ethik, 98-101.

ßen, Warmen, Schweren usw.? Denn der Edle beurteilt jedes Einzelne richtig, und in jedem Einzelnen erscheint ihm die Wahrheit. Denn für jede Verfassung gibt es ein eigenes Schönes und Angenehmes, und vielleicht zeichnet sich der Edle gerade dadurch am meisten aus, daß er in jedem Einzelnen die Wahtheit erkennt, da er gewissermaßen Richtschnur und Maß dafür ist. Die Leute dagegen scheinen sich durch die Lust täuschen zu lassen. Denn sie ist nicht gut und scheint doch so. So wählen sie also die Lust als ein Gutes und meiden den Schmerz als ein Schlechtes.
Da nun das Ziel Gegenstand Gegenstand des Wollens ist und ebenso die Dinge, für die man sich als Mittel zum Zweck entscheidet, so sind die Handlungen, die sich darauf richten, durch durch die Entscheidung erfolgt und freiwillig. Und darauf beziehen sich die Tätigkeiten der Tugenden. Also ist die Tugend in unserer Gewalt und ebenso die Schlechtigkeit. Denn wo das Tun in unserer Gewalt steht, da gilt es auch für das Nichttun, und wo das Nein bei uns steht, da steht auch das Ja bei uns. Wenn also das Handeln als etwas Schönes in unserer Gewalt ist, so ist es auch das Nichthandeln als etwas Schändliches, und wenn umgekehrt das Nichthandeln als etwas Schönes bei uns gilt, so steht auch das Handeln als etwas Schändliches bei uns. Wenn es also an uns ist, das Schöne und das Schändliche zu tun und ebenso auch wieder nicht zu tun, so besteht eben darin das Gut- und Schlechtsein. Also steht es bei uns, anständig oder gemein zu sein. Zu sagen aber, daß *keiner freiwillig schlecht ist oder unfreiwillig selig,* ist teils falsch, teils wahr. Denn glückselig ist gewiß keiner unfreiwillig, doch die Schlechtigkeit ist freiwillig. Oder muß man das oben Gesagte anzweifeln und sagen, der Mensch sei nicht Ursprung und Erzeuger seiner Taten, wie etwa seiner Kinder? Wenn dies aber doch so ist und wir auf keine andern Ursprünge zurückgehen können als auf diejenigen, die in uns selbst sind und deren Ursprünge auch in uns selbst sind, dann sind auch die Handlungen selbst bei uns und freiwillig…“[607]
Freiheit und Knechtschaft bilden ein gesellschaftliches Problem: Vgl. *ders.*, Politik, I, 1254a, 19-27: „Ob nun jemand von Natur aus ein Sklave ist oder nicht, und ob es gerecht und für den Betreffenden selbst besser ist, jemandes Sklave zu sein, oder vielmehr alle Sklaverei dem Naturrecht widerstreitet, das ist hiernach zu untersuchen. Es ist nicht schwer, die richtige Antwort auf diese Frage sowohl aus der Vernunft zu gewinnen, wie aus der Erfahrung abzuleiten. Das Herrschen und Dienen gehört nicht nur zu den notwendigen, sondern auch zu den nützlichen Dingen, und vieles ist gleich von seiner Entstehung an derart geschieden, daß das Eine zum Herrschen, das andere zum Dienen bestimmt erscheint. Auch gibt es vielerlei vielerlei Herrschende und Dienende, und immer ist Herrschaft über besser Dienende besser, besser z.B. die Herrschaft über einen Menschen besser als über ein Tier. Denn die Leitung Besserer ist besser: nun handelt es sich aber da, wo das eine herrscht und daa andere dient, bei beiden um eine bestimmte Leistung.“[608]
Aristoteles über die Bedeutung des Gesetzes für die Freiheit der Bürger: Politik, III, 1287a: „ … Die Ordnung ist Gesetz. Folglich ist es wünschenswerter, daß

---

[607] *Aristoteles*, Nikomachische Ethik, 106-111.
[608] *Aristoteles*, Philosophische Schriften 4, 8f.

das Gesetz herrsche, und nicht irgendein einzelner Bürger. Und aus diesem Grunde ist es wünschenswerter, daß mehrere herrschen, diese nicht anders denn alds Wächter und Diener des Gesetzes bestellt werden."[609]
Zur Freiheit der Wahl in alltäglichen Angelegenheiten schreibt *Cicero* (106 – 43 v.Chr.) in „Über das Schicksal" (De Fato, IV,7): „ ... Was kann die Beschaffenheit eines Ortes für einen Einfluß darauf haben, daß ich lieber in der Säulenhalle des Pompeius spazierengehe als auf dem Marsfeld? Lieber mit dir [Hirtius, W.E.] als mit einem andern? Lieber an den Iden als an den Kalenden?" (quid enim loci natura adferre potest, ut in porticu Pompei potius quam in Campo ambulemus? Tecum quam cum alio? Idibus potius quam Kalendis?).[610] In der Auseinandersetzung mit dem Stoiker Chrysipp (281/77 – 208/04 v.Chr.) schreibt er (ebd., V,9): „Wenn nämlich auf Grund natürlicher, vorausgehender Ursachen jeder zu etwas anderem hinneigt, so haben wir es deshalb noch lange nicht auch bei unseren Willensregungen und Begehrungen mit natürlichen, vorausgehenden Ursachen zu tun. Denn wenn die Sache sich so verhielte, läge nichts in unserer Verfügungsmacht.
Nun müssen wir freilich zugeben, ob wir scharfsinnig sind oder stumpf, kräftig oder schwach. Wer aber glaubt, er könne daraus folgern, es liege selbst das nicht in unserer Willensentscheidung, daß wir sitzen oder umhergehen, der sieht nicht, wie Ursache und Wirkung sich zueinander verhalten. Denn angenommen, die Begabten und die Langsamen würden vorausgehender Ursachen so geboren zbd ebenso die Starken und die Schwächlichen, so folgt daraus noch nicht, daß es auch Hauptursachen sind, durch die bestimmt und festgelegt ist, daß diese Menschen sitzen, umhergehen oder irgendeine Tätigkeit ausüben".[611]
Vgl. *ders.,* ebd., IX,20: „Nicht diejenigen, die sagen, daß das Zukünftige unabänderlich sei und aß sich das künftig Wahre nicht in Falsches verändern könne, bekräftigen eine mit dem Fatum bezeichnete Unausweichlichkeit – sie dinterpretieren doch nur die Bedeutung von Wörtern -, sondern diejenigen, die einen von Ewigkeit herrührenden Causalnexus einführen, sind es, die den Menschengeist seines freien Willens berauben und ihn in die Zwangsläufigkeit eines Fatums einschnüren.[612]
Vgl. *ders.,* ebd., XIV,31: Cicero zitiert Karneades (214/13 – 129/28 v.Chr): „,Nun liegt aber etwas in unserer Entscheidungsmacht. Wenn jedoch alles auf Grund des Fatums geschieht, geschieht alles auf Grund von vorangehenden, also außerhalb unserer Entscheidungsmacht liegenden Ursachen. Daraus folgt: Es geschieht nicht alles auf Grund des Fatums.'
Noch straffer läßt sich dieser Schluß nicht fassen. Es könnte zwar einer mit folgender Formulierung entgegnen: ‚Wenn bei allem Zukünftigen von Ewigkeit her wahr ist, daß es mit Sicherheit so eintritt, wie es dann eintreten wird, dann geschieht alles zwangsläufig auf Grund einer engverflochtenen Naturverkettung.' Doch wer so formuliert, sagt letztlich nichts. Es ist nämlich ein großer Unterschied, ob eine natürliche, von Ewigkeit her angelegte Ursache als wahr be-

609 *Ders.*, ebd., 116; vgl. *H. Schlier*, Art. ἐλεύθερος κτλ., 485.
610 *M.T. Cicero*, Schicksal, 16f.
611 *Ders.*, ebd., 16-19.
612 *Ders.*, ebd., 34f.

stimmt oder ob man die künftigen Ereignisse auch ohne Rückgriff auf natürliche, von Ewigkeit angelegte Ursachen als wahr verstehen kann."[613]
Vgl. *ders.,* ebd. XVI, 36ff: „(Die Akademiker)[614] erklären zwar, es mache einen Unterschied aus, ob es sich um eine Ursache von der Art handelt, daß etwas ohne sie nicht bewirkt werden kann, oder von der Art, daß mit ihr zusammen eine Folge zwangsläufig eintritt. Also ist keiner von den oben genannten Umständen eine ‚Ursache', da ja keiner von ihnen aus eigener Kraft das bewirkt, dessen Ursache er sein soll. Und auch das, bei dessen Fehlen etwas nicht geschieht, ist keine Ursache, sondern das, was durch sein Hinzutreten mit Notwendigkeit das bewirkt, dessen Ursache es ist.
Denn was war z.B. zu einem Zeitpunkt, als Philokretes noch nicht vom Schlangenbiß verwundet war, in der Naturordnung für eine Ursache dafür beschlossen, daß er auf der Insel Lemnos zurückgelassen werde? Hinterher aber fand sich eine naheliegende, mit dem Ergebnis enger verbundene Ursache. Die Art und Weise des Ergebnisses ist es also, die die Ursache erschließt.
Und doch war von Ewigkeit her dieser Satz wahr: ‚Philocretes wird auf der Insel zurückgelassen werden', und dies konnte sich nicht vom Wahren zum Falschen verkehren. Es ist nämlich von zwei gegensätzlichen Aussagen (als gegensätzlich bezeichne ich an dieser Stelle solche Aussagen, von denen die eine etwas behauptet, die abdere aber das Gleiche negiert) – es ist also von solchen Aussagen, auch wenn es Epikur nicht so will, zwangsläufig die eine richtig, die andere falsch; so daß also der Satz: ‚Philokretes wird verwundet werden', schon vor allen Jahrhunderten wahr war, der Satz: ‚Er wird nicht verwundet werden', hingegen falsch; es sei denn, wir wollten uns der Ansicht der Epikureer anschließen, die behaipten, solche Aussagen seien weder wahr noch falsch, oder, wenn sie sich dessen schämen, doch wenigstens – und das ist noch schamloser – erklären: ‚Zwar seien disjunktive Urteile als solche wahr, aber von den beiden gegensärtzlichen Behauptungen, die die enthielten, sei keine wahr.'
Welch erstaunliche Willkür, welch bejammernswerte Unkenntnis der Logik! Wenn nämlich eine Aussage das geringste weder wahr noch falsch ist, dann ist sicherlich die ganze Aussage nicht wahr. Wie aber kann das, was nicht wahr ist, etwas anderes sein als falsch? Oder: Wie kann das, was nicht falsch ist, etwas anderes sein als wahr? Man wird also den von Chrsipp verteidigten Satz aufrechterhalten können: ‚Jedes Urteil ist entweder wahr oder falsch.' Die Logik selbst wird zu der Erkenntnis zwingen, daß gewisse Aussagen von Ewigkeit her wahr sind, und daß sie nicht an ewige Ursachen geknüpft sind, sondern frei vom Zwang des Fatums."[615]
Vgl. *ders.,* XVII,39f: „Es gab unter den alten Philosophen zwei Lehrmeinungen: Die einen vertraten die Ansicht, alles sei in der Weise durch das Fatum bestimmt, daß dieses Fatum eine zwangsläufige Gewalt mit sich bringe; Vertreter dieser Meinung waren Demokrit (ca. 460-380/70 v.Chr.), Heraklit (um 500

---

613 *Ders.*, ebd., 48-51.

614 Die „Akademiker" sind die Platoniker, die von Plato 385 v.Chr. gegründete Schule. Ihre Mitglieder kamen im Hain des Heros Hekademos zusammen. Die rechtliche Organisationsform der Akademie war die eines Kultvereins. Die Akademiker verehrten Apollon und die Musen. Vgl. *H. Doerrie*, Art. Akademeia, DKP I, 211ff.

615 *Ders.*, ebd., 54-57.

v.Chr.), Empedokles (ca. 483/62 - ca. 423 v.Chr.), Aristoteles (384-322 v.Chr.). Die anderen waren der Ansicht, die Seelenregungen seien ohne jeden Einfluß des Fatums vom Willen bestimmt. Und zwischen diesen streitenden Parteien wollte Chrysipp (281/77-208/04 v.Chr.) gleichsam als Ehrenschiedsrichter einen Mittelweg finden, doch schlägt er sich mehr auf die Seite derer, die die Seelenregungen vom Zwang der Notwendigkeit frei wissen wollen. Während er sich aber dazu seiner Terminologie bedient, gleitet er in solche Schwierigkeiten, daß er die Zwangsläufigkeit des Fatums bestätigt, ohne es zu wollen.
Und wie dies zugeht, wollen wir, wenn es Dir (Hirtius) recht ist, am Beispiel der ‚Zustimmung' betrachten, von denen ich schon eingangs sprach. Diejenigen von den Alten, welche alles Geschehen dem Fatum unterworfen wissen wollten, erklärten, daß jene Zustimmungen mit zwasngsläufiger Gewalt zustande kämen. Ihre Gegner aber befreiten die Zustimmungen vom Fatum und versicherten, man könne bei Zulassung einer Fatums-Wirkung auf die Zustimmungen die Zwangsläufigkeit nicht von ihnen fernhalten. Ihre Argumentation war due folgende: ‚Wenn alles Geschehen dem Fatum unterliegt, geschieht alles auf Grund einer voraussehenden Ursache; uns wenn das für das lebhafte Begehren gilt, dann auch für dessen Folgen, somit also auch für die Zustimmungen.'
Wenn aber die Ursache für den Triebimpuls nicht in unserer Verfügungsmacht liegt, ist auch der Triebimpuls selbst nicht in unserer Verfügungsgewalt; und wenn dies zutrifft, liegt auch das, was durch den Triebimpuls bewirkt wird, nicht in unserer Macht.
Folglich sind weder die ‚Zustimmungen' noch die Handlungen in unserer freien Macht gelegen. Und daraus ergibt sich, daß weder Lob noch Tadel, weder Auszeichnung noch Strafe gerecht sind.' Und daraus ergibt sich, daß weder Lob noch Tadel, weder Auszeichnung noch Strafe gerecht sind.'
Da dieses Ergebnis aber fehlerhaft ist, darf man, wie sie glauben, mit Wahrscheinlichkeit darauf scließen, daß nich alles Geschehen dem Fatum unterliegt.[616]
XVIII,41f: Da nun Chrysipp einerseits eine Zwangsläufigkeit des Geschehens ablehnte, andererseits nicht zulassen wollte, daß irgend etwas ohne vorausliegende Ursache geschehe, trifft er eine Unterscheidung der Ursachenarten, um die Zwangsläufigkeit zu vermeiden und doch das Fatum zu retten. Er sagt nämlich: ‚Von den Ursachen sind die einen vollkommene Hauptursachen, die anderen mithelfende Nebenursachen. Wenn wir daher sagen, alles geschehe durch das Fatum auf Gruind vorausgehender Ursachen, so wollen wir das nicht so verstanden wissen, als ob es sich um vollkommene Hauptursachen handele, sondern es soll sich um helfende Nebenursachen handeln.'
Und so entgegnet er auf das eben vorgeführte Schlußverfahren folgendermaßen: ‚Wenn alles durch das Fatum geschieht, folgt wahr, daß alles auf Grund vorausliegender Ursachen geschieht, aber eben nicht auf Grund von vollkommenen Hauptursachen, sondern von mithelfenden Nebenursachen. Wenn letztere als solche nicht in unserer Macht liegen, folgt nicht, daß auch der Triebimpuls nicht in unserer Macht liegt. Das folgte jedoch, wenn wir behaupten wollten, daß alles auf Grund vollkommener Hauptursachen von solcher Art geschehe, daß auch

616 *Ders.*, ebd., 56-61.

der Triebimpuls nicht in unserer Macht steht, da ja jene Art von Ursachen nicht in unserer Macht liegt.‘
Deshalb wird jener Schluß gegen diejenigen, die das Fatum so einführen, daß sie es mit der Zwangsläufigkeit verkoppeln, gelten. Gegen die jedoch, die die vorauslaufenden Ursachen nicht als vollkommene Hauptursachen bezeichnen, wird er nichts ausrichten. Wenn es nämlich heißt, die Zustimmungen geschähen auf Grund von vorausliegenden Ursachen, so glaubt er leicht erklären zu können, wie sich das verhält. Denn obwohl eine ‚Zustimmung‘ nicht erfolgen kann, wenn sie nicht durch einen visuellen Eindruck hervorgerufen wurde, gilt für sie, da sie diesen Eindruck als Nebenursache, nicht aber als Hauptursache hat, dennoch, wie Chrysipp will, die von uns schon vorhin erwähnte Erklärung; es ist ja nicht so, als ob jene (Zustimmung) entstehen könnte, ohne daß sie durch eine Kraft von außen angestoßen würde – es ist nämlich nötig, daß die Zustimmung durch einen visuellen Eindruck ausgelöst wird – doch hier kehrt Chrysipp wieder zu seiner Walze und zu seinem Kreisel zurück, die keine Bewegung beginnen können, wenn sie nicht zuvor einen Impuls (von außen) erhalten haben. Wenn aber diese Voraussetzung erfüllt ist, dreht sich nach Chrysipps Ansicht die Walze und rotiert der Kreisel führt weitere auf Grund seiner eigenen Natur.[617]
Vgl., *ders.*, Vom rechten Handeln, I,3-9: Kratipp aus Pergamon (1. Jh. v.Chr.), Peripatetiker[618] aus der Schule des Aristoteles (384-322 v.Chr.), Lehrer des Cicero zu seinem Schüler: „Da ich aber an dich etwas jetzt, vieles aber hernach zu schreiben beschloß, wollte ich vorzüglich bei dem beginnen, wollte ich bei dem beginnen, was deinem Alter und zugleich meiner Verantwortung am gemäßesten wäre. Denn obwohl es in der Philosophie viele gewichtige und nützliche Dinge gibt, die von den Philosophen genau und ausführlich erörtert worden sind, so erscheint sich doch das am weitesten zu erstrecken, was von ihnen über das rechte Handeln überliefert und vorgeschrieben worden ist.
Kein Teil des Lebens nämlich, weder im öffentlichen noch im privaten, weder in dern forensischen noch den häuslichen Angelegenheiten, weder wenn du bei dir selber etwas tust, noch wenn du dich mit dem anderen einläßt, kann ohne pflichtgemäßes Handeln sein, und in seiner Pflege besteht alle Ehrbarkeit des Lebens, in der Außerachtlassung aller Schande.
Und dieser Fragenkreis wenigstens ist allen Philosophen gemeinsam. Denn wen gibt es, der ohne eine Pflichtenlehre zu vermitteln, sich einen Philosophen zu nennen wagte? Aber es gibt einige Schulen, die durch die Aufstellung des Zieles im Guten und im Bösen jegliche Pflicht zugrunde richten. Denn wer das höchste Gut so faßt, daß es keine Verbindung mit der Vollkommenheit hat, und es nach seinen Vorteilen, nicht nach der Ehrbarkeit bemißt, der vermag, wofern er mit sich selbst in Einklang bleibt und nicht bisweilen durch die Güte seines Wesens besiegt wird, keine Freundschaft zu pflegen noch Gerechtigkeit oder Großzügigkeit. Tapfer gar vermag er, wenn er den Schmerz für das größte Übel hält, oder maßvoll, sofern er die Lust als das höchste Gut aufstellt, sicherlich auf keine Weise zu sein. Obwohl das so klar vor Augen liegt, daß die Sache der Erörte-

617 *Ders.*, ebd., 56-61.
618 So genannt nach dem „Peripatos“ (περίπατος), dem Säulengang in Athen, an dem die Schule des Aristoteles lag.

rung nicht bedarf, haben wir es doch an anderer Stelle behandelt. Diese Schulen also könnten, wofern sie konsequent bleiben wollten, über das rechte Handeln nichts sagen; und irgendwelche Lehren über die Pflicht, die fest, beständig und der Natur verbunden wären, können nur entweder von denen gegeben werden, daß allein innerer Wert an sich erstrebenswert sei, oder von denen, die sagen: am meisten. Deshalb ist diese Lehre den Stoikern, Akademikern und Peripatetikern eigen, da die Ansicht des Aristo[619], Pyrro (319/18 – 272 v.Chr.) und Erillus schon längst erlegt ist. Indes, sie hätten doch die Berechtigung, über die Pflicht zu reden, wenn sie eine Wahl der Dinge übriggelassen hätten, so daß ein Zugang zum Auffinden der Pflicht da wäre. Wir folgen also jetzt und bei dieser Untersuchung am besten den Stoikern, nicht wie Übersetzer, sondern wir werden aus ihren Quellen nach unserem Urteil und Gutdünken, wieviel und auf welche Weise es uns gut scheint, schöpfen.

Es scheint richtig, da die eigene Untersuchung ja über die Pflicht gehen soll, vorher abzugrenzen, was das rechte Handeln sei – was von Panaitios (ca. 185 - 109 v.Chr.) zu meiner Verwunderung unterlassen worden ist. Jede Unterweisung nämlich, die vom Gedanken über irgendwelche Sache unternommen wird, muß von der Definition ihren Ausgang nehmen, damit erkannt werde, was das sei, worüber man spricht.

Die Untersuchung über das rechte Handeln in ihrem ganzen Umfang ist zweifach. Die eine Art ist die, welche sich ganz auf das höchste Gut bezieht, die andere die, welche auf den Vorschriften beruht, mit deren Hilfe die Lebensführung nach allen Seiten gestaltet werden kann. Beispiele der ersteren Art sind so beschaffen: Ob alles rechte Handeln vollkommen ist, ob die eine Pflicht größer ist als die andere, und was dergleichen mehr ist. Die Pflichten aber, für die Vorschriften überliefert werden, beziehen sich zwar auf das höchste Gut, doch tritt dies weniger zutage, weil sie mehr auf die Gestaltung des gemeinen Lebens hinzublicken scheinen. Über dies haben wir in diesen Büchern hier zu handeln.

Und es gibt auch noch eine andere Einteilung des rehten Handelns. Denn man spricht von einem gewöhnlichen mittleren und einem vollkommenen. Das vollkommene rechte Handeln wollen wir, denke ich, das richtige nennen, da die Griechen es κατόρθωμα[620] heißen, das in Frage stehende Gemeine aber nennen sie καθῆκον.[621] Und sie grenzen es so ab, daß sie bestimmen, was richtig ist, sei das vollkommene Handeln. Gewöhnliches Handeln aber, sagen sie, sei das, von dem eine einleuchtende Begründung gegeben werden kann, warum es getan worden ist. Dreifach nun ist, wie Panaitios (ca. 180-110 v.Chr.) meint, die Erwägung beim Fassen eines Entschlusses. Denn man schwankt entweder, ob das, was zur Erwägung steht, ehrenvoll zu tun ist oder schimpflich. Bei dieser Betrachtung wird oft die Seele in entgegegngesetzte Meinungen auseinandergerissen. Dann aber forscht man oder überlegt man in Hinsicht auf Bequemlichkeit und Annehmlichkeit des Lebens, auf Möglichkeiten und Mittel, auf Reichtum, auf Macht, wodurch man sich und den Seinen helfen könnte, ob es nützt oder nicht, worüber man zu Rate geht. Diese Erwägung fällt ganz in die Berechnung des Nutzens. Die dritte Art des Schwankens ist die, wenn mit dem Ehrenhaften

---

619 Schüler des Zeno, der die Stoa begründet hat.
620 eine heilsame Einrichtung
621 das Bestehende oder Gebräuchliche

das, was nützlich zu sein scheint, anscheinend im Streite liegt. Wenn nämlich der Nutzen zu sich hinzureißen, auf der Gegenseite das Anständige zu sich wieder zurückzurufen scheint, geschieht es, daß beim Erwägen die Seele zerrissen wird und ein geaspaltenes Denkbemühen mit sich bringt.[622]
Ders., De finibus I,29f: Cicero im Gespräch mit Triarius: ‚Ich werde jedenfalls nicht starsinnig sein,‘ sagte ich, und will dir gern zustimmen, wenn du mich mit deinen Worten überzeugst.‘ ‚Das werde ich‘, erwiderte er, ‚wenn du nur so fair bist, wie du es mir in Aussicht stellst. Ich möchte aber lieber zusammenhängend reden als fragen oder mich befragen lassen.‘ ‚Wie du willst,‘ sagte ich.
Da fing er an zu reden: ‚Zuerst,‘ erklärte er. ‚will ich den also so vorgehen, wie wie der Urheber dieser Lehre es für richtig hält: Ich definiere Wesen und Beschaffenheit des Gegenstandes unserer Untersuchung, nicht, als ob ich glaubte, ihr wüßtet nicht genug darüber, sondern um bei meinem Vortrag methodisch vorzugehen. Wir fragen also, was das äußerste und letzte Gut ist, das nach der Meinung aller Philosophen so beschaffen sein muß, daß man alles darauf auszurichten hat, es sellbst jedoch auf nichts bezogen ist. Das ist für Epikur (342/41 – 271/0 v.Chr.) die Lust; sie soll nach seinem willen das höchste Gut sein und der Schmerz das schlimmste Übel; diesen Ansatz sucht er folgendermaßen zu beweisen: Ein jedes Lebewesen strebe sogleich, wenn es geboren sei, nach Lust und freue sich an ihr als seinem höhctsten Gut, den Schmerz verschmähe es als größtes Übel und weise ihn, soweit es könne, von sich; das tue es, solange es noch unverdorben sei und die Natur selbst ihr unbestechliches und ursprüngliches Urteil spreche. Man brauche deshalb, sagt er, keine verstandesmäßige Erörterung, weswegen die Lust zu erstreben und der Schmerz zu meiden sei. Deshalb fühle man, meint er, so wie das Feuer heiß und der Schnee weiß und der Honig süß sei. Davon brauche man ja nichts mit ausgeklügelten Methoden zu beweisen, es genüge, nur daran zu erinnern. Denn zwischen einer Argumentation und einer schlichten Beobachtung oder Erinnerung bestehe ein Unterschied. Die erstere eröffne den Zugang zu gewissen verborgenen und gleichsam eingehüllten Dingen, die letztere urteile über Offenkundiges, unmittelba Zugängliches. Weil einem Menschen, wenn er seiner Sinneswahrnehmung beraubt ist, nichts mehr bleibt, muß ja die Frage, was der Natur gemäß oder zuwider ist, von der Natur selbst entschieden werden. Was kann denn Gegenstand der Erfahrung oder Entscheidung sein, durch die sie irgend etwas erstrebt oder vermeidet, außer Lust und Schmerz? Es gibt indessen manche unter den Vertretern unserer Lehre, die das genauer fassen wollen und die sagen, es genüge nicht, wenn durch die Sinneswahrnehmung entschieden werde, was ein Gut oder was ein Übel sei, die Lust könne vielmehr auch verstandesmäßig erkennen, daß die Lust an sich erstrebt und der Schmerz an sich gemieden werden müsse. Deshalb erklären sie, dieser Begriff sei uns gleichsam natürlich angeboren, so daß wir fühlten, daß man das eine erstreben, das andere verschmähen müsse. Andere aber, denen ich zustimme, meinen, wir dürften unserer Sache nicht allzu sicher sein, weil von vielen Philosophen Gründe angegeben würden, weshalb man weder die Lust den Gütern, noch den Schmerz den Übeln zuzurechnen habe; sie glauben vielmehr,

622 *Ders.*, ebd. 8-11.

das Thema Lust und Shmerz bedürfe der Argumentation, der gründlichen Erörterung und einer Diskussion mit ausgeklügelten Methoden.'"

L.A. Seneca (4 v. – 65 n.Chr) an Lucilius, Brief 90,1-11 tritt gegen ein luxuriöses für ein einfaches Leben ein: „Wer kann bezweifeln, mein Lucilius: Der unsterblichen Götter Geschenk ist es, daß wir leben, der Philosophie, daß wir sittlich leben. Daß wir daher so viel mehr ihr verdanken als den Göttern, die eine viel größere Vergünstigung ein sittlich wertvolles Leben ist als ein Leben schlechthin, gälte als sicher, wenn uns nicht die Philosophie selbst die Götter verliehen hätten. Ihre Kenntnis haben sie niemandem gegeben, die Fähigkeit zu[r] Philosophie allen. Denn wenn sie die Philosophie auch einem Gemeingut gemacht hätten und wir voll Einsicht geboren würden, hätte die Weisheit, was sie als größten Vorzug besitzt verloren, nicht zu den Gaben des Zufalls zu gehören. Nun nämlich ist das an hr wertvoll und großartig, daß sie uns nicht einfach zufällt, daß sie ein jeder sich selbst verdankt, daß sie nicht von einem anderen verlangt wird. Was könntest du an der Philosophie achten, wenn sie eine wohltätige Gabe wäre? Ihre einzige Aufgabe ist es, die Wahrheit über göttliche und menschliche Dinge zu finden; von ihr weicht niemals Gewissenhaftigkeit, Gottesfurcht, Gerechtigkeit und die ganze andere Gefolgschaft der miteinander verknüpften und zusammenhängenden Tugenden. Sie hat gelehrt, zu verehren Göttliches, Menschliches zu lieben, und daß bei den Göttern die Herrschaft liegt, unter den Menschen Genossenschaft herrscht; dieser Zustand dauerte eine Weile unverletzt an, bevor die Habsucht die Gemeinschaft auseinanderriß und Ursache von Armut auch für die wurde, die sie besonders reich gemacht hatte. Aufgehört haben sie nämlich, alles zu besitzen, während sie es zu eigen wünschten. Doch die ersten Menschen und ihre Nachkommen folgten unverdorben der Natur, betrachteten ein und denselben Menschen als Führer und Gesetz, weil sie sich dem Urteil des Besseren anvertrauten. Das Wesen der Natur ist es, den Überlegeneren das Geringere unterzuordnen. Die stummen Herden freilich leiten entweder die größten Tiere oder die wildesten. Nicht reitet an der Spitze einer Rinderherde ein kümmerlicher Stier, sondern der, der an Größe und Muskulstur die übrigen männlichen Tiere übertrifft; die Elephantenherde führt der Gewaltigste: Unter den Menschen steht an Stelle der Größe der sittliche Wert. Nach der Geisteskraft wurde daher der Lenker usgesucht, und deswegen gab es das größte Glück unter den Völkern, bei denen der Bessere mächtiger nur sein konnte: Mit Sicherheit kann nämlich seinen Willen nur durchsetzen, der das, wozu er verpflichtet ist, glaubt durchsetzen zu können. In jenem Zeitalter, das man das goldene nennt, ist die Herrschaft in der Hand der Weisen gewesen, urteilt Poseidonius (135-51 v.Chr.). Sie bändigten Übergriffe und schützten den Schwächeren vor dem Stärkeren, rieten und warnten und lehrten Nützliches und Unnützes. Ihre Klugheit sorgte dafür, daß den Ihren nichts fehlte, ihre Tapferkeit hielt Gefahren fern, ihr Großzügigkeit erhob und verschönte das Leben ihrer Untertanen. Ihre Pflicht war es zu herrschen, nicht ihr Wille zur Macht. Niemand versuchte gegen die eine Machtprobe, durch die er fähig zu sein begonnen hatte, und niemand hatte Sinn oder Anlaß zur Gewalttat, weil man dem vernünftig Herrschenden einsichtig gehorchte und der Herrscher nichts Schlimmeres Ungehorsamen androhen konnte, als von seinem Herrscheramte zurückzutreten. Doch weil sich Fehlhaltungen einschlichen und das Königtum in Gewaltherrschaft umgeschla-

gen war, begann man Gesetze zu brauchen, und auch sie gaben zunächst die Weisen. Solon (ca. 640-560 v.Chr.), der Athen auf die Grundlage der Rechtsgleichheit stellte, gehört unter die Sieben, die in diesem Zeitalter wegen ihrer Weisheit berühmt waren: wenn den Lykurgos (9. Jh. v.Chr.) dieselbe Zeit hervorgebracht hätte, wäre er als achter hinzugetreten; des Zaleukas (7. Jh. v.Chr.) Gesetze und des Charondas (ca. 650 v.Chr.) werden gerühmt. Sie haben nicht auf dem Form und nicht in der Halle von Rechtsgelehrten, sondern in des Pythagoras (6. Jh. v.Chr.) stiller und ehrwürdiger Abgeschiedenheit sich die Rechtslenntnisse angeeignet, sie sie dann Sizilien in seiner Blüte und den Griechenstädten in Italien Gesetze geben ließ. Soweit stimme ich Poseidonios zu: daß freilich die Fertigkeiten von der Philosophie erfunden seien, derer man sich im täglichen Leben bedient, kann ich nicht einräumen, und nicht vermag ich ihr den Rum der Baukunst zuzusprechen; er sagt: ‚Sie lehrte die Menschen, als sie noch zerstreut waren und in Höhlen Schutz suchten oder unter einem ausgewaschenen Felsen oder in einem hohlen Baumstamm, Häuser zu bauen“ (Vergil [70-19 v.Chr.], Georgica I,144). Ich hingegen meine, die Philosophie habe ebensowenig diese Kubnstbauten von über Häusern sich erhebenden Häusern und Städte bedrängenden Städte wie dazu angelegte Fischbecken, daß der Schlund nicht mit der Gefahr von Stürmen in Berührung komme und, wüte das Meer auch auf das heftigste, die Genußsucht über ihre Hafenplätze verfüge, in denen sie sorgfältig unterschiedliche Fischschwärme mäste, erfunden. Was sagst du? Die Philosophie hat die Menschen gelehrt, Schlüssel und Riegel einzuführen? Was wäre das anders, als an die Habsucht eine Aufforderung zu richten. Die Philosophie hat diese unter so großer Gefährdung für ihre Bewohner raganden Gebäude errichtet? Zu wenig war es nämlich, sich mit vorhasndenen Hilfsmitteln zu schützen und ohne Technik und ohne Schwierigkeit eine natürliche Zuflucht zu finden. Glaube mir, glücklich war jenes Zeitlter – vor den Architekten, vor vor den Stuckateuren. Das alles kam erst auf, als die Verschwendung im Entstehen begriffen war, Bauholz vierkantig zuzubauen und, indem die Säge genau durch den Riß läuft, mit sicherer Hand den Balken zu schneiden; denn ‚anfangs zerteilten sie mit Keilen das spaltbare Holz‘ (Vergil, ebd,).
Nicht nämlich wurden Bauten für Speisesäle, zur Aufnahme eines festlichen Gastmahls bestimmt, errichtet, und nicht wurde für diesen Zweck Fichte und Tanne herbeigebracht in langer Reihe der Fahrzeuge, wobei die Straßen erdröhnten, um daran von Gold schwere Kassettendecken aufzuhängen. Auf beiden Seiten aufrecht stehende Gabelhölzer stützten die Hütte: Auf dichtem Reisig und einer Laubschicht, die geneigt angelegt, lief auch starker Regen ab. Unter diesen Dächern lebten sie sorgenfrei: Stroh deckt Freie, unter Marmor und Gold haust die Knechtschaft.“[623]
Ders., De vits beata – Über das glückliche Leben, XV,7: „Gott zu gehorchen bedeutet frei zu sein: „Was immer auf Grund des Zustandes der Welt zu erdulden ist, nehme man mit hohem Mut auf sich: Diesen Fahneneid haben wir geleistet, die Verhältnisse der Sterblichkeit zu ertragen und uns nicht durch das ver-

[623] *L.A. Seneca*, Philosophische Schriften, Bd. IV, 340-349. Die Übersetzung wurde an einigen Stellen geglättet.

wirren zu lassen, dem zu entgehen nicht in unserer Macht ist. In der Monarchie sind wir geboren worden: dem Gotte zu gehorchen ist Freiheit."[624]
Ders., De tranquilitate animi – Über die Seelenruhe, XI,3: Freiheit als Einverständnis mit dem Schicksal: „Wann immer er [der Weise] es [den gesellschaftlichen Rang, Glieder des Körpers oder Teile des Besitzes] zurückzugeben geheißen wird, hadert er nicht mit dem Schicksal, sondern wird sagen: ‚Dankbar bin ich für das, was ich besessen und gehabt habe. Um großen Zins habe ich deinen Besitz gepflegt, aber weil du so gebietest, gebe ich es hin, füge mich dankbar und willig. Wenn du wünschen solltest, daß ich etwas von dem Deinen auch weiterhin besitze, werde ich es aufbewahren; wenn etwas anderes beschlossen wird, gebe ich dir das bearbeitete und geprägte Silber, mein Haus und Gesinde zurück, stelle ich es zur Verfügung.'"[625]
Ders., De beneficiis – Über die Wohltaten I,VIII,1-2: „Zu Sokrates, weil ihm ein jeder viel im Verhältnis zu den eigenen Möglichkeiten anbot, sagte Aeschines, ein armer Zuhörer: 'Nichts deiner Würdiges, das ich dir schenken könnte, finde ich, und allein auf diese Weise spüre ich, arm zu sein. Daher schenke ich dir, was allein ich besitze – mich selbst. Dieses Geschenk – wie immer es beschaffen ist – nimm bitte wohlwollend auf und bedenke, andere haben, obwohl sie dir viel gaben, mehr für sich zurückgelassen.' Ihm antwortete Sokrates: 'Warum solltest du mir nicht ein großes Geschenk gemacht haben, es sei denn, du hältst dich selbst für gering? Ich werde daher sorgfältig darauf achten, dich dir besser zurückzugeben, als ich dich bekommen habe.")[626]
Vgl. *Josephus* (37 – ca. 100 n.Chr.) Bell VII,350b: „ Wie töricht ist es, daß wir der Freiheit in diesem Leben nachjagen und uns dabei die der Ewigkeit nicht gönnen".[627]
Epiktet (ca. 50 – 120 n.Chr.), Enchiridion – Handbuch der Moral 29,7: Es geht um die Folgen der Entscheidung, Philosoph zu werden: „Meinst du, daß du bei dieser Tätigkeit [= den Konsequenzen einer Entscheidung zum Philosophieren] wie bisher essen und trinken oder die gleichen Wünsche und Abneigungen haben kannst? Du mußt auf Schlaf verzichten, Anstrengungen auf dich nehmen, die Angehörigen verlassen, von einem Sklaven dich verachten lassen, dich von den Leuten auf der Straße auslachen lassen, in allem unterlegen sein, wenn es um eine Stellung oder ein Amt geht und wenn du vor Gericht stehst, in jeder Hinsicht also mußt du Nachteile in Kauf nehmen. Überleg es dir gut: Willst du um diesen Preis innere Ruhe, Freiheit und Ungestörtheit gewinnen?"[628]
Ders., Dissertationes I,1: Über „das, was in unserer Macht steht und was nicht": „Unter den Fähigkeiten und Künsten werdet ihr keine finden, die sich selbst reflektieren, geschweige denn sich selbst akzeptieren oder verwerfen kann. Wie weit reicht die Möglichkeit zur Selbstreflexion zum Beispiel bei der Schreibkunst? Bis zur Auskunft über die Bedingungen des Schreibens. Wie weit geht sie bei der Musik? Nur bis zur Auskunft über die Bedingungen des Komponie-

---

624 *Ders.*, Philosophische Schriften Bd. II, 38f. Die Übersetzung wurde an einer Stelle geglättet.
625 *Ders.*, ebd., 148f.
626 *Ders.*, Philosophische Schriften V,120f.
627 *Josephus*, De Bello Judaico, VII,138f.
628 Epiktet, Handbuch, 40f (*R. Nickel*).

rens. Kann ich etwa über diese Künste selbst reflektieren? Keineswegs. Aber wenn du deinem Freund etwas scheibst, dann wird dir die Schreibkunst sagen, wie du schreiben mußt. Doch ob du deinem Freund schreiben sollst oder nicht, wird dir die Schreibkunst nicht sagen. Dasselbe gilt für das Komponieren. Ob es aber jetzt angebracht ist zu singen und zu spielen oder nicht, wird dir die Musik nicht sagen. Wer aber wird es dir sagen? Nur die Kunst, die sich selbst und alles andere reflektiert. Welche Kunst ist das? Das Denkvermögen. Denn das ist unsere einzige Fähigkeit, die sowohl sich selbst erkennt und begreift, was sie ist, was sie kann und was sie wert ist, als auch alle übrigen Fähigkeiten. Denn wer sagt uns sonst, daß Gold etwas Schönes ist? Das Gold selbst sagt es uns nicht. Offensichtlich ist dies die Fähigkeit, die den Gebrauch der Vorstellungen und Eindrücke von den Dingen steuert. Wer beurteilt sonst die Musik, die Schreibkunst und die anderen Künste? Wer prüft sonst ihren Gebrauch und den richtigen Zeitpunkt ihrer Anwendung? Niemand anders (als das Denkvermögen). Wie es nun recht und billig war, haben die Götter von allen Dingen allein das Stärkste und alles Beherrschende in unsere Macht gegeben: den richtigen Gebrauch der Vorstellungen und Eindrücke. Alles andere haben sie nicht in unsere Macht gegeben. Weshalb wollten sie das nicht? Ich glaube, sie hätten auch die anderen Dinge in unsere Macht gestellt, wenn sie es gekonnt hätten. Doch sie konnten es einfach nicht. Denn da wir auf der Erde leben und an einen Körper und an solche Schicksalsgenossen gebunden sind, wäre es das möglich gewesen, von den äußeren Dingen nicht behindert zu werden? Was aber sagt Zeus? ‚Epiktet, wenn es möglich gewesen wäre, dann dann hätte ich dein bißchen Körper und deinen unbedeutenden Besitz als frei und unbehindert geschaffen. Jetzt aber – und das soll dir nicht verborgen bleiben – ist dieser Körper nicht dein Eigentum, sondern kunstvoll gemischter Kot. Da ich dazu nicht in der Lage war, habe ich dir wenigstens ein Stück von unserem Wesen gegeben: die Fähigkeit zu wollen und nicht zu wollen, zu begehren und abzulehnen – mit einem Wort: die Fähigkeit, deine Vorstellungen und Eindrücke zu gebrauchen; wenn du diese Fähigkeit pflegst und auf diese dein Dasein gründest, dann wirst du niemals behindert, niemand wird dir etwas vereiteln, du wirst nicht stöhnen, nicht tadeln und niemandem schmeicheln. Was? Ist das in deinen Augen unbedeutend?‘ – ‚Gott bewahre.‘ – ‚Bist du also damit zufrieden?‘ – ‚Die Götter mögen mir helfen.‘

Doch in Wirklichkeit wollen wir lieber – obwohl wir die Möglichkeit hätten, und nur um eine Sache zu kümmern und uns nur einer Sache zu widmen – mit vielen Dingen beschäftigen und uns an vieles zu binden; an den Körper, den Besitz, an einen Bruder, einen Freund, ein Kind, einen Sklaven. Da wir uns an vieles gebunden haben, werden wir davon beschwert und niedergezogen. Deshalb sitzen wir unruhig da, wenn einmal Windstille ist, und halten ununterbrochen Ausaschau: ‚Was für ein Wind weht?‘ Nordwind. ‚Was können wir mit dem anfangen? Wann wird Westwind aufkommen?‘ Wenn es ihm oder dem Aiolos gefällt, mein Bester. Denn dich hat Gott nicht zum Herrn der Winde gemacht, sondern den Aiolos.[629] Wir müssen aus den Dingen, die in unserer Macht stehen,

[629] Epiktet spielt hier auf Homers Odyssee (7. Jh. v. Chr) X,21b-22, an: „War er (Aiolos) doch Winwart, dem der Kronide (= Zeus als Sohn des Kronos, W. E.) / Rechte verliehen zu hemmen, zu jagen, welchen er wollte.“ (κεῖνον γαρ ταμίν ἀνέμων ποίησε Κρονίων, / ἠμὲν πανέμναι ἠδ' ὀρνύμεν, ὅν λελεύθα).

das Beste machen und alles andere so nehmen, wie es ist. ‚Wie ist es denn?' Wie es Gott gefällt."[630]

Ders., Dissertationes III: Über die Unfreiheit: „Alles gehorcht und dient dem Kosmos:[631] Erde, Meer, Sonne uns die anderen Gestirne und die Pflanzen und Tiere auf der Erde. Es gehorcht ihm auch unser Körper in Krankheit und Gesundheit, wenn der Kosmos es will, in Jugend und Alter und bei allen Veränderungenm die er durchmacht. Daher ist es auch vernünftig, daß alles, was in unserer Macht steht, das heißt unsere Willensentscheidung, nicht die einzige Kraft ist, die sich gegen den Kosmos auflehnt. Denn er ist mächtig und stärker als wir und hat einen besseren Plan für unser Dasein gefaßt, als wir es können, indem er zusammen mit dem Ganzen auch über uns waltet. Außerdem bringt uns der Widerstand, der sich mit der Unvernunft verbündet und nichts weiter erwirkt, als daß wir uns vergeblich sträuben, auch noch Schmerzen und Kummer."[632]

Ders., Dissertationes IV: Es geht um das, „was in unserer Macht steht": Von allem, was existiert, hat Gott einen Teil in unsere Verfügungsgewalt gegeben, den anderen Teil nicht. In unserer Macht steht das Schönste und Wichtigste, wodurch Gott selbst glücklich ist: der Gebrauch unserer Eindrücke und Vorstellungen. Denn wenn diese Möglichkeit richtig genutzt wird, bedeutet dies Freiheit, Glück, Heiterkeit, Würde, aber auch Recht, Gesetz, Selbstbeherrschung und Tüchtigkeit in jeder Form. Alles andere hat Gott nicht in unsere Macht gegeben."[633]

Ders., Dissertationes IV,2 zur Wahlfreiheit im Eingehen gesellschaftlicher Bindungen: „Auf den Punkt mußt du vor allem achten, wie du es vermeiden kannst, zu einem deiner früheren Bekannten oder Freunde irgendwann wieder so enge Beziehungen aufzunehmen, daß du auf dasselbe Niveau wie dieser zurücksinkst. Andernfalls wirst du dich ruinieren. Wenn dir aber der Gefanke kommt: ‚Ich werde ihm weltfremd erscheinen, und er wird sich mir gegenüber nicht mehr so verhalten wie früher', dann denke daran, daß nichts umsonst zu bekommen ist und daß es ausgeschlossen ist, derselbe zu bleiben wie früher, wenn man nicht mehr dasselbe tut: Entscheide dich also: Entweder derselbe zu sein wie früher und von denselben Menschen wie früher geliebt zu werden oder über dich selbst hinauszuwachsen und deine früheren Bindungen aufzugeben. Denn wenn dies besser ist, dann schlage diese Richtung unverzüglich ein und laß nicht zu, daß dich die Gedanken an das andere davon abbringen. Denn niemand kann moralische Fortschritte machen, der zwei Herren dienen will und sich nicht entscheiden kann. Doch wenn du diesen Weg allen anderen vorgezogen hast, wenn du dich für ihn allein entschieden hast und wenn du ihn mit ganzer Krtaft zu Ende gehen willst, dann laß alles andere sein; sonst wird dir deine Unentschlossenheit zweiterlei einbringen: Du wirst weder nennenswerte Fortschritte machen noch das bekommen, was du früher zu bekommen pflegtest. Denn früher, als zu, ohne zu zögern, den wertlosen Dingen nachliefst, warst du deinen Freunden ein angenehmer Zeitgenosse. Du kannst dich aber nicht auf beiden Gebieten auszeichnen, sondern in dem Maße, wie du dich mit dem einen abgibst, wirst du dich

---

630 *Epiktet*, Lehrgespräche, 88-91.*(R. Nickel).*

631 Hier bringt Epiktet den stoischen Pantheismus zum Ausdruck.

632 *Ders.*, Lehrgespräche, 74f.

633 *Ders.*, ebd., 74-77.

dem anderen versagen. Wenn du nicht mehr mit deinen alten Saufkumpanen kränkst, kannst du bei ihnen nicht mehr so beliebt sein wie früher. Entscheide dich also, ob du ein munterer Zecher und bei ihnen beliebt sein willst oder ob du nicht mehr trinken und dich unbeliebt machen willst. Du kannst bei deinen alten Sangesbrüdern nicht mehr so beliebt sein wie früher, wenn du nicht mehr mitsingst. Wähle also auch hier, was du willst. Wenn es nämlich mehr wert ist, zurückhaltend und anständig als ein netter Kerl zu sein, dann gib alles andere auf, weise es zurück, wende dich davon ab und wolle nichts mehr damit zu tun haben. Sollte dir dies aber nicht gefallen, dann begib dich auf die Gegenseite: Schließ dich den Lüstlingen und Ehebrechern an und handle entsprechend; dann wirst du bekommen, was du willst. Ja, spring in die Luft und applaudiere dem Tänzer.
So verschiedene Rollen vertragen sich aber nicht miteinander. Du kannst nicht gleichzeitig Thersites und Agamemnon spielen. Willst du Thersites[634] sein, so mußt du einen Buckel und eine Glatze haben; willst du Agamemnon[635] sein, so mußt du groß und schön sein und deine Untergebenen lieben."[636]
Ders., Dissersatones, XI,1 zur Freiheit, sich mit wenigem zu begügen: „Als Archelaos (König von Makedonien, ca. 413-399 v.Chr.) Sokrates (470-399 v.Chr.) zu sich eingeladen hatte, um ihn zu einem reichen Mann zu machen, ließ dieser dem König mitteilen: ‚In Athen kosten vier Liter Gesetrnsuppe einen Obulus, und die Quellen liefern reichlich Wasser.' Wenn auch das, was vorhanden ist, mir eigentlich nicht genügt, do begnüge ich mich doch mit dem Vorhandenen, und so genügt es mir letztlich auch."[637]
Nach *Platon* ist eine tyrannische Herschaft die Folge der pervertierten Freiheit in einer Demokratie. Vgl. Pol 562a – 563b: Sokrates im Gespräch mit einem seiner Hörer: „Entsteht nun etwa auf dieselbe Weise, wie aus der Oligarchie die Demokratie, auch aus der Demokratie die Tyrannei? Wieso? Was die Oligarchie sich als das größte Gut versteckte und wodurch sie auch zustande gekommen war, das war doch der große Reichtum. Nicht wahr? Ja. Die Unersättlichkeit im Reichtum und die Vernachlässigung alles übrigen um des Geldmachens willen gereichte ihr zum Untergang. Richtig, sagte er. Und die Demokratie, löst nicht auch diese sich auf durch die Unersättlichkeit in dem, was sie sich als ihr Gut vorsetzt? Was meinst du aber, daß sie sich vorsetze? Die Freiheit, antwortete

---

[634] Thersites war ein häßlicher, buckliger und streitsüchtiger Mann. Vgl. *Homer,* Ilias, II,212-220a: „Alle setzten sich hielten sich still im Sitzen; / Nur Thersites erhob sein zügelloss Geschrei noch; / Viele ungebührliche Worte barg er im Herzen, / Immer verkehrt, ohne Maß und Ziel, mit den Fürsten zu hadern, / Wo ihm nur etwas verkehrt erschien, das lächerlich vor den Aargeiern / Wirkte; der häßlichste Mann, der gegen Troja gekommen: / Säbelbeinig und hinkend auf einem Fuße, die Schultern / Höckrig, gegen die Brust zusammengebogen; darüber / Spitzte sich zu seinem Kopf, besät mit spärlicher Wolle. / Widerlich war er zumal den Herrschern Achill und Odysseus; / Beide schähte er stets." (S.50f)

[635] Agamemnon war der Sohn des Artreus. Als Paris aus Troia dem Menelaos dessen Gattin Helena entführt hatte, führte er den Feldzug gegen die Stadt an. Er war der Vater Iphigenies, die er auf der Insel Aulis der Göttin Artemis opferte. Siehe Ilias I, 70ff u. II,300ff. – Vgl. *H. v. Geisau,* Art. Agamemnon, DKP I,111ff. – Achill ist „der Hauptheld der Ilias"; vgl. *ders*, ebd., 46-50.

[636] *Ders.*, ebd., 95-99.

[637] *Ders.*, ebd., 78-83.

ich. Denn von dieser wirst du immer in einer demokratischen Stadt hören, daß sie das Vortrefflichste sei und daß deshalb auch nur in einer solchen leben dürfe, wer von Natur frei sei. Das Wort wird freilich gar oft gesagt. Ist es nun nicht etwa, was ich eben sagen wollte, die Unersättlichkeit, die hierin mit Vernachlässigung alles übrigen, was auch diese Verfassung umgestaltet und sie dahin bringt, der Tyrannei zu bedürfen? Wie das? sprach er. Ich meine, wenn einer demokratischen, nach Freiheit durstenden Stadt schlechte Mundschenken vorstehen und sie sich über die Gebühr an ihrem starken Wein berauscht, so wird sie ihre Obrigkeiten, wenn diese nicht ganz zahm sind und alle Freiheit gewähren, zur Strafe ziehen, indem sie ihnen schuld gibt, bösartig und oligarchisch zu sein. Das tun sie wohl, sagte er. Und die den Obrigkeiten gehorchen, mißhandelt sie als knechtisch Gesinnte und gar nichts Werte; und nur die Obrigkeiten, welche sich wie Untergebene und Untergebene, welche sich wie Obrigkeiten anstellen, werden, wo man unter sich ist, öffentlich gelobt und geehrt. Man muß nun nicht in solchem Staat die Freiheit sich notwendig überall hin erstrecken? Wie sollte sie nicht? Und so, sprach ich, o Freund, wird sie sich auch in die Häuser einschleichen und am Ende so weit gehen, daß auch dem Vieh die Ungebundenheit eingepflanzt wird. Recht erzählst du mir deinen Traum, sagte er: denn oftmals ergeht es mir so, wenn ich aufs Land reise. Die Summe nun von diesem allem, sprach ich, wenn man es zusammenrechnet, merkst du wohl, wie zart nämlich dadurch die Seele der Bürger wird, so daß, wenn ihnen einer noch so wenig Zwang auferlegen will, sie gleich unwillig werden und es gar nicht vertragen. Und zuletzt weißt du ja, daß sie sich auch um die Gesetze gar nichts kümmern, mögen es nun geschriebene sein oder ungeschriebene, damit auf keine Weise irgend jemand ihr Herr sei.".[638]

Nun zum paulinische Freiheitsverständnis![639] Während für den Stoiker Epiktet „Freiheit Glück, Heiterkeit, Würde, aber auch Recht, Gesetz, Selbstbeherrschung und Tüchtigkeit in jeder Form" bedeutet,[640] versteht Paulus unter Freiheit zunächst die Freiheit von der Sünde, d.h. von einem Dasein, das sich verfehlt hat (vgl. Röm 6,17-23: „Gott aber sei Dank, daß ihr Sklaven der Sünde wart, aber dem Bild der Lehre von Herzen gehorsam geworden seid, dem ihr übergeben worden seid. Von der Sünde frei gemacht, seid ihr Sklaven der Gerechtigkeit geworden. Ich rede menschlich der Schwachheit eures Fleisches wegen; denn wie ihr eure Glieder als Sklaven der Unereinheit und der Gesetzlosigkeit zur Gesetzlosigkeit zur Verfügung gestellt habt, so stellt jetzt eure Glieder als Sklaven der Gerechtigkeit zur Heiligkeit zur Verfügung. Denn als ihr Sklaven der Sünde wart, da wart ihr frei gegenüber der Gerechtigkeit. Welche Frucht hattet ihr denn damals? Dinge, derer ihr euch jetzt schämt, denn das Ende ist der Tod. Jetzt aber, von der Sünde befreit und Gottes Sklaven geworden, habt ihr eure Frucht zur Heiligkeit, als das Ende aber ewiges Leben. Denn der Tod ist der

---

638 Platon, Werke IV,696-699 (*Fr. Schleiermacher*).
639 Vgl. *H. Schlier*, Art. ἐλεύθερος κτλ., 492-500; *R. Bultmann*, Theologie, 332-353; *ders.*,Gnade u. Freiheit, 149-161; *ders.*, Das Problem der Ethik bei Paulus, 54; *A. Juncker*, Die Ethik des Apostels Paulus ; *W. Mundle*, Religion u. Sittlichkeit bei Paulus, 456-482; *H. Preisker*, Geist u. Leben, ; *H. v. Soden*, Sakrament u. Ethik bei Paulus, 239-275.
640 *Epiktet*, Dissertationes – Lehrgespräche IV,1, 74-77.

Sünde Sold, die Gnadengabe Gottes aber ewiges Leben in Christus Jesus, unserem Herrn."
Paulus bedient sich hier ähnlich wie Röm 7,25; 1Kor 2,14; 2Kor 2,14; 8,16 uns 9,15 eines Dankgebetes, um deutlich zu machen, „daß die Vergangenheit von einst abgetan ist und die Gegenwart unter der grundlegenden Erneuerung steht, die für alle Bereiche des Lebens ohne Einschränkung gilt. Darum ist auch klar, wem Gehorsam zu leisten ist: nicht mehr der ἁμαρτία, wie es einst geschah, sondern der δικαιοσύνη als der allein gültigen gegenwärtigen Wirklichkeit."[641]
Freiheit bedeutet auch die Befreung vom Zwang, sündigen zu müssen: „Die Sünde soll nicht mehr über euch herrschen; denn ihr befindet euch nicht mehr unter dem Gesetz, sondern unter der Gnade" (Röm 6,14). Die Macht der Sünde hat für diejenigen ausgespielt, denen Gott Jesu Christi wegen seine Gerechtigkeit zugesprochen hat. „Das Gesetz des Geistes, der lebendig macht, hat dich vom Gesetz der Sünde uns des Todes befreit" (Röm 8,2). „Wenn der Geist dessen in euch wohnt, der Jesus von den Toten auferweckt hat, dann wird er, der Christus Jesus von den Toten auferweckt hat, auch euere sterblichen Leiber lebendig machen durch seinen Geist, der in euch wohnt" (Röm 8,11). „Wir sind also, Brüder, nicht dem Fleisch verpflichtet, dem Fleisch gemäß zu leben; denn welche sich vom Geist Gottes führen lassen, die sind Söhne Gottes. Ihr habt ja keinen Sklavengeist empfangen, daß ihr wieder Angst haben müßtet, sondern ihr habt den Geist der Sohnschaft empfangen, in dem wir rufen: Abba, Vater! So bezeugt der Geist selbst unserem Geist, daß wir Gottes Kinder sind. Wenn wir aber Kinder sind, dann auch Erben, nämlich Erben Gottes und Miterben Christi, wenn anders wir mit ihm leiden, um mit ihm auch verherrlicht zu werden" (Röm 8,12-17). Christen leben zwar im Fleisch; sie leben aber nicht mehr „dem Fleisch gemäß." Jetzt, da sie dem in Jesus Chriatua offenbaren Gott gehören, führen sie ihr Leben unter der Herrschaft und nach den Weisungen des Heiligen Geistes. Gottes Geist versklaft niemanden. Denn: „Der Herr ist der Geist; wo aber der Geist des Herrn wirkt, da ist Freiheit" (2Kor 3,17). Jesus Christus wirkt an und in uns durch seinen Geist, der zugleich der Geist Gottes, seines Vaters, ist. So werden wir frei, ihm zu dienen. Nicht allein wir Menschen, sondern „auch die Schöpfung soll zur Freiheit und Herrlichkeit der Kinder Gottes befreit werden" (Röm 8,21).
Die Freiheit eines Christen ist auch die Freiheit von der Macht des Todes als der Gottesferne: „Niemand soll sich eines Menschen rühmen; denn alles gehört euch: Paulus, Apollos, Kephas, Welt, Leben und Tod, Gegenwart und Zukunft: Alles gehört euch; ihr aber gehört Christus, Christus aber Gott" (1Kor 3,21ff). Wer durch Jesus Christus von der Macht der Sünde und des Todes befreit worden ist, dem muß alles dienen. Das bedeutet nicht, daß er über alles herrscht. Er führt sein Leben zur Ehre Gottes und in Dienst an seinem jeweils Nächsten.
Wer an Jesus Christus glaubt, gehört nicht mehr sich selbst: „Wißt ihr nicht, daß euer Leib ein Tempel des heiligen Geistes ist?" (1Kor 6,19). "Wenn du als Sklave berufen worden ist, so soll dich das nicht bedrücken. Kannst du frei werden, so mache umso lieber davon Gebrauch. Wer nämlich als Sklave berufen worden

---

641 *E. Lohse*, Römer, 200.

ist, der ist ein Freigelassener des Herrn. Entsprechend ist einer, der als Freier berufen wurde, ein Sklave Christi. Ihr wurdet teuer erkauft; werdet keine Sklaven der Menschen“ (1Kor 7,21ff). Paulus schreibt der Gemeinde in Korinth das Folgende zu seiner Dienstauffassung: „Obwohl ich nämlich von jedermann frei bin, habe ich mich allen zu Sklaven gemacht, um möglichst viele zu gewinnen. Den Juden bin ich ein Jude geworden, um Juden zu gewinnen. Denen, die unter dem Gesetz stehen, bin ich, obgleich ich nicht unter dem Gesetz stehe, wie einer unter dem Gesetz stehen, um die zu gewinnen, die unter dem Gesetz stehen. Den Gesetzlosen bin ich wie ein Gesetzloser geworden, obwohl ich doch nicht ohne Gesetz vor Gott, sondern an das Gesetz Christi gebunden bin, um die Gesetzlosen zu geinnen. Den Schwachen wurde ich ein Schwacher, um die Schwachen zu gewinnen. Allen bin ich alles geworden, um auf jeden Fall einige zu retten. Alles aber tue ich des Evangeliums wegen, um an ihm teilzuhaben“ (1Kor 9,19-23). Der Apostel passt seine Missionspredigt den jeweiliegn Zuhörern an, ohne sie zu verfälschen. Das gilt auch für seine Lebensweise. Unter Juden lebt er ala Jude, bei Heiden wie einer von ihnen, ohne seine Existenz als Christ zu verleugnen. Seine Akkommodation ist nicht mit Charakterlosigkeit zu verwechseln. Er bleibt sich als Apostel Jesu Christi, dem vor allem das Evangelium für die Heiden anbefohlen ist, treu und damit auch seinem Herrn, dem er seine Berufung zum Heidenmissionar verdankt.

Zur Freiheit berufen
5,13-24

[13]Ihr seid nämlich zur Freiheit berufen, Brüder! Nur laßt die Freiheit nicht
zum Vorwand für das Fleisch werden, sondern dient einander durch die
Liebe! [14]Denn das ganze Gesetz ist in einem Wort erfüllt, in diesem: „Du
sollst deinen Nächsten lieben wie dich selbst.“ Ihr seid nämlich zur Freiheit
berufen, Brüder! Nur laßt die Freiheit nicht zum Vorwand für das Fleisch
werden, sondern dient einander durch die Liebe! [15]Denn das ganze Gesetz
ist in einem Wort erfüllt, in diesem: „Du sollst deinen Nächsten lieben wie
dich selbst. Wenn ihr einander aber beißt und freßt, dann gebt acht, daß
ihr nicht voneinander verschlungen werdet! [16]Ich aber sage: Führt euer
Leben im Geist, und ihr werdet das Begehren Fleisches nicht vollbringen!
[17]Denn das Fleisch gelüstet wider den Geist, den Geist aber wider das
Fleisch. Diese nämlich liegen miteinander im Streit, damit ihr das nicht tut,
was ihr wollt. [18]Doch wenn ihr vom Geist getrieben werdet, seid ihr nicht
unter dem Gesetz. [19]Offenkundig sind die Werke des Fleisches, als da sind:
Unzucht, Unkeuschheit, Ausschweifung, [20]Götzendienst, Zauberei, Feind-
schaften, Streit, Eifersucht, Wutanfälle, Kabalen, Zwietracht, Parteiungen,
[21]Neid, Mißgunst, Trunkenheit, Gelage und was dem ähnlich ist, wie ich
schon zuvor gesagt habe: Diejenigen, die solches tun, werden das Reich
Gottes nicht erben. [22]Die Frucht des Geistes aber ist Liebe, Freude, Friede,
Langmut, Freundlichkeit, Güte, Treue, [23]Sanftmut, Selbstzucht. Dagegen ist
das Gesetz nicht. [24]Die aber, die [Christus] Jesus angehören, haben das
Fleisch samt den Leidenschaften und Begierden gekreuzigt.

13-15: Im Folgenden geht es um das Verhältnis der Gemeindeglieder zueinander. Hatte Paulus in Gal 5,1-12 die Freiheit der christlichen Lebensführung vom Gesetz im Kontrast zum Gesetz in der Auseinandersetzung mit den judaistischen Gesetzeslehrern erörtert, so stellt er jetzt den galatischen Glaubensgeschwistern gegenüber fest, daß sie „zur Freiheit berufen" vom Gesetz, der Thora Israels, „berufen" sind Damit, daß Gott (vgl. Gal 1,6.15; 5,8) sie durch die Predigt des Evangeliums Jesu Christi durch den Apostel vom Zwang der Gesetzeserfüllung befreit hat, konnten sie die Freiheit eines Christen erfahren. Diese Freiheit kann allerdings als „Vorwand für das Fleisch" und d.h, einerseits leicht als Willkür oder andererseits als Nomismus und damit als unbedingte Pflicht zur Gesetzeserfüllung, mißverstanden werden. Unter „Fleisch" (sa/rc) versteht Paulus jedes Denken und Handeln, das nicht aus dem Glauben kommt, sondern vom Egoismus bestimmt wird. Er weiß, daß das Gesetz auch für Christen noch Bedeutung hat (vgl. Röm 7,12-16). Das Zitat von Gen/1Mo 15,6 in Gal 3,6 kennzeichnet das Gesetz als Gerechtigkeit. Eine entsprechende Bedeutung hat Lev/3Mo 19,18 für den Apostel im Blick auf die Liebe. Die Christen dienen einander sowie den unter ihnen lebenden Fremden freiwillig ihren jeweils Nächsten „durch die Liebe". So erfüllen sie „das" für sie geltende „Gesetz: ‚Du sollst deinen Nächsten lieben wie dich selbst'".(Lev/3Mo 19,18; 19,19; 22; Lk 10,36; Röm 12,10; 15,2). Die Nächstenliebe wird nur noch durch die Feindesliebe überboten. Jesus sprach: „Euch aber, die ihr zuhört, sage ich: Liebet euere Feinde; tut Gutes denen, die euch hassen: segnet dijenigen, die euch fluchen; bittet für die, welche euch beleidigen! Und wen ihr die liebt, welche euch lieben, welchen Dank habt ihr dafür? Auch die Sünder tun dasselbe" (QLk 6,27f // QMt 5,43f). Die Christen bewähren sich als solche so, daß sie nicht mehr für sich selbst leben, sondern für den Einen, der sein Leben für sie dahingab (vgl. Gal 2,20). Wenn das Liebesgebot befolgt wird, kann alles, was das Zusammenleben beeinträchtigt und gar zerstört, verhindert werden. Was die Gemeinschaft zerstört, kann man in TestSeb VIII, 4-5 – 9,3 lesen:[642] Dort sagt der Erzvater Jakob im Namen seiner elf Söhne: „Als wir nach Ägypten herabkamen, trug Joseph uns nichts Böses nach. Auf ihn achtend, liebt auch ihr, meine Kinder, einander, und berechne nicht ein jeder von seinem Bruder. Denn das drängt die Einheit auseinander und zerreißt jede Verwandtschaft und beunruhigt die Seele und zerstört das Antlitz Gebt acht auf die Wasser, wenn sie in dieselbe Richtung fließen, reißen sie Steine, Holz, Erde, Sand herab. Wenn sie sich nach vielen (Seiten) teilen, so saugt die Erde sie auf, und sie werden unbedeutend. Wenn ihr euch zerteilt, werdet auch ihr ebenso." Wenn Christen und Christinnen sich nicht durch die Liebe gebunden wissen, siegen die zerstörerischen Kräfte. Die Freiheit der Christen sollte kein Vorwand sein, lieblosen und sündhaften Trieben nachzugeben (vgl.Gal 5,.15.19ff.26). Vielmehr kommt es darauf an, daß sie einander dienen, helfen und unterordnen (vgl. Phil 2,3). Die Liebe besteht in freier Hingabe nach dem Vorbild Jesu. Sie soll das Miteinanderleben prägen (vgl. Röm 12,10; 13,8; 1Thess 3,12; 5,15; Eph 4,2). Die Liebe gilt jedem, der zum Nächsten wird, vor allem aber den Glaubensgenossen (Gal 6,10). Die galatischen Christen sollen verstehen und praktizieren, was christliche Freiheit bedeutet und einander lie-

---

642 Vgl. *Jürgen Becker*, Testamente, 89f.

ben. Streitigkeiten, wie Paulus sie sie in 1Kor 1,11;3,3 und Phil 4,2 anspricht, sollten unter ihnen nicht vorkommen. Wahrscheinlich bezieht sich die Ermahnung in Gal 5,13f darauf, daß es in der Gemeinde zu Auseinandersetzungen zwischen den Nomisten und den Anhängern der paulinischen Lehre gekommen war.

16: Ich aber sage: Führt euer Leben im Geist, und ihr werdet das Begehren des Fleisches nicht vollbringen! Paulus will nicht, daß die Freiheit vom Gesetz mit Willkür verwechselt wird (vgl. Gal 5,13).[643] Auch ein Christ würde leicht dem „Begehren des Fleisches" folgen, wenn Gottes Geist ihn nicht daran hindern würde. „Fleisch" meint hier die Menschen, auch die Christen, als Sünder.[644] Auch sie sind nicht allein frei vom Gesetz, sondern ihnen ist auch der Heilige Geist gegeben. Ein Mensch, dessen Lebensführung durch den Heiligen Geist geprägt wird, läßt sich nicht auf die egoistischen Begierden[645] des Fleisches ein (vgl. Röm 13,14; Eph 2,3; 1Petr 2,3; 2Petr 2,18; 1Joh 2,16; 1Joh 2,16). Auch ein Christ, dessen Leben in seinem Denken, Fühlen, Tun und Lassen durch den Heiligen Geist geführt wird, läßt sich nicht auf die Begierden des Fleisches ein. Damit ist die Macht der Sünde über uns Menschen noch nicht überwunden. Gottes Geist erneuert uns so, daß er unser Leben auf die selbstlose Gottes- und Nächstenliebe ausrichtet (vgl. Mt 5,43.19,19; 22,39; Lk 10,36f; Röm 13,10). Jeder Christ, der seine Lebensführung von Gottes Geist leiten läßt, kann die Macht der Sünde über ihn besiegen. Sie ist damit allerdings nicht tot, vielmehr steigert das Gebot: „Du sollst nicht begehren..." (Dtn/5Mo 5,21a LXX) die Macht der Sünde und des Fleisches über uns (vgl. Röm 7,8). Das Gesetz läßt die Macht der Sünde und des Fleisches über uns nicht behoben; vielmehr wird das Begehren der Sünde und des Fleisches, d.h. des vor Gott sündigen Menschen nur noch stärker: „Einst lebte ich ohne das Gesetz; als aber das Gebot kam, wurde die Sünde lebendig; ich aber starb, und es ergab sich, daß das Gebot, das mir zum Leben gegeben war, mir den Tod brachte" (Röm 7,9f). Da Christen durch das unschuldige Leiden und Sterben Jesu Christi vor Gott gerechtfertigt sind, können sie im Namen Jesu Christi für Gott und dem jeweils Nächsten leben (vgl. Gal 2,15ff; 5,13f). Es kommt nur noch darauf an, daß wir der Macht des Geistes Gottes und Christi über uns keinen Widerstand leisten, sondern sie wirken lassen.

17: Denn das Fleisch gelüstet wider den Geist, den Geist aber wider das Fleisch. Diese nämlich liegen miteinander im Streit, damit ihr das nicht tut, was ihr wollt. Der Apostel ist gewiß, daß eine von Gottes und Jesu Christi Geist bestimmte Lebensführung uns dazu befähigt, den Begierden des Fleisches nicht zu erliegen (vgl. Gal 5,16). „Fleisch" und „Geist" stellt Paulus hier als Mächte dar, die sich in uns Christen bekämpfen. Sie bestimmten unser Wollen. „Fleisch ist der Mensch als selbstsüchtig Begehrender und Geist als Liebender."[646] Wir

---

[643] Vgl. *K. Erlemann*, Unfassbar?, 102-105.

[644] Vgl. *E. Schweizer*, Art. σάρξ, ThWNT VII, 131- 134; *A. Sand*, Art. σάρξ, EWNT III, 550ff;

[645] „Επιθυμία ist das Begehren, das Aussein auf etwas, der Drang nach etwas, die Intention u.ä." *H. Schlier*, Galater, 248.

[646] *J. Becker*, Galater, 89.

führen unser Leben im ständigen Kampf zwischen den Mächten des Geistes und des Fleisches. Fleisch und Geist sind hier als Mächte dargestellt, die sich gegenseitig bekämpfen. Vgl. Röm 7,19: „Das Gute nämlich, das ich will, übe ich nicht aus, sondern das Böse, das ic nicht will, das tue ich". Als gottlose Menschen kämpfen wir gegen sein Geist (vgl. Röm 8,5-8; 1Petr 2,11). Wenn wir uns als Christen von Gottes und Jesu Christi Geist führen lassen (vgl. Gal 5.18), wird der uns regierende Heilige Geist unseren Egoismus besiegen (vgl. Röm 8,4.9ff).

18-21: Doch wenn ihr vom Geist getrieben werdet, seid ihr nicht unter dem Gesetz. Offenkundig sind die Werke des Fleisches, als da sind: Unzucht, Unkeuschheit, Ausschweifung, Götzendienst, Zauberei, Feindschaften, Streit, Eifersucht, Wutanfälle, Kabalen, Zwietracht, Parteiungen, Neid, Trunkenheit, Gelage und was dem ähnlich ist, wie ich schon zuvor gesagt habe: Diejenigen, die solches tun, werden das Reich Gottes nicht erben. Geist und Fleisch sind zwei Mächte, die uns als Menschen beherrschen. Eine vom Geist Gottes und Jesu Christi bestimmte Lebensführung wir nicht mehr vom Gesetz mit seinen für uns unerfüllbaren Forderungen bestimmt. Lassen wir uns vom Geist der Liebe leiten, dann gibt es für uns keine Knechtschaft unter dem Gesetz mehr (vgl. Gal 4,4-7). Der Geist Gottes, der unser Leben leitet, befreit uns aus der Gewalt des Gesetzes und ermächtigt uns zum Tun des Guten.

22-24: Die Frucht des Geistes aber ist Liebe, Freude, Friede, Langmut, Freundlichkeit, Güte, Treue, Sanftmut, Selbstzucht. Dagegen ist das Gesetz nicht. Die aber, die [Christus] Jesus angehören, haben das Fleisch samt den Leidenschaften und Begierden gekreuzigt.[647] Nun folgt ein Tugendkatalog. Solche Ermahnungen waren Paulus der jüdischen und kynisch-stoischen Popularphilosophie bekannt. Er stellt der „Begierde des Fleisches" die „Frucht des Geistes" entgegen. Werke des Fleisches können Paulus und die nachpaulinische Tradition aber auch in anderen Schriften des Neuen Testamentes. als „die Werke der Finsternis" (Röm 13,12; vgl. Eph 5,12) „böse Werke" (vgl. Kol 1,21; 2Tim 4,18; Joh 3,19; 7,7; 1Joh 3,12; 2Joh 11) bezeichnet werden. Wer seine in Jesus Christus erlangte Freiheit zum Versuch, unerfüllbare Forderungen des Gesetzes zu. Lasterkataloge finden wir auch in Röm 1,29ff; 13,13; 1Kor 5,10f; 6,9f; 2Kor 12,20f; trito- und deuteropaulinisch: Eph 4,31; Kol 3,,5-8; tritopaulinisch sind auch: 1Tim 1,9f: 2Tim 3,2-7, ferner Did 1-6; Herm Mand 8. Besonders nahe kommt denen des Apostels 1QS III, 25 – IV,14: Für den Unterweiser, um alle Söhne des Lichtes über den Ursprung der Menschenkinder hinsichtlich aller Arten ihrer Geister zu unterweisen und zu belehren, über ihre Kennzeichen gemäß ihren Taten hinsichtlich der Heimsuchung ihrer Plagen mit den Zeiten ihres Friedens. Vom Gott der Erkenntnis kommt alles Sein und Geschehen. Ehe sie sind hat er ihren ganzen Plan festgesetzt. Und wenn sie zu ihrer Bestimmung da sind, so erfüllen sie ihren Plan nach seinem herrlichen Werk, und es gibu keine Änderung. In seiner Hand liegen die Satzungen für alles, und er sorgt für sie in all ihren Geschäften. Und er schuf den Menschen zur Herrschaft über den Erdkreis und bestimmte ihm zwei Geister, darin zur vorbestimmten Zeit seiner

647 Vgl. *K. Erlemann*, Unfassbar?, 174f.

Heimsuchung zu wandeln. Das sind die Geister der Wahrheit und des Frevels. An der Quelle des Lichtes ist der Ursprung der Wahrheit, aber aus der Quelle der Finsternis kommt der Ursprung des Frevels. In der Hand des Fürsten des Lichtes liegt die Herrschaft über alle Söhne der Gerechtigkeit; sie wandeln auf den Wegen des Lichtes. Aber in der Hand des Engels der Finsternis liegt alle Herrschaft über die Söhne des Frevels, und sie wandeln auf den Wegen der Finsternis. Und durch den Engel der Finsternis geschieht Verirrung aller Söhne der Gerechtigkeit, und alle ihre Sünde, Missetaten und Schuld und die Verstöße ihrer Taten kommen entsprechend den Geheimnissen Gottes zu seiner Zeit durch seine Herrschaft. Und alle ihre Plagen und die festgesetzten Zeiten ihrer Drangsal kommen durch die Herrschaft seiner Anfeindung. Und er hat die Geister des Lichtes und der Finsternis geschaffen, und er hat jedes Werk auf sie gegründet [und] jeden Dienst [auf] ihre [Wege].[648] Kennzeichnend sind die Ablehnung der Verehrung anderer Götter und der Zauberei.
Am Anfang des zwölf[649] Laster umfassenden Katalogs stehen „Werke des Fleisches". An erster Stelle stehen drei Sünden, die den Geschlechtsverkehr betreffen: außereheliche Beziehungen, Unreinheit und Ausschweifungen. Es folgen zwei Sünden, die den Götzendienst betreffen, die Verehrung heidnischer Gottheiten (vgl. Röm 8,6; Offb 21,8) und Zauberei, die mit Hilfe vermeintlicher Götter betrieben wird. Es folgt eine Reihe von acht Sünden, welche die Gemeinschaft der Menschen beeinträchtigen: „Feindschaften, Streit, Eifersucht, Wutanfälle, Kabalen, Zwietracht, Parteiungen, Neid." Die beiden letzten von Paulus genannten Laster sind „Trunkenheit (und) Gelage." Da es sich hierbei um Ausschweifungen handelt, gehören sie der Sache nach zur ersten Gruppe. Paulus ist sich dessen bewußt, daß seine Aufzählung von Lastern unvollständig ist. Deshalb fügt er hinzu: „was dem ähnlich ist". Ermahnungen wie die an unserer Stelle sind charakteristisch für die frühchristliche Paränese. Den abschließenden, die Gemeindeglieder vor den Lastern warnenden Hinweis auf den Ausschluß aus dem Reiche Gottes finden wir z.B. auch 1Kor 6,9f; Eph 5,5f und Kol 3,6. Paulus nennt diese Laster als Gegensatz zur Frucht des Geistes, an erster Stelle der Liebe.

---

648 Vgl. *E. Lohse*, Hg., Die Texte aus Qumran, 10-13; *J. Maier*, Die Qumran-Essener I, 175f.

649 Die „Zwölf" ist eine Vollkommenheitszahl. Das Jahr hat zwölf Monate, Tag und Nacht umfassen im Mittelmeerraum jeweils zwölf Stunden, von sechs Uhr früh bis achtzehn Uhr abends und dann wieder bis sechs Uhr früh. Das alte Volk Israel gliederte sich nach den zwölf Söhnen Jakobs in zwölf Stämme (vgl. Gen/1Mo 49,1-28); Jos 24) . Jesus berief zwölf Apostel (vgl. Mk 3,13-19 // Mt 10,1-4 // Lk 6, 12-16). Laut Mt 14,20 blieben nach der Speisung der Fünftausend zwölf Körbe mit Brocken übrig.

Paulus nennt jetzt im Kontrast zu den Lastern als siebenfache[650] „Frucht des Geistes“ neun[651] Verhaltensweisen, welche für die Gemeinschaft unter den Menschen förderlich sind. Tugendkataloge finden wir noch 2Kor 6,6; Eph 4,2f; Kol 3,12f; 1Tim 4,12; 6,11; 2Tim 3,10; 1Petr 1,5ff; 3,5.8). Als erste Tugenden nennt Paulus Liebe, Freude und Frieden. (Vgl. z.B. Röm 14,17; 15,13; 2Kor 13,11; Eph 6,23; Kol 3,14f). Sie sollten für christliche Gemeinden in aller Regel selbstverständlich sein. Langmut und Güte im Verhältnis der Gemeindeglieder unter einander gehören ebenfalls zu den Tugenden, die jedermann, vor allem aber wir Christen beachten sollten (vgl. z.B. Röm 14,17; 15,13; 2Kor 13,11; Eph 6,23; Kol 3,14f). Selbstbeherrschung und Treue gewährleisten, daß man sich auf einen Menschen, insbesondere aber auf einen Christen, verlassen kann. Die Selbstbeherrschung oder Rechtschaffenheit kommt noch in Röm 15,14; Eph 5,9 und 2Thess 1,11 vor. Sanftmut und Selbstbeherrschung im Verhältnis zum jeweils Nächsten sind im Zusammenleben der Menschen notwendig. Gal 5,16 wiederholt der Sache nach 5,14.

Wer so handelt, wie es der Apostel in seiner Paränese von den Christen erwartet, kommt nicht mit dem Gesetz in Konflikt, weder mit dem bürgerlichen noch mit der Thora Israels. Die „Frucht des Geistes“ ist ein Kennzeichen freier Sohnschaft der Christen (vgl. Gal 4,1-7). Der Kampf zwischen Fleisch und Geist ist die Entscheidung zugunsten des Geistes entschieden, der uns durch die Taufe und den Glauben (vgl. Gal 3,26 – 4,7) schon von Gott gegeben ist. Christen haben ihr Fleisch, d.h. ihren Egoismus und ihre Begierden, die Paulus in Gal 5,16-19 genannt hat, gekreuzigt. (Vgl. Röm 6,6; 8,10.13; Gal 2 ,19; 6,14).

---

[650] Die „Sieben“ ist ebenfalls eine Vollkommenheitszahl. Nach Gen 1,1 - 2,4 wurde die Welt in sieben Tagen geschaffen. Das alte Israel feierte sieben Feste (vgl. z.B. Ex 12,15; Lev 25,4; 23, 27). Jesus hat nach Lk 8,2 und Mk 16,9 sieben Dämonen aus der Maria von Magdala vertrieben. Wenn laut Mt 12,45 aus einem Besessenen ein Dämon ausgetrieben ist, geht er und holt sieben andere Dämonen, die noch schlimmer sind als er. Sie ziehen in den eben noch dämonenfreien Besessenen ein und lassen sich dort häuslich nieder. Nach Mk 8,5 // Mt 15.34 standen für die Speisung der Viertausend sieben Brote ur Verfügung. Der Leuchter im Jerusalemer Tempel hatte sieben Arme (vgl. Ex 31,31-39; 37,1-9). Gemäß Offb 1,4 schrie der Seher Johannes an die sieben Gemeinden in der Provinz Asia. Der Menschensohn, den er sah, hatte nach Offb 1,16a „sieben Sterne in seiner rechten Hand“. Er schaute nach Offb5,1b Gott auf seinem Thron sitzen mit einem Buch in seiner Rechten, das mit sieben Siegeln versiegelt war. Als nach Offb 10,1-3 ein starker Engel auf die Erde herabgekommen war und rief, „erhoben ... sieben Donner ihre Stimme“. Als nach Offb 8,6 das siebte Siegel geöffnet war, erblickte er „sieben Engel mit sieben Posaunen“. Der Seher schaute nach Offb 12,3 einen „großen und feuerroten Drachen am Himmel, ...mit sieben Köpfen und sieben Diademen auf seinen Köpfen.“

[651] Die „Drei“ ist die Zahl der göttlichen Vollkommenheit. Wir Christen glauben an den dreieinigen Gott; Vater, Sohn und Hl. Geist. Jesus stand am dritten Tag von den Toten auf. Man teilte den Raum in Himmel, Erde und Unterwelt ein. Die Zeit besteht aus Gegenwart, Vergangenheit und Zukunft, Anfang, Mitte und Ende.

Die Lebensführung im Geist
5,25 –6,10

25-26: Wenn wir im Geiste leben, so laßt uns auch dem Geiste folgen. Laßt uns nicht nach eitler Ehre (streben), einander nicht provozieren, einander nicht beneiden! V. 25 nennt das Thema des ganzen Abschnitts (Gal 5,25 – 6,10): Es geht um unser Sein und eine Lebensführung im Geist, der uns Christen von Gott gegeben ist. Wir Christen haben mit unserem Glauben an Christus unser Fleisch, d.h. unseren selbstsüchtigen Menschen mit all seinen Leidenschaften und Begierden gekreuzigt (vgl. Gal 4,24). Da Gott uns seinen Geist verliehen hat (vgl. Röm 8,13) und an Christus glauben (vgl. Gal 2,20), verbindet uns der Geist mit Christus, dem Sohne Gottes (vgl. Gal 4,6), und Gott, seinem Vater. Der Heilige Geist bestimmt unsere Lebensführung. Er muß unser Denken, Wollen und Handeln regieren. Unter der Vorraussetzung, daß Gottes Geist uns regiert, sollen wir uns von ihm in unserem Lebensalltag leiten lassen (vgl. Gal 5,18). Der Apostel erklärt die Lebensführung im Geist, daß er uns vor ungeistlichem Verhalten warnt (vgl. Gal 5,26). Danach zeigt er in Gal 6,1-10 auf, wie wir unser Leben als Christen führen sollen. Das Streben nach Ehre, die gegenseitige Provokation und der Neid werden im Neuen Testament nur an dieser Stelle erwähnt.[652] Das Streben nach Ehre, die gegenseitige Provokation und der Neid aufeinander stehen im Gegensatz zum Gebot, den jeweils Nächsten zu lieben.

6,1: Brüder, wenn einer auch bei einem Fehltritt ertappt wird, so bringt ihr Geistlichen ihn wieder zurecht, und achte darauf, daß du nicht selbst versucht wirst. Mit der Anrede „Brüder“ eingeleitet, bringt Paulus ein Beispiel für eine Lebensführung, die von Gottes Geist geleitet wird. Es gilt den, der „auf einem Fehltritt ertappt wird“, mit Güte wieder zur christlichen Lebensführung zurückzubringen. Wenn wir „darauf achten“ sollen, „nicht selbst versucht“ zu werden, dann bedeutet das, daß wir auch selbst uns daneben benehmen können und dann auch von Mitchristen erwarten, daß sie uns gütig darauf aufmerksam machen und uns zu einem Wollen, Handeln und Verhalten helfen, das unserer Existenz als Christen entspricht. Eine christliche Gemeinde soll einen Sünder nicht bestrafen, sondern das staatlichen Stellen überlassen. Die Obrigkeit: „Sie ist Gottes Dienerin dir zugut. Wenn du aber Böses tust, so fürchte dich; denn sie trägt das Schwert nicht ohne Grund und vollstreckt das Urteil an dem, der Böses tut. Deshalb ist es notwendig, sich unterzuordnen, nicht allein der Strafe wegen, sondern auch um des Gewissens willen“ (Röm 13,4f). Christen sollen den staatlichen und städtischen Behörden sowie ihren Anordnungen folgen, weil sie in Gottes Dienst stehen. Sie loben, tadeln und bestrafen kraft der ihm von ihm verliehenen Autorität. Wer Gesetze und Verordnungen verletzt, hat allen Grund, sich zu fürchten. Er muß mit einer Strafe rechnen. Wir sollen die Autorität der für uns zuständigen staatlichen und städtischen Stellen nicht nur gezwungen anerkennen und ihren Anordnungen folgen, soweit sie nicht von uns verlangen, was Gottes Willen und Gebot widerspricht oder die anerkannten Regeln der Sitt-

---

652 Vgl. *J. Becker*, Galater 92.

lichkeit verletzt, sondern insbesondere auch deshalb, daß wir ihnen gegenüber ein reines Gewissen haben.

2: Einer trage des anderen Last, so werdet ihr das Gesetz Christi erfüllen. Die Mitchristen sollen einem Bruder, der „bei einem Fehltritt ertappt wird," wieder auf den rechten Weg einer christlichen Lebensführung bringen. Damit geben sie ein Beispiel, wie die Aufforderung des Paulus, die Lasten des anderen geduldig mitzutragen, und damit „das Gesetz Christi" erfüllt wird. Es gibt wohl niemanden, der außer seinen eigenen auch noch die Lasten seiner jeweils Nächsten mitzutragen hätte. In Röm 15,1ff schreibt der Apostel den Christen in Rom: „Wir, die wir stark sind, sollen die Schwäche derer tragen, und nicht an uns selbst Gefallen haben. Jeder von uns lebe so, daß er seinem Nächsten zum Guten und zur Erbauung gefalle; denn auch Christus hatte nicht an sich selbst Gefallen, sondern wie geschrieben steht: ‚Die Schmähungen derer, die dich schmähen, sind auf mich gefallen' (vgl. Ps 68,10 LXX). Was nämlich einst geschrieben wurde, das ist uns zur Belehrung geschrieben worden, damit wir durch Langmut und durch den Trost der Schrift Hoffnung haben". „Die Starken" sind solche Christen, die sich nicht an die Speisevorschriften der Thora Israels und der jüdischen Überlieferung gebunden wissen. „Die Schwachen" hingegen meinen, diese Vorschriften einhalten zu müssen. „Die Starken" sollen auf „die Schwachen" Rücksicht nehmen. Alle sollen so leben, daß sie ihren jeweils Nächsten"gefallen"."Bleibt niemandem etwas schuldig, außer daß ihr einander liebt; denn wer den anderen liebt, hat das Gesetz erfüllt" (Röm 13,8). Sie sollen einen Bruder, der sich verirrt, nicht verurteilen, sondern darauf achten, daß sie nicht selbst zu einer ähnlichen Sünde versucht werden. So tragen sie die Lasten ihrer Glaubensbrüder, denen sie wieder zu einer christlichen Lebensführung helfen, damit sie das Gesetz Christi erfüllen, das er zuvor gelebt und selbst erfüllt hat (vgl. Phil 2,5), das Gebot, einander und den jeweils Nächsten zu lieben (vgl. Mk 12,31 parr; Gal 5,13).

3: Wenn nämlich jemand meint, er sei etwas und doch nichts ist, so täuscht er sich selbst. Die VV. 3-5, die sich an V. 2 anschließen, begründen und motivieren diese Mahnung. Jeder, der weiß, daß er selbst versucht werden kann, wird darauf achten, den Versuchungen im Glauben standzuhalten, seine Werke nicht mit denen seiner Mitchristen messen. „Wenn nämlich jemand meint, er sei etwas und doch nichts ist, so täuscht er sich selbst." Die Selbsttäuschung über den Wert der eigenen Werke wird durch Selbstkritik verhindert.

4-5: Jeder aber prüfe sein eigenes Werk, und dann wird er seinen Ruhm nur für sich selbst und nicht im Blick auf den anderen haben; denn jeder wird seine eigene Bürde zu tragen haben. Wir Menschen und insbesondere wir Christen sollen nicht überheblich sein. Wir sollten uns über unsere eigene Lebensweise klar sein, unser Tun und Lassen immer kritisch sehen und nicht vor anderen damit prahlen, weil wir wissen, daß wir darüber im Endgericht darüber Rechenschaft geben müssen, wenn wir nach unseren Werken beurteilt werden. (vgl. Röm 2,5-10; 1Kor 3,13ff; 2Kor 5,10; 11,15; Eph 6,8). Da wir nach Phil 3,12-16 zur Vollendung hin unterwegs sind, sollen wir uns „wie ein Läufer" verhalten, „der dem Siegespreis entgegen rennt“, „der in der Berufung besteht, die von Gott her in Jesus Christus in Jesus Christus (ergangen ist).“ Wir sind an Jesus Christus im Leben und Tod gebunden. Deshalb sollen wir unser Tun und Lassen ständig daraufhin prüfen, ob wir uns nichts vorzuwerfen haben (vgl. Röm 14,22; 1Kor 4,4). Dann, wenn wir damit zufrieden sind, dürfen wir uns freuen, diese Freude aber für uns behalten. Unsere Werke berechtigen uns nicht, anderen Mitchristen gegenüber, die nicht solche Werke aufzuweisen haben, überheblich zu sein: „Richtet also nicht vor der Zeit; wartet bis daß der Herr kommt, der das im Dunklen Verborgene ans Licht bringen und die Absichten der Herzen offenbar machen wird. Dann wird einem jeden von Gott sein Lob zuteil werden“ (1Kor 4,5). In Korinth gab es damals Gemeindeglieder, die Paulus verurteilt haben, ohne ihn zuvor anzuhören. Nach der Überlieferung der Worte Jesu hat dieser vor dem Verurteilen anderer Menschen gewarnt: „Richtet nicht, so werdet ihr nicht gerichtet werden,und verurteilt nicht, so werdet ihr nicht verurteilt werden; sprecht frei, so werdet ihr freigesprochen werden“ (QLk 6,37 // QMt 7,1). Jesus verbietet hier nicht ein Beurteilen der Taten anderer Menschen und auch nicht die geordnete Rechtsprechung. Seine Warnung richtet sich vielmehr gegen ein herzloses Aburteilen und Verdammen, mit dem man unerachtet eigener Fehler und Sünden mitmenschliches Tun und Unterlassen begleitet. Das zeigt das parallel gestellte und bedeutungsänliche Verbot des Verurteilens. Gott, der das unwiderruflich letzte Urteil spricht, wird den Menschen, der gnadenlos verdammt, nach dem von ihm angelegten Maßstab richten. Jesus bewegt sich hier im Umkreis der aus den Alten Testament bekannten Vorstellung, daß Gottes Reaktion auf menschliches Handeln diesem entspricht Ez 7,27b LXX nennt den Grundsatz göttlichen Handelns und Richtens: „Nach ihrer Lebensweise will ich an ihnen handeln und nach ihren eigenen Rechtsbesimmungen über sie urteilen“. Die Rabbinen überliefern einen ähnlichen Spruch Hillels (um 20 v.Chr.): „Richte deinen Nächsten nicht, bis du in seine Lage gekommen bist!“ (Aboth, 2,4).[653] Wir können zwei Unterschiede zum Wort Jesu feststellen: Ernstens: Hillel appelliert an das Mitgefühl der Menschen mit einem anderen in seiner Situation, während Jesus kategotisch fordert das Richten und Aburteilen anderer Menschen zu lassen. Zweitens: Bei Hillel fehlt der Bezug auf das dem menschlichen Handeln entsprechende Gotteshandeln im Endgericht. Dagegen gilt: „Was du nicht willst, daß man dir tu, das füg auch keinem anderen zu“ (Tob 4,16).[654] Jesus fragt rhetorisch: „Was siehst du den Splitter in deines Bruders Auge, aber den Balken in deinem eigenen Auge nimmst du nicht wahr? Wie kannst du zu deiem Bruder sagen: Bruder, laß mich den Splitter entfernen, der in deinem Auge streckt, während du den Balken in deinem Auge nicht siehst? Heuchler, zieh zuerst den Balken aus deinem Auge, und dann sieh genau hin, den Splitter herauszuziehen, der im Auge deines Bruders steckt“ (QLk 5,41f // QMt 7,4f). Durch die beiden klimaktisch aufeinander bezogenen rhetorischen Fragen werden Jünger Jesu angesprochen, die meinen, moralische Lehrer ihrer Mibrüder sein zu sollen, an denen sie Fehler entdecken, und meinen, sie zurechtweisen zu müssen. Sie werden „Heuchler“ gescholten, weil sie das Mißver-

---

[653] Bill. I, 441.
[654] Apokryphen der Lutherbibel.

hältnis zwischen dem an ihrem Mitbruder getadelten Mangel und dem eigenen Defizit außer acht lassen. Diese Jünger sollen sich von der Entdeckung eines Fehlers bei anderen zur Einsicht in die eigenen Mängel leiten lassen. Die Selbstkorrektur hat auf jeden Fall Vorrang vor dem Versuch, einem Mitbruder dabei zu helfen, dessen Fehler zu beseitigen. Nur wer sich selbst klar sieht und beurteilt, kann auch bei anderen richtig hinsehen, so daß er sich ihm als hilfreich erweisen kann. – Jesus hat mit der Karikastur vom Splitter und Balken eine verbreitete Volksweisheit über das Mißverhältnis von Selbst- einschätzung und Beurteilung anderer aufgegriffen. Die nächste rabbinische Parallele ist ein dem Rabbi Tarphon (um 100 n.Chr.) zugeschriebener Ausspruch. Darin geht es um die Auslegung und Anwendung von Lev/3Mo 19,17b LXX: „Du sollst deinen Nächsten zurechtweisen, damit du seinetwegen keine Schuld auf dich lädst. Der Rabbi lehrte: „Es sollte mich wundern, wenn es in dieser Generation einen gäbe, der eine Zurechtweisung annähme. Wenn man ihm sagen würde: Nimm den Splitter aus dem Auge fort, so würde er antworten: Nimm den Balken aus deinem Auge" (Arakh 16b).[655] Anders als in der Spruchquelle (Q) werden hier die Bildmotive zur Erklärung der Schwierigkeit benutzt, seinen Nächsten zurechtzuweisen. Er wehrt sich dagegen mit dem Wort vom Balken im Auge, mit dem er das Verhalten dessen, der ihn zurechtgewiesen hat, rügt. Bei Epiktet (ca. 50 – 120 n.Chr.) heißt es: „Du bist kein Herakles, sagst du, und kannst die Schlechtigkeit der anderen Leute nicht beseitigen; du bist auch kein Theseus, daß du Attika von seinen Übeln säubern könntest. Reinige dein eigenes Gebiet!" (Diss. II, 16.45).[656] In Senecas (4 v. – 65 n.Chr.) Dialog „Über das glückliche Leben" (De beata vita) lesen wir: „Warum faßt ihr nicht lieber euere eigenen Fehler ins Auge, die euch allseits durchbohren, die einen äußerlich wütend, die anderen in den Eingeweiden selbst brennend? So steht es nicht mit den Problemen der Menschen – auch wenn ihr euere Situation zu wenig kennt -, daß euch so viel Muße bliebe, an Schmähungen gegenüber Überlegenen die Zunge zu schärfen" (Quin potius vobis imitari vitia nostra contigerit! Quin potius mala vestra circumspicitis quae vos ab omni parte confodiunt, alia grassantia extrinsecus, alia in vesceribus ipsis ardentia? Non eo loco res humanae sunt, etiam si statum vestrum parum nostris, ut vobis tantum otiisupersit ut in probra meliorum agitare linguam vacet, Vita XXVII, 6).[657]

Wir müssen die Bürde, d.h. die Summe aller Lasten, die wir je persönlich zu tragen haben, auf uns nehmen, dürfen aber unserer guten Taten, die wir nicht uns selbst, sondern Gottes Gnade verdanken, freuen, aber nicht von anderen fordern, daß andere Mitchristen gleiche oder ähnliche Taten aufzuweisen haben, denn jeder soll seiner eigenen Berufung folgen: „Keiner betrüge sich selbst. Wenn jemand unter euch meint, in dieser Welt weise zu sein, so soll er töricht werden, um weise zu werden; denn die Weisheit dieser Welt ist töricht vor Gott. In der Schrift steht nämlich: „Gott fängt die Weisen in ihrer eigenen List, damit der Schlauen Plan sich überstürzt" (Hi 5,13 LXX). Und an einer anderen Stelle: Der Herr kennt die Gedanken der Weisen; er weiß, daß sie nichtig sind (Ps 93 11 LXX)" (1Kor 3,18ff). Der Apostel warnt hier vor Selbstüberschätzung. Seine

---

655 Bill. I, 446.
656 Epictetus, The Discourses I, 326f (*W.A. Goldfather*).
657 *Seneca*, Philosophische Schriften II, 74f *(M. Rosenbach).*

Warnung gilt insbesondere denen, die meinten „weise“ zu sein. „Weise“ kann nur derjenige sein, der sich zu der Torheit bekennt, daß ein zum Tode verurteilter und am Kreuz hingerichteter Jude, Jesus von Nazareth, der Retter der Menschheit aus der Gewalt der Sünde und des Todes ist. Gott „fängt Weise in ihrer List, damit der Schlauen Plan sich überstürzt“ (Hi 5,13 LXX). „Der Herr kennt die Gedanken der Menschen. Sie sind nichts als ein Hauch“ (Ps 94,11 [93,11 LXX]). Menschliches Planen und Trachten ist letztenenes nichtig.
„Jeder hat seine eigene Gabe von Gott, der eine so, der andere so.“ „Das alles aber wirkt ein und derselbe Geist, der jedem besonders zuteilt, was er will.“ Die jedem Christen, jeweils persönlich auferlegte Last muß er tragen, wenn er an das Ziel seiner Berufung gelangen will.

6: Wer aber im Wort unterrichtet wird, gebe seinem Lehrer von allen Gütern etwas mit. V. 6 folgt V.5, wonach jeder die ihm je persönlich auferlegte Bürde zu tragen hat. Wahrscheinlich geht es hier um die Besoldung der Lehrer, zu denen auch Paulus zählt, in den Gemeinden Galatiens, die Taufanwärter in der christlichen Lehre unterrichten. Die Taufanwärter sollen ihren Katecheten an allen ihren guten Werken gemäß Gal 5,22f einen Anteil geben, d.h. zu ihrem Unterhalt beitragen. Es geht hier höchstwahrscheinlich darum, daß getaufte Christen die ihnen mitgeteilten geistlichen Güter, die sie wie Lukas den Theophilus, mit dem von ihm verfaßten Evangelium tiefer in der christlichen Lehre (vgl. S^{Lk} 1,1-4), aber auch mit der Apostelgeschichte in die Geschichte der frühen Christenheit einführen.
Ein Schüler ist verpflichtet, seinem Lehrer den Lebensunterhalt zu zahlen. Er soll seine Habe mit ihm teilen. (vgl. 1Kor 9,7-14; 2Kor 7f; 1Tim 5,17f). Der historische Hintergrund dieser Ermahnung war höchstwahrscheinlich der, daß Paulus zu Ohren gekommen war, die Gemeinden in der Provinz Galatia finanzierten ihre Katecheten entweder gar nicht oder nicht ausreichend. Der historische Hintergrund war wahrscheinlich, daß den Leviten für ihren Dienst ihr Anteil am Zehnten zustand, den im alten Israel jeder Hausvater zu Leisten schuldig war (vgl. Num/4Mo 18,31). Die Begründung dafür fand der Apostel in Dtn/5Mo 25,4 LXX: „Du sollst dem Ochsen, der da drischt, nicht das Maul verbinden“ (vgl. 1Kor 9,8ff; 1Tim 5,18). Da die Katecheten den Gemeinden geistliche Güter mitgeteilt haben, können sie erwarten, von den Gemeinden ihren Lebensunterhalt zu bekommen. Paulus hat dieses Recht zur selten in Anspruch genommen. Als er wegen eines epileptischen Anfalls in einer der galatischen Gemeinden seine missionarische Tätigkeit unterbrechen mußte (vgl. Gal 4,15), war er dafür dankbar, daß die Christen dort ihn gepflegt haben, bis er wieder gesund war. Nach 2Kor 11,9 haben ihn die Christen in der Provinz Makedonien, speziell in Philippi, mehrmals durch finanzielle Hilfeleistung unterstützt (vgl. Phil 4,10.20; Phlm 4-7). Sonst hat er keine Hilfe aus den Gemeinden in Anspruch genommen (vgl. 1Kor 9,12; 2Kor 11,7; 12,13f; Apg 20,33). Er wollte niemandem zur Last fallen.

7-8: Irret euch nicht: Gott läßt seiner nicht spotten; denn was der Mensch sät, das wird er auch ernten; denn wer auf sein Fleisch sät, wird vom Fleisch Verderben ernsten; doch wer auf den Geist sät, wird vom Geist

ewiges Leben ernten. Paulus benutzt die Wendung „Irret euch nicht" immer dann, wenn es um Einsichten geht, die wir Menschen nicht übersehen dürfen (vgl. 1Kor 6,9; 15,33; vgl. Lk 21,8; Jak 1,16; IgnEph 16,1; IgnMagn 8, 8,1; Ign Phld 3,3). Das Sprichwort „Gott läßt seiner nicht spotten" war damals weltweit verbreitet. „Gott wurde als unentrinnbare und gefährliche Gottheit vorgestellt, die schonungslos die vernichtet, die sich gegen sie auflehnen."[658]
Ein Schüler ist verpflichtet, seinem Lehrer den Lebensunterhalt zu zahlen. Er soll seine Habe mit ihm teilen. (vgl. 1Kor 9,7-14; 2Kor 7f; 1Tim 5,17f). Der historische Hintergrund dieser Ermahnung war höchstwahrscheinlich der, daß Paulus zu Ohren gekommen war, die Gemeinden in der Provinz Galatia finanzierten ihre Katecheten entweder gar nicht oder nicht ausreichend. Der historische Hintergrund war wahrscheinlich, daß den Leviten für ihren Dienst ihr Anteil am Zehnten zustand, den im alten Israel jeder Hausvater zu Leisten schuldig war (vgl. Num/4Mo 18,31). Die Begründung dafür fand der Apostel in Dtn/5Mo 25,4 LXX: „Du sollst dem Ochsen, der da drischt, nicht das Maul verbinden" (vgl. 1Kor 9,8ff; 1Tim 5,18). Da die Katecheten den Gemeinden geistliche Güter mitgeteilt haben, können sie erwarten, von den Gemeinden ihren Lebensunterhalt zu bekommen. Paulus hat dieses Recht zur selten in Anspruch genommen. Als er wegen eines epileptischen Anfalls in einer der galatischen Gemeinden seine missionarische Tätigkeit unterbrechen mußte (vgl. Gal 4,15), war er dafür dankbar, daß die Christen dort ihn gepflegt haben, bis er wieder gesund war. Nach 2Kor 11,9 haben ihn die Christen in der Provinz Makedonien, speziell in Philippi, mehrmals durch finanzielle Hilfeleistung unterstützt (vgl. Phil 4,10.20; Phlm 4-7). Sonst hat er keine Hilfe aus den Gemeinden in Anspruch genommen (vgl. 1Kor 9,12; 2Kor 11,7; 12,13f; Apg 20,33). Er wollte niemandem zur Last fallen.
Mit den VV. 7-9 schließt Paulus den vierten Hauptabschnitt seines Schreibens an die Christen in der Provinz Galatia. Die Wendung „Irret euch nicht" (Lk 21,8; Jak 1,16) gebraucht Paulus immer dann, wenn es um jedermann einleuchtende Einsichten geht, die wir beachten müssen (vgl. 1Kor 6,9; 15,33). Hier geht es darum, wie es uns Menschen im Endgericht ergehen wird. Einer Lebensführung, die von Gottes Geist bestimmt wird, ist die Verheißung auf das ewige Leben gegeben. Das Bild von Saat und Ernte finden wir auch noch in Hos 8,7; Hi 4,8; Spr 22,8; Lk 19,21; 2Kor 9,6. Es ist in der antiken Literatur verbreitet und stammt stammt aus der Erfahrung der Landwirte, die wissen, wieviel Ernteertrag eine bestimmte Menge Saatgut erwarten läßt.[659] Hat ein Bauer schlechtes Saatgut, muß er mit einer schlechten, bei gutem Saatgut kann er, wenn auch das Wetter für das Keimen, Aufwachsen und Reifen der Saat günstig ist, mit einer guten Ernte rechnen. Damit, daß Paulus das Bild auf das Tun oder Lassen der Menschen und seine Folgen und auf das endzeitliche Ergehen bezieht, prägt er es um und typisiert es. Er stellt sich zwei Landwirte vor. Der eine sät sein Saatgut in das sündige und vergängliche Fleisch. Daraus keimt, wächst und reift eine vergängliche und verderbliche Frucht. Der andere sät den von Gott ihm anvertrauten Heilige Geist in seinen Acker. Er erntet dank Gottes Geist das ewige Le-

658 *H.D. Betz*, Galater 521.
659 Vgl. *H. Preisker*, Art. μυκτηρίζω, ThWNT IV, 804-807; *G. Bertram*, ebd.

ben (vgl. Röm 2,7; 5,21; 6,22f). Das bedeutet in unserem Zusammenhang: Ein Katechumene, der seinem Katecheten kein oder zu wenig Geld für die von ihm erhaltene christliche Unterweisung gibt, schätzt dessen Unterricht gering. Das Sprichwort: „Was der Mensch sät, das wird er auch ernten" finden wir noch in Hi 4,8b; LXX; 2Kor 9,6).

9-10: Laßt uns Gutes tun und nicht müder werden; denn zur rechten Zeit werden wir auch ernten, wenn wir nicht ermatten. Deshalb laßt uns, solange wir Zeit haben, Gutes tun, am meisten aber den Glaubensgenossen. Paulus ruft hier noch einmal die galatischen Christen dazu auf, dem Geist Gottes bei sich in guten Werken bei sich wirken zu lassen (vgl. Gal 5,22f), weil jetzt noch Zeit zur Aussaat ist. Schließlich können sie auch ernten, was sie zuvor gesät haben. Wer auf schlechten Boden, d.h. auf sein Fleisch, gesät hat, kann z. Zt. des letzten und unwiderruflichen Gerichts über ihn auch nur eine schlechte Ernte einfahren. Darum kommt alles darauf die nur noch kurze Zeit bis dahin zu nutzen. Paulus und die frühe Christenheit lebten in der Naherwartung des Endes (vgl. z.B. Röm 13,11f; 16,20; 1Kor 7,29; 10,11; 16,22; Phil 4,5; 1Thess 4 13ff) und die frühe Christenheit erwarteten den letzen Advent Jesu Christi als Weltenrichter mit göttlicher Vollmacht. Der Apostel floh nicht aus der Welt wie zuerst in Ägypten die Anachoreten (von ἀναχορέω „sich zurückziehen), und Eremiten, die sich in die Wüste zurückzogen, und seit der 2. Hälfte des 3. Jahrhunderts die Männer- und Frauenorden, sondern nutzte die noch verbleibende Zeit für die Mission. Gerade weil die verbleibende Zeit nur noch kurz ist, gilt es sie zu nutzen, Gutes zu tun, vor allem an den eigenen Glaubensgenossen, wörtlich „Hausgenossen des Glaubens".

11-12: Ich aber, Brüder, wenn ich noch die Beschneidung predige, warum werde ich noch verfolgt? Das Ärgernis des Kreuzes wäre ja beseitigt. Möchten doch diejenigen, die euch beunruhigen, sich auch verschneiden lassen. Paulus stellt den Lesern seines Briefes eine rhetorische Frage. Allem Anschein nach haben seine Widersacher dem Apostel vorgeworfen, er predige noch die Beschneidung, weil er nach Apg 16,1ff seinen Mitarbeiter Timotheus beschnitten hat. Würde er noch wie seine judaistischen Widersacher, die Beschneidung predigen, gäbe es keinen Grund, ihn zu verfolgen. „Dann" wäre „ja das Ärgernis des Kreuzes beseitigt" (11c). Vgl. 1Kor 1,22-25: „Da die Juden Zeichen fordern und die Griechen Weisheit begehren, predigen wir Christus als den Gekreuzigten, den Juden ein Ärgernis, den Heiden Torheit, den Berufenen aber, Juden wie Griechen, Christus, Gottes Kraft und Gottes Weisheit. Denn das Törichte Gottes ist weiser als die Menschen und das Schwache Gottes ist stärker als die Menschen". Der Inhalt des vom Apostel gepredigten Evangeliums entspricht nicht den Erwartungen seiner jüdischen und heidnischen Hörer. Für Juden ist rein rechtskräftig zum Kreuzestod verurteilter und hingerichter vermeintlicher Verbrecher als Messias ein „Ärgernis", denn: „Wenn jemand ein Verbrechen begangen hat, auf das die Todesstrafe steht, wenn er hingerichtet wird und du den Toten an einen Pfahl hängst, dann soll die Leiche nicht über Nacht am Pfahl hängen bleiben, sondern du sollst ihn noch am selben Tag begraben; denn ein Gekenkter ist ein von Gott Verfluchter" (Dtn/5Mo 21,22f LXX). Der Jude

Tryphon antwortete Justin († 165 n. Chr): „Mein Herr, die erwähnten Schriften und ähnliche veranlassen uns, daß wir den, der als Menschensohn von dem Bejahrten die ewige Herrschaft erhält, in Herrlichkeit und Größe erwarten. Dieser euer sogenannter Christus aber ist ohne Ehre und Herrlichkeit gewesen, so daß er sogar dem schlimmsten Fluch verfiel, den das Gesetz Gottes verhängt: Er ist nämlich gekreuzigt worden (XXXII, 1).“[660] Für Heiden aber ist ein gekreuzigter Retter und Erlöser lächerlich. Als nach 2Kor 12,9f Paulus den Herrn dreimal um Befreiung von seinen epileptischen Anfällen gebeten hatte, antwortete ihm dieser: „Laß dir an meiner Gnade genügen; denn meine Kraft erweist ihre Kraft in der Schwachheit. Deshalb will ich mich am liebsten meiner Schwachheit rühmen, damit die Kraft Christi auf mich herabkommt. Deshalb bin ich guten Mutes in Schwachheit, Mißhandlungen, Nöten, Verfolgungen und Ängsten um Christi willen; denn wenn ich schwach bin, dann bin ich stark“. Wenn Paulus sich seiner „Schwachheiten rühmt“, dann bedeutet dieses, daß er sie aus Gottes Hand als dessen Fügung annimmt. Daß er sich der „Kraft Christi“ anvertraut, ist ein Zeichen seiner Demut. Sein Herr Jesus Christus macht ihn dann stark, wenn er selbst schwach ist. Die judaistischen Gegner traten für die Beschneidung ein, um nicht von den Juden verfolgt zu werden. Sie verfolgten ihn, weil er „das Ärgernis des Kreuzes“ predigte. Der Apostel legt seinen Widersachern nahe, sich entmannen zu lassen. Nach Dtn/5Mo 23,2 LXX können Kastrierte nicht zur Gemeinde Gottes gehören: „In die Versammlung Jahwes darf niemand aufgenommen werden, dessen Hoden zerquetscht oder dessen Glied verstümmelt ist“. Diese Auffassung hat sich im frühnachexilischen Judentum geändert: „Der Verschnittene soll nicht sagen: Ich bin nur ein dürrer Baum; so spricht nämlich Jahwe: Den Verschnittenen, die meine Sabbate halten, die gern tun, was mir gefällt und an meinem Bund festhalten; ihnen allen errichte ich in meinem Hause und in meinen Mauern ein Denkmal; ich gebe ihnen einen Namen, der mehr wert ist als Söhne und Töchter. Einen ewigen Namen gebe ich ihnen, der niemals getilgt wird“ (Jes 56,3b-5 LXX). Entmannte sind hiernach, soferrn sie die Sabbate begehen und auch an Jahwes Bund mit seinem Volk festhalten, berechtigt, an den Gottesdiensten im Tempel teilzunehmen. Im heiligen Bereich des Tempels werden für sie Denksteine aufgestellt, die dazu da sind, den Eunuchen die Zugehörigkeit zum Gottesvolk zu verbürgen.
Freiheit bedeutet nach Paulus auch, sich vom Geiste Christi regieren und leiten zu lassen. Vgl. Gal 5,16ff: „Führt euer Leben im Geist, und ihr werdet das Begehren des Fleisches nicht vollbringen! Denn das Fleisch gelüstet wider den Geist, den Geist aber wider das Fleisch. Diese nämlich liegen miteinander im Streit, damit ihr das nicht tut, was ihr wollt. Doch wenn ihr vom Geist getrieben werdet, seid ihr nicht unter dem Gesetz“.

Exkurs: ἐλευθερία, libertas, Freiheit II
Mit der Freiheit ist dem Christen die Freiheit von der Macht der Sünde und des Todes gegeben. Vgl. Röm 14,7f: „Keiner von uns lebt für sich selbst, uns keiner stirbt für sich selbst. Leben wir, so leben wir für den Herrn; sterben wir, so sterben wir für den Herrn. Wir leben oder sterben, wir gehören dem Herrn“. Wir Christen sind niemals nur für uns selbst da. Das hat Paulus in V. 7 negartiv und in V. 8a positiv formuliert. In V. 8b hat er positiv ausgedrückt,

[660] *Justinus*, Dialog mit dem Juden Tryphon, 46 *(Ph. Haeuser).*

daß wir, einerlei, was geschieht, „dem Herrn gehören." „Wir sind ihm zugehörig, im Leben und Sterben ihm verpflichtet".[661]

„So rühme sich denn niemand eines Menschen; denn alles ist euer, es sei Paulus oder Apollos oder Kephas, es sei Welt oder Leben oder Tod, es sei Gegenwärtiges oder Zukünftiges: alles ist euer; ihr aber seid Christi; Christus aber ist Gottes".

„Alles ist euer" oder „alles ist unser" chrakterisiert die Einstellung der kynisch-stoischen Weisen zur Welt. So heißt es bei Diogenes Laertius VI,72: Diogenes von Sionpe (ca. 400-328/23 v.Chr.) Didymon, der Ehebrecher, nannte „Herakles als sein Vorbild für die Lebensführung, der nichts höher hielt als die Freiheit. … Alles gehört den Göttern; die Götter aber sind Freunde der Weisen; den Freunden aber gehört alles in Gemeinschafr; alles also gehört den Weisen."[662]

Nach Diogenes Laertius, VII,1,121-122 hat Zenon von Kition, der Begründer der Stoa (ca. 400 – ca. 263) n.Chr.) gelehrt: Der Weise nach Chrysipp aus Soloi in Kilikien (281/77 – 208/04) „dem Bösen zu wehren und zur Tugend anzuregen versuchen. Auch heiraten werde der Weise und Kinder zeugen, wie Zenon in seinem Staate sagt. Ferner werde der Weise sich nicht mit schwankenden Meinungen befassen, mit anderen Worten, er werde nichts Falschem seinen Beifall geben. Und er werde sich zu den Kynikern halten, denn der Kynismus … sei der unmittelbare Weg zur Tugend, wie Apollodor (ca. 394 – nach 348 v.Chr.) in der Ethik behauptet. … Er allein sei wahrhaft frei, alle Schlechten aber seien Sklaven. Denn die Freiheit bestehe in der Möglichkeit, selbständig zu handeln, die Knechtschaft dagegen in der Entziehung dieser Möglichkeit. Es gebe auch noch eine andere Knechtschaft, die in der Unterordnung, und eine dritte, die in Besitz und Unterordnung bestehe und der als Gegenstück die Gewaltherrschaft gegenüber steht, die auch ihrerseits verwerflich ist."[663]

Paulus war anders als Diogenes von Sinope und Seneca kein stoischer und auch kein kynischer Weise, sondern Apostel Jesu Christi. Er entfaltet in 1Kor 3,22 das „Alles ist euer". Die Christen in Korinth gehören nicht Paulus, Apollos oder Kephas (Petrus), sondern diese Prediger des Evangeliums sind für sie da. Sie sind ihre Diener, aber nicht ihre Herrscher. Ja, den Christen gehören sogar Leben und Tod. Gegenwart und Zukunft stehen ihnen zur Verfügung. Philo von Alexandria, VitMos I,157, lehrte: „Während … der ja alles gehört, nichts braucht, besitzt der weise Mensch zwar im eigentlichen Sinne nichts, nicht einmal sich selbst, aber er hat an den wertvollsten Gütern der Gottheit, soweit er dazu imstande ist, Anteil. Und ist das nicht natürlich? Ist er doch ein Weltbürger und aus diesem Grunde keinem der Staaten der bewohnten Erde als Bürger angehörig, und sies mit Recht, da er nicht ein Teil eines Landes, sondern das gesamte Weltall als Erbteil erhielt.".[664]

Auch in Röm 8,38f hat Paulus seiner Gewißheit Ausdruck verliehen, daß „weder Tod noch Leben, weder Engel noch Mächte, weder Gegenwärtiges noch Zukünftiges, weder Hohes noch Tiefes noch eine andere Kreatur uns von der Liebe Gottes scheiden kann, die in Christus Jesus ist, unserem Herrn". Tod und Leben nennt Paulus auch in Röm 14,7ff zusammen. An unserer Stelle nennt er neun uns elementar angehende Mächte. In seiner Aufzählung steht der Tod an erster Stelle. Er ist nach 1Kor 15,26 der „letzte Feind". In Röm 8,38a und 14,8a steht er mit dem „Leben" beziehungsweise „leben wir" zusammen. Nicht allein Leben und Tod sind Mächte, die unser Dasein bestimmen, auch kosmische Gewalten, die Paulus „Engel"[665] und „Mächte" oder „Gewalten"[666] nennt, beeinflussen uns, zB. Orkane oder Hochwasser, aber auch Wassermangel, Hitze und Kälte, Dürreperioden oder eine Feuersbrunst. Dazu kommen Krankheiten, insbesondere Pandemien. Der Verkehr auf unseren Straßen und Auto-

---

661 *H. Schlier*, Römerbrief, 409f.

662 Diogenes Laertius, Bd. I,314.

663 *Ders.*, Bd. II,56.

664 Philonis opera, IV,157f; *ders.*, Werke I,257f.

665 Zu den Engeln als Gewalten, die uns gefährlich werden können, vgl. *G. Kittel*, Art. ἄγγελος κτλ., ThWNT I,75; *I. Broer*, Art. ἄγγελος, EWNT I,32-37

666 Zu den „Mächten" oder „Gewalten" (ἄρχαι) vgl. *G. Delling*, Art. ἄρχω κτλ., ThWNT I,481ff; *K. Weiß*, Art. ἀρχή, EWNT I,388-392 u. *O. Betz*, Art. δύναμις, TB II, 1181f.

bahnen kann uns gefährlich werden. Was immer uns widerfährt, „nichts kann uns von der Liebe Gottes scheiden, die in Christus Jesus ist, unserem Herrn, „nicht einmal der „Tod". „Die Mächte lassen in ihrem Wesen die Welt und menschliches Dasein als Welt des Todes erscheinen. Sie bemächtigen sich ihrer in der Weise, daß sie sie zum Tode ermächtigen. Sie lassen durch ihr Wesen in Welt und Dasein den Tod anwesen. Sie erweisen sich als Todeswesen."[667] Bei den Mächten „handelt es sich um ein einziges, aber diffuses und in einer Fülle von Energien uns angehendes Phänomen."[668] „Diese Mächte sind offenbar Phänomene, die auch schon außerhalb des Christlichen, oder theologisch deutlicher: außerhalb der Offenbarung des Alten und Neuen Testaments gesehen und erfahren worden sind und aus der Überlieferung dieser allgemein menschlichen Erfahrung in irgendeiner Weise an die Offenbarung herangetragen werden."[669] In Röm 8,39 weisen „Hohes" und „Tiefes" auf den Himmel hin, an dem die Sterne auf- und untergehen. Die Sterne wurden im Altertum und werden noch heute von den Menschen, die ihre Lebensführung nach Horoskopen ausrichten, für kosmische Mächte gehalten. Für Christen gibt es keine Macht der Welt, die „uns von der Liebe Gottes scheiden kann, die in Christus Jesus ist, unserem Herrn," weder eine kosmische, noch eine unserem Glauben und unserer Kirche feindlich eingestellte politische.

Wer an Gott in und mit unserem Herrn Jesus Christus glaubt, hat in der Taufe mit dem Hl. Geist auch die Freiheit von den Mächten der Sünde und des Todes empfangen. Davon, daß der Geist mit der Taufe empfangen wird, schreibt Paulus z.B 1Kor 6,11b.c: „ … Ihr seid reingewaschen, seid geheiligt, seid gerecht geworden in dem Namen des Herrn Jesus Christus und im Geist unseres Gottes". Die Befreiung aus der Gewalt der Sünde, d.h. des Sündigenmüssens, erfolgte durch die Sündenvergebung und damit zur Freiheit, Gutes zu tun. Da man im Altertum annahm, daß die Sünde den Menschen auch körperlich beschmutze, wurde die Taufe auch als eine Reinigung des Körpers aufgefaßt. Vgl. Jes 1,16.17a: „Wascht euch, reinigt euch! Schafft mir eure böse Taten aus den Augen! Hört auf, Böses zu tun; lernt Gutes zu tun …!". Mit Schuld befleckte Israeliten, d.h. durch böse Taten kultisch unrein gewordene Menschen sollen sich durch das Händewaschen symbolisch von ihrer Unreinheit befreien, vom Bösen lassen und Gutes tun, z.B. ihrem in Not geratenen Nachbarn helfen. So betet der Fromme zu Jahwe, dem Gott Israels Ps 51,12 (= 50,12 LXX: „Schaffe, in mir, Gott, ein reines Herz, und erneuere in mir einen festen Geist!". Die Bitte um ein „reines Herz" zielt auf Verläßlichkeit. Auch ein frommer Mensch ist auf Erneuerung durch Gott angewiesen. Sie bewirkt die Ausrichtung der Lebensführung nach Gottes Geboten. 1Kor 12,13: „… Wir sind durch den einen Geist alle zu einem Leib getauft, Juden und Griechen [= Heiden], Sklaven und Freie; uns alle sind wir mit dem einen Geist getränkt"). Durch die Taufe auf den Namen Jesu Christi (vgl. Röm 6,3; 1Kor 1,13; Gal 3,27) werden die Christen zu einem „Leib", d.h. zu einer Körperschaft zusammengefügt. Sie sind nun deren Glieder. Das bewirkt der *eine* Geist. Er schafft Einheit in der Vielfalt der religiösen und ethnischen Herkünfte, der Standesunterschiede und des Geschlechts. Anders als in Gal 3,27f, wo Paulus die Aufhebung aller Unterschiede von Juden und Heiden, Sklaven und Freien sowie von Männern und Frauen in der christlichen Gemeinde betont hat, geht es ihm an dieser Stelle um die Feststellung der Vielfalt ihrer Glieder, die in den unterschiedlichen Charismen zum Ausdruck kommt.

Gottes Geist, in und mit dem der erhöhte Herr Jesus Christus unter uns anwesend ist, eröffnet uns Zukunft und damit den Freiraum, in dem wir als Gottes Adoptivkinder in der Bindung an unseren Herrn Jesus Christus unser Leben führen können. Vgl. 2Kor 3,17: „Der Herr aber ist der Geist; wo aber der Geist des Herrn ist, da ist Freiheit". Der Apostel hat in V. 17a den „Herrn" mit dem „Geist" identifiziert. Daraus folgt die „Freiheit" der Christen und mit ihr der „Freimut", sich vor Gott im Gebet und vor den Menschen z.B. im politischen Raum zu äußern.

---

667 *H. Schlier*, Mächte u. Gewalten, 31.
668 *Ders.*, ebd., 16.
669 *Ders.*, ebd., 13.

„Den Geist empfangen zu haben, bedeutet in der χάρις [Gnade zu] stehen".[670] Vgl. Röm 5,1f: „Da wir nun aus Glauben gerechtfertigt worden sind, haben wir Frieden mit Gott durch unseren Herrn Jesum Christum, durch den wir asuch im Glauben Zugang zu dieser Gnade erhalten haben, in der wir stehen, und rühmen uns aufgrund der Hoffnung der Herrlichkeit Gottes". Die durch den Glauben an Gottes Offenbarung in dem gekreuzigten, auferstandenen und von Gott zu ihm erhöhten Jesus Christus sind gerechtfertigt und haben „Frieden mit Gott". „Friede" ist ein Hoffnungsgut. Er „wurde durch das Kommen des Christus gestiftet (Lk 2,14). Es ist der Friede, der alles Begreifen übersteigt (Phil 4,7) und als Friede Jesu Christi von den Glaubenden empfangen wird."[671] Sie können sich ungeachtet gegenwärtiger „Bedrängnisse" ihrer Hoffnung auf die zukünftige Herrlichkeit getrösten. „Im Tugendkatalog von Gal 5,22f steht als Frucht 'des Geistes nach der 'Liebe' die 'Freude'."[672]

In einer christlichen Gemeinde gibt es unterschiedliche Geistesgaben. Vgl. 1Kor 12,4-11: „Es gibt verschiedene Gaben, aber nur den *einen* Geist. Und es gibt verschiedne Dienste, aber nur den *einen* Herrn. Und es gibt verschiedene Wirkkräfte, aber nur den *einen* Gott, der alles in allen bewirkt. Jedem aber wird die Offenbarung des Geistes zum Nutzen [der anderen] gegeben. Dem einen wird durch den Geist das Wort der Weisheit gegeben, einem anderen aber das Wort der Erkenntnis nach demselben Geist, einerm anderen aber Glauben in demselben Geist, einem anderen aber die Gabe, Krankheiten zu heilen in demselben Geist, wieder einem anderen die Kraft, Wunder zu wirken, einem weiteren [aber] Prophetie, [wieder] einem anderen die Beurteilung von Geistern, [noch] einem anderen Arten der Zungenrede, einem weiteren die Auslegung der Zungenrede. Dies alles aber wirkt ein und derselbe Geist, der einem jeden besonders zuteilt, wie er will". Paulus hatte von den Charismen schon in 1Kor 1,7 geschrieben. Vgl auch 1Kor 7,7: „Jeder hat seine Gabe von Gott, der eine so, der andere so". „Grist", „Herr" und „Gott" sind in 1Kor 12,6 klimaktisch gesetzt.[673] Gottes Geist wirkt durch die unterschiedlichen Gaben in einer Gemeinde. Der Apostel nennt neun Geistesgaben. Man kann davon ausgehen, daß die Adressaten seines Briefes wußten, was unter den Charismen zu verstehen ist. Er verwendet in den drei parallelen Sätzen der VV. 4.5.6 für die „Gaben" jedesmal ein anderes Substantiv: „Charismen",[674] „Dienste" und „Wirkkräfte".[675] Ihm geht es darum, daß die verschiedenen Gaben dem *einen* Geist zu verdanken sind.[676] Nach 1Kor 12,5 geht es in jedem „Dienst" darum, den ein Gemeindeglied erbringt, daß dem weiteren Aufbau der Gemeinde dient. In V. 6 geht es um die verschiedenen „Wirkkräfte" in der Gemeinde. Paulus bezeichnet alle Gaben summarisch als „Offenbarung des Geistes".[677] Die erste Gabe die er nennt, ist das „Wort der Weisheit". Hierbei „geht es um das rechte, vom Geist erschlossene Verständnis des von Gott bereiteten Heils."[678] Es folgt das „Wort der Erkenntnis". „Weisheit" und „Erkenntnis" wurden in der korinthischen Gemeinde hoch geschätzt. Die nächste Gabe, die Paulus nennt ist der „Glaube". Darunter versteht er ähnlich wie in Mk 9,23f das Vertrauen darauf, daß der in Jesus Christus offenbare Gott auch in einer nach menschlichem Ermessen aussichtslosen Situation heilsam helfen kann.[679] Die dritte Gabe sind die unterschiedlichen „Wirkkräfte", die es in der Gemeinde gibt. Nach den Gaben der „Weisheit" und der „Er-

---

670 *R. Bultmann*, Theologie des Neuen Testaments, 337.
671 *E. Lohse*, Römer, 166.
672 *R. Bultmann*, Theologie des Neuen Testaments, 340.
673 Vgl. *Chr. Wolff*, Der erste Brief des Paulus an die Korinther, 289.
674 Vgl. *O. Betz*, Der bibl. Hintergrund der paulinischen Gnadengaben, 252-274; *R. Griesriegl*, Sprengkraft, 94, Anm. 33; *F.W. Horn*, Angeld, 282;
675 Vgl. *J. Weiß*, Der erste Korintherbrief, 297.
676 Vgl. *A. Lindemann*, Der Erste Korintherbrief, 265.
677 Zu φανέρωσις τοῦ πνεύματος vgl. *R. Bultmann / D. Lührmann*, Art. φανέρωσις, ThWNT IX, 6f.
678 *Chr. Wolff*, Der erste Brief des Paulus an die Korinther, 290.
679 Vgl. *W. Eckey*, Markusevangelium, 305-313.

kenntnis“ nennt der Apostel das Charisma Krankheiten zu heilen.[680] Er folgt damit dem Vorbild Jesu, der nach Mt 5,23c „im Volk alle Krankheiten und Leiden heilte.“ (Vgl. z.B. auch Mk 1,29-34 parr; 3,1-6 parr; 3,10ff parr; 3,20ff parr; 5,1-20 parr; 5,21-33 parr; 6,53-56 par; 7,24-30 par; 7,31-37; 8,22-26; 9,14-29 parr; 10,46-52 parr; Mt 15,29ff ; Lk 4,18; Joh 5,1-13 u 9,1-7). Jesus hat nach QLk 9,2 // QMt 10,7b seine Jünger ausgesandt, „das Reich Gottes zu predigen und zu heilen“. Er ließ „die Zwölf an der Durchführung seines eigenen Sendungsauftrags teilhaben.“[681] Die Gabe, Krankheiten zu heilen, war auch in den frühchristlichen Gemeinden lebendig. *B. Kollmann* kommt aufgrund dessen, was der Apostel hier geschrieben hat, zu dem Schluß, daß „die Gemeinde von Korinth, indem einzelne ihrer Mitglieder über das Charisma der Krankenheilung verfügen, nicht allein eine Alternative zur profanen Heilkunst“ biete, „sondern auch eine ernst zu nehmende Konkurrenz zum Inkubationsheilungsbetrieb am Asklepieion von Korinth“ war.[682] Bei der „Kraft, Wunder zu wirken“ ist wahrscheinlich an die Vollmacht einzelner Gemeindeglieder gedacht, Besessene wie zuvor Jesus zu exorzieren (vgl. z.B. Mk 1,21-28 par.; 3,10.30 parr; 5,1-20 parr; 7,24-30 par.). Die Gabe der Prophetie hat Paulus in 1Kor 14,22 genauer charakterisiert: „Prophetisches Reden“ ist „aber ein Zeichen nicht für die Ungläubigen, sondern für die Gläubigen“. Sie dient den gläubigen Gemeindegliedern „zur Belehrung und Erbauung“,[683] deutet die gegenwärtige Situation *sub specie aeternitatis* und dient auch dem Gemeindeaufbau (vgl. 1Kor 14,2). Nach Röm 12,6 soll die prophetische Rede „in Übereinstimmung mit dem Glauben“ erfolgen. Als weitere Gabe nennt Paulus die „Unterscheidung der Geister“. Dabei geht es darum, die Weisheis- und Erkenntnisrede, aber auch Rede eines Propheten in der Gemeindeversammlung auf ihre Übereinstimmung mit dem zentralen Inhalt der Evangeliumspredigt hin zu prüfen und zu beurteilen. Am Ende der Aufzählung der Geistesgaben steht die Glossolalie, d.h. das Reden im Zustand der Ekstase. Paulus hat die prophetische Rede höher geschätzt als die Glossolalie. Das Geht aus 1Kor 14,1-4 hervor: „Trachtet nach der Liebe; eifert aaber nach den geistlichen Gaben, besonders aber, daß ihr prophetisch redet! Denn wer in Zungen redet, spricht nicht zu Menschen, sondern zu Gott; denn niemand versteht es; im Geist aber redet er Geheimnisse. Wer aber prophetisch redet, der spricht zu den Menschen. Er baut auf, ermutigt und tröstet. Wer in Zungen redet, erbaut sich selbst; wer aber prophetisch redet, erbaut die Gemeinde“. Am Anfang steht die Liebe, von der „ das Hohelied der Liebe“ 1Kor 13,1-13 handelte. Die Christen in Korinth, aber nicht nur sie, sondern wir alle sollen danach trachten, prophetisch zu reden. Während sich die Prophetie an die Menschen, besonders an die Gemeindeglieder, wendet und ihnen ihre Gegenwart deutet, redet der ekstatische Beter allein mit Gott. Die „Geheimnisse“ offenbaren sich dem verzückten Beter. Das Mysterium, in dem Gott sich offenbart, kommt im „Wort vom Kreuz“ (1Kor 2,20a) zur Sprache, dem Zentrum der Predigt des Evangeliums Jesu Christi. „Das Geheimnis Gottes erschließt sich also nicht selbst, sondern wird von Gott in freier Gnade zu der von ihm bestimmten Zeit den von ihm Ausersehenen und durch die von ihm Begnadeten kundgemacht.“[684] Anders als die Glossolalie, in der ein ekstatischer Beter mit Gott allein ist, wie viele Menschen auch um ihn sein mögen, trägt die Prophetie zum Gemeindeaufbau bei. Deswegen gebührt ihr der Glossolalie gegenüber der Vorzug, weil sie die Gemeindeglieder ermahnt und durch seinen ermutigenden Zuspruch tröstet. *Gustav Stählin* hat zu recht geschrieben: „Die Einheit von Mahnung und Tröstung wur-

---

680 Das hat *Christian Wolff*, Der erste Brief an die Korinther, 289, übersehen. Er schreibt nämlich: „... die helfenden ... Tätigkeiten fehlen.“ Auf S. 290 erwähnt er allerdings „die Gabe, Heilungen zu vollbringen.“ - ἴαμα, Heilung, im NT nur 1Kor 12,9.28.30. Vgl. *W. Bauer*, Wörterbuch, 748.

681 *W. Eckey*, Lukasevangelium I,406.

682 *B. Kollmann*, Jesus und die Christen als Wundertäter, 342.

683 *J. Weiß*, Der erste Korintherbrief, 332. – Vgl. *G. Friedrich*, Art. προφήτης κτλ., ThWNT VI, 829-863; *F. Schnider*, Art. προφήτης, EWNT III,447f.

684 *G. Bornkamm*, Art. μυστήριον, 827.

zelt im Evangelium selbst, das Gabe und Aufgabe zugleich ist; sie ist eine Anwendungsform des dialektischen Ineinanders von Indikativ und Imperativ im Neuen Testament."[685]

Christen unterstehen nicht mehr dem Gesetz Israels. Der Tod hat für ihn seinen „Stachel", d. i. die eiserne Spitze eines Stockes zum Antreiben von Zugtieren, verloren. Er sticht uns nicht mehr. Vgl 1Kor 15,56f: „Der Stachel des Todes aber ist die Sünde, die Kraft der Sünde aber ist das Gesetz. Gott aber sei Dank, der uns den Sieg gibt durch unseren Herrn Jesus Christus". Die Sünde und das Verlangen nach Leben um so gut wie jeden Preis führen zum Tod und damit in die menschlich unaufhebbare Gottesferne. Vgl. Röm 6,20-23: „Als ihr nämlich Sklaven der Sünde wart, da wart ihr der Gerechtigkeit gegenüber frei. Welchen Gewinn hattet ihr damals? Solche, deren ihr euch jetzt schämt, denn ihr Ziel und Ende ist der Tod. Jetzt aber, von der Sünde befreit und Gottes Sklaven geworden, habt ihr eure Frucht zur Heiligung, als Ziel aber das ewige Leben; denn der Tod ist der Sold der Sünde, die Gnadengabe aber Gottes aber das ewige Leben in Jesus Christus, unserem Herrn". Paulus konfrontiert hier das „Einst" mit dem „Jetzt". Einst waren die Adressaten „Sklaven der Sünde" und damit „frei für die Gerechtigkeit". Der Ertrag war „zum Schämen" und führte zum „Tod". Jetzt aber erbringen sie „Frucht zur Heiligung", dessen „Ziel das ewige Leben" ist „in Christus Jesus, unswerem Herrn". Freiheit von der Sünde ist nur so möglich, daß man sich als „Sklave Gottes" versteht und ihm zu Diensten ist. Die Sünde zahlt den verdienten Lohn, wie ein römischer Legionär seinen Sold für seinen Dienst erhielt. Was die Sünde dem Menschen als Sold zahlt, ist der Tod und mit ihm die Gottesferne. Gottes „Gnadengabe" ist das allein aus Gnade und Barmerzigkeit in der Gemeinschaft mit Jesus Christus empfangene „ewige Leben". Paulus hat Gal 2,4 geschrieben, daß die „Freiheit, die wir in Christus Jesus haben", denen ein Ärgernis ist, die sich als Sklaven der Tora Israels verstanden und versucht hatten, „uns zu versklaven". Der Apostel vertraut „durch Christus Gott, der uns auch zu Dienern des neuen Bundes tüchtig gemacht hat, nicht des Buchstabens, sondern des Geistes. Denn der Buchstabe tötet, der Geist aber macht lebendig. Denn wenn der Dienst des Todes, mit Buchstaben in Steine eingegraben, in Herrlichkeit erfolgte, so daß die Söhne Israels wegen der Herrlichkeit seines Angesichtes, die doch verging, nicht in das Angesicht Moses schauen konnten, wie wird nicht vielmehr der Dienst der Herrlichkeit des Geistes bestehen? Denn wenn der Dienst der Verdammnis Herrlichkeit ist, so ist der Dienst der Gerechtigkeit noch viel reicher an Herrlichkeit. In dieser Hinsicht ist nämlich sogar das Verherrlichte nicht wegen der überragenden Herrlichkeit nicht verherrlicht; denn wenn das Vergehende Herrlichkeit war, um wieviel mehr besteht das Bleibende in Herrlichkeit" (2Kor 3,4b-11). Paulus ist überzeugt, daß er seine „Tauglichkeit" zum Apostelamt dem in Jesus Christus offenbaren Gott verdankt. Er hat ihn zum Apostel berufen und zum Prediger des neuen Bundes gemacht, der nicht ein Bund „des Buchstabens", sondern „des Geistes" ist. Er ist kraft des Kreuzestodes Jesu Christi ein Bund des Heils und des ewigen Lebens, während der alte Bund ein Bund des Gesetzes ist, das kein Mensch erfüllen kann und das deshalb tötet. Diejenigen Menschen, die Gott durch Jesus Christus von der Slaverei des Gesetzes befreit hat (vgl. Gal 2,4), haben dank Jwau Christi,

---

[685] *G. Stählin*, Art. παραμυθέομαι, 819.

ihres Herrn, vor Gott Sohnesrechte. Sie sind mündig. Davon hat Paulus in Gal 3,23 – 4,7 geschrieben.[686]

Das Gesetz Israels hat seine Bedeutung als Weg zum Heil verloren. Man kann damit auch nicht mehr „die eigene Gerechtigkeit anzustreben suchen" (Röm 10,3). Die Juden, die Jesus zur Kreuzigung an swn Statthalter Pontius Pilatus (26-36 n.Chr.) ausgeliefert haben, aber auch diejenigen, welche die Evangeliumspredigt des Paulus ablehnten und den Apostel verfolgten, suchten ihre eigene „Gerechtigkeit, die aus dem Gesetz kommt"; sie verkannten „die Gerechtigkeit, die aus dem Glauben kommt" (vgl. Röm 10,5). Gesetzes- und Glaubensgerechtigkeit schließen einander aus. Durch das uns von Gott mit der Sendung und dem Kreuzesgeschick Jesu Christi geschenkte Heil hat die „Sünde", in deren Einflußbereich alle Menschen insofern, als sie „Fleisch" sind, d.h. „selbst über das Leben verfügen zu können"[687] meinen, ihre Macht verloren. Ist das Mosegesetz nun kein Weg zum Heil mehr, so behält es doch seine Gültigkeit als Gottes Forderung. Es gilt für Christen weiter als „Gesetz Christi"; vgl. Gal 6,2: „Einer trage des anderen Last, so werdet ihr das Gesetz Christi erfüllen".

Die Liebe als Vollzug der Freiheit vom Gesetz 5,13-24

13Ihr seid nämlich zur Freiheit berufen, Brüder! Nur laßt die Freiheit nicht zum Vorwand für das Fleisch werden, sondern dient einander durch die Liebe! 14Denn das ganze Gesetz ist in einem Wort erfüllt, in diesem: „Du sollst deinen Nächsten lieben wie dich selbst." Ihr seid nämlich zur Freiheit berufen, Brüder! Nur laßt die Freiheit nicht zum Vorwand für das Fleisch werden, sondern dient einander durch die Liebe! 15Denn das ganze Gesetz ist in einem Wort erfüllt, in diesem: „Du sollst deinen Nächsten lieben wie dich selbst. Wenn ihr einander aber beißt und freßt, dann gebt acht, daß ihr nicht voneinander verschlungen werdet! 16Ich aber sage: Führt euer Leben im Geist, und ihr werdet das Begehren Fleisches nicht vollbringen! 17Denn das Fleisch gelüstet wider den Geist, den Geist aber wider das Fleisch. Diese nämlich liegen miteinander im Streit, damit ihr das nicht tut, was ihr wollt. 18Doch wenn ihr vom Geist getrieben werdet, seid ihr nicht unter dem Gesetz. 19Offenkundig sind die Werke des Fleisches, als da sind: Unzucht, Unkeuschheit, Ausschweifung, 20Götzendienst, Zauberei, Feindschaften, Streit, Eifersucht, Wutanfälle, Kabalen, Zwietracht, Parteiungen, 21Neid, Mißgunst, Trunkenheit, Gelage und was dem ähnlich ist, wie ich schon zuvor gesagt habe: Diejenigen, die solches tun, werden das Reich Gottes nicht erben. 22Die Frucht des Geistes aber ist Liebe, Freude, Friede, Langmut, Freundlichkeit, Güte, Treue, 23Sanftmut, Selbstzucht. Dagegen ist das Gesetz nicht. 24Die aber, die [Christus] Jesus angehören, haben das Fleisch samt den Leidenschaften und Begierden gekreuzigt.

---

686 Vgl. hier S.

687 *R. Bultmann*, Theologie des Neuen Testaments, 233.

Ihr seid nämlich zur Freiheit berufen, Brüder! Nur laßt die Freiheit nicht zum Vorwand für das Fleisch werden, sondern dient einander durch die Liebe! Dieser Vers gibt die Leitlinie, welche für die folgenden Mahnungen gilt. Es geht um das Verhältnis der Gemeindeglieder zueinander. Hatte Paulus in Gal 5,1-12 die Freiheit der christlichen Lebensführung vom Gesetz im Kontrast zum Gesetz in der Auseinandersetzung mit den judaistischen Gesetzeslehrern erörtert, so stellt er jetzt den galatischen Glaubensgeschwistern gegenüber fest, daß sie „zur Freiheit berufen", also vom Gesetz, der Thora Israels, frei sind.[688] Damit, daß Gott (vgl. Gal 1,6.15; 5,8) sie durch die Predigt des Evangeliums Jesu Christi durch den Apostel vom Zwang der Gesetzeserfüllung befreit hat, konnten sie die Freiheit eines Christen erfahren. Diese Freiheit kann allerdings als „Vorwand für das Fleisch" und d.h, einerseits leicht als Willkür oder andererseits als Nomismus und damit als unbedingte Pflicht zur Gesetzeserfüllung, mißverstanden werden. Unter „Fleisch" versteht Paulus jedes Denken und Handeln, das nicht aus dem Glauben kommt, sondern vom Egoismus bestimmt wird. Er weiß, daß das Gesetz auch für Christen noch Bedeutung hat (vgl. Röm 7,12-16). Das Zitat von Gen/1Mo 15,6 in Gal 3,6 kennzeichnet das Gesetz als Gerechtigkeit. Eine entsprechende Bedeutung hat Lev/3Mo 19,18 für den Apostel im Blick auf die Liebe. Die christlichen Geschwister dienen einander sowie den unter ihnen lebenden Fremden freiwillig ihren jeweils Nächsten „durch die Liebe". So erfüllen sie „das" für sie geltende „Gesetz: Du sollst deinen Nächsten lieben wie dich selbst". (Lev 19,18 LXX; 19,19; 22; S^{Lk} 10,36; Röm 12,10; 15,2). Die Nächstenliebe wird nur noch durch die Feindesliebe überboten: „Liebet euere Feinde, tut Gutes und leiht, ohne etwa zurückzuerwarten. Dann wird euer Lohn groß sein, und ihr werdet Söhne des Höchsten genannt werden; denn er ist gütig gegen die Undankbaren und Bösen. Seid barmherzig, wie euer Vater barmherzig ist" (QLk 6,35f // QMt 5,43.48). Jesu Jünger sollen im Lieben, Wohltun und Ausleihen nicht auf einen Interessenausgleich setzen, sondern hingeben, ohne etwas zurückzuerwarten. Eine selbstlose Hingabe wird hoch belohnt. Der große Lohn besteht darin, daß sie der Familie Gottes zugerechnet und in den Status der „Söhne Gottes" eingesetzt werden. Mit der Zusage, „Söhne Gottes" zu sein, wird den Jüngern in Aussicht gestellt, daß ihre Existenz derjenigen Jesu entspricht. Er ist der geborene „Sohn des Höchsten" (S^{Lk} 1,32). Sie werden „Gottes Söhne der Auferstehung sein" (Lk 20,36). Die Erhebung zu Gottessöhnen ist für die Jünger insofern ein Hoffnungsgut, als die Herrlichkeit, die zur Gottessohnschaft gehört, erst am Ende offenbar wird (vgl. Röm 8,18-30). Die Anwartschaft auf diese vom Geist Gottes wird bewährt durch eine vom Geist Gottes geleitete Lebensführung: „Ihr habt ja keinen Sklavengeist empfangen, so daß ihr wieder Angst haben müßtet; vielmehr habt ihr den Geist der Sohnschaft empfangen, in dem wir rufen: Abba, Vater! Der Geist bezeugt unserem Geist, daß wir Kinder

---

688 *M. Luther*, Galatervorlesung 1516/17: „Libertas in Christo est prorsus nullo externo opere alligari, sed ad quodlibet libere et indifferenter se habere, nisi ubi sola charitas fraterna requirat, ut Roma 13: ‚Nulli quepiam debeatis, nisi ut invicem diligatis'. Igitur vere christianus, ut infra dicit capite 3: ‚non est liber neque servus neque Judeus neque gentilis, non est masculus neque femina'. Ita neque clericus neque laicus neque illius vel huius ordinis sive status, neque orat neque legit etc., sed ad omnia est indifferentus, faciens et omittens, sicut sese res obtulerit vel abstulerit pro charitarte. " (WA 57,63f ; Clemen, V, 129f).

Gottes sind“ (Röm 8,14ff). Wer sich in seinem Leben von Gottes Geist führen läßt, gehört zu den „Söhnen Gottes“. Im Alten Testament wird oft Israel als „Sohn Gottes“ und Jahwe als sein „Vater“ bezeichnet (vgl. Ex/2Mo 4,22; Jes 1,2; Jer 3,19-22; 31,9; Hos 11,1). Seit der Sendung Jesu Christi ist die „Gottessohnschaft“ nicht mehr an die Zugehörigkeit zum jüdischen Voik gebunden; vielmehr gehört jeder dazu, der an Jesus Christus als Sohn Gottes und Retter der Menschheit glaubt. Paulus schrieb den galatischen Christen. „Wenn ihr euch vom Geist führen laßt, untersteht ihr nicht mehr dem Gesetz (Gal 5,18). Christliches Handeln wird von Gottes Geist geleitet. Christen rufen Gott als „Vater“ an. Ihm entspricht: „Unser Herr, komm!“ (1Kor 16,22) Wer zu „Gottes Kindern“ gehört, kann nicht selbstsüchtig leben; vielmehr wird er Gott und seinem jeweils Nächsten zugute sein Leben führen. Gottes Geist befreit uns von der elementaren Angst; er gibt uns Vertauen darauf, daß Gott, den wir in Jesu Namen als unseren Vater anrufen, uns so führt, wie es zu unserem Besten ist. Wenn jemand hingebend für andere da ist, kann er nicht damit rechnen, daß diese Mitmenschen seinen Einsatz honorieren. Er muß vielmehr damit rechnen, daß ihm von ihnen Antipathie, Schadenfreude, Verachtung, Hohn und Spott, unter Umständen auch Haß und damit Vernichtungswille entgegenschlägt. Wer so lebt, der entspricht – wie gebrochen und fragmentarisch auch immer – Gott in seiner Güte zu undankbaren und bösen Menschen, denen er in seiner Freundlichkeit mit souveränem Wohlwollen gnädig und geduldig zugewandt bleibt. Er beschenkt uns durch seine Erhaltung unseres Lebens, durch Wegweisung, Versöhnung unseres Lebens mit lauter unverdienten Wohltaten. Die Güte Gottes wird im Folgenden als Barmherzigkeit ausgelegt: „Jahwe ist ein barmherziger und gnädiger Gott, reich an Huld und Treue“ (Ex/2Mo 34,6 LXX). „Du aber, Jahwe, bist ein barmherziger Gott, du bist langmütig, reich an Huld und Treue“ (Ps 86,15 [85,15 LXX]). „Jahwe ist barmherzig und gnädig, langmütig und reich an Güte“ (Ps 103,8 [102,8 LXX]). „Jahwe ist gnädig und barmherzig, langmütig und reich an Gnade. Jahwe ist gütig zu sllen; sein Erbarmen waltet über allen seinen Werken“ (Ps 145,8f [144,8f LXX]). „Herr, erbarme dich, die wir gegen dich gesündigt haben“ (Bar 3,2 LXX). Gottes Barmherzigkeit ist eine Äußerung seiner Liebe zu uns Sündern. Er ist uns gnädig. Sein Sohn, unser Herr, Retter und Erlöser Jesus Christus verbürgt uns Gottes Treue und Gnade. Das hat Martin Luther in seinem Lied: „Nun freut euch lieben Christen g’mein“ (1523) zum Ausdruck gebracht: „Da jammert Gott in Ewigkeit / mein Elend übermaßen; / er dacht an sein Barmherzigkeit, / er wollt mir helfen lassen; / er wandt zu mir das Vaterherz, / es war bei ihm fürwahr kein Scherz, / er ließ’s sein Bestes kosten. / Er sprach zu seinem lieben Sohn: ‚Die Zeit ist hier zu erbarmen; / fahr hin meins Herzens werte Kron, / und sei das Heil dem Armen, / und hilf ihm aus der Sünden Not, / erwürg für ihn den bittern Tod, / und laß ihn mit dir leben.‘“ (EG 341, 4f). „Er erbarmt sich, wessen er will“ (Röm 9,18a). Seine Gnade und sein Erbarmen zeigt sich in seiner uns Sünder rechtfertigenden Gerechtigkeit. „Du hast mit allen Erbarmen, weil du alles vernagst, jnd siehst über die Sünden der Menschen hinweg, damit sie sich bekehren“ (Weish 11,23 LXX). – Eine rabbinische Parallele zu Jesu Forderung, barmherzig zu sein, lautet: „Mein Volk,

Kinder Israel (sprach Mose), wie unser Vater barmhertig ist im Himmel, so sollt ihr barmherzig auf Erden sein" (Targ. Jerusch. I Lev/3Mo 22,28).[689] Die Jünger, denen Jesus die Gottessohnschaft zugesprochen hat, sollen sich vom göttlich väterlichen Erbarmen motivieren lassen und es in all ihrem Tun und Lassen bezeugen; sie sollen seine Barmherzigkeit in ihrem Lebensvollzug weiterwirken lassen und so ein Gleichnis göttlicher Barmherzigkeit werden. Paulus beruft sich auf den „Vater der Barmherzigkeit" (2Kor 1,13), wenn er die Christen in Rom zur Selbsthingabe im „vernünftigen Gottesdienst" und zum Nonkonformismus gegenüber dem in diesm Äon üblichen Tun und Treiben auffodert: „Ich ermahne euch nun, Brüder, angesichts des Erbarmen Gottes, euch selbst als lebendiges, heiliges, Gott wohlgefälliges Opfer darzubringen – als eueren vernünftigen Gottesdienst. Und gleicht euch nicht diesem Äon an, sondern laßt euch durch Erneuerung eueres Denkens verwandeln, damit ihr prüfen und entscheiden könnt, was Gottes wille ist, das Gute Wohlgefällige und Vollkommene" (Röm 12,1f). Der Apostel hatte zuvor „Gottes Barmherzigkeit" gepriesen (vgl. Röm 11,33-36). Er ermahnt, bittet und fordert die Adressaten dazu auf, in der Lebensführung dem „Erbarmen Gottes" zu entsprechen. Sie sollen sich Gott dankbar zur Verfügung stellen. Sie sollen durch ihre Hingabe in einer vom Heiligen Geist geleiteten Lebensführung bewähren, daß sie Gottes Gnade und Barmherzigkeit erfahren haben. In einem Gebet mit der Bitte um Weisheit heißt es: „Sende sie vom heiligen Himmel und schick sie vom Thron deiner Herrlichkeit, damit sie bei mir sei und alle Mühe mit mir teile, und damit ich erkenne, was dir gefällt; denn sie weiß und versteht alles; sie wird mich in meinem Tun besonnen leiten. Dann wird dir mein Handeln gefallen" (Weish 9,10-12a LXX). – Die römischen Christen sollen sich distanziert zu ihren jüdischen und heidnischem Mitmenschen verhalten. „Sich der Welt nicht anzugleichen, fordert zuerst, nicht *sie* zu wandeln, sondern *sich selbst* wandeln zu lassen."[690] Es kommt darauf an, die Urteilskraft von Gottes Geist erneuern zu lassen, um erkennen zu können, was Gott von uns erwartet. Das können wir nicht im voraus festlegen, sondern nur in der jeweiligen Situation erkennen, entscheiden und gemäß der getroffenen Entscheidung tun. „Das ist Gottes Wille, euere Heiligung (1Thess 4,3a).. Das bedeutet: „Freut euch zu jeder Zeit! Betet ohne Unterlaß! Dankt für alles; denn das ist Gottes Wille in Christus Jesus an euch" (1Thess 5,17). Wis sollen nicht nur gelegentlich beten, z.B. dann, wenn wir uns in einer Notlage befinden oder etwas dringend brauchen, was wir uns nicht selbst beschaffen können. Vielmehr sollen wir kontinuierlich beten, nicht nur um etwas und für jemanden bitten, sondern auch für alles danken, was uns widerfährt, auch in solchen Situationen, in den es uns schwer fällt. Vor allem kommt es darauf an, daß wir, ohne etwas für uns oder andere zu begehren, Gott dfür loben, daß er in Jesus Christus, seinem Sohn, uns gnädig ist, uns unsere Sünden vergibt und uns sein Heil zugesagt hat.

Die Christen bewähren sich so, daß sie nicht mehr für sich selbst leben, sondern für den Einen, der sein Leben für sie dahingab (vgl. Gal 2,20). Wenn das Liebesgebot befolgt wird, kann alles, was das Zusammenleben beeinträchtigt und

---

[689] Bill. II, 159.

[690] *H. Schlier*, Römerbrief, 360.

gar zerstört, verhindert werden. Was die Gemeinschaft zerstört, kann man in TestSeb VIII, 4-5 – 9,3 lesen:[691] Dort sagt der Erzvater Jakob im Namen seiner elf Söhne: „Als wir nach Ägypten herabkamen, trug Joseph uns nichts Böses nach. Auf ihn achtend, liebt auch ihr, meine Kinder, einander, und berechne nicht ein jeder von seinem Bruder. Denn das drängt die Einheit auseinander und zerreißt jede Verwandtschaft und beunruhigt die Seele und zerstört das Antlitz Gebt acht auf die Wasser, wenn sie in dieselbe Richtung fließen, reißen sie Steine, Holz, Erde, Sand herab. Wenn sie sich nach vielen (Seiten) teilen, so saugt die Erde sie auf, und sie werden unbedeutend. Wenn ihr euch zerteilt, werdet auch ihr ebenso." Wenn Christen sich nicht durch die Liebe gebunden wissen, siegen die zerstörerischen Kräfte. Die Freiheit der Christen sollte kein Vorwand sein, lieblosen und sündhaften Trieben nachzugeben (vgl. VV. 15.19-21.26). Vielmehr kommt es darauf an, daß sie einander dienen, helfen und unterordnen (vgl. Phil 2,3). Die Liebe besteht in freier Hingabe nach dem Vorbild Jesu. Sie soll das Miteinanderleben prägen (vgl. Röm 12,10; 13,8; 1Thess 3,12; 5,15; Eph 4,2). Die Liebe gilt jedem, der zum Nächsten wird, vor allem aber den Glaubensgenossen (Gal 6,10). Die galatischen Christen sollen verstehen und praktizieren, was christliche Freiheit bedeutet und einander lieben. Streitigkeiten, wie Paulus sie sie in 1Kor 1,11;3,3 und Phil 4,2 anspricht, sollten unter ihnen nicht vorkommen. Wahrscheinlich bezieht sich die Ermahnung in Gal 5,13f darauf, daß es in der Gemeinde zu Auseinandersetzungen zwischen den Nomisten und den Anhängern der paulinischen Lehre gekommen war.

Eine Parallele in 1Clem 13,2[692]
Die Sprüche QLk 6,37f // QMt 7,1 finden sich, verbunden mit Anklängen an S^{Mt} 5,7; 6,14 und QLk 16,31 // QMt 7,12 in 1Clem 13,2: „Erbarmt euch, damit ihr Erbarmen erlangt; vergebt, damit euch vergeben werde. Wie ihr tut, so wird euch getan werden; wie ihr gebt, so wird euch gegeben werden; wie ihr richtet, so werdet ihr gerichtet werden; wie ihr euch gütig erweist, so wird euch Güte erwiesen werden. Mit welchem Maß ihr meßt, mit dem wird euch zugemessen werden".
Die sieben Logien sind sorgfältig gestaltet. Am Anfang stehen zwei imperativische Mahnworte, deren Nachsatz zwecks Parallelisierung von Tun und Ergehen jeweils mit „damit" eingeleitet wird. Es folgen fünf, ebenfalls nach der Auffassung von der schicksalswirkenden Tat „wie" – „so" gebaute Sinnsprüche. Entweder schöpfte Clemens aus einer eigenen Logiensammlung oder aus der mündlichen Überlieferung von Herrenworten.

16: Ich aber sage: Führt euer Leben im Geist, und ihr werdet das Begehren des Fleisches nicht vollbringen! Paulus will nicht, daß die Freiheit vom Gesetz mit Willkür verwechselt wird (vgl. Gal 5, 13). Auch ein Christ würde leicht dem „Begehren des Fleisches" folgen, wenn Gottes Geist ihn nicht daran hindern würde. „Fleisch" meint hier die Menschen, auch die Christen, als Sünder.[693] Auch sie sind nicht allein frei vom Gesetz, sondern ihnen ist auch der Heilige Geist gegeben. Ein Mensch, dessen Lebensführung durch den Heiligen Geist

---

691 Vgl. *J. Becker*, Testamente, 89f.
692 Vgl. *A. Lindemann / H. Paulsen*, Hg., Die apostolischen Väter, 94f; vgl. *J.A. Fischer*, Hg., Schriften des Urchristentums I, 40f; *A. Lindemann*, Clemensbriefe 54.
693 Vgl. *A. Sand*, Art. σάρξ, EWNT III, 550ff; *E. Schweizer*, Art. σάρξ, ThWNT VII, 131-134.

geprägt wird, läßt sich nicht auf die egoistischen Begierden[694] des Fleisches ein (vgl. Röm 13,14; Eph 2,3; 1Petr 2,3; 2Petr 2,18; 1Joh 2,16; 1Joh 2,16). Auch ein Christ, dessen Leben in seinem Denken, Fühlen, Tun und Lassen durch den Heiligen Geist geführt wird, läßt sich nicht auf die Begierden des Fleisches ein. Damit ist die Macht der Sünde über uns Menschen noch nicht überwunden. Gottes Geist erneuert uns so, daß er unser Leben auf die selbstlose Gottes- und Nächstenliebe ausrichtet, die auch den Gegner mit einbezieht: „Liebet euere Feinde; tut denen Gutes, die euch hassen; segnet, die euch fluchen; bittet für die, welche euch beleidigen" (QLk 6,27f // QMt 5,44; vgl. S^{Lk} 10,36f; Röm 13,10). Jesus appelliert hier an diejenigen, die ihm zuhören. Sie sollen seine Worte nicht allein mit ihren Ohren hören, sondern sich auf sie einlassen, in ihnen Gottes Willen vernehmen und ihre Lebensführung nach ihnen richten. Die Liebe, welche er von seinen Jüngern erwartet, ist nicht allein eine Gefühlsregung mitmenschlichen Daseins füreinander. Gilt sie doch ihren persönlichen Feinden. Kein Mensch darf von der Nächstenliebe ausgeschlossen werden. Die Forderung, denen wohlzutun, die Jesu Jünger mit ihrem Haß verfolgen, konkret insofern den Appell zur Feindesliebe, als sie eine Verzahnung mit der Seligpreisung derer realisiert, die unter dem Haß und damit unter dem Vernichtungswillen ihrer Mitmenschen zu leiden haben. Die Jünger sollen denen Gutes tun, die sie mit ihrem Haß verfolgen. Der Haß schließt jede Vermittlung mit einem Gegner aus. Ein vom Haß seiner Widersacher Verfolgter kann auf deren Aggressionen seinerseits feindselig kämpferisch reagieren. Ist der Drang eines von Feinden verfolgten Menschen zur Selbstbewahrung stark, so wird er den Warnsignalen seiner Angst folgen, vor seinen Gegnern fliehen und versuchen, sich vor ihnen in Sicherheit zu bringen. Seinen Hassern Gutes tun kann aber nut, wer sich seinerseits nicht von Feindschaftsgefühlen hinreißen läßt und die elementare Bedrohung durch Gegner beherrscht, ja, vielmehr noch: wer in der Selbsthingabe lebt, darin denen zugewandt bleibt und ihnen zugute lebt, die ihn in seinem Dasein für sie negieren. Dadurch, daß Jesu Jünger sich nicht provozieren lassen, tödlichen Haß zu erwidern, lassen die ihnen begegnende Feindschaft ins Leere laufen. Ob ein Feind damit von seinem Haß läßt, ist keineswegs sicher und nicht einmal wahrscheinlich. Die Forderung, Segensworte und Fürbitten für die Feinde zu sprechen, ergänzt den Aufruf, ihnen nur Gutes zu tun. Der Appell zur Fürbitte konkretisiert die Forderung, denen Segen zu spenden, die Jesu Jünger verfluchen. Hier geht es um Gutes, das Christen ihren Todfeinden auch dann noch erweisen können, wenn sie unter ihnen zu leiden haben und nichts mehr tun können. Paulus hat den Christen in Rom geschrieben: „Segnet, die euch verfolgen; segnet, verflucht nicht!" (Röm 12,14). Bei der Auflistung von Merkmalen seiner Existenz und Lebensführung (vgl. 1Kor 4,11ff) hat der Apostel folgende Antithesen formuliert: „Werden wir geschmäht, so segnen wir; verfolgt, so dulden wir; beschimpft, so reden wir freundlich; wir werden geschmäht und trösten. Wir sind wie der Abschum der Welt geworden, von allen bis heute verstoßen" (1Kor 4,12f). Hier handelt es sich um eine für Christen insgemein geltende Forderung, sich im Lebensalltag, der zu frühchristlicher Zeit durch Leiden geprägt

694 „Ἐπιθυμία ist das Begehren, das Aussein auf etwas, der Drang nach etwas, die Intention u.ä." *H. Schlier*, Galater, 248.

war, sich dem weiteren Anwacchsen der Bosheit auf Erden zu widersetzen und die Macht des göttlichen Segens unter den Menschen sich mehren zu lassen, wie 1Petr 3,9 deutlich macht: „Vergeltet nicht Böses mit Bösem, sondern segnet statt dessen, weil ihr dazu berufen seid, Segen zu erben". Das Leitbild eines solchen Verhaltens ist nach 1Petr 2,21-24 Christus selbst. Auch Lukas erzählt davon, daß in seinem Verhalten seiner Forderung entspricht. Er weist die Forderung der Brüder Jakobus und Johannes zurecht, die nach der Weise des Propheten Elia ein vernichtendes Strafgericht auf die ungastlichen Samaritaner herbrufen wollen (S^{Lk} 9,51-55; vgl. 2Kön 1,10-14). Er stellt nur wenig später einen reisenden Samaritaner als Vorbild praktischer Nächstenliebe hin (vgl. S^{Lk} 10,30-37). Am Kreuz bewährte Jesus die Feindesliebe und betete für seine Henker: „Vater, bergib ihnen; denn sie wissen nicht, was sie tun!" (S^{Lk} 23,34b). Der Erzmärtyrer Stephanus nahm diese Fürbitte ihm Gebet für die Juden auf, die ihn lynchten: „Herr, rechne ihnen diese Sünde nicht an!" (Apg 7,60). Ob sich diejenigen, die einen Jünger Jesu mißhandelten, davon beieindrucken ließen, daß derjenige, den sie quälten und umbrachten, sie der Gnade Gottes anbefahl, steht dahin. Wer für seine Feinde betet, darf seine Fürbitte nicht davon abhängig machen, daß er mit seinem Verhalten unter Umständen noch schlimmere Haßreaktionen hervorruft. Auch das wird ihn nicht daran hindern, Gott für die zu bitten, die ihm die Gnade des Daseins nicht mehr gönnen.

Jeder Christ, der seine Lebensführung von Gottes Geist leiten läßt, kann die Macht der Sünde über ihn besiegen. Sie ist damit allerdings nicht tot, vielmehr steigert das Gebot: "Du sollst nicht die Frau deines Nächsten begehren. Du sollst nicht das Haus deines Nächsten begehren, noch seinen Sklaven oder seine Sklavin, sein Rind oder seinen Esel oder irgend etwas, das deinem Nächsten gehört" (Ex/2Mo 20,17 LXX; Dtn/5Mo 5,21) Von der Macht der Sünde und des Fleisches über uns schrieb Paulus den römischen Christen: „Die Sünde erhielt durch das Gebot den Anstoß und bewirkte in mir alle Begierde; denn ohne Gesetz war die Sünde tot. Ich lebte einst ohne das Gesetz; als aber das Gebot kam, wurde die Sünde lebendig. ich dagegen starb und mußtze erfahren, daß dieses Gebot, das zum Leben führen sollte, den Tod bringt" (Röm 7,8ff). Die Sündenmacht „bediente sich des Gesetzes als Ausgangsbasis".[695] Sie machte sich Gottes Gebot dienstbar und rief alle Begierden hervor. Ohne das Gesetz war die Sünde tot. Die Sünde hat da keine Macht, uns anzugreifen, wo es keine Gebote und Verbote gibt. Ein Ge- oder Verbot reizt dazu an, es zu übertreten. Wer es erfüllt, ist oft auf seine Rechtschaffenheit stolz. Wer mit der Erfüllung des Mosegesetzes sein Heil zu erlangen sucht, befindet sich auf dem Weg ins Verderben. Solange wir keine Gebote kannten, wußten wir nichts von Sünde und Scguld. Erst als wir sie übertraten, erwachte in uns das Bewußtsein der Schuld. Das Gesetz läßt die Macht der Sünde und des Fleisches über uns nicht behoben; vielmehr wird das Begehren der Sünde und des Fleisches, d.h. des vor Gott sündigen Menschen nur noch stärker (vgl. Röm 7,9f). Da Christen durch das unschuldige Leiden und Sterben Jesu Christi vor Gott gerechtfertigt sind, können sie im Namen Jesu Christi für Gott und dem jeweils Nächsten leben (vgl. Gal 2,15ff; 5,13f). Es kommt nur noch darauf an, daß wir der Macht des Geistes Gottes und Christi

---

[695] *E. Lohse*, Römer, 216.

über uns keinen Widerstand leisten, sondern sie wirken lassen. Gottes Gebote (vgl. Ex/2Mo 20.2-17 // Dtn/5Mo 5,6-22), die uns gegeben wurden, daß wir nach ihnen, dadurch, daß wir sie erfüllen, leben, brachten uns den Tod; denn wir haben sie übertreten. „Wie es durch die Übertretung des Einen für alle Menschen zur Verurteilung kam, ao kam es durch die Rechttat des Einen für alle Menschen zur Gerechtsprechung des Lebens; denn wie durch den Ungehorsam eines Menschen die Vielen zu Sündern gemacht wurden, so werden durch den Gehorsam des Einen die Vielen zu Gerechten gemacht werden. Das Gesetz aber ist dazwischen gekommen, damit die Übertretung sich mehre. Wo sich aber die Sünde mehrte, da wurde die Gnade übergroß, damit, wie die Sünde durch den Tod zur Herrschaft kam, so auch die Gnade kraft der Gerechtigkeit zum ewigen Leben herrsche durch Jesus Christus, unseren Herrn“ (Röm 5,18-21). Paulus stllt Adam als den „Typus des Kommenden“ Jesus Christus entgegen. „Die Übertretung des Einen“ hatte „die Übertretung der Vielen“, d.h. aller Menschen, zur Folge und damit auch deren „Verurteilung“, die zum Tod als Gottesferne führte. „Durch des einen“ Menschen Erfüllung des Gotteswillens, werden alle, die sich ihm anvertrauen, von Gott gerecht gesprochen. Sie werden gerechtfertigt und können ihr Leben in der Hingabe an Gott und den jeweils Nächsten führen. Damit, daß in und mit Jesus Christus Gottes Gnade zu herrschen begonnen hat, ist allen, die an ihn glauben, das Heil gewiß.

17: Denn das Fleisch gelüstet wider den Geist, den Geist aber wider das Fleisch. Diese nämlich liegen miteinander im Streit, damit ihr das nicht tut, was ihr wollt. Der Apostel ist gewiß, daß eine von Gottes und Jesu Christi Geist bestimmte Lebensführung uns dazu befähigt, den Begierden des Fleisches nicht zu erliegen (vgl. Gal 5,16). „Fleisch“ und „Geist“ stellt Paulus hier als Mächte dar, die sich in uns Christen bekämpfen. Sie bestimmten unser Wollen. „Fleisch ist der Mensch als selbstsüchtig Begehrender und Geist als Liebender.“[696] Wir führen unser Leben im ständigen Kampf zwischen den Mächten des Geistes und des Fleisches. Fleisch und Geist sind hier als Mächte dargestellt, die sich gegenseitig bekämpfen. Vgl. Röm 7,19: „Das Gute, das ich will, übe ich nicht aus, sondern das Böse, das ich nicht will, das tue ich“. Wir sind oft hin und her gerissen, was wir in einer uns fordernden Situation tun und lassen sollen. Die Folgen unseres Tuns und Unterlassens können wir nicht immer absehen. So kommt es dazu, daß wir handeln wie wir es nicht vor hatten. Als gottlose Menschen kämpfen wir gegen sein Geist (vgl. Röm 8,5-8; 1Petr 2,11). Wenn wir uns als Christen von Gottes und Jesu Christi Geist führen lassen (vgl. Gal 5.18), wird der uns regierende Heilige Geist unseren Egoismus besiegen (vgl. Röm 8,4.9ff). Wir Menschen, auch wir Christen, sind „Fleisch“, sofern wir unseren Leidenschaften und Begierden, insbesondere slbstsüchtigen Interessen, folgen. Gottes Geist aber motiviert uns dazu, seinen Willen zu erfüllen und das, was gut ist, zu tun. „Für diejenigen, die in Christus Jesus sind, gibt es also keine Verurteilung mehr; denn das Gesetz des Geistes hat dich in Christus Jesus vom Gesetz der Sündeund des Todes befreit. Was nämlich dem Gesetz unmöglich ist, weil es durch das Fleisch schwach war – Gott, der seinen eigenen Sohn in der Gestalt des sündigen Flei-

---

[696] *J. Becker*, Galater, 89.

sches und der Sünde wegen sandte, damit der Rechtsanspruch des Gesetzes unter uns erfüllt werde, die wir nicht nach Maßgabe des Fleisches, sondern dem Geist gemäß unser Leben führen; denn diejenigen, die dem Fleisch gemäß sind, trachten nach dem, was des Fleisches ist; die jedoch, für die der Geist maßgebend ist, nach dem, was des Geistes ist“ (Röm 8,1-5). Diejenigen, „die in Christus Jesus sind“, und an Gottes Geist teilhaben, werden im Endgericht nicht verurteilt. Der Heilige Geist hat uns vom Zwang, sündigen zu müssen, befreit. Das Mosegesetz ist insofern ein „Gesetz der Sünde“, als es durch seine Forderungen dazu anreizt und führt, dagegen zu verstoßen. „Die Sünde“ hat sich der Thora Israels bedient, um ihre Herrschaft zu festigen (vgl. Röm 5,12-21). Von der Macht der Sünde über uns, die uns gefangen hält, kann uns nur Jesus Christus befreien. Was das Mosegesetz nicht vollbringen konnte, hat Gott vollbracht. Rr hat uns Sünder mit der Sendung Jesu Christi, die sich in seinem Kreuzestod und der Auferstehung von den Toten vollendete, durch die Predigt des Evangeliums, den Glauben und die Taufe in den Herrschaftsbereich seines Sohnes und in Sphäre seines Geistes versetzt, so daß wir dessen Leitung folgen können.

18: Doch wenn ihr vom Geist getrieben werdet, seid ihr nicht unter dem Gesetz. Geist und Fleisch sind zwei Mächte, die uns als Menschen beherrschen. Eine vom Geist Gottes und Jesu Christi bestimmte Lebensführung wird nicht mehr vom Gesetz mit seinen für uns unerfüllbaren Forderungen bestimmt. Lassen wir uns vom Geist der Liebe leiten, dann gibt es für uns keine Knechtschaft unter dem Gesetz mehr (vgl. Gal 4,4-7). Der Geist Gottes, der unser Leben leitet, befreit uns aus der Gewalt des Gesetzes, der Sünde und des Todes; er befreit und ermächtigt uns zum freien Tun des Guten. Was das bedeutet, führt Paulus im Folgenden näher aus.

Die „Werke des Fleisches“ und „die Frucht des Geistes“ 5,19-26

Paulus hat entfaltet, daß Gesetzeswerke die Herrschaft der Sünde und des Todes festigen. Sünder folgen ihren selbstsüchtigen Leidenschaften und Begierden. Wer sich dagegen im Herrschaftsbereich Jesu Christi befindet, ist frei vom Mosegesetz und läßt sich in seiner Lebensführung von Gottes Geist leiten.

19Die Werke des Fleisches sind offenbar: Unzucht, Unsittlichkeit, ein ausschweifendes Leben, Götzendienst, Zauberei, Feindschaft, Streit, Eifersucht, Jähzorn, ausschweifendes Leben, 20Götzendienst, Zauberei, Streit,
Selbstsucht, Spaltungen, Parteiungen, 21Neid, Mißgunst, Trink- und Eßgelage, und ähnliches mehr. Davon habe ich euch früher schon gesagt, daß diejenigen, die so etwas tun, das Reich Gottes nicht erben werden. 22Die
Frucht des Geistes aber ist Liebe, Freude, Friede, Langmut, Freundlichkeit,
Güte, Treue, 23Sanftmut und Selbstbeherrschung; dem allem widerspricht
das Gesetz nicht. 24Alle, die Christus Jesus angehören, haben und damit
ihre Leidenschaften und Begierden gekreuzigt. 25Wenn wir im Geiste leben,

so laßt uns auch dem Geiste folgen. 26Laßt uns nicht nach eitler Ehre (streben), einander nicht provozieren, einander nicht beneiden!

Nun folgt ein Laster- und Tugendkatalog. Solche Ermahnungen waren dem Apostel aus der jüdischen und der kynisch-stoischen Popularphilosophie bekannt. Er stellt der „Begierde des Fleisches" die „Frucht des Geistes" entgegen. Werke des Fleisches können Paulus und die nachpaulinische Tradition aber auch in anderen Schriften des Neuen Testaments. als „Werke der Finsternis": „Die Nacht ist vorgerückt, der Tag nahe. Daarum laßt uns die Werke der Finsternis ablegen und die Waffen des Lichtes anlegen" (Röm 13,12; vgl. Eph 5,12) „böse Werke": „Auch ihr standet ihm [Christus] einst fremd und feindlich gegenüber und waret in eueren bösen Werken feindlich gesinnt" (Kol 1,21; vgl. 2Tim 4,18; Joh 3,19; 7,7; 1Joh 3,12; 2Joh 11) bezeichnet werden. Wer seine in Jesus Christus erlangte Freiheit zum Versuch, unerfüllbare Forderungen des Gesetzes zu. Lasterkataloge finden wir auch in Röm 1,29-31; 13,13; 1Kor 5,10f; 6,9f; 2Kor 12,20f; deuteropaulinisch: Kol 3„5-8; tritopaulinisch: Eph 4,31; 1Tim 1,9f: 2Tim 3,2-7, ferner Did 1-6; Herm Mand 8. Besonders nahe kommt denen des Apostels 1QS 3,25-4,14. Kennzeichnend sind die Ablehnung der Verehrung anderer Götter und der Zauberei. Ein Tugendkatalog mit Verheißungen der Qumran-Essener lautet: „Gott hat die Geister des Lichtes und der Finsternis geschaffen, und er hat jedes Werk auf sie gegründet [und auf] ihre[Wege] jeden Dienst. Den einen (Geist) liebt Gott in alle Ewigkeit, und an allen seinen Taten hat er Wohlgefallen für immer. Und das sind ihre Wege in der Welt: Das Herz des Menschen zu erleuchten und alle Wege wahrer Gerechtigkeit vor ihm zu ebnen und sein Herz in Furcht vor den Gerichten Gottes zu versetzen; und einen Geist der Demut und Langmut und reiches Erbarmen und ewige Güte und Demut und Langmut und Klugheit und Einsicht und mächtige Weisheit, die auf alle Werke Gottes vertrut und sich auf seine reiche Gnade stützt, und einen Geist der Erkenntnis in jedem Plan eines Werkes, Eifer um die gerechten Gerichte und heiliges Vornehmen in festem Streben und reiche Liebe zu asllen Söhnen der Wahrheit und glänzende Reinheit, die alle unreinen Götzen verabscheut, und in Klugheit in allen Dingen demütig wandeln und über die Wahrheit der Geheimnisse der Erkenntnis schweigen. Dies sind die Ratschläge des Geistes für die Söhne der Wahrheit (in) der Welt. Und die Heimsuchung alle, die in ihm wandeln, geschieht zu Heilung und Übermaß des Friedens, solange die Tage währen, und Fruchtbarkeit des Samens mit allen ewigen Segnungen und ewiger Freude in immerwährendem Leben und einen Kranz der Herrlichkeit in ewigem Licht" (IQ III, 25f; IV, 1-7).[697] Der entsprechende Lasterkatalog lautet: „Zum Geist des Frevels Habgier und Trägheit der Hände im Dienste der Gerechtigkeit, Bosheit und Lüge, Stolz und Hochmut des Herzens, Betrug und Täuschung, Grausamket und große Gottlosigkeit, Jähzorn und Übermaß an Torheit und stolze Eifersucht, Greueltaten im Dienste der Hurerei und Wege des Schmutzes im Dienste der Unreinheit und eine Lästerzunge, Blindheit der Augen und Taubkeit der Ohren, Halsstarrigkeit Und Hartherzigkeit, um auf allen Wegen der Wege der Finsternis und bösen List zu wandeln. Und die Heimsuchung aller, die darin wandeln, ge-

697 *E. Lohse* , Hg., Die Texte aus Qumran, 12f; vgl. *J. Maier*, Die Qumran-Essener I, 174f.

schieht zu Übrrmaß an Plagen durch die Hand aller Plageengel, zu ewigem Verderben durch Gottes rächenden Zorngrimm, zu immerwährendem Zittern und ewiger Schmach mit Schande der Vernichtung im ewigen Feuer."[698]
Am Anfang des zwölf[699] Laster umfassenden Katalogs stehen „Werke des Fleisches". An erster Stelle stehen drei Sünden, die den Geschlechtsverkehr betreffen: außereheliche Beziehungen, Unreinheit und Ausschweifungen. Es folgen zwei Sünden, die den Götzendienst betreffen, die Verehrung heidnischer Gottheiten (vgl. Röm 8,6; Offb 21,8) und Zauberei, die mit Hilfe vermeintlicher Götter betrieben wird. Es folgt eine Reihe von acht Sünden, welche die Gemeinschaft der Menschen beeinträchtigen: „Feindschaften, Streit, Eifersucht, Wutanfälle, Kabalen, Zwietracht, Parteiungen, Neid." Die beiden letzten von Paulus genannten Laster sind „Trunkenheit (und) Gelage." Da es sich hierbei um Ausschweifungen handelt, gehören sie der Sache nach zur ersten Gruppe. Paulus ist sich dessen bewußt, daß seine Aufzählung von Lastern unvollständig ist. Deshalb fügt er hinzu: „was dem ähnlich ist". Mißmutige Menschen reagieren oft gereizt und feindselig auf unfreundliche Äußerungen ihrer Mitmenschen. Eifersucht ist eine Form des Egoismus. Eifersüchtige Menschen wollen eine von ihnen geliebte Person allein für sich besitzen. Sie wähnen überall Nebenbuhler und fürchten sich davor, von ihnen zurückgesetzt zu werden. Wenn es einem machtbesessenen Meschen nicht gelingt, sich seine nächsten Mitmenschen zu unterwerfen, reagiert er leicht wütend. Er ist dabei auf die Vernichtung dieser Menschen aus und nimmt dabei die Selbstvermichtung in Kauf. Wir denken dabei an Amokläufe. Wer auf Kabalen aus ist, der ist ein Intrigant. Wer auf Zwietracht aus ist, der sucht Zank und Streit. Der kann sich in heftigen Wortwechseln äußern. Streitsüchtige Menschen prozessieren oft. Der Neid ist ebenfalls eine Form des Egoismus. Charakteristisch für neidische Menschen ist der scheele Blick. Wer einem Mitmenschen seinen Besitz neidet, der möchte ihn für sich haben. Er ist unzufrieden mit dem, was er hat. Die schlimmste Form des Neides zielt auf die Existenz eines Mitmenschen. Johann Wolfgang von Goethe (28. 08. 1749 – 22. 03. 1832) schrieb treffend im „West-Östlichen Diwan": „Was klagst du über Feinde? / Sollten solche je werden Freunde. / Denen das Wesen, wie du bist, / Im stillen ein ewiger Vorwurf ist?"[700] Ermahnungen wie die an unserer Stelle sind charakteristisch für die frühchristliche Paränese. Den abschließenden, die Gemeindeglieder vor den Lastern warnenden Hinweis auf den Ausschluß aus dem Reiche Gottes finden wir z.B. auch 1Kor 6,9f; Eph 5,5f und Kol 3,6. Paulus nennt diese Laster als Gegensatz zur Frucht des Geistes, an erster Stelle der Liebe.

698 *Ders.*, ebd., 12-15; *(E. Lohse);* vgl. *ders.*, ébd., 175f.

699 Die „Zwölf" ist eine Vollkommenheitszahl. Das Jahr hat zwölf Monate, Tag und Nacht umfassen im Mittelmeerraum jeweils zwölf Stunden, von sechs Uhr früh bis achtzehn Uhr abends und dann wieder bis sechs Uhr früh. Das alte Volk Israel gliederte sich nach den zwölf Söhnen Jakobs in zwölf Stämme (vgl. Gen 49,1-28); Jos 24) . Jesus berief zwölf Apostel (vgl. Mk 3,13-19 // Mt 10,1-4 // Lk 6, 12-16). Laut Mt 14,20 blieben nach der Speisung der Fünftausend zwölf Körbe mit Brocken übrig.

700 *J.W. v. Goethe*, Werke III, 336.

Paulus nennt jetzt im Kontrast zu den Lastern als siebenfache[701] „Frucht des Geistes" neun[702] Verhaltensweisen, welche für die Gemeinschaft unter den Menschen förderlich sind. Tugendkataloge finden wir noch 2Kor 6,6; Eph 4,2f; Kol 3,12f; 1Tim 4,12; 6,11; 2Tim 3,10; 1Petr 1,5ff; 3,5.8). Als erste Tugenden nennt Paulus Liebe, Freude und Frieden. (Vgl. z.B. Röm 14,17; 15,13; 2Kor 13,11; Eph 6,23; Kol 3,14f). Sie sollten für christliche Gemeinden in aller Regel selbstverständlich sein. Langmut (makroqumi/a) und Güte im Verhältnis der Gemeindeglieder unter einander gehören ebenfalls zu den Tugenden, die jedermann, vor allem aber wir Christen beachten sollten (vgl. z.B. Röm 14,17; 15,13; 2Kor 13,11; Eph 6,23; Kol 3,14f). Selbstbeherrschung und Treue gewährleisten, daß man sich auf einen Menschen, insbesondere aber auf einen Christen, verlassen kann. Die Selbstbeherrschung oder Rechtschaffenheit kommt noch in Röm 15,14; Eph 5,9 und 2Thess 1,11 vor. Sanftmut und Selbstbeherrschung im Verhältnis zum jeweils Nächsten sind im Zusammenleben der Menschen notwendig. Gal 5,16 wiederholt der Sache nach Gal 5,14. – Es gibt mehrere Formen der Liebe. Wir unterscheiden zwischen der geschlechtlichen, die sich im Forpflanzungstrieb äußert, und der erotischen Liebe, die wir auch die platonische Liebe nennen können. Davon unterscheiden wir die Eltern- und insbesondere die Mutterliebe, die auf die Fürsorge zugunsten der Kinder bedacht ist und deswegen eigene Interessen zurückstellt. „Sanfte Rede erwirbt viele Freunde, freundliche Lippen sind willkommen. Viele seien es, die dich grüßen; dein Vertrauter aber nur einer unter tausend" (Sir 6, 5f LXX). „Ein treuer Freund ist wie ein festes Zelt; wer einen solhen findet, hat einen Schatz gefunden. Für einen treuen Freund gibt es keinen Preis; nichts wiegt seinen Wert auf. Das Leben ist bei einem treuen Freund geborgen; ihn findet, wer Gott fürchtet. Wer den Herrn fürchtet, hält rechte Freundschaft; wie er selbst, so ist auch sein Freund" (Sir 6, 14-17 LXX). Das alttestamentliche Beispiel der Freundschaft ist die enge Beziehung zwischen David und Jonathan (vgl. 1Sam 18,1.3; 20,17; 2Sam 1,26). Einen Freund liebt man wie sich selbst. Der johaneische Jesus Christus sprach

---

[701] Die „Sieben" ist ebenfalls eine Vollkommenheitszahl. Nach Gen/1Mo 1,1 - 2,4 wurde die Welt in sieben Tagen geschaffen. Das alte Israel feierte sieben Feste (vgl. z.B. Ex/2Mo 12,15; Lev/3Mo 25,4; 23, 27). Jesus hat nach SLk 8,2 und Mk 16,9 sieben Dämonen aus der Maria von Magdala vertrieben. Wenn laut Mt 12,45 aus einem Besessenen ein Dämon ausgetrieben ist, geht er und holt sieben andere Dämonen, die noch schlimmer sind als er. Sie ziehen in den eben noch dämonenfreien Besessenen ein und lassen sich dort häuslich nieder. Nach Mk 8,5 // Mt 15.34 standen für die Speisung der Viertausend sieben Brote ur Verfügung. Der Leuchter im Jerusalemer Tempel hatte sieben Arme (vgl. Ex 31,31-39; 37,1-9). Gemäß Offb 1,4 schrie der Seher Johannes an die sieben Gemeinden in der Provinz Asia. Der Menschensohn, den er sah, hatte nach Offb 1,16a „sieben Sterne in seiner rechten Hand". Er schaute nach Offb5,1b Gott auf seinem Thron sitzen mit einem Buch in seiner Rechten, das mit sieben Siegeln versiegelt war. Als nach Offb 10,1-3 ein starker Engel auf die Erde herabgekommen war und rief, „erhoben … sieben Donner ihre Stimme". Als nach Offb 8,6 das siebte Siegel geöffnet war, erblickte er „sieben Engel mit sieben Posaunen". Der Seher schaute nach Offb 12,3 einen „großen und feuerroten Drachen am Himmel, …mit sieben Köpfen und sieben Diademen auf seinen Köpfen."

[702] Die „Drei" ist die Zahl der göttlichen Vollkommenheit. Wir Christen glauben an den dreieinigen Gott; Vater, Sohn und Hl. Geist. Jesus stand am dritten Tag von den Toten auf. Man teilte den Raum in Himmel, Erde und Unterwelt ein. Die Zeit besteht aus Gegenwart, Vergangenheit und Zukunft, Anfang, Mitte und Ende.

zu seinen Jüngern: „Es gibt keine größere Liebe, als daß einer sein Leben für seine Freunde läßt" (Joh 15,13). – In der Freude erleben wir jeden Tag als ein Gottesgeschenk. Freuen wir uns an seinem Menschen, so sind wir glücklich daß er da ist. Wir müssen die Freude vom Vergnügen unterscheiden. Das Vergnügen ist eine Sache des Augenblicks. Dagegen umgreift die Freude unsere Vergangenheit. Paulus freute sich an der Nähe des Herrn. Er schrieb der Gemeinde in Philippi: „Freut euch im Herrn allezeit! Noch einmal sageich: Freut euch! Euere Güte werde allen Menschen bekannt" (Phil 4,4f). Ein Aufruf zur Freude eröffnet in zwei weiteren Briefen des Apostels dessen Schlußworte: „Im übrigen, Brüder, freut euch, kehrt zur Ordnung zurück und haltet Frieden; laßt euch ermahnen und haltet Frieden. So wird der Gott der Liebe und des Friedens mit euch sein" (2Kor 13,11). „Freut euch zu jeder Zeit! Betet ohne Unterlaß! Dankt für alles; denn das ist Gottes Wille in Christus Jesus an euch" (1Thess 5,16ff). „Wer selbst erfreut ist, der schreibt anderen gern: Freut euch!"[703] Die Freude der Christen ist vor allem Freude an der Verbundenheit mit dem erhöhten Herrn in der Gewißheit seiner Nähe. Zeit zur Freude ist nicht allein an hellen Tagen. Die Freude „im Herrn" ist nicht mit einer lustig vergnügten Stimmung zu verwechseln. Die natürliche Fröhlichkeit verfliegt unter Beschwernissen und Drangsalen rasch. Die von Christen beim Auahalten von schmerzlichen Widerfahrnissen in der dem Glauben an Jesus Christus eigenen zuversichtlichen Hoffnung, die sich im Gebet artikuliert. Sie überwindet auch solche Erlebnisse, in denen die Welt und das eigene Dasein als sinleer erscheinen. Dem Aurfuf zur Freude folgt die Mahnung zu einer Haltung der milden Güte. Sie ist das Gegenteil von Härte und Brutalität. „Sanftmut und milde Güte" sind nach 2Kor 10,1 Merkmale Christi, dessen Beispiel Christen folgen sollen: „Seid so gesonnen, wie es der Verbundenheit in Jesus Christus entspricht!" (Phil 2,5). In der zuversichtlichen Hoffnung auf den ankommenden Herrn sollen Christen nicht allein ihren Glaubensgenossen, sondern jedermann mit Güte und Milde begegnen. Ihr gütiges Verhalten soll allgemein bekannt werden. Die Forderung, sich als gütig und mild zu erweisen entspricht der Erwartung gegenseitiger Hochschätzung: „Wenn es nun so etwas wie Ermutigung in Christus, wenn es so etwas wie Zuspruch der Liebe, wenn es so etwas wie eine Gemeinschaft des Geistes, wenn es so etwas wie Herzlichkeit und Mitgefühl gibt, dann macht meine Freude dadurch vollkommen, daß ihr eines Sinnes seid, die gleiche Liebe hegt und einträchtig auf dasselbe bedacht seid, - nicht aus niederträchtiger Selbstsucht oder nichtiger Ruhmsucht! Vielmehr achte einer den anderen in Demut höher als sich selbst, so daß jeder nicht allein auf das Eigene bedacht ist, sonsdern auch auf das der Anderen" (Phil 2,1-4). Ob der Apostel die vier Merkmale einer christlichen Gemeinde, die er in Phil 2,1 auflistet, auch bei den Philippern für gegeben hält, bleibt bei seinem viermaligen kontionalen Neueinsatz des Briefes werden sich die Adressaten an dieser Stelle gefragt haben, ob und inwiefern dieses alles, was der Gemeindegründer von ihnen erwartet, bei ihnen auch vorkommt. Erst mit Phil 2,2 wird deutlich, daß Paulus die genannten Kennzeichen eines christlichen Gemeindelebens sowohl in seinen Beziehungen zur Gemeinde als auch im gegenseitigen Verhältnis der Gemeindeglieder zueinander voraussetzt. Er unterstellt, daß sie

---

703 *J.A. Bengel*, Gnomon II/1, 387.

ihm als Seelsorger alles das, was er in Phil 2,1 aufgezählt hat, ihnen zugesteht; er rechnet aber damit, daß dieses alles ihren Umgang miteinander prägt. Er fragt sich, was für ein Klima oder welche Art kommunikativer Bindung er bei seinem nächsten Besuch der Gemeinde antreffen wird. Der Apostel nimmt an, daß das Verhalten der Gemeindeglieder zueinander durch gegenseitige „Aufmunterung“ und „ermutigenden Zuspruch“ gekennzeichnet ist, wie es ihrer Verbundenheit „in Christus“ entspricht. Die Seelsorge in der Gemeinde umfaßt die ganze Spannweite des guten Zuredens und auch des tröstenden Zuspruchs. Sie erfolgt durch freundliches Zureden, das aus der Liebe erfolgt: „Wem das Trösten und Ermahnen gegeben ist, der tröste und ermahne; wer gibt, der gebe lauter; wer Vorsteher ist, setze sich eifrig ein; wer gibt, der tue das fröhlich“ (Röm 8,12). In jeder Gemeinde gibt es unterschiedliche Charismen. Der eine ist zur Seelsorge, ein anderer zur Wahrnehmung von Leitungsaufgaben, ein dritter zur Wahrnehmung diakonischer Aufgaben begabt. Das alles geschieht in der „Gemeinschaft des Geistes“. Die gegenseitig liebende Verbundnhett zeigt sich in der gegenseitigen Zuneigung. Das Mitfühlen mit dem anderen ist weit mehr als ein Nachempfinden seines freud- oder leidvollen Erlebnisses aus der Situation eines nicht unmittelbar Betroffenen. Es ist vielmehr ein Mitfühlen der gleichen Freude oder auch leidvoller Widerfahrnisse. Paulus und die Christen in Philippi teilen dieselbe Freude am Heil miteinander; sie kämpfen, wiewohl räumlich voneinander weit entfernt vor verschiedenen Foren und mit unterschiedlicher Intnsität, einander herzlich zugeneigt, um die Bewährung ihres Christusglaubens durch beharrliche Standfestigkeit im Leid, das ihnen von Gegnern des Evangeliums Jesu Christi zugefügt wird. Nachdem der Apostel die Adressaten zu seinem besonderen Anliegen ermutigend auf die erfreuliche innergemeindliche Situation des Umgangs miteinander angesprochen hat, spricht er einen Wunsch aus, den sie ihm gewiß erfüllen können. Er möchste sich noch mehr als bisher an ihnen freuen. Auf dreifche Weise spricht er an, was er von ihnen erwartet: Sie sollen „eines „Sinnes sein“, also die gleiche Gesinnung haben, die der Orientierung an Jesus Christus entspricht Das erläutert er damit, daßß sie „die gleiche Liebe hegen“, die Liebe zueinander nämlich, die ihr Leben aus Gottes Liebe empfängt. Beides präzisiert er mit der Mahnung, „einträchtig auf dasselbe bedacht“ zu sein. Antithetisch zum eben Gesagten erinnert der Apostel daran, was eine gemeinsame Orientierung in derselben Richtung bedroht; die Liebe eines zum anderen erstickt und das Einvernehmen miteinander zerstört. Als erstes nennt er die „niederträchtige Selbstsucht“, eine egoistische Haltung, in der wegen zu starker Bindung eines Menschen an sich selbst andere vor allem als Konkurrenten und Rivalen wahrgenommen werden, die das eigene Interesse, sich durchzusetzen und den eigenen Anspruchsraum zu erweitern, betont wird. Niederträchtig ist dieses Verhalten insbesondere dann, wenn man listige Ränke gegen sndere scgmiedet, um sich ihnen gegenüber einen Vorteil zu verschaffen. Dort, wo der Egoismus erstarkt, erstirbt die Hingabefähigkeit. Daneben nennt er noch die „niederträchtige Ruhmsucht“, die ebenfalls eine egoistische Einstellung offenbart. Hier geht es um den in sich selbst verliebten Ehrgeizling, der mit seinem dünkelhaften Überlegenheitsgefühl blind für eigene Fehler und Mängel ist. Er erheischt stets Beifall für das, was er tut, und wartet stets auf einen ihn preisenden Effekt seiner Worte und Taten. Die Orientierung am Genuß des eigenen

Wertes, dazu noch eines nur eingebildeten, hindert einen Menschen an der Wahrnehmung und Achtung dessen, was anderen wichtig und für sie gut ist. Gegen die beispielhaft genannten Formen der intriganten und dünkelhaften Egozentrik stellt Paulus doe „Demut". Hierbei handelt es sich um eine Haltung der freien, weil von der Liebe Gottes in Jesus Christus getragenen Distanznahme von sich selbst und des Verzichtes auf Ansehen und Geltung. Sie ist keine knechtisch kriecherische Servilität. Weit davon entfernt, sich durch den Vergleich mit anderen dazu anregen zu lassen, sie zu übertreffen, achtet ein demütiger Mensch „andere höher als sich selbst." Er kann sich selbst hintan setzen. Jesus erzählte den anderen Teilnehmern an einem Gastmahl zu dem ein Pharisäer eingeladen hatte, die „sich die Ehrenplätze aussuchten", folgende Parabel: „Wenn du von jemandem zu einem Festmahl eingeladen bist, so leg dich nicht auf den Ehrenplatz, daß nichtt etwa ein Vornehmerer als du von ihm eingeladen sei und derjenige, der dich eingeladen hat, komme und dir sage: ‚Mach mir Platz!' Und dann mußt du den letzten Platz einnehmen. Sondern, wenn du eingeladen bist, so leg dich auf den letzten Platz, damit, wenn der kommt, der dich eingeladen hat, er zu dir sage: ‚Freund, rücke nach oben herauf!' Dann wird dir vor allen anderen Tischgenossen Ehre zuteil; denn jeder, der sich selbst erhöht, wird erniedricht werden, und wer sich selbst erniedrigt, wird erhöht werden" (S^{Lk} 14,8-11). In Palästina speiste man nach griechischer Sitte im Liegen. Man lag auf der linken Seite auf Polstern (triclinum) und stützte sich auf Kissen. Man aß mit der rechten Hand von niedrigen Tischen, auf denen von Sklaven serviert wurde. Drei, manchmal auch vier bis fünf Speisepolster waren in U-Form um ein Tiachchen geordnet. An der Qualität der Speisepolster konnte man den Reichtum eines Gastgebers ablesen. Jesus nahm das offenkundige Geltungsstreben der Gäste zum Anlaß für diese Gleichniserzählung. Er kritisierte das allgemeine Streben, sich beim Hochzeits- oder Festmahl die obersten Plätze zu sichern als unklug. Der Gastgeber könnte jemanden, der einen solchen Platz besetzt hat, aiffordern, ihn für einen ranghöheren Gast zu räumen. Vornehme Gäste kamen in der Regel als letzte. Wer den Platz freigeben muß, ist vor den anderen Gästen, die inzwischen eingetroffen sind, blamiert. Ihm bleibt nur nioch der letzte Platz übrig, den neimand haben wollte. Jesus riet dazu, aus freiwillig den letzten Platz einzunehmen. Damit bekundet man nämlich seinen Respekt gegenüber den anderen Gästen und verhält sich demütig. Es kann leicht sein, daß der Hausherr den demütigen Gast als seinen „Freund" anspricht und ihm einen vornehmeren Platz anweiat: „Rücke weiter nach oben!" Selbstverständlich kann man das nicht ohne weiteres erwarten. In der Gemeinde des Lukas waren Standesunterschiede eine Realität. Beim Gemeindemahl sollten sie keine Rolle spielen. – Jesu Rede schließt mit einem Satz, der Allgemeingeltung beansprucht. Der chiastisch formulierte Spruch weist durch seine Passvformulierungen auf Gottes Handeln hin (Passivum divinum).und die futurischen auf ein endzeitliches Geschehen. – Wer dient, der dienert nicht. Dazu gehört auch, anderen zugute ungezwungen niedere Dienste zu übernehmen, die man sonst nur Sklaven oder anderem abhängigen Dienstperonals zumut. Die Fähigkeit zum freien Dienst in demütiger Selbsteinschätzung des eigenen Könnens setzt Selbstreflexion und Mündigkeit voraus, eine Reife, die durch die Achtung des jeweils Nächsten als des mir gegenüber Anderen die Ehrfurcht vor Gott als dem ganz

Anderen erweist. In einer solchen reifen Haltung wird es selbstverständlich, „daß jeder nicht nur auf das eigene bedacht ist, sondern auch auf das des anderen". Das kommt dem Aufbau der Gemeinde Christi am Ort und darüber hinaus zugute.
Wer so handelt, wie es Paulus in seiner Paränese von den Christen erwartet, kommt nicht mit dem Gesetz in Konflikt, weder mit dem bürgerlichen noch mit der Thora Israels. Die „Frucht des Geistes" ist ein Kennzeichen freier Sohnschaft der Christen (vgl Gal 4,1-7). Der Kampf zwischen Fleisch und Geist ist die Entscheidung zugunsten des Geistes entschieden, der uns durch die Taufe und den Glauben (vgl. Gal 3,26 – 4,7) schon von Gott gegeben ist. Christen haben ihr Fleisch, d.h. ihren Egoismus und ihre Begierden, die Paulus in V. 16-19 genannt hat, gekreuzigt. (Vgl. Röm 6,6; 8,10.13; Gal 2 ,19; 6,14).

25-26: Wenn wir im Geiste leben, so laßt uns auch dem Geiste folgen. Laßt uns nicht nach eitler Ehre (streben), einander nicht provozieren, einander nicht beneiden! V. 25 nennt das Thema des ganzen Abschnitts (Gal 5,25 – 6,10): Es geht um unser Sein und eine Lebensführung im Geist, der uns Christen von Gott gegeben ist. Wir Christen haben mit unserem Glauben an Christus unser Fleisch, d.h. unseren selbstsüchtigen Menschen mit all seinen Leidenschaften und Begierden gekreuzigt (vgl. Gal 4,24). Da Gott uns seinen Geist verliehen hat (vgl. Röm 8,13) und uns, die wir an Jesus Christus glauben (vgl. Gal 2,20), verbindet der Geist mit Christus, dem Sohne Gottes (vgl. Gal 4,6), und Gott, seinem Vater, der seinetwegen auch unser Vater ist. Der Heilige Geist bestimmt unsere Lebensführung. Er soll unser Denken, Wollen und Handeln regieren. Da Gottes Geist uns regiert, sollen wir uns von ihm in unserem Lebensalltag leiten lassen (vgl. Gal 5,18). Der Apostel erklärt die Lebensführung im Geist, daß er uns vor ungeistlichem Verhalten warnt (vgl. Gal 5,26). Danach zeigt er in Gal 6,1-10 auf, wie wir unser Leen als Christen führen sollen. Das Streben nach Ehre, die gegenseitige Provokation und der Neid werden im Neuen Testament nur an dieser Stelle erwähnt.[704] Das Streben nach Ehre, die gegenseitige Provokation und der Neid aufeinander stehen im Gegensatz zum Gebot, den jeweils Nächsten zu lieben.

Die Lebensführung im Geist
6,1 – 6,10

Brüder, wenn einer auch bei einem Fehltritt ertappt wird, so bringt ihr Geistlichen ihn wieder zurecht, und achte darauf, daß du nicht selbst versucht wirst. 2Einer trage des anderen Last, so werdet ihr das Gesetz Christi erfüllen. 3Wenn nämlich jemand meint, er sei etwas und doch nichts ist, so täuscht er sich selbst. 4Jeder aber prüfe sein eigenes Werk, und dann wird er seinen Ruhm nur für sich selbst und nicht im Blick auf den anderen haben; denn jeder wird seine eigene Bürde zu tragen haben.

---

704 Vgl. *J. Becker*, Galater 92.

1: Brüder, wenn jemand von einer Verfehlung ereilt wird, sollt ihr, die ihr geistlich seid, ihn im Geist der Sanftmut wieder zurechtbringen; achte auf dich selbst, daß du nicht versucht wirst. Mit der Anrede „Brüder“ eingeleitet, bringt Paulus ein Beispiel für eine Lebensführung, die von Gottes Geist geleitet wird. Es gilt den, der „auf einem Fehltritt ertappt wird“, mit Güte wieder zur christlichen Lebensführung zurückzubringen. Wenn wir „darauf achten“ sollen, „nicht selbst versucht“ zu werden, dann bedeutet das, daß wir auch selbst uns daneben benehmen können und dann auch von Mitchristen erwarten, daß sie uns gütig darauf aufmerksam machen und uns zu einem Wollen, Handeln und Verhalten helfen, das unserer Existenz als Christen entspricht. Eine christliche Gemeinde soll einen Sünder nicht bestrafen, sondern das staatlichen Stellen überlassen: „Die Regierenden sind kein Schrecken für die böse Tat, sondern für die böse. Willst du dich vor der Gewalt nicht fürchten? Dann tue das Gute, und du wirst Lohn von ihr empfangen. Sie ist nämlich Gottes Dienerin dirt zugute. Wenn du asber das Böse tust, so fürchte dich; denn sie trägt nicht ohne Grund das Schwert. Sie ist ja Gottes Fienerin, ein Anwalt zum Zorn für denjenigen, der Böses tut. Darum ist es notwendig, sich ihr nicht nur wegen des Zornes, sondern auch des Gewissens wegen unterzuordnen. Deshalb zahlt ihr ja auch Steuern. Sind sie doch Gottes Diener, eben darauf bedacht. Gebt allen, was ihr schuldig seid, wem Steuern, die Steuern, wem Zoll, den Zoll, wem Furcht, die Furcht, wem Ehre, die Ehre“ (Röm 13,3-7). Vor der staatlichen Macht braucht sich niemand zu fürchten, der Gutes tut und so seine bürgerlichen Pflichten erfüllt. Wer das tut, kann von der jeweils zuständigen Behörde Lob erwarten. Wer seinen bürgerlichen Pflichten nicht nachkommt oder sonst etwas Böses tut, muß sich vor der jeweils zuständigen staatlichen Stelle fürchten, weil er mit einer Strafe zu rechnen hat. Damit, daß die Staatsmacht Anerkennung ausspricht, tadelt und die Übeltäter bestraft, ist sie „Gottes Dienerin“. Sie hat darüf zu zu sorgen, daß ihre Untertanen in geordneten Verhältnissen leben. Man soll sich der Staatsmacht, aber auch der städtischen Obrigkeit nicht allein aus Furcht vor Strafe, sondern auch „des Gewissens wegen“ unterordnen. Wir erkennen die staatliche Macht damit an, daß wir ihr „Steuern“ und andere Abgaben zahlen.

2: Einer trage des anderen Last; so werdet ihr das Gesetz Christi erfüllen. Die Mitchristen sollen einem Bruder, der „von einer Verfehlung ereilt wird,“ wieder auf den rechten Weg einer christlichen Lebensführung bringen. Damit geben sie ein Beispiel, wie die Aufforderung des Paulus, die Lasten des anderen geduldig mitzutragen, und damit „das Gesetz Christi“ erfüllt wird. Es gibt wohl niemanden, der außer seinen eigenen auch noch die Lasten seiner jeweils Nächsten mitzutragen hätte. In Röm 15,1-3 bittet der Apostel die Christen in Rom: „Wir aber, die wir stark sind, sollen die Schwäche derer tragen, die schwach sind, und uns nicht zu Gefallen leben. Jeder von uns soll dem Nächsten zu Gefallen leben, zum Guten, zur Erbauung. Christus hat nämlich auch nicht sich selbst zu Gefallen gelebt, sondern wie geschrieben steht: ‚Die Schmähungen, derer, die dich schmähen, sind auf mich gefallen‘“ (Ps 68,10 LXX). Paulus zählt sich selbst zu den „Starken“. Er weiß sich ermächigt, an diejenigen Christen in Rom, die sich stark fühlen, zu appellieren, „die Schwächen der Schwachen zu ertragen.“ Sie sollen die Lasten schultern, die den Schwachen zu schwer sind.

Niemand, weder die Starlken, noch die Schwachen, soll sich selbst zu Gefallen leben, sondern seinem jeweils Nächsten. Wenn alle das Gebot, einander zu lieben (vgl. Röm 13,8ff) besolgen, dann dient das dem Aufbau der Gemeinde. Sie sollen sich Jesus Christus, ihr Urbild, zum Vorbild nehmen und ihren Mitchristen zunutze leben. Ps 68,10 LXX legt der Apostel Jesus Christus selbst in den Mund. Die galatischen Christen sollen einen Bruder, der sich verirrt, nicht verurteilen, sondern darauf achten, daß sie nicht selbst zu einer ähnlichen Sünde versucht werden. So tragen sie die Lasten ihrer Glaubensbrüder, denen sie wieder zu einer christlichen Lebensführung helfen, damit sie das Gesetz Christi erfüllen, das er zuvor gelebt und selbst erfüllt hat (vgl. Röm 15,3; Phil 2,5), das Gebot, einander und den jeweils Nächsten zu lieben (vgl. Mk 12,31 parr; Gal 5,13).

3: Wer sich einbildet, etwas zu sein, obwohl er nichts ist, betrügt er sich selbst. Die VV. 3-5, die sich an V. 2 anschließen, begründen und motivieren diese Mahnung. Jeder, der weiß, daß er selbst versucht werden kann, wird darauf achten, den Versuchungen im Glauben standzuhalten, seine Werke nicht mit denen seiner Mitchristen messen. „Wenn nämlich jemand meint, er sei etwas und doch nichts ist, so täuscht er sich selbst". Die Selbsttäuschung über den Wert der eigenen Werke wird durch Selbstkritik verhindert. Manche Menschen erwecken bei anderen den Anschein, etwas zu sein; doch das ist oft nur vordergründig so. Meistens ist nicht viel dahinter. Mit den Worten des Paulus an die Christen in Korinth: „Niemand täusche sich selbst. Wenn jemand unter euch meint, weise zu sein, so werde er ein Narr, um weise zu sein" (1Kor 3,18). „Wenn jemand meint, er habe etwas erkannt, so hat er noch nicht erkannt, wie man erkennen soll" (1Kor 8,2). „Wer also zu stehen meint, der sehe zu, daß er nicht falle" (1Kor 10,12).

4: Jeder prüfe sein eigenes Tun; dann wirf er nur im Hinblick auf sich selbst Ruhm haben, aber nicht im Vergleich mit anderen. Wir Menschen und insbesondere wir Christen sollen nicht überheblich sein. Wir sollten uns über unsere eigene Lebensweise klar sein, unser Tun und Lassen immer kritisch sehen und nicht vor anderen damit prahlen, weil wir wissen, daß wir darüber im Endgericht darüber Rechenschaft geben müssen, wenn wir nach unseren Werken beurteilt werden. (vgl. Röm 2,5-10; 1Kor 3,13-15; 2Kor 5,10; 11,15; Eph 6,8). Da wir nach Phil 3,12-16 zur Vollendung hin unterwegs sind, sollen wir uns „wie ein Läufer" verhalten, „der dem Siegespreis entgegen rennt", „der in der Berufung besteht, die von Gott her in Jesus Christus (ergangen ist)." Wir sind an Jesus Christus im Leben und Tod gebunden. Deshalb sollen wir unser Tun und Lassen ständig daraufhin prüfen, ob wir uns nichts vorzuwerfen haben (vgl. Röm 14,22; 1Kor 4,4). Dann, wenn wir damit zufrieden sind, dürfen wir uns freuen, diese Freude aber für uns behalten. Unsere Werke berechtigen uns nicht, anderen Mitchristen gegenüber, die nicht solche Werke aufzuweisen haben, überheblich zu sein: „Damit ihr von uns lernt, was es heißt: Nicht über das hinaus, was in der Schrift steht, daß also keiner zugunsten des einen und zum Nachteil des anderen sich wichtig machen darf" (1Kor 4,6b.c). Paulus schrieb der Gemeinde in Philippi: „Nicht, daß ich (Christus) schon ergriffen oder bereits vollendet wäre; ich strebe aber danach, ihn zu ergreifen, weil ich ja von Christus

Jesus ergriffen bin. Brüder, ich meine nicht, es ergriffen zu haben. Eines aber tue ich: Ich vergesse, was dahinten liegt, und strecke mich nach dem aus, was vor mit liegt. Ich eile auf das Ziel zu, den Siegespreis, der in der Berufung nach oben besteht, die von Gott im Christus Jesus ergangen ist. Alle, die wir nun Vollkommene sind, laßt uns darauf bedacht sein! Und wenn ihr irgend anders denkt, wird Gott euch auch das offenbaren. Nur laßt uns festhalten, wozu wir gelangt sind" (Phil 3,12-16). Der Apostel hat die von ihm in Phil 3,11 angesprochene „Auferstehung von den Toten" und damit die Gleichgestaltung mit dem Leben des erhöhten Jesus Christus noch nicht erreicht. Er ist noch nicht ganz in das Geheimnis der Gleichzeitigkeit mit dem Tod und Leben Christi eingeweiht. Paulus unterscheidet zwischen einem vorläufigen Jetzt und dem endgültigen Dann. Für ihn sind Charismen und auch die Bewährung seiner Existenz als Christ und Apostel in Extremsituationen etwas Vorläufiges und Fragmentarisches. Doch mit der definitiven Ankunft des uns jetzt nur indirekt und vermittelt, gleichsam „durch einen Spiegel" erkenn- und ansprechbaren „Vollendeten" oder „Vollkommenen" und dem sich damit ereignenden Schauen „von Angesicht zu Angesicht", also im direkten Gegenüber von Gott und Mensch, hört das Vorletzte und Bruchstückhafte auf (vgl. 1Kor 13,8-13). – Der Apostel richtet sein Leben auf das Hoffnungsziel der Auferstehung und seiner Teilnahme an der Herrlichkeit Christi aus, verfolgt es und läuft ihm nach wie ein Läufer in der Kampfbahn; er ist darauf aus, es zu ergreifen, seitdem er vom Christus Jesus ergriffen ist. Nach der Anrede der Adressaten als „Brüder" wiederholt er nachdrücklich, was er soeben geschrieben hat. Anscheinend gab es Leute, die ihm eine zu hohe Selbsteinschätzung vorwarfen und meinten, er hielte sich für einen in das Geheimnis der Existenz Christi vollständig Eingeweihten. Es liegt nahe, dabei an judenchristliche Gegner zu denken, vor denen er zuvor gewarnt hat (vgl Phil 3,2f). Gegen diese Meinung über ihn betont er, daß er jedenfalls so nicht über sich denkt. Er ist nicht eingebildet und urteilt nicht anmaßend über sich, zumal er, verbunden mit Jesus Christus, als Untersuchungshäftling alles andere als die Vollendung erlebt. Doch eines gilt: Jesu Christi wegen kann er seine vom Stolz auf seine Herkunft und dem Eifer für das Mosegesetz bestimmte Vergangenheit, die er hinter sich gelassen hat, „vergessen". Er muß sie nicht immer wieder hervorholen, um sie zu verarbeiten, sondern kann sie auf sich beruhen lassen und braucht sie nicht weiter zu beachten, wenn er nicht provoziert wird. Wie ein Läufer in der Kampfbahn kann er sich ganz auf das vor ihm liegende Ziel konzentrieren, die Vollendung der Gemeinschaft mit Jesus Christus. Ihm geht es wie einem Läufer im Endspurt, dem als „Kampfpreis" der Siegerkranz winkt. Den Vergleich mit einem Wettlauf in der Rennbahn hat der Apostel noch einmal verwendet, um die Christen in Korinth, der Stadt der Isthmischen Spiele, zur zielstrebigen Anstrengung in ihrem Lauf dem ewigen Leben entgegen anzufeuern: „Wißt ihr nicht, daß die Läufer im Stadion zwar alle laufen, daß aber nur einer den Siegespreis gewinnt? Lauft also, daß ihr ihn gewinnt! Jeder Wettkämpfer aber lebt völlig enthaltsam; jene tun dieses, um einen vergänglichen, wir aber, um einen unvergänglichen Siegerkranz zu gewinnen" (1Kor 9,24f). Wer in einem Wettkampf siegen will, muß besondere Anstrengungen auf sich nehmen. Paulus denkt hier an eine vorübergehende Enthaltung vom ehelichen Verkehr, aber auch vom Wein und Fleisch. Wenn schon die Wettkämpfer alles daran setzen, um einen vergänglichen Siegerkranz zu erringen, um wieviel mehr dann die Christen, die einen unvergänglichen Kranz erstreben. Paulus konzentriert sich ganz auf seine Berufung, die von oben kommt und nach oben weist. Sie, die er von Gott durch Jesus Christus erhalten hat, ist sein Siegerpreis. Dann geht er dazu über, das, was er aufgezeigt hat, auf die Adressaten anzuwenden. Obwohl er das „Vollendet-“ oder „Vollkommensein“ für sich abgelehnt hat, greift er jetzt darauf ironisch darauf zurück und prägt diesen Ausdruck in seinem Sinn um. Wir angeblich „Vollkommene“, wie man uns nachsagt, das bedeutet für ihn: Wir, die wir im Leben und Sterben an den gekreuzigten und verherrlichten Herrn Jesus Christus gebunden sind, hängen so an ihm, daß wir nur das Eine kennen, uns von ihm anziehen zu lassen und ihm in Schwäche mit der Kraft, die von oben und damit von Gott kommt, zut Vollendung der Gemeinschaft mit ihm in Gott hinter ihn her zu laufen und sind auf nichts anderes bedacht. Wir wollen nicht wie unmündige Kinder denken und urteilen, sondern wie es sich für zur Einsicht gekommene Erwachsene ziemt. Gereift durch Bedrängnis und Leid bleiben wir in Zeit und Ewigkeit mit dem von Gott zu ihm erhöhten Gekreuzigten verbunden.

5: Jeder wird nämlich seine eigene Bürde zu tragen haben. Niemand soll sich selbst rühmen. Wir müssen die Bürde, d.h. die Summe aller Lasten, insbesondere die Sündenlast, die wir je persönlich zu tragen und für die wir uns vor Gott zu verantworten haben, auf uns nehmen: Gott „wird einem jeden nach seinen Taten vergelten“ (Röm 2,6). „Ja, er vergilt jedem Menschen, wie es sein Tun verdient“ (Spr 24,12d LXX). Auch dürfen wir uns unserer guten Taten, die wir nicht uns selbst, sondern Gottes Gnade verdanken, freuen, aber nicht von anderen fordern, daß andere Mitchristen gleiche oder ähnliche Taten aufzuweisen haben, denn jeder soll seiner eigenen Berufung folgen: „Keiner betrüge sich selbst. Wenn jemand unter euch meint, in dieser Welt weise zu sein, so soll er töricht werden, um weise zu werden“ (1Kor 3,18). Die Adressaten sollen sich nicht auf einen Irrweg begeben, der sie vom rechten Weg zum Ziel, das sie anstreben, abführt. Ob jemand „weise“ ist, kann er nicht selbst beurteilen. Die Weisheit eines Menschen festzustellen, ist die Sache seiner Mitmenschen. „Jedem wird die Offenbarung des Geistes zum Nutzen aller gegeben“ (1Kor 3,7). Der jedem Christen jeweils persönlich zugeteilte „Geist“ ist „zum Nutzen aller“ da. Jeder von uns muß die ihm auferlegte Last tragen, wenn er an das Ziel seiner Berufung gelangen will.

6: V.6 folgt V.5, wonach jeder die ihm je persönlich auferlegte Bürde zu tragen hat. Wahrscheinlich geht es hier um die Besoldung der Lehrer, zu denen auch Paulus zählt, in den Gemeinden Galatiens, die Taufanwärter in der christlichen Lehre unterrichten. Die Taufanwärter sollen ihren Katecheten an allen ihren guten Werken gemäß Gal 5,22f einen Anteil geben, d.h. zu ihrem Unterhalt beitragen. Es geht hier höchstwahrscheinlich darum, daß getaufte Christen die ihnen mitgeteilten geistlichen Güter, die sie wie Lukas den Theophilus, mit dem von ihm verfaßten Evangelium tiefer in der christlichen Lehre (vgl. S^{Lk} 1,1-4), aber auch mit der Apostelgeschichte in die Geschichte der frühen Christenheit einführen.

Wer aber im Wort unterrichtet wird, gebe seinem Lehrer von allen Gütern etwas mit. Paulus benutzt die Wendung „Irret euch nicht" immer dann, wenn es um Einsichten geht, die wir Menschen nicht übersehen dürfen (vgl. 1Kor 6,9; 15,33; vgl. Lk 21,8; Jak 1,16; IgnEph 16,1; IgnMagn 8, 8,1; Ign Phld 3,3). Das Sprichwort „Gott läßt seiner nicht spotten" war damals weltweit verbreitet. „Gott wurde als unentrinnbare und gefährliche Gottheit vorgestellt, die schonungslos die vernichtet, die sich gegen sie auflehnen."[705]
Ein Schüler ist verpflichtet, seinem „Lehrer" den Lebensunterhalt zu zahlen. Er soll seine Habe mit ihm teilen. (vgl. 1Kor 9,7-14; 2Kor 7f; 1Tim 5,17f). Der historische Hintergrund dieser Ermahnung war höchstwahrscheinlich der, daß Paulus zu Ohren gekommen war, die Gemeinden in der Provinz Galatia finanzierten ihre Katecheten entweder gar nicht oder nicht ausreichend. Der historische Hintergrund war wahrscheinlich, daß den Leviten für ihren Dienst ihr Anteil am Zehnten zustand, den im alten Israel jeder Hausvater zu Leisten schuldig war (vgl. Num/4Mo 18,31). Die Begründung dafür fand der Apostel in Dtn/5Mo 25,4 LXX: „Du sollst dem Ochsen, der da drischt, nicht das Maul verbinden" (vgl. 1Kor 9,8ff; 1Tim 5,18). Da die Katecheten den Gemeinden geistliche Güter mitgeteilt haben, können sie erwarten, von den Gemeinden ihren Lebensunterhalt zu bekommen. Paulus hat dieses Recht zur selten in Anspruch genommen. Als er wegen eines epileptischen Anfalls in einer der galatischen Gemeinden seine missionarische Tätigkeit unterbrechen mußte (vgl. Gal 4,15), war er dafür dankbar, daß die Christen dort ihn gepflegt haben, bis er wieder gesund war. Nach 2Kor 11,9 haben ihn die Christen in der Provinz Makedonien, speziell in Philippi, mehrmals durch finanzielle Hilfeleistung unterstützt (vgl. Phil 4,10.20; Phlm 4-7). Sonst hat er keine Hilfe aus den Gemeinden in Anspruch genommen (vgl. 1Kor 9,12; 2Kor 11,7; 12,13f; Apg 20,33). Er wollte niemandem zur Last fallen.

7-8: Irret euch nicht: Gott läßt seiner nicht spotten; denn was der Mensch sät, das wird er auch ernten. Denn wer auf sein Fleisch sät, wird vom Fleisch Verderben ernsten; doch wer auf den Geist sät, wird vom Geist ewiges Leben ernten. Mit den VV. 7-9 schließt Paulus den vierten Hauptabschnitt seines Schreibens an die Christen in der Provinz Galatia. Die Wendung „Irret euch nicht" (Jak 1,16) gebraucht Paulus immer dann, wenn es um jedermann einleuchtende Einsichten geht, die wir beachten müssen (vgl. 1Kor 6,9; 15,33). Hier geht es darum, wie es uns Menschen im Endgericht ergehen wird. Einer Lebensführung, die von Gottes Geist bestimmt wird, ist die Verheißung auf das ewige Leben gegeben. Das Bild von Saat und Ernte finden wir auch noch in Hos 8,7; Hi 4,8; Spr 22,8; Lk 19,21; 2Kor 9,6. Es ist in der antiken Literatur verbreitet und stammt stammt aus der Erfahrung der Landwirte, die wissen, wieviel Ernteertrag eine bestimmte Menge Saatgut erwarten läßt.[706] Hat ein Bauer schlechtes Saatgut, muß er mit einer schlechten, bei gutem Saatgut kann er, wenn auch das Wetter für das Keimen, Aufwachsen und Reifen der Saat günstig ist, mit einer guten Ernte rechnen. Damit, daß Paulus das Bild auf das Tun

---

705 *H.D. Betz*, Galater 521.
706 Vgl. *H. Preisker*, Art. μυκτηρίζω, ThWNT IV, 804-807; *G. Bertram*, ebd.

oder Lassen der Menschen und seine Folgen und auf das endzeitliche Ergehen bezieht, prägt er es um und typisiert es. Er stellt sich zwei Landwirte vor. Der eine sät sein Saatgut in das sündige und vergängliche Fleisch. Daraus keimt, wächst und reift eine vergängliche und verderbliche Frucht. Der andere sät den von Gott ihm anvertrauten Heiligen Geist in seinen Acker. Er erntet dank Gottes Geist das ewige Leben (vgl. Röm 2,7; 5,21; 6,22f). Das bedeutet in unserem Zusammenhang: Ein Katechumene, der seinem Katecheten kein oder zu wenig Geld für die von ihm erhaltene christliche Unterweisung gibt, schätzt dessen Unterricht gering. Das Sprichwort: „Was der Mensch sät, das wird er auch ernten" finden wir noch in Hi 4,8; Spr 22,8 LXX; 1Kor 9,11; 2Kor 9,6.

9-10: **Laßt uns Gutes tun und nicht müde werden; denn zur rechten Zeit werden wir auch ernten, wenn wir nicht ermatten. Deshalb laßt uns, solange wir Zeit haben, Gutes tun, am meisten aber den Glaubensgenossen.** Paulus ruft hier noch einmal die galatischen Christen dazu auf, dem Geist Gottes bei sich in guten Werken bei sich wirken zu lassen (vgl. Gal 5,22f), weil jetzt noch Zeit zur Aussaat ist. Schließlich können sie auch ernten, was sie zuvor gesät haben. Wer auf schlechten Boden, d.h. auf sein Fleisch, gesät hat, kann z. Zt. des letzten und unwiderruflichen Gerichts über ihn auch nur eine schlechte Ernte einfahren. Darum kommt alles darauf die nur noch kurze Zeit bis dahin zu nutzen. Paulus und die frühe Christenheit lebten in der Naherwartung des Endes (vgl. z.B. Röm 13,11f; 16,20; 1Kor 7,29; 10,11; 16,22; Phil 4,5; 1Thess 4 13ff) und die frühe Christenheit erwarteten den letzen Advent Jesu Christi als Weltenrichter mit göttlicher Vollmacht. Der Apostel floh nicht aus der Welt wie zuerst in Ägypten die Anachoreten (von a)naxore/w „sich zurückziehen), und Eremiten, die sich in die Wüste zurückzogen, und seit der 2. Hälfte des 3. Jahrhunderts die Männer- und Frauenorden, sondern nutzte die noch verbleibende Zeit für die Mission. Gerade weil diese Zeit nur noch kurz ist, gilt es sie zu nutzen, Gutes zu tun, vor allem an den eigenen Glaubensgenossen, wörtlich „Hausgenossen des Glaubens".

Eigenhändiger Briefschluß 6,11-18

11Seht, mit welch großen Buchstaben ich euch eigenhändig schreibe! 12So viele nach dem Fleisch Ansehen haben wollen, nötigen euch, daß ihr euch beschneiden laßt, nur daß sie wegen des Kreuzes Christi nicht verfolgt werden. 13Denn nicht einmal Beschnittene halten das Gesetz, sondern wollen sich eures Fleisches rühmen. 14Mir aber sei es fern, mich zu rühmen, als allein des Kreuzes unseres Herrn Jesu Christi, durch das mir die Welt gekreuzigt ist und ich der Welt. 15Denn weder Beschneidung noch Unbeschnittenheit gilt etwas, sondern (nur eine) neue Schöpfung. 16Und so viele nach diesem Kanon ihr Leben führen – Friede und Erbarmen, auch über das Israel Gottes. 17Hinfort mache mir niemand mehr Schwierigkeiten, denn ich trage die Malzeichen Christi an meinem Leib.

[18]Die Gnade unseres Herrn Jesu Christi sei mit eurem Geist, Brüder! Amen.

Während Paulus Gal 1,1 - 6,10 einem schreibkundigen Mitglied der Gemeinde in Ephesus diktiert hat, fügt er Gal 6,11-18 eigenhändig hinzu. Nur den im Verhältnis zu allen anderen Briefen kurzen Philemonbrief hat er ganz selbst geschrieben. Anders als in Röm 16,21ff, 1Kor 16,15ff; 2Kor 13,12; Phil 4,21f; 1Thess 5,26 richtet er hier zum Schluß keine Grüße aus. Das wird wahrscheinlich mit der schwierigen Situation in den galatischen Gemeinden zusammenhängen. Eigenhändig geschriebene Postscripten finden wir in 1Kor 16,21; Phlm 19; (vgl. auch Kol 4,18; 2Thess 3,17). Im Schlußwort, das er bewußt mit großen Buchstaben schreibt, um die Bedeutung seines Briefes zu betonen, kommt noch einmal die schwierige Situation in den Gemeinden zur Sprache. Der Apostel polemisiert zum letztenmal gegen die Judaisten, die von den Heidenchristen verlangen, daß sie sich wie die Judenchristen beschneiden lassen, weil sie nur in der Beschneidung und in der Befolgung des Gesetzes eine Chance sehen, von Gott gerechtfertigt zu werden. Kein Jude kann alle 613 Ge- und Verbote der Thora Israels ganz halten, folglich auch die judaistischen Gegner nicht (vgl. Gal 5,3; Röm 7,22f). Sie wollten so einer Verfolgung durch ihre Landsleute entgehen. Klagte Paulus in Gal 1,6f seine Widersacher an, so auch in Gal 6,1f. Hatte er sie in Gal 1,6-9 verflucht, weil sie das von ihm gepredigte Evangelium verfälschten, so segnet er in Gal 6,16 alle Christen, nicht nur die der galatischen Gemeinden. Wir sind allein durch das bittere Leiden und Sterben unseres Herrn Jesus Christus von allen Sünden und aus der Gottesferne befreit worden. Paulus sich rühmt sich „allein des Kreuzes unseres Herrn Jesu Christi". Schreibt er Gal 6,17b, er trage „die Malzeichen Christi an" seinem „Leibe", so meint er damit die vielen Narben, die er von den ihm von Juden und Heiden widerfahrenen Mißhandlungen zurückbehalten hat Er weist gelegentlich auf Leiden hin, die er während seiner Mission erdulden mußte, so 1Kor 4, 9-13; 15,30f; und 2Kor 11,25; 1Thess 2,2; vgl. Apg 16,22f). In 1Kor 15,32 berichtet er, daß er zu Ephesus in der Arena einen Kampf mit wilden Tieren zu bestehen hatte. Wahrscheinlich sind auch aus diesem Kampf einige Narben zurückgeblieben. In 2Kor 4,7-18 hat er von seiner Gemeinschaft im Leiden mit Christus geschrieben. In 2Kor 1,8-10 berichtet Paulus von einer schweren Drangsal, die er in der Provinz Asia, gewiß in der Hauptstadt Ephesus, durchzustehen hatte. Er verzagte an seinem Leben und rechnete schon mit seinem Tod, ist aber aus seiner Todesnot gerettet worden. Er schreibt darüber 2Kor 1,8ff: „Wir wollen euch nicht in Unkenntnis lassen, Brüder, die uns in der Provinz Asia widerfahren ist, daß wir übermäßig beschwert wurden, über Vermögen, so daß wir am Leben verzweifelten. Wir selbst aber hatten unser Todesurteil hingenommen, weil wir unser Vertrauen nicht auf uns selbst setzen wollten, sondern auf Gott, der die Toten auferweckt. Er hat uns aus dieser großen Todesnot errettet und rettet uns noch; auf ihm ruht unsere Hoffnung, daß er uns auch in Zukunft retten wird". Der Apostel erwartete nicht mehr, vom Tode gerettet zu werden und war damit einverstanden, durch das Beil oder Schwert des Henkers zu sterben. Er rechnete mit einem Todesurteil und der anschließenden Hinrichtung. Seine Rettung verdankte er Gott allein.

17: Paulus erwartet, daß ihm die Christen in der Provinz Galatia keine Mühe mehr machen. Er trägt die „Malzeichen Christi an" seinem „Leibe" (vgl. zu V. 11-16). Nach 2Kor 11,24 wurde er von Juden fünfmal zur Prügelstrafe von „vierzig weniger einen" verurteilt und hat diese Strafe auch erlitten. Nach Apg 19,23-40 hat in Ephesus der Innungsmeister der Silberschmiede Demetrius die Kunsthandwerker seiner Zunft, die Tempel der Stadtgöttin Artemis herstellte, versammelt und zu ihnen gesprochen: ‚Männer, ihr wißt, daß aus diesem Gewerbe unser Wohlstand kommt, und ihr seht, daß dieser Paulus mit seiner Überredung nicht nur viel Volk von Ephesus, sondern nahezu von der ganzen (Provinz) Asia mit seiner Behauptung verführt, daß die von Hand gefertigten Götter keine seien. Es droht uns aber nicht nur die Gefahr, daß dieser Geschäftszweig in Verruf kommt, sondern daß sie auch künftig ihre Majestät einbüße, die doch die ganze (Provinz) Asia und der ganze Erdkreis verehrt.' Als die Zunftgenossen diese Rede gehört hatten, „gerieten sie in Wut und schrien: ‚Groß ist die Artemis von Ephesus!' Und die Stadt geriet in Aufruhr, und sie stürmten wie ein Mann ins Theater und schleppten die Makedonier Gaius und Aristarch mit, die Reisegefährten des Paulus. Als aber Paulus unter das Volk gehen wollte, ließen ihn die Jünger nicht. Und auch einige von den Asiarchen", d.h. hoch angesehene Männer aus der gesellschaftlichen Oberschicht der Stadt, „die mit ihm befreundet waren, sandten zu ihn, sich nicht ins Theater zu begeben:" (Apg 19,24-31). Die Versammlung im Theater verlief tumultuarisch. Einem „Sekretär" genannten hohen städtischen Beamten gelang es, die Menge zu beruhigen, auch Gaius und Aristarch frei zu bekommen und die Menge mit dem Hinweis auf die gesetzmäßigen Bürgerversammlungen, die regelmäßig stattfindenden Gerichtstage sowie auf die Möglichkeit, Paulus und die Christen beim Statthalter anzuklagen, die Versammlung aufzulösen.

18: Zum Abschluß seines Rundschreibens an die christlichen Gemeinde in der Provinz Galatia erteilt der Apostels Paulus den Gemeinden seinen apostolischen Segen, dessen Hauptelemente sich in allen seinen und auch in den deuteropaulinischen Briefen finden. Dieser lautet in hat in allen seinen Briefen einen Segenswunsch. Er bezeichnet die Christen dort als seine Geschwister im Glauben. Der Segen lautet hier: „Die Gnade unseres Herrn Jesu Christi sei mit eurem Geist, Brüder!". Das „Amen" zum Schluß steht nur noch in Röm 15,33 und 16,27.

Literaturverzeichnis

Bibel

Biblica Hebraica Stuttgartensia. Ed. *Karl Elliger et Wilhelm Rudolph,* Stuttgart 1977

Septuaginta. Id est Vetus Testamentum graece iuxta LXX, ed. *Alfred Ralphs,* Vol. I-II, Stuttgart [4]1950

Novum Testamentum Graece, post Eberhard et Erwin Nestle editione vicesima septima revisa communiter ed. Barbara et Kurt Aland, Johannes Karavidopulos, Carlo M. Martini, Bruce M. Metzger, Stuttgart [27]1993

The Critical Edition of Q. Synopsis including the Gospels of Matthew and Luke, Mark and Thomas with English, German and French Translations of Q and Thomas. Ed by *James M. Robinson / Paul Hoffmann / John S. Kloppenborg,* Minneapolis / Leuven 2000

Die Spruchquelle Q. Studienausgabe Griechisch und Deutsch. Jh., u. eingeleitet v. *Paul Hoffmann / Christoph Heil,* Darmstadt / Leuven 2002

Antike Texte

Apollodor's Mythologische Bibliothek, übersetzt v. *Christian Gottlob Moser,* Stuttgart 1828

Aristoteles, Die nikomachische Ethik. Griechisch-deutsch. Übersetzt v. *Olof Gigon,* neu hg. v. *Rainer Nickel,* Düsseldorf, 22007

Politics, with an English Translation by *H. Backham,* (LCL), Cambridge, Mass. / London 2005

Politik. Schriften zur Staatstheorie. Übersetzt u. hg. v. *Franz F. Schwarz,* (RUB), Stuttgart 2007

Augustinus, Aurelius, Über den dreieinigen Gott. Ausgewählt u. übersetzt v. *Michael Schmaus,* München [2]1951

Der babylonische Talmud, neu übertragen durch *Lazarus Goldschmidt.* Bd. IX, Berlin 1967

Becker, Jürgen, Die Testamente der zwölf Patriarchen , JSHRZ Bd, III/1, Gütersloh 1980.

Berger, Klaus, Das Buch der Jubiläen, JSHRZ II/3, Gütersloh 1981

Böttrich, Christfried, Das slavische Henochbuch, JSHRZ 5/7, Gütersloh 1996

Brandenburger, Egon, Himmelfahrt Moses. *Müller, Ulrich B.,* Die griechische Esra-Apolalypse. *Klijn A.F.J.,* Die syrische Baruch-Apokalypse (JSHRZ V/7), Gütersloh 1976

Cicero, Marcus Tullius, Über das Schicksal – De Fato. Lateinisch – deutsch, hg. u. übersetzt v. *Karl Bayer,* Düsseldorf / Zürich 2000

Vom rechten Handeln. Lateinisch und deutsch, hg. u. übers. v. *Karl Büchner,* Zürich 1994

De finibus bonorum et malorum. Über das höchste Gut und das größte Übel, Lateinisch / Deutsch, übersetzt u. hg. v. *Harald Merklin,* Stuttgart 2007

Tusculanae disputationes. Gespräche in Tusculum, übersetzt u. hg. v. *Ernst Alfred Kirfel,* Stuttgart 1997

De officiis. Vom pflichtgemäßen Handeln, übersetzt u. hg. v. *Heinz Gunermann,* (RUB), Stuttgart 2007

Clemens von Alexandreia, Teppiche. Wissenschaftliche Darlegungen entstsprechend der wahren Philosophie (Stromateis), Buch I-III, aus dem Griechischen übers. v. *Otto Stählin* (BKV, 2. Reihe, Bd. XVII), München, 1936

Diogenes Laertius, Leben und Meinungen berühmter Philosophen, Bd. II. In der Übersetzung von *Otto Apelt* unter Mitarbeit v. *Hans Günter Zekl* neu hg. sowie mit einer Einleitung u. Anmerkungen versehen v. *Klaus Reich* (PhB 54), Hamburg 2008

Diels, H. / Kranz, W., Hg., Die Fragmente der Vorsokratiker, 3 Bde, Berlin [10]1961

Die Regel des Hl. Benedikt hg. v. d. Ertabtei Beuron, Beuron, Hohenzollern, [9]1959

Epikur, Wege zum Gück. Griechisch-lateinisch-deutsch, hg. u. übers. v. *Rainer Nickel* (TUSC), Düsseldorf / Zürich [2]2006

Epiktet – Teles – Musionius, Ausgewählte Schriften, Griechisch – Deutsch, hg. u. übers. v. *Rainer Nickel,* Zürich 1994
Gemelli Marciano, M. Laura, Die Vorsokratiker, Bd. 1, Düsseldorf 2007
Gressmann, Hugo, Hg., Altorientalische Texte zum Alten Testament, i. Verb. m. *Erich Ebeling, Hermann Ranke, Nikolaus Rhodokanakis,* Berlin / Leipzig ²1926
Halliday, W. R., The Greek Questions of Plutarch with a new Translation A Commentary, New York 1975
Herodot, Historien, Bde. I u. II, Griechisch-deutsch, hg. v. *Josef Feix,* Düsseldorf 2001 u. ö.
- Historien, Bde I, II u. III, Griechisch – Deutsch, übers. v. *Christine Ley-Hutton.* Hg. v. *Kai Broderson* (RUB 18221/2/3), Stuttgart 2007
Hesiod, Theogonie. Werke und Tage. Griechisch u. deutsch, hg. u. übers. v. *Albert von Schirnding.* Mit einer Einführung u. einem Register v. *Ernst Günther Schmidt,* München 1991
Hippolytus von Rom, Widerlegung aller Häresien (Philophumena) übers. v. *Graf Konrad Preysing,* Mümchen / Kempten 1922
Holm-Nielsen, Sven, Die Psalmen Salolos (JSHRZ IV, 2), Gütersloh 1977
Homer, Ilias, übertragen v. *Hans Rupe/,* München ²1961
Odyssee, übertragen v. *Anton Weiher,* München ³1967
Hymnen, übertragen v. *Anton Weiher,* München ³1970

Josephus, Jewish Antiquities Books XIV-XV with an English Translation by *Ralph Marcus* completed and ed. by *Allen Wikgren,* Cambridge, Mass. / London, 1943 u.ö.
The Life. Against Apion with an English Translation by *H.St. Thackeray,* (LCL) Cambridge, Mass. / London 2004
Justinus, Dialog mit dem Juden Tryphon. Aus dem Griechischen übersett und mit einer Einleitung versehen v. *Philipp Haeuser,* Kempten /münchen 1917

Klijn, A. F. J., Die syrische Baruch-Apokalypse, Gütersloh 1976

Leo, Fridericus, ed., Plauti Comoediae, Vol I, Berlin 1885
Lohse, Eduard, Die Texte aus Qumran, Darmstadt, ²1971
Lucians Werke, Deutsch v. *Theodor Fischer,* Bd. III, Berlin ⁴o. J.
Ludwig, Walther, Hg., Antike Komödien, Bd. 2, Plautus / Terenz, München 1969

Maier, Johann, Die Qumran-Essener. Die Texte vom Toten Meer, I, München / Basel 1995
Mansfeld, Jaap, Hg., Die Fragmente der Vorsokratiker. Griechisch / Deutsch, 2 Bde, Stuttgart 1983
Marc Aurel, Wege zu sich selbst. Griechisch – deutsch, hg. u. übersetzt v. *Rainer Nickel,* München / Zürich 1990
Meisner, Norbert, Der Aristeasbrief (JSHRZ II, 1), Gütersloh 1973, 35-83
Menander, Die Komödien und Fragmente. Eingeleitet u. übertragen v. *Günther Goldschmidt,* Zürich 1949

Newiker, Hans-Joachim, Hg., Antike Komödien, Bd. 1: Aristophanes, München 1969

Philostratos, Das Leben des Apollonius von Tyana. Griechisch-deutsch, hg. übers. u. erläuterrt v. *Vroni Mumprecht* (TuscBü), München/Zürich 1983
Pindar, Oden. Griechisch / Deutsch übers. u. hg. v. *Eugen Dönt* (RUB 8314), Stuttgart 1986
Plutarch's Moralia, Vol. I wirh an English Translation by *Frank Cole Babbitt,* Cambridge Mass. / London 1969
- Vol. VI with an English Translation by *W.C. Hembold* (LCL), Cambridge Mass. / London 1939
- Vol. VIII with an English Translation by *Peter A. Clement / Herbert B. Hoffleit,* Cambridge, Mass. / London, 1969

Polybios, Geschichte, Gesamtausgabe in zwei Bdn., eingel. u. übertr. v. *Hans Drexler,* Zürich / Stuttgart, 1961/63

Publius Ovidius Naso, Metamorphosen. In deutsche Hexameter übertragen u. hg. v. *Erich Rösch.* Mit einer Einführung v. *Niklas Holzberg* (TuscBü) München/Zürich [12]1990

Schadewaldt, Wolfgang, Hg., Sophokles. Tragödien, Zürich u.a. 1968

Schneemelcher, Wilhelm, Hg., Neutestamentliche Apokryphen in deutscher Übersetzung. II. Bd. Apostolisches und Verwandtes, Tübingen 51089, 644-675

Schreiner, Joseph, Das 4. Buch Esra, JSHRZ V/4, Gütersloh 1981

Seneca, L. Annanaeus, Philosophische Schriften. Lateinisch und Deutsch, Bd. II, hg. v. *Manfred Rosenbach,* Darmstadt 1984

- Bd. IV, ebd., 1984 *(Manfred Rosenbach).*

Sophokles, Dramen, Griechisch u. deutsch, hg. u. übers. v. *Wilhelm Willige,* überar. V. *Karl Bayer.* M. Anm. u. einer Einführung v. *Bernhard Zimmermann,* Düsseldorf [5]2007

Suetonius Tranquillus, C., Die Kaierviten – De Vita Caesarum – Berühmte Männer, Lateinisch-deutsch, hg. u, übers. v. *Hans Martinet,* Düsseldorf, 2000 u. ö.

Thukydides, Der pelopnnesische Krieg, hg. u. übers. v. *Georg Peter Landmann,* Düsseldorf, 2002 u. ö.

Uhlig, Siegbert, Das Äthiopische Henochbuch, JSHRZ V/6, Gütersloh 1984

Xenophon, Erinnerungen an Sokrates, Griechisch – deutsch, hg. v. *Peter Jaerisch,* (Tusc), München / Zürich [4]1987

Lexika und Hilfsmittel

Aland, Kurt, Vollständige Konkordanz zum griechischen Neuen Testament, 2 Bde., Berlin / New York, 1978-1983

Blaß, Friedrich / Debrunner, Albert / Rehkopf, Friedrich, Grammatik des Neutestamentlichen Griechisch, Göttingen, 161984

Bauer, Walter, Griechisch-deutsches Wörterbuch zu den Schriften des Neuen Testaments und der frühchristlichen Literatur. Völlig neu bearbeitet im Institut für Neutestamentliche Textforschung, unter besonderer Mitarbeit v. *Viktor Reichmann,* hg. v. *Barbara u. Kurt Aland,* Berlin / New York [6]1988

Biblisch-historisches Handwörterbuch, hg. v. *Bo Reicke / Leonhard Rost,* 4 Bde., Göttingen 1962-1979

Exegetisches Wörterbuch zum Neuen Testament, hg. v. *Horst Balz* u. *Gerhard Schneider,* Bde I-III, Stuttgart u.a. 1980-1983

Liddel, Henry George / Scott, Robert, Greek-English Lexicon. A new Edition by *H. St. Jones* and *R. Mc Kenzy,* Oxford [9]1940 (Repr. 1961)

Philonis Opera qae supersunt V, Berlin 1966

Die Werke in deutscher Übersetzung, Berlin [2]1962

Reallexikon für Antike und Christentum. Begr. v. *Franz Josef Dölger* u.a., hg. v. *Theodor Klauser* u.a., ab Bd. XIV v. *Ernst Dassmann* u.a., Stuttgart 1950ff

Religion in Geschichte und Gegenwart. Handwörterbuch für Theologie und Religionswissenschaft. 4., völlig neu bearb. Aufl., hg. v. *Hans Dieter Betz / Don S. Browning / Berns Janowski / Eberhard Jüngel,* 8 Bde. u. Registerband, Tübingen 1998-2007

Theologische Realenzyklopädie, Bde. I-XII, hg. v. *Gerhard Krause / Gerhard Müller,* Bde. XIII-XXXVI, hg. v. *Gerhard Müller,* Berlin / New York 1977-2005

Theologisches Begriffslexikon zum Neuen Testament, 2. neubearb. Aufl., hg. v. *Lothar Coenen / Klaus Haacker,* 2 Bde., Wuppertal / Neukirchen-Vluyn 1997-2000
Theologisches Handwörterbuch zum Alten Testament, hg. v. *Ernst Jenni* unter Mitarb. v. *Claus Westermann,* Bde. I-II., München 1971-1978
Theologisches Wörterbuch zum Neuen Testament, begr. v. *Gerhard Kittel,* ab Bd. V (1954), hg. v. *Gerhard Friedrich,* Bde I-X, Stuttgart 1933-1979

Neuere Bibliographien und Forschungsberichte

Hübner Hans, Paulusforschung seit 1945, in ANRW II. 25.4, 1987, 2649-2840
- Methodologie und Theologie. Zu neueren Ansätzen in der Paulusforschung, in: KuD 33, 1987, 150-176.303-329

Neuere Kommentare

Becker, Jürgen, Der Brief an die Galater, in: *ders., u. Ulrich Lutz,* Die Briefe an die Galater, Epheser und Kolosser (NTD 8/1), Göttingen 1998, 10-103
Betz, Hans Dieter, Der Galaterbrief. Ein Kommentar zum Brief des Apostels Paulus an die Gemeinden in Galatien (Hermeneia), München 1988
Bring, R., Der Brief des Paulus an die Galater, Berlin/Hamburg 1968
Bousset, Wilhelm, Der Brief an die Galater (SNT II,31-74), Göttingen ³1917
Bruce , Frederick Fivie, The Epistle to the Galatiens (NIC), Grand Rapids, Mich,
Dehn, Günther, Gesetz oder Evangelium? Eine Einführung in den Galaterbrief (UCB 9), Berlin 1938
Borse, Udo, Der Brief an die Galater (RNT), Regensburg 1984
Ebeling, Gerhard, Die Wahrheit des Evangeliums. Eine Lesehilfe zum Galaterbrief, Tübingen 1981
Logenecker, Richard N., Galatiens (WBC 41) Nashville
Mußner. Franz, Der Galaterbrief (HThKNT, IX), Freiburg i. Br. u. a., 1974
Oepke, Albrecht, Der Brief des Paulus an die Galater, bearb. v. *Joachim Rohde* (ThHK NT 9), ³1973
Schlier, Heinrich, Der Brief an die Galater (KEK VII), Göttingen ⁵1971
Zahn, Theodor, Der Brief des Paulus an die Galater (KNT IX). Mit einem Geleitwort v. *Martin Hengel*, Wuppertal u.a. Nachdruck d. 2. durchges. Auflage, Wuppertal u.a 1990

Kommentare zu anderen biblischen und frühchristlichen Büchern

Barth, Gerhard, Der Brief an die Philipper (ZBK.NT 9), Zürich 1979
Barth, Karl, Der Römerbrief, Zollikon-Zürich, ⁸1947
Bengel, Johann Albrexht, Gnomon. Auslegung des Neuen Testaments mit fortlaufenden Anmerkungen. Deutsch v. *C. F. Werner.* Mit einem Vorwort v. *Egon W. Gerdes* und dem Vorwort v. *Johann Albrecht Bengel,* Bd II: Briefe und Offenbarung, Stuttgart ⁸1970
[Strack, Hermann]Billerbeck, Paul, Kommentar zum Neuen Testament aus Talmud und Midrasch, vier Bde. u. Registerband, München 31961
Bousset, Wilhelm, Die Offenbarung Johannis (KEK XVI), Göttingen 1906
Bultmann, Rudolf, Der zweite Brief an die Korinther (KEK VI), hg. v. *Erich Dinkler,* Göttingen 1976
Eckey, Wilfried, Die Briefe des Paulus an die Philipper und Philemon. Ein Kommentar, Neukirchen-Vluyn, 2006

- Das Markusevangelium. Orientierung am Weg Jesu. Ein Kommentar, Neukirchen-Vluyn, ^{2}2008
- Das Lukasevangelium. Unter Berücksichtigung seiner Parallelen Teilbd. I: Lk 1,1 – 10,42, Neukirchen-Vluyn ^{2}2006

Die Apostelgeschichte. Ein Kommentar, 2 Tlbde., Neukirchen-Vluyn ^{2}2010

Gunkel, Hermann, Genesis, Göttingen, ^{7}1966

Hübner, Hans, Die Weisheit Salomos (ATD Apokryphen Bd. 4), Göttingen 1999

Käsemann, Ernst, An die Römer, HNT 8a, Tübingen ^{3}1974

Kraus, Hans-Joachim, Das Evangelium der unbekannten Propheten. Jesaja 40-66, Neukirchen-Vluyn 1990

Lindemann, Andreas, Die Clemensbriefe (HNT 17; AV I), Tübingen 1992
- Der erste Korintherbrief (HNT 9/I), Tübingen 2000

Lohse, Eduard, Die Offenbarung des Johannes (NTD 11), Göttingen 1960
- Die Briefe an die Kolosser und an Philemon (KEKIX/2), Göttingen 1968

Der Brief an die Römer (KEK IV), Göttingen 2003

Longenecker, Richard N., Galatians, Dallas, 1990

Michel, Otto, Der Brief an die Römer (KEK IV); Göttingen ^{3}1978

Roloff, Jürgen, Die Offenbarung des Johannes (ZBK.NT 18), Zürich 1984

Schlatter, Adolf, Gottes Gerechtigkeit. Ein Kommentar zum Römerbrief, Stuttgart ^{3}1959
- Paulus, der Bote Jesu. Eine Deutung seiner Briefe an die Korinther, Stuttgart 1934

Schrage, Wolfgang, Die katholischen Briefe, in: Die katholischen Briefe, v. *Horst Balz / Wolfgang Schrage,* (NTD 10). Göttingen 1973, 5-58

Stuhlmacher, Peter, Der Brief an die Römer (NTD 6), Göttingen 1989

Weiß, Johannes, Der erste Korintherbrief (KEK V), Göttingen 1910

Wilckens, Ulrich, Der Brief an die Römer (EKK VI) Teilbd. 2, Zürich u.a. /Neukirchen Vluyn 1980

Windisch, Hans, Der zweite Korintherbrief (KEK VI), Göttingen ^{9}1924

Wolff, Christian, Der zweite Brief an die Korinther(ThKKNT VIII), Berlin 1989
- Der erste Brief des Paulus an die Korinther (ThHK 7), Leipzig ^{2}2000

Monographien und Abhandlungen

Aland, Kurt, Wann starb Petrus? Eine Bemerkung zu Gal 2,6, NTS 2, 1955/56, 267-275

Bachmann, Michael, Sünder oder Übertreter. Studien zur Argumentation in Gal 2,15ff (WUNT 59), Tübingen 1992

/ *Kollmann, Bernd,* Hg., Umstrittener Galaterbrief. Studien zur Situierung und Theologie des Paulus-Schreibens. Mit Beiträgen v. *Michael Bachmann / Ingo Broer / Rudolf Hoppe / Dieter Sänger / Thomas Söding* u. *Oda Wischmeyer* (BThSt 106), 2009

Backhaus, Knut, „Lösegeld für viele“ (Mk 10,45, in: Der Evangelist als Theologe, hg. v. *Thomas Söding* (SBS 163), Stuttgart 1995,, 91-118

Bammel, Ernst, DIAQHKE (Gal 3,15.17) und das jüdische Rechtsdenken, in: NTS 6, 1959/60, 313-319

Barth, Markus, The Kerygma of Galatians, in: Interp., 21, 1967, 131-146

Barrett, Charles Kingsley, The Background of Mk 10,46; in: New Testament Essays Studies in Memory of T. W. Manson, Manchester 1959, 1-18
- Mark 10,45: A Ranson for Many, in: *ders.,* New Testament Essays, London 1972, 20-26
- The Allegory of Abraham, Sarah and Hagar in the Argument of Galatians, in: Rechtfertigung, FS Ernst Käsemann, hg. v. *Johannes Friedrich u. a.,* Tübingen / Göttingen 1976, 1-16

Betz, Hans Dieter, The Literary Composition and Function of Paul’s Letter to the Galatians, in: *ders.,* Paulinische Studien. Gesammelte Aufsätze III, Tübingen 1994, 63-97

Betz, Hans Dieter, Geist, Freiheit und Gesetz: Die Botschaft des Paulus an die Gemeinde in Galatien, in: *ders.,* Paulinische Studien. Gesammelte Aufsätze III, Tübingen 1994, 46-62

The Literary Composition and Function of Paul's Letter to the Galatiens, ebd., 63-97

In Defense of the Spirit: Paul's Letter to the Galatiens as a Document of Early Christian Apologetics, ebd., 98-126

Borse, Udo, Der Standort des Galaterbriefes (BBB, 41), Köln 1972

Bouman, G., „Christus Diener der Sünde" Auslegung von Galater 2,14b-18 in: Bijdr. 40, 1979, 44-54

Die Hagar- und Sarah-Perikope. Exemplarische Interpretation zum Schriftbeweis bei Paulus, in ANRW II 25.4, Berlin / New York, 1987, 3135-3155

Foerster, Werner, Abfassungszeit und Ziel des Galaterbriefes, in: FS Ernst Haenchen, Berlin 1964, 109-141

Hübner, Hans, Art. Galaterbrief, in TRE XII, 1984, 5-14

Der Galaterbrief und das Verhältnis von antiker Rhetorik und Epistolographie, in ThLZ 109, 1984, 241-250

Gal 3,10 und die Herkunft des Paulus, in: KuD 19, 1984, 215-231

Das ganze und das eine Gesetz. Zum Problemkreis Paulus und die Stoa, in: KuD 21, 1975, 239-256

Das Gesetz bei Paulus. Ein Beitrag zum Werden der paulinischen Theologie (FRLANT 119), Göttingen, [2]1980

Methodologie und Theologie. Zu neueren Ansätzen in der Paulusforschung, in: KuD 33, 1987, 150-176.303-329

Pauli theologiae proprium. In NTS 26, 1979/80, 445-473

Paulusforschung seit 1945. Ein kritischer Literaturbericht, in: ANRW II,25.4, 2649-2840

Was heißt bei Paulus „Werke des Gesetzes"?, in: Glaube und Eschatologie. FS Werner Georg Kümmel zum 80. Geburtstag, hg. v. *Erich Grässer / Otto Merk,* Tübingen, 123-133

Lührmann, Dieter, Art. Galaterbrief, in RGG III, 2000, 451-453

Galatien, in RGG III, 2000, 453

Menoud, Philippe H., Le sens de verb πορθεῖν (Gal 1.13.23 Act 9,21), in: FS Ernst Haenchen, Berlin 1964, 178-186

O'Neills, John C., The Recovery of Paul's Letter to the Galatians, London 1972

Rengstorf, Karl Heinrich, Zu Gal 5,1, in: ThLZ 76, 1951, 659-662

Tolmie, D. Francoi[2], Liberty, - the Spirit: Ethics and Ethos to the Letter to the Galatians, in: Identy, Ethic and Ethos in the New Testament, BZNW 41; Berlin / New York 2006, 241-257

Vielhauer, Philipp. Gottesdienst und Stoicheiadienst im Galaterbrief, in: Rechtfertigung, FS Ernst Käsemann, hg. v. *Johannes Friedrich u. a.,* Tübingen / Göttingen 1976, 543-555

Übrige Literatur

Barth, Markus, Gottes und des Nächsten Recht. Eine Studie über den sozialen Charakter der Rechtfertigung, in: PARRHSIA. Karl Barth zum achtzigsten Geburtstag am 10. Mai 1966, hg. v. *Eberhard Busch / Jürgen Fangmeier / Martin Geiger,* Zürich 1966, 447- 469

- Jews and Gentiles: The Social Character of Justification in Paul, in JES, 1968, 241-267
- The Kerygma of Galatians, in: Interp., 21, 1967, 131-146
- Rechtfertigung. Versuch einer Auslegung paulinischer Texte im Rahmen des Alten und Neuen Testaments (ThSt (B) 90), Zürich 1966
- Die Stellung des Paulus zu Gesetz und Ordnung, in: EvTh 33, 1973, 496-526

Bauer, Bruno, Kritik der paulinischen Briefe, Berlin 1852

Baumgarten, Jörg, Art. καιρός, EWNT II; 1981, 571-579

Baumgärtel, Friedrich / Behm, Johannes, Art. καρδία κτλ., ThWNT III, 1938, 609-616

Becker, Jürgen, Paulus. Der Apostel der Völker, Tübingen, 1989

- Bekenntnisschriften und Kirchenordnungen der nach Gottes Wort reformierten Kirche. Im Auftrag des reformierten Bundes und des reformierten Konventes der Bekenntnissyn-

ode der Deutschen Evangelischen Kirche unter Mitarbeit von *Wilhelm Boudriot, Hans Otto Georgii, Walter Herrenbrück, H. Klughist Hesse, Theodor Hesse* und *Ernst Pfisterer,* hg. v. *Wilhelm Niesel,* Zollikon-Zürich [3]1938
Bertram, Georg, Art. paideu/w ktl., ThWNT V. 617-624
Betz, Hans Dieter, Hellenismus und Urchristentum, Gesammelte Aufsätze I, Tübingen 1990
Geist, Freiheit und Gesetz: Die Botschaft des Paulus an die Gemeinden in Galatien, in: Paulinische Studien. Gesammelte Aufsätze III, Tübingen 1994, 46-62
In Defense of the Spirit: Paul's Letter to the Galatians as a Document of Early Christian Apologetic Letter, ebd., 98-109
Paul's Cocept of Freedom in the Context of Hellenistic Discussions about Possibilities of Human Freedom, ebd., 110-125
Betz, Otto, Rechtfertigung in Qumran, in: Rechtfertigung, FS Ernst Käsemann, hg. v. *Johannes Friedrich u. a.,* Tübingen / Göttingen 1976,17-36
- Paulus als Pharisäer nach dem Gesetz, in: *ders.,* Jesus. Der Herr der Kirche. Aufsätze zur biblischen Theologie II, Tübingen 1990, 103-113
Der fleischliche Mensch und das geistliche Gesetz. Zum biblischen Hintergrund der paulinischen Gesetzeslehre, ebd., 129-196
Der biblische Hintergrund der paulinischen Gnadengaben, ebd., 252-274
Die heilsgeschichtliche Rolle Israels bei Paulus, ebd., 312-337
- Art. εὐαγγέλιον, ThBLNT I, Wuppertal 1997, 432-442
- Art. δύναμις, ThBLNT II, Wuppertal 2000, 180-1184
- Art. Entrückung II., Biblische und frühjüdische Zeit, TRE IX, 1982, 685-690
Böcher, Otto, Art. Petrus I, TRE Bd. XXVI, Berlin 1996, 259-273
Böttger, P.C., Paulus und Petrus in Antiochien. Zum Verständnis von Galater 2, 11-21, in: NTS 37, 1991, 77-100
Böttrich, Christfried, Petrus. Fischer, Fels und Funktionär, Leipzig 2001
Bornkamm; Günther, Art. μυστήριον, ThWNT IV, 1942, 809-834
- Taufe und neues Leben (Röm 6), in: *Ders.,* Das Ende des Gesetzes, Paulusstudien, Gesammelte Aufsätze, Bd. I, Müxhen 1961, 34-50
- Die christliche Freiheit, Predigtmeditation über Gal 5, 13-15, in: *ders.,* ebd., 133-138
- Glaube und Vernunft bei Paulus, in: *Ders.,* Studien zu Antike und Christentum. Ges. Aufsätze II (BevTh 28), München 1963, 119-137
- Paulus (UB 119 D), Stuttgart 1969
Bousset, Wilhelm, Die Religion des Judentums im späthellenistischen Zeitalter. In dritter verbesserter Aufl. hg, v. *Hugo Gressmnann,* mit einem Vorwort von *Rduard Lohse,* Tübingen 1966
Brandt, Wilhekm, Freiheit im Neuen Testament, München 1932
Bredow, von, Gerda, Das Sein der Freiheit, Düsseldorf 1960
Broer, Ingo, Art. ἀγγέλω κτλ., EWNT I, 1980, 29-32
Büchsel, Friedrich, Art. δίδωμι, κτλ., ThWNT, II, 1935, 168-175
- Art. ἐξαγοραζω, ThWNT I, 126-130
Bultmann, Rudolf, Theologie des Neuen Testaments, Tübingen [9]1984
- Polis und Hades in der Antigone des Sophokles, in: *ders.,* Glauben und Verstehen. Gesammelte Aufsätze, Bd. II, Tübingen 1952, 20-31
- Gnade und Freiheit, in: *ders.,* Glauben und Verstehen, Bd. II, Tübingen 1952, 149-161
- Das Problem der Ethik bei Paulus, in: *ders.,* Exegetica. Aufsätze zur Erforschung des Neuen Testaments, ausgewählt, eingeleitet u. hg. v. *Erich Dinkler,* Tübingen, 1967, 36-54
- Art. πιστεύω κτλ., ThWNT VI, 1959, 175-182, 197-230
- / *Lührmann, Dieter,* Art. φανέρωσις, ThWNT IX, 1973. 6f

Campbell, William S, Paul and the Creation of Christian Identity, Bodmin, Cornwall, 2008
Collins, Adela Yarbro, Art. Apollonius von Tyana, in: RGG4 I, 1998, 610
Cranfield, C. E. B., St. Paul and the Law. SJRS; 17; 1964; 43-68
Cullmann, Oscar, Petrus. Jünger – Apostel – Märtyrer, Zürich / Stuttgart [2]1960

R. Dabelstein, Art. ἐξαγοράζω, EWNT I, 1980, 1f.
Delling, Gerhard, Art. ἄρχω κτλ., ThWNT I, 1933,476-483
- Art. καιρός κτλ., THWNT III, 1938, 752-763
Deissmann, Adolf, Licht vom Osten, Tübingen ^{4}1923
Deißner, Kurt, Autorität und Freiheit im ältesten Christentum. Greifswalder Universitätsreden 30, Greifswald 1931, 2-13
Die Bekenntnisschriften der evangelisch-lutherischen Kirche, hg. im Gedenkjahr der Augsburgischen Konfession 1930, Göttingen ^{4}1959
Doerrie, Heinrich, Art. Akademeia, DKP I, München 1979, 211ff
Dormeyer, Detlev / Frankemölle, Hubert, Evangelium als literarische Gattung und als theologisscher Begriff, in: Aufstieg und Niedergang der römischen Welt (ANRW) Abt. II, Bd. 25.2, hg. v. *Wolfgang Haase,* Berlin / New York 1984, 1543-1704
Droste-Hülshoff, Anette von, Sämtliche Werke, München ^{2}1955

Eichholz, Georg, Die Theologie des Paulus im Umriß, Neukirchen-Vluyn, 1972
Eltester, Friedrich Wilhelm, Eikon im Neuen Testament (BZNW 23), Berlin 1958
Evangelisches Kirchengesangbuch, Kassel 1950
Erlemann, Kurt, Unfassbar? Der Heilige Geist im Neuen Testament, Neukirchen-Vluyn 2010
Fendrich, Herbert, Art. κόπος, EWNT II, 760f
Fitzmyer, Joseph A., The Gospel in the Zheoloh´gy of Paul, Interpretation 33, 1979, 339-350
Friedrich, Gerhard, Art. εὐαγγελίζομαι κτλ., ThWNT II, 1935, 705-735
- Art. προφήτης κτλ., D.E., ThWNT VI, 1959, 829-863
Froelich, Karlfried, Art. Petrus II, TRE XXVI, Berlin 1996, 273-278

Gaston, L., Paul and the Torah, Vancouver 1987
Geisau, Hans von, Art. Achill, DKP I, München 1979, 46-50
- Art. Agamemnon, DKP I, München 1979, 111ff.
- Art. Hektor, DKP II, München 1979, 987f
Goethe, Johann Wolfgang von, Werke III, Zürich 1948.
Gogarten, Friedrich, Der Mensch zwischen Gott und Welt, Heidelberg 1952
Goppelt, Leonard, Theologie des Neuen Testaments, 2. Bd.: Vielfalt und Einheit des apostolischen Zeugnisses, hg. v. *Jürgen Roloff,* Göttingen 1976
Grässer, Erich, Rechtfertigung im Hebräerbrief, Rechtfertigung. FS E. Käsemann, hg. v. *Johannes Friedrich u. a.,* Tübingen / Göttingen, 1976, 79-93

Häfner, Gerd, Art, Titus, in: RGG4 VIII, Tübingen 2005. 2421
Hardt, Michael, Art. Petrus IV., Petrus, ökumenisch, RGG4, Bd. VI, Tübingen 2003, 1168f
Hahn, Ferdinand, Taufe und Rechtfertigung. Ein Beitrag zur paulinischen Theologie in ihrer Vor- und Nachgeschichte, in: Rechtfertigung, FS Ernst Käsemann, hg. v. *Johannes Friedrich u. a.,* Tübingen / Göttingen 1976, 95-124
Das Gesetzesverständnis im Römer- und Gaaterbrief, ZNW 67, 1976, 29-63
Theologie des Neuen Testaments, Bde. I u. II, Tübingen 2002
Hampel, Volker, Menschensohn und historischer Jesus. Ein Rätselwort als Schlüssel zum historischen Jesus, Neukirchen-Vluyn 1990
Hauck, Friedrich, Art. κόπος, κοπιάω, ThWNT III, Stuttgart 1938, 827-830
Hauck, Friedrich, Art. κόπος, κοπιάω, ThWNT III, Stuttgart 1938, 827-830
Hauser, Michael, Die Herrschaft Gottes im Markusevangelium (EHS 23.647), Frankfurt a. M. 1998
Halliday, W.R., The Greek Question of Plutarch with a new Translation. A Commentary, New York 1975
Hengel, Martin, Der unterschätzte Petrus. Zwei Studien, Tübingen ^{2}2007
Herrmann, Johannes / Büchsel, Friedrich, Art. ἱλαρός κτλ., ThWNT III, 1938, 298-324
Herrmann, Wilhelm, Ethik, Tübingen ^{5}1921

Holl, Karl, Das Fortleben der Volkssprachen in Kleinasien in nachchristlicher Zeit, in: *ders.*, Gesammelte Aufsätze zur Kirchengeschichte II Der Osten, Tübingen 1928
Horn, Friedrich Wilhelm, Das Angeld des Geistes (FRLANT 154), Göttingen 1992
Hübner, Hans, Das Gesetz bei Paulus (FRLANT 119), Göttingen [3]1982
Biblische Theologie des Neuen Testaments, Bd. 2: Die Theologie des Paulus und ihre neutestamentliche Wirkungsgeschichte, Göttingen 1993
Hunzinger, Claus-Hunno, Art. σίναπι, ThWNT VII, 1964, 286-290

Jaeger, Werner, Paideia. Die Formung des griechischen Menschen, Bde. II u. III, Berlin [2]1955
Jervell, Jacob, Der schwache Charismatiker, in: Rechtfertigung, FS Ernst Käsemann, hg. v. *Johannes Friedrich u. a.,* Tübingen / Göttingen 1976, 185-198
Jewett, Robert, Dating of Paul's Life, London 1979
Jonas, Hans, Auzgustin und das paulinische Freiheitsproblem 1930
Juncker, Alfred, Die Ethik des Apostels Paulus, Halle a. d. S., Bd. I, 1904, Bd. II, 1919

Käsemann, Ernst, Paulinische Perspektiven, Tübingen 1969.
Kertelge, Karl, Art. δικαιοσύνη, in: EWNT I, 1980, 784-796
- Art. δικαιόω, in EWNT I, 1980, 796-808
- Art. λύτρον, in: EWNT II, 1981, 901-905

Kittel, Gerhard, Art. ἄγγελος κτλ., ThWNT I, 1933, 79-87
- Art. a)kou/w ktl., ThWNT I, 1933, 220-222

Klauck, Hans-Josef, Die antike Briefliteratur und das Neue Testament. Ein Lehr- und Arbeitsbuch (UTB 2022), Paderborn u.a, 1998
Kleinknecht, Herrmann /Gutbrot, Walter, Art. νόμος κτλ., ThWNT IV, Stuttgart 1942, 1016-1084
Koch, Dietrich-Alex, Die Schrift als Zeuge des Evangeliums. Untersuchungen zum Verständnis der Schrift bei Paulus, Tübingen 1986
Kollmann, Bernd, Jesus und die Christen als Wundertäter. Studien zu Magie, Medizin und Schamanismus in Antike und Christentum (FRLANT 170), Göttingen 1996
Kuhn, Karg Georg, Art. βασιλεύς κτλ., ThWNT I, 1933, 570-573
Kuss, Otto, Nomos bei Paulus, MThZ 17, 1966, 173-227
- Paulus. Die Rolle des Apostels in der theologischen Entwicklung der Urkirche, Regensburg 1971

Lambrecht, J., Gesetzesverständnis bei Paulus, in: *Karl Kertelge,* Hg., Das Gesetz im Neuen Testament, QD 108, Freiburg i. Br. 1986, 88-127
Lampe, Peter, Art. Petrus I, Neues Testament, RGG4 VI, Tübingen 2003, 1160-1165
Landmesser, Christoph, Umstrittener Paulus. Die gegenwärtige Diskussion um die paulinische Theologie, ZThK 105. Jg., Tübingen 2008, 387-410
Lang, Friedrich, Gesetz und Bund bei Paulus, in: Rechtfertigung, FS Ernst Käsemann, hg v. *Johannes Friedrich u.a.* Tübingen 1976, 305-320
Lichtenberger, Hermann, Paulus und das Gesetz, in: *Martin Hengel / Ulrich Heckel,* Hg., Paulus und das antike Judentum (WUNT I,58), Tübingen 1991, 361-378
Liebers, R., Das Gesetz als Evangelium. Untersuchungen zur Gesetzeskritik des Paulus, AThANT 75, Zürich 1989
Lindemann, Andreas, Art.: Herrschaft Gottes / Reich Gottes IV. Neues Testament und spätantikes Judentum, TRE XV, 1986, 196-218
Lohse, Eduard, Paulus. Eine Biographie, München 1996
Lührmann, Dieter, Glaube im frühen Christentum, Gütersloh 1976
- in: :Rechtfertigung, FS Ernst Käsemann, hg. v. *Johannes Friedrich u. a.,* Tübingen / Göttingen 1976, 351-363

Luker, Ralph E., Art. Sklaverei IV. Kirchengeschichtlich, RGG4 2004. 1385ff

Luther, Martin, Werke in Auswahl. Unter Mittwirkung von *Albert Leitzmann* hg. v. *Otto Clemen,* Bd. II, Berlin 1950
- Werke in Auswahl: Der junge Luther, hg. v. *Erich Vogelsang,* Bd. V, Berlin [2]1955
Luz, Ulrich, Rechtfertigung bei den Paulusschülern, in: ebd., 365-383
- Gesetz, in: *Rudolf Smend / Ulrich Lutz,* Gesetz (KTb 1015), Stuttgart u. a. 1981, 58-144

Maurer, Christian, Die Gesetzeslehre des Paulus nach ihrem Ursprung und ihrer Entfaltung dargelegt, Zürich 1941
Michel, Otto, Art.: Evangelium, RAC VI, Stuttgart 1966, 1107-1160
Moreau, Jaques, Die Welt der Kelten, Stuttgart 1958
Müller,Michael, Freiheit. Über Autonomie und Gnade von Paulus bis Cmenes von Alexandrien, ZNW, 25, 1926, 177-236
Mundle, Wilhelm, Religion und Sittlichkeit bei Paulus, ZSTh, 4, 1927, 456-482

Nestle, Dieter, Eleutheria. Studien zum Wesen der Freiheit bei den Griechen und im Neuen Testament, Tübingen 1967
Nilsson, Martin P., Geschichte der griechischen Religion, Bde 1 u. 2 (HAW V/2,1-2), München [3]1967/ [3]1974

Oepke, Albrecht, Die Missionspredigt des Apostels Paulus, Leipzig 1920
- Art ἔκστασις κτλ., ThWNT II, 1935, 447-457
von der Osten-Sacken, Peter, Das paulinische Verständnis des Gesetzes im Spannungsfeld von Eschatologie, EvTh 37, 1977, 549-587

Pohlenz, Max, Griechische Freiheit. Wesen und Werden eines Lebensideals, Heidelberg 1955
Popkes, Wiard, Art. ζύμη. EWNT II, 259-261
Preisker, Herbert, Geist und Leben, 1933
- */Bertram, Georg,* Art. μυκτηρίζω΄ἐκμκτηρίζω, ThWNT IV, Stuttgart 1954, 804-807
Pschyrembel, Klinisches Wörterbuch, Berlin / New York 2592002
Rad, Gerhard von, Theologie des Alten Testaments Bde. I u. II, München 1957 u. 1960
Reiser, Marius, Sprache und literarische Formen des Neuen Testaments. Eine Einführung (UTB 2197), Paderborn u.a. 2001
Rengstorf, Karl Heinrich, Art. a)μαρτολός, ThWNT I, 1933, 320-339
Riesner, Rainer, Heptageon und Kapernaum – Zwei byzantinische Pilgerstätten am See Gennesaret, in: Leben am See Gennesaret. Kulturgeschichtliche Entdeckungen in einer biblischen Region, hg. v. *Gabriele Fassbeck / Sandra Fortner / Andrea Rottloff / Jürgen Zangenberg,* Mainz 2003, 173-180

Sand, Alexander, Art. kardi/a, EWNT II, 1981, 615-619
- Art. sa/rc, EWNT III, 1983, 549-557
Schlier, Heinrich, Mächte und Gewalten im Neuen Testament (QD 3), Freiburg i. Br. 1958
- εὐαγγέλιον im Römerbrief, FS Karl Hermann Schelkle,
- Grundzüge einer paulinischen Theologie, Freiburg i. Br. u.a. 1978
Schmidt, Werner H., Alttestamentlicher Glaube, Neukirchen-Vluyn, [8]1996
Schmidt, Karl Ludwig, Art. ἔθνος κτλ., ThWNT II, 1935, 3666-370
Schmitz, Otto, Der Freiheitsgedanke bei Epiktet und das Freiheitszeugnis des Paulus, 1923
Schneider, Carl, Die Welt des Hellenismus. Lebensformen in der spätgriechischen Antike, München 1975
Schneider, Gerhard, Art. a)kou/w ktl., EWNT I, 1980, 129-130
Schnelle, Udo, Paulus. Leben und Denken, Berlin / New York 2003
Schnider, Franz, Art. ποφήτης, EWNT III, 1983, 442-447
Schniewind, Julius, Euangelion. Ursprung und erste Gestalt des Begriffs Evangelium (BFChTh II 13/25), 1927/31, 185-196
Schröter, Jens, Art. Reich Gottes III. Neues Testament RGG4 VII, 2004, 204-209

- Paulus in der Apostelgeschichte (Com D), 38. Jg., 2009, 135-148

Schrenk Gottlob, Art. δίκαιος im NT, ThWNT II, 1935, 189-193

- δικαιοσύνη, E: bei Paulus; ebd., 204-214

- Gottesgerechtigkeit und Lasterkataloge bei Paulus (inkl. Kol und Eph), in: Rechtfertigung, FS Ernst Käsemann, hg. v. *Johannes Friedrich u. a.,* Tübingen / Göttingen 1976, 118-151

Schulz, Siegfried, Die Charismenlehre des Paulus, in: Rechtfertigung, FS Ernst Käsemann, hg. v. *Johannes Friedrich u. a.,* Tübingen / Göttingen 1976, 443-460

- in: Rechtfertigung, FS Ernst Käsemann, hg. v. *Johannes Friedrich u. a.,* Tübingen / Göttingen 1976, 118-151

Smend, Rudolf / Luz, Ulrich, Gesetz (Biblische Konfrontationen 1015), Stuttgart u.a. 1981

Söding, Thomas, „Ich lebe, aber nicht ich …" (Gal 2,19)- Die theologische Physiogomie des Paulus (Com D), 38. Jg. 2009, 119-133

Snodgrass, K., Spheres of Influence. A Üpssible Solution to the Problem of Paul and the Law, JSNT 32, 1988, 93-113

Soden, Hans von, Sakrament und Ethik bei Paulus, in: *ders.,* Urchristentum und Geschichte Bd. I, Tübingen 1951, 239-275

Stählin, Gustav, Αρτ. παραμυθέομαι κτλ., ThWNT V, 1954, 815-822

- Art. φίλος κτλ. ThWNT IX, 1973, 144-169

Stolle, Volker, Art. Herz, kardi/a, TBLNT I, 1997, 948-953

Strecker, Georg, Das Evangelium Jesu Christi, in: Jesus Christus in Historie und Theologie FS Hans Conzelmann, hg. v. *dems.,* Tübingen 1975, 503-548

- Art. eu)aggeli/zomai, EWNT II, Stuttgart 1981, 173-176

- Art. euagge/lion, ebd., 176-186

Stuhlmacher, Peter, Das Gesetz als Thema biblischer Theologie, ZThK 75, 1978, 251-280

- Das paulinische Evangelium I. Vorgeschichte (FRLANT 95), Göttingen 1968

- Jes 53 in den Evangelien, in: Der lridende Gottesknecht. Jesaja 53 und seine Wirkungsgeschichte, hg. v.
Bernd Janowski / Peter Stuhlmacher (FAT 14), Tübingen 1996, 93-105

- Biblische Theologie des Neuen Testaments, Bd. 1, Grundlegung. Von Jesus zu Paulua, Göttingen 1992

Schweizer, Eduard, Art. sa/rc, ThWNT VII, 1964, 461-474

Taylor, Joan E., Christians and Holy Places. The Myth of Jewish-Christian Origions, Oxford 1993

Thümmel, Hans Georg, Art. Petrus II. Petrustraditionen, RGG4 2003, 1165-1168

Toit, Andrie, du, Paulus oecumenicus: Interculturalit in the Shaping of Paul's Theology, NTS 55, 2009, 121-143

Walter, Nikolaus, Art. ἔθνος, EWNT I, 924-929

Walter, Nikolaus, Art. spla/gnon, EWNT III, 1983, 635f

„Hellenistische Eschatologie" im Frühjudentum – ein Beitrag zur „Biblischen Theologie", in: *ders.,* Praeparatio Evangelica. Studien zur Umwelt, Exegese und Hermeneutik des Neuen Testaments, hg. v. *Florian Kraus* u.a., Tübingen 1997, 290-310

„Hellenistische Eschatologie im Neuen Testament, ebd., 252-272

Weiß, Konrad, Art, a)rxh/, EWNT I, 1980, 388-393

Weiß, Johannes, Die christliche Freiheit nach der Verkündigung des Paulus. Ein Vortrag, Göttingen 1902

Wendland Paul, Die hellenistisch-römische Kultur in ihren Beziehungen zu Judentum und Christentum (HNT 21), 4Tübingen 1972

Wenning, Robert, Art. Petra (Pe/tra), RGG4 VI, 1157

Wilckens, Ulrich, Was heißt bei Paulus: „Aus Werken des Gesetzes wird kein Mensch gerecht"?, 77-98, in: *ders.,* Rechtfertigung als Freiheit. Paulusstudien, Neukirchen-Vluyn 1974

- Zur Entwicklung des paulinischen Gesetzesverständnisses, NTSt 28, 1982, 154-190
Windisch, Hans, Art. ζύμη κτλ., ThWNT II, 904-908
Winger, M., By What Law? The Meaning of ‚Nomos' in the Letters of Paul, Atlanta 1992
Wischmeyer, Oda, Von Ben Sira zu Paulus. Gesammelte Aufsätze zu Texten, Theologie und Hermeneutik des Frühjudentums und des Neuen Testaments, hg. v. *Eve-Marie Becker,* Tübingen 2004
Wißmann, Hans, Art. Entrückung I., TRE IX, 1982, 680-683
Wittkowski, Vadim, „Pagane" Zitate im Neuen Testament, NT, Vol. LI, 2009, 107-126

Zager, Werner, Wie kam es im Urchristentum zur Deutung des Todes Jesu als Sühnopfer? Eine Auseinandersetzung mit Peter Stuhlmachers Theologie des Neuen Testaments, ZNW 87, 1996, 165-186
Zangenberg, Jürgen, Art. Kapernaum, RGG [4]Bd. IV, 2001, 792
- Art. Tarsus, RGG$ VIII; 2005, 43
Zimmerli, Walther, Grundriß der alttestamentlichen Theologie. Sammelwerk für Studium und Beruf (ThW 3), Stuttgart u. a. 1972

Namens- und Sachregister (Auswahl)